有法与无法

清代的州县制度及其运作

魏光奇◎著

SPM
南方传媒

广东人民出版社
·广州·

图书在版编目（CIP）数据

有法与无法：清代的州县制度及其运作 / 魏光奇著.

广州：广东人民出版社, 2024.9. -- ISBN 978-7-218
-17833-2

Ⅰ. D691.22

中国国家版本馆CIP数据核字第20242SC265号

YOUFA YU WUFA：QINGDAI DE ZHOUXIAN ZHIDU JI QI YUNZUO

有法与无法：清代的州县制度及其运作

魏光奇　著

出 版 人：肖风华

策　　　划：向继东　李　敏
责任编辑：李　敏　罗　丹
封面设计：WONDERLAND Book design
　　　　　仙境
责任技编：吴彦斌　马　健

出版发行：广东人民出版社
地　　址：广州市越秀区大沙头四马路10号（邮政编码：510199）
电　　话：（020）85716809（总编室）
传　　真：（020）83289585
网　　址：http://www.gdpph.com
印　　刷：广州市豪威彩色印务有限公司
开　　本：787毫米×1092毫米　1/16
印　　张：34.25　字　　数：526千
版　　次：2024年9月第1版
印　　次：2024年9月第1次印刷
定　　价：128.00元

如发现印装质量问题，影响阅读，请与出版社（020-85716849）联系调换。
售书热线：（020）87716172

再版前言

　　我的关于中国县制研究的两本著作——《官治与自治：20 世纪上半期的中国县制》和《有法与无法：清代的州县制度及其运作》，分别于 2004 年和 2010 年由商务印书馆出版。这两部著作出版后，其学术价值得到海内外学界的肯定。近十几年，我在明清赋役制度与乡里制度研究过程中，发现这两部著作有个别历史事实的阐述欠清晰、欠准确，甚至错误，需要找机会予以修订改正。这次有幸得到广东人民出版社的鼎力相助，将这两部著作修订再版，使我这一愿望得以实现。

　　此次对于两部著作进行修订所解决的一个重要问题，是改正对于秦汉至隋唐时期"乡官"制度理解的偏差。关于秦汉至隋唐时期"乡官"制度的阐述，虽然并不属于这两部著作的主体内容，却与之存在重要关联，具有相当的重要性。

　　近人对于秦汉至隋唐时期"乡官"制度的理解出现偏差，始于清末地方自治的推行。自秦以后直至明清，国家置官设治止于（州）县（即时人所谓"皇权不下县"），各县县域虽然存在乡、里、都、保等各种形式的区划，但却不在其中设置职能全面的政府行政官员和机构。不过，这并不意味着作为社会基层的城邑、乡里完全处于无序状态，也不意味着国家对它们的统治完全缺位，相反，（州）县之下的城邑乡里存在着各种承担管理本地事务和下达国家"政教"的职能人员。这个群体有一个共同特征，即全都属于本籍人士，而不像国家所置地方行政长官那样均为外籍人士。此外，这个群体内部也存在着"历时态"与"共时态"之差异。

　　所谓"历时态差异"，是说大致以唐中叶为界，这个群体的社会地位发生了一种根本性变化。宋元间人马端临编纂《文献通考》设"职役"一门，区分"职"与"役"。他指出：在隋唐以前，在乡里承担各种公共职能的人员——如两汉魏晋汉之三老、有秩、啬夫、游徼，北魏之三长，隋唐之党正、里正等——都属于"乡职"，社会地位较高，属于统治者的范畴。"天子"与"里胥"虽然贵贱悬殊，但在"任长人之责"这一点上是相同的。当时担任这种乡职乃是一种荣耀，而绝不会成为负担，两汉以来，即使是在各王朝末期或乱世，人们也不会"以任乡亭之职为苦"。但隋唐以后，情况发生了变化，官吏对乡职人员肆意压迫勒索，使得他们较之身服"军旅土木之徭役"的人夫还要"困苦卑贱"，这已经完全背离了古人"置比闾族党之官之本意"。于是，"乡职"无人愿意承担，只好"轮差"，沦落为一种与军旅劳作同样性质的徭役。由于这种徭役不是一种体力劳作，而是通过担任某种为官府服务的职务来服役，所以被称为"职役"。同是在乡里充任某种公职，隋唐以前社会地位较尊，属于"乡大夫"，隋唐以后卑贱，属于"民"。对此《清朝文献通考》归纳说："大抵以士大夫治其乡之事为职，以民供事于官为役。"

　　所谓"共时态差异"，是说这个群体在隋唐以前虽然都属于地位较尊的"乡职"，但其职务性质却有不同。有些职务，任其职者擢选于民，属于城邑乡里的地方首领，而不属于官府行政系统的人员，非官非吏，国家不给俸禄（或不时有赏赐），如两汉魏晋之三老、北魏之三长、隋之党正、唐前期之里正等，就属于这种情况。另外有些职务，其任职者则属于官府行政系统的人员，属于县府派出到乡里任职的吏，国家给其俸禄（尽管很低），如两汉之亭长、有秩、啬夫、游徼等就属于这种情况。

　　上述"乡职"人员的"历时态差异"，经马端临强调指出后得到了人们的重视，但主要存在于隋唐以前的"共时态差异"却为人们所忽视。对于两汉以至唐中期各种在乡里充任公职的人员，人们往往统称之为"乡官"，而没有注意到他们之中有些属于官府擢于民的"乡官"，有些则属于县府派出到乡里任职的"乡吏"。考"乡官"一词，汉代文献用以指乡职人员办公之地，至隋唐时期，开始用"乡官"来指称各种"乡职"人员，既包括三老、三长、党正等官府擢选于民的乡里首领，也包括由本籍人士充任的、仅履行某种单一政府职能的官府属吏（乡吏）。如严耕望先生指出，史称隋文帝废乡官，"非废乡里之官"，而是废除"秦汉以来地方长官自辟属吏"制度。

至清末西方地方自治思潮传入中国，开明人士尝试从中国传统政制中寻找资源来响应。他们据《周礼》说：周制之下，存在"乡遂之官"三万七千八百多名，"与民相亲而事无不举"，"汉之三老、啬夫，犹存古意"。但自隋以后尽废乡官，将一县数百里之地的统治责任付诸县令长一人，结果导致胥吏徇私舞弊，政治因此堕落。此种议论，批评了近世中国政制国家置官设治仅及于（州）县而没有乡政的弊病，但却将隋唐以前的"乡里之官"与县府属吏相混淆，这是一个错误。对此，严耕望先生指出"汉世，县、乡有三老，郡亦时有之，昔称乡官，即乡里民官率民参政者也。近人恒与有秩、啬夫、游徼、亭长并论，失之远矣。有秩、啬夫、游徼、亭长等乃郡县属吏分部乡亭者，纯为地方政府之行政属吏"，"乡官虽亦由政府擢任，然其性质与属吏绝殊"。

严耕望先生强调对于秦汉至隋唐时期县域政制中的"乡官"与"县吏"应加以区分，这个意见非常重要。从清代和民国县制研究的角度看，这种区分不仅关系到对中国古代乡官、乡吏制度的正确把握，而且还涉及清末、民国县制中"官治"与"自治"的关系，涉及清代州县佐贰分防制度、清末"区官"制度和国民政府时期"分区设署制度"的历史渊源，甚至还涉及现代中国地方行政体制建设应如何从历史中吸取经验的问题。我在撰著《官治与自治》《有法与无法》两书时没有注意到严先生的见解，沿用了人们常用的说法，将秦汉至隋唐时期的各种乡职笼统视为"乡官"。此次对这两部著作进行修订，着重改正了两书在这一重要问题上所持观点和具体阐述的偏差。

此外，我还吸收自己近年来对明清赋役制度研究的收获。此次修订对清代州县政府的赋税征收职能、清代州县财政定制等问题也进行了调整、补充和改写。

新版面世之际，再次感谢广东人民出版社。

魏光奇

2023 年 3 月于北京

自　序

这部书是拙作《官治与自治：20世纪上半期的中国县制》的姊妹篇。作为一篇序言，本来应该就它的写作主旨、内容、学术史以及得失等谈一些东西，但这些笔者在"序论"中都已经讲到，就不再赘言。而有关我从事中国县制问题研究的主要因缘，我在《官治与自治》的自序中也向读者做过简要的交代。这里，就再简单讲一讲本书写作的缘起。

1999 年，我申报的"20世纪前期中国县乡行政制度研究"通过国家社科基金立项，在同事和学生们的帮助下于 2001 年结题，书稿于 2004 年由商务印书馆出版，即《官治与自治》一书。这部书的主线，是中国县制在 20 世纪上半期的近代化转型，而这种转型的出发点当然就是清代的州县制度。因此，当上述项目结题后，我就决定进一步对清代的州县制度进行探讨，乃于 2002 年申报国家社科基金立项并获得批准，随即开始了相关的研究工作。

就在这时，瞿同祖先生所著《清代地方政府》一书的中译本于 2003 年6 月由法律出版社出版。说老实话，我在此之前只知道瞿先生有这样一部英文著作，但没有读过，只是根据书名推测它的内容当为清代行省制度，即使涉及州县，内容也不会很详尽。但在读过此书后，才知道这部书是关于清代州县制度研究的专著，而它对于清代州县衙署人员和职能的阐述，本来正是我申报课题时预想研究的主要问题。于是，我陷入了一种"困境"，应如何调整研究计划，以争取在瞿著的基础上再取得一些突破，成为摆在我面前的一个重要问题。我决定还是先推进有关的材料收集工作，即使对于瞿著中阐述很详尽的问题，也先以学习的态度进行探讨，待取得较多知识后再选择研究和写作的重点。

在这一过程中我体察到，瞿著虽然很少直接引用资料原文，但它对于清代州县衙署组织和职能的阐述却是在充分掌握有关史料的基础上作出的，全面而准确，几乎无可挑剔。根据这种情况，我尝试在瞿著的基础上朝这样几个方向努力，争取取得一些突破：引用资料原文，以体现历史学著作的特点，使读者对清代的州县制度有更为直观、感性的认识；在阐述清代州县衙署的组织和职能问题时，利用瞿著限于客观条件而未能利用的历史档案，主要是清代顺天府宝坻县、直隶获鹿县和四川巴县衙门的未刊、已刊档案，以求使相关研究进一步深化；对清代督抚监司对于州县的统辖权责、清代州县官的任用制度、清代州县官的思想理念与作风、清代州县官场风气以及清代州县财政等瞿著涉及较少或基本没有涉及的问题进行探讨；从现代政治学的角度出发，以"有法与无法"为分析框架，对清代州县制度的深层矛盾进行分析，以此来透视秦以来中央集权君主官僚制度的特征和缺陷。现在贡献给读者的这部稿子，大概就是基于这种想法完成的。关于本书的不足，笔者在"序论"中也已进行了阐述，这里不再重复。

我平时对18世纪以来被称为"历史哲学"那类历史理论有相当兴趣，一直想通过某种微观研究来探讨中国秦以后政治制度的深层特征。这次在对清代州县制度进行研究时，我初步启动了这一工作，主要体现在第七章、第八章和结语部分。这些部分以史论结合方式所阐述的内容，是我最希望能与读者交流的体会。

魏光奇

2003 年元月

目 录

序　论

一、主要概念

　　本研究所使用的"清代州县"概念，指清代的初级政区。中国古代的地方初级政区，自秦汉至唐宋统称"县"；至元代，有些设于省、路、府之下的"州"没有属县，因此也属于地方初级政区。明、清承元制，在少数地方设"州"和"直隶州"，与"县"同为地方初级政区，并称州县。在清代，除州、县外又在边远地区设"厅"和"直隶厅"，而极少数作为二级地方政区的"府"除管辖州、县外也有自己的直辖区境。于是，清代的地方初级政区就有府、厅、州、县等四种形式；而州又有直隶州与属州之别，厅又有直隶厅与属厅之别。这样，严格来说，清代的初级政区存在府、直隶厅、属厅、直隶州、属州和县六种形式。由于属厅和直隶厅均为数不多，府有直辖区境者更少，因此"州县"一语就被用来指称上述六种初级政区，这在清代文献中已然。本研究所谓的"州县制度"，准确地讲是"与州县政治运作相关的制度"。清代实行中央集权的政治体制，没有现代意义上的地方自治、地方分权制度，州县政治因而没有法定的独立地位，只是国家统一政治体制中的一个层面。在这种体制中，在州县层面运作的各种制度，只有少部分为州县所独有（如州县官幕友、家丁制度），而这主要是因为它们并非由国家正式订立颁行。至于大多数制度，如州县官的任用、佐贰杂职的设置、书吏和差役的佥募、赋役和诉讼等各种职能、财政存留收支等等，全都分别属于国家相关制度的一个层面，或者说是国家相关制度在州县层面的运行。

二、理论关注

对于清代的州县制度及其实际运行情况进行研究，具有重要的历史考据意义。这种研究一方面有助于厘清清代州县政治本身的整体结构，另一方面也可以从州县层面深入了解上文所说清代各种"与州县政治运作相关的制度"及其运作情况。对于这种历史考据意义，这里不赘论。在此，仅对本研究关注的视角——"有法与无法"作一点阐述。

近代思想家严复曾在《原强》一文中借苏轼"中国以法胜，而匈奴以无法胜"一语，来阐发自己的一个重要见解。考苏氏原话谓：

> 古者匈奴之众，不过汉一大县，然所以能敌之者，其国无君臣上下朝觐会同之节，其民无谷米丝麻耕作织纴之劳。其法令以言语为约，故无文书符传之繁。其居处以逐水草为常，故无城郭邑居聚落守望之助。其旃裘肉酪，足以为养生送死之具。故战则人人自斗，败则驱牛羊远徙，不可得而破……由是观之，中国以法胜，而匈奴以无法胜。①

显然，苏轼所说的"法"，是指"文物制度"，即"礼""法"等由文明发展而形成的符号化规范，它们与人处于相对地位，从外部来制约人们的行为。"有法"与"无法"各有其利弊。"有法"可建立秩序，将一个人群整合为一个有序的政治、社会整体；但另一方面，"法"如果过于细密、烦苛，则也会导致人群内部的隔阂、壅蔽与矛盾冲突，使个人能动性发挥受阻，进而导致整体的衰弱、貌合神离。"无法"意味着人群内部没有固定秩序，不能整合为一个整体，会随机出现各种矛盾和争斗；但另一方面，"无法"也使得内部没有结构性隔阂，个体的能力发挥较少受到限制。正是在这种意义上，苏轼说"中国以法胜，而匈奴以无法胜"，即"中国"的优势在于得"有法"之利，匈奴的优势在于得"无法"之利。

---

① 孔凡礼点校：《苏轼文集》第一册，中华书局，1986，第286页。

严复就苏轼的话发挥道：

> （今之西洋）无法与法并用而皆有以胜我……自其自由平等以观之，其捐忌讳，去烦苛，决壅蔽，人人得其意，申其言，上下之势不相悬隔，君不甚尊，民不甚贱，而联若一体者，是无法之胜也。自其官工兵商法制之明备而观之，则人知其职，不督而办，事至纤细，莫不备举，进退作息，皆有常节，无间远迩，朝令夕改而人不以为烦，则是以有法胜也。①

严复的意思是说，现代西方既能得"无法"之利，又能得"有法"之利；而相对而言，中国则既为"无法"之弊所损害，又为"有法"之弊所损害。具体言之，一方面，西方的社会体制推崇"自由平等"，各个社会成员、社会阶层之间不相"壅蔽"，"联若一体"，有"无法"的色彩；另一方面，其各项政治、军事、经济制度又十分健全、明确，运作规范，有"有法"的特征。相比较而言，中国一方面在社会政治制度方面处于"有法"状态，各个社会成员、社会阶层尊卑判然不平，相互之间"壅蔽"隔阂；另一方面在行政制度方面处于"无法"状态，各项具体的行政、军事、财经制度不健全、不明确，名实不符，运作随意。

　　严复的这种见解，准确地抓住了中国秦以来社会政治制度和行政制度的特点和缺陷。就社会政治制度而言，西欧中世纪实行的是封建世袭等级身份制；而在中国，秦代废分封、行郡县，就已经废除了世卿世禄的贵族制度。就行政制度而言，以官员职业化、组织科层化、运作法治化为基本特征的现代行政制度，在西方国家至17、18世纪以后才逐步建立起来；而在中国，则也是在两千年前的秦代就已经建立。由于看到了这些，伏尔泰等启蒙思想家赞赏中国制度的"理性"。然而究其实，中国的"秦制"与现代的平等社会制度、理性行政制度只是具有表面的相似性。"秦制"下的中国，虽然废除了西周那种世袭的等级身份制度，但社会和政治却充斥着宗法性的尊卑贵贱和人身依附，以及公权力的私人化；虽然建立了十分周密的行政制度（包括机构、规则），但其实很无序，骨子里仍是"人治"。严复的话表明他看到了这一点。不过，具体揭示中国传统政治

---

①　《严复集》第一册，中华书局，1986，第22页。

社会制度和行政制度的这种表里不一特征，还要通过具体的学术研究才能实现。在笔者看来，迄今为止学术界在这方面的努力还十分欠缺。有鉴于此，本书对于清代州县制度及其运作的研究，就尝试着眼于此。换言之，本书尝试通过对清代州县制度及其运作的研究来揭示"秦制"的一个根本性特征——在社会政治制度方面看似"无法"而实际"有法"，在行政制度方面看似"有法"而实际"无法"。

具体到清代州县制度领域，这种"无法而有法、有法而无法"的主要表现是：第一，州县官府是一个宗法性自利集团，内部充满各种役使、勒索与荫庇关系。第二，州县官府与"民"相对立，是社会的统治者，它一方面盘剥社会，侵蚀国家资源，另一方面实行强力行政，压制社会的反抗。第三，州县治理机制残缺，缺乏健全的职能机构、有力的执法机制和有效深入乡村社会的行政机制，也缺乏为施政所必需的翔实情咨统计和充足经费。第四，州县官府以私人和社会势力履行公权，书吏差役成为地方社会的黑恶势力。第五，督抚监司制度、文簿制度和问责处分制度异化，未能起到监督州县官员的作用，反而妨碍、干扰了他们的施政，增加了他们的无谓负担，并为胥吏营私舞弊提供了便利。第六，实行"模糊治理"，制度规定与实际运作相悖，行政中充斥着"无法之法""非法之法"的"潜规则"。

三、学术史述评

有清一代，州县制度作为当时的一个现实政治问题，始终有人关注，黄六鸿、陆陇其、田文镜、陈宏谋、袁守定、汪辉祖、王凤生、刘衡、何耿绳、徐栋、刚毅等人都曾撰著、编辑过有关州县制度运作的书籍。这些书籍如今被我们用来作为学术研究的史料，而在当时，它们除史实记述外，也都包含对清代州县制度的利弊进行探讨并提出改革对策的内容。晚清改革、维新思潮兴起，冯桂芬、郑观应、康有为、梁启超、张謇等人在他们的著作中也全都曾经揭示清代州县制度的弊病，并提出自己的改革主张。至清末推行州县行政改革和地方自治，袁世凯、张之洞等不少官员也在有关奏章中对州县制度的改革提出了建言。当然，这些当时人的记述、批评和建言还不属于现代性质的学术研究。

清代州县制度开始作为学术问题而进入研究者的视野是在民国时期，程方著《中国县政概论》（商务印书馆1939年版）、胡次威著《民国县制史》（大东书局1948年版），虽以论述民国县政为主，但对包括清代县政在内的中国古代县政均有所追述。1949年至80年代中，国内学术界有关清代州县制度的研究基本上处于空白状态，而海外学者则有重要论著问世，如瞿同祖先生著《清代地方政府》（哈佛大学出版社1962年英文版，中译本2003年由法律出版社出版）、陶希圣先生著《清代州县衙门审判制度及程序》（台湾食货出版社1972年版）、那思陆先生著《清代州县衙门审判制度》（台北文史哲出版社1982年版）、［美］曾小萍（Madeleine Zelin）教授著《州县官的银两——18世纪中国的合理化财政改革》（加州大学出版社1984年英文版，中译本2005年由中国人民大学出版社出版）。此外，2000年继有［美］白德瑞(Bradly W. Reed)教授所著《清代州县的书吏与差役》出版（斯坦福大学出版社）。

20世纪80年代以后，与清代州县制度有关的一些问题开始受到国内一些学者的关注，这些问题包括：州县官问题、幕僚问题、吏治问题、刑罚问题、储粮问题、保甲乡约问题等，一些学术论著相继发表、出版，如李荣忠撰《清代巴县衙门的书吏与差役》（《历史档案》1989年第1期）、毕建宏撰《清代州县行政研究》（《中国史研究》1991年第3期）、郭润涛撰《汪辉祖与清代州县幕府》（《中国史研究》1993年第1期）、郭润涛著《官府、幕友与书生——"绍兴师爷"研究》（中国社会科学出版社1996年版）、郑秦撰《清代县制研究》（《清史研究》1996年第4期）、吴吉远著《清代地方政府的司法职能研究》（中国社会科学出版社1998年版）、魏光奇撰《清代州县财政探析》（《首都师范大学学报》2000年第6期、2001年第1期）、魏光奇撰《晚清州县行政改革思潮与实践》（《清史研究》2003年第3期）、关晓红撰《清末州县考绩制度的演变》（《清史研究》2005年第3期）、周保明撰《清代县衙吏役的内部管理》（《北方论丛》2006年第1期）、邱捷撰《知县与地方士绅的合作与冲突——以同治年间的广东省广宁县为例》（《近代史研究》2006年第1期）、魏光奇撰《清代州县官任职制度探析》（《江海学刊》

2008 年第 1 期）、魏光奇撰《晚清州县官任职制度的紊乱》（《河北学刊》2008 年第 2 期）、邱捷撰《同治、光绪年间广东首县的日常公务——从南海知县日记所见》（《近代史研究》2008 年第 4 期）等。这些论著对于清代州县的行政运作、州县官的职能与活动、任职和考绩、吏役管理、财政运作、与士绅的关系等问题进行研究，均有重要建树。此外还应提到的是，柏桦先生著有《明清州县官群体》（天津人民出版社 2003 年版）和《明代州县政治体制研究》（中国社会科学出版社 2003 年版），何朝晖先生著有《明代县政研究》（北京大学出版社 2006 年版），这三部著作虽然都是对于明代州县制度的研究，但由于清代与明代（尤其是明后期）的州县制度之间存在继承关系，它们对于清代州县制度的研究也有十分重要的借鉴意义。

笔者认为，上述论著中成就最大或最有代表性的成果是瞿同祖的《清代地方政府》、那思陆的《清代州县衙门审判制度》和白德瑞的《清代州县的书吏与差役》，这里对它们作简单评介：

瞿同祖先生的《清代地方政府》是关于清代州县行政制度研究的一部力作。该书所研究的问题包括：清代州县政府、县官、州县衙署的各类人员（书吏、衙役、长随、幕友）、州县行政的职能（司法、征税及其他）以及士绅与州县行政的关系。该书信息量极大而且准确，作者是在阅读、消化大量资料的基础上对清代州县行政问题进行融会贯通的系统阐述，而不是摭拾少量资料就轻易得出结论。虽然很少直接引用原文，但全书内容具有高度准确性是毋庸置疑的。瞿同祖先生的这部著作，基本上搞清了清代州县行政的基本体制、人员和职能，为后人在这一领域的进一步研究奠定了基础。该书也存在的缺憾之处，例如，由于条件限制，未能引用第一手的档案资料；对州县官的任用、州县与各级上司的关系等，阐述较为单薄。此外，或许是由于原著系英文的原因，该书很少直接引用原始资料，这对于人们获得对有关历史环境的直观印象会有所影响。

那思陆先生的《清代州县衙门审判制度》是关于清代州县司法职能研究的一部力作。作者运用现代法律学的概念体系对清代州县的审判制度进行透视，能够发现一般历史学者所忽视的问题。该书对清代州县衙门的人员构成、刑事审判程序、民事审判程序等进行了系统的阐述，为后人继续研究这一问题提供了基本框架。本书关于清代州县的司法诉讼职能一节，即是以该书的内容框架为基本结构进行阐述。由于著作宗旨和篇幅所限，该书重在阐述清代州县衙门审判制度的设计，而对其实际运作情况的探讨较为薄弱。

美国学者白德瑞教授所著《清代州县的书吏与差役》，是一部关于清代州县书吏与差役研究的重要著作。作者以清代四川巴县档案为资料，对清代巴县衙门书吏和差役的地位、职责、社会关系、收入以及房科、役班内部的分工、争斗等问题进行了深入细致的研究。但该书所使用的资料仅限于清代巴县档案，这对于透视清代州县书吏和差役制度来说，存在一定的局限。

总体说来，迄今为止国内外学术界对于清代州县制度的研究取得了如下成绩：其一，基本搞清了州县治理结构和州县政府的赋役、司法等职能。其二，对州县幕僚问题、吏役问题、财政问题等进行了程度不同的探讨。其三，搞清了有关研究的基本资料情况。所有这些，都为后人的进一步研究提供了便利。迄今为止的清代州县制度研究也还存在缺憾。这包括：其一，有的论著较偏重于清代官方的有关制度设计而忽略其实际实行情况。其二，有些重要问题尚未厘清，如州县官与各级上司衙门的关系问题等。其三，州县治理结构、州县官任用制度、吏役制度、财政运作等问题，研究尚有待深入。其四，相关的理论探讨还比较薄弱。

四、所取得的突破和不足

如果说本书在清代州县制度研究方面尚有某些建树的话，那么笔者认为主要表现在以下几个方面：

第一，对有些前人没有进行揭示和阐述，或阐述比较粗略的问题进行了较深入的阐发。这类问题包括：

1. 清代以前（州）县治理结构的演变；

2. 清代督、抚、司、道、府等各级上司对于州县的统辖权责；

3. 清代州县官任用制度的设计、运作和缺陷；

4. 清代州县官的思想理念与作风；

5. 清代州县官场的恶劣风气；

6. 清代州县佐贰杂职的设置、任用、监察和职责；

7. 清代的州县财政和实际运作。

第二，在前人相关研究的基础上，进一步发掘资料，拓展和深化了对清代州县的治理结构的研究。第三，在前人相关研究的基础上，进一步发掘资料，拓展和深化了对清代州县政府各项职能的研究。第四，从现代政治学的角度出发，以"有法与无法"为分析框架，较深入地分析了清代州县制度的深层矛盾，以此来透视秦以来中央集权君主官僚制度的特征和缺陷。

本研究也存在不足之处，这主要表现在：

第一，清代的州县制度就其整体而言虽然较为稳定，但其各个部分和运作环节随着时间的推移也有变化沿革。由于作者学力、精力有限，本研究基本上是着眼于其稳定的一面，而对其变化一面的研究很不充分。有些问题作者已经发觉、意识到它们的存在，但在本书中都是点到为止，没有进行深入探讨。如，康雍乾期间裁撤驿丞而将驿站改归州县管理，清中期以后州县官的任用情况、官场风气均有变化等等。对于清代厅、州、县的具体设置情况及其行政等级的变化，本书则没有予以探讨。对于这种不足笔者感到很遗憾，如有可能，今后将予以弥补。第二，对于前人的研究成果虽然力求吸收，但由于这些成果十分丰富，以及作者的知识背景有欠缺，有些未能理解，未能吸收。此外，受到客观条件和作者外语水平的限制，对有的外文成果未能吸收。第三，理论分析仍然相对薄弱。在研究过程中，作者收集到了不少资料，可以用来透视清代的政治理念、政治制度非理性特征和社会结构问题，在这方面本书做了一些工作，但还有欠深入，争取能在以后的时间里做进一步努力。

五、所使用的资料

本研究所使用的资料主要有以下几类：

1. 官书、典制和正史。《清会典》、《清实录》、《清史稿》、各部《则例》、《清朝文献通考》等清代官书、典制、正史的有关记载，虽然不能直接作为研究清代州县制度实际运行情况的依据，但也有其重要价值：（1）对于研究清代州县制度的设计来说具有权威性；（2）可以为研究清代州县制度的运作情况提供制度性平台；（3）其中保存有少量州县制度实际运行情况的实例，可以折射出某些制度的运作实况与其定制之间的差异。

2. 历史档案。本研究使用的已刊和未刊档案资料主要有清代顺天府档案、直隶获鹿县档案和四川巴县档案，对于台湾的"淡新档案"，研究过程中也有参考。这些档案中保存有关于清代州县制度运作的第一手资料，不论是其内容还是其作为官府公文的草拟情况、保存情况和传达方式，都可以从特定角度反映有关问题的实况。档案资料的缺点是较为零散，缺乏系统性，且具有地域的局限性，须与其他资料结合使用才能取得较好的效果。

3. 各个时期的地方志。清代所修地方志对于州县制度的记载，起码可以反映修志时的有关情况。此外，抄录旧志是地方志篆修方式的一个重要特点，因此清代历朝所修方志和民国时期所修方志，均可在一定程度上反映以前各个时期的有关情况。但是，地方志的修篆质量高下差别很大，也存在失真和简单抄录其他地方志书等问题，利用时需要进行分析考辨。

4. 清人文集和文编。这类资料如黄六鸿的《福惠全书》、汪辉祖的《学治续说》、徐栋所辑《牧令书》《保甲书》、周家楣的《期不负斋政书》、朱采的《清芬阁集》、刚毅的《牧令须知》，以及贺长龄等人编辑的《皇朝经世文编》及"续编""三编""四编""五编""新编""新编续集""统编"、《经济文编》、《皇朝经济文新编》等。这些文集、文编的作者有些曾经担任过州县官、知府、道台、藩臬、督抚或其他官职，有的做过州县官的幕友，有些则是关心时务的经世型学者，他们所作文字对于清代州县制度实况的记录，基本真实可信。

5. 清人和民初人士的笔记。如张集馨的《道咸宦海见闻录》、蔡申之的《清代州县故事》、徐珂辑《清稗类钞》、徐凌霄和徐一士的《凌霄一士随笔》、李孟符的《春冰室野乘》等文字，有些本于作者亲身经历，有些源于当时当事人讲述，有些采自与当时当事人不远的传闻，一般比较可靠。这些文字最为可取的是，它们包含不少为官书和文集不便记录的隐秘情况，可以作为研究州县制度实况的重要依据。当然，这些文字有时会存在记录者记忆或传闻失误的情况，使用时需要与其他资料相互佐证。

6. 小说。反映作者所处时代政治社会生活的小说，其写作对于人物、地点、时间等均可以虚构，但对于当时的社会背景却无法虚构。因此，这类小说在社会史和政治制度史研究中具有重要史料价值。本研究从李伯元的《官场现形记》《活地狱》等小说中引用了部分事例，用以说明州县制度的运作情况。

六、方法

本研究主要采用传统史学的实证方法。史学认识论的基本特点，是史家从主体观念和知识出发来选择问题、解读资料和构建历史事实。史学研究的过程就是这两者的互动过程。治史者从主体观念出发进行研究，而对材料的解读又会反过来丰富和改变治史者原来的主体观念，使之成为下一步研究的出发点。笔者相信史著必须有"义"、有"识"、有主体性，同时也相信史学必须具有考据性，必须从史料分析中得出结论。有鉴于此，本书通过分析资料、搜讨互证来求得研究对象的实相。此外，本文在第一章至第六章中，对清代州县制度的各个组成部分和环节的弊病有所分析，在第七章、第八章和结语部分，则从整体的角度对清代州县制度的前现代和非理性特征进行了探讨。

最后对本研究大量引用资料原文的做法作一点解释。本研究各章均引用了大量资料原文，笔者这样做的原因，一方面可能包含有史学工作者"不肯割爱"的癖好，也可能包含有作者资料处理能力不强的因素。但另一方面，笔者有这样一种指导思想，即清代州县制度的实际运作在各地往往差别很大，对于各种相关记载，哪些能反映普遍现象，哪些仅反映个别现象，没有一定数量的资料似乎引用难以说明。

第一章

清代的地方体制

清政府在内地实行行省制度，州县是其初级政区。而州县作为初级政区，其内部又存在行政等级的差别。州县之上，则置知府、巡道、藩臬两司和督抚实行行政监察和统辖。这样一种地方体制，构成了清代州县制度及其运作的背景框架。

第一节　地方行政层次

一、清代以前的地方行政层次

在中国历史上，作为国家政区的县起源于春秋。春秋初期，楚、晋、秦等国在攻灭他国的土地和开边戍地上置县，或为卿大夫之采邑，或为国君所直属；其后者往往由国君派贵族治理，有民无土，具有采邑和国家政区的双重性质。至春秋中期，一些诸侯国纷纷在灭国、边地和内地置县，其中部分属于封建采邑性质，但也有一些由国君委派非世袭的贵族官吏治理，成为国君的直接属地。这后一种情况，即是作为国家政区之县的早期形态。例如，公元前514年（晋顷公十二年），晋国韩、赵、魏、知、范、中行氏六家大夫联合灭祁氏与羊舌氏两家，"分祁氏之田以为七县，分羊舌氏之田以为三县"，任命十人为县大夫。[①]在这十人当中，有四人属于韩、赵、魏、知四家贵族的余子，而另外六人则系因功因德而任命。他们全都不属食采之贵族，而是具有官僚性质。

秦统一后建立君主专制的中央集权国家，在全国统一实行郡县制。此后直至明代，地方行政体制经历了一个从二级制逐渐走向三级制的演变过程，但始终以县为初级政区。

秦代地方行政以郡为一级政区，县为二级政区。汉承秦制，地方行政仍实行"郡—县"二级制，与郡同属一级政区的还有封国。由于郡、国的数目多达103个，不便统辖，汉武帝时在其上设立了14个部，京畿周围各

---

① 《春秋左传正义》（下），北京大学出版社，1999，第1493—1494页。

郡属司隶校尉部,其他郡、国分属13个刺史部(也称州),每部置刺史一人。刺史之职责,仅仅在于对郡、国长官进行监察,而不号令、管辖其行政,所以这种刺史部的性质属监察区而非行政区。至东汉末年黄巾起事爆发后,朝廷委派中央高级官员出任州牧,授予兵权、财权和行政权。于是,州在无形之中演变为了一级行政区,地方行政体制由"郡—县"二级制变为"州—郡—县"三级制。

两晋南北朝时期,州、郡的数目不断增多,导致地方行政混乱,故当时已有人酝酿合并州郡。隋灭陈后,废郡而以州辖县,地方行政又重新回到二级制。隋炀帝大业三年(607年),改州为郡,以郡辖县,郡置刺史。隋唐之际群雄并起,滥置刺史,郡的数目急剧膨胀。至李唐建国,又加以省并,并改郡为州,仍为二级制。

唐初因州的数目过多,不易管理,乃向地方派遣巡察使等监察官员;巡察使后改为按察使,并由临时差遣改为常置。当时监察官员按照交通路线分区巡察,故这些区域被称为道。唐玄宗开元二十二年(734年),将唐初所划分的十道改为十五道,各置采访使。天宝末年,采访使兼任黜陟使,掌握了地方官吏的任免权。安史之乱爆发后,原来仅设于边地的节度使广泛设置,他们集军事、行政大权于一身,凌驾于州之上。唐肃宗乾元元年(758年),改采访使为观察使,并使之兼任节度使,于是作为观察使之监察区的道,与作为节度使之军管区的方镇合而为一,形成了"道—州—县"三级行政。

北宋惩五代藩镇割据之弊削夺节度使政权、兵权和财权,派中央官员直接管理州的军事行政事务和县的行政事务,称"权知军州事""知×县事",州级行政区为中央所直辖。后来,又在州之上设置转运使、提刑按察使、安抚使和提举常平使,这些官员并非在一定区域内负行政全责,而只是履行某种单一的行政或监察职能。他们的管辖区域称为路,但各种路的管辖区域范围并非完全统一,有人称为"复路制"。对于这种"(复)路—州—县"的体制,有人称之为"二级半制"。

元代在今河北、山东、山西等"腹地"之外设立十个"行中书省",简称"行省",均有固定的管辖区域。在省之下,置路、府、州、县等各级行政,各地情况不一。其层次最多者为"省—路—府—州—县"五级;最简者或以省领路，或以省领府，或以省领州，只有二级；而实行较为普遍的是"省—路（府）—（州）"县三级。这种体制后为明、清两代所沿袭。

明代地方行政体制实行"省—府（直隶州）—（州）县"三级制。明初采用宋代"条条专政"的制度，在地方设"三司"，即都指挥使司、布政使司和按察使司，分别执掌地方军事、行政和司法事务。就布政使司制度而言，系承袭元代行省制。明政府将大约相当于元代南部九省的疆域划分为两京、十三布政使司，俗称十五省，成为地方最高行政机构和行政区。除少数情况外，都指挥使司和按察使司的职能管辖区域与布政使司基本一致。遇有军事政治事务，中央临时派出巡抚、总督到各地监察、指挥、协调，中叶以后成为常设官员。从制度上讲，巡抚、总督系中央派出的使节而不是地方行政官员，但由于他们手握"节制文武"、考察官吏的大权，实际上成为地方最高行政长官。省之下的地方二级行政区为府和直隶州，直隶州知州的品级低于知府；属州与县同为三级行政区，知州的品级高于知县。

从县制史研究的角度看问题，秦代至明代的地方行政体制有几点值得注意：其一，尽管当时的地方行政体制在二级和三级（有时甚至是四级乃至五级）之间往复更替，但始终都是以县作为最低一级的地方行政组织和区划；其二，这一时期郡、州、省等高级地方行政机构和区划的数目，少则十数、数十，多则数百，变动盈缩幅度极大，但县的数目变动不大，自秦汉至明清，大致在一千多之数；其三，尽管历代经常通过设置职能性官员的办法来分解地方高级行政组织的职权，但县行政却始终集财赋、司法、治安、教化于一体，权力比较完整；其四，对县行政和职官的建置因地制宜，不拘一格。

二、清代的地方行政层次

清代疆域广阔，内地和边疆地区民族成份、宗教信仰和社会发展情况差异甚大。针对这种情况，清政府在各地区实行不同的地方行政制度，可以说是"一国六制"。在人口构成以满族为主的东北地区，设盛京将军、吉林将军、黑龙江将军各一人统辖东北全境，对满族人口实行八旗制度，而对汉人较为集中的区域则实行州县制度。对于内蒙古各旗实行旗盟制度，各旗联为六盟。对外蒙古和青海、新疆等地的蒙古部族，则设乌里雅苏台将军和参赞大臣、科布多参赞大臣和办事大臣、库仑办事大臣和帮办大臣以及西宁办事大臣进行统辖。他们所辖地区，可以视为与内地各省平行的地方一级行政区，内蒙古各盟可视为地方二级行政区。在新疆，设伊犁将军管辖天山南北路，即新疆全境，下设乌鲁木齐都统，伊犁、塔城、喀什噶尔参赞大臣，以及南北疆各重镇的办事大臣、协办大臣、领队大臣等。其基层行政则实行几种不同的制度：其一是实行于蒙古各部和哈密、吐鲁番地区的札萨克制；其二是实行于南疆维吾尔族地区的伯克制；其三是实行于北疆汉族、回族人口集中地区的州县制，在巴里坤设镇西府，在乌鲁木齐设迪化州，总隶于镇迪道，民政系统属甘肃省管辖。在西藏，设西藏办事大臣进行管辖。在西南少数民族聚集的地区，实行世袭的土官、土司制度。在内地汉族人口集中的地区，则实行行省制度。

清代将内地划分为顺天、奉天两个直辖府和直隶、山东、河南、山西、江西、安徽、江苏、浙江、福建、广东、广西、湖北、湖南、云南、贵州、四川、陕西、甘肃等18个省。顺天府置府尹一人，府丞一人，辖大兴、宛平两个京县和京畿四路厅20个州县。奉天府辖承德县，置满缺府尹一人，汉缺府丞一人。各省置总督、巡抚作为最高军政长官。清代典制述总督职权为"掌厘治军民，综制文武，察举官吏，修饬封疆"，因节制绿营和监察官吏，所以加兵部尚书衔、都察院右都御使衔，从一品。清代大部时期置直隶、四川、两江、闽浙、两广、湖广、云贵和陕甘等八员封疆总督。此外尚有专办某项事务的总督，如漕运总督、南河河道总督、东河河道总督等。清代典制记巡抚"掌宣布德意，抚安齐民，修明政刑，兴革利弊，考核群吏，会总督以诏废置"，因有节制绿营、监察官吏之职权，所以加兵部侍郎衔、都察院右副都御使衔，从二品。清代大部时期置山东、河南、山西、安徽、江西、江苏、浙江、福建、广东、广西、云南、贵州、陕西、湖北和湖南等15员巡抚。[①]各省总督与巡抚，虽然品级有差但互不统属；两者的职责究竟有何区别，有关典制规定比较含糊，在实际

---

　　① 1884年新疆设省，置巡抚；1885年裁福建巡抚，置台湾巡抚；1904—1905年，裁督抚同城之湖北、云南、广东巡抚；1907年置东三省总督和奉天、吉林、黑龙江巡抚。

运作中更是难以明确划分，咸同以后尤其如此。

各省置承宣布政使司和提刑按察使司，协助督抚处理本省政务。布政、按察两司其名曰"使"，依典制本系朝廷派往各省的使节，而非省级职能官员，但在实际上早已沦为督抚属员。布政使司每省一人（江苏省分设江宁、江苏布政使两人），从二品，负责一省财赋、民政；按察使司每省一人，正三品，主管一省刑名案件。此外，各省还设提督学政一员，纯粹为中央的差遣官员，三年一任，不隶于督抚。

布政、按察"两司"之外又有道员（道台）。清代道员情况较为复杂。清初，布、按二司均置正、副官，不久布政使正、副官改为左右参议，即分守道；按察使正、副官改为副使、佥事，即分巡道。由此而论，清代道员属于省级职能性官员而不是省以下二级政区的地方官员，当时司道并称也可以说明这一点。道员最初"省置无恒，衔额靡定，均视其升补本职为差"[1]，如由京堂等官补授者为参政道，由掌印给事中、知府补授者为副使道，由科道补授者为参议道，由郎中、员外郎、主事、同知补授者为佥事道。乾隆十八年（1753年）取消参政、参议、副使、佥事诸衔，一律正四品。此后，道员可分两种：其一是在一省范围内分管某一项事务的职能性官员，如盐法道、粮道、海关道、河道；其二是拥有一定辖区的地区性官员，即分守道和分巡道，均冠以地区名称，如直隶霸昌道、江苏苏松太道等，全国共92人。以上两类道员在职能上往往是互兼的，分守道、分巡道大多兼水利、驿传、海关、屯田、河务等职能，如专职海关道仅有津海关道一缺，其他均由分守、分巡道兼任。反之，粮、盐道也有兼分守道、分巡道者。各省分巡道有监察府、州、县官吏之责。此外，分守道、分巡道虽然分别源于布政使与按察使的副官，但后来在地方监察职责并无分别，"并佐藩、臬核官吏，课农桑，兴贤能，励风俗，简军实，固封守，以帅所属而廉察其政治"。[2]

清代以府、直隶厅和直隶州作为行省之下的二级行政区。各府置知

---

① 《清史稿》卷九十一，职官志三，中华书局点校本。以下"廿五史"各书均为中华书局点校本。

② 《清史稿》卷九十一，职官志三。

府一人，佐贰有同知、通判，均无定员。知府总领属厅、属州、属县，掌一府行政、司法，监察下级官吏；同知、通判分掌粮盐督捕、江海防务、河工水利、抚绥民夷等。全国共置185府，或隶属于布政使，或隶属于道员，也有隶属于驻防将军者。直隶州置知州一人，属官有吏目一人；此外置州同、州判等佐贰，均无定员。直隶州执掌同府，但没有附郭县，即知州须自己执掌一个三级行政区的事务。直隶厅多置于云、贵、川、桂等省的少数民族区域，有的辖土府、土州、土县、土司，个别亦有辖县者（如云南永北直隶厅，辖荣坪县、永宁土府、蒗蕖土州；广西百色直隶厅辖恩隆县、恩阳州判、上林土县、下旺土司），其长官为同知或通判，其属员有经历、知事、照磨、司狱等。

清代的初级政区有府、厅、州、县：

1. 府。府本为省辖二级政区，云南的昭通、顺宁、丽江等三府，贵州的贵阳、安顺、兴义、都匀、镇远、思南、石阡、铜仁、黎平、大定等府，除辖厅、州、县外还有自己的直辖区域和人口。例如：贵州省贵阳府除辖1厅3州4县外，还"亲辖"6里；安顺府除辖2厅2州3县外，还有"亲辖地"5起13枝，共161寨；兴义府除辖1厅1州3县外，还有"亲辖地"3里，其中近城为安仁里，均悉屯民；东南西北四乡为怀德里、永化里，为经改土归流的十八寨苗地。[①]清末颁布《府厅州县地方自治章程》，规定在"府、厅、州、县"等四种初级政区实行地方自治，其"府"就是指上述这种府的直辖区；至1913年1月，北洋政府颁布《划一现行各县地方行政官厅组织令》，规定除现设各县仍称"县"外，这种有直辖区境的府和直隶厅、直隶州、散州和厅，一律改称"县"。[②]

2. 直隶厅。上文已经述及，直隶厅多置于云、贵、川、桂等省的少数民族区域，除个别辖州、县、土府、土州、土县、土司外，大多数不辖三级政区，本身就是初级政区。

3. 直隶州。清代的所谓直隶州有两义：其一，指一个由省直辖的二

---

① 罗绕典辑：道光《黔南职方纪略》，台湾成文出版社有限公司影印（以下简称"成文影印本"），第15、34、49页。

② 《中华民国史事纪要（初稿）》，民国二年册，台湾中华民国史料研究中心印行，第21页。

级政区，它包括由直隶州知州直辖的政区，和由直隶州知州所领的若干个县。例如，安徽广德直隶州，领建平县；直隶易州直隶州，领涞水、广昌二县；山西代州直隶州，领五台、崞县、繁峙三县；河南汝州直隶州，领鲁山、郏县、宝丰、伊阳四县；甘肃秦州直隶州，领秦安、清水、礼县、徽县、两当五县。其二，指直隶州知州的直辖政区。上述两义，其第二义为初级政区。

4. 属州。亦称散州，隶于府（个别隶于直隶厅），为初级政区。如直隶保定府所属安州、祁州，正定府所属晋州，大名府所属开州，天津府所属沧州，河间府所属景州，承德府所属平泉州，永平府所属滦州，均为属州。

5. 属厅。大多数隶于府，个别隶于道或隶于驻防将军。如直隶张家口厅、独石口厅、多伦诺尔厅隶于口北道；吉林厅、伯都讷厅隶于吉林将军。

6. 县。或隶于府，或隶于直隶州，个别隶于直隶厅。

各属州置知州一人，州同、州判、吏目等佐杂的设置与直隶州相同；各属厅置同知、通判及经历、知事、照磨、司狱等属员，与直隶厅相同；各县置知县一人，佐贰有县丞、主簿，均无定员。此外，各县均置典史一人，为知县属员，"掌稽检狱囚"；州县有关津险要则置巡检，掌捕盗贼，诘奸宄。各州学、县学置儒学教官，其中州置学正、训导，县置教谕、训导。

瞿同祖著《清代地方政府》一书中，据康熙、雍正、乾隆、嘉庆、光绪历朝《清会典》制有清代"行政单元数"和"各省行政单元分布状况"表，抄列见表1.1和表1.2：

表1.1　清代地方行政单元数目

时期	府	直隶州	直隶厅	（散）州	（散）厅	县
康熙	177	—		267	—	1261
雍正	167	65	—	149	—	1211
乾隆	187	67	—	154	—	1282
嘉庆	182	67	22	147	74	1293
光绪	185	72	45	145	75	1303

资料来源：瞿同祖《清代地方政府》，第9页。

表1.2 清代各省行政单元分布

省	府	直隶州	直隶厅	（散）州	（散）厅	县
盛京	2	—	1	5	2	14
吉林	2	—	—	1	4	2
黑龙江	—	—	2	—	—	—
直隶	10	6	4	17	4	123
山东	10	2	—	9	—	96
山西	9	10	—	6	7	85
河南	9	4	—	6	1	96
江苏	8	3	1	3	2	62
安徽	8	5	—	4	—	51
江西	13	1	—	1	2	75
福建	9	2	—	—	6	58
浙江	11	—	1	1	2	75
湖北	10	1	—	7	—	60
湖南	9	4	5	3	—	64
陕西	7	5	—	5	7	73
甘肃	8	6	1	6	6	47
新疆	2	4	11	—	—	11
四川	12	8	4	11	8	112
广东	9	5	5	6	1	78
广西	11	2	2	15	2	49
云南	14	3	5	26	10	39
贵州	12	1	3	13	11	33
总计	185	72	45	145	75	1303

资料来源：瞿同祖《清代地方政府》，第9—10页。

第二节 州县的行政等级

一、清代以前的县等制度

由于各县人口多寡、疆域广狭差别甚大，所以中国历代大多实行县等制度。所谓县等制度，即是依照户口数目、赋税数额、地理位置重要程度及事务繁简、民风强弱等情况，将各县划分为若干等级，使之在官员的设置、品秩和任用方式等方面有所差别。

秦代和汉代将县按人口多寡分为两等，户口在万户以上者置县令，万户以下者置县长，前者秩千石至六百石，后者秩五百石至三百石。①东汉将县分为三等，大者置县令，秩千石；其次者置县长，秩四百石；小者置县长，秩三百石。②"北齐制县为上中下三等，每等又有上中下之差，自上上县至下下县凡九等"。"隋县有令有长，炀帝以大兴、长安、河南、洛阳四县令并增正五品，诸县皆以所管闲剧及冲要之处以为等级"。唐代将县分为京、赤、畿、望、紧、上、中、下八等。宋代开国伊始，即将天下诸县分为赤、畿、望、紧、上、中、下七等。唐宋赤县为京内之县，畿县为京都附近之县，其划分系以地理位置为依据；此外望、紧、上、中、下等县，其划分系以户口多寡为依据。如宋代县等"四千户为望，三千户以上为紧，二千户以上为上，千户以上为中，不满千户为中下，五百户以下为

---

① 《文献通考》卷六十三，职官十七，浙江古籍出版社，2000（以下"十通"各书均同此版本）；《汉书》卷十九上，百官公卿表。

② 《后汉书》，志二十八，百官志五。

下"①。金代县等，大兴、宛平曰赤县，户口在二万五千以上者曰次赤县（亦称剧县），二万户以上者曰次剧县；"在诸京依郭者"曰京县；京县以下，万户以上为上县，三千户以上为中县，不满三千户为下县。②

自秦至宋，初级政区的形式唯县一种而别无其他，故政区的行政等级仅体现为县等划分这一种形式。至元代，地方行政体制中较为普遍的形式是"省—路（府）—（州）县"三级，于是初级政区便有州、县两种形态（以省领路、以省领府者不计）。明代与此类似，实行"省—府（直隶州）—（州）县"三级制，初级政区有州、县两种形态。在这种体制下，初级政区的行政等级就不仅体现为县等的划分，而且还体现为州与县的区别——州高于县；而元代的州也有等级之分。这种州与县之间、不同州等之间、不同县等之间的行政等级差别体现在三个方面：（1）管辖户口；（2）职官设置；（3）职官品秩。例如：

> 元于至元三年（1266年）划各州为三等：1万5千户以上者为上州，6千户以上者为中州，6千户以下者为下州。划县为三等：6千户以上为上县，2千户以上为中县，2千户以下为下县。至元二十年（1283年），又划江淮以南各州为三等：5万户以上者为上州，3万户以上者为中州，三万户以下者为下州；划江淮以南各县为三等：3万户以上为上县，1万户以上为中县，1万户以下为下县。

其职官设置及品秩：

> 上州置达鲁花赤、州尹，秩从四品；同知，秩正六品；判官，秩正七品；参佐官置知事、提控、案牍各一员。
>
> 中州置达鲁花赤、知州，秩正五品；同知，秩从六品；判官，秩从七品；参佐官置吏目、提控、案牍各一员。
>
> 下州置达鲁花赤、知州，秩从五品；同知，秩正七品；判官，秩正八品；参佐官置吏目一员或二员；以判官"兼捕盗之事"。
>
> 上县置达鲁花赤、县尹，秩从六品；县丞、主簿、县尉各一

---

① 《文献通考》卷六十三，职官十七。
② 《续文献通考》卷六十一，职官十一，浙江古籍出版社，2000。

人；典史二人。

中县置达鲁花赤、县尹，秩正七品；不置县丞；其余与上县相同。

下县置达鲁花赤、县尹，秩从七品；其余与中县相同；民少事简之地以主簿兼领县尉职责；后又别置县尉，主捕盗之事；典史一人[①]。

又如明代，州与县职官设置及品秩有差别：

州置知州一人，从五品；同知，从六品；判官，从七品，同知、判官无定员；吏目一人，从九品。

县置知县一人，正七品，县丞一人，正八品；主簿一人，正九品；典史一人。[②]

至于就县而划分等级的制度，明代开始趋于模糊。朱元璋在吴元年（1364年）曾颁行县等制度，规定税粮十万石以下为上县，六万石以下为中县，三万石以下为下县，知县、县丞、主簿品级各有差。但后来对于知县、县丞、主簿、典史等官员"一齐其品"。《明会典》和《明史·地理志》对于上、中、下县等制度均无记载，只是在县官任用制度中"立繁简之目，才优者调繁，不及者调简"[③]。而对于各县孰为繁、孰为简，典制亦无记载。

二、清代州县的行政等级

清代在州县的行政等级划分方面，继承了元、明的上述制度，并将缺位繁简制度具体化。即是说，仍然从州与县之别、各州县之间的简、要之别这两个方面划分州县的行政等级。就州与县的区别而言，清代基本同于明代，两者职官设置不同，品秩有差。知州从五品〔乾隆三十五年（1770年）改直隶州知州正五品〕，州同从六品，州判从七品，吏目从九品；知

①　《元史》卷九十一，百官志七。
②　《明史》卷七十五，职官志四。
③　顾炎武著、黄汝成集释：《日知录集释》，岳麓书社，1994，第278页。

县正七品，县丞正八品，主簿正九品，典史未入流。总体来说，州高于县。在各州县的繁简划分方面，清代制定了一种为明代所没有的具体制度，即以政务繁简为标准将所有州县缺划分为简、中、要、最要四等（要缺与简缺正印官和佐贰的任用方式互有区别，见第二章第三节、第三章第一节）。对此有文献记述：

> 清沿明制，而官之除授有最要、要缺、中缺、简缺之分。
>
> 各县有冲、繁、疲、难四字之异，大抵一字及无者为简，二字为中，三字为要，四字为最要。①

所谓"冲、繁、疲、难"者，以路当孔道者为冲，政务纷繁者为繁，赋多通欠者为疲，民风刁悍、命盗案多者为难。对于各州县缺分，《清会典》和《清史稿·地理志》均予注明，如直隶保定府：

清苑县，冲、繁、疲、难；	安肃县，冲；
雄县，冲、繁、难；	博野县，疲；
定兴县，冲、繁；	唐县，简；
新城县，冲、繁；	容城县，简；
望都县，冲、难；	完县，简；
蠡县，繁、难；	祁州，简；
束鹿县，繁、难；	安州，简；
满城县，冲；	高阳县，简。

以上保定府二州十四县，计四字最要缺一县，三字要缺一县，二字中缺五县，一字和无字简缺二州七县。

据当时人记载，南北方由于风俗和政治社会环境不同，州县缺位的繁简并无统一标准，"北省俗醇而事简，赋少而易输，州县治事，自辰迄午，则案无留牍矣。南方俗漓而事繁，赋多而易逋，讼师衙蠹，奸弊百出，自非精敏强力之吏，鲜有不困者。故近日督抚所定冲繁疲难之缺，北方之兼四项者，仅比南之兼三者；北方之兼二项者，仅比南方之简缺"②。

---

① 民国《盐山县志》法制略，设官篇，成文影印本。

② 陶正靖：《吏治因地制宜三事疏》，贺长龄辑：《皇朝经世文编》，沈云龙主编：《近代中国史料丛刊》，台湾文海出版社有限公司（以下简称"《近代中国史料丛刊》本"），1972，第632—633页。

当自然和人文社会环境发生变迁时，有些州县的等级会随之调整。例如：

1. 浙江石门县雍正七年定为冲繁难要缺，"乾隆十三年改为冲繁中缺，四十一年复为冲繁难要缺"。①

2. 福建省莆田县"原定冲烦二字中缺"，光绪间闽浙总督何璟、巡抚张兆栋奏准改为"冲烦疲难四字要缺"，理由是社会地理环境发生了四点变化：（1）"顺治康熙年间犹为地广人稀，百余年来生聚日盛，村落递增，现在既有人满之虞"；（2）"赋课最多，近以民情疲玩，系历委员督征，仍难足额"；（3）"海口林立"，"（外洋轮船来泊）近日建设教堂，时有交涉事件"；（4）"民情健讼好斗，近年尤甚"。②

3. "江苏江浦县本系冲字简缺"，清末因津浦铁路修建而成为交通要冲，1909年两江总督张人骏奏准"改为冲繁二字调缺"；由于旧县治"去江岸较远"，并考虑改为繁缺后"将治所择地改设"。③

除了县等变化之外，随自然和人文社会环境变迁而进行的初级政区等级调整，也体现在直隶州、散州和县之间。清初设置的直隶州、散州和县，后来屡有变化，直隶州"或以府改设析置，或以府属州升，或省并入各府"；散州"随地制宜，或由特设，或由县升，或以属州升为直隶州"；县"因地增设，或属于府，或属于直隶州，繁要则升为州，其州之简者，亦改为县"④。如直隶天津初为"卫"，雍正二年（1724年）改为直隶州，九年升为府，领一州六县；沧州初属河间府，雍正三年（1725年）升直隶州，领南皮、盐山、庆云等3县；易州初属保定府，雍正十一年（1733年）升为直隶州，领涞水、广昌二县（广昌县初属山西大

---

① 光绪《石门县志》，舆地志，江苏古籍出版社影印（以下简称"江苏古籍影印本"）。
② 何璟、张兆栋：《请饬议改调改选县缺疏》；葛士濬辑：《皇朝经世文续编》，《近代中国史料丛刊》本，1972，第501—502页。
③ 《清朝续文献通考》卷一百三十五，职官二十一，浙江古籍出版社，2000。
④ 《清朝通典》卷三十四，职官十二。

同府，此时改属直隶易州）①。又如 1903 年因卢汉铁路即将贯通，开封东西支路也将兴建，原来隶属于河南开封府的郑州改为直隶州，"定为冲繁疲难外调要缺，以荥阳、荥泽、汜水三县拨隶州属"②。而值得注意的是，历经时代变迁，元、明时代州的行政等级高于县的制度已经有所变化。虽然在职官品秩方面，州官仍高于县官，但不少县属于要缺、最要缺，而属州则也有简缺，这从上述直隶保定府的情况就可以看得十分清楚。

简缺州县一般为选缺，繁缺州县一般为题、调缺，简缺升为繁缺，意味着吏部控制的州县正印官任用名额的减少，所以定例"应归月选之缺改为题调要缺，必须于本省题调要缺内酌改简缺互换"③，这一制度始终得到执行。例如，前述光绪年间福建莆田县由二字中缺改为四字最要缺时，即由吏部议定"将措置较易之南平县调缺改归部选，以资互换"④。又如，前述清末江苏江浦县由冲字简缺"改为冲繁二字调缺"，同时即遵定例将原来属于冲繁难三字调缺桃源县"改为难字简缺"，理由是它此时已非交通要道，"民风朴实，讼狱无多"⑤。

各级上司衙门对州县的各种摊派，也视后者的行政等级而有数额有差，但这种差别往往不能随州县等级的改变而及时调整。如道光间包世臣说："山东旧有十七大缺，今昔情形互异"，"如胶州、利津本上缺，而变为中缺；临清、藤县且变为下；荣城本下，潍县、即墨本中缺，皆变为上"，而上宪衙门胥吏"仍照旧摊派，苦乐不均"。⑥

---

①　《清朝通志》卷二十八，地理略。

②　《清朝续文献通考》卷一百三十五，职官二十一。

③　《清朝续文献通考》卷一百三十五，职官二十一。

④　何璟、张兆栋：《请饬议改调改选县缺疏》，葛士浚辑：《皇朝经世文续编》，第 501—502 页。

⑤　《清朝续文献通考》卷一百三十五，职官二十一。

⑥　包世臣：《山东东西司事宜条略》，盛康辑：《皇朝经世文编续编》，《近代中国史料丛刊》第 84 辑（后文简注"《丛刊》第 84 辑"），台湾文海出版社有限公司，1972，第 2014—2015 页。

第三节　各级上司对于州县的统辖权责

一、概述

上文已经述及，在地方行政体系中，州县的上司为总督、巡抚、布政使、按察使、分巡道、知府（直隶州知州、直隶厅同知、通判）。就制度而言，督、抚为方面大员，兼有行政和监察之权；布、按两司为一省行政官员，前者职责侧重于民政、财政，后者职责侧重于司法、刑罚；巡道属于监察区官员；知府、直隶州知州（直隶厅同知、通判）是二级行政区主官（与州县官一样被称为"地方官"），兼有行政与监察之责。但实际上，清代政治制度的设计和运行以简便实用为宗旨，并没有今天所谓理性化的概念，所以各官除辖区明确外，职责、职权划分并不十分明确。概言之，督、抚、司、道、府（直隶州知州等）对于州县官的统辖权责，第一在于行政，第二在于监察，第三在于司法审判复核、复审。下面对督抚、司道和知府（直隶州知州）统辖州县的权责分别阐述。

二、督抚权责

督抚对于州县官员的权责，主要在于人事管理，包括委署、题调、奖励、处分、请假、考绩等。

1. 委署和题调。督抚有题补、题调、委署州县官的权力，也有奏请将州县官撤任、调任的权力（详见第三章第一节）。州县官经督抚题调、委署任职后如有违法，后者须负一定责任：

雍正六年遵旨议定：署印官于署任内事犯贪婪被参者，除将本人治罪议处外，其委署之上司自行究参者免其处分；倘上司徇庇私人，容隐劣员，或自护其短不行参奏，于他处发觉时，将委署之上司照徇庇例降三级调用。

乾隆五年奏准：各省督抚照例题升调补官员，原任及新任内有贪劣等事，如系该督抚等自行查出究参，无论该员升任原任贪劣，皆免其议处；如不行参奏，别经发觉者，皆照不揭报劣员例，分别察议。①

督抚不遵定制，擅行"将革职降级官员及巡检、大使、典史、驿丞等官委署州县印者"，降一级调用。②

2. 奖励与处分。

督抚等地方大员对于施政和办理公务有功绩、劳绩的州县官员，可奏请予以奖励。试举一例：咸丰八年（1858年），顺天府办理捕蝗，事后顺天府尹将"各州县捕蝗捐资出力各员分别优次开折请奖"，这些人员主要为现任和署任的州县正印官和佐杂，包括署房山知县候补知县高××、署三河知县现任武清知县石××等共15人③。督抚等地方大员如果认为州县官严重失职乃至违法，可奏请将之撤职。例如，光绪初丁日昌任福建巡抚，经核查发现各州县词讼案件积压、伪造、匿报情况严重，因此奏请将福清县知县某参革，将调署闽县知县某等十员"一并摘顶，勒限半年内将积压各案次第结清，再行奏请开复"④。又如，光绪间直隶三河县知县郑×任内出盗案14起，未获11起；宛平县知县谢××署任期间出盗案9起，一起未破获，直隶总督乃咨顺天府尹，将郑、谢二人撤任，所空之缺另外委员署理。⑤一项公务办竣后，对官员功、劳的奖励和对过失的处分有时同时进行，以示赏罚分明。例如，袁世凯任直隶总督时曾咨顺天府尹就办理盗

① 《大清会典事例（嘉庆朝）》卷六十四，吏部，《近代中国史料丛刊》本，1991。

② 同上。

③ 中国第一历史档案馆藏：清代顺天府档案，028（全宗号）—4（目录号）—306（卷号）—002（文件号）。以下略去括注。

④ 丁日昌：《清理积案以甦民困疏》，葛士浚辑：《皇朝经世文续编》，第2223—2224页。

⑤ 中国第一历史档案馆藏：清代顺天府档案，028—1—2—032。

案问题，分别对容城县知县李灿章等人分别给予记功、记大功和记过、记大过、撤任等奖惩。①

3. 考绩。外官的定期考核为三年进行一次的"大计"。大计的进行，"藩臬道府州县递察其属之职"，"而申于总督、巡抚"。州县正印官的考绩，由顶头上司知府或直隶州知州出具考语，详巡道、移两司，最后申报督抚，由督抚最终决定考绩结果。考绩结果，对参考各官按其守、才、政、年情况，分为卓异、合格和不合格三等，其优等者称"卓异"，报吏部记名，知县以上皆引见，加一级回任候升。其不合格者，分别六种情况予以弹劾，即所谓入于"六法"。所谓"六法"，即不谨、疲软无为、浮躁、才力不及、年老和有疾。处理办法，其不谨和疲软无为者革职，浮躁者降三级调用，才力不及者降二级调用，年老和有疾者休致；"凡官贪者、酷者，则特参，不入于六法"。卓异和入于"六法"弹劾者外，均为合格，无奖无惩，继续留任。②

4. 州县正印官和佐杂官因病请假，也由督抚批准。清制，"州县官告病，督抚委官验实，出具印结，一面题咨，一面催令将经手仓库钱粮一切案件交代清楚，即给咨令其回籍"；"（佐杂等）微员告病"，"由该管官具结申详"，督抚"具结报部"即可，不须具题。③

除了人事管理外，督抚也采取一定方式对州县官及其政务进行监察。例如，督抚莅临地方巡查，可以接收当地士民对地方政务的投诉。道光年间，山西代州向乡民派收"号草"，驿书和知州家人"视小民为鱼肉"，浮收严重。适巡抚申启贤"北阅至代州，里正绅耆，拦舆环诉"，申启贤批转署雁平道张集馨，得以解决。④又如，长麟任浙江巡抚，"闻仁和令某有贪墨声，乃微行访察之"，有酒家指知县"爱财若命，不论茶坊酒肆，每月悉征常例"，仁和县令得知后差拘酒家，长麟乃将知县革职。⑤地方大吏还可以通过处理上控案件了解地方情形，批示州县官作出处理。兹举光

① 中国第一历史档案馆藏：清代顺天府档案，028—4—260—132。

② 《大清会典（嘉庆朝）》卷八，吏部，《近代中国史料丛刊》本，1991。

③ 《大清会典事例（嘉庆朝）》卷七十二，吏部。

④ 张集馨：《道咸宦海见闻录》，中华书局，1981，第46页。

⑤ 李孟符：《春冰室野乘》，山西古籍出版社，1996，第30页。

绪间顺天府尹周家楣以这种方式处理事件的有关事例：

> 顺天府霸州"差役讹索"铺户被控，霸州知州予以包庇，草率销案。周家楣批示说：此案原告所控"已质明铺户，确切相符"，他批评知州借口被控差役已经"因案另革"而不作处理。又，该州差役"黑屋私押"，知州"置不一问"，周家楣在批示中斥责知州"纵容差役鱼肉斯民"。①

督抚还有权变动本省的地丁征收章程的变动。例如，同治八年（1869年），江苏巡抚丁日昌"通饬省章"，地丁每两征收钱2420文，后因银价昂贵，又令每两加征100文。②

三、两司权责

藩臬两司作为各省职能官员，主要负责钱粮征解、各项经费收支、捕盗、词讼等方面的政务，而这些恰恰也就是州县官的主要职责。因此，两司与州县官的关系，就主要在于督催、监察后者按定制履行这些职责。其具体方式包括：

1. 要求州县按定制造报各类文书表册。州县每月须上报缉盗清册。同治间曾国藩任直隶总督时说：在词讼、捕盗、监狱事务方面，直隶州县根据有关章程须按月向上司呈报五种表册：（1）新旧各案已结未结开折呈报；（2）监禁之犯开折呈报；（3）管押之犯开折呈报；（4）监管病毙者具禀呈报；（5）窃贼未获者具禀呈报。他严厉要求杜绝各州县严重欠报问题，对于"未报者、报而不实者，立予记过"。③对于命盗案件，各州县均须上报，"犯事失事有报，检验获犯有报，初审复审有报"。④州县官上任所带长随，按定制州县官也须"开具姓名籍贯，造册通报上司存案，以防

---

① 周家楣著、志钧编：《期不负斋政书》，《近代中国史料丛刊》本，1973，第614—615页。

② 阮本焱：《求牧刍言》，《近代中国史料丛刊》本，1968，第121—122页。

③ 曾国藩：《直隶清讼事宜十条》，葛士浚辑：《皇朝经世文续编》，第481页。

④ 王国安：《请省簿书以课农桑疏》，贺长龄辑：《皇朝经世文编》，第580页。

奸究"。①清代档案中存有不少这类表册，可以反映这种册报制度的实行。例如，道光八年（1828年），宝坻县添设捕役八名，顺天府东路厅札令该县将新添捕役"送候本府点验"；②四川巴县每月向重庆府造报禁卒、更夫、捕役、仵作名册；按句向府、臬、藩申报有无设立卡房、滥押平民。③

2. 通过下发公文饬令州县官办理各种事项。例如，光绪间朱采任山西汾州知府时，他的文集中记录，山西藩司（和巡抚）"叠次通饬"各知府，要求他们"就近督率"所属各州县"整顿吏治，清理词讼，查报钱粮积弊，禁革买票，裁革陋规以清徭役"；"将所属州县才具操守以及何者办理得宜、如何成效，何者办理未善，何者空言搪塞、概未遵行，并将一切利弊开折禀呈"。④在督察州县行政方面，布政使司与按察使司的分工并不清晰。例如，同治间丁日昌任江苏布政使，即通饬各州县清理积案、禁止私押。札文说"本司总理钱谷，于狱讼原非专管"，但"抚字为催科根本"，所以有此谕令，望州县官"不以本司为越俎"。⑤

四、道员权责

清代典制说"各道职司风宪，综核官吏，为督抚布教令，以率所属"⑥，即是说，分守、分巡道的主要职责在于督率包括州县官在内的地方官推行政教法令。而分守、分巡道履行其职权的主要方式，是定期到所属各地巡查。对此有官员记述说，"直隶道府每岁有巡查各属之例"，只要"观其井利之修废，麦田之多寡，种树之疏密，沟渠之通塞通过"，就可以对于地方官的施政情况"得之眉睫间"。不过这位官员也指出，当时道

---

① 《大清会典事例（嘉庆朝）》卷七十六，吏部。

② 中国第一历史档案馆藏：清代顺天府档案，028—4—263—021。

③ 四川省档案馆藏：清代巴县档案，清全宗6，嘉庆朝第17、11、22卷。

④ 朱采：《清芬阁集》，《近代中国史料丛刊》本，1968，第897—902页。

⑤ 丁日昌：《通饬清理狱讼札》；盛康辑：《皇朝经世文编续编》，《近代中国史料丛刊》第85辑（后文简注"《丛刊》第85辑"），台湾文海出版社有限公司，1972，第4731页。

⑥ 席裕福、沈师徐辑：《皇朝政典类纂》，《近代中国史料丛刊》本，1982，第4995、5003页。

府巡查往往例行公事，"不过一经其地而已"，并不认真进行。①对于事关吏治的倾向性问题，清廷也试图通过分巡道的巡查来予以解决。例如，乾隆二十二年清廷针对各地经常"悬牌停讼，不收呈词"的问题发布上谕，命令"嗣后除农忙停讼外，不得再沿隆冬停讼之陋习，应准理者即行准理，应完结者即予完结，以免积滞。至各省巡道，原有督察讼案之责，分巡所至，并宜严行查核，不得视为具文"。②

对各州县词讼事务的监察，是分守、分巡道的另一项重要职责。清制，对于州县自理词讼，"责成该管巡道稽查督率，巡到州县地方，即将讼案号簿提到查核，勒限催审；有关积贼、刁棍、衙蠹及胥役弊匿等情，立即亲提究治"。但是由于"一道所辖之州县多寡远近不同，一时难以遍历"，有的地方变通道员巡查制度，令各州县"各于月底将一月准理事件，开列事由，已结者就簿登销"，"于次月之朔呈送巡道"。由于各州县往往造报拖延，又改令恢复巡查，"责成巡道到县，就近提到号簿，逐一稽核"。③

道员有时也受督抚之命，纠正地方官施政中的过失。如上文曾提到，道光间山西代州浮收"号草"引起绅民控诉，巡抚申启贤命雁平道张集馨前往处理。④

在州县官员的人事管理方面，司、道、府也有一定权责。例如，州县官如因丁忧、病故以及突患重病突然出缺，可以由出缺官员所隶属的道、府委员代理，同时申详督抚委署。⑤

五、知府权责

知府是州县官的直接上司，对州县行政关系最大。清代典制说，各府知府"掌一府之政，统辖属县，宣理风化，平其赋役，听其狱讼，以教养

① 黄可润：《畿辅见闻录》，徐栋辑：《牧令书》卷二十三，宪纲，清道光二十八年刻本。
② 《清高宗实录》《清实录》第十五册，中华书局，1986，第1060—1061页。
③ 陈宏谋：《饬巡道清查州县词讼檄》，徐栋辑：《牧令书》卷二十三，宪纲。
④ 张集馨：《道咸宦海见闻录》，第46页。
⑤ 文孚纂修：《钦定六部处分则例》，《近代中国史料丛刊》本，1969，第128页。

万民，凡阖府属吏，皆总领而稽核之"①。概言之，知府既是行政官，又是监察官；既负责国家政教在一府各州县的施行，又负责监察州县正印和佐杂官员。

清廷十分重视知府监察官吏的职能，对此，雍正间的上谕强调说：

> 知府一官承上接下，以察吏安民为要务，督抚统辖全省，地方辽阔，属官多至百数十员，察核贤否自难人人确当，所赖者汝等府道耳。一府所属其多者不过十余州县，耳目易于周知，如能与督抚同心协力，则举劾悉当，吏治自然肃清，但不得背公违理，迎合督抚之意。②

> （知府）有统辖属员之职，若各属之内有一人居官不善，在知府分内即为一分旷职，不可云洁己谨守遂可无忝此任也。③

督抚两司对于州县官员的监察，往往是以知府为耳目进行的。例如道光间张集馨任山西朔平知府，莅任后接藩司函，"饬将朔平各州县仓库核实，属员贤否、秋收丰歉确实情形密禀"。张集馨经查核后禀复，其中包括对州县和佐杂各员考语：

> 朔州许牧，人甚老成，惟在任日久，官民习熟，呼应不灵；左云贾令，性情崛强，民情爱戴；平鲁杨令，听断明析；右玉杜令，初次署缺，事体尚生；宁远齐倅尚未会面，尚须察看；粮捕同知祥丞，心地欠明；其余佐杂各员，均无上控之案。④

光绪间朱采任山西汾州府知府，接布政使司札文，令"查明所属教杂中，有无年老、残疾及怠玩废弛应劾人员，限三日内指名密禀"。朱采在复禀中对署介休县教谕王瓒进行了激烈弹劾：

> 查有署介休县教谕王瓒，于本年十月十二日到任，科案录取新生业于九月送学。该员到任后，派斗于街市，拖拉新生董焕纶致学，押索谢仪。经卑府提讯属实。复因新生范×致送赞敬，未遂所欲，独坐明伦堂戒饬六十；又疑卫训导收匿新生谢仪，寻向

---

① 席裕福、沈师徐辑：《皇朝政典类纂》，第4995、5003页。
② 席裕福、沈师徐辑：《皇朝政典类纂》，第5005页。
③ 席裕福、沈师徐辑：《皇朝政典类纂》，第5006页。
④ 张集馨：《道咸宦海见闻录》，第33—34页。

辱骂，揪衣持砚殴打，经门斗拉劝，未至重伤，随即出文告病，将该学印记送交卫训导，率行走去。……似此任情乖谬，实为仅见，不特放利丧廉，抑且形同无赖，岂可再令司铎，残刻士林？缘奉饬查，理合据实密禀查核。①

对于州县官办理政务的情况，督抚两司也通过知府进行考察。例如，光绪十一年（1885年）山西汾州府知府朱采"接奉宪台札饬"，禁止种植罂粟，"饬将所属办理情形分别勤惰，详开清折禀请核办"。②

知府除负责监察州县官员过犯之外，还负有督导州县官员行政的责任，并可以对州县行政进行直接干预。雍正八年（1730年）的一道上谕说：

知府有"承办率下之责"，必须能够"察吏安民"。办理刑名事件，知府是"上下关键"，必须"明允公当，地方始无冤民。不可听属员恳求，亦不可畏上司驳诘而草率苟且以致讼狱颠倒，下结民怨，上干天和"。催科一事，"若果遇水旱灾荒，自当据实申详，加意抚恤，不可隐藏匿以图省事，亦不可捏报以滋弊端"。③

正因为知府有督导州县行政之责，所以他们对于州县官员的行政过失须负连带责任。例如，对于所属州县官任职内的亏空，知府须负责赔偿6%，严重失察者还须给予处分。④

知府对于所属各州县行政的督导，有四种形式：

其一，订立地方性章程。对于常规政务，不宜靠临时政令督导，需要制定能够长远实行的章程进行规范，而知府有这种权力。例如：

张集馨任山西朔平知府，莅任后"酌拟章程，饬令凡有传讯之案，先行牌示某日审断何案，所传原、被何人，干证何人，逐一开载，案外牵扯，概不必传。俟人证提到，当堂先问有无被差押累？讯明断结之后，分别发落开释。仍将如何审断，及到案几人，如何发落开释之处，悬牌晓谕。倘有原差锁押无辜，许被累

---

① 朱采：《清芬阁集》，第769—770页。

② 朱采：《清芬阁集》，第833页。

③ 席裕福、沈师徐辑：《皇朝政典类纂》，第5005—5006页。

④ 伍承乔编：《清代吏治丛谈》，台湾文海出版社有限公司，1966，第413页。

人指名喊禀"。①

山西朔平府各属因经费短缺，捕役获犯寥寥。张集馨任知府后，"酌定章程"，令各州县官捐银作为缉捕和解犯经费，经两司据禀详巡抚批准后，"刊刻通行"。②田赋征收中的火耗等附加，各地往往各有章程，其变更也须知府批准。例如，山西孝义县知县拟变更本县钱粮征收附加章程，具禀藩司，藩司转呈巡抚，巡抚又批转汾州府知府，令他核明"办理有无窒碍"，"分报查考"，知府乃遵令考核，并向巡抚禀报。③

其二，发布政令、札饬，处理带有普遍性的事务。例如，朱采光绪间任山西汾州知府，针对各属存在的煤矿窑主盘剥虐待矿工、巫师从事迷信活动诈骗钱财、豪劣霸充村庄社首、表演淫乱偶像等社会问题，均发布告示禁止；对"所属地方各村社究首多有浮摊滥派、瘠众肥己情事"也出示解决，规定禁止霸充社首，核减村费数目。对于清理差徭、禁止赌博、加强对煤矿窑主管理等需要州县官采取行政措施的问题，则向所属州县官下发札文。对于各县甲头为多摊费用而"不愿将本甲粮石过于别甲别里"的问题、浮收钱粮的问题，朱采也札饬有关属县"即便查明以上各弊，迅即出示，晓谕百姓"。④又如，张集馨莅任山西朔平知府后，"即严饬各属审办案件，徒罪以上之犯，既行收禁，杖罪以下之人，立予保释。差提集原被干证，而原告匿不到案，亦即将被证人等，讯供释回，令其安业，不使废时。如系上控之案，照原告一月不到例请销"。⑤

其三，饬令、审查、批准州县官在地方政务方面的兴革。例如，山西孝义县存在严重的钱粮浮收问题，光绪十一年（1885年）里民向府禀请改革，知府收到禀文后"当即批示该县妥议禀明核夺"。此后，署孝义县令揭某到任来府，知府"面嘱其革除浮冒以清积弊"。揭某上任后，"与绅耆悉心参酌"，拟定新章革，减少浮收，禀报知府"核准"，知府"批令

① 张集馨：《道咸宦海见闻录》，第29页。

② 张集馨：《道咸宦海见闻录》，第36页。

③ 朱采：《清芬阁集》，第853—856页。

④ 朱采：《清芬阁集》，第763、771、775、779、861—863、723、831、761、925—926页。

⑤ 张集馨：《道咸宦海见闻录》，第29页。

出示晓谕"实行。①

其四，不假州县官之手，亲自处理州县的某些具体事务和上控事件。例如，张集馨任山西朔平知府，"朔州牧年老不能振作，钱粮值奏销，而所征无几"，巡抚令张"督催"。他奉命后"另造清册"，亲自经征。②又如，朱采任山西汾州知府时，汾阳县清徭局月报剩余款项4000余吊，他批令将这一款项用于核减差徭、扩充义学、筹备义仓。③

此外，各省首府还须履行管理候补人员等特殊职责。如张集馨署理山西太原知府，有"分发县令廿余员到省"，他认为这些人"皆书生不知吏事"，乃派部分人"在县学习"，部分人"在府学习"，"每晚令阅律例，次日互相讲求；并令值堂吏设置考勤簿，注明到局时刻"。④

①　朱采：《清芬阁集》，第853—856页。
②　张集馨：《道咸宦海见闻录》，第29页。
③　朱采：《清芬阁集》，第723—725页。
④　张集馨：《道咸宦海见闻录》，第42页。

第二章

清代州县的治理结构

清代州县官依靠幕友、长随、房吏和差役办理行政事务，形成一个以自己为首的主干行政系统。州同、州判、县丞、主簿等佐贰不普设，并非"正印官"的副职或下属，而是各有自己的衙署和独立职能，实际上被淡出主体性行政之外。这样一种治理结构，被称为正印官独任制。

第一节　清代以前的（州）县治理结构

一、概说

秦代至明代，县署行政人员分为三部分：一为县令、县长、知事、知县等主官；二为县丞、县尉、主簿等佐贰；三为掾、史、佐等掾属和吏员。这三部分人员的职能和相互关系，体现了（州）县的治理结构。大致说来，自秦汉至隋唐，国家任命县主官、佐贰，共同掌理县政，县设正式办事机构曹司，由主官自辟掾属作为正式行政人员。这种制度使得主官、佐贰和掾史能够连为一体，县政因此而具有较为统一和完整的形态。宋代以后，县政开始出现被割裂的倾向：一方面是主管县政的正式官员，他们由国家任命，均系外籍人，地位郑重而进退频繁；另一方面是办理具体县政事务的胥吏，他们大多数属于国家征用的民役，都是本地人，盘踞衙署而不随主官进退，地位低而操守差。而佐贰官员也逐步淡出县主干行政系统，独立执掌某些职能性事务。县政的这种割裂倾向，至清代发展到极端。下面分主官、佐贰、掾史和吏员三部分阐述秦至明的（州）县治理结构。

二、主管官员

历代诸县均置主管官员一员。秦、两汉和魏晋南北朝，大县置县令，小县置县长。隋、唐、两宋、辽、金，诸县皆置县令。元代各县均置由蒙古人担任的达鲁花赤，此外置县尹。明代以属州和县作为初级政区，分别置知州和知县。作为一县主管官员的县令、县长、知县，对其辖境内的民政、财赋、司法、治安、教化负全责。例如《后汉书》记汉代县令县长"掌治民，显善劝义，禁奸罚恶，理讼平贼，恤民时务，秋冬集课上计于所属郡国"①，其他朝代与此大致相同。

除这种经制制度外，宋代还曾以京朝官出任县地方官员，称"以某官知某县事"。顾炎武引《山堂考索》认为，"知县与县令不同，以京朝官知某县事，非外吏也"②，强调知县的基本政治身份是京朝官。但也须看到，宋代知县已属专职，毕竟不同于唐代"佐官摄令"的代理制度。宋代以京朝官知县事制度的真正意义在于重视县官的人选。南北朝以降，县令"用人滥杂，至于士流耻居之"。北齐武成帝时即设法扭转此风，曾"密令搜扬世胄子弟"任为县令，"自此县令始以士人为之"。③至五代大乱，县令卑鄙之风又起，"凡曹掾簿尉龌龊无能，以至昏老不任驱策者，始注县令"④。有宋一代，县令地位卑下、人不愿为的风气始终不绝。"天圣间……令选尤猥下，贪庸耄懦，为清流所不与，而久不得调，乃为县令……政和以来，太平盛世，人皆重内轻外，士大夫皆轻县令之选，吏部两选不注者甚多"⑤。针对这种情况，宋室不时采取措施予以匡正，其中包括遣派京朝官知县事。

三、佐贰官员

历代诸县均置佐贰官员一至数员。秦、汉各县均置县丞、县尉，两晋、南北朝大部时期仅置县尉而不置县丞，隋、唐复置县丞、县尉，唐且添置主簿。五代时期不置县尉，而将捕盗职责"属镇将"。宋、辽、金、元均在各县置县丞、主簿、县尉（宋、金、元小县不置县尉，而以主簿兼其职），明代置县丞、主簿而不置县尉。县丞、县尉始终属于国家正式职

---

① 《后汉书》，志二十八，百官志五。
② 顾炎武著、黄汝成集释：《日知录集释》，第325页。
③ 《文献通考》卷六十三，职官十七。
④ 顾炎武著、黄汝成集释：《日知录集释》，第325页。
⑤ 《文献通考》卷六十三，职官十七。

官，有自己的印绶。主簿"起于汉"，最初"皆令长自调用"，没有印绶，非正式职官而属于县令、县长的秘书人员，至隋唐"始自上置"。唐初主簿以流外官充任，高宗时"始以为品官，吏部选授"，位次在县尉之上。①宋、元仍其制。

作为"县佐"官员，县丞、县尉、主簿分别负责某些职能性工作。如汉代县丞"署文书，典知仓狱"，县尉"主盗贼"；②唐代主簿"掌付事句稽，省署钞目，纠正县内非违"。③自秦至元，县丞、县尉、主簿在负责各种职能性工作的同时，也作为佐治官员参与县整体性政务。隋唐县丞"兼通判县事"；唐代县尉"判诸司事"④；宋代四百户小县甚至不置县令，而由主簿兼其职责；元代各县遇有政事，县尹与县丞"相与可否议论，然后白之达鲁花赤"，甚至实行圆署制度，县尹、县丞、主簿均可圆坐连署，"遇有狱讼，公议完署而后决遣之"⑤。也正是从元代开始，出现了一种后来在明清时期发展为州县正印官"独任制"新倾向，即佐贰官仅执掌单一性县政而不参与县整体性事务，并因此而淡出州县主干行政系统之外。这种变化当时主要发生于县尉制度上。元初县尉"得与令、长连署，常治其邑中"；至元以后，"不令县尉与本县署押文字"，"止令专一巡捕勾当"。⑥至明代，不置县尉，以"县丞、主簿分掌粮马、巡捕之事"，各县是否设置丞、簿，视这些单一性事务的繁简而定。各县或有丞无簿，或有簿无丞，"编户不及二十里者并裁"，由典史兼其职。⑦

县丞、主簿等佐贰官员不普设的历史现象十分重要，它从两方面导致或强化了县正印官的独任制。第一，它说明佐贰官员已经完全失去了辅助正印官筹划、办理州县整体行政的职能，换言之，正印官因此成为县行政的唯一责任者；第二，它说明佐贰官员所掌管者，属于那些只有在少数

　①　《通志》卷五十六，职官六；《文献通考》卷六十三，职官十七。

　②　《后汉书》，志二十八，百官志五。

　③　《文献通考》卷六十三，职官十七。

　④　《通志》卷五十六，职官六。

　⑤　《东维子集》《元典章》《师山集》，转引自张金铣：《元代地方行政制度研究》，安徽大学出版社，2001，第260—261页。

　⑥　《文献集》，转引自张金铣：《元代地方行政制度研究》，第260页。

　⑦　《续文献通考》卷六十一，职官十一。

地方才存在或较为繁重的事务，而不是那些各县统一的、主干性政务。于是，县治理结构就无形之中发生了这样的变化：各县统一的主干性行政事务由正印官负全责，由隶属于他个人的一个人员系统来承担；佐贰官员则独立地负责某一项或几项只有在该地才存在或繁重的特殊事务。就制度而言，佐贰官员所执掌的这些特殊性事务也须由正印官稽核①，但由于佐贰官员本来就与正印官一样同属朝廷命官而并非后者的属员，他们所执掌的特殊性事务又不能构成县主干行政的有机组成部分，因此被淡出县主干行政系统，与此同时也取得了相对于正印官的独立性。但一般说来，如果佐贰官员的职能与正印官的主要执掌重复，那么他就很可能沦为闲职。

四、掾史和吏员

秦汉至隋唐，各县在县令、县长、县丞、县尉之下分设曹、司等具体办事机构，办事人员有掾、史、佐等名目，统称掾史。西汉各县设有俸禄在百石以下的"斗食佐史"；东汉县丞、县尉"各署诸曹掾史"。②晋代各县则有主簿、录事史、主记室史、门下书佐干、游徼议生、循行功曹史、小史、廷掾功曹史、小史书佐干、户曹掾史干、法曹门干、金仓、贼曹掾史、兵曹史、吏曹史、狱小史、狱门亭长、贼捕掾等员。③北齐上上县有中正、光初功曹、光初主簿、功曹主簿、录事及西曹、户曹、金曹、租曹、兵曹等掾史，合计54人；上中县以下至下下县递减各有差。隋代有光初功曹、光初主簿、功曹主簿、西曹和金、户、兵、法、士等曹佐以及市令等掾史，合计上上县99人，上中县95人，上下县90人，中上县80人，中中县75人，中下县70人，下上县58人，下中县52人，下下县47人。唐代长安、洛阳、奉先、晋阳等赤、畿大县有录事、司功佐、司功史、司仓佐、司仓史、司户佐、司户史、司兵佐、司兵史、司法佐、司法史、司士佐、司士史、典狱、问事、白直等掾史114人，其他上、中、下等各县或置或

① 例如："明知府掌一府之政……若籍帐、军匠、驿递、马政、盗贼、仓库、河渠、沟防、道路之事，虽有专官，皆总领而稽核之。"见《续文献通考》卷六十一，职官十一。

② 孙逢吉撰：《职官分纪》，中华书局，1988，第786页。

③ 《晋书》卷二十四，职官志。

不置，各有差别。上县这类人员的设置，其万户以下者59人，万户以上者69人。[①]

秦汉至隋唐的这种县掾史与明清时期的胥吏相比较，有两个特点：其一，身份郑重。这一时期的掾史"多以士流为之"，虽然一般不属职官，没有品级，但编制、职称载入典籍，与县令、县长、县丞、县尉、主簿等主官、佐贰同属国家正式行政人员，其薪酬由国家财政保障。西汉各县的"斗食佐史"，食俸百石以下，相对于县令、长、丞、尉等"长吏"而被称为"少吏"；主簿一职汉、晋本为掾史，而唐代升为职官，且位在县尉之上；唐代的录事在上、中、下县属于掾史，无品级，但在赤县却属于从九品下的职官。掾史前程也较宽阔，"往往起家为九列"[②]。所有这些，都是这一时期县掾史作为国家正式行政人员而身份郑重的明证。其二，随主官进退。汉代州、郡、县掾属皆由主官自行征辟，"多以本郡人为之"；魏、晋以后州郡掾属改归吏部选任，县曹掾至隋仍由主官自行征辟，但"尽用他郡人"。[③]

县掾史制度至宋而一变。《宋史》记载，各县曹司的押录、孔目、杂职、虞侯、拣掏等"各以乡户等第定差"。[④]换言之，宋代各县的一般行政人员，不再是身份郑重、随主官进退的掾属，而是地位卑贱的民役。元代对于有宋的这种制度有所匡正。其具体措施是：第一，在各县设司吏，"上县六员，中县五员，下县四员"，其身份当较宋代民役郑重；[⑤]第二，置典史以统领司吏。以佐贰统领掾史的制度汉、唐时期已有之。汉代县丞"主文书，典仓狱，署诸曹掾史"；唐代以县尉"分理诸曹录事"。[⑥]宋代各县曹司人员是否由县丞、主簿统领，尚不得详。元代袭用汉、唐以流官统领曹掾的制度，各县置典史二员，由行省任命，秩为从九品下。典史号称"案牍官"，其职责是统领吏员，执掌文书案牍事务，一般由"勾当年

① 孙逢吉撰：《职官分纪》，第786—787页。

② 胡思敬纂：《盐乘》，成文影印本，第307页。

③ 《通志》卷五十六，职官六；顾炎武著、黄汝成集释：《日知录集释》，第288页。

④ 《宋史》卷一百七十七，食货志上五。

⑤ 《元典章》卷一二，吏部六，中国书店，1990。

⑥ 《通志》卷五十六，职官六。

深、通晓刑名、练达公事、廉慎行止、不作过犯”的路府州司吏充任。①明初承元制，各县置典史一人作为县令的属吏，“典文移出纳”。②

　　明代吏员地位低下，“为吏不得与乡会试，而生员考下等者乃谪为吏”③。由于不设县尉，而县丞、主簿又不普设，于是典史逐渐从统率掾吏的“幕职”变为专门负责巡捕的“属官”。柏桦所著《明代州县政治体制研究》认为，典史性质的这一变化是在嘉靖以后。该书引《嘉靖兰杨县志》卷六官师志典史条云：

　　　　按历代官书，典史之官，古未有也，元始置之。其禄秩，月俸米八斗，钞四十两。夫典，主也；史，吏也；统主掾吏，掌书以赞治也。言乎爵级，虽不列于丞簿，言乎责任则有兼于丞簿也。国朝因元之旧，以置典吏，待礼加优，而所司亦重。吾邑居是职者，致身多由法律文移，刑名皆出素讲也。若恪谨勤劳，革吏弊而考成于令长，庶无负其首领者矣。

柏著接着引淳安知县海瑞语：典史“掌巡捕民间盗贼，争斗微事尽属之”；又引沈榜《宛属杂记》记：“今典史，即尉也。”④然而也应考虑到，这些材料虽然均出嘉靖中期以后，但也不能说明此前典史不兼巡捕事。如《明史·职官志》记：“县丞、主簿分掌粮马、巡捕之事。典史典文移出纳，如无县丞，或无主簿，则分领丞簿职。”明代“县丞、主簿添革不一，若编户不及二十里者并裁。”⑤可以想见，由于不置县尉，而以县丞、主簿、典史兼巡捕事，随着越来越多的县丞、主簿被裁撤，巡捕事也就必然会越来越多地落在典史身上。

---

① 《元典章》卷十二，吏部六。
② 《续文献通考》卷六十一，职官十一。
③ 胡思敬纂：《盐乘》，第377页。
④ 柏桦：《明代州县政治体制研究》，中国社会科学出版社，2003，第78—79页。
⑤ 《明史》卷七十五，职官志四。

第二节　清代州县的正印官"独任制"

清承明制，州同、州判、县丞、主簿等佐贰不普设，只是根据实际需要在部分州县设置，执掌这些州县的事务，有些较为繁重（如河务、粮马等）。这些官员和学官各有自己的衙署和独立职能，并非"正印官"的副职或下属。这意味着，佐贰官员并不承担辅助正印官筹划、办理州县整体行政的职能，正印官因此成为县行政的唯一责任者，即所谓正印官"独任制"。在这种制度下，朝廷将全部州县政务责成于州县官一人，当时人所谓"以一县之大而付诸一人，曰征租惟知县主之；曰听讼惟知县主之；曰缉捕惟知县主之；曰考试惟知县主之。余若讦奸防盗兴利除弊诸要政，悉惟知县是赖"①。

在正印官"独任制"下，由于佐贰被淡出主体行政系统之外，州县官依靠幕友、长随、房吏和差役办理行政事务，形成一个以自己为首的主干行政系统，可称之为州县衙署组织。州县官的各种职能，即由这一组织或者说这一组织的各类成员承担。州县幕友的基本职责是办理文移，参与甚至主持政务。家丁、长随负责联系、监察房科书吏和各班差役，协调、监督各种行政事务的办理，及料理衙署内杂务。房科书吏负责起草、誊缮文稿，保存各类文书，此外也参与办理赋税征收、刑罚诉讼等事务。清代吏目、典史专职负责巡捕、监狱事务，没有管理房吏之责，房吏由州县官正印官直接掌控。各种差役承担州县行政的外勤工作，包括催征赋税、拘传人证、递解人犯、缉捕窃盗、传达政令、随官出差、司掌刑杖以及守卫城

---

① 阙名：《论整顿吏治宜以裁官为先》，杨凤藻编：《皇朝经世文新编续集》，《近代中国史料丛刊》本，1973，第264页。

门、仓库、县衙等。

　　清代州县的这种正印官"独任制"，通过后文对州县佐贰杂职职能和州县衙署组织构成、运作的阐述，可以得到充分说明，在此暂不叙述。

第三节　清代州县的佐贰杂职

一、州县佐杂的设置

清代所谓州县佐杂，包括三类人员：其一，佐贰，即直隶州和属州的州同、州判和县丞、主簿；其二，首领官，即直隶州、属州吏目和县典史；其三，杂职，包括巡检、驿丞、仓大使、税课司大使、闸官、河泊所所官、医学典科、医学讯科、阴阳学典术、阴阳学讯术、僧正司会僧正、僧正司僧会、道正司道正、道正司道会等。佐杂官大多有着自己的衙署，分署办公。清代州县佐杂设置情况如下①：

1. 佐贰官

（1）直隶州、属州置同知（州同）、判官（州判），系沿明制。州同从六品，州判从七品，各视事务繁简设置，无定员。

（2）县置县丞，正八品；主簿，正九品。均无定员，事繁之县置数员，事简之县或不置。

2. 首领官

（1）吏目。直隶州、散州各置设吏目一人，个别州有置二人者，有不置者；从九品。

（2）典史。每县置典史一员。

3. 杂职官

（1）巡检司。巡检司置于州、县的关津要冲之地，无定员，品级俱为

---

①　据《历代职官表（乾隆朝）》，卷五十四，中华书局，1985。

从九品。

（2）驿丞。驿丞管理驿站事务，所谓"掌邮传迎送"，品级为未入流。驿丞始设于明代，清初因之。后驿务较简者裁撤，驿站归州县管理。据乾隆《历代职官表》，全国仅有6个省设有州属驿丞，共有8人，其中属直隶州者3人，属散州者5人；县属驿丞37人，其中顺天府1人，直隶9人，山西、河南、陕西各6人，甘肃、江西各2人，浙江4人、四川1人。

（3）闸官。闸官掌京杭运河各闸储启泄闭诸事，未入流。据乾隆《历代职官表》，州属闸官共14人，计山东11人，顺天府1人，江苏2人，其中属直隶州者8人，属散州者6人；县属闸官共25人，其中山东14人，江苏11人。

（4）税课司大使。税课司大使掌典商税之事，未入流。据乾隆《历代职官表》，属直隶州者江苏、山东各1人；属县者共5人，置于江苏省六合县、仪征县和浙江省钱塘县、仁和县。

（5）仓大使。仓大使掌守仓庾，未入流。清代仅置直隶天津县北仓1人。

（6）河泊所所官。河泊所所官掌收渔税，未入流。清代仅广东南海县、番禹县设河伯所，各置所官1人。

（7）医学（州典科、县讯科），无俸给。

（8）阴阳学（州典术、县讯术），无俸给。

（9）僧正司会（州僧正、县僧会），无俸给。

（10）道正司会（州道正、县道会），无俸给。

清代佐杂各缺时有添设与裁减，大抵裁减者多，添设者少。各省州同、州判、县丞、主簿、巡检、吏目、典史等设置数目见表2.1。

表2.1　清代州县部分职官数目

省别	直隶州				属州				县				
	知州	州同	州判	吏目	知州	州同	州判	吏目	知县	县丞	主簿	典史	巡检
直隶	6	3	5	6	17	3	10	19	122	18	22	117	46
奉天					4		1	4	8			8	6

续表

省别	直隶州				属州				县				
	知州	州同	州判	吏目	知州	州同	州判	吏目	知县	县丞	主簿	典史	巡检
山东	2			2	9	7	3	9	96	30	13	96	28
山西	10		4	10	6			6	88	5		88	44
河南	4	1	3	4	6	2	4	6	98	15	14	98	17
江苏	3	3	2	3	3	3	3	3	62	30	17	62	82
安徽	5	3	1	5	4	3	1	4	51	16	5	51	62
江西	1		1	1	1	1	1	1	75	48		75	92
浙江					1		1	1	76	45	11	76	39
福建	2	2		2					62	29		62	74
湖北					8	3	5	8	60	21	1	60	74
湖南	4	1	3	4	3	1	2	3	64	13		64	57
陕西	5	2	2	5	5	2		5	77	19		77	11
甘肃	6	2	3	6	7	1	3	7	52	7	1	52	4
四川	9	3	7	9	11	1	2	11	111	18		111	26
广东	3	1	2	3	7		1	7	80	19	1	80	148
广西	1		1	1	16	13	6	23	47	6		48	63
云南	4			4	27	3	4	27	39	3		39	25
贵州					14	2	3	14	34	8		34	8
合计	65	21	34	65	149	45	50	158	1302	350	85	1298	906

资料来源：据《清朝文献通考》卷八十五，职官九。

二、任用和监察

清代州同、州判、县丞、主簿、巡检、吏目、典史等州县佐杂，是文官中品级最低的一个群体，其任职途径没有转、改，补、调、升者也较少，大多数系以贡监等资格除授。例如，州同、州判以恩、拔、副贡生考职和"各馆修书议叙"等资格除授；县丞、主簿以汉军、汉人难荫生、贡监考职以及恩、拔、副贡生"各馆修书议叙"等资格除授；巡检以吏员考职一等者除授；吏目、典史以汉军、汉人荫生、贡监考职、吏员考职等资格除授。在特殊情况下，佐杂要缺"一时无合例可调之员"，也可以"将拣选一等举人试用知县借补，仍照知县品级升转"。①州县佐杂缺位也同正印官一样，有简、要之分，要缺由督抚题补、题调，简缺由吏部铨选，选缺官员题调他缺后所空之缺，留归各省督抚题补，即留缺。这一制度与州县正印官任职制度相同，详见第三章第一节。试举山西数缺为例：

长治县丞"协同该县编查保甲、缉捕奸匪，佐理一切，在外调补"。

永济县县丞"地处冲要，分任颇繁，在外调补"。

平定州粮捕州判"驻扎州城，督捕窃盗，兼理粮务，供应差遣"，原为中缺，后因"事尚不繁，改为简缺，归部铨选"。②

在清代正印官独任制的体制下，州县佐杂各员之中只有作为首领官的吏目、典史为正印官属员，佐贰和巡检基本不参与州县主体性行政，在履行职责方面与正印官没有统属关系。但另一方面，正印官对本州县所有佐杂均有监察权，并负责他们的考核。每三年进行一次的外官"大计"，州县佐杂作为考核对象须首先进行自我鉴定，呈正印官出具考语；再由正印官向上宪申报，由州县而府（直隶州）、而道、而藩臬、而督抚，层层出具考语。这种考语，以州县正印官所出具者最为关键，府以上各级上司往往是例行公事，逐渐审核上呈而已。兹简述光绪十八年（1892年）四川巴县对本县佐杂的"大计"程序和相关文件内容：

光绪十八年八月至十月，巴县知县奉各级上宪的批示，对本县佐杂进行"大计"。其程序，先由本人造册，内容包括"履历"和"事实"两部分。巴县分县（县丞）陈炳泰本人造册中"事实"的内容为：

---

① 《大清会典事例（光绪朝）》卷六十一，吏部，《近代中国史料丛刊》本，年份不详。

② 海宁辑：《晋省辑要》，《官箴书集成》（第五册），黄山书社，1997，第416、422、424、429、431、432页。

"每逢朔望在于分驻地方传集绅著士庶宣讲圣谕，务使民知观感"；"恪遵功令，不敢擅受民词"；"分驻地方遇有报轻生、路毙等命案，随即单骑减从前往相验，牌审县办，并无延搁"；"在于分驻地方实办严密巡查，并无匪徒入境，境内安静"；"在于分驻地方遇有民间口角等事，随即弹压，不敢废弛"。

陈炳泰册报知县后，由知县再行造册，内容包括"履历""考语"和"事实"三部分。陈炳泰的"考语"为"操守廉，年力富，才具长，政事勤"，"事实"为"该县丞分驻地方盐茶硝矿并无违禁私贩；该县丞禁止赌博以及酗酒打架，实力奉行"。巡检邓大任的考核程序相同，"考语"为"操守洁，年力强，才具优，政事能"，"事实"为"该巡检每逢朔望再镇率同士庶宣讲《圣谕广训》，使民咸知向化，奉委公事实心办理，并无贻误"。典史潘廷灏的考语为"操守洁，年力健，才具优，政事敏"；事实为"该典史每逢朔望随班宣讲《圣谕广训》；查拿盗贼匪徒并无懈怠"。①

三、职责

关于州县佐贰杂职的职责职权，可以作这样的区分：其一，法定本职权责；其二，法定代理权责；其三，超出制度规定实际履行的职权、职责。兹分述如下：

第一，法定本职权责。前文已经述及，在州县正印官独任制体制下，清代佐贰并非"正印官"的副职和下属职能性官员，他们全都不属于以正印官为首的州县政务系统，对州县行政"皆不得与闻"。②他们各有自己的衙署和独立职能，独立地负责本州县因地区特点而具有的特殊政务。吏目、典史作为首领官负责监狱和治安事务，乃正印官属员，但也有自己的

---

① 四川省档案馆藏：清代巴县档案，清全宗6，光绪朝第467卷。

② 阙名：《用佐杂为幕宾议》，宜今室主人编：《皇朝经济文新编》，《近代中国史料丛刊》本，1995，第40页。

衙署，就体制而言也属于对上级负责的朝廷命官。清代典制和私人著述对佐杂的职责大致内容有明确记载：

1. 州同、州判、县丞、主簿等佐贰官粮马、水利、巡捕等事务。

> 州佐贰为州同、州判，县佐贰为县丞、主簿，所管或粮、或捕、或水利。凡府州县之佐贰，或同城，或分防。①

佐贰还负有守土、守城的连带责任，如"州县城池失守""州同、州判、县丞、主簿等官俱革职"。②在制度上，宣讲《圣谕广训》是每一个官员都具有的职责，佐贰也不例外。每月朔望，州县官至公所进行宣讲，佐贰杂职各员均须参加。③这一点也被列入大计考核的内容。

2. 吏目、典史作为首领官，其法定职责在于捕捉盗贼，管理监狱，处理各种治安事件。

> 盗案疏防，失事地方系吏目、典史管辖者，将吏目、典史查参。④

> 州县监狱系吏目、典史管理，既属专司狱务之员。如州县监狱遇有越狱之案，其人犯轻重，将吏目、典史俱照定例议处……⑤

> 外省解犯及解京与京发之犯，其情罪重大者，若该州县无设防之武弁，则令吏目典史亲身押送出境。⑥

此外，军流人犯从外省州县递解到定配州县后，由该州县吏目、典史等佐杂收管。

3. 巡检设置于关津险要、治安情况复杂的地区，负责缉捕盗贼、稽查奸宄。

> 巡检司巡检，掌捕盗贼，诘奸宄，凡州县关津险要则置。⑦

---

① 《大清会典（光绪朝）》卷四，吏部，《近代中国史料丛刊》本，年份不详。

② 《吏部则例》（故宫珍本丛刊），卷三十五，海南出版社，2000。

③ 田文镜：《条列州县事宜》，席裕福、沈师徐辑：《皇朝政典类纂》，第5045页。

④ 《六部处分则例》，第822页。

⑤ 《吏部则例》，卷四十六。

⑥ 《吏部则例》，卷四十一。

⑦ 《清史稿》卷一百十六，职官志三。

在有些地区，佐杂承担、兼管一些本职之外的工作。例如，清代典制规定，"收纳钱粮，其简僻州县钱粮无多，即令吏目、典史监收"；①台北出产硫黄，巡检负责禁采、查黄的工作。②各地驿丞裁撤后，其所管驿站事务有的转归巡检管辖。例如，雍正间云南宣威州倘塘、可渡驿丞裁撤，其事务改由新设可渡巡检兼管。③在需要的时候，佐杂还受差委办理某些临时性事务。例如，各地遇有自然灾害时，如果"本邑正佐不敷分布"，可以委派毗邻州县佐杂"协同查办"。④光绪二十七年（1901 年），安徽和州水灾，上海绅商筹集赈灾款物前来散放，知州即札饬巡检司"妥为保护"，防止灾民滋事。⑤

第二，法定代理权责。除正式职责外，清代制度还允许或要求州县佐杂在规定的范围内代正印官履行某些职责。如正印官公出时，佐杂官可以经过适当程序代正印官履行勘验命案、查验盗案、监决人犯等职责。《清会典》《吏部则例》等典制规定：

> 地方呈报命案，如逢正印官公出，而邻邑印官"或地处窎远，不能朝发夕至，又经他往"，可以委派州同、州判、县丞等官代验。"其州县原无佐贰，及虽有而不同城者，准令吏目典史等官，验立伤单报明，印官回日查验"。⑥
>
> 地方呈报盗案，如逢正印官公出，令佐贰捕官会同营汛代验，先行缉捕，同时"申请邻邑印官至事主家复加查验"。⑦
>
> 州县处决人犯，"若部文到日正印官公出，令同城之佐贰官会同武职官代行监决"。⑧

除正印官公出外，距离治城较远地区及事务繁冗州县发生治安事件，也

① 《吏部处分则例》，卷二十三。
② 参见尹章义：《新庄巡检之设置及其职权、功能——清代分守巡检之一个案研究（下）》，《食货月刊》（复刊），第 11 卷第 9 期（1981 年 12 月）。
③ 民国《宣威县志稿》，政治志上，成文影印本。
④ 《吏部则例》，卷二十二。
⑤ 姚锡光撰：《吏皖存牍》，《官箴书集成》（第九册），黄山书社，1997，第 745 页。
⑥ 《大清会典（光绪朝）》，卷五十五。
⑦ 《钦定吏部则例》，卷六十四。
⑧ 《大清会典（光绪朝）》，卷五十五。

可以委派佐杂前往验看。对此《清会典》规定："凡斗殴伤重不能动履之人，不得扛抬赴验，其离城窎远之区，及繁冗州县，委系不能逐起验看者，许委佐贰巡捕等官代往验报。"①突发治安事件，也允许佐杂处理，"佐杂分驻地方遇有窃盗娼赌等犯，许其先行拘拿，随即解送印官审理"②。

第三，超出制度规定实际履行的职权、职责。

有清一代，统治者三令五申，禁止州县佐杂不按定制或不经法定程序履行某些职责、职权，而这些谕令所反复申禁者，其实正是屡禁不止者，往往就是许多地方佐贰实际承担的法外权责。这包括：

1. 代理州县正印官。清制，"州同、州判、县丞等官，非曾经卓异，或历俸五年以上不准委署正印"，禁止委署"各省分发试用初任之佐贰各官"担任正印官。③但实际上，督抚委署州县佐杂代理因故离缺的正印官，是常有的事情，未必符合这种资历限制。此外，由于大多数州县不设佐贰，吏目、典史在州县正印官公出或离任交接之际暂代其职，似乎是合法的事情，清代获鹿县档案、顺天府档案中多有这类记载：

> 乾隆二十九年十一月，直隶正定府获鹿县知县"奉委办理皇差道路公出"，"所有一切公文"，委典史钱某"代拆代行"。④

> 光绪二十八年四月十八日，涿州知州公出，"所有上下文移，以及递解人犯饬鞫一切公务，除饬吏目陈×代拆代申"。⑤

> 光绪三十三年五月，平谷县知县公出，札委典史对"所有上下文移代拆代申"。⑥

2. 征收钱粮。清制，征收钱粮为"州县印官专责"，禁止委派府、州、县佐贰协征。但实际上，州县官委派佐贰下乡催征的情况仍有发生，

---

① 《大清会典》（光绪朝），卷五十五。

② 《六部处分则例》，第974页。

③ 《大清会典事例（光绪朝）》，卷六十三，吏部。

④ 河北省档案馆藏：清代获鹿县档案，655（全宗号）—1（目录号）—378（案卷号）。以下略去括注。

⑤ 中国第一历史档案馆藏：清代顺天府档案，028—1—015。

⑥ 中国第一历史档案馆藏：清代顺天府档案，028—1—23—194。

如顺治间李震任江苏华亭县县丞，"每遇限期追比"，知县即令其"理之"。①

3. 受理民间词讼。清制禁止佐贰杂职受理民间诉讼。《清会典》规定：

> 凡官非正印者，不得受民词。（缉捕官除察访不轨妖言命盗重事外）其余军民词讼，不许干与，若户婚田土斗殴人命，一应民词，均不得滥受。分防佐贰等官，所收呈词内有命盗等案，即移交州县拘提审讯。②

《刑部处分则例》还规定：印官擅自将地方词讼批发佐杂办理者，佐杂、印官及失察上司均给予处分。③但由于正印官事冗，有些"小窃案件"也不得不发佐贰代讯，一些案件如果经堂印官"批行"，佐贰也可以审理。而为了防止佐贰滥刑，又规定他们在审理这类案件时，"不许动用夹棍"；如"有应夹讯者，系上司批委详明上司，改委印官审理；系印官批委者，呈明印官掣回自行审理"。④在清代四川巴县档案中可以发现正印官命佐杂审理词讼的事例：

> 乾隆三十三年九月，知县将"刘赞、宋怀志喊禀余贵引诱宋氏卖娼"一案发典史卢士俊审理。此案系治安案件，卢士俊审理录供后没有判决，将供词申报知县，说"所有各犯分别押候，申请宪台俯赐亲讯"。知县批示"将一干犯证解县候讯，以凭分别究惩"。

> 乾隆五十七年七月，知县批令典史李文彬审理一民事诉讼，李文彬进行了审理，但判决未能执行。李文彬录供后将审理结果申报知县，说"卑职酌断李文正缴钱三千与陈明德具领结案。乃文正之母李陈氏违抗不遵，屡次差催，分文不缴，卑职未便抑

① 徐珂编撰：《清稗类钞》第三册，中华书局，1984，第1357页。
② 《大清会典（光绪朝）》，卷五十五，刑部。
③ 《六部处分则例》，第973—974页。
④ 《吏部则例》，卷四十三。

勒。理合将奉发批词、服约具文申缴宪台，俯赐亲讯。"①
从实际情况看，佐杂不经印官批示而擅自受理民间词讼的现象十分常见。
例如，康熙初年就有地方大吏说："近闻幕僚佐贰杂职等官不遵禁约，擅
理民词"。②至于诉讼人为何避开正印官而向佐杂衙门投诉，则是出于各种
不同的目的。有的是由于"口角、争斗小事，不便控于印官，而具禀于佐
贰"，有的是为了泄愤而使被告破财。③还有些地方豪劣向佐杂提出诉讼，
是因为佐杂容易行贿通融，审理案件程序简易：

> （佐杂）擅理民词，势豪绅衿往往以睚眦小忿设局害人，
> 因其官卑易近，贿赂可通，兴灭自如，威福由己，其行也不必投
> 状、具呈，无庸两造干证，半张说贴即时飞票拘拿，一刺封函顷
> 刻朱签标出。④

4. 代行勘验、查验命盗案件。上文已经述及，清制虽允许佐杂代行勘
验、查验命盗案件，但同时又有严格限制。但这些规定往往得不到执行，
道光皇帝曾发布上谕说，"近来外省州县，泄沓成风，往往擅委佐杂代验
代勘"，下令严禁。⑤

5. 差委办理临时事务。清制，禁止上宪差调首领官办理临时事务，
规定"凡管狱之司狱不许滥行差调，吏目典史除捕务外，亦不许滥行差
调"，否则给予处分。⑥而这种规定的作出，正说明在现实中滥差首领官情
况很普遍。例如，清代直隶获鹿县档案中有这类记载：典史现"奉委办理
皇差道路公出"，等等。⑦

---

① 四川省档案馆编：《清代巴县档案汇编》（乾隆卷），档案出版社，1991，
第143—145、181—183页。

② 刘兆麟：《总制闽浙文檄》，《官箴书集成》（第二册），黄山书社，1997，
第445页。

③ 黄六鸿：《福惠全书》，北京出版社，2000，第358页。

④ 同②。

⑤ 席裕福、沈师徐辑：《皇朝政典类纂》，第5073页。

⑥ 《吏部则例》，卷四十六。规定"贵州省并无佐杂闲员，遇有紧急差务，典史吏目仍准
酌量委用"。

⑦ 河北省档案馆藏：清代获鹿县档案，655—1—378—11。

四、分防制度

所谓佐杂"分防"，广义地讲有以下几种情况：其一，巡检的本职。巡检之设置，本旨就在于分防州县境内特定地区。其二，由于州县辖境广袤，划定一定区域置佐贰全面履行行政职能。其三，以佐贰驻扎州县境内某一地区，以治安为其主要职能。其四，将州县全境划分若干区域，分别以巡检和吏目、典史负责其治安，统辖区域内乡地组织。在上述这四种情况中，涉及州县正印官独任制治理结构的是第四种情况。这种情况，实际上是将佐杂官员变成州县之下的区域性行政官员，可以说是近代在州县之下划分行政区域、设置行政官员的先声。本书狭义地使用"佐杂分防"这一概念，仅以之指称上述第四种情况。①

关于佐杂分防制度开始实行的时间，据一些地方志记载是在乾隆初年。例如：

（1）乾隆八年直隶《沧州志》记：沧州乾隆元年，"奉文分拨吏目、巡检"统辖村庄，计吏目辖169村，砖河驿兼衔巡检辖69村庄，李村镇巡检辖118村庄，孟村镇巡检辖138村庄。②

（2）道光四年广西《南雄州志》记："乾隆二年，奉吏部文行厘定捕巡各官所辖地方。"③

（3）咸丰《顺德县志》记：乾隆二年，"吏部行令捕巡官各按所辖地方厘定分属，而统隶于令"。④

据此，佐杂分防制度的实行不会晚于乾隆二年（1737年）。这里胪列两个州县实行佐杂分防制度的事例：

（1）广东清远县。设有典史和港江司、滨江司、回岐司巡检，分防各乡都。典史管辖兴仁二乡、兴仁一乡、靖定乡；回岐巡检管辖太平乡、善化乡、清平乡；滨江巡检管辖池水乡；港江

---

①　日本学者太田出撰有《清代江南三角洲地区的佐杂"分防"初探》一文，对长江三角洲的这一问题进行研究，载张国刚主编《中国社会历史评论》第2卷，天津古籍出版社，2000。

②　乾隆《沧州志》，疆域志，村庄，成文影印本。

③　道光《南雄州志》，建置略，都里，成文影印本。

④　咸丰《顺德县志》，舆地略，成文影印本。

巡检管辖港江一乡、港江二乡、吉河乡。①

（2）广东始兴县。分3乡7都，典史辖区为：城一都，城二都（与清化司分管）、北岸都、岸一都、官石都（分管）、跃溪都（分管）；清化巡检司辖区为：城二都（与典史分管）、岸二都、官石都（与典史分管）、跃溪都（分管）。②

综上所述，除吏目、典史属于州县正印官的属员（首领官）外，清代州县佐贰杂职在州县主体行政系统中并无结构性位置和职能。他们各种职能的履行，或属于代理，或属于补充，或属于违制，或出于制度特许。在这些情况下，他们实际上都是代正印官为首的主干行政系统中的某些人员行使职能。在正印官独任制下，佐杂权不如吏，往往无所事事，且因此而自轻自贱，"相率为不肖之行"甚至与胥吏"相为首尾"，"仰面取意旨，饮食骤呼，兄事而弟畜"，这种情况比比皆是，致使"朝廷不复以其官为意"。于是，州县佐杂因轻而愈贱，因贱而愈轻，宋代时常以进士及第者补县尉，而清代一般士人都以担任州县佐杂为耻。③

---

① 光绪《清远县志》，舆地志、职官志，成文影印本。

② 民国《始兴县志》，建置略，都里，成文影印本。

③ 鲁一同：《胥吏论三》；杨象济：《拟策七》，盛康辑：《皇朝经世文编续编》，《丛刊》第84辑，第2867—2869、2833—2934页。

第三章

清代州县的正印官

清代州县的正印官是州县政治的全权者和全责者，其任职制度和个人素质对州县政治的运作关系极大。由于当时政治、社会和文化环境的制约，清代的州县官任用制度存在种种缺陷，州县官群体在价值观、个人操守和施政理念方面，大概也以不良者居多。受这些因素的影响，州县官场奢侈、贪墨、无耻、因循、专横等恶劣风气盛行。

第一节 州县官任职制度

一、任用资格

清代直隶州知州正五品，散州知州从五品，知县正七品，其任职均须具备一定资格。这种任职资格，系由出身和经历两个方面的因素以一定的方式结合而构成。换言之，不同出身的人员要担任州县官，还须在经历方面具备不同的条件。

清代官员的出身分正、杂二途，其进士、举人、贡生出身者为正途，其捐纳、保举、吏员出身者为杂途（异途），而正途、杂途均有资格担任州县官。由于散州知州和直隶州知州品秩较高，一般不以初次任职者除授，而由品级低一级的官员升任，或以其他品级相当的官员调任、转任，而知县则可以由以下出身者除授：

1. 进士。清代进士一甲第一名除翰林院修撰，第二、第三名除翰林院编修，二、三甲则须参加朝考。二、三甲进士参加朝考后，根据成绩分以下几途：（1）优秀者入翰林院学习，即所谓馆选庶吉士，三年肄业称散馆，除留用为编修外，可不经吏部铨选，也不须分发各省候补而由直接任用为实缺知县，带缺出京，时称"老虎班"；（2）分发六部、内阁等衙门见习；（3）到吏部候选，归进士班，得知县缺后给予执照，赴各省报到后赴任。初制，进士知县惟双月选铨用5人，有候选10余年而不能得官者；雍正二年（1724年）定单月选铨用4人，于是候选二三年即有可能得官。（4）除知县、教官，其除知县者称"榜下即用"，分发各省候补。

2. 举人。清代对于会试三科不中的举人，或拣选其貌、言、书、判优秀者为知县，或单纯凭资历"截取"为知县，均归举人班到吏部候选，得缺后赴任。举人每科中额1200余人，10年约5000余人，能经铨选得官者不过1/10。乾隆间，举人知县铨补有迟至30年者，于是自乾隆十七年（1752年）开始实行大挑制度：举人参加正科会试三科（闽、粤、川、贵、滇、湘等边远省份一科）不中者后，允许参加每六年举行一次的"大挑"。吏部堂官对于参加大挑的举人先行察验，再请旨选派王公大臣数名共同挑选，选取形貌和应对较好者任用为知县、府经历、州同、州判、县丞、教谕、训导等，分发各省候补，其中知县为最优者。

3. 贡生。清代贡生（岁贡、恩贡、优贡、拔贡、副贡）送国子监肄业三年后，经吏部考职可以除官，其优者以知县用，归班参加吏部铨选。乾隆、同治以后，还先后实行拔贡、优贡朝考制度，择其优者除为知县，分发各省试用。

4. 捐纳人员。清代捐纳分二种，一为"现行事例"，长期办理；二为"暂行事例"，遇有救荒、河工、战争等事件开办，期满或事竣则停。后者可捐实官，文职小京官至郎中，未入流至道员均可以捐得，其中包括州县官。最初，捐纳人员得缺仅有吏部铨选一途；至乾隆间为疏通选途，许加捐分发，京职郎中以下、外官道府以下，可以通过捐纳分发各部院、各省。道咸间，又增加捐纳"分发指省"例。

5. 吏员。清制，凡经制之吏，五年役满则可以参加考职，取得做官资格。吏员考职，其在京各衙门由堂官主持，外省各衙门由总督巡抚主持；试以告示、申文各一道，录取数额京吏无过十之七，外吏无过十之五；成绩一等者给从九品衔，二等者给未入流衔，咨吏部给照，注册入于铨选。吏员出身的官员可升任州县官系后定之制，"旧例三途（进士、举人、贡监）而外，惟生员得升正印"，后来为了"破资格而求异能"，乃"更定吏员准贡监例，俱升正印"。[1]清代知县吏员出身者人数极少，但确实存在。例如李伯元《活地狱》说，江南徐州府桃源县有位知县，"乃是个吏员出身"[2]，即反映这一点。

---

① 任源祥：《铨法》，贺长龄辑：《皇朝经世文编》，第613页。

② 李伯元：《活地狱》，花山文艺出版社，1996，第66页。

捐纳和吏员系异途，虽然原则上具有任州县官的资格，但限制较严。首先，康熙初年定保举之法，规定捐班人员非经该堂官、督抚保举不得升任京官和正印官，只能升任佐贰、杂职。至康熙中叶，捐纳制度中才立有"捐免保举"一项，规定"吏员、例监出身者，欲升补或捐纳京外正印官"，可以"捐免保举"。其次，捐纳人员分发到省，例由督抚考试，府、厅、州、县试论一篇，佐杂试告示、判语。根据成绩分别等第，黜陟有差，不合格者督抚可以咨回降调。再次，实行甄别制度，规定捐纳官分发外省者，须试用一年期满后，由督抚实行甄别，合格者奏留，乃得补官。这项制度后来奉行日久，"长官循例奏留，徒有甄别之名，不尽遵上指也"。[①]最后，捐纳人员经保举、考试、甄别后任职，还须试俸。康熙六十一年（1722年）规定，捐纳人员郎中、道、府以下，小京官、佐杂以上，须于现任内试俸三年，题咨实授，方准升转。至乾隆间，"试俸复得捐免，列入常捐。限制之法，至是悉弛"。[②]吏员要想升任州县官，路途更是艰难遥远。吏员首先须在京外衙门充当普通书吏，才有可能转为有资格参加考职的经承；经承任职五年期满参加考职，又仅有部分人得以通过，且只能得到从九品或未入流职衔；得到职衔后要想得官，又须在吏部候选多年；而得官后只能任佐贰杂职，"论资计俸，著有能声"，经督抚保举，方准升转正印。[③]

据瞿同祖据清代《缙绅全书》统计，乾隆十年（1745年）和道光三十年（1850年），知州、知县的出身情况见表3.1。

表3.1 清代知州、知县的出身情况

出身背景	乾隆十年		道光三十年	
	知州	知县	知州	知县
科举士人	45.8%	74.4%	46.2%	69.5%

① 《清史稿》卷一百十二，选举志七。

② 《清史稿》卷一百十二，选举志七。

③ 于凌辰：《请禁书吏捐保知县疏》，盛康辑：《皇朝经世文编续编》，《丛刊》第84辑，第2265—2267页。

续表

出身背景	乾隆十年		道光三十年	
	知州	知县	知州	知县
捐纳	37.5%	16.5%	44.0%	19.4%
其他	9.1%	5.4%	7.7%	7.0%
不明	7.6%	3.7%	2.1%	4.1%
总计	100%	100%	100%	100%

资料来源：瞿同祖：《清代地方政府》，第37页。

咸同以后，捐例大开，"杂流辇进，正途反绌"，州县官中捐纳人员大为增多。如江西新昌县"自咸丰以迄光绪凡五十七年，得令五十三员，其由进士出身者只八员"，其他"率多由捐纳以进"。[①]光绪初年，"进士即用知县，非加捐花样，则补缺綦难，他无论已"。[②]

此外，符合资历的佐贰也可以胜任州县官。如知州从五品，于例可由从正六品通判俸满者升任；知县正七品，于例可由从七品直隶州州判和属州州判升任。

二、官缺分类

清代在官员任用方面，没有中央与地方以及地方各级之间的分级管理制度，包括州县官在内的所有官员——从一品大员到从九品、未入流末秩小吏，其最终的任用权属于中央，更准确地说属于皇帝。然而，州县官任用的提名权，则视官缺繁简之不同，分别属于各省督抚和吏部。具体言之，清代将各省所有州县官缺分别定为拣缺、题缺、调缺、留缺和选缺等五类，各类缺位空出时，分别由各省督抚和吏部按不同方式提名不同资历的人员补任，报皇帝批准生效。这五类缺位是：

①　胡思敬纂：《盐乘》，第290—291页。
②　《清史稿》卷一百十二，选举志七。

1. 拣选缺。清代在边远省份和地区所设之厅，其性质分为理事厅和抚民厅两种，前者专办某些特定事务，而不理民事；后者则同州、县一样，属于初级政区，办理民事。厅的行政首长或为同知，或为通判。清代全国共置理事厅17个（同知8人、通判9人），抚民厅61个（同知39人、通判22人）。清代厅州县的拣选缺，全部为理事同知、通判，有民事职责的厅州县正印官没有拣选缺。具题言之，在17个理事厅同知、通判中，有7个拣选缺。理事厅拣选各缺的补用，由吏部行知内阁、部、院各衙门，于京察一等之小京官、笔帖式内保送，吏部奏派拣选引见，记名注册。理事同知、通判每出一缺，以十人引见，请旨简放。

2. 题缺。又称题补缺，其缺空出时，升调兼行，由本省督抚以应调、应升之员拣选具题，奏请补用。

3. 调缺。又称调补缺，其缺空出时，由督抚于通省现任对品各员内拣选调补，奏请补用；顺天所属，由直隶总督、顺天府尹会同酌调；奉天所属，由奉天府尹酌调。如现任对品人员内没有合例堪调之员，准以候补并进士即用人员酌补；如再无人，方准以应升人员拣选题升。

4. 留缺。厅同知、通判、直隶州知州、知州、知县缺位中的所谓"留缺"，系指同类选缺官员升、调后所遗之缺（对于大挑举人来说，"留缺"还包括同类选缺官员因告病、休致、病故等三项所遗之缺）。由于这类官员的升调占用了督抚所掌控的题缺、调缺，所以其所遗之缺仍归督抚支配而不由吏部铨选任用，即所谓"例准督抚留缺"。

5. 选缺。拣选缺、题缺、调缺、留缺之外为选缺。选缺空出时，由吏部铨选掣签任用，带缺出京到省报到后赴任。

选缺多为简缺，题、调缺多为要缺。有人解释实行这种缺位划分制度的依据说："简缺政务较少，可以新进之员循例选用；繁缺恒难疲艰，非老吏而具才干者，未易胜任愉快，故必扣留外补，良有不得，概由选人之势在也。"[①]清代厅州县印官各类缺位数额见表3.2。

① 阙名：《官制宜昭画一说》，宜今世主人编：《皇朝经济文新编》。

表3.2　清代厅州县印官各类缺位数额

	拣选缺	题缺	调缺	选缺	合计
直隶厅		15	5	2	22
直隶州		29	26	12	67
散厅	7	23	31	17	78
散州		19	42	86	147
县		92	246	955	1293
合计	7	178	350	1072	1607

资料来源：《大清会典（嘉庆朝）》卷六，吏部。直隶平泉州知州以理事同知兼，滦平县、丰宁县、建昌县、赤峰县、朝阳县以理事通判兼，故厅、州、县初级行政区实际为1601个。

至清末"预备立宪"时，清政府彻底废除了州县官部选制度，改为全部分发各省补用。清廷于1908年发布的有关上谕，指斥州县官铨选制度存在严重弊病：

> 州县官"责任最为重要，凡抚字催科、听断缉捕，悉萃于牧令之身，一邑数十万生灵于斯托命；加以各项新政待举，备极繁难，非才力优长，素经历练，不足以副是任"。而吏部铨选"仅以班次资格为定衡，大失量能授官之本意。迩来保举捐纳冗滥甚多，治理民情多未明达，检查法律，亦不能通解。即系正途出身，于吏治亦尚乏体验，岂能措置裕如？此等人员专凭年资入选，一旦任事，大率听命幕友，纵容丁胥，百弊丛生，小民深受其害。闻各省选缺州县，骤应外任，不谙吏事者十居七八……及到官偾事，虽加撤参，地方元气已伤，其为害于国计民生者甚巨。"

因此上谕命令：停止州县官吏部铨选，将符合参选资格的人员全部分发各省，另编为"改选班"，候补选缺。[①]不久后颁布的《州县改选章程》进一

---

① 政学社印行：《大清法规大全》，台湾考正出版社，1972，第432页。

步规定，今后"改选班"人员也同其他候补班次的人员一样，初次任职时必须先行经过一定时期的试署，"俟试署果能称职，再奏请补授。如不称职，即撤回作为过班，另以其次之员如前递署"。①这是中国县级行政官员任命制度的重要变更，州县官由中央直接任命的制度至此终结，改为由各省任命试署，而报部批准，实际任命权在各省。

三、任用程序

（一）州县官的出缺

州县官的出缺有三种情况：

其一，事出突然，未经吏部办理手续而立即出缺，属于这种情况者主要是丁忧、病故以及突患重病不能继续视事。当这种情况发生时，州县官本人或吏目、典史应立即向督抚或本管巡道报告，请求派员接署，同时令（由）本州县佐杂代理政事。例如，光绪三十三年（1907年）十月顺天府南路厅东安县知县丁父忧，立即申文顺天府尹：

> 卑职于本月二十三日接到家信（嗣父去世）……业经照例禀报丁忧，并请宪台迅速派员接署在案。一面札委卑县典史刘××代拆代行，理合具文申报。②

又，清代顺天府档案中保存的一件公文反映了州县官因病向所管巡道请假、巡道申报督抚的制度。光绪×年，直隶通永道申顺天府尹，通州知州吴××因病请假，请委员接署，顺天府尹批"札委候补同知刘××前往接印"。③

其二，官员因受到督抚参劾或因钱粮盗案限满而议降议革。

其三，官员遇升任、调任、因病请假、因事（如省亲、侍亲、修墓、迁葬、娶亲等）请假以及休致等情况，经吏部办理手续解职。

对于州县官因受到督抚参劾或因钱粮盗案限满而议降议革，最初规定

---

① 政学社印行：《大清法规大全》，第491—496页。
② 中国第一历史档案馆藏：清代顺天府档案，028—1—3—076。
③ 中国第一历史档案馆藏：清代顺天府档案，028—1—2—025。

吏部复文到省后再行摘印开缺。至雍正五年（1727年）颁布谕旨：嗣后遇有这类情况，由督抚立即摘印，委员署理。待吏部议复、奉旨定案之日，再行正式开缺。若有旨宽免，仍准复还原任。①乾隆五年（1740年）进一步规定，对于才具不胜繁剧而题请调任简缺的官员，各省督抚也应于上奏之日即令其离任，别委他员署理，而不必等候吏部复文。但对于由简缺调任繁缺的官员，则必须待吏部复准，方准离任。②乾隆十五年（1750年）再次发布上谕，阐述官员降调必须立即离任而不能延至吏部批准再行出缺的理由。上谕说：

> ……此等人员，既昏惰无能，多留一日，即误一日之事，理应即令离任，另委贤员，速为整顿，方于地方有益。且自该督抚出本以后，该员即已预知不能保全，而幸其印犹在手，往往乘机舞弊，即琐细无关紧要，如田房契税之类，或本人，或子弟，或吏役，以及素相来往之绅衿，俱于印官将去未去之时，恣意妄为，及至部复到日，近者亦必二三月，远者或至半载以外，此数月中，何事不可为？③

对于州县官告病，也允许督抚准其立即离任，而不必等待吏部复文批准。乾隆元年（1736年）题准：

> 知府以下等官告病，委官验实，出具印结，一面题咨，一面催令将经手仓库钱粮一切案件交代清楚，即给咨令其回籍，不必守候部复。④

（二）州县官正式补授的程序和相关规定

州县官如因丁忧、病故以及突患重病突然出缺，即使上报督抚委员署理也需时日，因此可以由出缺官员的直接上司亲自或委员代理，同时申详督抚委署。乾隆四十二年（1777年）议准：州县官丁忧、告病乞休，"与知府同城者，即令知府收印，暂行兼摄；如不同城者，即（由知府）就近

---

① 《大清会典事例（嘉庆朝）》卷七十七，吏部。
② 《大清会典事例（嘉庆朝）》卷七十七，吏部。
③ 《大清会典事例（嘉庆朝）》卷六十三，吏部。
④ 《大清会典事例（嘉庆朝）》卷七十二，吏部。

酌委贤员先为代办。仓库钱粮查明封贮，俟上级委员到日，再行交替"。^①
这种暂时代理称"委代"，因时间很短，其人选不一定符合资格。对于这
种代理《六部处分则例》规定："州县缺出，司道府不详明督抚擅行委署
者，将擅委之员降一级调用（私罪）；其府州县丁忧病故，暂行委员代
理，并不接收交代者不在此例。"^②

除了这种临时"委代"之外，州县官出缺后的接任，有两种基本
方式。第一，正式接任，称"补授"。题缺、调缺、留缺经督抚提名，
吏部审核资格，皇帝批准；选缺由吏部铨选任用。第二，暂时署理，称
"委署"。无论题、调、留、选各缺，在正式补用人员到任之前，均由督
抚按规定委用合格人员暂时署理，报部存案。这里先谈作为正式接任的
"补授"。

按照定制，督抚在接到道、府报告或吏部咨文而得知属员出缺后，应
立即委员署事。如所开缺位属于选缺，则由吏部铨选任命合格人员到省继
任；如所出之缺系题、调缺，则督抚在委员署事的同时应立即启动题咨调
补程序。清代顺天府档案中，保存有候补知州黄行简就任蓟州知州程序的
几件文书，从中可以看出，以候补人员担任实缺州县须经以下颇为烦琐的
程序（略去捐纳留省银环节）：

（1）督抚具奏；

（2）皇帝批准进入审查任用程序；

（3）吏部检察资格，核准；

（4）吏部将皇帝批准上谕及本部核准意见咨督抚；

（5）督抚札饬本人；

（6）本人备具履历，请求给咨赴部，听候带领引见；

（7）督抚给咨；

（8）赴部引见；

（9）经钦派王大臣验放，堪以准其补授，上奏皇帝；

（10）皇帝批准；

---

① 《大清会典事例（嘉庆朝）》卷七十二，吏部。

② 《六部处分则例》，第128页。

（11）吏部发给任职执照，并知照督抚；

（12）本人持执照到省；

（13）督抚验照后札令赴任；

（14）本人接印后开具履历揭帖申报督抚；

（15）督抚将官员到任情况咨会吏部。[①]

督抚有权奏请将州县官开缺，另行补授，且建议取消其任职资格。光绪年间，进士出身的彭庆飏任良乡知县，顺天府尹周家楣认为他"于抚字未必无心，征解亦且盈额，而访之公论则未惬，验之舆情则未孚"，不仅不能胜任"地属冲途，治理非易"的良乡县，而且即便"移之他处"，也"于吏事难期得力，恐未由迁地而良"。因此奏请将其开缺，"改教职，以府教授铨选"[②]。光绪二十九年（1903年），四川巴县知县胡薇元、江津县知县袁启麟被署理总督岑春煊奏请开缺察看，继任的护理总督陈璚奏请以候补即用知县傅松龄补授巴县知县，以现任合江县知县龚宝琅调补江津县知县。通过陈璚的有关奏稿可以窥见，督抚奏请将州县官开缺而另行补授须遵守如下程序和制度：

（1）督抚上奏，列举理由请求将属员开缺；

（2）皇帝批准，转吏部核查，吏部咨督抚同意在外题补；

（3）督抚提出补授人选，由两司进行考察，将情况报督抚；

（4）督抚上奏，声明巴县、江津县均系调缺，巴县由于无堪调之员，按照定制以候补即用知县题补；江津县以现任合江县知县调补；

（5）简述拟补之员履历，及有无处分情况；

（6）声明拟补人员不属于升任，因此毋庸送部引见；

（7）声明合江县知县调补江津县后，所遗选缺按定制由四川扣留外补；

（8）请求皇帝批准，饬吏部实行。[③]

---

① 中国第一历史档案馆藏：清代顺天府档案，028—1—3—071—081。

② 周家楣著、志钧编：《期不负斋政书》，第318页。

③ 四川省档案馆藏：清代巴县档案，清全宗6，光绪朝第201卷。

经督抚题补、题调的州县官，其资格必须符合定制。分发候补人员补授留缺和部分调缺，其资格要求详见下文（"分发试用人员候补制度"一目）；此外，署缺、实缺官员调补其他简缺、要缺，须符合以下条件规定：

（1）署缺、实缺官员调任其他简缺（一般为留缺），几乎没有资格限制，"其未经到任或历俸未满、试俸未满及试署未满并试署已满未请实授者，仍准一律拣调"①。而调任要缺（一般为调缺），则调补者必须是实缺知县，且必须在拟补缺位出缺时已经到任，还须在调补时历俸已满三年（连同署缺时间在内），否则往往会遭吏部议驳。试举一例：

> 道光二十九年，闽浙总督刘韵珂、福建巡抚徐继畬奏请以邵武县知县来锡蕃调补闽县知县，被吏部议驳。吏部提出的理由是：来锡蕃虽然此时已经是邵武县实缺知县，但闽县出缺时，他还是署理而不是实缺。因此尽管他署理、实任邵武县知县已经历俸三年有余，但于例仍不能调补闽县知县。②

（2）无论简缺、要缺，所调之员如有"降革留任、例有展参及督催分数钱粮、承追亏空赃罚"等处分在身，则不准调补。③

（3）督抚题请升补、升署州县官，止准以应升之职题补，不得越级保题。④

（三）州县官委署的程序和相关规定

由于州县官正式补授须履行相关手续，颇费时日，所以不论题、调、留、选各缺，出缺后均须由督抚委员暂时署理，称委署。清代关于州县官的委署，有一系列具体制度规定。其主要内容包括：

1. 州县官之委署，其权力本在布政使司，但实际上早已落入督抚之手。雍正元年（1723年）的一道上谕说："属员缺出，委署虽由两司详

---

① 四川省档案馆藏：清代巴县档案，清全宗6，光绪朝第200卷。
② 王庆成编：《稀见清世史料并考释》，武汉出版社，1998，第307页。
③ 四川省档案馆藏：清代巴县档案，清全宗6，光绪朝第200卷。
④ 《大清会典事例（嘉庆朝）》卷四十六，吏部。

请，其实巡抚操其权。"①各省布政使司表面上仍履行建议权，但实际上只是秉承督抚旨意例行公事而已。例如，咸丰间张集馨任甘肃布政使，总督乐斌、臬司明×以及督署幕僚彭×通同作弊，把持州县官委署权，张集馨自称"忝任藩司，反如登场傀儡，尸位素餐"。礼县缺出，总督乐斌欲违例委署笔贴式长祥，"难于启口"，托臬司明×向张集馨"致意"，张集馨乃秉承乐斌旨意，提名以长祥署礼县知县。②不过，委署人选的提出和委署命令的发布，仍在形式上由布政使司履行。在督抚同城的省份，州县官的委署权是归总督抑或归巡抚，并无明确规定，如果两者意见不合，布政使便无所适从。有时布政使强项，坚持按定制行使委署权，督抚亦无如何。例如，陈宝箴兼署湖北布政使时，襄阳县知县出缺，"谒总督，总督语以襄阳可畀朱某；谒巡抚，巡抚曰可畀张某"。陈宝箴"悬牌两面，一署曰：奉督宪谕，襄阳县知县委朱某署理；一署曰：奉抚宪谕，襄阳县知县委张某署理。于是众论大哗。时总督张之洞、巡抚谭继洵虽怨先生，而无可奈何。有劝先生者，先生曰：'委员吾责，督抚而干与之，是目中无布政司也。'坚不肯收回所悬牌。后由诸道再三调处，乃两撤之，而由先生别委员署理襄阳，张、谭亦竟无奈何也"。③

2. 督抚委署州县官须具奏，并同时咨吏部存案。兹节录光绪二十六年（1900年）十月顺天府给吏部的一个有关咨文：

> 为咨照事：案查代理宛平知县范履福拟改为署理，以专责成……除附片具奏并饬遵外，相应咨照贵部，请烦查照可也。④

此外，"府厅州县升调委署到任卸事日期，亦应按月开单报部备查"。⑤

3. 州县官的署理有一定期限。有记载说，清代州县缺出而委员署事，

---

① 济澂：《请禁实缺州县互相调署疏》，王延熙、王树敏辑：《皇清道咸同光奏议》，《近代中国史料丛刊》本，1969，第1130页。

② 张集馨：《道咸宦海见闻录》，第237页。

③ 马叙伦：《石屋余沈，石屋续沈》，山西古籍出版社，1995，第132页。漕运总督自咸丰十年（1860年）"令节制江北镇、道各官"，因此对这一地区的州县官任用也有一定发言权。例如，光绪十年（1884年）安徽阜阳知县出缺，时任漕运总督的杨昌浚即转饬淮扬道委任阮本焱"先来代理"，同时"咨明督抚院转行江藩司遴委接署"。阮本焱：《求牧刍言》，第46页。

④ 中国第一历史档案馆藏：清代顺天府档案，028—1—2—008。

⑤ 四川省档案馆藏：清代巴县档案，清全宗6，光绪朝第528卷。

以一年为期满。光绪三十一年（1905 年）顺天府的一件札文说：署大城知县曾××"署事期满"，札大挑知县杨××署理①，可见知县署事有期限。然而，各省对此"沿为故事"，一些督抚"早已不拘此说。遇有留心民瘼之牧令，往往不轻更调，俾得从容展布，与民相安"。②乾隆元年（1736 年）吏部议准［嘉庆四年（1799 年）重申这一规定］：各省州县官出缺，督抚必须在题咨开缺或接到部文后的一个月内照例题咨调补，如有违限分别议处。③这也意味着，督抚对于空出的缺位，不能不正式题奏补缺而长期委员署理。

4. 督抚委署州县官有一定额限。督抚为了调剂属员，往往于州县官出缺后不予正式题补、调补，而以不合资格的候补人员乃至实缺官员署理。针对这种情况，吏部于议准乾隆四十二年（1777 年）议准：

> 州县佐杂不得无故调署别缺，以及辗转更署。如有必须将实缺州县佐杂调署者（必须按季造册报部）……吏部查其册内通省实缺人员，调署数在十分之二，毋庸置议；如在十分之二以外，即将该督抚藩臬参奏议处。④

光绪初年，进一步奏定州县官委署章程，规定各省"州县除调署及委署无人之缺并暂时代理外，其委署有人之缺，每年不得逾十分之一"。⑤

5. 督抚司道对于委署州县官，要负任用和监察之责。州县官"如委署之后有玷官箴"，司道府官如不能揭报，或经督抚究参，或被士民控告审实，皆照不揭报劣员例给予处分。如督抚不行究参，亦照不揭报劣员例给予处分。⑥

6. 严格限制州县正印官署理人员的资格和范围。这些限制包括：

（1）州县正印官出缺，其事简州县应以现任州县官兼署，或以未曾署缺、缺乏经验的候补人员署理；事繁州县则以品秩高于或同于州县官的别

---

①　中国第一历史档案馆藏：清代顺天府档案，028—1—2—046。

②　王文韶：《请变通委署州县章程疏》，盛康辑：《皇朝经世文编续编》，《丛刊》第 84 辑，第 2295—2298 页。

③　《大清会典事例（嘉庆朝）》卷四十六，吏部。

④　《大清会典事例（嘉庆朝）》卷四十九，吏部。

⑤　王文韶：《请变通委署州县章程疏》，盛康辑：《皇朝经世文编续编》，《丛刊》第 84 辑，第 2295—2298 页。

⑥　《大清会典事例（嘉庆朝）》卷六十四，吏部。

府佐贰暂离本职署理，以免偾事。

（2）不得委任流品低下、多捐纳出身的佐杂署理州县正印官，以示郑重。清制，异途人员非经保举不得任正印官。由于流品较低的佐贰杂职一般多为异途出身，所以严禁这些人署理、代理州县官。[1]道光十五年（1835年）的一道上谕严厉指责各省督抚以佐贰佐杂人员滥行署理、代理州县官的做法。它说：

　　"近来各省代理知县，每委府经历、县丞及州判等官，甚至终年累月，并不更换……此项人员非正途出身，向少怀芳履洁之人，委以重任，往往巧取民财，任纵家丁差役，弊端百出。至同知、通判，在省候补，多谋营好缺，署理州县，剥民利己，且有已补本班，因缺分瘠苦，暗求调剂，该上司曲徇人情，动辄谓人地相需，俾署州县之缺"，甚至为了使这些人长期署缺，而不许部选知县到任。上谕重申：嗣后"遇有州县缺出……不得滥用佐贰佐杂等官署理"。[2]

在低级佐贰人员署理正印官问题上，仅仅对有劳绩者、大计卓异者或资深者弛其限制。嘉庆四年（1799年）吏部议准：如州县缺出，止准以曾经俸满保题及边俸烟瘴即升，以及卓异保荐之现任佐贰官，令该督抚酌量才具，暂行委署。如无卓荐之员，有历俸五年以上者，亦准其委署。[3]

（3）州县缺出，禁止委用其本管道府、本府同知、通判署理，以防作弊。

（4）州县缺出，不准委令相隔辽远之员兼署，以避免官员分散精力，影响政务。[4]雍正六年（1728年）的一道上谕批评这类情况说：

　　（州县官）凡有委署印务者，必邻近地方，始能兼顾。向来督抚藩司等委官署印，每凭一己之私心，而不计道里之远近，此习相沿已久……如广东巡抚以潮州府乳源县令署广东府之花县，又以广州府花县令署惠州府之海丰县。此皆隔府差委，相去数百

---

① 《大清会典事例（嘉庆朝）》卷六十四，吏部。
② 席裕福、沈师徐辑：《皇朝政典类纂》，第5071—5072页。
③ 《大清会典事例（嘉庆朝）》卷四十九，吏部。
④ 《大清会典事例（嘉庆朝）》卷四十九，吏部。

里之远者。夫州县一官，钱粮必及时征收，盗贼必立时缉捕，人命必当时相验，承审案件必如限完结。若于数百里外兼摄印篆，不但顾此失彼，诸务废弛，而吏役奔忙，人犯拖累，种种迟误之处，难以悉数。①

四、分发试用人员候补制度

关于清代道、府、州、县官员的任职程序，人们通常讲官员须经候选和候补两个环节，然后方能任命，此为不求甚解、以讹传讹之说。从上文所述州县官缺分类的情况可以得知，拣选缺官员由皇帝在符合资格的小京官、笔帖式中拣选任用；部分题缺、调缺官员由督抚在本省现任官员中提名补用。这些官员的任用，全都不涉及候选、候补问题。选缺出缺，由吏部铨选任用，符合资历的人员须先在吏部候选，掣签得缺后即到省赴任，不须再经过在省候补程序。其留缺和部分题、调缺缺出，由督抚提名分发本省试用候补人员补用。清代分发各省以知县候补的人员，有以下几种：1. 进士"榜下即用"知县；2. 大挑举人；3. 拔贡、优贡朝考优秀者；4. 捐纳人员分省试用者；5. 军功保举人员分省试用者；6. 明保人员经引见奉旨以知县留省、分省即用或尽先补用者；7. 丁忧开复、处分开复及病、养销假回省候补者；8. 其他以试用知县分发在省人员。②这些人员，构成了广义上的候补知县。他们先经吏部分发（而非铨选）各省，其任职涉及在各省候补而不涉及在吏部候选。由此可见，在清代州县官的任用制度中，候选与候补实为两途。

清代州县官相当一部分系经候补任职。各省委署章程，将分发各省试用人员分为若干班次，其中有"候补知县"一班，特指捐纳人员，系狭义上的用法。分发各省以知县候补的人员中，以进士即用知县、大挑举人、捐纳和军功人员最多。光绪年间顺天府的一个统计，将在府候补知县分四

① 《大清会典事例（嘉庆朝）》卷六十四，吏部。

② 例如，嘉庆十九年（1814年）进士张琦，曾补实录馆誊录官；道光三年（1823年）议叙知县，签分山东试用，曾署邹平县事。见盛康辑：《皇朝经世文编续编》，《丛刊》第84辑，第2716页。

种出身分列：大挑知县2人，"候补知县"58人，即用知县4人，试用知县8人。①这里的即用知县即进士榜下即用知县，大挑知县即举人大挑分发试用知县，候补知县即指捐班，试用知县当指其他资格的分发试用人员。以上候补人员中，如果不计捐纳尽先补用等班次的因素，则以进士榜下即用知县班次最优。此外，丁忧开复、处分开复及病、养销假回省而过去曾经担任过实缺州县的候补人员其班次也较优。调缺出缺时，如现任对品人员内没有合例堪调之员，准以上述两类人员酌补。其余分省试用的大挑举人、贡生、捐纳、军功人员，因未曾担任过实缺，且有些乃异途出身，只能补授简缺。

分发各省以知县试用的大挑举人、举人、贡生、捐纳、军功人员，须在一年后由督抚进行甄别，合格者方能试署；如不合格，督抚可提请将其改任教职，甚至咨吏部退回。分发试用人员不经试署，或试署期限未满，不得补授实缺。如果督抚将试署年限未满或根本未经试署的试用人员题请实授，给予督抚处分。②

候补试用人员的委署，中央无统一章程，而许多地方定有自己的章程。如需变更，由藩司提出意见，经督抚批准即可实行。大致说来，候补试用人员的委署方式分为"轮委"和"酌委"两种。"轮委"者，即按班次和到省时间顺序依次委署；而"酌委"者，即不依班次而"酌量"委用。例如，光绪年间周家楣任顺天府尹，"到任后，每遇署事委缺，用意以一轮一酌相间。轮则按其资序、到省日期委用，非甚不可及有劣迹者，即予之；酌则须候补中人才，人人视为应得、人人以为杰出者委之。仍视其缺之繁简难易，或先轮后酌，或先酌后轮，偶有参差，皆因乎缺，而总不离乎一酌一轮之准"③。又如四川省道光以前的委署章程，将题缺、留缺"分别优缺、中缺"。如遇优缺，即以有劳绩的"酌委人员"前往署理；"如遇中缺，则归入轮委班次"。道光时期张集馨任四川藩司，"提出优缺二十余属详归酌委人员，余俱归入轮委"④。

---

① 中国第一历史档案馆藏：清代顺天府档案，028—1—2—093。
② 《六部处分则例》，第124页。
③ 周家楣著、志钧编：《期不负斋政书》，第788页。
④ 张集馨：《道咸宦海见闻录》，第104页。

在省候补人员未获委署之前，有时可得到差委，办理各种发审、赈灾、查保甲等事务。这类事务，各省督抚行辕没有常设专职机构或人员，委用候补人员办理，可弥补省级行政职能的缺位。而对于候补人员来说，差委则有两重意义：一是可因此而得到薪金；二是锻炼办事能力。督抚委用候补人员办差，也可借机考察他们的办事能力。其表现突出者，可较早署缺。例如，清末李伯元所著谴责小说《活地狱》中说："（山西阳高县知县姚明）虽是个两榜出身，然而做官极其风厉。自得榜下知县，领凭到省，就得发审局差使。有些外省解来的重大案件，还有人家审不明白的盗犯，一到他手，不上三天，无供的立时有供，有供的永远不翻。上头都说他能干，所以到省末及一年，居然就委他署事。"[①]这里所说的"发审局差使"即发审局承审员，是当时候补州县经常可以承担的一个重要差委。当时"各省有发审局承审案件，为京控之发回原省以交局者，或上控之提审交局者，而莫不以候补道为总办，候补府为提调，候补通同州县为承审员。承审员有定额，承审数年，辄得署缺以去。若辈类得夤缘进身，绝无法律知识，自号老吏，惟以锻炼迎合为事，不则亦颟顸伴食，一任吏胥舞文弄法而已"[②]。

　　分发各省的候补人员，署事之前如无差委则无收入，而署事又往往遥遥无期，因此许多人生活窘迫，狼狈不堪。晚清维新人士陈虬指出："需次之员，远者万余里，近者亦不下数千里，倾家挈室，闲×赴省，岁周不得差，则富者告贷，贫者典鬻。得补缺矣，则初任每多试以简缺，盘项先亏，责后赔前。私债既充，加以公项，公私交迫，进退狼狈。寿命不长，累及妻孥，宦海蹉跎，如堕鬼道，唏可悯也。其缺之肥者，一人奉公，百家仰食，如屠沽张市，非不热闹，徒供人饱。名虽优肥，渗漏亦多。"[③]候补人员为生活所迫，候补期间举借一种特殊的债务，债主称"赌子"，亦称"肚子"。这种债务，举债的候补人员除须在署事后还本付息外，还附加有其他条件，即署事后任用"赌子"为账房师爷或各种长随，称"带肚

　　①　李伯元：《活地狱》，第52页。
　　②　徐珂编撰：《清稗类钞》第三册，第977页。
　　③　陈虬：《酌提羡银以济同官》，陈忠倚辑：《皇朝经世文三编》，《近代中国史料丛刊》本，1971，第369页。

子师爷"“带肚子二爷"，给予薪水，并允许他们占有履行该项职务时的部分或全部陋规（即所谓“出息"）。这种情况，更是必然导致吏治的腐败。有人记载这种制度说：

> 予见近日候补州县，贫至饔飧不给，饿死在旦夕，不得已借重债以救目前，苟延性命，他日何如，在所不计。于是有放官债者，谓之“赌子"，言以此为赌也。“赌子"探知其名次在前，三五年可署事，在后放之，非是则不放。其在富翁，则放银三四五六百两，议署事时为帐房师爷。息银二分，或二分零，俸银二百两，百六十两，百二十两不等。帐房出息，或平分，或三七分，或全归师爷。彼时急于得银，惟命是听，预先立一关书，所议一一载明，交“赌子"为凭。其在仆人，则名目甚多：有放银三四百两，议为稿案门上，管一县讼狱者，议为钱漕门上，管一县征税者；其次放银一二百两，议为签押门上，管一县案卷者，议为办差门上，管一县杂役者，亦书议字，别立借票，其息较重，在三分上下。及委署到任后，彼辈皆如议而来。需次久而借债多者，则署中皆“赌子"。邑有讼事，通贿受略，颠倒是非，挟制主人，不得不从。缺稍优者，或半年数月，计本利归还，可退出之。如其瘠缺，既不能偿清，即恐卸任到省后思贷钱无人肯贷，故不得不忍气吞声，任其所为。

又记，候补州县因生活无着甚至有冻馁而死者：

> 予在沈方伯署中，某日有人禀某候补县死，方伯委员往验因何而死。回禀曰：“某员到省二十年，未得委差，衣食俱乏，实冻馁而死。其身上惟留一破衣破裤，床上惟眠一破席。被帐俱无。有一老仆，卧在地上稻秆内，又饥将死矣。"……予又见四川刘制军（刘秉璋）奏：一候补知县饥寒不堪，吞烟自尽。其人系旗员，素性质实，不善夤缘钻刺，到省十年，未获差遣，故至此。又闻小岩年丈（按：梅启照也）说：“苏州有一即用知县，湖北人，生性迂拙，不识应酬，到省二十余年，不惟无署事，并未得差遣，孑然一身，典质俱尽，遂自经而死。"……此三人

者，予所见所闻也。外此未经闻见者，尚不知多少。①

五、任职回避制度

回避制度旨在防范官员因私人关系而徇情枉法、收受贿赂等弊病。关于这种制度的起源，乾隆初年御史陶正靖说："汉代郡县之任，或即用本地人；唐制铨除不过千里。"雍正时体恤官员赴任"跋涉之艰"，"于挑选人员多分发附近省分"，"旧例除官止避本省，其后复有五百里回避之例"。②冯桂芬也说，宋元以前无官员任职回避制度，"汉之朱买臣、元魏之毕安敬、唐之张汉周、宋之范仲淹，皆守本郡"，至明代始创南人北选、北人南选之法。③

清代官员的任职回避制度内容有二：其一，制度规定范围内的亲属不得在同一机构、同一政区内任职。这些亲属包括：（1）聚族一处的同宗（不论有无服制）；（2）外姻亲属，包括亲姑之夫、姊妹之子、母之父及兄弟、妻之父及兄弟、妻之姐妹夫、妻之亲侄女之夫、姑舅中表兄弟及儿女姻亲。其二，官员不得在本籍省份，以及虽属邻省但却距离本籍较近的地区任职。

就州县官及教官、佐杂而言，其回避内容包括：（1）应回避亲属有任总督者，回避其所辖省份；（2）应回避亲属有任巡抚、藩司、臬司及道员者，回避其辖区，至该省所隶总督管辖的其他省份任职；其无总督管辖的省份，由吏部掣签，到其他省份任职；（3）应回避亲属有任巡道、知府、知州、知县者，回避其辖区，至本省其他府、州、县任职；（4）不得在本籍任职，如系寄籍者，祖籍、寄籍一体回避；（5）教职只令回避本府；（6）满洲人员补用直隶州县者，回避五百里以内；汉军人员回避顺天、直隶及北河员缺；汉人回避邻省接壤在五百里以内地区。④例如，安徽桐城人倪年伏，进士出身。1900年任江西知县，"因离原籍五百里以内"，

---

①　徐凌霄、徐一士：《凌霄一士随笔》，山西古籍出版社，1997，第992—993页。

②　陶正靖：《吏治因地制宜三事疏》，贺长龄辑：《皇朝经世文编》，第634页。

③　冯桂芬：《校邠庐抗议》，中州古籍出版社，1998，第82页。

④　《嘉庆大清会典（嘉庆朝）》卷七，吏部。

1901年与江西安福县知县对调。①

　　除亲属回避和本籍回避外，幕友出身的分发候补人员且须回避曾经游幕的省份。同治四年（1865年）奏定："游幕回避人员，将所游何人之幕，取具延请之员印结咨部。倘延请之员去任，应令后任查明代出甘结。如有捏饰情弊，别经发觉，即照规避律革职。"②咸丰八年（1858年）奏定，游幕出身的分发指省人员不准指捐曾经游幕省份，须于参加铨选时"于赴选文或注册结内声明，并未在该省督抚司道府厅州县衙门襄办刑名钱谷等事"，"如有隐匿不报及捏称游幕系该省者"，以私罪议处。③

　　清代的官员任职回避制度，基本能够得到执行。但也并非全无例外。光绪初年岑毓英任贵州巡抚，他在一个奏折中指出，"实缺候补各员中，有本宗外姻同官一省，与曾经游幕、经商、置买房产"者。④

　　① 湖口县志办公室：《清末县署的机构设置和历任湖口知县》，《湖口文史资料选辑》第1辑，第158页。

　　② 《六部处分则例》，第107页。

　　③ 《六部处分则例》，第108页。

　　④ 岑毓英：《遵旨整顿吏治缘由疏》，葛士浚辑：《皇朝经世文续编》，第497页。

第二节　州县官任职制度在运作中的紊乱

一、督抚对于州县官任用定制的破坏

围绕州县官的任用，吏部与各省督抚相互角力，双方各有其手段和武器。吏部可以制约督抚，主要是凭借两种制度。第一，各省州县选缺，除督抚留缺外，其官员任用大部分经由吏部铨选，掣签确定缺分；官员即领凭到省后经督抚考察，如无明显不能胜任的证据，即须令其赴任。这类州县一般属于中缺、简缺，但数量众多。第二，由督抚提名题补、调补的题缺、调缺、留缺人员，须经吏部进行资格审查。对于吏部的这两种制约，督抚则可以采取各种措施进行反制，遂导致州县官任用制度的紊乱。这些反制措施主要有：

其一，对于经吏部铨选委任的实缺州县官，到省后不令其赴任，而令委署人员长期鸠占鹊巢。部选州县官系实缺官员，掣签后带缺出京，本应直接赴任，不得在省逗留；亲身到任后方缴销文凭，作为到任凭证。然而在后来的实际运行中，督抚往往将部选州县官留省而不令到任，甚至"勒令在省缴凭，虚报到任，及到任未几，檄调来省，稽留不能回任，并另委他人署理"。这种情况，早在清中叶就已存在。乾隆四十七年（1782年）吏部复准对此加以禁止，规定"凡新选人员，必亲身到任后，将文凭申送缴销，由该管各上司出具实无在省逗留确切印结，申送藩司，核明加结，详送督抚，咨部存案"。如有违反，对各相关上司予以处分。[1]但这种倾

---

[1]　《大清会典事例（嘉庆朝）》卷七十，吏部。

向并未得到遏止，久而久之，部选人员到省须经督抚批准方能到任，这在实际上成为了具有实质意义的程序。据咸丰年间先后任福建、江西藩司的张集馨记，当时福建为通过委署调剂州县官，"部送知县，多不令其到任"；江西"有部选人员到省后"，因本缺的署理人员"并无处分，不必开缺"，便只得留省候补，一拖就是四五年，"不但未能补缺，并未能一委署事"。①胡思敬也记载说，"承平时"部选得缺者可以立时"捧檄赴任，无少稽留"；而咸丰"军兴以后，疆吏之权日重，计较缺之肥瘠调署酌委，不复拘以成法"，部选州县官往往不能按时赴任。②

其二，将不应作为留缺的缺位扣留，委署或题咨本省人员任职。这种情况具有相当的普遍性，因此清廷多次发布上谕予以禁止：

"督抚将不应题补、调补之缺滥行题补、调补者"，给予处分（康熙五十二年）。③

"督抚将应归部选之缺并不声明，混行题补"，给予处分（嘉庆四年）。④

道府至州县各选缺，均不准改为题调。即实有今昔情形不同，不得不酌量调剂者，亦著于本省题调要缺内酌改简缺互换，以符定制（嘉庆十年）。⑤

其三，以委署代替正式调补，并任意更调实缺州县官长期署理他职。为了反制正式题补调补州县官所必须履行的奏请皇帝批准和吏部审查资格的程序，各省州县官出缺后，督抚往往不按规定期限即时题补调补，而委用分发本省候补人员署理，或将实缺官员调离本缺前往署理，而将所遗之缺再另外委员署理。督抚委署、调署州县官虽然也须报部，但由于不须部颁执照和到部引见，所以只是例行公事，吏部无从制约。正因为如此，督抚通过委署、调署，排挤了部选人员，对经吏部审查、皇帝批准的实缺官员任意更调，从而极大地扩张了他们任用州县官的权力。《清史稿》记：

---

① 张集馨：《道咸宦海见闻录》，第293、317页。

② 胡思敬纂：《盐乘》，第291页。

③ 《大清会典事例（嘉庆朝）》卷六十四，吏部。

④ 《大清会典事例（嘉庆朝）》卷六十四，吏部。

⑤ 《大清会典事例（嘉庆朝）》卷四十九，吏部。

"光绪间，督抚违例更调州县官，视同传舍。"①实际上，至迟在嘉道年间，由于督抚任意委署、"辗转调署"，州县官的任用已经相当混乱，"各州县多非本缺"。②咸丰八年（1858年），顺天府奖励捕蝗捐资、出力官员，其中现任知县8人，知州1人，全部为署理。其中房山、武清、宝坻知县和昌平知州等4州县系由候补知县署事；通州知州、三河知县和蓟州知州等3州县系由现任实缺州县调署；宛平知县系以实缺知县解职调署；顺义知县亦系署理，署理人员身份未著③。光绪二十七年（1901年）顺天府尹的一件札文反映出，当时正任密云县知县在他县署事，而其本缺则由正任大城县知县徐国桢署理，这就是所谓的"辗转委署"④。晚清州县官任期普遍缩短，也说明了州县官更调之频繁。如江西新昌县"自咸丰以迄光绪凡五十七年，得令五十三员"，"无一年不易任"。⑤对于候补人员来说，"辗转委署"则意味着难得正式补缺。如，一位名叫张振镛的广西举人，27岁经大挑以知县用，33岁首次署缺，此后先后在江苏安东、铜山、兴化、六合、盐城、丰县等6个县署理知县共7任，署事时间合计共10余年，而直到50岁，却"一官未补"。⑥

与督抚违例委署调署州县官的风气相联系，引见制度也受到破坏。清制，官员初次除授、升任以及考核卓异，均应由部引见。这项制度的实行，旨在"上邀圣鉴，借以甄别人才，不任各疆臣凭意见为拔取"⑦，说白了，就是要保持皇帝对于官员的任用权，并强化官员的忠君意识。但各省督抚往往将例应送部引见的人员委署调署，而不送部引见。乾隆三十九年（1774年），皇帝抓住了这方面的一个典型事件。湖南新田县知县柴桢于乾隆三十六年（1771年）七月经督抚保题升任辰州府同知，但却没有按定制送部引见，而是"节次委署清泉、祁阳等县"。直至三年后卸事，才

①　《清史稿》一百十六，职官志三。

②　中国第一历史档案馆藏：清代顺天府档案，028—4—306—002。

③　中国第一历史档案馆藏：清代顺天府档案，028—4—306—002。

④　中国第一历史档案馆藏：清代顺天府档案，028—1—2—10。

⑤　胡思敬纂：《盐乘》，第291页。

⑥　阮本焱：《求牧刍言》，第165—166页。

⑦　吏部：《议展申明卓异人员定例疏》，王延熙、王树敏辑：《皇清道咸同光奏议》，第1127页。

送部引见。皇帝的上谕批评说，柴桢距题升后不立即引见就任本职，反而署理别缺达三年之久，在此期间他"所升之本缺悬旷多时，势又不得不另委人代署"，影响极坏。吏部由此遵旨议定：嗣后题升官员，督抚必须于接到部咨后责令交代清楚，限三月给咨送部引见，否则议处。①但这个问题并未得到解决。至太平天国战争爆发后，一些省份甚至奏请并得到批准，对于应行引见人员可以"先行差委"。于是，"府厅州县，未曾引见者甚多"，"尽管署事，而总不到部"。②光绪二十年（1894年）吏部有奏疏指出：近来应行引见人员"每多援事逗留，竟有保卓异后迟至数年或十数年尚未赴部引见者，疆臣听其恋栈惮行，不加严饬"③。

其四，侵蚀部选缺的委署权。前文已经述及，清代州县的部选缺，虽然多系简缺，但缺位数目众多。吏部通过铨选任用选缺州县官，是中央控制州县官任用权、防止其被督抚侵夺的重要途径。然而至咸同以后，选缺州县官的任用权却渐为督抚所侵蚀。

州县官补缺定例，题调要缺专归督抚提名外补，各选缺官员升调所遗之缺留督抚题补，其余各缺统归部选。但咸同以后"因捐例频开，分发各省人员多于内选"，于是订立章程，准许各省督抚将选缺扣留。清代选缺官员出缺，存在12种情况：升、调、病、故、休、撤回、改教、回避、丁忧、终养、参革、降补。选缺准归各省补用后，定例遇有升、调、病、故、休所遗选缺，由分发候补人员中的各班人员"各按轮次序补"；遇有知县终养、改教、撤回、降补、回避所遗各缺，则专以进士即用知县和以捐纳为主的候补知县轮流"酌补"；遇有知县丁忧、参革所遗各缺，则专以军功候补人员"酌补"。显然，在这种制度下，即用知县、捐班候补知县和军功保举知县等三个班次，在补缺时占据优势地位。他们除与其他各班次轮补部分缺位外，还独占（酌补）部分缺位。当时实行这种制度的依据，在于"即用、候补两项，班次最优；军功人员劳绩最著，而即用、候补、军功各班，人数亦最多"。这种制度实行后不久，吏部铨选又"渐形

①　《大清会典事例（嘉庆朝）》卷七十七，吏部。
②　张集馨：《道咸宦海见闻录》，第310页。
③　吏部：《议展申明卓异人员定例疏》，王延熙、王树敏辑：《皇清道咸同光奏议》，第1127页。

雍挤"。至同治七年（1868年），清廷又决定将各省选缺之中出缺较多的丁忧一项收归部选；光绪初年复订立新章，规定各省选缺中因官员丁忧、终养、参革、降补等4种情况所出之缺，全部收归部选。这样，继续留给各省题补的选缺还剩下8项，即升、调、病、故、休、撤回、改教、回避所出之缺。①

上述8项留给各省的选缺中，"升、调、病、故、休五项选缺扣留外补者，向以各班人员挨轮序补；其撤回、改教、回避三项扣留选缺，则系一即用一候补相间轮用"。这样，即用和候补人员，就失去了终养、降补两项缺位的"酌补"机会，军功人员则失去了丁忧、参革两项缺位的"酌补"机会。这引起地方督抚的不满，山西巡抚张之洞、四川总督丁宝桢均曾上疏要求修正。他们提出：留给即用、候补人员轮补的撤回、改教、回避三项扣留选缺中，"呈请改教者寥寥无几，参劾改教如在六月限外，例归休致；回避一项，见缺更少"，因此"候补班可望酌补者"实际上只有撤回一项。丁宝桢说："川省候补知县，积至二百余员，从前原有的丁忧、参革两项选缺可以专补。自丁忧缺归选以后，望补已难，若将参革缺一并归选，则军功候补一班，将同废业，未免向隅。"他提议，除升、调、病、故、修五项选缺仍留归各省候补各班轮用外，参革一项也仍应留归外补，而不应收归部选；或者采用另一种办法，"统计参革、终养、降补、撤回、改教、回避六项选缺，各积各省"，每留补四次咨选一次，或每留补二次咨选一次；或者连丁忧一并计算在内，并参革、终养、降补、撤回、改教、回避等共七项选缺，一留一咨。张之洞的意见也大致相同。他还提出，将丁忧一项仍改归各省留补，同时改变丁忧起复人员须重新参加吏部铨选，并须捐缴分发、指省、补班加成各银的制度，而令其"仍回原省归候补班序补"。②

---

① 丁宝桢：《变通补缺章程疏》，王延熙、王树敏辑：《皇清道咸同光奏议》，第1123—1124页；张之洞：《知县外补雍滞请量予变通片》，盛康辑：《皇朝经世文编续编》，《丛刊》第84辑，第2299页。

② 丁宝桢：《变通补缺章程疏》，王延熙、王树敏辑：《皇清道咸同光奏议》，第1123—1124页；张之洞：《知县外补雍滞请量予变通片》，盛康辑：《皇朝经世文编续编》，《丛刊》第84辑，第2299—2303页。

各省督抚的这种意见，归根结底就是一条，即将选缺中尽可能多的缺位留归外补。对于吏部与各省督抚的这种争论，当时的最高统治者系如何裁定，我们不得而知。但有一点可以肯定，即在实际运作中各省督抚占据了上风。如胡思敬记载说，他的本籍江西新昌县本为部选缺，晚清时因分省候补人员过多，已在实际上改为缺出后"两次留归外补，一次咨部铨选"①。前文已经述及，至清末"预备立宪"时，清政府彻底废除了州县官部选制度，将符合参选资格的人员全部分发各省，编为"改选班"，候补选缺。

其五，破坏关于州县官任用资格的规定。前文已经述及，清廷制定了各种章程，严格限制州县正印官署理人员的资格和范围。对此，各省督抚往往寻找各种理由，予以破坏。其方式包括：以不合格人员题请升调，题补未经试署的分发候补人员担任实缺，不以候补人员而以现任人员补用选缺②，不一而足。在这些破坏方式中，被认为危害最大者是以资历不符的杂途人员署理州县正印。对此有人指出：

> 杂途之钻营委署，其害最甚。向来吏部题定吏员委署，非督抚具题保举，不得升转正印，久有成例。乃各省委官署印，概不论出身履历，则有与定例大相刺谬者。如成都府照磨詹文通署新都县知县，庐州府经历杨大发署庐江县知县，布政司理问张文彬署眉州知州，按察使经历孙良弼署富顺县知县，又署广元县知县，以吏员委署正印者，相习为常，不可胜数。③

道光十五年（1835年）的一道上谕也指出各省大量存在以佐杂人员滥行署理、代理州县官的现象，并激烈批评其危害。它说：

> 近来各省代理知县，每委府经历、县丞及州判等官，甚至终年累月，并不更换……此项人员非正途出身，向少怀芳履洁之人，委以重任，往往巧取民财，任纵家丁差役，弊端百出。至同知、通判在省候补，多谋营好缺署理州县，剥民利己。且有已补

---

① 胡思敬纂：《盐乘》，第291页。
② 《大清会典事例（嘉庆朝）》卷六十四，吏部；卷四十六，吏部。
③ 李之芳：《请禁杂流委署疏》，贺长龄辑：《皇朝经世文编》，第646—647页。

本班，因缺分瘠苦，暗求调剂。该上司曲徇人情，动辄谓人地相
需，俾署州县之缺。①

至晚清，各省督抚不拘成例任用州县官，有时竟至奏调他省候补人
员和实缺州县。史记晚清督抚"每有保荐他省候补候选人员送部引见之
请"，这些人员一般来说均属于在"补缺无日，铨选无期"者，而一经通
过私人关系获得他省督抚保荐，"奉旨发往，便压各班"②，而在这背后隐
藏的，乃是"请托徇私情弊"。③

二、滥开捐例、滥行保举的恶果

前文已经述及，清代捐纳分遇有救荒、河工、战争等事件开"暂行
事例"捐实官，文职小京官至郎中，未入流至道员均可以捐得，但却通过
异途人员非经保举不得担任正印、甄别、试俸、试署等制度加以限制。然
而咸同以后，一些新因素却导致捐纳制度的危害急剧加大。其一，开捐频
繁。清代历朝均曾开捐，也均对开捐的危害抱有警觉。道光、咸丰登基
时，都曾下令停捐例，但不久即恢复。咸丰以后，由于内忧外患频仍，政
府财政拮据，多次开大捐，并不断展限。如咸丰元年（1851年）太平天国
战争爆发，开筹饷捐；光绪十年（1884年）中法战争爆发，开海防捐；光
绪十三年（1887年）开黄河大决，开郑工捐；光绪十五年（1889年）开海
防新捐，光绪二十六年（1900年）八国联军战争爆发，次年向各省摊分庚
子赔款，各省纷纷开筹饷捐、赈捐等等。其二，各省争相开局，并通过减
成、折收饷票等措施，与户部竞收捐款。史记"同治初，内则京捐局，外
则甘捐、皖捐、黔捐，设局遍各行省；侵蚀、勒派、私行减折，诸弊并
作"；"各省捐输减成，按之筹饷定例，不及十成之三"。④其三，开办
与优先补缺有关的各种所谓"花样"。如道光年间，增插班间选、抽班间

---

①　席裕福、沈师徐辑：《皇朝政典类纂》，第5071、5072页。

②　王棨：《保荐他省人员宜示限制疏》，王延熙、王树敏辑：《皇清道咸同光奏议》，
第1129页。

③　中国第一历史档案馆藏：清代顺天府档案，028—1—1—018。

④　《清史稿》一百十二，选举志七。

选、遇缺、遇缺前等名目；咸丰年间，增分缺先、本班尽先、分缺间不积班、新班遇缺、新班尽先、分缺先前、分缺间前、本班尽先前、不论班尽遇缺选补等名目；又有保举捐入候补班、候补捐本班先用等；同治年间增新班遇缺先，收纳实银，称"大八成花样"。其四，滥行保举。清代在办理河工、边防、赈灾、剿匪等役中，有劳绩者可由主官保举，经引见而除授、题升官职，异途人员经保举可任正印。太平天国战争开始后，"保案层送"，"军营保案，借（捐纳）花样以争先恐后；各项保举，又袭军营名目而纷至沓来"。由于这些因素，捐班和保举人员劣滥问题成为州县官任用制度中的一大灾害。其主要表现包括：

第一，管理混乱。清代州县官候选候补人员的管理，以往较为严密。而太平天国乱后，具有军功保举资格者"来历多不可问，空白札复，李代桃僵者，往往有之"，候选候补文职官员的管理有时也出现纰漏。张集馨记：当时"各省军营保举，其中多有冒滥"，"身家是否清白，亦不可考"。[1]浙江人夏祖彝，刑幕出身。其堂弟夏宗彝死后，与家族约定"终身奉养"其婶，"抚弟之子如子"，乃冒夏宗彝之名及其难荫县丞、本省乡试经魁、捐纳候补知县令的履历，指分江苏，历任金坛、吴县县令，捐在任候选道，选湖北粮道。后因不履行与家族所立之约，被其婶告发，交原籍及服官省份督抚查办。夏行贿求免，乃以"居心刻薄不洽乡评"八字免官。[2]

第二，捐班人员素质低下。同治年间任山东巡抚的阎敬铭指出：

> "从前捐纳州县一官，不下万金，非家道殷实及自度才气尚堪任使者，必不敢冒昧呈捐，其父兄亦不令其子弟躁进。即任官后经收钱粮，思欲染指，自揣身家甚重，不肯尝试为非。"而咸丰后捐输由各省收纳，争相减成，"各省均无过三成者"，其少者如安徽仅一成。结果，"计由俊秀捐纳州县，至指省分发不过千金"，再捐免保举"亦仅增数百金"。于是，"有力者子弟相沿，争为垄断；无力者借贷而至，易于取偿。官不安于末秩，士

---

① 张集馨：《道咸宦海见闻录》，第316—317页。
② 徐珂编撰：《清稗类钞》第三册，第1355—1356页。

不安于读书，众志纷然，群趋于利，欲其自爱，其可得耶？"。①
另有人批评说：

> 捐例屡次减成，殷实之家挟赀数千金，即已俨居民上，彼其
> 积累之余，曾无损于毫末，第以仕宦为光宠而已。而豪奢成习，
> 幸处脂膏，则肆其挥霍；不幸而缺分稍瘠，势必至于亏帑剥民。②

第三，捐纳人员以赀得官，以官为市，任职后必然贪墨，加重了吏治
的腐败。阎敬铭指出：捐纳人员以一千数百金即可捐任州县官，而任职后
所经手的钱粮，"大县五六万两，小县亦万余两不等，彼以官为贸易者厕
于其间，略一侵吞，已逾原捐之数"。③还有人指出，捐纳人员中有出身富
豪者，任职后挥霍无度，"视一官为取偿之计，一旦旅任，计母取赢，不
充其囊橐而不止。纵或终以墨败，而宽典可邀，亦仅降调耳，褫职耳。厚
资坐拥，仍不失为富民"。④张集馨也指出：许多捐纳人员到任后，"自念
身价甚轻，不问正杂款项，先卷数千金，一应解款，任催罔应。及至丁耗
奏销不及分数，或参摘顶，或参革职，虽奏明行知，该员顶戴自若，逍遥
事外，寓中日用，不患无资"。⑤对于捐纳人员之必然贪墨，曾任江苏巡抚
的丁日昌分析最为透彻。他说：

> 捐例既宽，人怀侥幸，不独家仅中赀者弹冠而来，即赤贫无
> 以为生者，往往酿费集赀，以官为市，以为千数百金捐一官职到
> 省，一有差使，月支数十金，更可收数分之息。如或署事补缺，
> 少者数千，多者数万……至于十余年而得署事一年，此前十数年
> 中衣服饮食之资，养家应酬之费，皆须于一年署事中取偿；而后

---

①　阎敬铭：《请道府州县四项无庸减成疏》，葛士浚辑：《皇朝经世文续编》，
第495—496页。

②　李肇锡：《请变通正途州县选补班次疏》，盛康辑：《皇朝经世文编续编》，《丛刊》
第84辑，第2305—2306页。

③　阎敬铭：《请道府州县四项无庸减成疏》，葛士浚辑：《皇朝经世文续编》，
第495—496页。

④　李肇锡：《请变通正途州县选补班次疏》，盛康辑：《皇朝经世文编续编》，《丛刊》
第84辑，第2305—2306页。

⑤　张集馨：《道咸宦海见闻录》，第290页。

十余年中衣服饮食之资，养家应酬之费，又须于一年署事中预蓄。置犬羊于饥虎之前，而欲其不搏噬，虽禁以强弓毒矢，而势固有所不能。①

第四，捐纳和军功保举人员人数众多，导致仕途壅塞。捐纳人员任职，最初全部经由吏部铨选。乾隆初，为了疏通选途，准许加捐分发。然而当时捐纳人员为数不多，并未导致各省候补人员壅塞。乾隆四十年（1775年），兵部侍郎高朴甚至还曾奏请向各省分发捐班知县，说"湖北、福建均因差委乏人，奏请拣选"。然而道咸以后却情况大异，由于捐例太滥，"分发人员拥挤殊甚，疆吏辄奏停分发，期满复请展限，各直省比比然也"②。关于当时各省候补人员壅塞的严重程度，时人多有记述：

> 同治间"捐班、军功二途，纷至沓来，处处有人满之患"，江苏省可由外补的府同知、通判和州县"不过数十余员"，而候补者"约有一千余人"，即使"循资按格而求署事，亦非十数年不能得一年"。③

> 光绪初年，"贵州额设府厅州县七十三缺"，而"实缺候补府厅州县合例人员，连正途出身暨劳绩、捐纳两途，共有三百五十一员"，此外还有"未经引见不合例"者138员，"人浮于事，位置无从"。④

> "光、宣间，各省官僚自道员以至未入流，多者可数千人，需次者日多，槁饿以死者所在皆有"，宣统末年，在江宁的候补道达三百余员，候补知府府、直隶州知州三百余员，候补州、县一千四五百员，其他佐贰杂职约二千余员，"与江宁所设差缺数目相较"，仅三十比与一。⑤

---

① 丁日昌：《条陈力戒因循疏》，盛康辑：《皇朝经世文编续编》，《丛刊》第84辑，第1974—1977页。

② 《清史稿》卷一百十二，选举志七。

③ 丁日昌：《条陈力戒因循疏》，盛康辑：《皇朝经世文编续编》，《丛刊》第84辑，第1976页。

④ 岑毓英：《遵旨整顿吏治缘由疏》，葛士浚辑：《皇朝经世文续编》，第497页。

⑤ 徐珂编撰：《清稗类钞》第三册，第1360—1361页。

三、州县官委署、补用运作的腐败

由于缺位肥瘠不均、捐班候补人员太多等原因，督抚"穷于调剂"，州县官委署、补授的运作往往漫无章程，各种腐败也随之滋生，晚清时期尤为严重。对此张集馨记载说："自票本例开，数百金即捐一州县……委署章程并无一定，只在善于夤缘钻刺，便可委令署缺，名为代理。"① 在这种情况下，州县官的任用势必会搞得一片混乱。张集馨所记福建的情况即是如此：

> "闽省委署章程，并无定规，每遇缺出，奔走请托，力大者负之而趋"，"垄断把持，夤缘钻刺，不成吏治"。候补县丁承禧，其父亲、叔父皆系藩司裕铎的换贴兄弟，又有总督幕僚庄××为之"暗为斡旋"，因此可以任意营求。"初次委署漳浦县，抗不到任；改委漳平县，到任滋扰，商贾罢市，撤省当差；旋委南平县，因学政将及按临，遂求署理崇安优缺"，"求无不遂"。代理连江县王修仁，"曾为督辖巡捕，专尚声气，业经部选广西通判，犹署理福建县缺，大干例议"。②

为了避免州县官任用的极度混乱状态，一些省份对分发候补人员采取了按班次和到省时间先后依次委署的"轮委"制度；而轮委只讲资历而不考虑劳绩和能力因素，不能做到"为地择人"，根据各缺的不同情况委任合适人选充任州县官，于是又兼采不依班次而"酌量"委用的"酌委"办法③。对此，同光年间曾"历居大吏之幕"的欧阳昱作《见闻琐录》记述说：

> 近日捐职太多，每省候补者，州县动二三百人，佐贰佐杂动千余人，仕途拥挤，督抚亦穷于调剂。起初漫无章程，先至省者不得署缺委差，后至者或反得之，人颇不服，于是定轮委之法，委署委差，于先后班次轮去，然而姑苏州县三十三缺，实任已过

---

① 张集馨：《道咸宦海见闻录》，第290页。

② 张集馨：《道咸宦海见闻录》，第276页。

③ 张集馨说："署事向有定章，乱后为地择人，不能尽依班次，酌量委员者居多。"见《道咸宦海见闻录》，第310页。

半，外仅十数缺，轮署候补几三百人，非二十年不能轮一次，于是各省有拔委之法，谓有劳绩可由后拔在人前委署也，而佐贰佐杂亦然，委各差亦然。①

酌委制度不依资历，一方面便于选拔人才，"为地择人"，另一方面也助长了奔竞钻营、行贿受贿之风。《见闻琐录》记载说：

酌委（拔委）制度实行后，"有求'帽子'谋拔委者。何谓帽子？盖求大官写八行书关说，情不能违，势不能却，从上而来，如帽子戴在头上也。然有大小之分，如我求他省抚藩信至，彼则求尚书侍郎信至，则我帽子小，彼帽子大矣。如我求尚书侍郎信至，彼则求军机、宰相、王爷信至，则我帽子仍小，而彼帽子更大矣。藩司委优缺优差，俱据此而定，故候补无人情八行书者，欲得轮委到班，几于河清莫俟矣"。②

在这种情况下，州县官任用便充满了各种腐败运作，一些有权势的督抚藩臬，明目张胆地卖官鬻职。例如咸丰年间四川藩司某贪鄙，"不肖守令相率出入其门，钻刺夤缘，无所不至。由是州县优缺署理者，居其大半"；他借筹措军饷为名需索，凡"缺分之委署"均"有费"。③桂良任直隶总督，借委署州县官大肆勒索，收受贿赂。候补"苦员""亦致送五百金，否则此官不能做"；卞××"署冀州，所费不赀，每节尚以千金为馈，是以署事几及年余，未曾更动"；枣强知县出缺，高××营谋署理，除"托人纳贿疏通"外，并请与桂良有关系的岳父陈××"来省穿插"；候补人员余××"屡次到班，非纳贿不能下委"，求桂良门子纪某疏通，讲定如能委署南宫县知县，"当以七百金为谢"。藩司钱××、道台吴××，"皆拜于桂良门墙，每人俱以数千金为贽，始得相安"。而吏部书

---

① 徐凌霄、徐一士：《凌霄一士随笔》，第996—997页。有的地方实行酌委，是由于档案散失。例如，顺天府"正佐各员补署各缺""向有定章"，但在清末，底册"因庚子变乱均已毁失无存"，"以致无凭稽考，遇有应补应署之员，竟不能照章办理"，"每遇各项缺出，概系酌委，是以未及编定轮次"。见中国第一历史档案馆藏：清代顺天府档案，028—1—1—019。

② 徐凌霄、徐一士：《凌霄一士随笔》，第996—997页。

③ 骆秉章：《择尤参劾以图整顿川省吏治营务片》，葛士濬辑：《皇朝经世文续编》，第540页。

办出身、"在京时与桂良为狎友"的钱××，在桂良到任时尚是佐杂，很快借军工议叙升补知县，不久即调补上等优缺正定县知县。"钱仗桂势，凌轹同侪；桂亦依钱，为通消息。贿赂公行，恬不为怪"，"甚至部选人员，虽极苦缺，亦必馈送二三百金，方敢到任"。有些官员，甚至公然以优缺相互交易。如秦州知州为甘肃第一优缺，咸丰年间进士出身、"人太朴钝，素不应酬"的张叙任该州知州，藩司段大章和总督乐斌乃议将他调署西宁府，而令段之同乡李敦厚署理。但由于张叙系实缺知州，以实缺调署系明显违例之举，于是"张叙与李敦厚商议让缺，经丁忧平庆道费荫樟穿插，令李敦厚出银万金，张叙即行告病，费亦从中染指"①。有些地方，候补人员如系督抚藩臬的亲信，甚至可以挑肥拣瘦，指名要缺。如咸丰间陕甘总督署中的笔贴式多龄，历俸年满，以同知、知县留甘补用，"序补宁夏理事同知，檄赴新任，因缺苦不肯前去"；改署礼县，嫌恶礼县贫瘠"又不肯去"，"每年赢余仅千余金，不足济穷，又谋署安定县"。②一些督抚为了调剂属员或收受贿赂的需要，将"肥缺"州县频繁更调。李伯元的《活地狱》讲道：

> 却说山东泰安府的首县，即泰安县，是山东省第一个好缺，又是几省的通衢，地肥美，民殷富……凡在山东做官的，不论实缺候补，都是睁着眼在那里望。不过想得这个缺的，非得京里有大大的奥援，是万万不能如愿；否则仰仗着孔方兄之力，也没有什么做不到。可是一样，这个缺的实缺官却难得到任。因为上头要剩出这个空来，调剂属员，不能叫他久于其任，不论如何，一年就得更换。③

有人指出，而那些通过行贿"营求得调之员，其贪酷必甚"，如康熙年间山西大宁县知县许晋贿调，"先图夏县，继图介休县，手本开银至一万数千两之多。其他调繁之员，如调历城县之管承宠，调南昌县之王廷对等，或以贪婪败，或以亏空参"。这种情况的出现有其必然性，因为这些人

---

①　张集馨：《道咸宦海见闻录》，第207页。
②　张集馨：《道咸宦海见闻录》，第237页。
③　李伯元：《活地狱》，第180—181页。

"或前任之钱粮未清，或上司之酬谢未足，虽欲不侵用库帑，剥削民财，其势有所不能"。一般州县官如有贪墨，"犹畏上司觉察"，而这些通过行贿而得以更调的州县官，"则督抚司道，皆其护身之符"，无所忌惮。①

由此可见，在州县官任用的实际过程中，在下者奔竞钻营，在上者营私舞弊，腐败无序，而这种情况至晚清已经发展到极致。

---

① 田从典：《请禁滥调疏》，贺长龄辑：《皇朝经世文编》，第749页。

第三节　州县官任职制度的缺陷

一、选官制度导致州县官人选素质低劣

以八股文取士的科举制度和出卖官职的捐纳制度，使得有资格应选州县官者缺乏担任这种职务的必备素质。

首先，大多数人州县官人选缺乏行政知识与能力。科举出身者任职前"困于记诵之学，而溺于科举之文"，其"腐儒老生"只得"低首而听于幕友吏胥"，其"聪明才杰之士"须"磨以岁月，然后能稍习其事"，但"及其欲有所为"又被更调。①道光间曾担任广西巡抚的郑祖琛在这方面是一个典型：

> 郑祖琛19岁即中进士，分发江西后补星子县知县，"既履任，羞涩不肯坐堂皇，家人促之，或至啼哭。已数月，滞狱山积。其夫人乃与诸仆谋，绐以有客来拜，方肃衣冠出诣厅事，至屏门后，骤开屏，隶役数百人传呼曰：'官升堂矣。'不得已，始入座。"②

军功出身者之中虽然间有"能吏"，"然亦有武健之夫，勇于戎行，未必长于吏治，一旦得缺，遂以治盗之法治民，束缚弛骤，有妄行其严酷者"。③

---

① 孙鼎臣：《论四治》，盛康辑：《皇朝经世文编续编》，《丛刊》第84辑，第2479页。

② 李岳瑞：《悔逸斋笔乘》，山西古籍出版社，1997，第194页。

③ 王道埠：《慎用牧令疏》，何良栋辑：《皇朝经世文四编》，《近代中国史料丛刊》本，1972，第267页。

　　其次，道德品质低下。捐纳和保举制度的实行，在很大程度上使得州县官的任用、选拔陷入了一种汰良取劣的机制，导致只有无耻之徒才能够得到任用和升迁。原因很简单：第一，很多人"入赀"做官，本来目的就是"求以偿其欲"，必然"以民之脂膏而为市"，"所捐者少而所愿奢，一旦握篆，遂以为商之法为官，侵牟渔夺，有难盈其欲壑者"。①道光皇帝曾明确说，捐班州县官是一群"将本求利"之人。②第二，在捐纳、吏员出身者非经保举不得升任正印官的制度下，要想升迁必须得到上司的赏识、欢心；而在这方面，只有那些不顾廉耻巴结谄媚、不惜通过虐民来聚敛的人才有优势。于是，升迁机制运行的结果就是："其拔而出之者，皆巧于媚其上官，而忍虐用其民者。"③第三，由于捐纳、保举制度的运作难得规范，所以只有那些狡猾的人才最容易钻营成功。如有人指出，一些幕友出身者"揣摩最工"，"窥捐输之径捷则附入捐输，伺保举之途宽则钻营保举，一旦得志，遂乃串通各署，把持多方，大吏受其欺蒙，小民遭其凌虐"。④

二、未能找到"选材"与"防弊"的两全之法

　　铨选和候补制度论资排辈，不利于选拔能吏。有人指出，州县官任职过于看重资格是当时制度的重要缺陷。铨选掣签法"起于明万历"，其实行的背景是当时官员任用"营私择地，属托公行"，而此法实行后效果良好，"一时之营求请托，廓然风清"。但至明末，掣签法已经弊端繁丛。清代官员铨选最初仅实行于初次任职的官员，后来则"兼行于升补"；除由吏部铨选司直接负责外，还须吏部满汉堂官监掣，后来又进一步增加都察院科道"监掣"。而由于仍有弊端，最后"不得已"乃完全以资历为铨选标准。这样一种周密的铨选制度，可以杜绝参选官员的"趋竞规避之巧"，也可以避免吏部官员的"恩怨异同之衅"，在防止作弊方面可以说

① 王道墉：《慎用牧令疏》，何良栋辑：《皇朝经世文四编》，第267页。
② 张集馨：《道咸宦海见闻录》，第22页。
③ 孙鼎臣：《论四治》，盛康辑：《皇朝经世文编续编》，《丛刊》第84辑，第2480页。
④ 王道墉：《慎用牧令疏》，何良栋辑：《皇朝经世文四编》，第267页。

已"无遗憾";然而,若从选拔人才的角度看,则不能达到效果。①分省候补制度也是如此。有人指出,各省对于拣发各省试用人员,"不问短长优劣,惟以到省先后及出缺早晚,依次挨补",实授三年方准调任繁缺,致使"才长者"不得尽其才,"才短者"无法胜其任。②

显然,清代在设计州县官任职制度时,没有能够找到一种既能选拔人才、又能避免作弊的两全之法。当人们批评铨选、候补制度因论资排辈而不能得人时,他们提出的改革之法仍不过是将州县官任用权完全界以督抚。例如有人辩论说:

> 州县官任职通过铨选掣签,等于"执簿呼名",不能选拔人才,应改行由督抚题请调补,因为督抚对下级官员"所见必真"。朝廷对于令督抚既然"任之以一方之事",就应使之有权"更置一方之才"。③

> 人们为铨选专论资历的制度进行辩护的理由是:"上司之爱恶不齐,属员之巧拙不一,巧者投所爱而先登,拙者逢所恶而淹弃。惟定此例,庶督抚无所容其私耳。"然而,这种说法站不住脚,因为"督抚皆朝廷简用大臣,方且依为屏翰",怎么能够对题补县令这样的区区小事也"虑其不公不正"呢?④

显然,这些议论对于废除资历之客观标准后如何防止官员奔竞钻营、任人唯亲的问题,采取了完全回避的态度。这样,问题就又回到了原来的出发点。

为防止官员作弊而使之远仕他乡的回避制度,也存在明显的弊端。冯桂芬指出,回避制度的创立,旨在防止"官于本地,关说之径路熟,恩怨之嫌疑多,囊橐之取携便"等弊,但这种制度至少存在三个方面的弊端:其一,路费昂贵,可能导致官员贪墨。"舟车驴马人夫之费,其给之也,非斥产即揭债;其偿之也,非国帑即民膏。"其二,情况不熟,影响施政。在回避制度下,"南人使之治北,山人使之治泽,其土俗固非素习

① 蔡方炳:《书雷顾二给事监掣签疏后》,贺长龄辑:《皇朝经世文编》,第632页。
② 周镐:《上制军条陈利弊疏》,贺长龄辑:《皇朝经世文编》,第595页。
③ 蔡方炳:《书雷顾二给事监掣签疏后》,贺长龄辑:《皇朝经世文编》,第632页。
④ 周镐:《上制军条陈利弊疏》,贺长龄辑:《皇朝经世文编》,第595页。

也"①；官员到任之后，"言语之不通，风土之不谙，利弊则咨访无从，狱讼则词听无术，不得不倚奸胥为耳目，循宿弊以步趋"。其三，无从发挥"乡评"对于官员的勉励、监督作用。论者认为，官员在本地任职较之在他乡任职会更加"自爱自重"，因为本籍是"祖宗丘墓之所在，子孙室家之所托，立身一败，万事瓦裂，非一官传舍之比，乡评之可畏甚于舆论"。②还有人认为，回避制度对于防止官员舞弊，并不一定有实质性作用。他们辩论说："人臣苟不能秉公执法，虽在数千里外，庸必无姻亲故旧耶？若其公正无私者，虽在本籍，又安能挠之？"③

三、制度不切实际导致州县官更调频繁

清代州县官更调频繁，"辗转调署"，致使各缺多为署理，这种情况对行政影响甚大。第一，州县官更调频繁、不能久任，会严重影响他们的施政效果。对此当时即有人指出：州县官要想兴利除弊，切实取得政绩，必须"久于其任"，否则就不能周谙一地的风土人情。但"任意更调"却使得他们"坐不暖席又去而之他"。其结果，导致州县官到任后"务在急急催科，饱我私囊，此外漠不关心"，"间有一二实心经理之员"尝试对地方事务"力加整顿"，往往稍有头绪就被更代。而州县官被更调后，其继任者"意见或有各异，下车伊始尽革前任未及竟之事，不肯稍留"，于是功败垂成，反而显得"前任设施劳民伤财，空滋纷扰"。那些"数十年之老州县"，并非不知州县事宜"何者宜兴举，何者宜禁革"，但频繁更调使得这种悉洞"徒劳无益"，他们因此也就"变为阘冗者"，凡事"首鼠两端，模棱两可"。④第二，官员频繁更调使得他们缺乏为施政所必要的

---

① 张惠言：《吏难一》，邵之棠辑：《皇朝经世文统编》，《近代中国史料丛刊》本，1980，第1389页。

② 冯桂芬：《校邠庐抗议》，第82页。

③ 陶正靖：《吏治因地制宜三事疏》，贺长龄辑：《皇朝经世文编》，第634页。

④ （页残阙名）《论州县为亲民之官宜久任供职》，何良栋辑：《皇朝经世文四编》第268—269页。

权威，进而影响施政，即所谓"民视官如过客，条教号令，漠若罔闻"①。
汪辉祖比较实缺官员与署任官员在这方面的差异说：

> 实授之官，吏民皆知敬畏，洽浃之以德，感而化焉，俗虽
> 敝可以循循诱也。署印官地方格格不入，风土驯良，犹可循分为
> 之，若刁悍疲弊之俗，万难措手。求称职者，养痛贻患既心有不
> 安，稍欲整顿，则群焉诧为怪事。吏役既呼应不灵，士民亦恩威
> 难洽，缓之则骄玩益甚，急之则谤讟繁兴。②

第三，署理官员责任心差，往往只知聚敛。对此有人指出："委署官所署
之事，原非本等职掌，所署之民，原无情分相关，不过为一时润囊肥家之
计，于地方之利害甘苦，固无与也。况乎么麼小吏，无名节之顾惜，玩法
渔民，十有八九。"③

对于频繁更调和辗转委署的这些弊病，实际上督抚较之他人更为了
解，而他们之所以仍然大行其事，有着各种主客观原因。一方面可以肯
定，督抚们的这种作为虽然往往"借整饬地方为名，简拔贤能为说"，但
其真正的驱动力却主要在于各种私心私利："一曰曲徇请托也；一曰贿赂
公行也；一曰引用心腹之人也。"④（嘉庆皇帝的判断是："其中为公事通
融调剂者亦所时有，而上司爱憎所属，为人择缺者居多。"⑤）。但另一方
面也须看到，在督抚们这种违制做法的背后，也存在使其不得不然的客观
原因，即许多与州县官任职相关的制度不合理：

首先，由于缺乏理性的财政制度（其具体情况详见第六章），各个州
县缺位存在明显的肥瘠之分，州县官苦乐不均，瘠缺官员往往亏空赔累，
这使得督抚不得不通过频繁更调来对属员进行"调剂"。有资料表明，清
代瘠缺州县有赔累极其严重者，竟致无人前往任职，只得长期以不合格人

①　沈衍庆：《覆吉安文太守询泰和地方情形书》，盛康辑：《皇朝经世文编续编》，《丛
刊》第84辑，第2797页。

②　汪辉祖：《学治臆说》，张廷襄编：《入幕须知五种》，《近代中国史料丛刊》本，
1968，第337—338页。

③　李之芳：《请禁杂流委署疏》，贺长龄辑：《皇朝经世文编》，第647页。

④　田从典：《请禁滥调疏》，贺长龄辑：《皇朝经世文编》，第749页。

⑤　《大清会典事例（嘉庆朝）》卷四十六，吏部。

员代理。如甘肃"崇信县僻处万山，民贫政简，十岁九荒，盐课地丁，皆州县自为赔解。百姓穴居毳服，藜藿不给，官即日事捶楚，不过伤残民命而已。州县任斯缺者，皆藏匿省中，不肯身屦其地，甚有求请在省另当苦累差使，而以佐杂人员经年代理"①。这种极端的事例尤可以说明督抚"调剂属员"的合理性。

其次，清代铨选制度导致"选补稽迟，悬缺日久"，督抚只得委任人员署理。清代吏部铨选，单月急选，双月大选，各积各缺，单月接单月，双月接双月，"急选所余之缺，必待次月大选，然后填补"，"是一缺到部，无故而耽延不选者，常至两月"②；而掣签之后，官员出京到省也还需一定时间。此外，升任实缺人员例应引见，均须交代，他们"或因正款杂项未清，或因患病措资乞假，交卸起程，远省往返，动辄需时"③。在这种情况下，州县出缺后督抚委员署理就不可避免。

再次，部选知县大多属于初次除官者，有些不能胜任职务，需要培训锻炼。如王文韶曾提到，湖南地杂苗猺，散勇众多，"州县一不得人，其患可以立见"，而部选知县情形未熟，往往需要留省学习。④光绪十二年（1886年），有上谕批评各省督抚"往往将特旨简放及由部选补各员奏请留省"而不令赴任，山西巡抚刚毅即辩解说，"部选州县各员，大半初入仕途，未经民社之任。选途既广，人类不齐"，其中"阘茸迂拘、疏于吏治者正复不少"，如果让这些人"遽膺冲要"，必然"不得不假手幕友丁胥以致长奸丛弊"，废堕公事，贻害地方。因此他本人"历任各省"，全都"开馆课吏"，培训"在省候补及部选初到各员"，使之明了"居官办事之法，到任交盘之方，命盗案件如何审理，保甲社仓如何劝办，正杂钱粮如何缴催，书役家丁如何约束，讼师土棍如何惩创，一切漏弊如何革除"。⑤显然，当督抚将部选知县留省培训或派差历练时，就势必要委员署理其缺。

---

① 张集馨：《道咸宦海见闻录》，第209页。

② 李之芳：《请禁杂流委署疏》，贺长龄辑：《皇朝经世文编》，第647页。

③ 王文韶：《请变通委署州县章程疏》，盛康辑：《皇朝经世文编续编》，《丛刊》第84辑，第2297页。

④ 同上。

⑤ 刚毅：《敬陈管见疏》，葛士浚辑：《皇朝经世文续编》，第504页。

值得一提的是，刚毅主张明定章程，令"部选州县各员，无论何项出身，到省后均先交藩臬道府各衙门"，学习三个月，"将地方应办一切事宜悉心学习"，期满后再"饬赴本任"①，这种主张至清末"预备立宪"时成为定制。前文已经述及，1908年清廷彻底废除了州县官部选制度，令将符合参选资格的人员全部分发各省，另编为"改选班"，候补选缺。同时规定，对于分发人员"督抚率同三司，量其才性，试以吏事，或派入政法学堂，分门肄业，并须勤加考察，除有差人员随时接见外，其余各员每两个月必须传见一次，三司按月传见一次，详细考询其才识学业，能否造就，有无进益。如有糊涂谬劣、不通文理，或沾染嗜好，或年力就衰等情，均即咨回原籍，扣除本班"②。

最后，有些关于州县官任职资格的规定脱离实际，无法操作。例如，定例州县官员背有处分者不能调补、升补要缺；此外，简缺州县官还须"历俸（即实授）三年，始准调繁"。然而，由于"俸满者才非干练，干练者历俸未久"，许多官员还往往背有处分，这使得各省每遇"冲繁疲难相兼之缺"出缺，便"格于成例、调补无人"。嘉庆时的闽浙总督汪志伊曾以福建的实际情况为例，揭示当时督抚面临的这种矛盾。他说：福建知县共62缺，其中"甫经到任、历俸未满者"13员，部选、题补等项尚未到任（即暂由他人署理）者10员。除此之外的39员，身上均背有处分。因此，现任知县中没有一人有资格调补、升补要缺。如果拘泥于有关定例，则要缺知县出缺就只能"悬缺"，没有"合例之员"可供升调。他还指出，受处分者不得升调要缺的制度根本就不合理，因为"地方疲难，民情犷悍，任事多而罹议亦多"，因此不能"以因公处分之多寡概定其人治行之优绌"。③再如1857年湖北巡抚胡林翼奏说：湖北迭经兵燹，全省佐贰、州县官悬缺至29员之多。而分发候补人员到省多在出缺之后，都不符合补授资格，因此只能"斟酌变通，碍难照例"，以资格不符的署任各员补授实缺。④

---

① 刚毅：《敬陈管见疏》，葛士浚辑：《皇朝经世文续编》，第505页。

② 政学社印行：《大清法规大全》，第432—433页。

③ 汪志伊：《敬陈吏治三事疏》，贺长龄辑：《皇朝经世文编》，第592—593页。

④ 胡林翼：《鄂省员缺久悬请变通办理疏》，王延熙、王树敏辑：《皇清道咸同光奏议》，第1122页。

四、州县官缺乏正常的保障制度和升迁渠道

清代没有公务员保障制度，分发人员到省候补期间没有俸饷（如能得差则有差费），往往靠借债度日；任职后各种摊捐、陋规项目繁多，如系简缺，也往往入不敷出。对此陈虬说：

> 需次之员，远者万余里，近者亦不下数千里，倾家挈室，闲×赴省，岁周不得差，则富者告贷，贫者典鬻。得补缺矣，则初任每多试以简缺，盘项先亏，责后赔前。私债既充，加以公项，公私交迫，进退狼狈，寿命不长，累及妻孥，宦海蹉跎，如堕鬼道，唏可悯也。[①]

清代州县官在候选、候补期间借贷，造成沉重负担，这种情况在清初就存在。黄六鸿说，州县官候选期间"轻借京债，苛折重息，逾期叠滚，朝抵任而债主夕至"，影响甚坏。[②]有些州县官，甚至任职之后因廉俸不敷开支，仍须借债，年息30%，且"利滚利"，"十年外简，数已巨万，债家相随不去"。[③]有人指出，州县官候补期间靠借债度日，"债累重而廉耻之念消"。[④]

汉代郡守、县令仕途广阔，升迁至京朝高官者不乏其人。南北朝以至五代，县令"用人滥杂"，地位卑下，自然很难升迁。[⑤]唐代曾以京朝官代理地方政事，"佐官摄令"，宋代更进一步遣派京朝官正式担任县官，称知县，这具有打通外官与京朝官仕途的意义。明代有"行取"制度，即挑选少量州县官内转京官，清初沿用此制。康熙四十年（1701年），规定行取知县任用为六部主事，可以考选科道。乾隆三年（1738年），规定知县行取三年一次，以正途出身者为人选，大省三人，中省二人，小省一人。至乾隆十六年（1751年），发布上谕说知县行取"于吏治人才毫无

---

① 陈虬：《酌提羡银以济同官》，陈忠倚辑：《皇朝经世文三编》，第369页。

② 黄六鸿：《福惠全书》，第14页。

③ 冯桂芬：《校邠庐抗议》，第85页。

④ 徐赓陛：《覆本府条陈积弊禀》，盛康辑：《皇朝经世文编续编》，《丛刊》第84辑，第2806页。

⑤ 《文献通考》卷六十三，职官十七。

裨益"，"永远停止"。此后，虽然按照《吏部则例》正途出身的知县大计卓异二次，可以推升七品京官，但十分罕见，州县官的升迁之途因此而狭窄。有人指出：在实行"行取"制度时，州县官还有望跻身"清要"京官，而后来"士人一绾县符，终身摈外，百余年来，公卿中以州县起家者无几人"，虽然任满"大计"卓越者可以保举，但"循资而升，其至方面大僚"也十分困难，州县官"老死于风尘者不可胜计"。①此外，州县官虽然理论上可以在外官系列中升迁，但"由州县而至司道者，不过千百之十一"②。州县官既然升迁无望，乃一心谋利，"到了晚清，几乎做州县的人始终是做州县的人，另成一种派头，一种风气。在各种官吏之中，州县变成最能发财的，也就变成最为人所看不起的了"③。

①　孙鼎臣：《论四治》，盛康辑：《皇朝经世文编续编》，《丛刊》第84辑，第2480页。

②　梅曾亮：《上汪尚书书》，盛康辑：《皇朝经世文编续编》，《丛刊》第84辑，第2533页。

③　瞿兑之：《人物风俗制度丛谈》，山西古籍出版社，1997，第280页。

第四节　州县官的思想理念与作风

一、群体价值观

价值观是人们思想的底色，它在很大程度上决定着人们的政治社会思想，对于清代的州县官来说，则是在很大程度上决定着他们的施政观念。因此，对于把握清代州县制度的实际运作情况来说，考察当时州县官的价值观状况十分必要。今天我们作学术研究，对于清代州县官群体的价值观状况不可能有定量的把握，而只能作定性的考察，简单将清代州县官的价值观分为儒者型和非儒者型两类。

中国传统社会以儒家思想为正统意识形态，然而并不能认为，这种意识形态就是当时人民的实际价值观。相反，当时的国家与社会之所以通过各种途径大力强调和宣传忠、孝、仁、义等价值，恰恰说明与此相悖的价值观念在现实中有极大影响，在很大范围或程度上主宰着"世道人心"。所谓"与儒家思想相悖的价值观念"，其主要内容可以归纳为物质主义，即孔、孟、程、朱等人反复批评的不仁不义、自私自利、缺乏"礼义廉耻"观念等。清代的州县官也是如此，不论是科举出身者还是捐纳等杂途出身者，当时必然同时受到这样两种内容相悖、取向相反的思想教育和影响。①当时的州县官作为个人，这两种价值观在其思想中

---

① 当时人一般认为，科举出身的州县官思想较之捐纳等杂途出身者"纯正"，如道光皇帝说："捐班我总不放心，彼等将本求利，其心可知。科目未必无不肖，究竟礼义廉耻之心犹在，一拨便转。"（张集馨：《道咸宦海见闻录》，第22页）然而，这种说法恐怕太过绝对，出身不可能是决定清代州县官价值观差异的唯一因素。

或有主有次；作为一个群体，则可以以这种价值观差异为标准分为儒者型和非儒者型两部分。儒者型人数或许不多，但在当时社会是"理想类型"，其价值观有着可以把握的逻辑结构；非儒者型在不同方面、不同程度上与前者相悖，因人而有不同。这里，我们着重分析儒者类型州县官的价值观结构，而以之作为参照系，同时也可以反衬各种非儒者类型州县官的价值观特点。从有关资料看，儒者类型州县官往往持有如下一些观念：

第一，"仁心"。"仁"是儒家思想的核心观念，其基本内涵是"爱人"。儒家的"仁"不是一种纯粹形而上的观念，而是根基于一种人道精神，它肯定人都具有感性苦乐，因此应该"推己及人"，如孔子说"己欲立立人，己欲达达人"，"己所不欲，勿施于人"；孟子说"人皆有不忍人之心"，"乍见孺子将入于井，皆有怵惕恻隐之心"。清代的一些州县官，即具有这种设身处地、将心比心地体恤人民疾苦的"仁心"，它是"仁政"的真正基础，而"仁政"则是"仁心"演绎的结果，即孟子所谓"有不忍人之心，斯有不忍人之政"。例如，袁枚、汪辉祖等人在主张应州县官勤政时，都表现出对百姓疾苦的深切体恤。袁枚在批评州县官忙于应付上司而对百姓的诉讼不予及时审理时说，当州县官对上宪进行无谓应酬、"杂坐戏谑、欠申假寐之时"，"即乡城老幼毁肢折体而待诉之时"；"寡妻弱子乡民村户，不远百里而来，望官如望岁，而又无门探刺，不为之结于浃旬以内，吾心安乎"。①汪辉祖对于官员不能勤政而给百姓带来的苦楚也表现出由衷的痛心。他说：

> 夫民以力资生，荒其一日之力，即窘其一日之生。余少乡居，见人赴城投状，率皆两日往往还。已而候批，已而差传，倩亲觅友，料理差房，劳劳奔走，动辄经旬。至于示审有期，又必邀同邻证先期入城，并有亲友之关切者偕行观看。及至临期示改，或狡者有所牵引，谕俟复讯，则期无一定，或三五日，或一二十日，差不容离，民须守候，工商旷业，农佃雇替；差房之

① 袁枚：《复两江制府策公问兴革事宜疏》《答门生王礼圻问作令书》，贺长龄辑：《皇朝经世文编》第729、779页。

应酬，城寓之食用，无一可省。迨事结而两造力已不支，辗转匮乏，甚有羁执公所，饥寒病瘠，因而致死者。呜呼！官若勤肯，何至于是！其负屈不审、抑郁毕命者无论已，更有事遭横逆，不得已告官，候之久而批发，又候之久而传审，中间数月，横逆之徒复从而肆扰，皆怠者滋之害也。①

做过知府的胡林翼也说，官"勤"的基础是爱民，必须"视民事如家事，视民间田里、树畜、盗贼、词讼之小事，如创深痛巨、附骨剥肤之大事"②。这类州县官的"仁心""仁政"不仅施及于普通百姓，而且还施及于差役、囚犯等群体，体现出一种人道精神。如袁枚说，应"以忠恕之道"为捕役着想，这样就可以理解他们"取盗财"以自养是出于不得已，"思其所以谋生，所以应官，所以甘心敲扑之故，而不禁心寒发指矣"。③光绪间的顺天府尹周家楣（他虽非州县官，但其思想可以代表这类具有"仁心"的州县官）说：

"监押各犯""违科犯法，以致身羁囹圄，虽孽由自作，亦当加意矜恤，不应更遭凌虐之毒"。他要求包括州县官在内的"管狱有狱各官"须"督饬禁卒"清洁牢房，洗涤刑具；监犯生病，应"责令医生切实诊视，医药及时而施"；监犯口粮不敷，应"酌量增加"，冬天须配给新花布制作的棉衣。对于词讼待质人证，其情轻者应交保候审，情重者暂时羁押，也应"及时讯结，可释则释"。这些人"本无例给口粮"，贫苦者由亲属供给衣食，"其苦更甚于禁囚"。他们所能够"倚以为命者"，只有"相处隔绝、见闻不及"的官员。在这种情况下，如果"官不加恤，只有死尔耳，且求死而不得死耳"。因此州县官应"一律捐筹款项，给予衣食等需，曲加矜恤，俾免疾痛饥寒之苦"。④

有些官员的"仁心"还与佛家的"平等心"相通。例如胡林翼任贵州知府

---

① 汪辉祖：《学治说赘》，张廷襄编：《入幕须知五种》，第417—418页。

② 胡林翼：《麻城县禀陈地方情形批》，盛康辑：《皇朝经世文编续编》，《丛刊》第84辑，第2763页。

③ 袁枚：《复两江制府策公问兴革事宜疏》，贺长龄辑：《皇朝经世文编》，《丛刊》第84辑，第729页。

④ 周家楣著、志钧编：《期不负斋政书》，第599—601页。

时，经常延见士人和苗民首领，"其士类来见，或坐或立；其苗头来见或赐以酒食，令其据地席坐，均详询以民情地势，使各得尽其意而去"。他认为，有些官员认为接见士民是"亵尊失礼"，这种看法"尤为鄙俗"。他说："吾视天下公卿至于黎庶，其贵贱亦正相等，不因亲民而贱，不因简傲不亲民而贵也。"①

第二，某种宗教性敬畏。儒家敬天法祖，对神鬼的存在持怀疑态度，但又看到神鬼观念具有教化的功能，即《周易》所谓"圣人以神道设教"。儒家将民本思想与"神道"思想相结合，以"民"解"天"，来增加对官员虐民行为的警示力和威慑力。清代州县衙署仪门内均有戒石碑，刻宋太宗始颁于州县的戒言："尔俸尔禄，民膏民脂；下民易虐，上天难欺。"有的官员也在文札中阐述这种思想，如雍乾间做过州县官的"循吏"陈庆门说：

> 天非私富一人，原以众贫者相托也；非私贵一人，原以众贱者相托也。在贫贱者，自己血汗自己消受，天之鉴察也常宽；若富贵之人，高爵厚禄，万民血汗一人消受，天之督过也常严。天心不远，以民为心者也，抚民即所以奉天。每叹居官之人，事上则俯首鞠躬，临民则逞志作威，或则厚敛，或则酷刑，或则苦役，贱之如牛马，刈之如草芥。讵知祸民者天必祸之乎？②

这类州县官还将家族观念、孝道观念与因果报应信念相结合，作为规范自己和他人做官行为的工具。如汪辉祖说：官员做事要能面对祖先，"事难入庙者断不可为"。官员有时为情势所迫，总要昧心做些"不能不为、不得不为之事"，但做这些事情的出发点，应"近于公要，可告知神明"；如果做出于私心之事，即所谓"发念之端，不可以入庙门者"，"如恋栈虐民，或逢迎希进，法纪不顾，甘为罪首"等事，则"断不可为"。他说自己一生作幕多年，"坚守合则留，不合则去之义，主人亦不余强，幸免疚心"；做官之后，虽然也做过"有不慊于心"的事，"然每入神庙检点

————————

① 胡林翼：《麻城县禀陈地方情形批》，盛康辑：《皇朝经世文编续编》，《丛刊》第84辑，第2764页。

② 陈庆门：《仕学一贯录》，徐栋辑：《牧令书》卷一，治原。

此中，犹可自白"，可以面对祖宗。他强调州县官要有操守，不要为父母招辱。他说：做官"不惟败检玩法，方为辱亲，即肆虐百姓，道路有口，秽及父母，辱莫大焉"；"州县官去民最近，辱亲亦惟州县官最易"。他又强调州县官"为治当念子孙"，不要给子孙招祸。他说："民易虐也，然虐民者，往往无后。"他发挥儒家"推己及人"的主张："己将治士子，则念子孙有为士子之日；将治白丁，则念子孙有为白丁之人，自然躁释矜平，终归仁恕。"他任湖南宁远县知县时处理一件土地纠纷，勘丈时"誓于两造"说，自己"才识势不能周"，但可以保证绝无偏私，"如有祖私，他日尔子孙斗争，吾子孙亦斗争；尔子孙以斗争酿命，吾子孙亦以斗争酿命；愿尔子孙自吾此勘，永杜争端，即吾子孙之幸也"。他说："为治者，治堂下百姓，当念家中子孙。不然喜怒由己，枉滥必多。"他到任后撰一对联"悬之客座"："官名父母须慈爱，家有儿孙望久长。"他认为州县官作福作孽都会有报应。他说："州县一官，作孽易造福亦易。"自己自二十三岁入幕，至五十七岁经铨选任知县，"三十余年所见闻牧令多矣"，"其干阳谴阴祸，亲于其身、累及嗣子者，率皆获上朘民之能吏；而守拙安分、不能造福亦不肯作孽者，间亦循格迁官；勤政爱民异于常吏之为者，皆亲见其子之为太史，为侍御，为司道"。[①]

第三，"诚"的观念。儒家的"诚"要求人敢于正视自己的内心世界，不欺人，不自欺；它在道德观上持"目的论"立场，认为目的纯正与否是决定人们行为正当与否的标准，甚至也决定着这些行为给人带来的利害，所谓"以心为镜，可以见吉凶"。如汪辉祖强调，官员做事要有好的出发点，而不能沽名邀誉。他说：做官如何就能够"不得罪于群黎百姓"？"诚而已矣"。"一有沽名邀誉之私，其奉我以虚名虚誉者，即导我以偏好偏恶；而便民之事，亦且病民。惟出之以诚，求尽吾心焉。有隐受吾庇者，虽奸胥、蠹役、讼师、地棍之类谤声交作，不足恤也。"出于"诚"的观念他还提出，州县官对于失察、迟延等"公罪"，"虽素行甚谨，亦或会逢其适"，"断断不宜回护"，"若以计避之，则事出有

---

① 汪辉祖：《学治臆说》《学治说赘》，张廷襄编：《入幕须知五种》，第341—342、345—347、415页。

心”，会导致身败名裂。①

第四，重义轻利观念。儒家主张，一事当前，人应该有坚持是非而不计个人利害的"定力"，这同时也就是廉耻心，也就是官场上所谓的操守。如做州县官出身的田文镜认为：

> 操守是"出仕之根底，必于此处立稳，则事功经济由此而起；否则大本先拨，虽有枝叶向荣，徒供斤斧摧折耳"。"初任州县，于其操守一端，所谓人鬼关也。必于此处首先勘破，而勘破之道惟在利义分明。盖认得正，则世间之纷华靡丽方不足以摇其志；持得定，则官场之膏粱文绣方不足以移其情。"②

在清代州县官中，持上述这种儒家价值观者到底有多少，我们不得而知，而一些记载表明，持物质主义、利己主义观念者可能更为普遍。在当时的君主官僚制度下，做官对于士人来说已经是一种职业，是一种可以以权"寻租"、为个人和家族谋取利益的职业，这必然导致官员廉耻观念的丧失。对此清代一位高官指出："大抵士人侧身官藉，其荣华享用之志，久已胶固于胸中；即眷属亲朋之徒，尽仰周旋于鼻息，所以幸博一官，靡不身家念重，廉耻已堕。"③佐贰杂职更是如此，他们"非赀选即吏员，流品既杂，志趣多庸，加以间关跋涉，千里万里而来，身家妻子惟一官是食，犬马于富民，鱼肉乎贫民，视令以上尤甚"④。

二、个人操守

清代以"守、才、政、年"作为考核官员的内容，"守"即个人操守，是"礼义廉耻"观念在行为层面的表现，其主要内容可以归结为"正其谊不谋其利"，有坚守"义"的定力，能够做到见利思义、以义制利，而不是见利忘义、贪利损义。

清代州县官坚持个人操守的重要表现是为官廉洁。当时，州县官候选

---

① 汪辉祖：《学治臆说》，张廷襄编：《入幕须知五种》，第341、344页。

② 田文镜：《条列州县事宜》，席裕福、沈师徐辑：《皇朝政典类纂》，第5059页。

③ 赵申乔：《禁绝火耗私派以苏民困示》，贺长龄辑：《皇朝经世文编》，第759页。

④ 冯桂芬：《校邠庐抗议》，第91页。

候补期间没有收入，多以借贷为生；补缺后俸廉不敷支出，又须大量收取半合法半非法的陋规，被认为是一种"系统化的贪污"。此外，在中国传统的"礼"文化和宗法文化中，官员往往靠奢侈享用来标榜自己出人头地的身份，而亲戚、故旧、上司、同僚则将依附沾润视为理所当然。在这种社会政治环境中，要做到绝对清廉几乎不可能。对此当时有人指出："每见一行作吏，服食起居便诉儒素。方其莅任，负逋不赀，而远近尚视为金穴，辗转引荐，擎履调笙，充满廊庑。一人所蚀，少者数十，多者数百，甚或盈千……奈何其不穷且贪也。"①面对州县官"不得不贪"的政治社会环境，就连十分重视个人操守的汪辉祖也主张在廉洁问题上须采取弹性立场，而不能刻意追求清廉。他说："清"只是"治术之一端"，不能指望靠它来解决一切问题，"尝有洁己之吏，傲人以清，为治务严，执法务峻"，结果搞得上司、同僚"人人侧目"，"一事偶失，环聚而攻之"，这都是由于"清近于刻"。②但清廉的州县官也还是大有人在，并深受百姓爱戴。例如：

> 顺治间福建将乐县知县李嶾，"初知官与家人约：在官，俸金外皆赃也，不可以丝毫累我"，杜绝贿赂；"官廨有桂二株，方花开，君指之曰：此亦官物也，擅折者必治之。自是家人不敢簪桂花。尝出郭省敛，从仆摘道旁一桔，顾见之责曰：岂可坏法自汝始？立下马杖之，命偿其值"。然而在当时"系统化贪污"的官场中，不受贿既无以自存。他任职三年，"上官有索馈者，无以应，遂去官归"。去官时，"县中人数万，焚香拥马首，行止境上，皆号哭。返家绘象祀之"。③

> 来子庚曾任石牛巡检，后以县丞代理福建长乐县知县，各上宪衙门索要门包，他予以拒绝，书信回复说："石牛无毛可拔，长乐地皮未刮，所有各署门包，只可随后开发。"在任一年多，"不名一钱，交卸日，乡民十数辈各携一石米送之。欲勿受，乡

---

① 曾镛：《答汪方伯书》，徐栋：《牧令书》卷二十三，宪纲。
② 汪辉祖：《学治续说》，张廷襄编：《入幕须知五种》，第375页。
③ 伍承乔编：《清代吏治丛谈》，第43页。

民曰：今岁倍有秋，年来稍有积蓄，皆公赐也。委诸船中，欢笑而去，无法送还。"①

由于俸廉远远不敷开支，州县官要想清廉，必须节俭勤劳。史必大任福建晋江县知县，陋规"一介不取，每食不过蔬菜"；②刘衡"历官广东、四川县令"，每"出勘命狱，僆从吏役止六人，裹饭行囊中，瀹以水自啖之，丝粟不扰民"。③嘉庆初年，贵州举人桑金榜经吏部铨选出任安徽望江县知县，更是州县官勤俭廉洁的典型：

安徽望江县"滨大江，地冲而瘠，凡宰是邑，赔累辛劳，无一年者"。桑挈签得缺后，"挈人褆被出都。在路自策蹇驴，子荷担相从，布袍草履，不知其为宰官也"。到任后，"延友二人，一司刑钱，一司书启、征号等席；仆从止四五人……合署不过十数人而已"。"大吏过境，则父子躬至驿舍，亲为伺应，皆身服布素，往来奔驰。大吏见其克励如此，素闻其操守廉洁，不无格外体恤，虽供张不备，车马不敷，反戒谕从者一切将就，不得滋扰好官，故大小差务较他人节省甚多"。他"在任三年，不求调剂，不言瘠苦，上台将保举调繁"，他力辞不就，说："予以寒士一行作吏，于今三年，幸免陨越。今筋力渐衰，只堪向田园中寻讨生活，庶几还我书生本来面目。余家本小康，三年薄宦，中有所得，黔中尚俭，好度日也。"④

州县官坚持个人操守的另一个重要表现是诚实正直，为坚持原则而不计个人得失，甚至冒犯上司也在所不惜。这里列举几例：

陆陇其任直隶灵寿县知县时，一官家失盗，书吏建议申文中不用"盗劫"字以避免处分，陆"不欲以隐忍含糊，竟以劫盗报"；知府"恐其累"，也想为之隐讳，而陆仍"不为动"；后因未能限期破案而面临处分，巡抚"不欲上闻"，命改为窃案，

---

① 伍承乔编：《清代吏治丛谈》，第354—355页。

② 陈寿祺：《治南狱事论》，盛康辑：《皇朝经世文编续编》，《丛刊》第84辑，第2732—2733页。

③ 伍承乔编：《清代吏治丛谈》，第412页。

④ 伍承乔编：《清代吏治丛谈》，第345—346页。

陆"宁以诚去官，不欲以伪居位，卒不改"。①

田文镜任河南巡抚时，中牟知县李某亏空库款，田命候补人员鲁亮侪前往摘印，并代理知县。鲁入中牟境后，"闻父老说令贤，至县，见令温文尔雅，询知借俸迎母而库亏，竟不取印，辞令驰去"。他回省后向田文镜报告情况说：自己是"一寒士"，"以求官来河南，得官中牟，喜甚，恨不连夜排衙视事"，但看到李令甚得民心，亏空又事出有因，因此没有执行命令。②

朱可亭任湖北潜江县知县，"时有斗杀狱"，总督"疑为故杀，斥令改谳"，朱坚持原判；总督"再斥，再覆如初"。总督调他至省诘责，朱说："令所据，乃初招；公所据，乃讼师教唆之遁辞也。""总督怒，将劾之"，朱说："畏劾而枉杀人，令不为也。"遂"拂衣而出"。③

四川学政张之洞莅临夔州府，公馆事务由首县奉节县办理。时值同治皇帝晏驾，所用帷帐等以白布替换红紫绸缎，张之洞的仆私将替换下的绸缎据为己有，"不以归县"。知县熊汝梅"索之急，则殴其从人，且詈及熊"。"熊大愤"，召县役四十人前往学政署，捉缚张之洞的四名从人，"即馆门外褫衣杖之"，然后"尽系之狱"。④

同时，州县官中寡廉鲜耻、钻营谄媚、刁蛮无赖者也大有人在。有记载说：

有些州县官"专好钻营，与长官之门印，交结往来，以通声气，甚有称兄道弟，金兰订交者"。⑤

乾隆间闽浙总督钟音"嗔各属鞠案因循，多以缉凶为辞，不肯结案"，"下令州县结案不得迟延"。龙溪县知县程某欲"见好上官"，"有一案正凶不实"，"即欲定案"。幕友李某认为

---

① 伍承乔编：《清代吏治丛谈》，第711—712页。
② 易宗夔：《新世说》，山西古籍出版社，1997，第128—129页。
③ 易宗夔：《新世说》，第125—126页。
④ 徐凌霄、徐一士：《凌霄一士随笔》，第1807—1809页。
⑤ 方宗诚：《鄂吏约》，盛康辑：《皇朝经世文编续编》，《丛刊》第84辑，第2644页。

"非真凶，不可定谳"。"程答曰，亦知非真，乃上宪督责严，不得不尔"，"因定谳上之"。①

道光间四川犍为县知县朱在东，平日"穷奢极侈，无所不为，每日至申酉之交始行下榻，彻夜不眠；命案犯人自正月至冬至，未问一堂，民间词讼，一概高阁。署前贩卖熟食，及小经纪人，日落云集，通宵灯火不绝，邑人呼为鬼市"。后因案撤任，查出亏空公款九万余两，他称亏空原因在于对"历任将军、院、司、道、府俱有馈送，渠署有印簿可据"，扬言欲赴京具控。总督琦善、藩司陈士枚均感"案情牵涉大员，无从下手"，不敢办理。四川盐茶道吴珩，与朱在东系同乡同年，且专管犍为县盐务，"朱令例外馈送，以联旧交"；"及事决裂"，朱首先攻讦吴珩，吴"大窘，舆马往拜，朱令出见，则头戴绣花白毡帽，身著绿绸皮袍，偃蹇榻上"，吴"大不能堪，然莫可如何"。②

三、施政理念与特点

清代州县官的施政理念，就"理想形态"而言不外儒家与法家两种。大体说来，儒家重操守，法家重事功；儒家重德治，法家重刑罚；儒家重"兴利"，法家重"除弊"。而有些官员则以一定方式将两者相结合，从而呈现出一种中间形态或综合形态（本目所引证的有些说法、文字虽然不是出于州县官，但作为施政理念的表达，同样能够代表州县官群体）。

（一）操守与事功

重视个人道德修养，由修身而推出治国、平天下，是儒家思想的根本特征，这在清代一些官员身上有明显体现。如王凤生就强调应将儒家的修齐治平之旨应用于地方治理，他说："做官须先克己，己正然后治宅门；

---

① 伍承乔编：《清代吏治丛谈》，第384页。
② 张集馨：《道咸宦海见闻录》，第103—104页。

宅门内既理，而后治衙门；衙门既理，而后治四境。"① 又如徐赓陛曾分析说，地方讼棍之所以能够得逞，归根结底在于州县官人格之缺陷：

"讼棍必惴官之性情，而逢其喜怒，然后其术可售，人乃信从。故官英察，则中以疑似之情，待其根究推求，而怨家已入株连之内；官庸暗，则入以张大之说，使其旁皇无措，而小事亦无剖决之期"。因此他主张，做州县官要想杜绝"讼棍之源"，"必先量己之长，知己之短。于所长则不可自恃而任性，于所短则不可自欺以欺人，然后平其气以察民情，准乎情而考例案。一答一杖，不出入乎定法，则外间无可挟持；一证一据，不采拾于无稽，则虚诈不难立辨"。②

因此，儒士出身或深受儒家思想熏陶的州县官，明显具有为官清廉、重视操守的儒家人格特色。如史记康熙间儒臣陆陇其任知县，"以清介自持，上官严惮之"；当时知县"馈遗上官，动千百计"，他只是"通书问而已"。该县有汪姓大商人，"横行里中，里人患苦之，数以利啖令长"，馈遗陆陇其千金，被陆拒绝；汪仆犯法，藏匿汪所，陆"捕治如法，汪以是胆落"。③ 又如，乾隆间闻大绶任直隶丘县知县，他"以文字为性命"，"居敬穷理，修身爱民，正贡之外，一切修葺差徭等费，皆捐俸赔补，甚至倾其家财"，代偿积欠赋银二千余两，而"全无德色"，被称誉做到了古人所说的"家以官贫，人以宦瘠"。④

与儒家这种重视个人操守的观念相反，也存在一种大致可归为法家思想范畴的功利主义观念。这种观念认为，对于州县官来说，最重要的不是廉洁，而是肯于做事。如谢金銮说："居官不要钱，不过于贪赃一律可告无罪而已，其实算不得好官。做官须替百姓办事，方为称职。"⑤ 李卫也认为，州县官必须勤政、干练，否则即使操守较好也不可取。所以考察州

---

① 王凤生：《越中从政录》，徐栋辑：《牧令书》卷二，政略。

② 徐赓陛：《覆本府条陈积弊禀》，盛康辑：《皇朝经世文编续编》，《丛刊》第84辑，第2813—2814页。

③ 伍承乔编：《清代吏治丛谈》，第81—83页。

④ 乾隆《丘县志》，职官志，成文影印本。

⑤ 谢金銮：《居官叙用》，徐栋辑：《牧令书》卷一，《治原》。

县官，"有守有为者上也；即操守稍平，而能办理民事整顿地方，犹可教之改过迁善"；唯独那些"偷安旷职"者，"如病者之通身痿痹不仁"，"实为贻误地方而不可姑容"，如果任用这种"庸恶陋劣之官"，就会"使一方受涂炭之苦"。①

（二）德治与法治

持儒家施政理念的州县官均讲求德治，以道德风化带动政治。如顺治间福建将乐县知县李爝，"每朔望，率僚佐诣观化亭，为县人讲乡约；春秋引乡饮酒礼。时至村落间，问民所疾苦，牧竖妇女，皆环集导之以善，肫然如家人。期月，县人悉向化，境内无贼盗，讼庭希鞭扑声"。②康熙间名臣陆陇其，进士廷对时即明确反对法治，主张德治，他"肆力程朱之学"，任江苏嘉定知县，"以德化民，不事刑威"。③闰大绥任丘县知县时也将德化作为施政纲领，"凡邑名士，必约与共坐，饮之食之教之晦之"；他为政"崇正学，黜淫词，养人之廉耻，完人之节行"，结果"通商惠工，化行俗美，人不犯法，囹圄数空"，去世后丘县人"哀感之"，说他"去为县城隍矣"。④

另外一种州县官则具有法家倾向，以严刑峻法为手段推行政令和革除弊端。如安徽合肥县有一位名杨霈的知县，在任时"日巡于乡，凡沟洫之浅者，督令掘深；道路不平，责其修治；民不从命，需复往过即予鞭朴；捕务严厉，一盗就获辄施五木鞫实，穷治党与，以故贼盗绝迹，四境安然"。⑤又如：

> 康熙间黄六鸿任山东郯城县知县，该县"衿棍把持衙门，胥蠹恣行侵扰"，"豪衿土棍号称金刚天王罗刹二十四人，分布四乡；三班头役与各房科有执掌者，皆共党羽"。黄到任访得实情后，"各役过堂点卯，卯簿详注年貌、籍贯、住址及着役日期、

① 李卫：《条陈州县事宜》，席裕福、沈师徐辑：《皇朝政典类纂》，第5060页。

② 伍承乔编：《清代吏治丛谈》，第43页。

③ 伍承乔编：《清代吏治丛谈》，第81—86页。

④ 乾隆《丘县志》，职官志。

⑤ 刘体仁：《异辞录》，山西古籍出版社，1996，第171页。

经管某事于姓名之下，点时令闭东西两角门，各役挨班逐名至阶下，向上跪，命念年貌、籍贯，与卯簿同否，并相其面貌之良恶，而默记之。彼素为不法者，责言语恇怯，举止失措，面色宛若死灰也。各役点毕，乃令某某至前，数其罪曰：尔某事作弊，某官为尔所坏，某民为尔鱼肉，尔实逋罪不容于死。吾今姑示责革，为昔受害者泄愤也"。遂命皂隶"行刑用大板，因其罪之轻重而酌责之。计受杖共二十余人，逾旬而毙者一，其杖而黜革者五，是所谓积年头役执掌科书为豪棍之党羽者也。乃更进其余而申儆之，众皆角崩稽首，汗如雨下。于是阖邑绅民欢呼称快，谓鸿之罚与罪协，不爽铢黍，殆后稍涉奸私，即为摘发"。

某劣绅"以本社粮百余金，悉为包揽，饱之溪壑者二十余年，历任不敢过问，里社徒受追比"。黄六鸿拘讯里长令"开报欠户"，里长"叩头号泣而不敢言，欲责之，乃言恶衿劣状，并所以包揽拖欠之故"。黄六鸿闻之"不胜眦裂发指"，立命劣绅"与诸欠户对簿"，劣绅气焰嚣张，殴打举报者，黄六鸿大怒，"立请教官，褫其衣，杖之于庭"，同时申报巡抚司道各上宪，巡抚"严批本县究拟"，革去功名，"坐流"。

黄六鸿任东光县知县时，"奉文修浚庄村墙壕，责令保正、庄头等董理其役"，东乡保正赵某不认真办理，黄六鸿查勘时"所过庄村多托故绕避，不为引视"，后发现"皆颓寒如故，唤庄民诘之，始知赵某之受贿而思幸免"。黄六鸿"怒其欺诡，且私敛民财，命杖之，而他保正环跪固请免，乃愈激。鸿怒，遂重杖三十。未逾月而赵某身故"。[①]

黄六鸿这些做法，近于酷吏，而从现代的观点看，其中存在两点政治涵义：其一，州县官具有不受法律制约的刑罚权力，县乡差役的人身权利没有法律保障。其二，在那种恶势力不能受到正常法治秩序制约的社会，州县官这种不受法律制约的权力有时能给人民带来利益，在这种情况下就会受到人们的肯定和欢迎。

---

① 黄六鸿：《福惠全书》，第38—52页。

同属办理刑名司法事务，也存在德治与法治两种模式。如谢金銮认为，有"公式之刑名"与"儒者之刑名"，前者刻板地以"法"办案，"有章程可守，按法考律不爽而已"；而后者能将情、理与法相结合，"准情酌理，辨别疑难，通乎法外之意"。①

（三）兴利与除弊

在中国传统政治的话语中，所谓"兴利"是倡导、指挥办各种旨在利益人民的建设性经济、文化、社会事业，所谓"除弊"是指革除政治运作中的各种弊病。一般说来，儒家认为统治者有富民、教民、养民的职责，所以主张政府应"兴利"，为人民办好事；法家则认为政府"兴利"，会加重人民负担，并会给经手办理的吏胥豪猾提供作弊的机会，其结果往往是人民未蒙其利而先受其害，因此主张政府只须设法革除自身运作中的弊病，"无为而治""与民休息"。而何种事业对于人民有利，应由他们自己判断，自己兴办，所谓"兴一利不如除一弊，多一事不如少一事"。清代州县官的施政理念和做法，即同时存在这样两种倾向。

谢金銮关于"两种钱谷"的观点可以说代表了儒家重视"兴利"的政治思想。他说：对于财赋事务的处理存在两种不同模式，有"公式之钱谷"，有"儒者之钱谷"，前者仅仅算账，"清理款项，会计当而已"；而后者则兼注意发展经济，"为民殖生，为国理财"，理想的牧令应属于后者。②

但更多的官员似乎持法家的主张。如汪辉祖说，州县官不仅"孽不可造，即福亦不易为"，不可贸然兴作。他以兴办书院为例说：创办书院，开始要"劝捐于民"，"及规模既定，或倚要人情面，荐剡主讲，其能尽心督课者什不得三四"。其结果是"师既仅属空名，弟子亦无实学"，白白以地方捐款"供长吏应酬情面之用"。所以，"善治者切不可有好名喜事之念，冒昧创始"。③张集馨也认为，州县官不须为民兴利，只须尽职

---

① 谢金銮：《居官致用》，徐栋辑：《牧令书》卷四，用人。

② 谢金銮：《居官致用》，徐栋辑：《牧令书》卷四，用人。

③ 汪辉祖：《学治臆说》，徐栋辑：《牧令书》卷二，政略。

尽责办好日常政务即可，"刑名案件无积压，地丁杂赋无亏短，民间相安无事，不来上控，便是好官"①。而有一种州县官，虽不"兴利"，却勇于革除积弊，其施政理念也属于法家一脉。如光绪间阮本焱代理江苏阜宁知县，他莅任第一天即"亲巡监押，延礼绅士"，"资遣湖北饥民"；第二天"清释无辜押犯三名"；第三天"行春后点卯，严饬书差"，"立革其尤为玩误者数十人，于卯簿除名"，"随堂又释一押犯"。接着改革公事差役、衙署采买等制度，"倍增公出船轿挑夫雇价，优赏随行书差饭食"，"昔用单舱船六七只，今减至三只；昔带二三十人，今减至八人，名费而实省"；"到任不要丝毫供应，加增各行书差队目坐粮，酌发跕堂犒赏，革去帐厨、买办差价"。②

（四）廉、勤、能：理想、中庸的施政

州县官作为需要处理大量钱谷、刑名等具体政务的"亲民"官员，纯粹儒家或纯粹法家施政方式，对于他们来说都不能切合实际，前者或许迂腐、无效，后者则缺乏为政所必需的感召力和弹性。在长期实际运作中，一种被认为理想、中庸、有效力的施政理念得到州县官们的认同，不论他们是否能够做得很好。这种施政理念要求州县官在廉洁、勤政、执法等问题上能够恪守中道而不偏颇，能处理好以下几种关系：

第一，要清廉，但又应与当时无法破除的陋规制度相妥协。如汪辉祖十分强调官员必须清廉，但他同时又认为，有些陋规是由于公费"不敷支给"，"是以因俗制宜，取赢应用"，因此"不宜遽裁"；如果"忽予汰革，目前自获廉名，迨用无所出，势复取给于民，且有变本加厉者"；而对于上官的"常例应酬"，也"不宜独裁"。③道光间在山东任知县的张琦为官清廉，当时山东的州县官"倚钱漕羡余为生，岁饥则无入项，而供亿馈遗不能减"，因此每遇灾害即"相率讳灾"。张琦接任邹平知县时，适逢大旱，而前任官员并未报灾，张琦不惜牺牲个人羡余收入，补报灾情，

---

① 张集馨：《道咸宦海见闻录》，第260页。

② 阮本焱：《求牧刍言》，第51—52页。

③ 汪辉祖：《学治续说》，张廷襄编：《入幕须知五种》，第362页。

缓征钱漕。他平时衣食简朴，做了多年知县，"所历多优缺"，而死后仍负债，"集寅好赙赠，乃克以丧归"。但就是这样一位清官，对于旧有陋规"可取者仍之"。①曾国藩也曾说，州县官"裁陋规者"，"不免有伪君子"；如果出于"沽名市惠"的目的而"卖陋规"（指署任州县官接受地方贿赂立碑永裁某种陋规），"则决为真小人"。②

第二，要勤政振作，但又不能急躁、狷刻。如刘衡认为，州县行政的一个主要弊病在于官员疏懒，"狃于安肆，不自亲其民，致丁役痞隔以售奸，官与民乃日远"，"欲矫其弊，惟'官须自做'四字"。他任知县，"日坐堂皇，决狱至数十"，"悬钲于堂，以待愬者"，"闻钲声，立出判断"，"讼者至，立给以牒，命交里正，转摄所讼之人限日至。至则鸣钲，一讯即决，非重狱不遣役句摄，惧扰也。每决事必亲书判语，令两造各读一过，不识字者，使吏朗诵之，皆翕服以去"。③李卫也认为州县官必须勤政。他说：

> 州县官必须熟悉本州县各方面的情况，对于"户口几何，钱粮若干，道路之险夷安在，控制之厄塞何方"，"风俗之奢俭正淫，民生之疾苦休戚"，都应"知之悉周，而后处之始当"。然而只有"勤"，才能"知"。他主张，"四境之内，毋论远近，或因公务出赴省郡，或缘命盗往来乡村，途次所经，必随事随时详加体访；凡有踏勘风水，清理地界，稽查保甲，省视农桑之事，皆可顺便办理"；相反，如果"深居简出，高坐衙署，使百姓难于见面"，就会"于一切物理民情茫然无知，判然隔绝"。④

对于州县官来说，勤政的一项主要内容就是勤于听讼。李卫指出：地方社会"强凌弱，众暴寡，逞巧诈以欺辱愚蒙，恃势力而横行乡曲"等问题，全靠州县官"为之剖是非，定曲直，有以服其心而慑其气"，使民人"不

① 包世臣：《山东馆陶县知县张君墓表》，盛康辑：《皇朝经世文编续编》，《丛刊》第84辑，第2716—2723页。

② 直隶藩臬两司：《均徭条示》，盛康辑：《皇朝经世文编续编》，《丛刊》第84辑，第4054页。

③ 伍承乔编：《清代吏治丛谈》，第412页。

④ 李卫：《条陈州县事宜》，席裕福、沈师徐辑：《皇朝政典类纂》，第5060页。

至于越控上司，守候失业"。他抨击说，有些"闒茸之员，听断乏才，优柔不决，经年累月拖累无期"；由于畏惧听讼，他们"遇盗窃，则与失主为雠；有人命，则与尸亲作对，百计抑勒，讳饰不报，一切户婚田土争讼，概不准理，使受冤者无所控诉，或激成仇杀重情，或奔驰上司告理，亡身命而荡家资"。①刘衡也认为，州县官"审理词讼宁速毋迟"，应"随到随审，随审随结"，"若稍微延缓，则旧案不结，新案复来，愈积愈多，小民受累。一讼之费，动辄破家，轻则激而上控，甚则酿成命案，其害不可胜言"。②

但另一方面，施政急躁、刻薄又被认为不足取。如王凤生批评说："每见新官到任，急欲求治，喜事矜张。或以旧制为拘迂，不加详察，任意更改；或以发号施令，暴前官之短，诩自己之长；或从役人等偶有触忤，不论事之巨细，辄施鞭挞，借以耀威。"③这些做法都极其有害。清末小说《活地狱》以谴责的立场描述了一位过于"勤政"的县官如何助长讼风，危害地方：

> 山西阳高县知县姚明，长于审案，到任后"就是无事，也要想出两件事来做做，以为见好地步"，他到处张贴告示，"叫所属百姓遇有冤枉，立刻前来申诉，不要化钱"。"自从接印的那一天起，就终日穿了靴帽，高坐堂皇，一切民词，都是本官亲自接收，随收随理，从无搁压。而且不经书役的手，更不准书役得一分钱。他自己却亦实在不要一个钱，真正是一清如水。""接印之后，不到三天，就把地方官新到任应办之事，都要办完。回到衙门，又要清理词讼。所有书役人等已被他闹的人仰马翻，而且各样大小事情，件件皆是本官亲自经手。""大小词讼，有些少不得状子的，只准代书要二百文一张，不准多索。也有可以不必写状子的，只要原告到本县堂上，一五一十诉说一番，本官就随便派一名差，跟了原告，立时把被告提到，应打应罚，顿时

---

① 李卫：《条陈州县事宜》，席裕福、沈师徐辑：《皇朝政典类纂》，第5060页。

② 刘衡：《议覆理讼章程书》，盛康辑：《皇朝经世文编续编》，《丛刊》第85辑，第4743—4744页。

③ 王凤生：《越中从政录》，徐栋辑：《牧令书》卷二，政略。

发落"。他"不时要亲自去查班房；天天夜里，亲到点名，因之
各差役不得有私自贿放之事"。"后来班房里面犯人愈聚愈众，
渐渐的容不下了"，便加重刑罚后释放，免其羁押。其结果，往
往"被告与原告的仇恨越发结得更深"。阳高县本来"政清刑
简"，"向来没有甚么词讼"，至此却是班房人满为患。作者评
论说，"这便是（州县官）精明过分爱闲事的坏处"，"做官的
人"如果存了好事的念头，"可就要民不聊生了"。①

第三，要仁爱百姓，但又要严惩恶人；用法要宽简，但又要坚定有
力。如曾国藩说，州县必须"刑恶人以伸善人之气"，这"非虐也"，
"除莠所以爱苗，惩恶所以安良"，"若一案到署，不讯不结，不分是
非，不用刑法，名为宽和，实糊涂耳，懒惰耳，纵奸恶以害善良耳"。②
胡林翼也说，要使人民休养生息，就要严厉打击"书差及凶恶徒棍、刁健
讼师"，"举凡扰民生、诈民财之人，必期雷厉风行，明敕刑法，然后民
生得所养，民力得少息也"。③刘衡认为，州县官对于民间词讼应采取认
真而严肃的态度，"状不轻准，准则必审，审则断，不许和息"。"状不
轻准"，是因为"民间细故""事经官断，则曲直判然，负者不无芥蒂，往
往有因此拘怨久而酿祸者"；"准则必审必断"，是因为准许和息会助长讼
风，"讼棍逆知状可息销，便敢放心告状，即使凭空结撰，概属虚词，但须
于临审之前数刻，一纸调停，事即寝息"。④刘衡主张，对于一般民事诉讼
应该"定期放告"，而不能随时受理，这样可以给诉讼者留下自行和息的时
间，即可以减轻民人诉讼费用负担，又有助于化解社会矛盾。他分析说：

　　　"小民钱价田土口角一切细故，一时负气，旁有匪人耸之，
　　逐尔贸贸来城，忿欲兴讼，实则事不要紧。所欲讼者，非亲即

①　李伯元：《活地狱》，第52—54页。
②　曾国藩：《劝诫州县四条》，盛康辑：《皇朝经世文编续编》，《丛刊》第84辑，
第1990页。
③　胡林翼：《麻城县禀陈地方情形批》，盛康辑：《皇朝经世文编续编》，《丛刊》
第84辑，第2763页。
④　刘衡：《议覆理讼章程书》，盛康辑：《皇朝经世文编续编》，《丛刊》第85辑，
第4742—4743页。

友，时过气平，往往悔之。官若随时收呈，则虽有亲邻，不及劝阻，而讼成矣。一经官为讯断，曲直分明，胜者所值无多，负者顿失颜面，蓄忿渐深，其害有丕可胜言者。"而且"讼者自田间来，人地生疏，断不能一无所费"。"若官非三八日断不收呈，则讼者欲告之日，未必适逢放告之期。此数日中有关爱之亲邻，为之劝解，则词状未投，欲告者旧情未断，为所告者颜面无伤，不难杯酒释憾矣。"①

四、州县官场的恶劣风气

清代州县官场风气之恶劣，一在奢侈，二在贪墨，三在无耻，四在因循，五在专横。兹分述如下：

（一）奢侈之风

在中国传统时代，国家主导社会，官场风气与社会风气互相影响，同步嬗变，总是呈现由质趋文、由俭入奢的规律性。清代顺、康时代，社会风气简朴，至乾隆时期已经开始出现奢华倾向。乾隆十七年（1752年），有人就此进行过对比：

康熙民人"常服多用布，冬月衣裘者百中二三；夏月长衫多用枲葛，间用黄草缣。今则以布为耻，绫缎绸纱争为新色新样"，"间有老成不改布素者，则指目讪笑之。冬月富者服狐裘猞猁狲之属，服貂者亦间有之。若羊裘则为贫者之服矣"。"宾朋宴会，昔仪简而意真。康熙初，犹尚宋碗，质小而粗，鸡鱼蛰蛋便可速宾。每岁时伏腊新正春酒，比户互相邀饮累夕醵酣，情意周浃，姻睦之风、敦厚之象犹可想见焉。近则宴客喜丰，必具时鲜海错，而家无余储，过从希少，则奢靡竞而情意阔绝矣。酒肆茶馆，昔多在县治左右，近则委巷皆有之。传闻某处有佳点佳

---

① 刘衡：《议覆理讼章程书》，盛康辑：《皇朝经世文编续编》，《丛刊》第85辑，第4748页。

肴，则远近走赴。良由游食之徒不顾父母妻子，惟图口腹者×
也。至各乡村镇，亦多开张，此则近在数年以内。问乡之老成
人，云由赌博者多，故乐其就食之便。"①

自乾隆时期开始，官场风气也逐渐趋于奢华。有记载说，乾隆二十二年
（1757年）陈宏谋任江苏巡抚，"以清操亮节风率僚属，吏治民俗为之一
变。闻其时繁剧州县署，僮仆不过一二人，衣服中单皆布素，赋敛无升斗
斛面、耗羡之增，即俸禀（廪）所入，充公私用，已宽然有余。有稍不谨
者，同僚即屏不与交"②。而后来州县官们养尊处优，奢侈腐化，渐成为风
气。有记载说，乾嘉时期各省州县"官僚幕友，终日宴饮，或与仆吏辈昼
夜聚赌，恬不为怪"③；嘉道时期山东地方官员生活奢侈，"车马欲其坚
肥，衣服欲其丽都，妻妾欲其姣妍，童仆欲其俊美"④。有些地方，就连州
县胥吏、家丁、长随也同样奢侈，他们"纱罗绸缎细毛，晃耀街市"，与
官员无二致，"除帽顶补服外，无以分别贵贱"⑤。道光年间，贺长龄谈云
贵地区的有关情况说：

> 这一地区"瘠缺虽多，而官场局面甚侈"，有些州县官"纨
> 绔性成，恣意暴殄"；有些"日用起居，不知节俭，僚属亲友，
> 家丁差役，从欲媚官，声色裘马肥甘"；"有官僚家丁同赌者，
> 又或吸食鸦片，暗违禁例，俾昼作夜，阖署菁腾"；"纵酒任
> 情，喜怒不时，饮食宴乐，多品相耀。到省之初，无论有缺无
> 缺，有子无子，先置姬妾，嫡庶不分"。⑥

至晚清，这类情况更加严重，对此陈虬曾抨击说："近日官场习气太深，嗜
好太重"，知州、知县"终年有不坐堂皇者，酣眠晏起，终日昏昏，如登傀

---

① 黄印辑：乾隆《锡金识小录》，成文影印本，第74—75页。
② 吴慈鹤：《重刻陈文恭公五种遗规序》，盛康辑：《皇朝经世文编续编》，《丛刊》
第84辑，第2001页。
③ 谢振定：《察吏八则》，贺长龄辑：《皇朝经世文编》，第750页。
④ 程含章：《与山左属官书一》，徐栋辑：《牧令书》卷八，屏恶。
⑤ 贾允升：《请除外省积弊六事疏》，贺长龄辑：《皇朝经世文编》，第587页。
⑥ 贺长龄：《整吏治以清政本札》，盛康辑：《皇朝经世文编续编》，《丛刊》
第84辑，第2657—2658页。

偃，冠盥需人，吸鸦片烟，打马战牌，装腔扯架，作官样文字已耳"。[1]

（二）贪墨之风

清代州县和府、道、司等各级上宪，公费严重不足，收受贿赂、陋规乃成为官场风气，对此后文（第六章）再予深入阐述。这里要指出的是，贪墨一旦成为风气，即使有官员试图保持廉洁也几乎不可能。例如，当时凡有州县官莅任，上宪衙门家人胥吏人等即向其索要"门包"，有的衙门甚至要双份，或一明一暗，"合多处并之计，已数百金"。有人指出，州县官"未抵任而先有数百金之累，则冰清玉洁难言之矣"。而廉洁反被认为反常、不近人情。某官员由监司升至巡抚，"所历各任大堂"，都立有八条禁约，"不收门包，不受馈遗，不取平余，不通请托，不荐幕友长随，不赴无名宴会，不呼梨园，不准署中人等私自出入"，而"人多以怪癖目之"。[2]此外，州县官审理词讼时收受贿赂，在乾隆中期已经开始成为风气。时人汪辉祖说："数十年前吏皆洁谨，折狱以理"，民间诉讼如果有人"间以贿胜，深自讳匿"，不敢张扬。而"自一二亏帑之吏借口弥补"，收取贿赂之事"其径渐开"，"讼者以多财为雄"，将行贿之事夸耀于人，甚至"未尝行贿亦冒贿名"，"又好虚张其数目，自诩富豪"，风气所至，是非颠倒，人鬼混淆，行贿渐由耻辱变为荣耀"，近于贿赂公行。[3]

（三）无耻之习

州县官寡廉鲜耻，一个主要表现在于重利轻义，以官场为利薮，发财成为做官的主要目的、唯一目的。有人指出：一些官员无耻"巧宦"，"阳避处分而阴济奸贪，一事不为而无恶不作，上胺国计而下剥民生。但能博上宪之欢心，得同官之要誉，则天变不足畏，人言不足恤，君恩不足念，民怨不足忧。作官十年而家富身肥，囊橐累累，数十万金在握"[4]。在这方面，州县官场的风气经历了一个演变过程。嘉道年间有人记载说，

① 陈虬：《严课州县以责成效》，陈忠倚辑：《皇朝经世文三编》，第368—369页。
② 伍承乔编：《清代吏治丛谈》，第354—355页。
③ 汪辉祖：《墨吏不可为》，徐栋辑：《牧令书》卷八，屏恶。
④ 郑观应：《吏治上》，陈忠倚辑：《皇朝经世文三编》，第347页。

山东官场"寅僚之燕集，宾朋之闲谈，不闻其咨诹治道，思作好官，惟计较某州某县孰肥孰瘠，日思得一美缺，便我私图。有于稠人广众中谈吏治者，则曰彼迂且狂"。①咸同间也有人说，当时"州县官甫经到省，即探听某缺肥，某缺瘠，巧为趋避"②。而这种风气早在乾隆中期就已经开始形成。对此，乾嘉间官员洪亮吉曾根据自己的经历做出生动记述：

> 乾隆前期，"见里中有为守令者，咸友慰勉之，必代为之虑曰：此缺繁，此缺简，此缺号不易治，未闻及其他也"。而此后三十年间，"风俗趋向顿改"。"见里中有为守令者，咸友慰勉之，亦必代为虑曰：此缺出息若干，此缺应酬若干，此缺一岁之可入己者若干，而所谓民生吏治者，不复挂之齿颊矣……（及抵任后）守令之心思不在民也，必先问一岁之陋规若何，属员之馈遗若何，钱粮税务之赢余若何……于是不幸一岁而守令数易，而部内之属员，辖下之富商大贾，以迄小民，已重困矣……且有为今日之守令，而并欲诮三十年以前守令之无术者"。"三十年以前守令之拙者，满任而归，或罢任而反"，其赢余不多；"今则不然，连十舸、盈百车"，所得"十倍于前"。③

至晚清，州县官已经被社会看成是一个专事谋利的群体。乾隆以前，州县官在仕途中的最大追求和理想是内转京曹，逐渐升迁。但乾隆十六年（1751年）知县行取制度取消后，知县内转的可能极小，在外升迁之路也窄。久而久之，风气发生转移，州县官们宁愿在外任职捞钱，也不愿内转。光绪间山东临清直隶州出缺，巡抚袁世凯意以郯城知县仓尔爽升任，但仓尔爽突然由吏部选为中书科中书，临清一缺被他人所得，仓尔爽竟"大恚"，因为他"宦囊已裕，不甘入京为此冷宦"，竟放弃内转而"捐资为候选知府"。④晚清时，州县官"在各种官吏之中"已经"变成最能发财的""最为人所看不起的"一群人。⑤

---

① 程含章：《与山左属官书一》，徐栋辑：《牧令书》卷八，屏恶。

② 方宗诚：《鄂吏约》，盛康辑：《皇朝经世文编续编》，《丛刊》第84辑，第2617页。

③ 洪亮吉：《守令篇》，邵之棠辑：《皇朝经世文统编》，第1391页。

④ 徐凌霄、徐一士：《凌霄一士随笔》，第166—167页。

⑤ 瞿兑之：《人物风俗制度丛谈》，第280—281页。

　　州县官无耻之习还表现在千方百计奔竞钻营。一些州县官"并无公事，谒见上司，有意逢迎，并赴省拜寿行贺，夤缘通贿馈送银钱等物"，这种情况早在康熙初年就存在。①乾隆三十二年（1767年）的一道谕旨也批评这类现象说，"州县官每借公务为名，进省谒见上司，以图识面，不顾旷日误公"，"虽屡经严禁，而各省比比皆然"。②更有甚者，"上司之子侄亲戚，经过属员境内，拜候往来，属员亦趋承供应，馈送礼物"③。州县官为了钻营，不惜卖身投靠，与上官结成依附关系。这种风气在明末已经很严重，而有清地方官任用汉族士人，因而承袭其弊。顺治间即有人谈当时的这种风气说：

　　　　近时积习相沿，莫如属官拜认门生。明末凡经抚按复明列荐者，去任之后，方称门生。乃流弊日甚，凡州县之与府厅，府厅之与司道，司道之与督抚按，往往师弟相称，执礼惟谨。借门生为献媚之阶梯，假赞赞为行贿之捷径，甚或旷废职业，专务逢迎，馈节贺寿，百计结欢。上官乐其趋承，每至曲为徇庇。④

　　这种风气，后来始终没有变化。同治间有人指出："近来州县往往于司道中，窥其为督抚所信任者，不惜重赀，执赘门下。已经列入门墙，即使造孽无穷，其师为之维持徇庇。"⑤

　　（四）因循风气

　　州县官因循疏懒，对政事漫不经心，拖延敷衍，是清代州县官场最为普遍、最为根深蒂固的风气。这种因循风气有以下各种表现：

　　其一，疏于理政，拖延公事，敷衍应付。曾国藩说，清代官场"公事迟延"的"通弊"是"支"和"展"；"支者推诿他人，如院仰司，司仰府，府仰县之类，一经转行，即算办毕，但求出门，不求了事"；"展

---

① 　《大清会典事例（嘉庆朝）》卷七十五，吏部。
② 　文孚纂修：《六部处分则例》，第340页。
③ 　《大清会典事例（嘉庆朝）》卷七十五，吏部。
④ 　柯耸：《清厘吏治三事疏》，贺长龄辑：《皇朝经世文编》，第735—736页。
⑤ 　袁方城：《条陈整顿吏治疏》，盛康辑：《皇朝经世文编续编》，《丛刊》第84辑，第1968页。

者迟延时日"，如"上控之案，饬府先查，大概往往经年不报；饬县录案详复，亦或经年不复；催提钱粮，则曰另文批解；催提人证，则曰传到即解。宕过数次，上司亦遂置之不问"。[1]州县官对于审理民刑案件往往"漫不经心，因循延搁。于命盗重案，或称人证未齐，或称供词未确，百端藉口；至寻常户婚、田土、钱、债细故，一任胥吏蒙弊，累月经年，不为审理"，这已经成为"各省积习"。[2]对于盗案，"以为一案已获一二人便可成招，此后即懒于严比"，离任时案件未结，接任之员则"视为非己任内之事，漠不关心"。[3]命盗案件，例应由州县官亲自应驰往相验、勘视，然而"外省州县泄沓成风，往往擅委佐杂代验代勘，间或亲自前往，又复任意宕延，颟顸了事，愚民无所申雪，以致纷纷上控"。[4]

其二，本人不问政事，一切听任幕友、家人办理。乾隆间即有人指出："今之吏治三种人为之，官拥虚名而已。三种人者，幕宾、书吏、长随也。"[5]这在当时的州县官场似乎已经成为普遍情况。对此，当时的文献多有反映：

> 乾隆间，福建州县"奉到一切批檄，官多未尽寓目；即或寓目，判日发房"，复文由"胥吏送稿，幕友阅定"，官员"于文稿始终全未经心"，"上行之件如此，平行可知，民间呈状更可知"。[6]

> 乾隆间"湖南知县自理词讼"，"批出内幕之手，官画诺耳；票出门书之手，官不省也。"[7]

> 咸同间湖北州县官场风气，"下与上交接之事，诿之幕友，而官不问；凡官与民交接之事，诿之门丁，而官不问"；[8]州县官对于田赋

---

① 曾国藩：《直隶清讼事宜十条》，葛士浚辑：《皇朝经世文续编》，第478页。

② 马相如：《请勒限清理积案疏》，盛康辑：《皇朝经世文编续编》，《丛刊》第85辑，第4703页。

③ 田文镜：《请停分缉协缉疏》，贺长龄辑：《皇朝经世文编》，第2676页。

④ 席裕福、沈师徐辑：《皇朝政典类纂》，第5073页。

⑤ 汪辉祖：《学治续说》，张廷襄编：《入幕须知五种》，第385页。

⑥ 陈宏谋：《申饬闽属不阅文稿陋习檄》，贺长龄辑：《皇朝经世文编》，第848页。

⑦ 周锡溥：《复秦小岘廉使论吏弊书》，贺长龄辑：《皇朝经世文编》第744页。

⑧ 胡林翼：《敬陈湖北兵政吏治疏》，葛士浚辑：《皇朝经世文续编》，第476页。

"或不屑句稽，或厌薄簿书，养尊处优，一任户粮总上下其手"①。

咸同间，直隶州县官"每逢三八放告，或委典史收状，或由承发房将呈词送交门丁；门丁积压数日送交幕友，幕友拟批挂榜，而本官尚不知呈中所告何事。至判阅稿票时，听任丁书主政……"②

同治年间，江苏各州县于词讼案件往往"漫不经心"，"收呈则委之捕衙，准驳则凭之幕友，而审与不审则又惟门丁之言是听"。③

据此可以说，清代州县的许多重要行政事务（尤其是词讼审理）的处理权，已基本落入幕友、家丁、胥吏之手，名为"官治"，实为"吏治"。

其三，对本州县各方面情况全无了解。陈宏谋任福建巡抚时说：福建的州县官往往"耽于安逸，陋习相沿"，将官衙文稿付之幕友，自己"抽此闲身应酬官场"。有时上司下达文书询问地方情况，各州县"全无体会，或答非所问，或似是而非"；"近于属员来见，就现行之事，一加咨询，竟多茫然不知"，"不但细小事件如此，紧要大事无不如此；不但存案不须查办之事如此，而必须查办，难以空言了事者，亦无不如此"。州县官去见上司时报告政务时，"则向幕友索一纸，节略临时疆记，问及则以眼前浮泛语句来相抵对；一加驳问，原委未悉，左支右吾，不觉面赤"④。乾隆二十年（1755年），陈宏谋到任甘肃巡抚，"饬地方官各将舆图、宪纲事宜册呈送"，结果"展阅之下，图则东涂西抹，方位不明，道里不确；册则草草数行，非浮泛不切，则舛错不堪，竟系无用之废纸。各官相沿套数，原未寓目，即为转送"。⑤晚清人陈虬说：有些知州、知县"在任十年"，竟"不识地方广轮之数"。⑥

---

① 方宗诚：《鄂吏约》，盛康辑：《皇朝经世文编续编》，《丛刊》第84辑，第2625—2626页。

② 曾国藩：《直隶清讼事宜十条》，葛士浚辑：《皇朝经世文续编》，第479—480页。

③ 丁日昌：《通饬清理狱讼札》，盛康辑：《皇朝经世文编续编》，《丛刊》第85辑，第4731页。

④ 陈宏谋：《申饬闽属不阅文稿陋习檄》，贺长龄辑：《皇朝经世文编》，第848页。

⑤ 陈宏谋：《饬取州县舆图檄》，贺长龄辑：《皇朝经世文编》，第755页。

⑥ 陈虬：《严课州县以责成效》，陈忠倚辑：《皇朝经世文三编》，第369页。

其四，形式主义、文牍主义。陈宏谋说，"官场陋习，上下衙门终日忙迫，究竟实在及民者甚少"，"有名虽奉行，实未曾行者，即如每奉部文，层层转行，上下衙门案将成帙，似乎已经奉行，而士民则尚不得知"，地方无从受益。"上司以转行为了事，州县以发房为了事；即出告示，亦止在城门通衢"，"远乡士民"不能"遍观尽识"，"出示之后，官亦全不照应"。①一般来说，州县官除赋税征收外，对于其他一切"兴利"（建设性政务）与"除弊"（吏治之整顿）均以文牍应付，而毫无实际，对此乾隆初年的一道上谕批评说：

> 历来谕令"内外臣工条奏应行事务"，由督抚司道逐级"行之州县"，但实际上"于行文出示之外，求其遵奉之实际，则十无一二"，"兴学校、端士习、振民风，及农桑树畜、河渠水利诸善政，皆应所行；其造曲烧锅、赌博、健讼、刁悍诸事，定例綦严，皆所应禁"，但全都"行之无效"，原因就在于"各省州县，惟以簿书钱谷为事，其于境内户口之贫富，地土之肥瘠，物产之丰啬，民情之趋向，习俗之美恶，以及山川原隰、桥梁道路，一切漫不经心。"②

上司对于州县官的政务监察也往往是徒有形式。有人指出：各省对州县官，"凡有宪札，事无巨细，辄以揭参套文，重加申饬，连文屡牍，严示而不信行"，州县官也不惧怕，"一切皆视为具文"。③

州县官因循，给州县行政带来很大危害。其一，政务废弛。有些州县官"畏问案"，"门稿揣知官之心理，乃搁案不送而索贿，否则勒令两造和息"，"是以有案无传，有传无送，有送无讯，有讯无结者，比比然也"。④贺长龄曾指出，盗案增多的一个重要原因就在于州县官因循疏懒，"一案报官，数日而后出票，差又敛费始行，贼已远去无踪，难免隐匿不报。因之贼胆愈大，盗案日多。民知官不拿贼，见贼亦不追问；贼知

---

① 陈宏谋：《与各属论治》，贺长龄辑：《皇朝经世文编》，第607页。

② 讷亲：《请考核州县实政疏》，贺长龄辑：《皇朝经世文编》，第737—738页。

③ 谢振定：《察吏八则》，贺长龄辑：《皇朝经世文编》，第750页。

④ 徐珂编撰：《清稗类钞》第三册，第976页。

官不恤民，稍闲又来抢劫"。[①]同光间，湖北崇阳县历任知县对盗案"从未清厘"，监狱收押"无质证之匪"数十人，"半系曾经上控批回严讯之案"，不审不释，结果"囹圄为满，死亡枕藉"。[②]还有官员指出：由于州县官因循敷衍，盗贼大多不能捕获，"已获者亦无审办之实"；钱粮不能确实按制度征收，其"欠在平民小户者，虽锱铢而累及数家；欠在士族豪强者，虽千百而不敢过问"。[③]其二，给书役作弊造成机会。有人指出，州县官因循疏懒，"胥吏知官之不明，而相率朦混焉；差役恃官之不察，而公然恣肆焉"[④]。州县官对诉讼呈词"数日不批，书役便索买批费；又隔数日无票，书役便索出票费；又隔数日不审，书役便索升堂费"[⑤]。

（五）专横之风

州县官贪腐舞弊，侵害地方和民人利益，则势必引起反抗，而官府有权力可恃，往往不讲道理，不论是非，进行暴力镇压。对此有人指出，州县官"一旦印符在手，民间之休戚安危，于己无与也。呼吁惨怛之声不足听也，惟预计今年漕米加收若干，折价若干，钱粮契税平余若干。不满其欲者，辄曰民刁民蛮，鞭之挞之，视同草芥"[⑥]。官府专横的一个重要原因，在于当时强国家、弱社会的社会结构。明代社会绅权綦重而土劣横行，士人有气节而不畏强权，官府相对软弱。有清雍正间压抑绅权，禁止士绅为维护地方利益、抨击官员而上递"公呈"，结果导致胥吏势力扩张，对此有人指出："康熙以前，邑中有不便于民者，生监耆老得联名具呈。官吏有赃

---

① 贺长龄：《整吏治以清政本札》，盛康辑：《皇朝经世文编续编》，《丛刊》第84辑，第2657页。

② 缪嘉誉：《崇阳客问》，盛康辑：《皇朝经世文编续编》，《丛刊》第84辑，第2741页。

③ 徐赓陛：《覆本府条陈积弊禀》，盛康辑：《皇朝经世文编续编》，《丛刊》第84辑，第2807页。

④ 徐赓陛：《覆本府条陈积弊禀》，盛康辑：《皇朝经世文编续编》，《丛刊》第84辑，第2807页。

⑤ 贺长龄：《整吏治以清政本札》，盛康辑：《皇朝经世文编续编》，《丛刊》第84辑，第2656页。

⑥ 程含章：《与山左属官书一》，徐栋辑：《牧令书》卷八，屏恶。

私，每恐人告发，生监之出入公门者，得挟其短而把持之，故衙棍之势盛而吏有顾忌。雍正中公呈有禁，则官无所畏而胥吏之恶甚于虎狼矣。"①

五、官场"风气"是怎样形成的

马克斯·韦伯从社会学的角度对"习俗"和"惯例"进行定义。他说：

> "习俗"是一种外在方面没有保障的规则，行为者自愿地事实上遵守它，不管是干脆处于"毫无思考"也好，或者出于"方便"也好，或者不管出于什么原因，而且他可以期待这个范围内的其他成员由于这些原因也很可能会遵守它。
>
> 惯例应该称之为在一定范围内的人当中被作为"适用"而赞同的、并且通过对它的偏离进行指责而得到保证的"习俗"。（"惯例"与"法"的不同在于）这里没有专门为了强制而设立的班子。
>
> 惯例，如果在偏离它时，在可以标明的一定范围内的人当中，会遇到某种（比较）普遍的和实际上可以感受到的指责……②

清代官场的所谓"风气"，就近似于这种"习俗"与"惯例"。它不是制度，而是一种官场之中人们习以为常的行为方式；它没有相关的明文规定，但如果不顺应它，就会在官场的范围内受到歧视、冷遇和有形无形的报复，就无从行事，甚至无以自存。大致说来，这种"风气"都是与相关范围内的制度相悖的，甚至对立的。官场"风气"之所以会形成，有其社会与文化方面的原因——如与社会风气相一致，或符合某种文化传统等等。而我们在这里想要强调的是其政治方面的原因，这就是相关法律、制度存在空白或不予严格实行，以"非法"为"法"。例如，州县官对于上司的各种"卑尊之礼"本有定制，"馈遗供张，又有明禁"。但一些州县官认为遵守这些制度禁令"不足以为恭"，乃"从而加甚"，"又习于久

---

① 黄印辑：乾隆《锡金识小录》，第68页。

② 马克斯·韦伯：《经济与社会》（上卷），林荣远译，商务印书馆，1997，第60、64页。

而安"。这样一来，违反制度的"风气"乃成为"潜规则"，而恪守定制的州县官反而被认为不合时宜，是高傲，受到韦伯所说的"普遍的和实际上可以感受到的指责"。而上官对于州县官"供张之不办，馈遗之不供，礼数之不密"，虽"不明责之"，但心怀记恨，以"他罪中之，州县不能辨也"。州县官中只要有一人"越礼"供张馈遗上官，而"不见黜"，则"守礼者"都会从中体会到上官默许、喜欢这种做法，就会"惧而变节"。此外，上官还通过"喜怒""风示"下属，"且倒置之"，优待"越礼"者，亏待"守礼"者，迫使州县官丧失廉耻心、进取心，图"苟免"，"志温饱"，"自外于清流"。[①]

官场"风气"一旦形成，官员们就会是非颠倒，弃善从恶。例如，在州县官普遍寡廉鲜耻、专务谋利的风气下，"其间即有稍知自爱及实能为民计者，十不能一二也。此一二人者，又常被七八人者笑以为迂，以为拙，以为不善自为谋。而大吏之视一二人者，亦觉其不合时宜，不中程度。不幸而有公过，则去之亦惟虑不速。是一二人之势，不至归于七八人之所为不止"[②]。在州县官普遍因循混事、无所作为的风气下，"间有廉能之吏，一意兴利除弊，教养斯民"，则"上司猜之，同寅笑之，众庶疑之，必溃其成而后已"。[③]如有官员不顾风气坚持勇于任事、认真办事的作风，则反而会受到伤害。例如有笔记载：屠××任江苏仪征县令，到任后针对该县捕盗事务"懈怠已久"的情况，自己捐资"募健儿数十辈，遇有要案，重赏缉捕，无不立破"。时有盗案发生，案犯首从八人在逃，他当时有加级纪录可抵"公罪"，因此此案即使"不获盗亦无碍"。但他却执意破案，命家丁、捕役率自募"健儿"缉捕，两年间"往返数千里，重赏踩缉，赔累至二千余金"，最后从安徽、江苏、直隶等地捕获逃犯。但却引起同僚与上司的不满，江苏按察使将案件发首府督同首县复审，"欲改盗为窃，窜易供词"，险些使得屠某以"误入数人死罪未决"罪受到重处。[④]

---

① 梅曾亮：《上汪尚书书》，盛康辑：《皇朝经世文编续编》，《丛刊》第84辑，第2533—2534页。

② 洪亮吉：《守令篇》，邵之棠辑：《皇朝经世文统编》，第1391页。

③ 郑观应：《吏治上》，陈忠倚辑：《皇朝经世文三编》，第347页。

④ 伍承乔编：《清代吏治丛谈》，第515页。

第四章

清代州县的衙署组织

清代实行州县正印官"独任制"，佐贰被淡出主体行政系统之外。州县依以办理州县行政事务者，是幕友、长随、房吏和差役。所谓州县官的职能，实际上被分解为这些人员的职能，或者说由这些人来具体执行。这几类人员，其职责各有范围和规则，相互之间的行政关系也有成法。这几类人员的办公地在州县衙署，他们构成了一个有机的州县行政体系，可称之为州县衙署组织。

第一节　州县官幕友

一、制度起源

清代州县官普遍延聘幕友协理政务，这一点为人们所熟知，而州县官延聘幕友的现象在明代已经存在。柏桦认为，由于材料太少，不能确定明代州县是否普遍实行幕友制。但可以确定，自洪武年间州县衙署完成定制之后，州县幕友就开始出现。他引隆庆间江西新淦知县李乐的话说，当时县令"雇主文者十有四五"，即是说，有将近一半的州县官雇有幕友。他还正确地指出，州县幕友的出现"与首领官的权责变化有密切联系"①。确切、全面地说，州县幕友制度最早出现于明代，而至清代普遍化。

州县幕友制度的出现，首先与八股取士制度的实行有关。明清科举以八股取士，由此进身的官员因而不谙治术，不得不依赖幕友。晚清有人作《幕友说》指出：

"入幕之宾，自古有之，所以补裨政术，匡救阙失，其次亦以子墨客卿，司飞书持檄之任，皆以佐治也。然古人学古以入官，通经以致用，不但洞悉治术，以期好恶之洽于民心，即六曹庶务，皆宜谙练，而刑法为尤要。故昔之官人法，身年之外，兼取书判。后代试士法，制艺之外，亦用表判。书表所以观其文理，判所以验其听断也。"而实行八股取士制度后，士人不学治术，不通经史，做官后只得"刑名钱谷一切资之幕友，主人惟坐

---

① 柏桦：《明代州县政治体制研究》，第114—115页。

啸画诺而已"。①

州县幕友制度的另一个起源在于正印官独任制。在这种制度下，佐贰被排出主干行政系统，州县官不得不任用幕友。对此有人指出：

> 今县令之难为者，以一县之大，盗贼水火、钱粮谳狱、兵刑差役、应供迎送之繁责之一人，则事之不举者必多。是所值使然，非人才之拙于古也。考之前代，郡县皆得自辟所属，丞赞治而掌农田水利，主簿掌簿书，尉督盗贼，故令不大劳，惟主其教化风俗之端而已。今令与其属不相往来，则不得不增多其吏，其所与为腹心者，独有幕宾。于是有所谓刑名钱谷之目。夫令以千里原来之人，民情风土，非所素习，而寄其权于幕宾之手……②

前文已经述及，元代置典史作为"案牍官"，品秩从九品下，由"勾当年深、通晓刑名、练达公事、廉慎行止、不作过犯"的路府州司吏充任。典史的职责是统领吏员，执掌文书案牍事务，基本上与清代幕友的职能相同。但典史早在明代就逐渐演变为负责巡捕、监狱事务的杂职，其原来作为"案牍官"的职能因此空缺，这也构成了州县幕友制度的一个背景。而有人指出，这一点又是同明清重科举正途有关系。宗稷臣《幕学说》指出："汉代多以孝廉茂异为掾史，唐宋遂征辟名士为参佐，谓之幕僚，虽登高第者亦为之。"元、明以典史承担这种"幕职"，但又从职官品秩制度上卑之贱之，科举正途出身者"非谪辱不肯屈就"。于是典史之中就更加"罕有人才"，更加不能胜任文书、案牍之职。③

二、种类和职能

（一）清代幕友的种类

---

① 陈必宁：《幕友说》，盛康辑：《皇朝经世文编续编》，《丛刊》第 84 辑，第 2827—2828 页。

② 杨象济：《拟策七》，盛康辑：《皇朝经世文编续编》，《丛刊》第 84 辑，第 2833 页。

③ 宗稷臣：《幕学说》，盛康辑：《皇朝经世文编续编》，《丛刊》第 84 辑，第 2831 页。

清代州县幕友系主官自辟，因而无定制，由州县官自行决定其延聘人数和具体职任、分工。关于清代州县幕友的名目和职责，当时人有着大致相同的记载。例如：

（1）内幕先生有刑名、有钱谷固矣，乃有案总，复有钱粮总；有钱谷，复有征比；有书禀、号件，复有红、墨笔。中缺衙门，必须兼摄，不能全备也。①

（2）（幕客）以理刑名、钱谷、征比、挂号、书启之务者也。其中以刑名、钱谷动系考成，责任最重。而赋役繁剧之地，漏催耐阁，及大头小尾诸弊，实皆征比核之。②

（3）幕友如刑名、钱谷、发审、书启、征收、挂号、朱墨、帐房及一切杂务之属，皆佐官治事者也……帐房一席尤心腹之所寄托……③

（4）直隶青县州县幕友"有刑名，有钱谷；其承上启下者，有前稿，有后稿；传达宾客之往来者，则有执帖"。④

据这些记载，清代州县幕友主要有这样几种：1. 刑名；2. 钱谷；3. 挂号（负责文书登记）；4. 书启（负责部分文书起草和衙署内承转）；5. 账房（负责衙署收支账务）。另有一些名目，其职责也不出上述人员的责任范围，如与刑名有关的案总、发审，与钱粮有关的钱粮总、征比，与书启有关的稿案、前稿、后稿、朱墨等。在这些幕友中，设置较为普遍的是刑名和钱谷，其他或设或不设，各州县官做法不一；其最简者，刑名与钱谷也以一人兼任。晚清州县起家最后官至军机大臣的刚毅认为，州县延聘幕友，只需"刑、钱、书启各席""各延一人"，"其余名目，皆可毋庸"。⑤稿案、账房等幕友，其职责的履行并不需要太高的业务素质，但要为主官所亲信，所以其性质介于幕友与长随之间。例如，李伯元在《活地狱》中说，某知县审理黄、巫二姓财主官司，"值堂的稿案"示意他不要

① 蔡申之：《清代州县故事》，台湾文海出版社，1970，第62页。

② 蔡申之：《清代州县故事》，第1页。

③ 何士祁：《幕友宜待之以礼》，徐栋辑：《牧令书》卷四，用人。

④ 民国《青县志》经制志，时政篇，成文影印本。

⑤ 刚毅：《牧令须知》，《近代中国史料丛刊》本，1971，第23页。

明确批驳以便勒索，稿案说："小的跟了老爷这许多年，为的是要掏个忠心伺候老爷。"[1]蔡申之所撰《清代州县故事》将之归入长随之列。[2]

据清末直隶巡警道统计，顺天府所辖大兴、宛平、固安、永清、东安、香河、通州、三河、武清、宝坻、宁河、昌平、良乡、顺义、怀柔、涿州、房山、霸州、文安、大城、保定、蓟州、平谷、密云等24州县，各延聘幕友1至13人不等。见表4.1。

表4.1　清末顺天府24州县延聘幕友人数

延聘人数	州县数				
	最要缺	要缺	中缺	简缺	合计
1人		2	3	4	9
3人		1	1		2
4人		1	1	1	3
5人	1	1			2
6人	2	1		1	4
7人		1			1
9人		1			1
13人			1		1
不详		1			1

资料来源：《试署直隶巡警道造送顺天府查报衙署局所等项人数表册》（宣统元年），中国第一历史档案馆藏，清代顺天府档案，028—1—2—025。

表4.1统计顺天府24州县延聘幕友人数之多寡，似与制度所定的缺位繁简没有统计性联系。3个最要缺州县分别延聘5人或6人，9个要缺州县延聘1至9人不等，6个中缺州县延聘1至13人不等，6个简缺州县延聘幕友1至6人不等。简缺州县竟有延聘6人之多者，要缺州县也有仅仅延聘1人者，而延聘幕友人数最多（13人）者，乃是一个中缺州县（宁河县）。

---

① 李伯元：《活地狱》，第6—7页。
② 蔡申之：《清代州县故事》，第1页。

（二）州县幕友的职能

清代各地州县幕友的名目和人数虽然不同，但由于州县行政系全国统一定制，且各地州县衙署的办公程序也大同小异，因此幕友作为一个整体，在州县行政中的职能范围基本相同。瞿同祖在《清代地方政府》中，从职责内容的角度对清代州县幕友的职能进行了系统的归纳和阐述，将之分为讼案、税收、账务、文书登记、文书草拟、通讯、考试等7项，并指出，幕友负有监督书吏衙役和长随的职能。在瞿先生这种阐述的基础上，我们还有必要进行以下几个方面的分析。

第一，州县幕友的职责不论从内容、领域上如何划分，总体而言在于办理文移。对此有文献记载说，幕友"分司刑名钱谷"，"凡公文书上报上宪者，胥听命焉"；"凡上下文移，先由各房拟稿，送幕友核定，知县惟划诺而已"。[①]幕友所办理的这种文移工作主要可分为以下几类：

1. 在词讼受理、审理过程中阅读诉状，拟写官批，其内容涉及是否立案受理。对于准予立案者，提出审理安排（包括确定开审时间和决定到案人员），并在审理前为州县官准备一个案情提要；对于驳回而不予立案者，有时提出具体处理意见，或直接驳斥原告诉讼要求，或令交乡地调节。对于州县初审而需要上报的徒刑、流刑、死刑案件，准备相关的案卷。

2. 赋税征收方面，于本官到任时与前任官员办理交代的工作中。本官根据本州县的《赋役全书》审核前任官员任内的所有财务簿册、票据，包括赋税完欠清册和税单存根、上解回批、支出领状等原始票据；于田赋开征前依据《赋役全书》开造作为征收依据的"实征册"，向征收人员（柜书）发放盖印税单；在田赋征收过程中检查包括流水簿在内的各种簿册、票据；造报上解田赋和各项杂税簿册，审查回批；等等。

3. 审核或直接起草呈送督、抚、藩、臬、道府各级上宪的文件。

4. 对于本官署收到和发出的所有文移进行登记，"凡一应正杂钱粮，文移牌票"，均须"立簿稽查""登记明白""分门别类，眉目毕清"，使"事

---

① 民国《广宗县志》，法制略，成文影印本。

之应行、应复、应比、应催者，一览可查，均得依期完结，按限督销"。①

　　第二，幕友之聘用，名义上"专为襄办笔墨，经理书启，并不干预公事"②，但实际上，他们所从事的有些文移工作本身就属于对政务的处理。具体言之，州县刑、钱幕友在"襄办笔墨"时，往往越俎代庖，行使原本属于州县官的职权，这在受理词讼方面尤其明显。汪辉祖说，在词讼方面，州县幕友的职责仅仅在于"权事理之缓急，计道里之远近，催差集审"，而"听讼是主人之事，非幕友所能专主"。③然而问题在于，州县对于众多的民人投诉，往往只将一部分立案审理，其他则通过批示驳回，或提出具有判决效力处理意见。这种批示，本应由州县官作出，但实际上往往为幕友专擅。如乾隆年间曾官知县的周锡溥指出，"湖南知县自理词讼"，"批出内幕之手，官画诺耳"。④曾国藩谈直隶州县词讼受理情况说："怠玩之习相沿已久。每逢三八放告，或委典史收状，或由承发房将呈词送交门丁；门丁积压数日送交幕友，幕友拟批挂榜，而本官尚不知呈中所告何事。"⑤同治年间任江苏布政使的丁日昌也说，"各州县于词讼案件，其勤勤恳恳者，固不乏人，而漫不经心者，亦复不少"，往往"准驳则凭之幕友"。⑥

　　第三，刑名、钱粮幕友所办理的文移事项，以及通过办理文移事项而处理的行政事务，并非仅限于司法和财税两个领域，而是涉及所有州县行政领域。据蔡申之《清代州县故事》引《长随论》所记，刑名幕友的职责范围除各种诉讼刑罚事务外，还包括吏政、教育、科举、礼俗、军事、治安等各种事务：

　　　（1）属于吏政事务者：封赠、荫袭、官员、谕旨、大计、保题保留、议叙、捐纳、文凭、拣选、上任、委任委署试用、考成、纪

---

① 席裕福、沈师徐辑：《皇朝政典类纂》，第5054页。
② 刚毅：《牧令须知》，第23页。
③ 汪辉祖：《佐治药言》，张廷襄编：《入幕须知五种》，第136页。
④ 周锡溥：《复秦小岘廉使论吏弊书》，贺长龄辑：《皇朝经世文编》，第744页。
⑤ 曾国藩：《直隶清讼事宜十条》，葛士浚辑：《皇朝经世文续编》，第479—480页。
⑥ 丁日昌：《通饬清理狱讼札》，盛康辑：《皇朝经世文编续编》，《丛刊》第85辑，第4731页。

录、限期、加级、临赠、丁忧、起复、终养、告病、降革、投充。

（2）属于教育、科举、礼俗事务者：贡监、祭祀、乡饮、节孝、建坊、乐舞生、科场、书院、旌表、武闱、匿丧。

（3）属于军事、治安事务者：保甲、驿站、铺兵、遇风击船、僧道册、内地人出洋回籍、军机、阅城、开剥棚厂船照、乡总乡练。

钱谷幕友的职责范围除各种财税事务外，还包括民政、经济纠纷和犯罪、工政及其他事务：

（1）属于社会民政事务者：社谷、出借额谷、各社副长、赈济饥荒、捐修庙宇、救火、晴雨、粮价、谷米出境、育婴堂等。

（2）属于经济纠纷和犯罪事务者：承追、钱债、争产争赈、抗欠、拆毁城垣、毁弃器物×稿、盗买盗卖、擅食人地瓜菜。

（3）属于州县工政及其他政务者：采买、一切水利、采买铜铅硝磺、承办、囚衣、囚粮、器械、补拨塌陷、建修工程、墩台、营房、驿站、铺司。①

第四，州县幕友（主要是刑名、钱谷幕友）有匡正主官过失责任。汪辉祖说："恃才之官，喜以私人为耳目访察公事，彼所倚任之人，或摇于利，或蔽于识，未必俱可深信。官之听信原不可恃，全在幕友持正不挠，不为所夺，若官以私人为先入，幕复以浮言为确据，鲜不偾事。"②

三、出身和素质

（一）州县幕友的出身

关于幕友的出身，乾隆初年万枫江作《幕学举要》指出："幕中流品最为错杂。有宦辙覆车、借人酒杯自浇块垒，有贵胄飘零拼挡纨绔、入幕效颦，又有以铁砚难磨、青毡冷淡、变业谋生，又有胥钞谙练借栖一枝，更有学剑不成铅刀小试，其中优劣不一。"③换言之，幕友的出身，一为因

---

① 蔡申之：《清代州县故事》，第48—50页。
② 汪辉祖：《佐治药言》，张廷襄编：《入幕须知五种》，第155页。
③ 万枫江：《幕学举要》，张廷襄编：《入幕须知五种》，第27页。

处分而离职的官员，二为官宦家庭的纨绔子弟，三为科场失意的士人，四为有一定历练的胥吏，五为习武不成而转于文墨者。而瞿同祖先生认为，"绝大部分幕友都是秀才"①。

清代官员大多数是科举和捐纳出身，前者讲习八股文、试帖诗，后者不学无术，用世治事之学素非所习，因此出仕后需依靠幕友处理政务。清代的幕友是一个"行政管理专家的集团"，其身份"介乎学者和官僚之间"（瞿同祖先生语），其主要的知识、能力素养，在于熟悉公文和律例。当时，无论是学校还是书院均无吏学，所以幕友所需的行政知识和能力全靠拜师学习。有清一代，刑钱幕友多出自浙江绍兴府，"师弟相传为业，初学必自大幕始，年满之后随师勤习，师以为可则荐往州县，由道府过司至督抚署，年事既到则资望随升"②。这样，刑钱幕友就成为一个具有封闭性的群体，州县官延聘幕友，一般均出于上司幕友（也就是资深幕友）的推荐，舍此一途，别无他径。假如没有与上司幕友的师徒关系，即使受聘担任州县幕友，上呈公事也必会常遭驳诘，不能胜任。有人记载州县官延聘幕友的情况说：

> 各省州县到任，院司幕友必荐其门生故旧，代办刑名钱谷。该州县不问其人例案精熟与否，情愿厚出束修，延请入幕。只因上下通声气，申文免驳诘起见。而合省幕友，从此结党营私，把持公事，弊端百出，不可枚举。近来各省风气大率如此。③

> 州县委署时，委牌将下，即有荐师爷者，多则百人，少亦六七十人。其中有情不能却恐开罪于人者，则送干修者半，请到馆者半。外又有三大宪幕友明荐干修者，更不敢拂其意。此风江苏尤盛，故一官履任，到馆师爷有二三十人，送干修师爷有二三十人。此一项约耗去二三四千金。④

有些州县官"巧为逢迎"，"延上司亲族在幕"。例如，乾隆三十四年

---

① 瞿同祖：《清代地方政府》，法律出版社，2003，第176页。
② 刘体仁：《异辞录》，第76—77页。
③ 何桂芳：《请查禁谋荐幕友片》，盛康辑：《皇朝经世文编续编》，《丛刊》第84辑，第2841页。
④ 徐凌霄、徐一士：《凌霄一士随笔》，第995页。

（1769年），安徽太和县知县郭世谊延用本管上司颍州府知府史鲁璠族叔史纬义为幕友，并"将重价所买之妾转送"史纬义，结果郭世谊和史鲁璠均受到革职处分。[①]还有一种被称为"坐幕"的幕友，他们通过贿托督抚司道府及其幕友向州县官举荐而就馆，"空食束修而不理事"[②]。

（二）州县幕友的素质

康熙年间做过知县的黄六鸿说，州县官选聘幕友应从才、识、品等三方面考虑，"兼长为难，先取品，识次之，才又次之"[③]。但才能、见识、品行的具体内容是什么，站在不同立场上会有不同的看法。

州县幕友佐主官而成治，其品行方面的"理想态"首先在于儒家所要求的仁人之心、利民之志。在这一方面，有少数幕友可以做到，汪辉祖就是一例。

　　汪辉祖是儒生出身，有儒家的志趣、道德意识和知识背景。鲍廷博在《佐治药言·跋》中记，汪辉祖幕斋"经史鳞比，而所为学幕之书百无一二"，"其佐理官事，率有恒度，虽在剧邑，日不过三二时便了。暇则读书自娱"。他在决定做幕时发誓"不敢负心造孽"，"苟非心力所入享吾父，或吐及不长吾子孙者，誓不敢入于橐"。他认为，幕友要想绝对做到"不愧不怍，衾影无惭，万万不能"。由于为各种具体情况所迫，有时要做"不能不为、不得不为之事。但其所以必为之故，尚近于公要，可告知神明。如恋栈虐民，或逢迎希进，法纪不顾，甘为罪首，发念之端，不可以入庙门者，断不可为。"他说自己做幕26年，"所主者凡十四人"，"无不磊落光明，推诚相与"。汪辉祖怀有某种神鬼迷信观念，这种观念对于他有道德约束作用。他的《佐治药言》有"妇女不可轻唤"一目，记吴桥县令孙××所延刑名幕客叶某，暴病身亡，死前说八年前在山东馆陶作幕，遇有一恶少子调戏妇女案件，他本不准备传唤，但听谢某建议，为窥妇色而传

①　《大清会典事例（嘉庆朝）》卷七十六，吏部。
②　张鹏展：《请厘吏治五事疏》，贺长龄辑：《皇朝经世文编》，第739页。
③　黄六鸿：《福惠全书》，第20页。

唤到堂，结果"妇投缳死，恶少子亦坐法死"。现在"恶少子控
于冥府"，谢某、叶某均要受到惩罚。①

汪辉祖这种自觉的道德意识，在他对公务的处理上处处有所体现。例如，他从体恤小民疾苦出发主张幕友应该"勤事"。他说："一事入公门，伺候者不啻数辈，多延一刻，即多累一刻。如乡人入城探事，午前得了，便可回家；迟之午后，必须在城觅寓，不惟费钱，且枉废一日之事。小民以力为养，废其一日之事，即缺其一日之养。其羁管监禁者，更不堪矣。"又如，他主张"须为犯人著想"，说"余在幕中襄理案牍，无论事之大小，必静坐片刻，为犯事者设身置想，并为其父母骨肉通盘筹画，始而怒，继而平，久乃觉其可矜，然后与居停商量，细心推鞫，从不轻予夹拶而真情自出。故成招置案，鲜有翻异"。作为一个对儒生出身的幕友，汪辉祖认为幕友必须读（刑名之学以外的）书，因为在办理诉讼过程中"遇疑难大事，有必须引经以断者"。②

州县幕友的理想品行还在于正直，与主官意见不合时能直抒己见，对主官的过失能够直言规劝，合则留，不合则去。如汪辉祖就说："余自勘生平佐治多年，坚守合则留，不合则去之义，主人亦不余强，幸免疚心。"③一位曾在清末做过州县幕友的人士也说："上等幕才"能"守义任事"，"若主官无可有为，意见不合，旋即舍而他去"。④晚清有人作《幕友说》指出："其称名幕者，大抵天资高，读书多，洞悉时务，而又能立品，不可轻屈，非隆礼厚币不能致。"⑤汪辉祖就属于这一种。还有一类人，能够不昧良心而作出努力匡正主官过失，不过主官不予采纳，自己也不以去馆相争。这类人与汪辉祖辈相比虽然相形见绌，但也属难能可贵。例如，乾隆时钟因任闽浙总督，令各州县办理盗案不得拖延。时程某

---

① 汪辉祖：《佐治药言》《佐治臆说》，张廷襄编：《入幕须知五种》，第178、112—113、341—342、149—150页。

② 汪辉祖：《佐治药言》，张廷襄编：《入幕须知五种》，第155—156、152—153、146页。

③ 汪辉祖：《佐治臆说》，张廷襄编：《入幕须知五种》，第342页。

④ 全国政协文史资料委员会编：《文史资料存稿选编》第25册，中国文史出版社，2002，第297页。

⑤ 陈必宁：《幕友说》，盛康辑：《皇朝经世文编续编》，《丛刊》第84辑，第2828页。

任福建龙溪知县，为讨好上司，要将一"正凶不实"的案件定案。刑幕李森图"致说贴于程，言非真凶，不可定谳"。程答"亦知非真，乃上宪督责严，不得不尔"，"有冤我当之，与君无与"，乃定谳上报。这位幕友"知囚之冤，争之不能，而不能去"。①

州县幕友的理想品行还在于廉洁。刑名、钱谷之外的文案、账房，介乎于幕友与长随之间，临时任事，收入微薄，既无道德意识，又无帮规约束，贪赃者较为普遍。如账房经理衙署包括陋规在内的各项收入，往往与书吏、差役相勾结，朋比为奸，攫取非法所得。例如，江苏常州人庄洪烈，账房出身，后捐知县，清末做过山东长清、寿张、诸城知县和临清知州。他积资甚丰，在济南郊外置有田产，在城内趵突泉街置有房产，又吸鸦片又纳妾，死后还留下大量遗产。安徽人郭之纳，在江西奉新、上饶县做过账房，发财而捐知县，民国初年做了石城县知县，"在南昌买了大房子住"。浙江人安某兄弟，"在河南做帐房师爷，各有田宅，在开封席丰履厚"②。至于刑名、钱谷幕友，大多终生操业，馆金丰厚，因此重视名声，行为较为谨慎。据一位行内人记，绍兴师爷帮内"有自然形成之共同规则，贪财为最污秽罪恶"，因此除在随主官办理交代时"或有收受前任贿赂外，对其他案件知确守成法，不敢为非。刑名犯赃私的事，从未发见"③。但也有很多资料表明，幕友品行不良者居多。如有文献记载说，州县"幕友素质良莠不齐。其素砺操行者固善助理庶政；而行检有亏者每亦易滋弊端"④。早在乾隆年间，幕友已被正人君子视为一种"负心造孽"的职业。如汪辉祖说，其父曾"依人幕下二年，罢归，曰：惧损吾德也"。后来他本人拟入幕，其嫡母、生母"同声止曰：汝父尝试为之，惧其不祥。今吾家三世单传，何堪业此？"⑤。光绪年间有江西德清人蔡燮昌，一生作幕，至老年却对青年一代幕友们说："你们不要吃这碗饭，少造点孽吧！"⑥汪辉祖认为，他那个时代的幕宾"邪正相错"，"端人""什

① 伍承乔编：《清代吏治丛谈》，第384页。
② 全国政协文史资料委员会：《文史资料存稿选编》，第25册，第300页。
③ 全国政协文史资料委员会：《文史资料存稿选编》，第25册，第306页。
④ 民国《馆陶县志》，政治志，制度，成文影印本。
⑤ 汪辉祖：《佐治药言》，张廷襄编：《入幕须知五种》，第111—112页。
⑥ 全国政协文史资料委员会：《文史资料存稿选编》，第25册，第305页。

不四五"。①光绪年间张廷襄编《入幕须知五种》，其序言即指出由于幕友"不足取重于人"，"近世"人们往往称幕友为"劣幕"。②

关于州县幕友才识的情况，一位曾在清末民初做过州县幕友的人士叙述得十分明白。他说：

> 佐幕能力，在文字方面，善于下笔，巧于措词，能减免主官责成。在处事方面，理解透彻，考虑周到，能为主官出稳当主意。此兼能之才不易遇，亦实难得也。普通幕才，但求擅长文牍，不必能作何妙计……考一般幕友真相，智能料事、文足动人之长才，实属罕见，而各凭所能，寄人幕下，以分任一事，大都循规蹈矩，安习故常。其中又分三类。有长于牍，每一文出，上下交称其入情合理，便可谓之能手，各处皆争聘欢迎，此所谓上乘。若但知事理程式，文理已欠明通，见解更不透彻，视事每难胜任，致常患托足无门，此所谓下乘也。上乘、下乘，皆为幕友中之少数，其最大多数则为通晓现行法令，明于例案，以之叙述案情不支不蔓，令人无可长短之中等幕才。此辈按部就班，无显著事功可见，亦无较大破绽可指。③

四、地位、收入和生活状况

州县幕友虽然不是国家职官，但州县官"厚其薪俸，待以宾师"④，地位清高，诚如当时人所说："（幕友）以砚为田，合则留，不合则去，不受拘束，事最清高，顾不可与胥役同日语也。"⑤幕友虽然往往在州县政治中充当州县官谋主的角色，但他们对于主官的过失不负任何责任。由于幕友"无品秩进退可言"，"无功过赏罚可资鼓励"，因此如果"欲其专心竭力、黾勉服务，惟在主官隆之以礼貌，优之以馆谷"。但也有人指

---

① 汪辉祖：《学治续说》，张廷襄编：《入幕须知五种》，第385页。
② 张廷襄：《入幕须知序》，张廷襄编：《入幕须知五种》，第3页。
③ 全国政协文史资料委员会：《文史资料存稿选编》第25册，第295页。
④ 民国《广宗县志》，法制略。
⑤ 蔡申之：《清代州县故事》，第1页。

出，幕友虽然在制度上不受奖惩，但其名声会受到主官政绩的影响，州县官"成绩优劣，幕僚实同与有毁誉"。^①

关于州县幕友的馆金数额，各种资料有一些零星记载。瞿同祖据汪辉祖的著作认为，刑名、钱谷幕友的馆金经历了一个不断提高的过程。18世纪50年代可分别达到260和220两白银，80年代可达到800两白银，而至清末可达到2000两白银。据汪辉祖记载，刑名、钱谷幕友较之其他幕友，得馆较易，馆金也高得多。他记载各类州县幕友的生活状况说：

> 幕中数席，惟刑名、钱谷岁修较厚，余则不过百金内外，或止四五十金。已经入幕，便无他途可谋，而幕修之外，又分毫无可取。公事之称手与否，主宾之同道与否，皆不可知。不合则去，失馆亦常有之事。刑名、钱谷谙练而端方者，当道每交相罗致，得馆尚易。其他书记、挂号、征比各席，非势要吹嘘，即刑钱引荐，虽裕有用之才，洁无暇之品，足以致当道延访者，什无一二，其得馆较难。以修脯而计，刑钱一岁所入，足抵书、号、征比数年，即失馆缺用，得馆之后可以弥补。若书、号、征比，得馆已属拮据，失馆更费枝梧。且如乡里课徒及经营贸易，缊袍疏食，勤俭有素，处幕馆者，章身不能无具，随从不能无人，加以庆吊往还，亲友假乞，无一可省。岁修百金，到家亦不过六七十金，八口之家，仅足敷衍，万一久无就绪，势且典贷无门。居处既习于安闲，行业转难于更改，终身坐困，始基误之。^②

在清末民初做过幕友的王育楚也记述说：

> 道级以下，幕友无士进希望，目的即全在博金钱报酬，用以养赡身家。主官必视其任务轻重，以定月给廪饩（薪资）之厚薄。下级如州县，唯刑、钱负责最重，故其月薪亦较他人为多。专就州县说，刑、钱年薪，最多有至银一千七八百两，最少亦必有五六百两。其他幕友，各视所事繁简，月给银十两以至二三十两不等。^③

---

① 全国政协文史资料委员会：《文史资料存稿选编》第25册，第293、295页。

② 汪辉祖：《佐治要言》，张廷襄编：《入幕须知五种》，第162—163页。

③ 全国政协文史资料委员会：《文史资料存稿选编》第25册，第296页。

在当时人们看来，幕友的生活甚至要较官员优越、稳定，他们"馆谷既丰，饱暖生欲，妻妾之奉，宫室之美，往往轶官而上之。官有黜陟幕无黜陟，官有摊赔幕无摊赔，故官多绌而幕多赢也"[1]。还有记载说："同、光间，乃有以幕友而为带驮子之事者，帐房是也。"[2]这种幕友除按月取得薪酬外，还按放债时的约定从衙署"出息"（即陋规）中分成。

五、人事管理

州县幕友系主官私人雇员，"向不详报上级官署备案"。雍正年间，清政府曾试图将包括州县在内的外官幕友纳入行政管理系统，进行考核、考试。雍正元年（1723年）吏部复准，司道府州县等官，应"豫将刑名、钱谷各幕宾之姓名、籍贯申报督抚存案，计算六年期满，并无参罚事故，果能深信其有为有守，才识兼优，平日实无公私过犯者，出具确实印结，申送督抚详加验看，秉公考试"，"如果文理优通，熟谙吏治，才具确有可用"，可以"据实保题，将考试原卷一并送部"，经吏部奏请钦点大臣阅看试卷，"分别等第给予职衔选用"。如保举不实，原保官照给予处分。但"官吏书算内号琐事人等，与本官子弟亲族来署帮办者，均不准保题申送"。[3]乾隆五年（1740年），重申这一制度。不过对于州县幕友来说，这一制度形同虚设，王育楚说，督抚两司的幕友，其有生员、举人功名者，或有可能经保举而成为低级佐贰或候补知县，其有官衔者，或有可能保升；但"道级以下，幕友无士进希望"。[4]

清政府还对幕友制度作出过以下规定：

1. 不许上司向州县官勒荐幕友。规定上司官员向州县官"勒荐幕友长随""令属员代为转荐"以及授意幕友、家人"将人荐与州县"，给予革职处分。[5]

---

① 陈必宁：《幕友说》，盛康辑：《皇朝经世文编续编》，《丛刊》第84辑，第2828页。

② 徐珂编撰：《清稗类钞》第11册，第5268页。

③ 《大清会典事例（嘉庆朝）》卷六十三，吏部。

④ 全国政协文史资料委员会：《文史资料存稿选编》第25册，第295—296页。

⑤ 文孚纂修：《六部处分则例》，第365页。

2. 延聘幕友实行避籍政策。雍正元年（1723年）规定，"所延幕宾，概不准延请任所本地之人，致启弊窦"，否则予以处分①。乾隆三十七年（1772年）复规定："各省督抚司道州县等衙门幕友，概不准延请本省之人，及邻省五百里以内者……司道以下等官幕宾，申报督抚，年终汇齐咨部存案。"②

3. 幕友不得任意出入官署，交通其他官员和各种地方势力。由于州县刑名、钱谷幕友"事权所托，易启钻营"，所以"关防首在幕地一人"；主官与幕友"商酌办公之地，不得闲杂窥探，走漏机事"。③清政府在这方面曾多次作出规定。乾隆五年（1740年）规定："地方官延请幕友，务令关防严密，不得任其出入往返。其有眷属现住本省及本城地方者，概不得延请入幕，以杜弊端。"乾隆六年、十九年（1741年、1754年）的相关上谕均将幕友"借端出外""不时出入"衙署定为违禁行为。嘉庆五年（1800年）奏准：官员纵容幕友，出署结交者，照纵容亲友招摇例革职，失察者降一级调用。

4. 禁止幕友结党。乾隆三十七年（1772年）谕："外省幕宾有无树党盘踞结纳，著该督抚于每年年终汇奏一次。"乾隆四十一年（1776年）上谕说这一制度"有名无实"，令停止。

5. 令监司监督州县幕友的舞弊行为。吏部乾隆二十二年（1757年）复准："道府州县官幕友，责成布按两司严加察访，一有互相勾结徇私滋弊情事，即行揭报题参，将该道府州县分别纵容失察，照例议处。"

6. 幕友主使主官作弊，给予处罚。乾隆五十五年（1790年）谕："嗣后各省劣幕，如有主使作弊，本官获罪，定案时，即著与本官同罪，不得稍从宽减。"④

从各种有关记述看，上述禁令很少真正得到执行。

---

① 《大清会典事例（嘉庆朝）》卷六十三，吏部。
② 《大清会典事例（嘉庆朝）》卷七十六，吏部。
③ 席裕福、沈师徐辑：《皇朝政典类纂》，第5044页。
④ 《大清会典事例（嘉庆朝）》卷七十六，吏部。

第二节　州县官长随

一、长随在州县行政系统中的地位

长随亦称"家丁""家人"，广义地讲，还包括州县官的亲属，即所谓"官亲"。清代州县官之所以要依靠长随办理公务，同当时正印官独任制的治理结构有关。

一般来说，政区行政系统由三个互相结合的层面结合组成。一是行政首长；二是各职能部门首领；三是负责办理具体事务（包括文书事务）的一般行政人员。在现代"法理型"政治中，政区首长多为选举产生，有一定任期；职能部门首长多为政区首长任命，与之同进退。而职能部门则系常设，体现着政区行政运作的制度化和连续性，其一般行政人员属于职业性公务员，不随行政首长进退。以此为坐标来透视清代的州县行政，就可以发现它存在结构性缺陷。清代州县官更调无常，州县衙署常设机构只有"六房"，即所谓"铁打的衙门流水的官"。但是，六房胥吏素质卑劣，地位低下，几为社会舆论所不齿，其职责仅仅在于办理、保存文书档案，不能承担职能机构的全部行政功能；而在正印官独任制下，佐贰又被淡出主体性行政系统，不介入田赋杂税征收、词讼审理等主要行政事务。这样，清代州县行政实际上就缺少职能健全的常设职能机构。在这种情况下，如果试图以州县官一人直接依靠和领导六房来进行行政运作，是不可能的，因为存在着如下各种矛盾：州县官因多为科举、捐纳出身而缺乏行政知识和能力；州县官以一人之身没有精力同时与六房（很多州县不止六房）打交道；有些重要公务（如与上司衙门的行政来往、诉状审查和词讼审理、赋税的征收等）六房不能承担或独立承担；须由六房胥吏和三班差役共同办理的事务缺乏领导和协调；无力对胥吏和差役实行有效监督；衙署内务无人料理。

正是这些矛盾的存在，构成了州县官延聘幕友和招募长随的原因。州县官除通过幕友办理某些重要公务外，通过长随联系、监察六房书吏和三班差役，协调、监督各种行政事务的办理，及料理衙署内杂务。对此田文镜指出，"出仕举室皆荣，子弟相依渐为耳目"，"管宅门、管仓驿、管签押、用印等项"，处处需要"用家奴"。此外，还需要"二三子弟，代治家政"，"数米量盐"；需要选择"诚朴堪信"的长随家人"管宅门、管签押"。他还指出，任用"童仆"管理驿站、粮仓是当时实际通行的做法（他本人表示反对）。①康熙年间曾担任过州县官的王值，曾一语点破长随在州县行政中所承担的功能："长随非在官之人，而所司皆在官之事，乃胥役所待以承令而集事者也。"②

州县官任用长随的数目多寡不一。王值说自己从不多用家丁，"即在直隶大县，所用不过七八人"③；汪辉祖乾隆后期任湖南宁远县知县时，"止录游幕时先后用旧仆五人，一门、一印、一跟班、一司仓、一管厨"④。可见当时用家丁七八人算是少者。乾嘉时曾任福建安溪县教谕的谢金銮说，当时州县家丁名目较以前增多，分掌案件、钱粮、呈词、杂税、差务、执贴、传话等事务；有的州县"门上一项，其中多至七八人或十数人"，他据此分析说："长随之势，于乾嘉以前，尚未大盛。其盛也，盖自嘉庆以来。"⑤道光时人何士祁说：江南漕运事务繁重州县，除"署内办事者"外，还须用家丁二三十人。其他省份"用家丁十余人足矣，即赤紧之区，二十余人足矣"⑥。据清末的一个统计，顺天府24个州县，其携带家属不足10人者3县；10—19人者6州县；20—29人者4州县；30—39人

---

① 席裕福、沈师徐辑：《皇朝政典类纂》，第5044页。
② 王值：《家人》，徐栋辑：《牧令书》卷四，用人。
③ 同上。
④ 张廷襄编：《入幕须知五种》，第254—255页。
⑤ 蔡申之：《清代州县故事》，第62页。
⑥ 何士祁：《因人因材任使》，徐栋辑：《牧令书》卷四，用人。

者7县；40—49人者2州县；60—69人者1县；超过100人者1州。携带家属人数最多者为霸州，共158人；最少者为东安县，仅2人。携带男女仆从不足10人者1县，10—19人者7州县；20—29人者4州县；30—39人者3州县；40—49人者3县；50—59人者2县；60—69人者2州县；70人者1州；309人者1县。见表4.2。

表4.2　试署直隶巡警道造送宣统元年顺天府查报衙署局所等项人数

厅州县	家属	仆从		合计
		男	女	
大兴县	31	54	10	95
宛平县	35	24	7	66
固安县	34	31	17	82
永清县	29	19	10	58
东安县	2	10		12
香河县	13	14	3	30
通州	28	20	7	55
三河县	15	52	3	70
武清县	34	24	10	68
宝坻县	31	304	5	340
宁河县	69	31	17	117
昌平州	15	15	7	37
良乡县	13	11	5	29
顺义县	47	11	4	62
密云县	14	52	5	71
怀柔县	29	12	2	43
涿州	43	12	4	59
房山县	12	16	6	34

续表

厅州县	家属	仆从		合计
		男	女	
霸　州	158	42	28	228
文安县	33	21	11	65
大城县	37	33	12	82
保定县	8	8	2	18
蓟　州	27	28	5	60
平谷县	8	5	1	14
通计	765	1022		1787

资料来源：中国第一历史档案馆藏：清代顺天府档案，028—1—2—025。

二、名目和职责

关于州县官长随的名目，各种记载大致相同：

蔡申之说：当时州县长随主要有"司阍、签押、稿案、用印、挂号、跟班、办差、管仓"等名目。[1]

汪辉祖说：长随"宅门内用事者，司阍曰门上，司印曰签押，司庖曰管厨。宅门外则仓有司仓，驿有办差……跟班一项，在署侍左右，出门供使令，介乎内外之间"。[2]

何士祁说，"家人"主要有阍人、稿案、看印、值堂、书启、用印、签押、管监、管号（驿站）、管库、管厨、内宅门人、跟班、流差等名目。[3]

归纳起来，清代州县的长随大致有以下名目：

---

① 蔡申之：《清代州县故事》，第1页。

② 汪辉祖：《学治臆说》，张廷襄编：《入幕须知五种》，第253页。

③ 何士祁：《因人因材任使》，徐栋辑：《牧令书》卷四，用人。

1. 司阍。清代州县衙署均有宅门，一般开在大堂之侧，以此为界限，州县衙署被分为两个部分。宅门之外是公共办公区，包括大堂、六房、差役班房、监狱以及甬道、戒石碑、仪门、大门、影壁等，可称外衙。宅门之内，是机要办公区和生活区，即州县官、幕友、长随的居住、办公地，包括二堂、内堂、内宅、幕房、库房、账房、厨房、花厅、花园等建筑，可称内衙。有些衙署还设有内宅门，将机要办公区再分为两部分，内宅为州县官及其亲属的居住地。

司阍一般是指宅门门房，有些州县衙署同时设有内宅门房，是州县长随最重要的职务。司阍的重要性是由州县的治理结构决定的。清代州县的主体性行政系统，由正印官、幕友、长随（包括官亲）、房吏、差役等五种人组成。而这五种人，又分为两大类，一类是外来的、流动的官员以及直接附属于他的幕友、长随，这类人是州县政治的主导者，居住、办公地在宅门之内；一类是本地的、常设的六房胥吏和三班差役，这类人是州县行政的内勤外勤办事人员，居住、办公地在宅门之外。而司阍则居于这两类人之间，是两者的中介，宅门被视为"咽喉之所"。司阍所掌，一是公文的收发。在这方面，司阍不仅要履行签收签发手续，而且有责任、有权力对部分公文进行审查和处理。二是人员的进出。在这方面，司阍有权监视衙署内外所有人员的出入，包括署内官亲、幕友、家人的外出，也包括房吏的进入，以及绅士、商贩、工匠的进入。三是公事的禀报与布置。遇有外来公事，如上宪过境、上宪委员来署、人犯递解过境、饷鞘供品过境、各种差务下达等，均须负责禀报；而本官对外办理的各种公务，往往也需要司阍布置，故司阍有传唤、调度房吏、差役之权。具体言之，司阍的主要职责有：

（1）收发、检核文书。这一工作又分为日常与临时两种。关于司阍的日常文书收发、检核工作，《公门要略》记述说：每天黎明宅门开启后，房吏差役"到衙门办事，听候传唤差遣"；辰时司阍"即将日行核判签稿逐件检点汇齐，发交承发房值日登记，号讫分各房经承接办"。每天下午申刻，"各房汇送日行签稿，由承发房送进"，司阍"即时查点件数无错，即送签押房分送"。对于署内与科房之间的"出入签稿，必亲自检点，恐防夹杂别件"。[1]晚上宅门关闭后，"倘有外来紧要文檄，令由转桶传进，即时拆看，不可延搁"。其临时性公文的收发与检核要遵循以下要求和程序进行：对于其他衙门的"移文通缉"公文，"俱要验明封外件数，将封拆看，是何公事；看毕送交签稿房，呈官阅判到期；如文书错落不对件数者，即唤把门差役，扣问来差，好备移文回复，速签差查拿"。遇有别处解来人犯，"拆来文，核对无错方发刑房，照缮短文解票，送签押盖印挂号"。对于"平常来往包封书信，切莫拆阅，仍原封呈官"。对于"发上宪文书及详文一切禀报……总宜细心过目，字无错落，点明件数，方可再封口发出"。[2]

（2）稽查各种人员出入。对此当时人说："宅门乃咽喉之所，责任稽查。出入人等，必须随时查察，以重关防。但厨丁夫役，最易混杂小人，亦当留意，不得任其来往自由，以招奸类，致失物件。"州县官应给门房颁发谕帖，赋予其稽查权力，"凡署内家人，非官差不许任意出入，如有阻之不听者，回明逐出；司阍者听情不阻，查出并究。即官亲幕友，出入拜客，亦须问明禀知"。由于"书役往往以茶房为耳目"，所以"茶房门子，非坐堂会客，不可令入宅门"。[3]有些州县官拣"老成持重者"管内宅门，禁止妇仆外出"并传述主母言语"。[4]

（3）向本官禀报公务、事件，具体布置本官需要亲自办理或命令他人办理的事件。门房"须设粉牌，悬挂壁上。或官面谕之事，或上司严限，或案件要务，或应理词讼，摘要登记，以便办理"。"书役所禀事件，俱要查问明白"，然后"转禀"；对于"发出事件"，视"事情缓急，妥为办理"。除日常书役所禀事件和传谕书役办理的事件外，其他临时性事件也需要司阍上传下达。例如：

"申报上宪有无邪教、娼匪、奸拐、命盗等事，查明十日一报"，"唤刑房办理"。

凡遇过水陆差使，回官派人各行照应。

① 蔡申之：《清代州县故事》，第21、22页。
② 蔡申之：《清代州县故事》，第21、22、23页。
③ 蔡申之：《清代州县故事》，第20页。
④ 徐栋辑：《牧令书》卷四，用人。

遇有举报命案者，司阍须办理如下事项："将报案之人交差带往"；"将词呈官"；"传齐刑招房仵作及站堂差役等，齐即请官坐堂"；"问供之后，请示定期下乡相验"；官下乡前一日"令原差前去搭厂，派定夫马"；"传唤刑房仵作，令他同官下乡"；将报案原词、口供、尸格等交值堂长随携带下乡；"官相验回衙，令茶房预备大堂公案，令原差预备爆竹"；原差将凶犯人证带齐后，立即提请官员"坐堂问供收监"，"申报上宪"，以免"官耽处分"。①

（4）参与词讼审理事务。司阍对于词讼审理事务的几个重要环节均有参与。其一，收状。州县受理词讼，州县官本应亲自收状，但往往"或委典史收状，或由承发房将呈词送交门丁"②，司阍送稿案处理。其二，派差。司阍在收到经过官阅、幕批等程序处理而返回的诉状后，即遣差拘传原被告和人证。差役出差顺序，由司阍掌握，一般系按名册轮流，但司阍也有权"违例擅派"。第三，参与诉讼审理的案卷传递。差役奉票传诉讼当事人到县，司阍向差役收取规费，"问明带案原差，两边人证可曾齐否"。如果人证齐全，即将到单、案卷依次转送稿案、值堂，呈官阅看。审理结束后，再将案卷经稿案返给门房，司阍"必要问明甘结遵依，及口供、领状、保状"，然后送有关房科存案。③第四，批准受理和撤诉。在有些州县词讼案件审与不审，"惟门丁之言是听"。当时制度，诉状投递后如两造情愿撤诉和息，须共同递呈。一些"不肖州县"为了"调剂门丁"，有意将撤诉的批准权放给司阍，任其收取"和息之费"。④第五，安排突发诉讼的处理。"遇喊冤击鼓等事"，司阍令值班房吏"问明情由"，其无诉状者令房吏"带去做词"；其事不紧急者，按平时程序受理；"如紧急事，即回官出板签拿究"。⑤

---

① 蔡申之：《清代州县故事》，第20—25页。

② 曾国藩：《直隶清讼事宜十条》，葛士浚辑：《皇朝经世文续编》，第479页。

③ 蔡申之：《清代州县故事》，第23页。

④ 田翰墀：《敬陈清苑蠹役需索之害疏》，王延熙、王树敏辑：《皇清道咸同光奏议》第1181页。

⑤ 蔡申之：《清代州县故事》，第24页。

（5）为官员处理各种人际来往：

有投递荐函，要问清住址来历；辞行问何日起程，至何地方。

绅士馈送礼物，设使不收，亦须婉言辞谢。

星相师幕，以及道中朋友等，投递荐函，必须随机应答，细问来由，无论官收与不收，勿要轻慢。

遇上司委员，及差委案件册结等事，或饬房办文赍发，或先拨役办理，毋许书役玩忽。①

（6）负责衙署内治安。每天黎明开启宅门，晚上关闭宅门，"查点上宿胥役，查守仓库监狱民壮兵丁人等，以重防范。如果齐集，即将头二门及宅门封锁"②。

（7）访查、掌握本州县各方面情况，为主官施政和处理公务服务。

州县官新到任，司阍"即细查阅地界远近，村庄疏密，民情风俗，熟悉于胸中。土役何人妥当，士绅谁兴利除弊，访查明确，以备不时之用"。

门房应立以下各种簿册：自理词讼簿、抢窃件簿、检卷发房簿、差委书信簿、府批案件簿、命盗案件簿、日行事件簿、登记公文簿、移文关提簿、解出各犯簿、问案堂事簿、值堂招房缮簿、各宪批发呈词簿。

门房应备以下各单：忌辰单、上下驿站里程单茶房值堂单、经承之日单、各房之日单、各门地址单、各保甲单、各行应差单、水陆路程单、船埠值日单、百寿图单、祭祀单、代理单、各属单、把门单、买办单。③

2. 稿案及签押、挂号。清代州县衙署内部的文书传递有两种：一是内衙与外衙房科之间的文书传递，以司阍为中介进行；二是在内衙之中主官、幕友、司阍及用印、值堂等长随之间的文书传递，它也需要一个传递

---

① 蔡申之：《清代州县故事》，第20、22、26页。
② 蔡申之：《清代州县故事》，第21页。
③ 蔡申之：《清代州县故事》，第20、26页。

中心，其主要职能是对文书进行登记、用印并承转。这种内衙的文书传
递中心就是名为稿案（或签押）、挂号、用印的长随。在有些地方，稿案
（签押）与挂号并设，或稿案、用印并设，甚至稿案（签押）、挂号、用
印三者并设。在这些地方，则挂号负责登记，用印负责盖印，稿案负责承
转。例如，稿案在收到司阍送交的状纸后，或直接、或经值堂送官阅看，官
阅看后返给稿案；稿案再送刑名幕友批示，幕友批示后再返给稿案；稿案
用印后送达门房，司阍发房科拟票稿，遣差拘传原被告和人证。见图4.3。

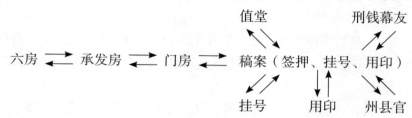

图4.1　清代州县衙署内部的文书传递示意图

除承转文书外，稿案、签押还须责成六房各就自己所管事务备送册簿、文
书。如责成刑房备送须知册、班房、贼笼、监狱点卯册（俱要注明罪犯案
由）、定期点卯军流犯牌；责成工房备送须知册，造送城垣、庙宇、桥亭
须知册；等等。①

3. 跟班、执帖。跟班的职责包括随官下乡、拜客，挡驾、伺候来访
上司等。在有些州县，访查、掌握本州县各方面情况的职能和安排官员外
务活动的职能，不由司阍负责，而另外设立"执帖"执掌。官到任时，执
帖令号房开进全县绅士姓名、功名、职衔、住址清单；文武同寅各生日
清单；全县典当行商绸缎布店姓名、字号清单，注明有无功名，"备官拜
客请酒用"。绅士、官员拜访，由执帖安排本官与之相见。执帖还须掌握
各长随所得陋规情况，"本县所得门包规礼，务须逐款开明，以备伙友查
看"。②

4. 值堂。值堂的职能第一在于为州县官审案准备文件；第二在于在诉
讼活动中监视书吏、差役，防止其舞弊。其具体职责是：

① 蔡申之：《清代州县故事》，第31—39页。
② 蔡申之：《清代州县故事》，第25—26页。

（审案时）站在官身边听口供，防书办舞弊改供……当堂开释人犯，即回官在点名单子上用朱笔批记。

官当堂收押人犯，令刑房招房写牌子，回官用朱笔在堂批记。

官承审命案及盗案，若不招供，用刑时刻，要上前去看。或跪链，或上夹棍，亦要随时查看，恐防书差，不可大意。

官审结退堂，令原告具遵依，被告甘结，随即令招房将口供誊清，自己看过，招房改供有无弊端，有无错漏。看毕系卷面上，件件呈官判阅。判毕将口供套入卷内，送交签稿，转送刑钱处核办。

官坐堂验伤，即传齐刑房仵作、站堂差役，伺候验伤。立时自己务要上前，看所报何伤，次防仵作弊端妄报……令招房誊清口供，官验毕退堂，将伤单口供呈官标明，标毕归卷，送交签稿，转送刑钱核办。

跟随县官下乡验尸，准备须携带的呈词、口供、用具，监视仵作验伤，填写尸格。①

5. 监狱班管。州县监狱监禁人犯，由刑房管理其档案，由禁卒负责看守。而州县官到任，必另派长随做监狱班管，其职责在于监视书役，代表主官负全面责任，"对外不得负责"②。李伯元《活地狱》的差役班头史湘泉说："把你放在笼子外头半天，少停查班房的苟大爷来看见，我就要耽不是的。"③这里的苟大爷就是作为监狱班管的长随。监狱班管的具体职责是：

本官接印后，令刑房开进更夫、监卒、看役姓名单，及监犯簿；查看狱刑具是否坚固，墙垣有无损坏，谕令禁卒人等加意小心防范。

令刑房备送班房和贼笼号簿，每日送进，标朱过目；令刑房

---

① 蔡申之：《清代州县故事》，第26—30页。

② 民国《青县志》经制志，时政篇。

③ 李伯元：《活地狱》，第25—26页。

备送每日过境之人犯文件，唤值日书差同去查点；令刑房备送递出过境军流徒犯每日号簿。

平时查看收押犯人刑具；监督"管监朋友"警惕狱门；监督经承检查狱囚；查点禁役更夫，是否如数，吩咐巡逻，勿许赌博滋事。

犯人递解过境，必须要亲自前去提监，备文移营，拨兵派差，点名办解，发给人犯口粮，令差役取回照销差；进监提犯；新收人犯与刑房送监卡收押。

察访禁卒有无勒索、虐待犯人情事；每夜定更时分亲自带同三使刑房至监卡查监；看役具禀人犯患病，将禀帖呈官；徒罪以下人犯或经验看后保出调治。外解人犯外监调治；人犯病毙，令看役禁卒具禀报明请示，或捕厅相验填格，或本官相验填格；为题报督抚提供情况。每日检察贼笼犯人之粥，防止看役克扣。①

6. 差总。差总专管组织支应各种差务，并衙署陈设、修缮等事项：

随官到任后，令工房出票，赶办床铺、桌椅、箱架等项；领用、交回物件；负责雇觅匠人修缮衙署；令兵房夫头开送夫马价、船行单子。

令兵房安排夫头、夻行值月值日。

出门拜客事先预备执事、马匹，召集民壮火班伺候。

遇日月蚀，先回官出票，着阴阳学预备水缸应用之物。传僧道，喊地保，预备桌凳，及唤齐民壮等役。

遇有差务，报告本官，通知前途，知会帐房预备夫价、水脚、随封门包、送下程礼物；知会厨房，预备酒席；请本官派遣"流差朋友"前去探听迎接，预备公馆，办理床铺用具；令船行、夫头预备船只、夫马；唤兵房出票签差；探听差使临境，赶紧请官前去迎接，传齐水手、炮手伺候；令流差朋友茶房码头处听候；知会帐房预备开船头令吹手、炮手伺候，派朋友护送出境、到省；打前站，准备住宿饮食；为上宪委员回程准备人夫、夫价。

---

① 蔡申之：《清代州县故事》，第51—53页。

为迎春接诏准备执事。

供使过境，备文移营拨兵，派朋友差使护送；过境京铅、奏折黄本、硝磺、白蜡、龙衣、颜料，俱要验明斤两，贴印花；漕粮钱粮船过境之后，将数款均徭申报上宪。①

7. 驿站管号。管理一切驿站事务：

挑选跑夫；查明马匹数量、年齿、是否有病，如不够用，回官采买。

监督马夫喂料，防止克扣马料。

令兵房开送铺长房值日单子；掌握兽医情况；令兵房开送棚头、跑夫、铺司姓名单子；令兵房开送上下驿站路程里数单子；办理马王圣寿庆祝祭祀。

遇火牌、夹板、奏折递到，亲自过目，查明件数及有无擦损破烂，来文有无擦损字样，所限时辰日子是否迟误；令厨房开饭；令马夫即速备文备马，转送前站。②

黄六鸿《福惠全书》中称驿站管号为"总理"，说其为人应"诸事不欺：一则钱粮出纳、工料用费无丝毫染指克扣，一则兵书马牌等不与通同作弊及受贿徇私，一则草料喂养勤行查勘，一则支销用度帐目分明"③。

8. 管仓。管理粮仓，其职责包括早晚查验封条；每月亲自发兵米时；办理仓库交代（查仓、查米、较斗）；调度平粜散赈；同管仓斗级搞好关系。④

9. 管厨。负责衙署内厨房事务，官价采买肉米油炭等物，"核浮冒、禁赊欠"；查验署内官员和其他人员的饮食。⑤

10. 坐省长随。许多州县派长随常驻省城，打探各种消息。对此有记载说：

省外各府州县，皆有坐省家丁，驻会垣，以本官自派者为

① 蔡申之：《清代州县故事》，第54—56页。
② 蔡申之：《清代州县故事》，第58页。
③ 黄六鸿：《福惠全书》，第327页。
④ 蔡申之：《清代州县故事》，第59—60页。
⑤ 蔡申之：《清代州县故事》，第60页。

多，其有以藩司门丁兼之者，则由府州县给以工食，岁时亦有
犒。通省大小文武官员之绌陟、迁转、庆吊诸事，无不先日报
告，日坐省条子。间若干日，辄附辕门抄以寄之。且大吏及其父
母夫人之寿辰，皆列一表，以红纸印之，年月为纲，以次叙列。[①]

有些州县官还任用长随办理捕盗、催征等其他事务。如屠琴邬任江苏
仪征县知县，"自募健儿数十辈"缉捕，遇有要案，"以一家丁一捕役领
之，不分畛域"，"重赏缉捕，无不立破"。[②]晚清有漕省份的一些州县，
有时"委派官亲家丁，带领勇役下乡，分催粮漕"[③]。

三、招募与管理

（一）长随的招募

州县官的长随就广义言可分为三个部分：一是官亲，即官员的父、
子、侄、甥、婿等亲属；二是家丁，即官员的家养奴仆；三是自外招募的
长随，一般系上司、同僚、亲友所嘱托推荐。对此时人记载说："大凡州
县官委署方定，同寅莫不其荐家丁，甚至展转相托。"[④]长随多为"房师座
师所荐"，亲戚多为"母党妻党所推"。[⑤]还有一种所谓"带驮子"长随，
实际上是州县官的债主。对此有人记载说：

> （州县官）官贫不能抵任者，觅长随借银，制官裳，备舟
> 车，凡一切费，皆取给焉。随往署中，派司阍，任重事，数年
> 间，清偿子母外，佣值必加丰，谓之带驮子，取马骡负重之意。[⑥]

> 选官初至省城，及简县调繁，遇资斧告匮，向幕友长随假贷
> 子钱，挈以到官，分司职事。[⑦]

---

① 徐珂编撰：《清稗类钞》第11册，第5268页。

② 伍承乔编：《清代吏治丛谈》，第515页。

③ 王邦玺：《条陈丁漕利弊疏》，盛康辑：《皇朝经世文编续编》，《丛刊》第84辑，
第3763页。

④ 方宗诚：《鄂吏约》，盛康辑：《皇朝经世文编续编》，《丛刊》第84辑，第2619页。

⑤ 田文镜：《为再行严饬事》，徐栋辑：《牧令书》卷八，屏恶。

⑥ 蔡申之：《清代州县故事》，第63页。

⑦ 汪辉祖：《学治臆说》，张廷襄编：《入幕须知五种》，第252、253、255页。

刘衡曾说："设立门丁，律例本无其文。"①其实不仅门丁，整个长随制度，都不见于清代典制，没有正面的制度依据。尽管如此，清政府还是曾经尝试建立以下制度来规范长随的管理，其内容包括：

1. 限制名额。康熙五十二年（1713年）议准"外官携带家口"的名额，"除携带兄弟妻子外"，"州县准带家人二十名，州同、县丞以下官员，准带十名，其所带妇女亦不得过此数"，违制者给予处分。

2. 登记姓名、籍贯、年貌。乾隆元年议准：州县收用长随，须按例于到任后限三月内将其姓名、籍贯、年貌，并管何项执事，开明造具清册印结，分报该管上司存案；有辞退回籍及驱逐者，亦即开具事由，申报上司查核；不报及所报不实者给予处分。乾隆二十四年（1759年）复准：禁止现任大小官员滥行收用犯案刺字者为长随。

3. 官亲犯法者，给予州县官本人处分。康熙九年（1670年）议准，"官员纵容亲友，在任所招摇撞骗者革职；失于察觉者降一级调用"。嘉庆五年（1800年）奏准，"官员遇子弟夤缘受贿，犯法滋事者，其父兄不行管束，降一级调用"。

4. 官员犯罪，长随负连带责任。乾隆元年（1736年）议准："倘本官以劣迹赃款被参，即将长随一并看守，审明完结。"②

然而，这些制度似乎没有真正得到落实。资料表明，清代州县长随成分复杂，来历不明，对此有人指出，长随"忽去忽来，事无常主，里居姓氏，俱不可凭，忠诚足信百无一二"，官员"未必深识其根砥"；③长随"朝去暮来，视主家如传舍，士商工贾，易姓名杂，其间是直白日之盗贼耳"④。这些人大多品行低劣，对此当时人有大致相同的记载：

　　　　长随"多食饮嗜食，加以三五聚处，赌博消闲"。⑤

①　刘衡：《札商各牧令官须自做慎用门丁》，徐栋辑：《牧令书》卷四，用人。

②　《大清会典事例（嘉庆朝）》卷七十、七十五，吏部；文孚纂修：《六部处分则例》，第15页。

③　汪辉祖：《用人》，徐栋辑：《牧令书》卷四，用人。

④　管同：《书李忠愍公传后》，盛康辑：《皇朝经世文编续编》，《丛刊》第84辑，第2682页。

⑤　汪辉祖：《用人》，徐栋辑：《牧令书》卷四，用人。

官亲有志之士，皆能自立，不肯随人作活。其区区委身于我，多非理事之人……家丁明白谨慎、见利思义，十无一二，大半好吃懒作者居多。孜孜为利，择肥而食，横足而行，旧染积习，牢不可破。倚势虐民，招摇撞骗，勾串书差，表里为奸。①

长随"罔知义理，惟利是图，倚为腹心，鲜不偾事"。②

（二）州县官与长随的关系

州县官与长随之间的关系，除正常的公务运作不论外，既有相互依赖的一面，也有相互矛盾的一面。

州县官很少同书吏、差役、民人打交道，因此他们要收取陋规和贿赂，必须依赖长随。如前文所引《活地狱》中黄、巫二姓打官司一例，快班差役总头史湘泉请求赵稿案"求求上头"，签发一件债务诉讼的差票，赵稿案立即提出要钱，其中包括知县按例（"上头的章程"）所得的部分。长随还需要出面违规操作，以掩盖主官的过失。例如，1884年山西孝义县生员王培祚家被劫，写状经代书誊写报案。代书"（回村后）县差忽传伊到署，逼吓令将往培祚原呈改强为窃，伊无奈，携回寓处，照依董二（孔县令家人）吩咐，改强为窃，改洋枪为木棒"，贼人数目改多为少，结果引起王培祚上控。董二这样违规操作做的目的，就在于避免主官的处分。③正因为主官与长随之间存在这种相互利用、相互依赖的关系，所以主官往往对长随的违法行为进行包庇。如咸丰四年（1854年），福建代理晋江县知县陆诚纵容门丁陈荣借案需索，上谕勒令他"将门丁交出严讯"；而陆诚"有心徇庇"，报说陈荣"逃走未获"，被"即行革职，永不叙用"。④

州县官与长随之间也存在矛盾，甚至存在尖锐的对立。首先，官亲、家丁、长随一味谋取私利，会导致官员亏空。汪辉祖说，长随"管厨办差，则有浮冒克扣之弊；管仓则有盗卖虚收之弊，皆亏累所由基也"⑤。一

---

① 刚毅：《牧令须知》，第21—22页。
② 汪辉祖：《学治续说》，张廷襄编：《入幕须知五种》，第386页。
③ 朱采：《清芬阁集》，第747—748页。
④ 《清朝续文献通考》卷二十七，职役一。
⑤ 汪辉祖：《学治臆说》，张廷襄编：《入幕须知五种》，第254页。

位名叫李敦厚州县官，"所历各缺，无不亏累"，原因就在于"其父其叔随任，见署中进款，无论公私，概卷入囊，便带四川置办田产。李敦厚公事为难，其父悍然不顾"①。至于"带驮子"长随，本系官员的债主，跟随官员到任，"恃财傲上"，攫取私利更是肆无忌惮。②其次，主官依靠长随收取陋规和贿赂，后者便能掌握其过失短处，时时挟制。有人指出，州县官受上司、同僚、亲友的嘱托而收录长随，"犹率数十百之虎狼出山林入城市，纵之则食人，饥渴之则必反，而噬其主"③。长随对于"署中公私一切""略有见闻"，一旦因人数过多而被"投闲置散"或辞退，便心生怨恨，"或张大其词以排同类，或点缀其事以谤主人"。刚毅说：有些官亲家丁，怂恿主官谋利，"谓如何巧取，人不及知，事无大碍"，而他们自己则"藉此分肥，始分二三，继分五六"。而与此同时，又挟制主官，导致"物议喧传"。主官"一列弹章，身名俱败，若辈脱然事外，或另投痴主，或席卷而归"④。长随为了"预防奸赃败露，使无踪迹追捕"，所报姓名、籍贯往往虚假。《清代吏治丛谈》记：有一长期作州县官长随者，曾自称山东朱文，最后做高淳知县梁××的长随，自称河南李定，梁××"颇依任之"。"死后检其囊箧，有小册作蝇头字，记所阅凡十七官，每官皆疏其阴事，详载其时其地，某人旁睹，以及往来书札，谳断案牍，无一不备录。其同类有知之者，曰：是尝挟制数官矣。其妻亦某官之侍婢，盗之窃逃，留一函于几上，官竟莫敢追也。"⑤

清代还出现过长随将主官杀死的事件。嘉庆年间，江苏候补知县李毓昌，"以冒赈欲揭山阳知县王伸汉。伸汉使仆包祥，与毓昌仆李祥、顾祥、马连升，谋缢毓昌以死"⑥。光绪年间，山西静乐知县王勋立因案降调县丞，由晋入京，坐骡轿至获鹿，住客店时被其仆王升、王香乃父子"掐

① 张集馨：《道咸宦海见闻录》，第206页。
② 徐珂编撰：《清稗类钞》第11册，第5267—5268页。
③ 管同：《书李忠愍公传后》，盛康辑：《皇朝经世文编续编》，《丛刊》第84辑，第2681页。
④ 刚毅：《牧令须知》，第25页。
⑤ 伍承乔编：《清代吏治丛谈》，第288—289页。
⑥ 管同：《书李忠愍公传后》，盛康辑：《皇朝经世文编续编》，《丛刊》第84辑，第2681页。

毙而支解"。①

（三）长随的收入

长随系州县官私人雇佣，国家不给工食，其收入主要来源于陋规。汪辉祖说，长随如果被"投闲置散，不惟荐资落空，且常餐之外，一无出息"②。长随之取得陋规有两种形式：其一，在公务活动中直接收取。如司阍乃衙署与外界、与六房书吏打交道之中介，可以收取门包；跟班随主官外出、下乡，值堂直接接触诉讼当事人，均可以收取陋规；其他如稿案、用印等，也有机会收取陋规，如《活地狱》中说，诉讼拘传人证，"用印要钱，过朱要钱"③。其二，从书役的陋规所得中分润，具体说是由书役定时定额向衙署缴进，然后由州县官和长随们瓜分。例如河南新安县"徭役浩繁"，"奸胥蠹役盘据成窟"，而长随也从中分肥。同治间兵差局改胥办为绅办，"每年定规稿案、签稿、钱粮杂务、诸门曹，各用钱六十六千，用印十七千，执贴十八千，跟班四十八千"④。

由于长随执掌不同，其直接所得陋规有多有少，因此需要在各种长随之间进行调剂。王凤生主张，州县官莅任时应令六房将它们每年送给长随的"出息"名目、数额"开单送阅"，"亲为核定应去应存"，部分项目"归众"，部分项目"贴补门印办公"，"至岁时则令司阍以归众之项若干开送，自为酌量差事勤惰，随从久暂，分其银数多寡，俾众心悦服"⑤。王值也主张，州县官应令"各房开出陋规，则其无碍官箴者存之，否则去之"。各长随"所司亦时为调换，不令积久生弊。所得陋规，令存公所，每季一分，分则分上中下三等，有私收及不应收而收者，令互相觉察，禀首者赏"⑥。

有些长随敢于、巧于作弊，收入颇丰。曾任知县的曾镛说：州县长随

---

① 瞿兑之：《杶庐所闻录》，山西古籍出版社，1995，第133—134页。
② 汪辉祖：《用人》，徐栋辑：《牧令书》卷四，用人。
③ 李伯元：《活地狱》，第51页。
④ 熊祖诒：《上当事书》，葛士浚辑：《皇朝经世文续编》，第853页。
⑤ 王凤生：《驭下》，徐栋辑：《牧令书》卷四，用人。
⑥ 王值：《家人》，徐栋辑：《牧令书》卷四，用人。

"一人所蚀，少者数十，多者数百，甚或盈千，一署之内，用以致富者不一"[1]。江苏吴县知县曹益三，"年幼曾在山东历城县充当家丁，甚得主人怜爱，故积赀甚丰。会开捐例，纳赀报捐知县，分发苏省，黄绿（缘）钻刺，得署首邑"[2]。

四、长随制度的弊病

长随制度的弊病，首先在于任用亲属、仆从履行行政职能，从而导致公权力的私人化、家族化。田文镜说：

> 汉人任内多用亲戚，或以手足而充奴隶之事，托以腹心；或以子弟作内幕之宾，任其喜怒；甚至女婿娇客也，无事不管；郎舅内亲也，无恶不为。更有封翁而下侵子权，嗾贪教谄；夫人而外兼官政，雷厉风行。房师座师所荐之长随，皆视一官为孤注，母党妻党所推之亲戚，咸以转斗为居奇。[3]

在这种情况下，国政被视为家务，公产被视为家产。如在河南等省，"凡州县官之子弟亲友，无不擅用差车。上站出一印帖，或发溜单，下站即如数应付。甚至家丁之丁，幕友之友，俨然乘传往来，相习成风"[4]。承担公事官亲、家人，无论有何私弊不法，他人碍于官员情面均不便举发，而官员自己也不便约束、惩处，这是长随制度无可避免的问题。例如汪辉祖说：

> 至亲不可用事。谚曰：莫用三爷，废职亡家。盖子为少爷，婿为姑爷，妻兄弟为舅爷也。之（此）三者未必才无可用，第内有嘘云掩月之方，外有投鼠忌器之虑，威之所行，权辄附焉；权之所附，威更炽焉……非十分败坏，不入于耳；迨入于耳，已难措手。以法则伤恩，以恩则坏法。

任用婿、舅办理公事，如有私弊虽然"尚易发觉"，"然至

---

① 曾镛：《答汪方伯书》，徐栋辑：《牧令书》卷二十三，宪纲

② 伍承乔编：《清代吏治丛谈》，第681页。

③ 田文镜：《为再行严饬事》，徐栋辑：《牧令书》卷八，屏恶。

④ 周恒祺：《请整饬吏治疏》，盛康辑：《皇朝经世文编续编》，《丛刊》第84辑，第2376页。

于发觉，亦复不易收拾。治婿则碍女，治舅则碍妻，隐忍黜逐，
已累不可言"。①

曾经做过县官的袁枚，从这一角度提出"用戚友不如用家丁，用家丁不如
用胥吏"的主张。他说，"家人之来去无常，胥吏之曹缺永在"，因此在
"畏法媚官"方面家丁不如胥吏；但家丁"利在前法在后"，毕竟还会顾
及到法的约束。最难办的是戚友，"如其不肖，法难遽加"。②刚毅也说，
州县官忙于公务，"往往闺门之内，类不暇察。子弟不能皆属贤明，至有
为胥吏家丁引诱，受人贿赂而不知，及至查出，不能措手"③。

　　长随作为官与吏的交接枢纽，往往有隔绝壅蔽之弊，这是长随制度的
另一大弊端。对此王值指出，"司阍之人，传外禀之言，宣内出之命"，
往往"阻抑来言"，"混称官谕"。④袁枚则认为，清代州县官将家丁、戚
友当作"胥吏交接之枢纽"，本身就是行政系统内部渠道不畅通的表现，
如果"官与吏终日见，则无劳家人之转通"。⑤汪辉祖讲述其做幕、做官的
亲身经验说："给事左右之人，利在朦官舞弊，最惧官之耳目四彻。凡余
所云款接绅士，勤见吏役，皆非左右所乐，必有多其术以相挠制者。"他
记述一亲身见闻说，"有贤令，勤于为治"，"其吏役有不得于司阍者，
遇限日朱单，必濡迟而出；比其反也，又不即为转禀，率令枉受逾限之
谴。……故下情终不可以上达，曰易隔也"。因此，汪辉祖特别强调州县
官"宜防左右壅弊"。他做湖南宁远知县，在大堂张贴公示，规定"简号
房不得阻宾"，"吏役事应面禀"。⑥还有人指出：州县官与百姓的隔越，
其原因"由于书吏差役者十之三，由于门上、签押者十之七"。书吏差役
通过文牍与州县官联系，"片牍之入官不得见，其弊尚易察也"；而长随
传达官令，往往隐瞒、作假、歪曲，"官不及知"，"其弊无由明也"。⑦

---

① 汪辉祖：《学治臆说》，张廷襄编：《入幕须知五种》，第317—318、320页。
② 袁枚：《答门生王礼圻问作令书》，贺长龄辑：《皇朝经世文编》，第778页。
③ 刚毅：《牧令须知》，第20页。
④ 王值：《家人》，徐栋辑：《牧令书》卷四，用人。
⑤ 袁枚：《答门生王礼圻问作令书》，贺长龄辑：《皇朝经世文编》，第778页。
⑥ 汪辉祖：《学治续说》，张廷襄编：《入幕须知五种》，第384—385、386页。
　⑦ 陈文述：《答问家人》，盛康辑：《皇朝经世文编续编》，《丛刊》第84辑，
第2679页。

长随擅权在当时也是较为普遍的现象。相对于书吏差役来说，长随是主官亲近之人，有监察甚至指挥前者的权力；而主官或因疲惰，或因繁忙，有时会假手长随办理某些本应自己亲自办理的事务，这些都为长随专擅权力创造了条件。前文已经述及，诉讼审理中收状、派差、批准和息撤诉，本来都属于州县官的权责，但在不少情况下，均为长随所专擅。例如曾国藩说，咸同年间直隶许多州县官员、幕友在判阅诉讼稿票时，往往"听任丁书主政，按照呈内姓名全数差传，不敢删减一名"[①]。这种情况早就存在。乾隆年间做过知县的周锡溥说，当时湖南知县自理词讼，"票出门书之手，官不省也"；"往往而有门索费而后入报状"[②]。有些官员懒惰，"畏问案"，"遇差役送案之勤不悦"；门丁、稿案"揣知官之心理，乃搁案不送而索贿，否则勒令两造和息，既可见好于官，又可得利息钱（此项每案以十千或五千文计，陕西、山左均有之，向不在禁例）"[③]。山西一些地方，"不肖州县惟门丁之言是听"，汾阳县放赈时，县令派门丁会同各村社首办理，当时就有人批评说，这些州县官或以为"内丁结实可靠，必无不妥之处"，但实际上，"门丁不可靠殆甚于书役"[④]。州县出票传案，定例"按衙役名册轮流递派"，但一些差役遇有诉讼当事人殷实富裕者，便"贿嘱门丁，夤缘买票，以网其利。门丁贪其贿，即将该役违例擅派"[⑤]。

长随倚仗权势，通过各种方式为非作歹。如刘衡说，门丁"意在得财"，"所在因缘为奸，甚则潜结棍蠹，择良民而鱼肉之，以致弊窦渐兹，彼良民者，动被诬告，而官又好滥准呈词，不肯批驳，是以被诬者官未见面，而家已全倾。此弊比比皆是，四川尤甚"[⑥]。有些地方，州县官"委派官亲家丁，带领勇役下乡，分催粮漕，倚势作威，异常骚扰。牵累

① 曾国藩：《直隶清讼事宜十条》，葛士浚辑：《皇朝经世文续编》，第480页。

② 周锡溥：《复秦小岘廉使论吏弊书》，贺长龄辑：《皇朝经世文编》，第744、745页。

③ 徐珂编撰：《清稗类钞》第三册，第976页。

④ 朱采：《清芬阁集》，第889页。

⑤ 田翰墀：《敬陈清苑蠹役需索之害疏》，王延熙、王树敏辑：《皇清道咸同光奏议》，第1181页。

⑥ 刘衡：《蜀僚问答》，徐栋辑：《牧令书》卷十七，刑名上。

架诬，明勒暗索，甚至逼毙人命，捏饰弥缝。本官受其欺蒙，鲜能宽察。其家丁并擅用名片，投谒绅衿。"①再如监狱班管可以向人犯索贿。有官员揭露说，在顺天府通州，人犯被拘禁后如能向"班押差带"行贿，"仍可纵容自在"，一人入监，班管索费可多达二三百千文，而"不贿者之苦可知"。一位官员指出："向来新官到任求荐家人至指明管监狱管班，管以为优，则其婪逼情形可见。"②一些地方，长随还对在押女犯任意奸宿。《活地狱》记述说：州县衙门"往往有押在官媒处的妇女"，"衙门里头这几个有权柄的门政大爷，甚么稿案、签押、查班房的，都有势力，要如何便如何。有的便在官媒家住宿，有的还弄了出来恣意取乐"。③

　　长随还往往与胥吏、差役相互勾结，弄权舞弊。清代州县行政运作，书吏、差役下与民人接触，上与长随接触，长随则外与书吏、差役接触，内与主官、幕友接触，其直接接触民人的机会较少（除值堂、跟班等）。这样，长随（甚至官员）要想勒索民人，往往须通过书吏、差役；而书吏、差役要想舞弊勒索，有时也须通过长随（如卖签差票），两者内外勾结，通同作弊。王值说，"余每见州县胥役作弊，皆与家人连手瓜分"，"胥役婪赃"，"家人曲为掩饰弥缝"；"家人需索，则胥役为之传说"。④田文镜说，吏书差役往往于官员到任时，"先为结识宅门家人及管事亲戚，以为进身之基"⑤。刘衡曾记述两个长随与书吏、差役勾结作弊的例子：

　　　　（广东某县）奉文缉一要犯，选差勒限，悬赏一千元，差于限内获犯解县，门丁李某令差且押犯私馆，语官云犯已远扬，增三千则可，官不得已许二千元，仍不得犯，欲比差则门丁匿差，且为缓颊，竟如数予三千元，始将所获之犯交出。

　　　　（某县）税契盈于原额几倍，一官到任，门子曾某串吏为奸，幸语官云：此地频年短税，奈何？官愕然求策，则徐曰：盍

---

① 王邦玺：《条陈丁漕利弊疏》，盛康辑：《皇朝经世文编续编》，《丛刊》第84辑，第3763页。

② 周家楣著、志钧编：《期不负斋政书》，第631—633页。

③ 李伯元：《活地狱》，第33页。

④ 王值：《家人》，徐栋辑：《牧令书》卷四，用人。

⑤ 田文镜：《劝谕约束衙蠹以肃关防事》，徐栋辑：《牧令书》卷四，用人。

令户书包办乎？不可则强之。官领之。吏则佯为不受命也者。迟
之旬日，门丁佯迫之，吏乃勉强应命，官以为幸免赔累也，待门
丁有加礼，而不知所获乃倍蓰也。其后某官卒以挪缺挂弹章。①
门丁与差役勾结"买票"，是前者陋规的一个重要来源。曾国藩谈有关情
况说："凡一呈词到案，如有交涉富民及巨商者，则差役勾串门丁，买此
差票；又或丁书纳贿，签粘原差之名于票尾，朦官标判；又或家丁求明本
官，指名签差。此种弊窦，无处无之。"②《活地狱》中也讲述了一个长随
与差役班头及书办相互勾结作弊的例子：

　　　　黄、巫二姓财主打官司。一个书办示意"值堂的稿案赵门
　　上"可以乘机勒索，赵稿案于是向知县建议，得到认可。赵稿
　　案"立刻叫人去找他素来相信的一个快班总头"史湘泉去协助办
　　理，而史湘泉则要求从中分钱。史湘泉又想起有一件控告永发盛
　　酒店掌柜王长年的债务诉讼。他知道王长年"手里很有两文"，
　　因此请求赵稿案替他"求求上头，把他批准，这张票派了咱"，
　　以便勒索。"后来两个人好说歹说，说成功三十五吊。赵稿案应
　　许替他回上头，这张票子一准差他去。"对此书评者说："钱债
　　细故，本可调处了事，乃差役辈往住勾门稿，卖票提人，以为敲
　　诈地步。此种事随在皆有。"

上述黄、巫二姓官司，差役与长随相勾结，将黄姓主仆4人拘押，肆
意敲诈勒索。最后黄姓出银2500两将主仆4人保释，除县官得1000两、差
头史湘泉得800两外，门房得500两，监狱班管苟大爷得200两。③除诉讼
之外，长随与书役人等在办理其他事务过程中也可以勾结作弊。如山西汾
阳府城考院的修缮，例由所属8州县摊款，交汾阳县工房承办；工房书吏
乃"偷工减料，习惯侵欺，各牧令之家人亦且从中染指，勾串为奸，习为
故事"④。

①　刘衡：《札商各牧令官须自做慎用门丁》，徐栋辑：《牧令书》卷四，用人。
②　曾国藩：《直隶清讼事宜十条》，葛士浚辑：《皇朝经世文续编》，第480页。
③　李伯元：《活地狱》，第6—16、50页。
④　朱采：《清芬阁集》，第879页。

第三节　州县房科

一、设置与人员

（一）州县房科的设置

清代州县均设有承办文案的办事机构，一般称房，也有称科者，一般设于州县衙署大堂之外两侧。州县房科制度明代已经形成。例如，徐州设 10 个"吏房科"，名架阁库、承发司、吏房、户房、粮房、礼房、兵房、刑房、勘合科、马政科，正堂东西列；①福建上杭县设吏、户、礼、兵、刑、工六房和承发司、架阁库、铺长司；②山西文水县设吏、户、礼、兵、刑、工"六曹"和勘合科、铺长司、承发司、架阁库。③

清代州县房科的数额、名称没有统一规制，一般比照中央六部名目设立，故大多均有吏、户、礼、兵、刑、工等六房（科）；而许多州县根据实际需要另外设有其他房科。例如：

直隶景县"额设吏、户、礼、兵、刑、工六房，此外更有所谓粮房、盐房、库房、招房、柬房以及承发、户总、科税、添租、河道等十房，合之以上六房，共十六房。清末又添新政房"。④

山东馆陶县分置吏、户、礼、兵、刑、工六房；外复置仓库

---

① 嘉靖《徐州志》，人事志一，官署，成文影印本。

② 康熙《上杭县志》，区域志，里图，线装书局影印（以下称"线装书局影印本"）。

③ 康熙《文水县志》，分建志，官制，成文影印本。

④ 民国《景县志》，政治志上，成文影印本。

房，"嗣因户房事繁，增置粮房，司漕粮征收事项"。①

　　直隶静海县内号称分为"十科"，但各科仍以"房"为名，曰吏盐房、户中房、户南房、礼房、兵房、刑房、工房、柬房、承发房、招房。②

　　湖北沔阳州的房科名目为吏科、户科、礼科、兵科、刑科、工科、商×科、推收所、承发房。③

有些州县，对于刑房、户房等公事较繁的房科，于其内部将再行分析。例如，云南宣威州设吏、户、礼、兵、刑、工、承发七房，其中刑房分东、西两房。④四川巴县设吏房、仓房、户房、礼房、盐房、兵房、刑房、工房、承发房等九房，而户房内部分为清字班、慎字班、勤字班，刑房内部分为清字班、慎字班、勤字班。⑤民国直隶《广宗县志》说：吏、户、礼、兵、刑、工"六房""为各县定例，比于朝廷六部，其后各房以事繁，自立名目"，该县户房有库房、仓房、粮房总算房、户南房、户北房之分；礼房另分出柬房；刑房有刑南、刑北、承发房、招房之分，"或以事分，或以区村分，官不过问也"。⑥

　　州县房科的划分，在各地久已形成定制，不仅朝廷和州县各级上司不予过问，就连州县官一般也不轻易干预变动。但有资料表明，州县官如果认为必要，可以变动房科的设置，但需要禀报知府。例如，直隶获鹿县原设有马政科，经管"安租"征收事宜，其经书、散书向系兵、工两房轮派充应，有时书吏兄终弟及，把持争夺，以致引起纠纷。光绪十八年（1892年），获鹿知县决定裁撤马政科，将其所经管的"安租"事宜归并户南科并管。他将这一决定禀报知府，知府批复"所办极为妥协，应准如所请立案，永远遵守"。⑦

①　民国《馆陶县志》，政治志，制度。
②　民国《静海县志》，政事部，县政府沿革及组织，成文影印本。
③　光绪《沔阳州志》卷首，沔阳州署图，江苏古籍影印本。
④　民国《宣威县志稿》，政治志上。
⑤　四川省档案馆藏：清代巴县档案，光绪朝第11卷。
⑥　民国《广宗县志》，法制略。
⑦　河北省档案馆藏：清代获鹿县档案，655—1—847。

（二）州县房科的人员

清代州县房科中的常务办公人员，可以分为三部分，即典吏（经承）、经承（经书）和散书〔清书〕。①

明代州县各房科吏员的首领称司吏，此外另有经制的典吏。例如，应天府大县句容县，各房科额设司吏9名，典吏17名。②清初曾承袭这种制度，如山东武城县设司吏7名，典吏12名。③但后来革司吏名目，州县房科的经制办事人员仅为典吏（有些地方称经承）；佐贰官、杂职官所属这类人员称"攒典"，也称"吏攒"（总督、巡抚、学政、盐政、各仓各关监督之吏称"书吏"、称承差，司、道、府及其首领官之吏也称"典吏"）。各州县典吏、攒典均有定额，数人至十数人不等，视地方之繁简以为差。以直隶为例（不计顺天府），6个直隶州共82人，其中遵化州等5州每州14人，赵州12人；11个属州共120人，其中滦州等5州每州12人，祁州等6州每州10人；100个县共1000人，其中清苑县15人；河间、天津县等2县每县14人；献县13人；定兴县等36县每县12人；满城县等16县每县10人；沙河县9人，博野等42县每县8人，广昌县7人。以上117州县，共有隶属州县官的典吏866人，隶属吏目、典史、县丞、主簿、巡检、儒学的吏攒332人，合计1202人。④典吏属于国家的经制吏员，有定额，有工食，五年役满可以考职，身份本来比较郑重。但康熙初年将其工食裁革，通过考职入仕的前途也极为渺茫，典吏遂成为以弄权舞弊为生的恶势力（详见后文）。

除经制典吏外，州县衙门还募有"书识""书手""帮书"等人员，

---

① 清代文献关于州县房科人员的名称不统一。典吏由于身份也属于"役"，所以也被称为"经制书役"（见《清文献通考》卷二十三），许多文献中的"经承""经书"，当是"经制书役"的简称。然而，"经承""经书"这两种职称的涵义在各种文献中又不一致。在有的地方，"经承"就是典吏，而典吏之下的负责书手被称为"经书"，一般书手则被称为"散书"（见民国《馆陶县志》）。在另外有的地方，"经承"是指典吏之下的负责书手，一般书手被称为"清书"（见民国《宣县志稿》）。

② 弘治《句容县志》卷三，历代衙门官吏，上海古籍书店，1964。

③ 顺治《武城县志》，吏胥，本县司吏，线装书局影印本。

④ 《大清会典事例（嘉庆朝）》卷一百二十三，吏部。

其中在各房科协助典吏负责任者，被称为经承、经书，其他办事人员被称为"散书""清书"等。这类书手的募用，国家本无统一定制，但又承认经制典吏人数太少，不募用这类人员则房科工作无从完成，因此承认他们合法，并尝试将他们纳入定额管理的轨道。有关典制规定："各直省大小衙门书吏俱有定额，不准擅自增益，令各督抚实力稽查，一有挂名典吏即严加裁汰，如正额典吏实不敷用，准其视地方之繁简，量设帮书，着为定额。将帮书姓名、籍贯充役日期随同正额书吏造册咨部。倘于正额书吏及帮书定额之外，有私增滥设情弊……（议处）。"①

州县典吏、书手的设置情况互有不同。有些州县分设典吏（经承）、经书、散书等三种身份的人员，山东馆陶县即是一例，见表4.3。

表4.3　山东馆陶县各房书吏人员设置数额

房科	吏房	户房	礼房	兵房	刑房	工房	仓库房	粮房	合计
经承	1	1	1	1	1	1	1	1	8
经书	1	10	2	1	6	1	3	8	32
散书	2	12	2	2	8	1	4	12	43
合计	4	23	5	4	15	3	8	21	83

资料来源：民国《馆陶县志》，政治志，制度。

有的州县仅在事务较繁的房科（如户房、刑房）置经承，其他房科仅置典吏与清书。兹举云南宣威州为例，见表4.4。

表4.4　云南宣威州各房书吏人员设置数额

房科	承发房	吏房	户房	礼房	兵房	刑房	工房	合计
典吏	2	1	2	2	1	1	1	10
经承			2			2		4
清书	2		30	5	3	10	1	51
合计	4	1	34	7	4	13	2	65

资料来源：民国《宣威县志稿》，政治志上。

① 文孚纂修：《六部处分则例》，第374页。

　　同是作为非经制但又定额而登记在册的人员，经书与散书的身份本
无根本差异，其区别大概仅仅在于资历和责任。因此，如果典吏能负起首
领职责的话，其下只置经书或清书一种人员。例如，直隶广宗县六房"每
房有典吏一人或二人"，"其下有清书，无定员，由典吏进退"。①再如
四川巴县，该县房科共9个，合计额设典吏共15名（户、兵两房各3名，
刑、礼两房各2名，其他房各1名），此外设有数量不少的经书，而散书
似乎不在国家定额管理的范围之内。光绪二十七年（1901年）奉令精简经
书，九房经精简后共"酌留经书100名"（其中吏房3人，仓房3人，户房
清字班10人，户房慎字班10人，户房勤字班10人，礼房9人，盐房2人，
兵房6人，刑房清字班10人，刑房慎字班10人，刑房勤字班10人，工
房8人，承发房9人）。②

　　由于各州县文起草、缮写、誊录工作繁重，仅靠为数不多的经制典吏
和定额经书、散书难以完成，各州县房科一般都会另外募用人员。一位知
县谈到这种情况说：

　　　　（房科）每年例审无关紧要之册结，无虑百十起，每起通
　　　牒大僚必六七分，而寻常稿案禀详不与焉。故事繁之区，贴写清
　　　书，实非百人以上不敷缮写。事简之处，亦必数十人以供钞胥。
　　　犹有零星雇写，计字贴钱，乃副程限者。③

对于州县在定额书吏之外另募"贴写"，朝廷态度含糊，实际上不予认真
禁止。清代文献说，"州县书役之有贴写各项"，"虽有明禁，不能尽
革"。乾隆元年（1736年）的一道上谕批评"直省州县衙门经承之外必有
贴写"，舞弊严重，但只是要求加以整顿，并同意如果"正额书役实不敷
用，不妨于贴写、帮役中择其谨者酌量存留"，同时"严加约束"。④有地
方志记朝廷的这种态度说："书吏虽禁额外滥充，然攒造税粮券贴户口册

---

　　① 民国《广宗县志》，法制略。
　　② 四川省档案馆藏：清代巴县档案，光绪朝第11卷。
　　③ 徐赓陛：《覆本府条陈积弊禀》，盛康辑：《皇朝经世文编续编》，《丛刊》
第84辑，第2811页。
　　④ 《清朝文献通考》卷二十四，职役考四。

籍，亦许临时雇募，或从书吏习业，名曰贴写，亦非所禁。"①资料表明，这种额外雇用"贴写"一般是以"学习"的名义进入房科的，需要典吏等人员具保，临时编入州县的卯册而不须向上司衙门册报。例如：

> 光绪十九年，四川巴县礼房典吏禀知县说，"房内公务浩繁"，"人少难以应差"，"每有学习贴写×人在房应差"，才得以办理。现在逢"考试大典"，"甘愿承保胡××"等十人"来房学习贴写，以应差务"。对此知县批示："俱准如所保，编入卯册以资办公而备查考。"②

当时各州县房科为办理文册无不大量募用这类临时人员，有记载说"大邑每至二三千人，次者六七百人，至少亦不下三四百人"③。人数如此之多的临时人员，当然不可能全都具有从事房科文书工作的能力。当时有人指出，他们中的许多人挂名"贴写""掌案"，实际是"游手好闲无业贫人"，是"无赖之徒"，"假托公务横肆贪饕"。④

（三）州县房科的内部结构

州县房科的首领的是典吏（经承），他们对上受主官、幕友领导，对下领导一般书吏。对此有地方志记述说，六房均置经承一名，"承县知事及各主管刑名、钱谷之指挥，分办该管事件及拟例行文稿"；"各房经书等各承该房经承之指导，分办该管事件及承缮文件"。⑤涉及房科内部人员人事的一般事务，州县官也责成典吏办理。例如，乾隆三十二年（1767年）巴县刑房书办张栋宇具禀知县，称去年因父亲身故"未曾赴衙供役"，本甲乡保人员因此将他签充本甲甲催，"恳饬另签"；知县批示："着该班典吏查禀夺。"⑥

然而，州县房科的实际运作机制却并非这样简单。清代一方面规定吏

---

① 民国《重修信阳县志》，民政志一，职役，成文影印本。

② 四川省档案馆藏：清代巴县档案，光绪朝第263卷。

③ 游百川：《请惩治贪残吏胥疏》，盛康辑：《皇朝经世文编续编》，《丛刊》第84辑，第2944页。

④ 《清朝文献通考》卷二十四，职役考四。

⑤ 民国《馆陶县志》，政治志，制度。

⑥ 四川省档案馆编：《清代巴县档案汇编》（乾隆卷），第228页。

员"五年役满"必须退役;另一方面又规定吏员役满可以考职,录取者给予从九品、未入流出身,可以参加吏部铨选(详见下文)。①但是,吏员即使能够获得这种末秩出身,仕途也极为渺茫,不如留在各衙门做吏实惠。因此,书吏们往往"希图久役",不愿顶补五年必须退役的经制吏攒。于是就出现了两种情况:其一,充点吏攒者"多属市井殷实各经承亲族挂名之人,甚至以童稚入册内"。这些人"文义既有未谙,事务亦多未习",往往并不指望在衙门里办事,他们之所以挂名作吏,只是"希图期满考试,以为护符",或"假衣顶出入公门,武断乡曲"。②在这种情况下,房科事务实际上是由非经制书吏把持,即如有人所指出的,六房典吏往往挂名"以冀膺冠带,其实未尝在官任事;在官任事者,书办也"③。其二,房吏终身制、世袭制的"缺主"现象盛行。所谓"缺主",是说一些人成为房吏缺位的主人,原本作为公职的房吏缺位被私人化。缺主五年役满后表面上退役,但可以将这一缺位私相授受、出租、买卖(包括出卖给上文所述挂名作吏者),仍以某种形式把持、控制着这一缺位。当时人对这种缺主现象记述、批评颇多。《清文献通考》说:

> 凡经制书役年满缺出,该管官在现充书识内金点更替,其弊也,老吏把持所管,止令新役出名任事,而操纵夤缘仍属老吏,或索取租银,谓之缺主。虽律有明禁,无能斥革者。④

同治年间江苏巡抚丁日昌说:

> 内而部院,外而督抚司道州县衙门书吏,皆有缺主。每一缺主,或万余金,或数千金,自为授受。奸黠之人,买一书吏缺,其利息强于置产十倍,与在署办事之书吏朋比为奸,而无须见官之面,即或误公,而官但能革在署办事之书吏,不能革外间坐缺把持之书吏。⑤

---

① 《大清会典(嘉庆朝)》卷九,吏部;《大清会典事例(嘉庆朝)》卷六十六,吏部。

② 《大清会典事例(嘉庆朝)》卷一百二十二,吏部;《清朝文献通考》卷二十三,职役考三。

③ 袁守定:《民得自言其情则不畏吏》,徐栋辑:《牧令书》卷四,用人。

④ 《清朝文献通考》卷二十三,职役考三。

⑤ 丁日昌:《条陈力戒因循疏》,盛康辑:《皇朝经世文编续编》,《丛刊》第84辑,第1980—1981页。

缺主这一政治陋习并非始于晚清，至迟在雍正时已经很严重。雍正元年（1723年）的一道上谕说，"缺主总无改移，子孙世业"，"下部通行各省一并严革。其大小衙门胥役，俱令五年为满，改业归农。入年满不退，更名复役，或父出子入，或改充别衙门，并革役复入者，俱照例治罪"。①

二、人事管理

（一）房吏的召募、退役

清代典制对于"吏"的界定是："在官之人以治其房科之事。"吏"皆选于民而充之"，其工作属于"以民供事于官"的"役"，即作为徭役之一种的"职役"，服役期为五年。清初沿明制，书吏承充曾实行援纳制度，"按纳银数多寡，分送各衙门办事"；康熙二年（1663年）停止援纳，实行各衙门自行召募制度"给与执照，开注姓名、年岁，着役日期，并地方印结，按季汇册各部"，"每岁仍取结送部查核"。②雍正七年（1729年）规定：

> 外省府州县各衙门书役投充，务取具并无重役、冒充亲供、互结，该地方官加具印结，汇造役册，申送该管稽察衙门，方准着役。每于年终，该役出具并无过犯连名互结，地方官加具印结，申送该管道员衙门（如无巡道地方，责成守道；无道员地方，责成按察使，令其专管稽查）。倘有五年役满不退者，将该役斥革治罪。③

清代巴县衙门的一卷档案，反映了典吏、吏攒的招募顶补制度，归纳如下：

> 1. 典吏、吏攒服役期为5年，具体说是连闰60个月。该县知县的一个呈文说：白市驿县丞西案房吏攒咸聿修，于光绪元年十二月十七日着役，"连闰扣至光绪六年十月十七日，五年役满，例应离役"。

① 《清朝文献通考》卷二十三，职役考三。
② 《大清会典事例（嘉庆朝）》卷一百二十二，吏部。
③ 《大清会典事例（嘉庆朝）》卷一百二十二，吏部。

2. 役满后由本人"呈禀辞退"；离役时须进行考察，证实"所有役内并无过犯，亦无经手未完事件"。

3. 役缺空出后先由该房人员顶补；如顶补无人，则"牌悬召募"。戚聿修"呈禀辞退"后，"西案房无人顶补，迭次牌悬召募接充"。

4. 牌悬招募需要经如下程序：（1）本衙门牌悬；（2）本人应召；（3）应召者所应吏房公举；（4）本人具册结，内容包括：籍贯，著役日期，声明"无重役过犯、捏名朋充等弊"，曾祖父母、祖父母、父母名氏及存殁情况；（5）该衙门对本人册结加印，制作应召者年貌、籍贯、三代清册，"备文一并牒呈"；（6）里邻二人、主官巴县白市驿县丞和巴县知县依次具干结，内容与本人干结同；（7）巴县知县申报四川布政使司，附年貌册结，请求领照；（8）布政使司将册结存案，以便汇报，发给执照，并札巴县。

5. 资格：以应召白驿县丞该东案房经书的徐焕章为例，他"系巴县直里五甲载粮民籍，身家清白，言行慎勤，并无重役过犯、捏名朋充等弊"。[①]

6. 吏攒顶补必须在一月之内领照，不得逾限，以避免"恋役旷役之弊"。[②]

典史五年限满由本房书吏顶补似乎是一种惯例。王值的做法是，每到任后即对书吏进行考试，留优汰劣，而考试时"每房多取一二人记名，有吏缺出，就中择其尤者一人"顶补。据他说，当时典史不由顶补者"多以营求得之，如粤中东莞、顺德，少者数百金，多者至二千余金，或本官自入婪囊，或大宪公文檄送（贿金入其私囊）"[③]。典史役满辞退，或中期因故辞退，由州县官批准，报藩司备案即可。光绪十二年（1886年）巴县知县的一份申文说：

① 四川省档案馆藏：清代巴县档案，光绪朝第246卷。
② 四川省档案馆藏：清代巴县档案，光绪朝第393卷。
③ 王值：《胥吏》，徐栋辑：《牧令书》卷四，用人。

（巴县衙门）户房慎字班典吏刘明德，于光绪七年正月

二十一日顶补前吏赵璧光辞退名缺，着役办事，连闰扣至十一年

冬月二十一日役满。今因父母年迈患病疾，乏人侍奉，于光绪十

年十月十六日辞退归家养亲。所有役内并无经手未完事件，禀乞

转报等情。据此，卑职复查无异，除将所遗明确招募另行选补

外，理合将该吏结请辞退日期具文申报宪台，俯赐察核详咨。①

清政府规定"经制之吏，五年役满"可以考职。每年秋天，外省由督抚

"汇其已满之吏"进行考试。吏员考职严禁"假冒顶替，托人代考等

弊"，严禁"未经役满"者参考。考试内容为"告示、申文各一"；录取

"十之五"，给予出身，"一等为从九品，二等为未入流，咨部给照，遂

注册入于铨选"。②

　　州县衙门典吏之外的书手其身份也属于"役"，也只能以一般民籍

人员充任。此外，清政府还陆续为充当书役（书手与差役）规定了其他一

些条件，包括不准乡绅奴仆承充外省大小各衙门书役，意在防止吏胥与乡

绅勾结，把持公事；年七十必须退役，理由是胥役"阅历愈久，则贪诈愈

甚"，且"年至七十，刑不加身，流徒杖笞，例得收赎"，因此有可能

"倚年老为护符，以遂其贪诈之计"；必须年过二十岁以上，老成驯谨，

"其年齿太轻者，概不准充"；等等。③承充一般书办，由典吏具保即可。

例如，乾隆三十三年（1768年）四川巴县刑房典吏何承先的一个保状说：

　　　　实保得王芝朝在刑房勤字班书写学习，不得违误。中间不

　　虚，保状是实。县正堂批：准保。④

编外的"小书"如果公务熟练，也可以入册转为"经书"，同样由典吏具

保。巴县档案中存有光绪十九年（1893年）二月的一个保结：

　　　　具禀典吏曾唯承，为承保入册事：情书房内小书喇鹏臣、

　　侯极生入房学习数载，差务公事均已熟习，堪以承充经书……书

①　四川省档案馆藏：清代巴县档案，光绪朝第246卷。

②　《大清会典（嘉庆朝）》卷九，吏部；《大清会典事例（嘉庆朝）》卷六十六，吏部。

③　《大清会典事例（嘉庆朝）》卷七十七，吏部；卷一百二十二，吏部。

④　四川省档案馆编：《清代巴县档案汇编》（乾隆卷），第224页。

遵示甘愿承保喇鹏臣、侯极生二名，恳恩赏准列入卯册……知县
批：准保编入卯册以资考察。①

一些资料表明，各州县书吏人数众多，一些非经制原额人员并非常年服
役，而是定期轮流服役。例如乾隆二十三年（1758 年）巴县工房书办罗玉
美等 5 人的一个禀文称：他们"于乾隆十六七年间先后投充案下工房"，
"去岁七月解班"，"今值班期"；②乾隆三十二年（1767 年）巴县刑房
书办张栋宇的一个禀文称：自己"投充天案刑房力役年久，每逢班期赴衙
供役"；去年父亲身故，"未曾赴衙供役"。③

　　至于非经制的书吏，没有服役年限的限制，甚至"类皆世业"。透过
一些历史档案，可以看到一些房吏终身乃至时代盘踞的实例。如道光四年
（1824 年），直隶宝坻县民人李树德禀控"刘辅成祖孙父子传衍应役"，
说"已故刑书刘绍基之子刘辅成现充伊父原缺"，到他家运走松柁大柁二
架，未给钱议价，"云称我自祖父接替刑书数十年来，尔家多有借重"。④
光绪元年（1875 年），四川巴县东关乡地曹永贵等禀控马村安洛印等搭盖
铺房门面侵占官道，差票稿系工房张郁文承拟，而张郁文直至光绪二十一
年（1895 年）仍任工书。⑤对于这些非经制的书吏，州县官上任后有权革
斥，或重新佥定。例如做过州县官的刚毅主张："到任数日，须要点卯。
书吏中择其稳练者十数名，分派各房应役。"派定后出示晓谕，明确宣布
按照定额"派定书吏某某等几名，分房应役"，"其余均经斥革"；"倘
有业经革除，及原来卯册无名之人，在外诈称本州县衙役、鱼肉乡民、刻
索商贾者"，立予惩办。⑥王值的做法是到任后对书吏进行考试，以"文理
通顺者为优，字迹端楷者次之，年老及无能者归农。又令各房公举历年年
久、身家殷实、习练房事、应对详明者，亦留之"⑦。

①　四川省档案馆藏：清代巴县档案，光绪朝第 263 卷。
②　四川省档案馆编：《清代巴县档案汇编》（乾隆卷），第 221—222 页。
③　四川省档案馆藏：清代巴县档案，乾隆朝第 106 卷。
④　中国第一历史档案馆藏：清代顺天府档案，028—4—188—006、007。
⑤　河北省档案馆藏：清代获鹿县档案，655—1—976。
⑥　刚毅：《牧令须知》，第 25—26 页。
⑦　王值：《胥吏》，徐栋辑：《牧令书》卷四，用人。

（二）房吏的日常管理

清代州县书吏由州县官负责管理，州县官收用白役和役满、已革书役者给以处分：

> 各衙门于正额书役及酌增之贴写、帮役外，复行多留者，降一级留任。

> 凡各衙门官员，如有听信请托，将役满及革退书役滥准入册，及挂名旷役，营求批准等弊（分别知情与否给予处分）。

州县官对于书吏的作弊违法也须负责任，书吏非为、犯赃，本官给与处分：

> 各处司府州县卫所等衙门，主文、书算、快手、皂隶、总甲、门禁、库子人等，久恋衙门，说事过钱，把持官府，飞诡税粮，起灭词讼，陷害良善，及卖放强盗，诬执平民，事发按律治罪。本管官明知故纵者革职，失于觉察者照失察各本例议处。①

除州县官直接负管理责任外，"府州县之吏以本管道为稽查衙门……岁终本管官取其结而申焉，有重役者、役满不退者、舞文弄法者，皆治以法"②。不过，这些制度并未得到严格执行，州县官往往连书吏的人员情况都搞不清。有人作《驭吏论》指出："（吏胥）朝而革暮而复入，革于此而复移于彼，至万不得已而又使其子弟为之，为之长官者特取捷给可供事左右而已，固不暇考其所由来也。"③

州县官通过长随与房科打交道，平时接触书吏的机会不多。从一些资料看，州县官对于书吏的管理，其实际付诸操作者主要是点名。州县官到任后，要对三班六房按照清册点验卯名。书役点卯，州县官须于"前三日谕吏、兵二房，凡书役入卯者，届期亲身听点卯，务令于簿内注明某县某都某图人，家有父母妻子，皆注名字；年岁、面貌每详细注，点卯时志之，可免正身避匿之弊"④。但也有资料说这种点卯往往徒有形式，"点时，于三班

---

① 《大清会典事例（嘉庆朝）》卷七十七，吏部。
② 《大清会典（嘉庆朝）》卷九，吏部。
③ 储方庆：《驭吏论》，邵之棠辑：《皇朝经世文统编》，第1450页。
④ 何士祁：《补缺》，徐栋辑：《牧令书》卷二，政略。

六房按照清册点验卯名，然每项大率仅到数人，唱名之时，到者为不到者代应之"①。平常时期，州县官也有于朔望日及新年伊始等时间点对书役进行点卯者。巴县档案存有一件光绪十一年（1885年）知县通知书吏点名的告示：

> 巴县正堂国示谕九房书吏知悉：照得本县定期于七月×日当堂点卯，合行出示晓谕。为此示仰阖衙书吏人等知悉，届期齐集伺候，挨名听点，倘有无故临点不到者，定行斥革，决不姑宽，毋违。特示。（牌悬二门）②

此外，书吏平时因事因病请假，必须禀请知县批准。③

对于书吏日常办理公务，州县官也采取一定方式予以监督。有人主张，将"六房书办共署卯簿一扇，分添各房姓名"，除用于朔望点卯外，日常公务也"按簿挨承"；如有"卯簿无名攙夺承行者究责"，"凡发出牌票，承发书办总立号簿一扇，每书吏三页，前注姓名，后列某日承行事件。每遇三六九日，送衙查销。如有违限不结者，俱于午堂比责"。④对于"办事勤劳"的书吏，州县官有时设法予以奖励、鼓励，"或赉以银钱酒食，或优以奖励"。有的州县官对有劳绩的书吏"派以讼案承行"（但这种做法受到正直人士的批评，被认为是"显授以需索行贿之柄"）。⑤

不过，在更多的情况下，州县官倚书吏为爪牙，因此谈不上严格的管理。时人在这方面的记载颇多，例如：

> 各省书役舞弊，地方官有明知受其蒙蔽反代为掩饰回护者，并有恃为腹心爪牙者。⑥

> （地方官）与民日隔，而与书役日亲。其贪墨之甚者，方恃书役为爪牙；其恂谨无能者，书役又复以官为傀儡。相习成风，

---

① 徐珂编撰：《清稗类钞》第十二册，第5247页。

② 四川省档案馆藏：清代巴县档案，光绪朝第250卷。

③ 四川省档案馆藏：清代巴县档案，光绪朝第300卷；中国第一历史档案馆藏：清代顺天府档案，028—1—22—004。书吏于本名外另有"册名"。例如，乾隆二十四年（1759年），在重庆府充兵房书办的巴县直里七甲陈在田禀称：自己的"册名"为陈占鳌。见四川省档案馆编：《清代巴县档案汇编》（乾隆卷），第196页。

④ 潘杓灿：《筮仕》，徐栋辑：《牧令书》卷二，政略。

⑤ 朱×：《作吏管见》，徐栋辑：《牧令书》卷四，用人。

⑥ 《清朝续文献通考》卷二十七，职役一。

牢不可破。①

州县官之所以倚重书吏，一个重要原因在于他们要定期向房科收取陋规，并以书吏为中介贪赃受贿。时人对这种情况的抨击也颇多，例如：

> 书吏差役"于值日期内兜揽词讼"，有些州县官"令出该班规费钱文，按日缴署"。②

> "书吏之经理银钱有正项余羡者""经理案牍者"，一般都向州县官"致送陋规"。③

> 财赋繁重之地，印官初到，书吏之有仓库职事者，间有馈献陋规……一经交纳，玩官于鼓掌之上矣。④

> （江苏金匮县胥吏凶恶）其为官所信任者，则群走于其门，藉以通线，暮夜之金非若辈无由致，有司视为腹心、为爪牙……⑤

（三）州县书吏的地位与待遇

明代的州县书吏有工食银。据《宛署杂记》，宛平县各房科及佐杂衙署共有书办16名，每名工食银7两2钱，共115两2钱。⑥清初延用明制。至顺治九年（1652年）部分裁减，康熙元年（1662年）完全取消。⑦吏书不仅无工食银，且连办公费亦并无之。一家地方志记载说："各房均无薪给，笔纸亦由自备，惟借陋规以资生活（如考试及狱讼当事人均有应纳费用，余可类推）。"⑧有人指出："房吏皆不禀于官，又有纸笔之需、人口之累，欲其枵腹从事，实所不能"，勒索、收取陋规乃是必然之事。房吏

---

①　费庚吉：《请严定惩×书役扰害章程疏》，王延熙、王树敏辑：《皇清道咸同光奏议》，第1178页。

②　王凤生：《坐承坐差》，徐栋辑：《牧令书》卷四，用人。

③　徐赓陛：《覆本府条陈积弊禀》，盛康辑：《皇朝经世文编续编》，《丛刊》第84辑，第2812页。

④　汪辉祖：《学治臆说》，张廷襄编：《入幕须知五种》，第256—257页。

⑤　黄印辑：乾隆《锡金识小录》卷一，备参上，胥吏。

⑥　沈榜：《宛署杂记》，北京出版社，1961，第49页。

⑦　瞿同祖在《清代地方政府》中引《直隶赋役全书》和湖南《湘潭县志》等地方志，对此作了论述。详细情况见本书第六章第一节。

⑧　民国《广宗县志》，法制略。

所取陋规介于合法与非法之间，难以察核限制，"有一事而两三费者，如税契过割本一事也，而印税归一房，过割与副单又归一房；渔课等类造册征比本一事也，而造册归一房，征比又另一房"①。

州县书吏本身属于"役"，因此着役后可以免除其他差徭，但这种待遇仅限于经制吏役和经批准的贴写人员。当时州县贴写员额管理混乱，不少吏役且将他人田产挂名于自己名下一并免差，针对这种情况，一些省份对吏役免差作出了具体规定。如直隶于光绪十年（1884 年）规定："各衙门吏役，实在当差应役卯簿有名者"，"准免本身地三十亩"，免差人数遵道光六年定额，"州县衙门不得过八十名，教官、佐杂衙门门斗、弓兵，不得过二十名"。②清代州县典吏按制度可以考职，地位名义上较差役郑重，一些地方官因此主张应予礼遇。例如刘衡说，他"于书吏中遇有无心过失，多有宽宥"，因为"书吏虽系在官人役，究有体面，与各班差役不同"。③但由于缺主陋习的普遍存在，典吏、贴写等书吏的社会身份实际上与差役已无根本不同，他们"皆无禄之人"，"供奔走而甘鞭扑"，"以家口待哺之身，处本无利禄之地，受不齿辱贱之刑"。④

总的说来，清代书吏虽然社会声誉很差，但有实惠，"既庇官事，亦养身家，人民往往乐就，非如宋时役法之害，视为畏途者比"⑤。

三、职能

州县房科的主要职能是起草、誊缮文稿，保存档案。雍正元年的一道上谕说，各衙门募役书办，主要是"令其缮写文书，收贮档案"⑥。这种文书工作，可分为几类：

---

① 王值：《胥吏》，徐栋辑：《牧令书》卷四，用人。

② 直隶藩臬两司：《均徭条示》，盛康辑：《皇朝经世文编续编》，《丛刊》第84辑，第4051页。

③ 刘衡：《劝谕书吏告示》，徐栋辑：《牧令书》卷十八，刑名中。

④ 徐赓陛：《覆本府条陈积弊禀》，盛康辑：《皇朝经世文编续编》，《丛刊》第84辑，第2811页。

⑤ 民国《重修信阳县志》，民政志一，职役。

⑥ 《清朝文献通考》卷二十三，职役考三。

1. 新官到任，各房科须各就所管事务备送、造送册簿、文书：

（1）吏房：州县官到任日期、缴照事由申报；须知册；书办点卯册、牌。

（2）兵房：须知册；移文封套；本州县地图；四至疆界单子；各班差役点卯册、值日班牌；各项保甲点卯册；差役定期点卯牌；保正铺司定期点卯牌。

（3）刑房：须知册；班房、贼笼、监狱点卯册（俱要注明罪犯案由）；军流犯定期点卯牌。

（4）礼房：须知册；定期行香用牌。

（5）工房：须知册；城垣、庙宇、桥亭等须知册；定期阅城牌。

（6）户房：须知册；钱粮地丁、漕米、渔屯粮、杂税等项额征若干清单。

（7）承发房：须知册；定期考代书牌；定期放告牌。①

这里所说的"须知册"，"乃一州县之政事大纲节目，无不备载"，"开卷可一览而得其概"。各房科必须按照固定要求详开，册面签注明某房科造，册尾注明某年、月、日，某房科，某人，以便查览。《福惠全书》中录有"须知册"中应开列的主要内容，它不仅可以反映州县需要掌握、保管的有关簿册，还可以说明州县行政的具体范围，因此不厌其烦而转录如下：

（1）吏房：经管吏书官属，及本治候选官员等项。如：本衙门吏若干名；书手若干名；某某于某年报纳着役，所属官攒若干名；某官于某年月日到任，任内有无荐罚委署，及升迁空缺；某攒典于某年、月、日报纳着役，有无役满出缺悬缺；监、贡、举、进某年中试，援纳，曾否考职，于某年、月起文赴部，有无在籍丁忧事故，曾否申报；僧、道、阴阳、医官若干名。

（2）户房：经管应征解给夏税、秋粮、丁差、徭役、杂课等项（亦有户房止经管田粮丁口，其杂课另设户杂科者）。如地

---

① 蔡申之：《清代州县故事》，第31—32页。

亩若干，应征银粮若干，有无某年蠲增人丁若干，内除优免，应征额银若干；地丁应起运若干，存留若干，应支款若干；某年起运支给若干，有无未解未给，及有无未完民欠；每岁额销盐引若干；牛驴、牙杂、田房、契税、当铺等税若干；自某年起及卸事止，某某年、月、日征收起解若干，有无未完若干；每年捐积谷若干，有无动支，实存仓若干；及每年经收钱粮总书、里长、仓书、收役、花户等册。

（3）礼房：经管春秋祭祀、宾兴、考试、乡绅、学校、庆贺、旌表、先贤祠墓、古迹等项。如文庙、社坛额编雨季祭祀银若干，岁科盘费银若干，举进牌坊银若干，修理龙亭历日榜纸银若干，各项有无支领起；每年学租若干，有无支动，现存若干；名宦、乡贤几位，先贤某某祠墓几处，坐落何所，系某朝人，有无出仕，何官，有无后裔，系何色目人；义夫、节妇、孝子、顺孙几人，系某某朝，有无现在，于某时旌表；乡宦现任几人，致仕几人，系何出身，历任某某仕；现在封君几人，是某乡宦之父，系何出身；举人、贡、监若干，有无考职候选，文武生员若干；境内寺观若干所，坐落何处，僧道若干人。

（4）兵房：经管门军、皂快、民壮、铺司兵、驿递夫马等项。如门军若干名，某某派守某门，是否经制，支给何项工食；皂快民壮若干名，某某系经制，有无重役、过犯、革逐；铺司兵若干名，某某系经制，某某在某地方；送某处公文道里远近，管驿驿书开造驿递夫马，本治共有几驿，某驿额设马若干匹，牌子马夫若干名，现在行差马有无缺额；轿槓青白夫若干名，有无经制；本治有无水驿，额设某某船若干只，水手若干名，有无额设工食，供应何路何项差使；每年额设买马银若干，工料银若干，每马支给若干，马牌夫等每名支给若干，兽医药材每年支给若干，动支何项钱粮；船只打造修理是何年限，工价作何支给，何项动用开销；勘合火牌，每员名廪给口粮若干；自到任之日止，某项支过若干，有无透冒未支。

（5）刑房：经管人命、盗逃、词讼、保甲、捕役、监仓、禁卒等项。如某命案为某事，某人打死某人，原告某人，或谋或殴，有无审报、具题、完结；某盗案为某事，失主某人呈报，某年、月、日被劫，强盗某某人，伙党有无，拿获真脏有无，起认申报某衙门，曾否具题完结；逃案为某事，于某年、月、日或逃人自首，或地方禀报，或捕壮拿获，于某年、月、日申报某衙门，有无批示；或又有某案奉某衙门行提，曾否起解；某词讼或钦件，或宪件，为某事，于某年、月、日奉某衙门批审，曾否详复批示；本治四乡共几保，每保所管乡长某人，保长某人，某镇集村长庄头某人，壮丁某人，共若干名；捕役若干名，禁卒、仓夫若干名，经制几名，从前有无过犯、革逐；现在在监人犯若干名，盗犯若干名，逃犯若干名，在仓人犯若干名；每年罪赎银谷若干，现贮某仓某库，应解某衙门，曾否报解，有无完欠。

（6）工房：经营修造及置办军需等项。如察院公馆几所，坐落某处，椅桌、铺陈、执事、椟箱等件，见存若干，旧例作何置办；铺舍、桥梁、津渡几处，坐落何方，系何孔道，有无毁坏坍塌；本治正佐衙门旧例作何修理，监仓作何补葺；置办军需、槽×、车船等物，于某年月日、奉某处明文，动何项钱粮，应付过若干，有无开销领给未完。

……丞、簿、尉、巡、驿、使、仓、闸等官，经管某事，有无未完；本官衙门经制夫役几名，每名工食若干，何项支给，亦着该房造送。本县官役俸工，额支若干，支领过若干，亦着经管该房开造送览。①

此外，州县官到任后，还命吏房、兵房"攒造各役花名清册二本"，书办责成吏房，皂快民壮人等责成兵房。②

2. 草拟本州县每天对外发出、发布的办公文告，如差票、告示等，即所谓"日行牌票"。四川巴县清代档案、清代顺天府宝坻县档案和获鹿县档案中，都保存有这类文告的底稿。例如，顺天府宝坻县刑房道光十八年

①　黄六鸿：《福惠全书》，第31—33页。
②　黄六鸿：《福惠全书》，第41页。

（1838年）的一件"稽印簿"，对本房起草的公文进行登记，其中正月起草差票2件，二月起草差票15件。①

3．草拟本州县申报、申复钦、部、宪文稿。例如，光绪二十七年（1901年）四川巴县向上宪呈报县署典史、经书数额、姓名，底稿署"光绪二十七年九月××日吏房承稿"；"知县批：行"。②又如，四川巴县按月向重庆府造报禁卒、更夫、捕役、仵作名册，按旬向府、臬、藩申报有无设立卡房、滥押平民，均由刑房承稿。③据上述顺天府宝坻县刑房道光十八年"稽印簿"登记，该房正月起草申本府文稿2件，申他府文稿2件；二月关邻县文稿6件，申邻府文稿3件，申臬司文稿3件。④

4．草拟其他文稿。例如，嘉庆二年（1797年），四川巴县捕班与快班为划分职责范围进行协商，由钱汉元等3名刑房典史主持，并为之起草字据。⑤

州县房科起草誊缮各种文稿，第一要求"即速料理"，不得"玩忽沉阁"，"违限不结"；第二要求准确、清晰，"字眼务宜端楷，如有潦草、洗补者究责"。⑥如出现文字错误或疏漏，会受到惩罚。乾隆二十四年（1759年），四川巴县刑房经承邓仕斌在起草一件公文，原文为水手陈二"原籍湖广人，来川在叙州府宜宾县住"，誊录时"将人字誊于宜宾县下，脱落住字"，事后具禀请求处分。县正堂批："罚钱五十文给写字书者，免责。"⑦

科房起草誊缮各种文稿的程序，先由州县官、幕友指示要点（如差票，州县官或幕友在原告诉状上作批示，如何处理，须传讯某某人等），经门房交承发房，承发房发交有关科房；科房起草后，再经门房、稿案呈州县官或幕友审阅、修改、判行、用印；再经门房发科房誊缮、磨对；然后再经门房送衙内用印、签封发出。

---

① 中国第一历史档案馆藏：清代顺天府档案，028—4—330—001。
② 四川省档案馆藏：清代巴县档案，光绪朝第11卷。
③ 四川省档案馆藏：清代巴县档案，嘉庆朝第22卷、17卷、39卷。
④ 中国第一历史档案馆藏：清代顺天府档案，028—4—330—001。
⑤ 四川省档案馆藏：清代巴县档案，嘉庆朝第7卷。
⑥ 潘杓灿：《筮仕》，徐栋辑：《牧令书》卷二，政略。
⑦ 四川省档案馆编：《清代巴县档案汇编》（乾隆卷），第225页。

清代四川巴县、直隶获鹿县和顺天府宝坻县档案所保存的、由各科房起草的公文底稿，均盖有各科房的戳记，其中分奉到、发房、送稿、核发、缮写、呈稿、磨对（缮写、呈稿、磨对三者签经书名，其余注月日）、送钞、签发、封发、票唤等项（环节）。①

由于州县官经常更换，幕友、长随随主官进退，唯有科房是常设机构，理论上讲，州县行政的连续性只有靠它们所保存档案才能体现。这样，保存档案就成为州县科房的一项重要职责。有当时人指出，州县"官多更换而吏不易，案档之掌在于其手，卷牍有遗失更移，则吏罹重罪"②。

州县各科房除负责办理、保存各类文书外，也参与办理某些其他事务，主要是赋税征收钱粮和刑罚诉讼（详第五章第一、二节）。此外如兵房负责传画工画本州县地图③，工房须负责衙署的维修工作，各房奉官员之命处理差役之间发生的矛盾以及办理银两上解等④，如此之类，无从尽述。

四、房科制度的弊端

清代州县书吏不论道德素质还是就工作能力，均极为低下。首先，房科书吏出身成分复杂，品质恶劣。当时人指出：州县胥吏"皆非守分淳民所能为"，六房典吏"皆市民之黠者充之"，"书办大率贪猾无赖"；⑤"乡里桀黠者流，不肯自安于耕凿，然后受役于官而为吏"⑥。有人对比古代掾史与清代胥吏在成分、素养、选拔方式等方面的差异说：

古代掾属"学而后入，材而后试，其贤能略与其长官等，

---

①　例见四川省档案馆藏：清代巴县档案，道光朝第 619 卷、咸丰朝第 128 卷、光绪朝第 391 卷、11229 卷等。

②　谢金銮：《居官致用》，徐栋辑：《牧令书》卷四，用人。

③　蔡申之：《清代州县故事》，第 31—32 页。

④　乾隆二十三年（1758 年），四川巴县捕快两班为递解人犯互相推诿，知县批令刑房"查议"；道光八年（1828 年），快班与捕班争差，刑房禀请处理办法，知县批示说："何以该房并不查明旧规办理，辙（辄）以两班争执为词，粘签请示，实属有心朦混，情殊可恶。"见四川省档案馆编：《清代巴县档案汇编》（乾隆卷），第 226 页。

⑤　袁守定：《民得自言其情则不畏吏》，徐栋辑：《牧令书》卷四，用人。

⑥　储方庆：《驭吏论》，邵之棠辑：《皇朝经世文统编》，第 1450 页。

非乡里所举者则不得当也。故其途不杂，其数不可多设，其人亦自爱惜勉厉（励）于功名之路，有士君子之风"。而今之胥吏则不然，"奸猾者为之，无赖者为之，犯罪之人为之，缙绅豪强之仆、逃叛之奴为之，吏胥之子孙相沿袭、亲若友相援引者更迭为之"。①

其次，书吏的业务能力、文字能力也很差。谢金銮说，清代州县书吏草拟文稿，"不过取其粗具规模闲架而已"，"凡粗识文理、知文稿闲架者，皆充为吏。充吏者不学法术，但学作弊舞文"。②黄六鸿说，州县房科的经承，往往对职责之事"始末不明则苟且塞责"，"登答不楚则朦混致对"，"僻小省分，荒凉州县"的经承奉到公事草拟文稿，往往因此而"竟自阁笔"；"即审过词状该房叙招，虽有看语为据，莫识从科"。③

清代州县书吏营私舞弊、胡作非为是普遍现象。这些人"骄横与官长同，缙绅士大夫俯首屈志以顺从其所欲，小民之受其渔夺者无所控诉而转死于沟壑"④，被认为是当时社会的一大公害。州县书吏舞弊非为，主要发生在以下几个领域：

第一，钱粮征收。清代书吏、差役包收钱粮、借机勒索中饱的情况十分普遍。例如：

晚清江西吉安、赣州、建昌等地，"当征收之时，则书吏将粮票裁去，令其子弟及其亲友等携票，带领图差分赴各乡，设立公所，催征钱粮汇齐解县，谓之乡征。于各户应完之数，每斗每升加钱若干文，每户票钱每张索钱若干文，易知单每张索钱若干文。其乡民之家资稍厚者，虽所应纳钱粮概已完清，而本姓或本村有欠粮者，便勒令包完，必得重贿乃免，否则诬以把持，扭送管押。又于其间因事吓诈，鱼肉乡愚，弊情多端，不堪枚举。"⑤

---

① 阙名：《额吏胥》，邵之棠辑：《皇朝经世文统编》，第1448页。

② 谢金銮：《居官致用》，徐栋辑：《牧令书》卷四，用人。

③ 黄六鸿：《福惠全书》，第47—48页。

④ 储方庆：《驭吏论》，邵之棠辑：《皇朝经世文统编》，第1450页。

⑤ 谭承祖：《请饬严禁书差肆扰疏》，王延熙、王树敏辑：《皇清道咸同光奏议》，第1181页。

历史档案也记载有这样的事例。如宝坻县负责催征的差役龚永发将兴保里钱粮批给书吏李某之弟李三包收，李三肆意浮收，粮户"一有不遵，就即行禀控"，"每届开征，有素恨者，先将其粮串起出不给其人，迨至年终扫数，朦清拘签，则不分伊之父子，即行锁代"，"托人出为解合，非钱不可，多则百八十吊，少则五六十吊，方能开释了结"。①

第二，刑罚词讼。清代文献中抨击书吏在刑罚词讼中舞弊非为的文字俯拾即是。例如：

> 民间词讼，则有房费、有差规，胥役之囊橐不饱，即讼狱之审办无期。②

> 书房之弊，多在捺搁案件，勾结讼师，图翻已结之案。③

> 州县之书吏弊在虐民。富者百般勒索，贫者任意留难。或勾通讼棍，借事兴波，或授意罪人，诬扳嫁祸；甚或藏匿旧案，抽换卷宗，使是非可以混淆，本末无从考信。④

第三，其他方面。书吏在其他领域的舞弊形式难以尽述，简举几例：

> 顺天府办理赈灾，各州县书吏或出卖"赈票"，或在赈款中开支房科经费，或借登记户口收取规费。⑤

> 山西汾阳府城考院的修缮，例由所属8州县摊款，交汾阳县工房承办；工房书吏乃"偷工减料，习惯侵欺"。⑥

> 山西孝义县魏其任，"充应户书经承不及十年，报捐县丞五品衔，当铺店业华屋市房鼎盛"。他被革后"仗充清丈局绅之势，招摇婪索"，清丈中"印过白契数万张"，"每张银四钱"，"杂费数百文"，"通计真赃实据已不下数万串之多"。⑦

房科书吏之所以能以其卑贱地位而势焰熏天，一个非常重要的原因在

---

① 中国第一历史档案馆藏：清代顺天府档案，028—3—160—236、237。

② 费庚吉：《请严定惩×书役扰害章程疏》，王延熙、王树敏辑：《皇清道咸同光奏议》，第1178页。

③ 刘衡：《禀严束书役革除蠹弊》，徐栋辑：《牧令书》，刑名中。

④ 周镐：《上玉抚军条陈》，邵之棠辑：《皇朝经世文统编》，第1454页。

⑤ 周家楣著、志钧编：《期不负斋政书》，第694—695页。

⑥ 朱采：《清芬阁集》，第879页。

⑦ 朱采：《清芬阁集》，第891—893页。

于他们本地有深厚的社会基础，对此有人指出："吏役多系土人，根蒂深固，稽之则朋蔽，趋之则习延，革之则私踞。"①此外，房科典吏以私人身份履行公职，几乎不会受到公权系统的有效制约，缺主陋习即凸显了这一点。对此当时人指出，在缺主陋习下，书吏"父以传子，子以传孙，一若官僇之世其业者"，"官暂而吏久，舞文弄法，因缘为奸者，弊不可胜数。一旦事发，官则震怒，下于狱重惩之。而彼方晏然曰：革吾吏，革吾役，不能革吾业也。爰倩人代充本缺而瓜分所入，仍世其业如故"。②再者，各地书吏在长期的运作中总结出一整套迎合、取信、蒙蔽、利用、操控、要挟州县官的方法。对此田文镜总结说：

> （书吏）举止动静，就官之所喜好者而巧为迎合。官而爱财，彼则诱以巧取之方，而于中染指；官而任性，彼则激以动怒之语，而自作威福；官而无才，彼则从旁献策，而明操其权柄；官而多疑，彼则因事浸润，而暗用其机谋；官喜偏听，彼则密讦人之阴，私以倾陷其所仇而快其私忿；官好慈祥，彼则扬言人之冤苦以周全其所托，而图其重贿；官恶受赃犯法，彼则先以守法奉公取官之信；官喜急公办事，彼则先以小忠小信结官之心；官如强悍，彼则倚官势以凌人；官如软弱，彼则卖官法以徇己；官如任用家人，彼则贿通家人以为内应；官如听信乡绅，彼则联络乡绅以为外援。③

关于房科制度的弊病，后文在对清代州县制度作总体分析时，还会有所涉及。

---

① 王德茂：《汰改役班》，盛康辑：《皇朝经世文编续编》，《丛刊》第84辑，第2913页。

② 方浚颐：《世吏世役说》，盛康辑：《皇朝经世文编续编》，《丛刊》第84辑，第2909—2910页。

③ 席裕福、沈师徐辑：《皇朝政典类纂》，第5053页。

第四节 州县差役

一、职务性质与社会身份

清代州县的差役，是办理衙署内部杂务和行政外勤事务的人员。可以肯定，清代州县差役所承担的这类职能，为任何一种行政系统所不可缺少，不过，对于这类人员的职务性质与社会身份如何定位，不同的行政系统却互有不同。

《周礼》记载，各官下属有胥、徒，如宰夫一官有胥12人、徒120人，"胥掌官叙以治叙"，"徒掌官令以征令"。郑玄注云：胥、徒是"民给徭役者"，如汉代之"卫士"。贾公彦疏云："胥有才智，为什长，徒给使役"，"一胥十徒"；胥的所谓"治叙"职能，即"次序官中""传吏朝"；徒的所谓"征令"职能，即"趋走给召呼"。贾疏又据《礼记·王制》"下士视上农夫食九人"的记载，认为"胥食六人，徒食五人"，其身份属于"庶人在官者"。①据此可以认为，在战国时期的各种行政系统中，就存在胥、徒（尤其是徒）之类办理官署内部杂务和行政外勤事务的人员。直至唐代，这类人员大致保持了他们"庶人在官者"的身份，虽然"非王臣"，但却属于各级政府组织的正式行政人员。如杜甫诗中从事抓丁的"石壕吏"，就是地方政府的外勤人员。

至唐代，这类官役"不足济事，乃借助于民役，宋时因之"②。宋代

---

① 《十三经注疏》整理委员会整理、李学勤主编：《十三经注疏·周礼注疏》（上），北京大学出版社，1999，第8页。

② 《清朝续文献通考》，卷二十七，职役一。

役法中的耆长、壮丁、散从、承符、弓手等，就是地方政府中供奔走的外勤差役。熙宁以后，差役演变为雇役，民出纳免疫钱，官府雇人应役，与差役同属于民役。明代役法，以户计者为里甲，以丁计者为均徭，其后者有银差、有力差，州县行政中的这类人员有皂隶、门子、防夫、轿夫、水手、弓兵、巡拦、库子、斗纪、禁子、民壮、铺兵等。这些徭役多为募役，官府征收丁银，雇人服役，发给工食。

清承明制，州县衙署的内部杂务和行政外勤事务属于徭役性质，官府征收丁徭（雍正后摊入田亩），募人承担，即募役：

> （清初定制）府州县额设祗候、禁子、弓兵，于该纳税粮三石之下二石之上户内差点，免其杂泛差役……又有快手、皂隶、门卒、库子诸役，皆按额数召募……初定秩禄之时，吏役银米皆有定额……在外各衙门吏书、门子、舍人、皂隶、禁卒、铺兵、仓夫、斗级、工匠人役，亦按季给以工食银两……皆于州县地亩编征。[①]

清代州县的差役佥征良民承担，但承差之后，其社会身份即由"良"转"贱"。清代户籍制度，民籍"必区其良贱，如四民为良，奴仆几娼优为贱"。而"衙署应役之皂隶、马快、步快、小马、禁卒、门子、弓兵、仵作、粮差及巡捕营番役"等，虽然不属于贱民，却被定位为"贱役"[②]，"其子孙自不准入仕应试"[③]。查明代各衙门祗应、禁子、弓兵等佥征民人充当，徭役性质十分明显，其人之社会地位与普通民人没有明显差别。随着募役制度的长久实行，衙门隶卒成为一种职业，其人品卑劣。这种情况的产生，本来在于吏役制度不良，然而统治者却倒因为果、倒果为因，不对吏役制度进行改革，反而将这些人定为"贱役"，实行歧视政策。对于这种非理性的做法，第七章再做深入分析。

在这种制度下，不惜忍受政治和社会歧视而仍然愿意承充差役者，大多是凶顽恶劣之辈，对此当时人有很多记述：

> （三班差役）多出身无赖，或本系匪类，遁入官署，借作护

---

① 《清朝文献通考》卷二十一，职役一。
② 《清史稿》卷一百二十，食货志一。
③ 《清朝续文献通考》卷二十七，职役一。

符⋯⋯①

（快手、皂隶）大半皆土棍游民，呼朋引类，州县习而不察，来者不拒，尽以公门为巢穴。②

（差役）鲜有守分之人，其势若虎狼，视民为鱼肉，驾驭稍松，到处滋扰⋯⋯俗云："署中多一差，乡里添一虎。"③

也有些人承充差役系因生活所迫等其他原因，有"原系安分民人，投充衙门以图体面、避差徭者"④，"有苦读未成，不得已而流为胥役者；有家原温饱，借之以撑持门户者；有资身无策，赖此以充衣食者"，"初心不过如此"，并没有想到要"作恶害人"。然而，恶劣的官府环境也会很快使得他们转而趋劣，所谓"一入衙门，习与性殊，日复一日，心胆遂雄"，"从前畏法之心，不胜其嗜利之心，此后奉公之事，皆化为害人之事矣"。⑤

二、种类与数额

（一）州县差役的种类

清代州县的经制差役有以下几种：

1. 皂隶。其职责原在于在衙署内值堂、行刑、守门。

2. 快手。即"宋之承符、人力、手力之属，又以马、步别为名目"，称马快、步快，其职责原在于在衙署外办理公务，"以供奔走驱使"，拘传人证，缉捕催科。

3. 民壮。民壮原来不是差役，而是民兵，后来逐渐演变为差役。《清文献通考》曾记述民壮的起源与演变：

民壮一项，考之前明，其初为数不多，后州县官以额设兵

① 民国《重修信阳县志》，民政志一，职役。
② 《清朝文献通考》卷二十四，职役考四。
③ 刚毅：《牧令须知》，第25—26页。
④ 《清朝文献通考》卷二十四，职役考四。
⑤ 王庆成编：《稀见清世史料并考释》，第273页。

丁随营差操，不敷驱遣，多取民间壮丁教以技艺，以备守城御寇已，遂泛应杂差，用供奔走。国初颇裁其冗，制为定额，凡督税课、摄词讼、捕盗贼、祗候迎送，皆役使之。①

即是说，明代为弥补地方守军的不足，招募民间壮丁参与守卫，后来逐渐演变为供地方官办理日常政务时奔走差遣的差役；而清代继承了这一做法，但裁减了人数。顺治江西《石城县志》、乾隆湖北《东湖县志》等地方志对明代民壮的起源演变有更详细的记述，兹综述如下：

"宋有厢兵，给诸州役使"，即民壮"所自始"。朱元璋定江东，"循元制立管领民兵万户府，后诏边民自备军械团结，时已用民兵"。洪武初立民兵，"有事用以征战，事平复还为民"。正统年间，"令各处招募民壮，鞍马器械悉从官给"。弘治年间，"立金民壮法，以州县大小定名数差等"，"州县七八百里者每里二名，五百里者每里三名，三百里者每里四名，一百里以上者每里五名"，"归有司训练，遇警调发，给以行粮"，"或称机兵，在巡检司称弓兵"。正德以后，实行民壮轮班上操制度，每年部分人赴府团营，称"长操"；其余留州县守卫，称"存操"。嘉靖以后，名额屡有增减，"多征银以充召募"。②

晚明各地民壮"久经裁汰"。清顺治四年（1647年），"通饬复设，每州县以五十名为定额"。后以民壮"无益于防御之实"，饬各州县酌留15名至30名，"惟沿海及边地、苗疆，封域辽阔，方准照额存留"。③由于各省州县例设民壮"每不足额数"，而且往往"仅供杂役"，雍正二年（1724年）"又定拣选民壮之制"。新的制度要求，每州县拣选民间壮丁50名，"务足额数，实给工食，分派学习，鸟枪手二十名，弓箭手二十名，长枪手十名，选其犹壮者各一人，点充头役，不时操练，务使技艺娴熟，皆堪应用"。雍正六年（1728年），"山东济宁州盗伤官弁，议给各官防护之人"，于各州县民壮中挑选壮健能军器者，分配给州县正印、

① 《清朝文献通考》卷二十一，职役一。
② 顺治《石城县志》，兵防志；乾隆《东湖县志》，军政上，民壮，江苏古籍影印本。
③ 乾隆《东湖县志》卷十四，军政上，民壮。

佐贰官及两司、道府、同通作为长随。①此后，河东总督田文镜上奏请停止向司、道、府、厅、佐贰衙门分派州县民壮，同时减少州县民壮名额，除省城首府所属大县仍设50名外，其其他州县分别繁简酌存40名、35名和30名。雍正十二年（1734年），谕按各省督抚所奏通行裁减。②

由民兵演变而来的州县民壮，原本属于一种准武装力量，职能以保卫为主，"行则给差遣，处则资捍御，凡解犯、护饷、缉奸及防守城池、仓库诸役，皆倚办焉"③。有鉴于此，清政府不时发布命令，饬各地加强对民壮的训练。如《六部处分则例》说，民壮"以守护仓库、监狱，护送过境饷鞘人犯为事"，"着各督抚严饬各该地方，于额设民壮简募壮丁充补，勤加训练。如有不知技勇及老弱充数者，责成该管知府照例揭参"。④乾隆二十八年（1763年），谕令各州县民壮"如有不知技勇，及年老迈弱充数者"，府厅官员会同揭报请参。⑤但随着时间的推移，民壮实际上逐渐演变为州县行政的外勤人员，与快手无异。对此当时有记述指出：

> 州县民壮，例本与兵一体操演，设以卫库狱者。近则只以唤词讼、提人证，操演二字绝不提及，盖通弊也。⑥

> 民壮设以卫库狱，例本与兵一体操演，近只以唤词讼而已。⑦

> （清代民壮）凡督税课、摄词讼、捕盗贼、祗候迎送，皆役焉。⑧

> 民壮古之乡兵也……无事则择其尤者守城池、护库狱，有警则策以应敌……（后）屡奉裁减，所存惟供县役，非复昔之民壮矣。⑨

---

①　《清朝文献通考》卷二十三，职役考三。

②　《清朝文献通考》卷二十三，职役考三。

③　乾隆《东湖县志》卷十四，军政上，民壮。

④　文孚纂修：《六部处分则例》，第382页。

⑤　《大清会典事例（嘉庆朝）》卷七十七，吏部。

⑥　严如熤：《三省边防备览策略》，徐栋辑：《牧令书》卷二十一，武备。

⑦　姚文楠：《今之牧令要务策》，葛士浚辑：《皇朝经世文续编》，第593页。

⑧　民国《重修信阳县志》，民政志一，职役。

⑨　同治《当阳县志》，武备志，民壮附，江苏古籍影印本。

4. 捕役。捕役亦称捕快，原本不属于经制差役，正因为如此，雍正四年（1726年）江苏巡抚张凯曾奏请将之革除。他说："州县捕盗设有捕快一役，不载经制，《全书》并无工食。充此役者，率皆市井无赖，承缉盗贼，每多纵盗扳良之弊。请一概革除，其缉拿之责，宜任民壮，议专责成。"①乾隆四年（1739年），署湖南巡抚张璨请求添设捕役等差役，也被吏部以"捕役向无经制之例"为理由驳回。②不过，清政府在事实上却承认捕役的存在为合法。例如，《清文献通考》的编纂者一方面承认"捕役之名，不载《赋役全书》，不编征工食"，另一方面又从《会典》律文中找出几条例证，说明捕役系"律文所载，名实昭然"，"实有其名"。其一，雍正元年（1723年）曾议准，"州县捕役能尽心访缉，经年无事者有赏，不肖捕役诬指良民为盗者发边卫充军"；其二，雍正三年（1725年）律例馆曾奏准，"旧律应捕弓兵尽改为捕役、汛兵"；其三，律载"州县捕役募定名数，遇有盗贼责令缉捕"；其四，律载"各省州县务于本衙门额设工食内每捕役一名将他役工食量为并给，使其养赡充裕。若拿获盗首者，令州县官从优给赏，如不获，将承缉捕役家口监禁勒比"。③此外，有的省份曾明确规定在各州县设置捕役。例如，道光七年（1827年），直隶总督令京畿四路"捕盗弁兵酌量裁改"，同时"于各州县添设捕役"，"应需工食银两在于裁减弁兵俸饷内支给"；当时宝坻县"奉文添设马快八名"，即依据这一命令。④

5. 看监禁卒。

6. 仵作。负责在命盗案件中验伤验尸。

7. 库子（库夫）。负责库银的保管、出入。

8. 斗级。负责仓粮的保管、发放。

9. 门子（门斗）。负责把守州县衙署、佐贰、儒学的大门（与州县衙署内宅门由长随担任的门子不同）。⑤

---

① 《清朝文献通考》卷二十三，职役考三。

② 《清朝文献通考》卷二十四，职役考四。

③ 《清朝文献通考》卷二十四，职役考四。

④ 中国第一历史档案馆藏：清代顺天府档案，028—4—263—029，028—4—262—001。

⑤ 有清代笔记云："旧称为学官供亿者为门斗，盖学中本为生员设廪膳，称门斗者，当是以司阍兼司仓，故合门子、斗子之名而称之耳。"见徐珂编撰：《清稗类钞》，第5263页。

10. 轿夫、伞夫、扇夫、吹手、马夫、灯夫。

11. 衙署火夫、学宫膳夫、更夫。

12. 驿站马夫、驿夫、兽医。

13. 铺司、铺兵。作为国家驿站的补充，负责与毗邻州县之间的文书传递。

除这些外，有些地方还存在其他属于差役性质的人员。例如，康熙间山东黄县有阴阳生、农民、衣生[1]；直隶获鹿县道光间有传报、茶库子、管工皂、接递皂、走递皂、农夫、折报、塘报夫等[2]。

以上各种差役，议其工作性质大致可以分为四类：第一，皂隶、快手、民壮、捕役等外勤人员，其职责略相当于现代社会中的刑事、司法、政务警察，构成了州县差役的主体。第二，驿站马夫、驿夫、兽医、铺司、铺兵，属于承担其他行政职能的外勤人员。第三，看监禁卒、仵作、库子、斗级，属于衙署的内勤人员。第四，轿夫、伞夫、扇夫、吹手、马夫、灯夫、火夫、膳夫、更夫，属于衙署勤杂人员。

（二）州县差役的数额

州县经制差役均有定额，但实际上因时因地互有差异。各种记载中较为常见的差役定额是皂隶16名、快手（马快）8名、民壮50名、看监禁卒8名、仵作2名、学习仵作1名，而数额不同的记载也不罕见。兹列举一些有关记载，见表4.5、表4.6。

表4.5　山东阳信

差役种类	山东阳信县	山东栖霞县	江西湖口县	直隶栾城县
门子	2	2	2	2
皂隶	16	16	14	13
马快	8	8	8	8
民壮	50	50	50	50

---

① 康熙《黄县志》卷三，差役，线装书局影印本。

② 河北省档案馆藏：清代获鹿县档案，655—1—577。

续表

差役种类	山东阳信县	山东栖霞县	江西湖口县	直隶栾城县
库书	1		4	
库子	4			4
仓书	1			
斗级	4			4
灯夫	4	4		
轿伞扇夫	7		7	7
禁卒	8	8	8	8
仵作			3	3
马夫			1	
防夫				4
农夫				2
吹手				8
铺司兵				40
更夫				4
火夫				10

资料来源：康熙《阳信县志》，田赋志；康熙《栖霞县志》，赋役志；《清末县署的机构设置和历任湖口知县》，《湖口文史资料选辑》第1辑；道光《栾城县志》。

表4.6　四川巴县额设衙差役定额

年份	粮快	壮役	皂隶	捕役	门役	轿伞夫	更夫	仵作	禁卒	合计
咸丰元年	8	14	12	6	2	7	8	2	10	69
光绪元年	8	14	12	6	2	7	8	3	10	70
光绪二十七年	8	14		6						

资料来源：四川省档案馆藏：清代巴县档案，清全宗6，道光朝第25卷，咸丰朝第9卷、第12卷，光绪朝第11卷、114卷。

州县差役的定额曾经有过调整。例如，乾隆元年（1736年）有奏疏认为，各州县快手、皂隶"旧止数名，固属太少，而约略冲僻地方，量增名数，可以敷用。请饬下直省督抚酌定成额，分别去留，其余各役悉照皂快例行，违者查参"。"事下王大臣九卿会议，如所请行。"①

清代州县差役的定额虽然很少，但却存在大量超编人员，谓之"白役"。《清文献通考》说："快手、皂隶、门卒、库子诸役，皆按额数召募，额外滥充者谓之白役，私用白役者有禁。"②差役超编问题早在明代后期就已相当严重。据顾炎武《日知录》，明末"一邑之中，食利于官者亡虑数千人……一役而恒六七人共之"③。李乐《见闻杂记》也说，明后期"胥较前增十倍不止"，"胥之外又有白役、防夫、快手人等，亦增十倍"。④入清以后，朝廷多次发布谕令，严禁地方官员超额募用白役。例如：

（1）康熙十四年题准：若官员知系白役，于定数之外滥留应役，发给牌票，差遣公事，婪赃累民，按其所犯赃数（处罚该官员）。

（2）乾隆二年议准：各衙门于正额差役和酌增之帮役外，复行多留者，议处。

（3）嘉庆十一年谕："近来各州县俱有无名白役，什百为群"，着立即裁汰。⑤

（4）道光六年谕：各直省大小衙门书吏差役及门斗、弓兵冒滥渐多，"自应严定章程，以示限制"，"州县衙门吏役不准过八十名，教官杂佐衙门门斗、弓兵不准过二十名"，"余皆一概革退，编入里甲当差"。⑥

对于违制滥设差役，《大清律》定罪极为严厉："若典吏、知印、承差、

①　《清朝文献通考》卷二十四，职役考四。

②　《清朝文献通考》卷二十一，职役考一。

③　顾炎武著、黄汝成集释：《日知录集释》，第293页。

④　李乐：《见闻杂记》卷五，第四十条，上海古籍出版社，1986。

⑤　《大清会典事例（嘉庆朝）》卷七十七，吏部。

⑥　《清朝续文献通考》卷二十七，职役一。

祗侯、禁子、弓兵人等，额外滥设者，（典选者）杖一百，迁徙"，"容留一人，正官笞二十，首领笞三十，吏笞四十"①。尽管如此，白役却势难革除，原因就在于其存在具有一定的合理性，即如有的地方志所说，白役的存在是由于"州县事剧役繁，必借其力，势不能无"②。在这种情况下，各地州县差役的实际人数均远远多于定额，少者百余人，多者数百人、上千人甚至数千人。例如：

（1）直隶盐山向有班役二百人；③景县"有皂班、壮班、头快、二快，共四班，各班俱有班头数名，各班头俱有黑役（在署内无名者谓黑役）十数名或数十名不等"④。

（2）河南新安县差役"皂、快、壮各分头、二两班，每班约数百名"。⑤

（3）四川巴县额设皂隶12名，光绪元年实际为64名；额设粮快8名，光绪元年实际为319名，光绪二十七年实际为260名；额设捕役6名，道光十五年实际为320名，光绪二十七年实际为120名。⑥

（4）嘉庆十一年的一道上谕说，"九省通衢"的直隶正定县"吏役多至九百余名"；浙江仁和、钱塘两县虽"非直隶州县可比"，而"正身白役不下一千五六百名"。⑦

（5）嘉庆间，四川"各州县粮快两班多至千人，分为散差、总差、总总差名目"。⑧

（6）道光七年，直隶总督那彦成裁汰本省挂名吏役，"通省

---

① 沈之奇撰：《大清律辑注》，法律出版社，2000，第133页。

② 民国《重修信阳县志》，民政志一，职役。

③ 民国《盐山县志》法制略，设官篇。

④ 民国《景县志》，政治志上。

⑤ 熊祖诒："上当事书"，葛士浚辑：《皇朝经世文续编》，第855页。

⑥ 四川省档案馆藏：清代巴县档案，道光朝第25卷，咸丰朝第9卷、第12卷，光绪朝第11卷、114卷。

⑦ 《清朝续文献通考》卷二十七，职役一。

⑧ 四川省档案馆藏：清代巴县档案，嘉庆朝第5卷。

革除吏役竟有二万三千九百余名之多"。①

（7）胡林翼任贵州巡抚时说，"贵州白役最多"，石阡府"最僻最瘠"（除府直辖境之外，仅辖龙泉一县），"白役尚数千人，此外各府已概见"。②

（三）正役与散役

就职务身份而言，差役大致可以分为两种：一为额定的正身差役，称头役（皂头、快头、壮头、捕头），有些地方称红名、把势匠，应役时正式办理过投充手续，载入卯册，州县留支中有其工食银；二为散役，有帮役、白役、副役、副差或（正身差役的）"伙计"等各种名目。有文献谈到帮役、白役的作用说："如差多事繁，正役不能亲身出差，因有帮役、白役为之代劳。"③而同为散役，其情况又可分为三种：一是正式召募的散役，即上文所述乾隆二年（1737年）议准的"正额差役"之外的"酌增之帮役"。这种帮役虽然不在额定编制，但召募经上宪批准，载入卯册，例无工食，但免差徭。二是役班自行召募办事或"诸正役私引为助"④的散役，即通常所谓"白役"，其召募未经正式批准，不入卯册，由役班差遣，既无工食，也不免差徭。三是差役办差时临时召唤帮忙的人员，究其实连散役的身份也没有，有的地方称其为"假差"。后两种人之所以在没有任何待遇的条件下仍愿意当差，原因在于可以在跟随正身差役办差的过程中狐假虎威，敲诈勒索，他们"所至之处，似狼如虎，恣意勒索，正副分肥"⑤。关于役班的这种人员构成，举例如下：

（1）直隶获鹿县档案存有一件《光绪十八年快手点册》，载头班快手16名，散役27名；二班快手28名，散役34名⑥。

（2）山东馆陶县头壮班、二壮班各置总役一名，头役四名，

---

①　《清朝续文献通考》卷二十七，职役一。
②　胡林翼：《致广顺但云湖十二则》，葛士浚辑：《皇朝经世文续编》，第586页。
③　田文镜：《复陈书役不必定额疏》，邵之棠辑：《皇朝经世文统编》，第1451页。
④　《清朝文献通考》卷二十一，职役一。
⑤　田文镜：《复陈书役不必定额疏》，邵之棠辑：《皇朝经世文统编》，第1451页。
⑥　河北省档案馆藏：清代获鹿县档案，655—1—1095。

散役六名；头快班、二快班置总役一名，头役六名，散役八名；头皂班、二皂班各置总役一名，头役四名，散役十名。马快班（亦称捕班）置总役一名，头役六名，散役十名。①

（3）直隶东明县健壮头班红名 15 名，白役 12 名；健壮二班红名 22 名，白役 29 名；民壮头班红名 29 名，白役 20 名；民壮二班红名红名 28 名，白役 15 名；皂班头班红名 6 名，白役 4 名；皂班二班红名 7 名，白役 7 名；皂班三班红名 6 名，白役 11 名；皂班四班红名 8 名，白役 7 名；马快班红名 41 名，白役 7 名。共计 9 班，红名 162 名，白役 111 名。②

一般说来，州县官签差，仅限于卯册有名的额定差役，称"签差"即如王值所说，"只差班头，听其分发"③。而如有需要，正身差役往往带领或派遣附属于自己的散役、白役办差。例如《活地狱》说：

一个名叫胡胜标的武秀才被控"鱼肉乡愚，武断乡曲"，知县签发差票命皂头邢兴拘传，而"邢兴是正身，一切提人事件都是副役去的"。邢兴"派了自己一个伙计"与地保一同下乡，"找了胡胜标，告其所以，又把那个副差领到他家"。④

役班或正身差役可指派散役办差，称"拨差"（正身差役或称"拨头"，被拨散役或称"小差"）；如系两个以上役班共同指派，称"公拨"，均与州县官无涉。如道光十八年（1838 年）宝坻县的一件役头禀文说：

具禀快头白全五、壮头孙先成为回明事：切役等公拨散役郭存押解刘忠赴臬宪辕门禀投听候提审……⑤

同治九年（1870 年）散役蔡全的一份供词说：

玉田县壮班拨小的同大老爷派的把式匠刘姓解徒犯一名……又壮班拨赵凤春同大老爷派的把式匠尚孔解徒犯一名……⑥

① 民国《馆陶县志》，政治志，制度。
② 民国《东明县续志》，附记，成文影印本。
③ 王值：《衙役》，徐栋辑：《牧令书》卷四，用人。
④ 李伯元：《活地狱》，第 81、86 页。
⑤ 中国第一历史档案馆藏：清代顺天府档案，028—3—155—120。
⑥ 中国第一历史档案馆藏：清代顺天府档案，028—3—157—007。

报告差务时卯册有名、应拨办差的散役也可以同正身差役一起具名。例如，顺天府宝坻县道光十三年（1833年）的一件差役禀文的具名为"具禀快头白××、拨役杨×"①；道光二十三年（1843年）的一件差役禀文具名为"具禀壮头韩忠、拨役魏成"②。拨头承票办案过程中，拨役如有过犯，拨头要为之负责，即如刘衡所主张："小差有犯，则严惩票内标明之正役，不准小差代受刑责。"③

　　关于非正式散役和"假差"的情况，一些历史档案有所反映。下面是顺天府宝坻县涉及差役违法办案的供词：

　　　　韩俊供：小的年四十一岁，是北门外贾庄人，原先小的给霍各庄丈人家季文杰看家（曾捉住窃贼）……后小的不愿当散役，（差役）王永贵又叫小的获住高春一案；如今赵廷贵家被窃，王永贵又叫小的办案。三月十五日，小的合刘双、纪国发、张拴四人……北谭庄赵乡保，他领到赵廷贵家叫门……

　　　　纪国发供：三月二十一日，韩俊叫小的帮他办案，小的说不懂的，他说无事……

　　　　张拴供：……并没有当过散役，三月十九日，小的浇园，韩俊找小的说，二十日叫小的同他到北谭庄办案，小的说办不好，他说有他不怕……④

从这件档案可以看出：韩俊是普通民人，为亲戚看家，因在一次窃案中抓获了窃贼，被差役王永贵发展成散役；后来奉王永贵之命"办案"时，又召唤自己的熟人纪国发、张拴等一同前往。可见，这种散役并不在官府卯册，平时各有职业，也并不在官服役，只是有时应差役之唤跟随办案，并可以临时召唤自己的熟人跟随参加办案，这就是有些地方所谓的"假差"。例如，四川巴县正里"总役"刘荣于咸丰元年（1851年）七月所具禀文说，"班内散役景顺在外游荡，久不到衙办公，并在乡与'假差'张

　　①　中国第一历史档案馆藏：清代顺天府档案，028—1—40—002。
　　②　中国第一历史档案馆藏：清代顺天府档案，28—1—40—020。
　　③　刘衡：《禀严束书役革除蠹弊》，徐栋辑：《牧令书》卷十八，刑名中。
　　④　中国第一历史档案馆藏：清代顺天府档案，028—3—152—132。

老七惹祸生非，扰害乡愚"①，即属于这种情况。

三、人事制度

（一）差役的应役与退役

按照典制规定，州县差役应役循由两种途径：其一，差点，即由官府指定应差而不须经本人自愿投充；其二，召募，即由应差者本人投充，官府审查批准。有关制度规定：

> "府州县额设祗候、禁子、弓兵，于该纳税粮三石之下二石之上户内差点，免其杂泛差役"，"又有快手、皂隶、门卒、库子诸役，皆按额数召募"。②

清代各种对于州县差役的记载不见祗候名目，而起源于明代民兵的弓兵入清后也已演变为与皂隶、快手并无差别的壮班差役，这样，经差点产生的差役就只有禁卒，其余均经由召募应役（禁卒后来或许也系经由召募应役，待考）。

有关典制规定州县差役投充须办理相关手续，每年进行考核，五年必须退役：

> 雍正七年议准：外省府州县各衙门书役投充，务取具并无重役、冒充亲供、互结，该地方官加具印结，汇造役册，申送该管稽察衙门，方准着役。每于年终，该役出具并无过犯连名互结，地方官加具印结，申送该管道员衙门（如无巡道地方，责成守道；无道员地方，责成按察使，令其专管稽查）。倘有五年役满不退者，将该役斥革治罪。③

关于差役的投充，清政府还陆续作出过一些其他规定。如禁止乡绅奴仆在各省大小衙门充役；在内外大小衙门承充胥役者，年七十必须退役，理由是胥役"阅历愈久，则贪诈愈甚"；"年至七十，刑不加身，流徒杖

---

① 四川省档案馆藏：清代巴县档案，咸丰朝第25卷。
② 《清朝文献通考》卷二十一，职役一。
③ 《大清会典事实例（嘉庆朝）》卷七十七，吏部。

笞，例得收赎"，因此有可能"倚年老为护符，以遂其贪诈之计"；乾隆五十九年（1794年），贵州"充当厅役"的王顺，借差需索，逞凶毙命，年仅十九岁，拟绞。事情发生后，清廷谕令"嗣后召募书役，务须遴选老成强干之人，不得以年齿太轻者滥行准充"[①]。上文述及，这些规定也适应于房科书吏。

清代的地方档案保存有差役投充的本人投状（即"亲供"）和役班头目的保状（即"互结"），摘录如下：

1. 乾隆二十五年（1760年）四川巴县陈洪投充捕役的投状和捕头姚章等人的保状。

（1）陈洪投充捕役的投状：

正里七甲民陈洪，为恳恩收录事。

情蚁载册粮民，身无过犯，情愿投充天案捕班勤慎办理公务，以效犬马之劳，不得推委。是以恳乞太老爷台前赏准收录施行。

县正堂批：准充。

（2）捕头姚章、万珍为陈洪投充捕役而具结的保状：

捕头姚章、万珍，今于太老爷台前与保状事。

役实保得陈洪在役班内听候差遣，不致违误公事。中间不致虚冒，保状是实。

县正堂批：准保。[②]

2. 乾隆四十年（1775年）直隶获鹿县姚成功等十人自愿承充马快的认状和马快头董大贵等人具结的保状。

（1）姚成功等十人具结的认状：

今于与认状事依奉认充马快，常川伺候不致误公。

（2）董大贵、王廷相、王士德、徐士德、卢九星等人具结的保状：

依奉保得姚成功、东建元、×直秀、高文、梁有仁、丁识

---

① 《大清会典事例（嘉庆朝）》卷七十七，吏部。

② 四川省档案馆编：《清代巴县档案汇编》（乾隆卷），第222页。

双、董用成、史成用、杜怀、谢生雨俱年力精壮，堪充马快，常
川伺候，不致误公，所保是实。①

散役投充的手续较为轻易，四川巴县档案中存有捕班"总役""捕头"为
他人充当捕役而具结的保状，但未发现被保者本人的认状。捕役本来就具
有某种非经制色彩，额定数目极少而散役数目极多，或者可以推测，捕役
散役投充不须本人具结认状。兹举道光十八年（1838年）巴县的有关实例
如下：

　　（1）捕班"总役"皮贵等6人禀称："班内事繁役少，乏人
办公"，保谢×充当"捕头"；知县批"准保充捕头入卯"。

　　（2）捕班"总役"林升等3人禀称："班内散役缺少，不
敷差遣"，保龙隐镇"年力精壮，殷实老成"者二人充当"散
役"，"以便派差稽查"；知县批："准保充散役注卯"。

　　（3）"捕头"林升等3人禀称："班内事繁役少，乏人办
公"，"选得"杜×等6人"年精力壮，为人谙练老成，可以充
役办公"，请准注册；知县批："准保充"。②

在这卷档案所保存的几份保状中，具保人林升三次列名，其中两次自称
"总役"，一次自称"捕头"；王彪、马元均两次列名，一次自称"总
役"，另一次自称"捕头"。可见总役就是捕头，系额定的或较为正式
的捕役。被保人中，除谢某被直接保为"捕头"外，其他则被保为"散
役""差役""捕役""役"，均为散役。该县乾隆三十四年（1769年）
的一件档案说明，散役转为正身差役也须由正身差役具保：

　　捕头姚章、谭俸、朱沛、林俸、胡玉、刘俸，为公举事。

　　情有捕役谢元历役年久，办事勤慎，老成练达，兼有条粮，
堪充捕头。役等公议，保举承充捕头……县正堂批：准充捕头。③

巴县的一些档案表明，散役也可以为他人具保充当捕役：

　　道光十三年二月，捕班"散役"卢俸禀称："役承管孝里之

---

① 河北省档案馆藏：清代获鹿县档案，655—1—377—5、7。

② 四川省档案馆藏：清代巴县档案，道光朝第20卷。

③ 四川省档案馆编：《清代巴县档案汇编》（乾隆卷），第224页。

人"，选得魏×等2人，"承保班内办公"；知县批："准保应役，如有未妥，惟尔是问"。

差役的退役，须禀请州县官批准。兹录有关文件如下：

（1）乾隆三十八年六月四川巴县捕头的辞状：

小的万珍、姚章、余珍，为恳恩赏准辞退事。

情因役等身充捕头，冰兢守法。奈役×××染旧疾，年已六十，举步难动，恐误差遣，只得恳乞太爷台前赏准辞退施行。

县正堂批：准退。①

（2）道光二十五年顺天府宝坻县快头的辞状：

具禀快头白全五为禀明下情恳恩准退事。

切役充当案下犬马，常川伺候，不敢误公，理宜报效。奈役年逾六旬有余，近又得有腿疾，步履维艰，不能跑跄，惟恐误公干罪，为此禀叩大老爷恩准告退，卯簿除名，实为德便。上禀。

知县批：准退。②

正身差役和散役如果发现经自己具保而充役的人员不能尽职，可以禀请将其革斥。例如：

道光十年，四川巴县"捕头"李坤等禀请将"散役"王顺等示革；"捕差"（即捕班散役）卢俸禀请将所保"散差"卢贵示革。③

道光十三年，巴县捕班温×等禀称：所保"捕差"冯×"差务羁延，在乡恐滋事端，役等有保送之责"，请求革黜；知县批："着即示革"。④

差役平时因病、因事离役，也必须向州县官请假获得批准，销假也须禀请批准。顺天府档案中存有这类的请假、销假禀文。试举二例：

（1）县捕头请病假禀文：

具禀捕头马升为回明事：切于三月十六日役下班回家，自觉

---

① 四川省档案馆编：《清代巴县档案汇编》（乾隆卷），第225页。

② 中国第一历史档案馆藏：清代顺天府档案，028—4—259—002。

③ 四川省档案馆藏：清代巴县档案，道光朝第31卷。

④ 四川省档案馆藏：清代巴县档案，道光朝第18卷。

遍身疼痛，至十九日署内传唤，役带病过署，迨回家后即患伤寒病症，昨役请医调治，服药至二十五日出汗，现在卧炕未起，不思饮食，恐误传唤，理合回明，叩乞大老爷恩准赏假调养，一俟病痊，即行进署当差，施行，上禀。

道光二十六年六月×日

批：准赏假十日，医痊即进署当差，毋许延误。[①]

（2）捕头病愈请求重新服役禀文：

具禀因病告退捕头王永太为病痊情愿效力叩恩卯簿入明事：切役前在金太老爷下充当捕头，小心办事，并未误公。后在刘太老爷任内因病告退保出，役胞弟王永贵等代为当差，蒙刘太老爷面谕，遇有缉捕事件仍着役出为办理。今役病痊，情愿充当犬马，叩乞太老爷恩准充当，卯簿入名，实为德便，上禀。

道光二十六年七月初七日

批：准其入卯当差缉捕，务须勤慎，勿稍懈怠干咎。[②]

关于差役服役年限，虽然制度不得超过五年，但这一规定完全没有得到施行，许多差役甚至终身服役。表4.7以四川巴县的有关情况为例：

表4.7　光绪元年四川巴县县衙额设差役役龄

役种	役名	年龄	投役年份	投役时年龄	已服役时间
门役	卢贵	69	道光八年	22岁	47年
	彭升	58	道光二十九年	32岁	26年
皂隶	杨洪	75	嘉庆二十五年	20岁	55年
	王俸	74	嘉庆二十五年	19岁	55年
	萧玉	63	道光二十一年	29岁	34年
	刘荣	69	道光二十四年	38岁	31年
	盛贵	71	道光二十五年	41岁	30年

① 中国第一历史档案馆藏：清代顺天府档案，028—1—22—001。

② 中国第一历史档案馆藏：清代顺天府档案，028—1—22—005。

续表

役种	役名	年龄	投役年份	投役时年龄	已服役时间
	段贵	66	咸丰元年	42岁	24年
	陈奇	64	咸丰元年	40岁	24年
	罗刚	60	咸丰元年	36岁	24年
	王斌	55	咸丰元年	31岁	24年
	王恺	54	咸丰元年	30岁	24年
	刘玉	45	咸丰元年	21岁	24年
	张顺	48	咸丰元年	24岁	24年
粮快	梁太	72	道光二十五年	42岁	30年
	刘荣	66	道光二十九年	40岁	26年
	汪政	70	道光二十九年	44岁	26年
	田顺	72	道光二十九年	46岁	26年
	冉超	55	咸丰十年	40岁	15年
	陈泰	57	咸丰十年	42岁	15年
	刘彩	51	咸丰十年	36岁	15年
	周荣	47	咸丰十年	32岁	15年
仵作	朱林	80	道光二十九年	54岁	26年
	叶清	70	道光二十九年	54岁	26年
学习仵作	杨俸	56	道光二十九年	30岁	26年
民壮	聂俸	71	道光八年	24岁	47年
	石顺	68	道光二十年	33岁	35年
	陈全	66	道光二十三年	34岁	32年
	黄奇	67	道光二十三年	35岁	32年
	黄荣	64	道光二十三年	32岁	32年
	赵顺	61	道光二十四年	30岁	31年

续表

役种	役名	年龄	投役年份	投役时年龄	已服役时间
	张洪	56	道光二十四年	25岁	31年
	胡玉	54	道光二十四年	23岁	31年
	彭俸	54	咸丰元年	30岁	24年
	刘芳	54	咸丰元年	30岁	24年
	刘顺	61	咸丰元年	37岁	24年
	段福	48	咸丰元年	24岁	24年
	邓升	47	咸丰十年	23岁	24年
	金顺	43	咸丰十年	19岁	24年
禁卒	李升	80	嘉庆十九年	19岁	61年
	陈升	75	道光四年	24岁	51年
	杨铣	77	道光六年	32岁	49年
	王春	72	道光八年	25岁	47年
	王林	54	道光二十八年	27岁	27年
	雷俸	45	咸丰十年	30岁	15年
	李贵	47	咸丰十年	32岁	15年
	王顺	49	咸丰十年	34岁	15年
	黄贵	50	咸丰十年	35岁	15年
	张福	43	咸丰十年	28岁	15年
更夫	李登怀	70	道光二年	17岁	53年
	罗正洪	67	道光五年	17岁	50年
	陈贵	69	道光九年	23岁	46年
	丘贵	73	道光九年	27岁	46年
	李升	45	咸丰十年	30岁	15年
	张荣	43	咸丰十年	28岁	15年

续表

役种	役名	年龄	投役年份	投役时年龄	已服役时间
	梁洪	45	咸丰十年	30岁	15年
	郑贵	40	咸丰十年	25岁	15年
捕役	张贵	64	道光二十八年	37岁	27年
	牟贵	58	道光二十八年	31岁	27年
	张坤	55	咸丰十年	40岁	15年
	徐刚	57	咸丰十年	42岁	15年
	杨贵	45	咸丰十年	30岁	15年
	赵顺	43	咸丰十年	28岁	15年
轿伞夫	刘贵	75			
	汪俸	72			
	王贵	71			
	李升	41			
	刘荣	45			
	胡顺	43			
	梁荣	40			

资料来源：四川省档案馆藏：清代巴县档案，清全宗6，光绪第114卷，巴县遵札造呈光绪元年分正佐各衙门现设官役姓名清册（光绪二年正月至三月）

从直隶获鹿县的一件《光绪十八年快手点册》可以看出，正身差役服役时间较长，年龄较长，散役服役时间较短，年龄较轻：

头班、二班额定快手共44名，其中60岁以上者3人，50岁以上者11人，40岁以上者11人，30—39岁者16人，25—29岁者3人；散役共61人，除1人50岁、2人年龄不详外，全部为43岁以下。

正身快手44人中，咸丰年间入卯者6人，同治年间入卯者14人，光绪年间入卯者24人；散役61人中，同治年间入卯者1人，其余60人均为光绪年间入卯。①

差役一般均为本地人，在召募制度下，亲属、里邻往往相互援引应役，有时一州一县的大多数差役竟来源于为数不多的几个坊厢村庄。例如，光绪十八年（1892年）直隶获鹿县在役的正身快手和散役共105名，全部来源于13个村庄、坊厢。其中家住西关者共45人，占42.8%；家住石井村者共31人，占29.5%；家住城坊者共13人，占12.3%；其余家住顺城关者4人，薛家庄2人，海山岭村2人，孟同村1人，郑家庄1人，东关共2人，土门1人，张庄1人，南关1人，聂家庄1人。②在召募制度下，差役中也不排除有外籍人。例如，道光二十五年（1845年）宝坻县捕头王永太禀请退役，所提理由是"籍系在沧州"，"家有八旬母患病"，"在署当差，不敢私行远离，恐误传唤"，因此要求"退役回家养亲，卯簿除名"。③四川巴县某差役，原籍夔州府某地，在巴县成家，"投辕充役，历伺数主，迄经二十余载"，后居住原籍的母亲年老，写信"嘱令归梓"，因此提出退役，得到知县的批准。④又，道光十年（1830年），巴县"朝天门捕役"何贵禀请将自己所保傅涛示革，原因是傅涛系"长寿县人氏"，"回籍久不赴班办公"。⑤

（二）差役的经济待遇与收入

清代差役的经济待遇与收入，第一在于免杂差，其二在于有工食。前文已经提及，清代对于州县额设祗候、禁子、弓兵"免其杂泛差役"，而实际上，只要在衙门充当任何一种差役，都同样可以免除杂差。康熙间人黄六鸿说，当时"愚蠢乡民"只要"贿买头役，侧身衙门"，就可以免除"杂差"。⑥道光间有官员指出，当时"白役日多"的一个重要原因，就在于"书吏门斗，兵丁差役，一切在官人等，均谓以身充役，概行优免

---

① 河北省档案馆藏：清代获鹿县档案，655—1—1095。
② 河北省档案馆藏：清代获鹿县档案，655—1—1095。
③ 中国第一历史档案馆藏：清代顺天府档案，028—4—259—003。
④ 四川省档案馆编：《清代巴县档案汇编》（乾隆卷），第225页。
⑤ 四川省档案馆藏：清代巴县档案，道光朝第31卷。
⑥ 黄六鸿：《福惠全书》，第38—40页。

（差徭）"。①前文所述清廷关于限制外省大小衙门吏役数额和免差数额的规定，就是在这种背景下出台的。此外，"在外各衙门吏书、门子、舍人、皂隶、禁卒、铺兵、仓夫、斗级、工匠人役"，均"按季给以工食银两"，（后屡经裁减）"皆于州县地亩编征，详载《赋役全书》"。②按照定制，差役工食在州县存留中坐支。据获鹿县道光五年（1825年）正月《各役工食帐》，该县领取工食的人员有：

> 头壮、二壮、头快、二快、头皂、二皂、捕快、门子、传报、茶库子、仵作、更夫、火夫、守城民壮、在城铺司、荆壁铺司、吹手、管工皂、接递皂、走递皂、斗级、农夫、灯笼夫、折报、马牌子、兽医、塘报夫、抄牌书办、××××××、轿夫。③

清初沿明制，差役工食数额较多。顺治九年（1652年）至康熙二十七年（1690年），屡次对包括差役工食在内的州县留支银进行裁减（见第六章第一节）。此后各地差役工食银定额互有差异，而以每年6两者居多。不过，较为普遍的情况是，州县官并不发给差役工食银，而任其在办差过程中敲诈勒索。例如，民国直隶《广宗县志》记：该县三班差役百余人，"不给工食，惟鱼肉乡民以自肥"④；《景县志》也说，该县差役"例有工食，官不发给，专事敲诈勒索为其唯一之生活费"⑤。清末谴责小说对这一点也有反映：

> "书差有书差的工食"，但后来"都入本官私囊"。书办衙役有个口号，叫做："靠山吃山，靠水吃水"，"经了他们的手，没有一个放过的"。⑥

差役社会地位虽然低下，但可以倚权仗势欺压勒索百姓，经济收入不菲，故仍有人愿意充当。对此有人指出："自书吏以下诸役，既庇官事，亦养身家，在民每愿为承应，非如宋时役法之害，视为畏途者比也。"⑦有

---

① 屠之甲：《敬筹直隶减差均徭疏》，葛士浚辑：《皇朝经世文续编》，第1194页。
② 《清朝文献通考》卷二十一，职役一。散役"例无官给工食"仅"免其差徭"。
③ 河北省档案馆藏：清代获鹿县档案，655—1—577。
④ 姜槱荣修：民国《广宗县志》，法制略。
⑤ 耿兆栋监修：民国《景县志》，政治志上。
⑥ 李伯元：《活地狱》，第1—2页。
⑦ 《清朝文献通考》卷二十一，职役一。

证据表明，清代差役的权势有不断膨胀的趋势。光绪年间，有些地方差役下乡已经不再步行，而是"改乘高车"，"妄自尊大"，"气势炎炎，凶横已极"，令小民"厚给车钱"①；另一个记载也说，湖南差役奉票"公然乘舆下乡"②。差役虽无工食，但许多人勒索舞弊所入颇丰，这是不争的事实。还在嘉庆年间，四川一些地方便有"差头换举人，倒补一千金"之谣，"欲充当总差一名，用顶头钱或累千数"。有人评论说："若非冀取民膏以充私橐，何肯拚重费而入公门？"③《活地狱》讲述的一个案例，可以反映差役敲诈勒索的"收入水平"：

> 黄、巫二姓官司，差役史湘泉等与长随相勾结，将黄姓主仆4人拘押，肆意敲诈勒索。最后黄姓出银2500两将主仆4人保释，除县官得1000两、门房得500两、监狱班管苟大爷得200两外，差头史湘泉独得800两。后来黄姓为了彻底了事，防止巫姓再告，又出银3000两给史湘泉，后者答应"替他在衙门上下打点，包他无事"。这3000两银子，除县官、长随和书吏分润外，差头史湘泉肯定得一大头。④

四、职能与分工

（一）差役的职能

差役中的看监禁卒、仵作、库子、斗级、门子、轿夫、伞夫、扇夫、吹手、马夫、灯夫、衙署火夫、学宫膳夫、更夫、驿站马夫、驿夫、兽医、铺司、铺兵等，其职能为何通过其名称即可一目了然。而皂隶、快手、民壮、捕役乃州县差役的主体，其职能较为复杂。兹分述如下：

1. 催征赋税。有些地方赋役征收实行差役催征制度，如直隶广宗县以

---

① 田翰墀：《敬陈清苑蠹役需索之害疏》，王延熙、王树敏辑：《皇清道咸同光奏议》，第1181页。

② 光绪《会同县志》，艺文志，成文影印本。

③ 四川省档案馆藏：清代巴县档案，嘉庆朝第5卷。

④ 李伯元：《活地狱》，第50—51页。

"壮班以传差催粮"①；四川巴县快班亦称"粮快"，催征是其主要职责。差役催征一般按里甲或按征收柜分工，获鹿县档案存有该县光绪二十二年（1896年）造具的《承催本年下忙钱粮原差比簿》，反映了这种制度。该县钱粮分12柜征收，由知县给予差票，责成11名差役分柜催征本县及栾城、正定、元氏等邻县寄庄人户的下忙应缴钱粮。其具体分工是：

> 曹文秀：甲字柜、丙字柜、隔县下忙应征银；
>
> 刘万红：乙字柜、丁字柜；
>
> 龚雷：戊字柜、巳字柜；
>
> 蔡双成：庚字柜、辛字柜；
>
> 杨庆云：壬字柜、癸字柜、新升科下忙应征银；
>
> 康振义：裕字柜、改字柜；
>
> 李士席：裕正邑下忙应征银；
>
> 赵芳：裕栾邑下忙应征银；
>
> 戈凤清：裕元邑下忙应征银；
>
> 赵成：改正邑下忙应征银；
>
> ×××：改栾邑下忙应征银。②

差役催征具有承包性质，责任所在如不能完成，须自己赔垫；对于抗粮者，可以禀请追究。例如，光绪十五年（1889年）八月巴县居义里左班双月粮役覃太给知县的禀文说：

> 节里全甲黄子华等10人"抗粮两载"，"丝毫不给"。自己不敢违误，向亲友挪借银两垫缴。但黄子华等至今分厘不还，禀请究追。知县批："×签饬措纳，违即带追"。③

差役有时也承担契税等税收的查验工作。例如，获鹿县档案存有光绪二十九年（1903年）十二月该县柬房承拟的一件饬差谕令，说该县人民对于田宅契税"投税寥寥"，令差役"前赴某路各村庄，协同乡地并该管佣书，携带过割册簿，逐户稽对"。④

---

① 民国《广宗县志》，法制略。
② 河北省档案馆藏：清代获鹿县档案，655—1—1121。
③ 四川省档案馆藏：清代巴县档案，光绪朝第4262卷。
④ 河北省档案馆藏：清代获鹿县档案，655—1—871。

2. 拘传人证。对于民事诉讼、治安事件中的当事人和证人，由州县官签差拘传，这是差役的一项主要工作。直隶获鹿县清代档案中存有一传票底册，逐月登记某年签发差票的数额和内容，计：

> 正月：2 票；二月：4 票；三月：35 票；
>
> 四月：45 票；五月：5 票；六月：21 票；
>
> 七月：14 票；八月：15 票；九月：9 票；
>
> 十月：15 票；十一月：11 票；十二月：15 票。共 192 票。

这些差票中的相当一部分系为传案签发，包括：

> 一票传在城曹房张宗江控张宗连阻挡当房一案；
>
> 一票传召卜口村刘文思控李二小霸占地基一案；
>
> 一票传李家庄黄益昌控黄六不给会钱一案；
>
> 一票传栾邑试用训导宜德邻控石殿乡抗债霸地一案。①

对于公务纠纷和事故中的当事人、责任人，有时也令差役传唤。以下顺天府宝坻县役头的两件禀文即反映了这一点：

> 具禀快头白××、拨役杨×为回明事：
>
> > 据兴保里乡保银贵禀，伊里必须殷实之人帮办，选得尔家等庄刘立生等，俱系帮办车领，恳请传饬等情。蒙票差传讯等因，役遵即协同牌甲往传，现将纪××、刘×、贾××、郭××、李××，乡保银贵传案，其刘××现在患病，难以来案；刘××早已赴津贸易去讫，无凭传唤，理合回明大老爷查核施行，上禀。
> >
> > 道光十三年十二月初三日②

> 具禀壮头田文玉为回明事：
>
> > 窃奉票传密查不认真办理保甲团练之牌头单顺到案面谕等因，遵即往传。现将单顺传到，理合回明，叩乞大老爷查核施行，上禀。
> >
> > 光绪二十五年九月二十三日

差传乡保到县办理公务，也由差役执行。以下是嘉庆十五年（1810 年）七

---

① 河北省档案馆藏：清代获鹿县档案，655—2—586。

② 中国第一历史档案馆藏：清代顺天府档案，028—1—40—002。

月宝坻县差传王家谷乡保、牌头到县保领流民的差票稿（保留原格式）：

为差传保领事。

案准临榆县递解流民王辉查收管束等因，准此合行差传，为此仰役即协同乡牌将后开有名人等，限即日内传唤赴县投具保状，将王辉保回管束，去役毋得违延干咎，速速。

计传

王文彬　王宗（住王家谷）

乡保

牌头

—票稿

嘉庆五年七月十八日（印）

刑房凌启瑞承（章）

正堂吴批：行（章）①

差役奉票拘人、传人，拘传到县后须具禀报告州县官。以下是反映这种情况的一件顺天府宝坻县役头禀文：

具禀壮头张万福、快头张福禄、皂头张万炳为回明事：

切奉签拘黄庄镇孙五父子并双王寺庄乡保杜敬和、黄庄乡保朱君选及乞丐三人，立行拘案等因，遵即往拘。现将孙五即孙彩并伊子孙广川、乡保杜敬和、朱君选拘到，其乞丐三人，不知姓名，难以往拘理合回明，叩乞大老爷查核施行，上禀。

光绪三年八月二十九日②

知县收到差役报告拘传情况的禀文，均作出诸如"讯究"等进一步处理意见，对差役因合理原因不能完成差务的，允许销票。例如，光绪五年（1879年），宝坻县快头徐广发奉票传某案被告刘守起，刘外出谋食，不知去向，快头具禀回明。县官批示："此票悬宕多日，既称该被告外出，姑准销票，如查有不实，惟该役试问。"③

①　中国第一历史档案馆藏：清代顺天府档案，028—1—66—53。

②　中国第一历史档案馆藏：清代顺天府档案，028—1—84—031。

③　中国第一历史档案馆藏：清代顺天府档案，028—1—84—041。

3. 向乡保传达州县官政令，并监督其执行。上文所引直隶获鹿县传票底册所登记的差票，有相当一部分其内容是饬乡地人员查案、办案，包括：

> 一票饬赵陵铺村乡地查明许二孩控情禀复一案；
>
> 一票饬大谈村等村乡地催令孙洛平等将欠郑继德钱文归还禀复一案；
>
> 一票饬毡蔑屯村乡地催令王各影将王自修代垫粮差钱文归还一案。①

道光二十三年（1843年）九月顺天府宝坻县壮班的一件禀文反映，差役奉令监督各里乡保修盖防盗窝棚，有乡保办理不力，差役禀请县官究办。禀文说：

> 具禀壮头韩忠、拔役魏成为回明事：
>
> ……票催各里乡保修盖窝铺……惟有乡保韩秉奇、孟美玉、许盛先、李天来、白相玉、邳昆山、张纯、靳国兴抗不遵办。且均称系虚应故事，为此回明，叩乞大老爷查核施行，上禀（知县收到禀文后，批示将孟美玉等6人传县讯究）。②

差役向乡保传达办理差务的命令，如乡保不能完成，则差役须垫办。如道光二十二年（1842年），宝坻县快头陈祥、拔役段成龙等奉票令兴保里乡保张连和办理采买柴束号草、拉运营米车等项差务，张"抗不遵办"，"潜逃无踪"，该差役等因此"垫办受累"，向知县请求"另遴委人接充乡保办公，归役垫项"。③有时差务由乡保等他垫办，而民人摊还时差役参与清算。④

4. 协同乡保处理民事纠纷。例如，乾隆三十年（1765年）巴县直里二甲陈文步、陈裕后"强牵"陈洪亮的二只猪，被知县差传到案。知县命差役协同乡约处理，二人将赔偿猪钱4400文交给差役。⑤

5. 递解人犯。徒、流人犯至服刑地、死刑监候人犯赴省汇勘、逃犯

---

① 河北省档案馆藏：清代获鹿县档案，655—2—586。

② 中国第一历史档案馆藏：清代顺天府档案，28—1—40—020、021。

③ 中国第一历史档案馆藏：清代顺天府档案，028—2—88—165。

④ 中国第一历史档案馆藏：清代顺天府档案，028—4—248—004。

⑤ 四川省档案馆编：《清代巴县档案汇编》（乾隆卷），第233—234页。

羁押回原犯案地，均须差役递解，重犯则由差役会同绿营兵押解。差役递解人犯，分长解与短解。前者从起解地出发全程解至目的地，后者从本州县出发解至下站州县。长解、短解均由州县官发给公文，到站将人犯投交后，由收解州县在公文上盖印，回本州县销差。以下是嘉庆九年（1804年）两则由宝坻县知县签发的递解新入秋审绞犯张恩荣人犯公文：

（1）宝坻县短解稿：

仰壮头会同长解、营兵并委员将后项人文小心管押，解赴香河县衙门交投，守候印收回销，毋违，速速。

计押解

新入秋审绞犯张恩荣，锁铐镣坚固灌铅，赭衣裤，现年云云，解役连锁，锁门标封，短文一角，钥匙一封（装入短文内），长文批票长解收执，粘长解年貌单一纸，捐车一辆，口粮一分。

（2）宝坻县长解稿：

仰长解即会同营兵、委员按站将后项人文小心管押解赴臬宪大人辕门投递，守候秋审勘发犯，回县禀销，毋违，速速。

计押解

新入秋审绞犯张恩荣，锁铐镣坚固灌铅，赭衣裤，现年云云，解文一角，公费银三两五钱，批一张，粘长解年貌单一纸，捐车一辆，口粮一分。[①]

6. 缉捕窃盗。这一工作主要由捕班承担，但皂、快、壮班也有参与。

7. 遇有命盗案件随州县官临场勘验。

8. 州县官审理案件由皂役司刑杖。

9. 守卫城门、仓库以及县衙大门、仪门、宅门。守卫城门原本就是民壮的任务，民壮沦为办理日常外勤的差役后，一些地方仍有令其守城者。例如，康熙年间，直隶元城县"以本县额设民壮五十名内拨十六名，分守四门"，"不复别有差遣"。[②]潘杓灿主张，县衙大门、仪门、宅门，"每

---

① 中国第一历史档案馆藏：清代顺天府档案，028—1—55—008、009、010。

② 同治《元城县志》，田赋志，兵防，成文影印本。

日轮派皂隶一名常川把守，凡有公务并进见人员，各役依次传报，致使闲人竟至宅门窥探者究责"①。

10. 充当县衙买办。黄六鸿任知县，"置买办簿一扇，托亲信老成人经管，将明日需用菜蔬，先日晚开写簿上，送本官验明，朱点发买办，照簿买进。某物下注用银若干。计本日买价，末行共结一总。其买办之人，亦着该班头役，选择朴实、勤俭者，十日或半月一轮"②。曾任知县的徐文弼也说："买办之役……或有用该班头役者，有头役另觅一人代充者。"③

11. 首县差役负责府宪等衙门上夜及督抚藩臬等上宪临府差务。四川巴县的一件档案记，"捕班承办差务"包括总督、学政、藩司、臬司"临渝"和皇木过境、饷鞘过境事务；还须拨役到"各衙上夜"，其中"道宪六名，府宪大堂四名，府宪三堂四名，府宪东更房四名，府宪西更房四名，府宪歇库二名，捕府四名，监监二名，署内后山四名，歇库花厅二名，厅署小平山四名，歇监三名"。④

12. 充当仪仗。嘉庆某年，四川重庆迎接"公中堂、福大人"，仪仗调各州县差役102人组成。⑤

（二）役班制度

皂隶、快手、民壮是清代州县差役的主体，以皂班、快班、壮班等役班为组织形式，即民间所谓"三班"。关于差役，明清典制仅载其种类（如明代有皂隶、手力，清代有皂隶、快手、民壮等），而役班制度则为其所不载。然而，皂隶、快手、民壮、捕役等差役既然要作为执勤人员履行行政、司法、治安职能，就必然会形成自己的组织，即役班。役班具备这样几个基本要素：1. 基本固定的成员；2. 首领人员；3. 运作规则；4. 固定的办公场所。可以推测，州县役班在明代就存在，而清代州县的所谓皂、快、壮"三班"则可以肯定在清初就已经定型。对此，康熙十二年

---

① 潘杓灿：《筮仕》，徐栋辑：《牧令书》卷二，政略。

② 黄六鸿：《福惠全书》，第37页。

③ 徐文弼：《吏治悬镜》，徐栋辑：《牧令书》卷三，持家。

④ 四川省档案馆藏：清代巴县档案，嘉庆朝第7卷。

⑤ 四川省档案馆藏：清代巴县档案，嘉庆朝第228卷。

（1673年）修纂的安徽广德州志提供了一个有力证据。该志"县治图"中大堂两侧有标有"东班""西班"，其后有"六房"；东"六房"东北有"壮班房""快班房"，西"六房"西北有"皂班房"。①

清代州县役班俗称"三班"，即皂班、快班、壮班，这"三班"几乎为所有州县所必设。不过，还有相当一部分州县的役班不止三班。有些州县于"三班"之外另设捕班或马快班，有些州县则在"三班"内部再行分班。兹举例如下：

（1）直隶青县、静海县差役均分为皂班、壮班、快班、捕班等四班。②

（2）直隶藁城县差役分为七班，两个壮班、两个皂班、两个快班、一个马快班。③

（3）直隶东明县差役分为九班：健壮头班、健壮二班、民壮头班、民壮二班、皂班头班、皂班二班、皂班三班、皂班四班、马快班。④

（4）山东馆陶县差役分为七班：壮头班、壮二班、快头班、快二班、皂头班、皂二班、马快班（亦称捕班）。⑤

（5）湖北沔阳州差役分为五班：民壮班、皂班、捕班、壮班、快班。⑥

（6）四川巴县差役分皂班、快班、壮班、捕班四大班。快班的一个重要职责是催征，乾隆二十三年以前按西城、江北、居义、怀石四大里分为四班；此后江北里划归江北民事厅，西城、居义、怀石等粮快三班又各分左右班，共六班。⑦

州县役班在衙署内均有办公场所，即班房。如湖北沔阳州，衙署头门

①　康熙《广德州志》，图考，线装书局影印本。

②　民国《青县志》经制志，时政篇；民国《静海县志》，政事部。

③　林翰儒纂：《藁城县乡土地理》下册，县公署，1923年刊本。

④　民国《东明县续志》附记。

⑤　民国《馆陶县志》，政治志，制度。

⑥　光绪《沔阳州志》，沔阳州署图。

⑦　四川省档案馆编：《清代巴县档案汇编》（乾隆卷），第226页；四川省档案馆藏：清代巴县档案，道光朝第35卷。

内东侧南房为民壮班、皂班，西测南房为捕班；头门与仪门之间的东房，自北而南为壮班、快班班房。①浙江萧山县县衙仪门两旁为民壮房，其东为代质所九间（俗称班房）；头门两旁之后为皂隶房。②

州县各役班均有首领，称总役、班头。例如，山东馆陶县头壮、二壮、头快、二快、头皂、二皂和马快（亦称捕班）等七个差班，各置总役一名；③又如，清代顺天府档案中保存有宝坻县的"三班役头禀"，具禀者自称"壮头×××、快头×××、皂头×××"。④

各役班内部和彼此之间均有分工。役班内部的分工遵循一定原则。捕班负责捕盗，往往划分地面分工负责。例如，四川巴县捕班的分工为：

（1）"捕班总头"（41人）；（2）"本城捕班"（30人）；（3）"承管"太平门、东水门、朝天门、千斯门、临江门、通远门、南纪门、紫金门、储奇门等九门捕役，每门8—16人不等，共98名。（4）"居怀二里捕头"分"承管"忠里、孝里、廉里、节里、仁里捕头，每里8—18人不等；"西城里捕头"分"承管"慈里、祥、正二里、直里智捕头，每里12—27人不等。共141人。以上合计总头、本城及九门、三里捕役共310人。此外还有"捕班看役"2人，"外监看役"4人，"承管乡约所枷犯看役"4人，"道宪听事差役"2人，"府宪听事差役"1人。⑤

巴县的快班负责催征，同时处理治安事件，也是按地面进行分工。乾隆二十三年（1758年）以前，按"西城、江北、居义、怀石四大里分为四班，其各里甲公务各里各班承办"⑥。在壮、快、皂各分两班的地方，有的实行轮流值班制度。如四川石泉县壮、快、皂三班"相规两班，轮流当

① 光绪《沔阳州志》，沔阳州署图。
② 民国《萧山县志稿》，建置门，衙署，江苏古籍影印本。
③ 民国《馆陶县志》政治志，制度。
④ 中国第一历史档案馆藏：清代顺天府档案，028—1—77—041、028—1—83—49、028—1—84—031等卷。
⑤ 四川省档案馆藏：清代巴县档案，道光朝第25卷。
⑥ 四川省档案馆编：《清代巴县档案汇编》（乾隆卷），第226页。

月。其班值月，则诸事悉差某班，下班者遂至闲散，无从约束"；而实际上，下班者也"尚有承缉案件词讼未结事件"。^①役班的内部运作也有一定规则，非役头可以专擅。例如，乾隆四十六年（1781年），四川巴县慎字班皂头龚伦禀控总皂头王政等受贿，王政回禀知县为自己辩护说，役班"凡拨差等项，各有专责，役虽头役，未敢搀越"，龚伦所控某案"系龚伦拨差、胡俸明承办"，某案"系江贵承值"，某案"系蒋秉刚承办，经龚伦承值"，自己"均无受贿情弊"。^②

各役班彼此之间的分工，各地并不相同，同是壮班、快班，有的州县以其催征，有的州县以其传案。但皂班掌刑，捕班捕盗，各地皆同。不过，一些州县的皂班、壮班、快班也同时参与处理治安事件和捕盗。例如，四川巴县快班称"粮快"，办理赋税催征，但同时也办理招解过犯、递送公文、护送铜铅以及户婚、田土、酗酒、打架、潮银、奸拐民事诉讼和治安案件的拘传事务，而在城坊厢的有关事务，则由皂班办理，"历有成规"。^③

役班的这种分工往往不是采用单一标准（如地域、所管事务的性质等），而是采用十分烦琐的多重标准，因此缺乏逻辑性。例如，四川巴县壮、快、皂、捕各班差役号称"有一定之规制，按事分拨"。嘓匪、命盗以及一切案件，以铁器为凶器者，归捕班承值办理；"木器打伤者，系快班办理"。在这种情况下，役班之间有时会发生争差事件。乾隆二十九年（1764年）九月有人具报"丁一先手执蛮刀，凶不可当，强奸妇女"，"快班罗贵、戴玉先私闻报差"；于是捕班禀告知县，要求"追还原票"。知县批示："戴玉先等是否朦混×差，着三班头役确查禀夺。"^④由于这类事件经常发生，嘉庆二年（1797年）六月快捕两班在刑房典吏主持下订立"合同"，划分双方职责。合同规定：

　　"捕班承办案件"为以下七件：告窃贼嘓匪，告拦路窃抢，告私铸钱文，告宰杀赌博，告娼家邪匪，告白昼偷窃，告诬良吊

①　道光《石泉县志》，事宜节录，成文影印本。
②　四川省档案馆编：《清代巴县档案汇编》（乾隆卷），第229页。
③　四川省档案馆编：《清代巴县档案汇编》（乾隆卷），第226页。
④　四川省档案馆编：《清代巴县档案汇编》（乾隆卷），第227—228页。

拷有赃据归捕班，无赃据归快班。此外其他案件"悉归快班"。
但"捕班之案件，未具告词快班拿获者，仍归快班"，"有快班
案件，捕班拿获者，仍归捕班"。[①]

而这类事件并未因合同的订立而杜绝。道光八年、十三年（1828 年、
1833 年），快班与捕班又接连发生争差事件，"快班三里"与"捕班三
轮"再次订立契约。而契约所规定的分工，其烦琐程度令人瞠目结舌。例
如，关于与娼妓有关案件的分工，契约规定：

"快班差办案件"：买良为娼，逼良为娼，拐良为娼，套良
为娼，诬良为娼，提娼为良。

"捕班差办案件"：包娼窝娼，恶娼滋×，恶娼估佃，约邻
逐娼，恶娼估骗，伙串为娼，嫖娼肆闹，恶娼估借。

"快捕两班伙差办理之×案件"：恶娼串害，包娼掣骗，引
诱窝娼，引诱卖娼，女被贱卖，恶娼嫁害，恶娼凶霸，侄女被
贱，串娼诈×，查实卖娼，包娼夯骗，套娶为娼。

此外，同属子弟嫖娼案件，祖父母、叔伯兄长首告者与外姓舅爷首告者，
一为快班办理，一为捕、快两班共同办理；同属状词内涉及赌博的案件，
有证据、有输赢数目者与无证据、无输赢数目者，承办役班也不相同。偷
窃案件，因所窃财物不同，承办役班不同。合同规定：

凡有偷窃柴薪、竹木、塘鱼，应归快班一班差办；兼有山粮
等物，快捕两班差办。若无柴薪、竹木、塘鱼，应归捕班一班差
办……再有乡间差人拿获凶犯，应归拿差具禀，所有赏赐亦归拿
差。其案应管之班，及约客原禀拿获交差带辕，各归各班，不得
私行呈禀争办。

关于"里甲逐佃搬迁之案"，专门订有分工规则：

呈词书有佃户与人聚赌抽头，因娼肆闹，窝留匪徒人等在
家，往来交好，有凭有证，归捕班差办；若系捏词妄禀，归快班
差办。再有，禀告盗卖客米、杂粮、货物，及佃户盗卖租谷，禀
告耕牛草场被人窃率，归快班差办。

---

① 四川省档案馆藏：清代巴县档案，嘉庆朝第 7 卷。

同属聚赌、窝娼、窝匪等案件，有证据与无证据者，承办役班不同。还有其他一些规定：

> 捕班承办贼盗偷窃之案，累及招主，其×讯明具结了案，后
> 窃贼不搬，后经×××××××情逐搬，归快班差办。
>
> 凡城内为讨米钱、持刀凶伤，快捕两班差办。
>
> ××盐马二案，在城持刀归快班差办；除此以外，本城刀伤
> 之案，悉归捕班差办。
>
> 凡里甲×伤之案，因事主伤匪徒，或匪徒伤事主之案，归捕
> 班差办。除此，事主贼匪二案，乡间刀伤之案，悉归快班差办。
>
> 凡大小两河船只，靠住九门码头，或客板×水手因刀伤之
> 案，归捕班差办。①

此外，同属以刀伤人，案发在城与在乡，归不同役班办理。这类合同也并不能杜绝争端，光绪二十年（1894年）十月，捕、快两班又发生争差事件。②其他役班之间也有争差事件发生。例如，乾隆二十七年至三十年（1762年至1765年）间，四川巴县即发生皂班差役与壮班差役争办差务的事件。③同属快班，内部也会发生争差事件，甚至大打出手。例如，光绪二十五年（1899年）六月、八月，巴县西城里左班与右班争差，左班总役朱洪等禀控右班"霸夺"本班应办之案，并"集班众斥照规还出"，右班"抗不还"。同年十一月，西城里左班总役又禀：某"骗控案"应本班承办，"遭居里领役朱成等凭空妄争"，"朱成统差赵德、曹顺、等多人拥役差房，各执板凳木棒"，将本班黄海头顶打伤，"血流及背腰等处，打断利元……并胸腹皆伤，幸郑洪等拖救回"。经知县验伤属实，将赵德等责锁，而"黄海等伤形太重，汤药难进"生命垂危。④役班之间实行这种极为烦琐、完全缺乏逻辑性的分工，且彼此之间经常为此而发生激烈的冲突，这表面看来是十分荒谬的事情。对此，如果试图给出一个合理的解释，那大概就只有一点，即州县差务的办理几乎已经完全异化。具体言

① 四川省档案馆藏：清代巴县档案，咸丰朝第30卷。
② 四川省档案馆藏：清代巴县档案，光绪朝第594卷。
③ 四川省档案馆编：《清代巴县档案汇编》（乾隆卷），第226—227页。
④ 四川省档案馆藏：清代巴县档案，光绪朝第293卷。

之，对于差役们来说，办差已经不是公权职责的履行，而是个人和群体勒索、聚敛、分肥的途径和手段。

平时，各役班须拨差到衙署值班，每班各派一人，组成一组，五日一轮。例如，直隶获鹿县档案存有道光三十年（1850年）正月、二月差役值班签名册：头快班、头壮班、头皂班、马快班为一组，二快班、二壮班、二皂班、马快班为一组（是共七班），轮流值班，每五日一轮。每班每轮列有二人名字，其中一个名字为全册统一笔体，为事先写好，各轮多有重复，当为班头；名字之上点有墨点，当为报到标记；另一个名字各轮笔体不同，当为值班日签写，各轮一般不重复，或为散役。例如：

正月初六日：

头快班：龚贻书、张焕；

头壮班：齐肯堂、张际昌；

头皂班：董兴、张喜怀；

马快班：张玘明、刘怀义。

正月十一日：

二快班：王义、康庆昌；

二壮班：郝盛义、王壮；

二皂班：杜兰、胡斌；

马快班：周志魁、刘怀义。[1]

王凤生记载这种值班制度说：

值日名目，乃衙门陋习相沿，胥吏各有挨定日期，三班头役则五日一轮，不容紊乱，舍是则公事则漫无责成，内署亦无从呼应。惟此五日之中，凡涉喊禀、验伤各件，悉行归办，名曰坐承坐差，到处皆然，牢不可破。[2]

安徽巢县的一位知县也有记载说：

县役分壮、快、皂、捕四班，班各头役十名十余名不等。旧例四人一轮值，值凡五日。值内遇喊禀案，必归该值日头役，他

---

① 河北省档案馆藏：清代获鹿县档案，655—629。

② 王凤生：《坐承坐差》，徐栋辑：《牧令书》卷四，用人。

役不能争也。①

值班是差役作弊、勒索的好机会。曾国藩说，江南有所谓坐差，即"原差串通告状之人，伺该差值日方来喊控，以为朋比讹索地步"②。

五、日常管理

由于差役人员素质恶劣，差役制度弊端严重，清政府对于州县差役制定了严格的惩处制度，地方官一般也都会采取措施加强对差役的管理。综合各种史料的记载，这些制度和措施可以归纳为以下几项：

1. 点名制度。差役终生乃至世代盘踞本地，冒名顶替、革斥后易名再充、数人共顶一名等情况十分严重。此外，差役卯册一般不用真名实姓，而是使用役名，如四川巴县道光十五年（1835年）前后的捕役名字多为福、贵、升、洪、超、玉、坤，还有彪、荣、奇、斌等③。而役班作为一种组织，实际上是十分松散的，对此黄六鸿记述说："皂快民壮人……更无统摄。名为头役，而各役之住址不知；名为班首，而阖班之面貌未识。"④在这种情况下，州县官要想对差役实行有效管理，就必须实行点卯制度。何士祁主张"书役卯簿宜注明年貌住址家属"，"务令于簿内注明某县某都某图人，家有父母妻子，皆注名字；年岁、面貌每详细注，点卯时志之，可免正身避匿之弊"。⑤获鹿县档案中存有嘉庆十八年（1813年）二月的《各役点册》，其中列马夫头6名，散役花名24名，轿夫头4名，接递皂16名，走递牌夫6名，鼓楼更夫5名，管工皂4名，茶房4名，在配徒犯6名，吹手6名。对未到者注明原因（如散役中的冯得名在东腰站，冯有库"差"，李永在西腰站，贾得全在西探马，齐壮在东探马，于自旺"差"，郄全"病"，牛宗生"病"，刘禄"病"，刘贵"病"；接递皂

① 舒梦龄《治巢琐言》，盛康辑：《皇朝经世文编续编》，《丛刊》第84辑，第2728页。

② 曾国藩：《直隶清讼事宜十条》，葛士浚辑：《皇朝经世文续编》，第480页。

③ 四川省档案馆藏：清代巴县档案，道光朝第25卷。

④ 黄六鸿：《福惠全书》，第41页。

⑤ 何士祁：《补缺》，徐栋辑：《牧令书》卷二，《政略》。

张林"病故"；鼓楼更夫雷步云"革"；等等）。①

州县差役点卯在新官到任时都要进行，此外月初、月中以及年节过后也或有进行。有些地方，视为具文，如有时人记述说：

> 牧令初莅任，于行香、放告、阅狱、巡城诸事外，尚有点卯之具文。点时，于三班六房按照清册点验卯名，然每项大率仅到数人，唱名之时，到者为不到者代应之。②

> 各役有正役，有帮役，至三四人，点卯时只一人应名。③

但也有些州县官，于到任时点卯十分认真，借此革斥、惩治劣差。例如，王值任知县，矫正帮役不入卯册、点卯只是正役应名的弊端，"令帮役亦附名卯籍，点名时看其相貌，有老惫或年幼尖薄及面目凶恶者黜之"④。刘衡初到任对差役进行点卯，"止留经制数十名，其余概行革黜……榜示城乡……并当堂将留者姓名掣签，掣得名次注册，以次差遣"⑤。阮本焱署理江苏阜宁知县，到任后"行春后点卯，严饬书差，问其敢闹堂否，皆顿首至地，曰不敢。立革其尤为玩误者数十人，于卯簿除名"⑥。黄六鸿任山东郯城知县，更是通过点卯惩治不法差役：

> 山东郯城县"衿棍把持衙门，胥蠹恣行侵扰"。"豪衿土棍，号称金刚天王罗刹，二十四人，分布四乡；三班头役与各房科有执掌者，皆共党羽"。黄六鸿上任入署后，"遂命皂头选惯行刑皂隶八名，并毛头大板十片进验……次日午堂各役过堂点卯，卯簿详注年貌、籍贯、住址及着役日期、经管某事于姓名之下，点时令闭东西两角门，各役挨班逐名至阶下，向上跪，命念年貌、籍贯，与卯簿同否，并相其面貌之良恶，而默记之。彼素为不法者，责言语恇怯，举止失措，面色宛若死灰也。各役点毕，乃令某某至前，数其罪曰：而某事作弊，某官为尔所坏，某

---

① 河北省档案馆藏：清代获鹿县档案，655—1—436。
② 徐珂编撰：《清稗类钞》，第12册，第5247页。
③ 王值：《衙役》，徐栋辑：《牧令书》卷四，用人。
④ 王值：《衙役》，徐栋辑：《牧令书》卷四，用人。
⑤ 刘衡：《禀严束书役革除蠹弊》，徐栋辑：《牧令书》卷十八，刑名中。
⑥ 阮本焱：《求牧刍言》，第51页。

民为尔鱼肉，尔实逋罪不容于死。吾今姑示责革，为昔受害者泄愤也。遂命所选行刑用大板，因其罪之轻重而酌责之。计受杖共二十余人，逾旬而毙者一，其杖而黜革者五，是所谓积年头役执掌科书为豪棍之党羽者也。乃更进其余而申儆之，众皆角崩稽首，汗如雨下。"①

刘衡曾主张实行承票差役"联环保结"制度，"以防逃避"。他说：

革役大非易事，官虽革役而役不自革，是以有"瞒上不瞒下"之说。应将留者姓名榜示城乡，榜内注明年貌住处，榜尾大书"此榜无名者概已革除"字样，以期人人共晓。其留用者给予编号亥字粘贴印花腰牌一件，并令联环具保，每五人立一总头，亦令联保……或该差躲匿，则用连坐之法穷治，该差之总头并联环保状内之保人务获严惩而后已……②

2. 规范签差制度。差役奉票传案，是舞弊的主要机会。他们"手奉一票，视为奇货可居"③，往往一票数差，群伙下乡，向当事人勒索各种费用，并任意锁链折磨，将人证私押于班房、歇家、私宅，延不销差，所谓"奉差号件，或经旬不回；承票催拘，或累月未缴"④，以便勒索。有鉴于此，清政府颁布律例严格差票管理。例如：

乾隆二十八年复准：各衙门凡有差票事竣，即宜随时查销。如遇封印而案未完结，于封印时将票暂行缴销，俟开印差拘，另行给票；各州县有将差票故赏衙役，及衙役讨赏承票者，责成道府不时稽查。遇有需索诈赃等弊，将州县官照故纵例革职（道府不行查出议处）。⑤

负责任的州县官也试图采取措施以避免或减少这些弊端。这些措施包括：（1）防止差役勾结长随买票；（2）争取做到一案一差，一票一差；（3）禁止差役勒索；（4）禁止差役锁链当事人；（5）要求差役按时销

① 黄六鸿：《福惠全书》，第38—40页。

② 刘衡：《理治十条》，徐栋辑：《牧令书》卷十七，刑名上。

③ 严如煜：《三省边防备览策略》，徐栋辑：《牧令书》卷十八，刑名中。

④ 黄六鸿：《福惠全书》，第41页。

⑤ 《大清会典事实例（嘉庆朝）》卷七十七，吏部。

票。例如刘衡在四川的做法是：

> （对在册差役）以次差遣，不许役等于差票上自行签名送案求标。其寻常户婚、田土、钱债等案一票一差，从无一票二差之事……于票内印用"不锁"二字大图章一颗，与私押人证等弊一概禁革，曾刊定《票差章程》四条，粘于唤票后幅，令乡民一目了然，庶承票之差不敢肆行无忌。

他颁布的《票差章程》主要内容是：不许私带白役；传唤人证不许妄用锁链，票内注"用锁"二字方用；规定销票期限；"该差唤到被告人证，立即告知房书开单送审，不许私行押候"。①潘杓灿主张：

> 差票必须由州县官签发，"凡听差人役各置板签一枝，上填本役姓名，贮筒送衙，以便掣填差使"，如果书吏承拟票稿时"擅自填差送金者究责"。房科负责发出差票，并有监督差役销票之责。对于发出的牌票，承发书办应"总立号簿一扇，每书吏三页，前注姓名，后列某日承行事件。每遇三六九日，送衙查销。如有违限不结者，俱于午堂比责"；所应拘提人犯，"悉以路之远近定限解审"，"如有延缓贿阁者，该房与原差一并究责"。②

还有人特别强调，对于差役办事勤劳者，官员可以"赍以银钱酒食，或优以奖励"，但不应该"赏以勾摄符票"。如果将签给差票作为奖赏差役的手段，是"显授以需索行贿之柄"③。不过，差役不按时销票的情况普遍存在，有记述说："凡一案传票，官必酌批传案之期限，或三日，或五日，其实限者自限，逾者自逾。"④

3. 上级机构参与差役人事管理的有关制度。清政府曾尝试建立相关制度，使州县上司参与差役的管理，防止州县官徇隐、包庇差役的不法行为，减少差役制度的弊病。例如嘉庆十一年（1806年）的一道上谕要求各省裁汰白役，并"将现设官役，按名报部。将来如有蠹役滋事之案，部中

---

① 刘衡：《禀严束书役革除蠹弊》，徐栋辑：《牧令书》卷十八，刑名中。

② 潘杓灿：《筮仕》，徐栋辑：《牧令书》卷二，《政略》。

③ 朱×：《作吏管见》，徐栋辑：《牧令书》卷四，用人。

④ 徐珂编撰：《清稗类钞》第三册，第976页。

检查原册，如系正身官役，将该管官照例议处；若系原册无名，即应治州县官以违制之罪"①。巴县档案表明，确实存在州县将差役员额、姓名定期报省的制度：

"奉宪檄将禁卒、更夫姓名按月造报"，造册申报禁卒、更夫、仵作、学习仵作名数、姓名，有无缺额。②

顺天府则规定，州县召募捕役必须送府点验：

道光七年，宝坻县奉文添设8名捕役；次年，顺天府东路厅札宝坻县官吏说：案查该县添设捕役八名，原为缉捕贼盗而设，必须选派年力精壮之人方可充膺，自应送候本府点验。今自添设以来迄今日久，未据送验，合亟札提。札到该县立即遵照，迅将该县添设捕役并额设各捕共有若干名，造具年貌姓名籍贯清册呈送。一面将该捕役按名传齐，分为先后起，给文来辕，听候点验，毋得违延。③

差役如因牵涉上控案件而被上宪牌提，州县官须给文令其投审质讯。例如，嘉庆十七年（1812年）宝坻县一上控顺天府案件，涉及本县快头左添培，顺天府对之"牌提质讯"。左添培当时出差在乡，知县签差拘传。左添培得知后乃上禀知县，表示"情愿赏文自行赴府质讯"。知县批示说："准给文自行投审。"④

4. 严惩差役贪赃枉法。《大清律》规定：

各处司、府、州、县、卫所等衙门主文、书算、快手、皂隶、总甲、门禁、库子人等，久恋衙门，说事过钱，把持官府，飞诡税粮，起灭词讼，陷害良善，及卖放强盗，诬执平民为从，事发有显迹，情重者，旗军问发边卫，民并军丁发附近，俱充军。情轻者，问罪，枷号一个月。⑤

清代典制还规定，差役犯法，对纵容和失察官员要进行严厉处分：

---

① 　《大清会典事实例（嘉庆朝）》卷七十七，吏部。

② 　四川省档案馆藏：清代巴县档案，嘉庆朝第11卷。

③ 　中国第一历史档案馆藏：清代顺天府档案，028—4—263—021。

④ 　中国第一历史档案馆藏：清代顺天府档案，028—2—113—034。

⑤ 　沈之奇撰：《大清律辑注》，第136页。

　　各省衙役犯赃，本官知情故纵者，照纵役犯赃例革职；其止于失察，实无知情故纵者……（议处）①

　　衙役对犯人及其家属刑讯、威逼，酿成人命或其他严重后果者，该管官均给予轻重程度不同的处分。②

　　捕役窝盗分赃及自行为盗，诬拿良民为盗为窃，私用非刑拷逼致死，对曾犯窃盗业经悔过之人勒索馈赠，失察之州县官均予处分。③

州县官对于有过犯的差役，有时会按制度实行惩罚。试举几例：

　　（1）乾隆四十九年，三台县解役押解木笼人犯，途中使人犯"散行在外，并未关锁笼内，长解护解各坐歇一边吃茶，亦未紧随犯左右"，被赴驿查验马匹的署绵州知州张某发现，"当下将解役掌责"，并报告重庆府。重庆府知府"严饬三台县查明差役姓名，从重革究，并将该县一并申饬"。④

　　（2）顺天府东安县"无名白役"何龙"平日依势欺人"，因案被控告，顺天府令查明"该犯系何人正役名下之白役，访究其平日聚赌讹人各案，严行惩办，并将引用何龙、私用何龙之正身有名之役，一并究办"。⑤

　　（3）武清县差役"以追债案，将欠债之户查钞，并将欠债者及其戚友二人同押，索大钱一百八十千方准其饮食"。顺天府府尹令知县查处，"将传案之原差扑责三百"。⑥

据顺、康间山东登莱青道发布的一道《警戒员役示》说：他所管辖范围内的差役因舞弊犯法而被治罪，是经常发生的事，"有在本道告发者，有赴院告发者，有经两院访拿者，有府县自行访拿者，有本道随时逐事摘发出者。如青州府旧役赵某，青防厅之某某五人，益都之某某等九人，莒州

---

①　《大清会典事例（嘉庆朝）》卷七十七，吏部。

②　《大清会典事例（嘉庆朝）》卷九十九，吏部。

③　《六部处分则例》，第847—850页。

④　四川省档案馆编：《清代巴县档案汇编》（乾隆卷），第70—71页。

⑤　周家楣著、志钧编：《期不负斋政书》，第641—642页。

⑥　周家楣著、志钧编：《期不负斋政书》，第790—792页。

某、昌乐某等，或流徙，或远戍，或绞或配，按律定罪"。①

不过可以肯定的是，官员对于差役的督查制度并未能够认真实行。嘉庆年间一位御史则指出：定例，司道府州县察访衙蠹不力者、督抚对有关情况不行访参者，均交部议处；"其访拿衙蠹及赃私数目，年底造册题报"。但对于这些制度，"外间奉行日久，视为具文"②。州县官们还往往对差役的舞弊行为采取包庇、回护的态度。对此一位指出："各省书役舞弊，地方官有明知受其蒙蔽反代为掩饰回护者，并有恃为腹心爪牙者。"③田文镜也说："官场痼癖，鲜不庇护自己衙役，视当官值役之辈即同世仆家人，凡上司行提，即曰令我无颜；属员触犯，即曰目中无我。衙役知有本官曲护，每多足高气扬，肆行不法。"④周家楣任顺天府尹时在一个批示中说：霸州差役"黑屋私押，本堂亦早经访有此弊，该署牧亦置不一问"；该人被控"讹索至永钱二三百文之多，且已质明铺户，确切相符"，但知州详报案情却回护差役，指勒索为"素有交谊、适然挪借"，以"因案另革"为词而不予惩处。⑤州县官之所以包庇、回护差役，有三个重要原因。一是需要依靠他们执行公务，在当时的社会政治环境中，各种舞弊乃行政运作的润滑剂，要想完成公务，就必须迁就、容忍甚至利用差役的违法舞弊。如有人指出，差役包收、垫办钱粮，乘机勒索，"地方官明知其为民害，而利其垫解，亦不之禁"⑥。二是在专制制度下，统治者将维护自己统治的威权置于第一位，不问是非，不讲道理，不容许人民对官府有任何的反抗和挑战。对此，《清文献通考》的编纂者指出，州县官役"依官为护符"胡作非为，"有时齐民苦于无诉，或偶焉抗拒，则官以为伤其类，故左袒之"。⑦三是官员自身不廉洁。如《活地狱》说，州县官扣

①　王庆成编：《稀见清世史料并考释》，第273—274页。

②　贾允升：《请除外省积弊六事疏》，贺长龄辑：《皇朝经世文编》，第587页。

③　《清朝续文献通考》卷二十七，职役一。

④　田文镜：《请停分缉协缉疏》，贺长龄辑：《皇朝经世文编》，第2676页。

⑤　周家楣著、志钧编：《期不负斋政书》，第614—615页。

⑥　王邦玺：《屡陈丁漕利弊户口耗伤情形疏》，葛士浚辑：《皇朝经世文续编》，第865页。

⑦　《清朝续文献通考》卷二十七，职役一。

发差役工食，导致不敢也不愿对差役严格管理。①

六、差役制度的弊端

清代州县差役制度之腐朽、黑暗，人所共知，差役之恶行见诸时人文字者，俯拾即是。这些恶行，主要发生于差役办理诉讼事务、拒捕盗贼和征收钱粮过程中。大略归纳如下：

第一，贿买差票，百般舞弊。由于奉票办差即可借机勒索，所以差役往往与家丁勾结贿买差票；官员亦有将差票恩赏差役者。田文镜说："衙门之弊，尚有买号某签者，乞恩赏票者。夫发签出票，不过奔走之事，乃至于为恩为赏可谋可买，则差之为利显然，而差之为害亦显然也。"②曾国藩也说："凡一呈词到案，如有交涉富民及巨商者，则差役勾串门丁买此差票；又或丁书纳贿，签粘原差之名于票尾，朦官标判；又或家丁求明本官，指名签差。此种弊窦，无处无之。"③差役勾结家丁贿买差票，便取得了要挟手段，舞弊勒索乃更加肆无忌惮。对此有人指出：差役"贿嘱门丁，夤缘买票"，"该役遂明目张胆，公然以买票自居，其取偿于小民，有倍蓰什伯而无厌者"。④差役奉票传唤人证，往往一票数人，一案数人，"有原役、号役、改役、加役、拿役之名，换一役多一费"，百姓不堪其扰。⑤四川巴县甚至"每签提一案，差役多至十数人"。⑥浙江有些州县"朝朝放告，日日投词，片纸只字，无不批行。承牌者有正差，有副差，有接差之差，有提差之差，钻干不休，四道并出，或恣鹰拿于爪牙，或假贪狼于羽翼。拘摄之票一来，中人之产立尽"⑦。

第二，在办理诉讼案件的各个环节肆意勒索。田文镜列举书差在办

---

① 李伯元：《活地狱》，第70页。

② 席裕福、沈师徐辑：《皇朝政典类纂》，第5056页。

③ 曾国藩：《直隶清讼事宜十条》，葛士浚辑：《皇朝经世文续编》，第480页。

④ 田翰墀：《敬陈清苑蠹役需索之害疏》，王延熙、王树敏辑：《皇清道咸同光奏议》，第1181页。

⑤ 汪辉祖：《学治臆说》，张廷襄编：《入幕须知五种》，第287页。

⑥ 四川省档案馆藏：清代巴县档案，嘉庆朝第5卷。

⑦ 王元曦：《禁滥准词讼》，徐栋辑：《牧令书》卷十八，刑名中。

理诉讼过程中的舞弊形式说："承行书办、录供招房、值堂门子、用刑皂隶、站班快壮、头门二门把门人役、提牢禁卒人等，或指借笔纸之费，或假称酒饭旧规，甚或增删口供，轻重刑法，舞弊作奸，任意勒索。"① 此其大概。清代州县差役在这方面的恶行最为普遍，当时人的记述不胜枚举，择其典型生动者摘录如下：

（差役）凡有差票到手，视为奇货可居，登门肆横，索酒饭，讲差钱，稍不遂意，百般恐吓，乡民畏事，莫敢声言……②

（差役）视村农犹鱼肉也。一旦奉差赴乡，声焰俱赫，里巷妇子畏之如蛇蝎。而且指东话西，大言恐吓，饱啖鸡黍，勒索钱文，稍拂其意，辄咆哮詈辱，莫敢谁何。小民但期无事，惟有吞声受之而已。③

差役持票到门，引类呼朋，叫嚣征逐，妇女出逃，鸡犬不安。本家之搜索既空，亲族或因而受累。及审讯时，有坐堂之费；将结时，有了衙门之费；两造议和者，又有和息呈词之费。一字到官，百端需索。④

（湖南民间诉讼）票入差手，则索起发路费及盘费钱，公然乘舆下乡，科派尤甚，稍拂其欲，铁链恐吓。继索送牌费，并索原被告各酒席一台，丰则喜，薄则斥，由是索差费，名曰盘子钱，稍不遂意，拖累原被在寓守候，经年累月，典当殆尽，求审不得，求结不能……（带讯后）则索检卷费、值堂费、散班听刑各费，自十千或数十千或百余千不等。每因一案，而少有之户业已倾家荡产矣。⑤

每签提一案，差役多至十数人，到彼先索鞋脚钱、轿马钱；人证到案后，又索酒食钱、差使钱，不满所欲，则虽官长屡催，总以人证不齐登签朦混。结案之后，又苛求辛苦钱、酬谢钱。案

① 田文镜：《严禁铺堂陋规以肃法纪事》，徐栋辑：《牧令书》卷八，屏恶。

② 《清朝文献通考》卷二十四，职役考四。

③ 席裕福、沈师徐辑：《皇朝政典类纂》，第5056页。

④ 曾国藩：《直隶清讼事宜十条》，葛士浚辑：《皇朝经世文续编》，第480—481页。

⑤ 光绪《会同县志》，艺文志。

愈延则诛求愈广。①

第三，私设监所。清代监狱用于监禁已判决的死刑监候和徒、流待解人犯，而待质人员、尚未结案的人犯则羁押于差役办公或管理的班房。班房制度虽然为律所不载，甚至有谕令禁止，但在当时实际上是合法的。确切地说，当时的班房具有监狱性质，履行部分监狱职能。宝坻县有案资料说，班房管押人犯是"蒙饬"，即奉知县之命令；差役班房羁押的人犯，患病、死亡均向县官禀报，这些均表明班房制度在当时是合法的。兹录一则相关的禀文：

> 壮头王显宗、快头左天培、皂头张秀如禀：为回明事：切蒙饬役等管押人犯孙建章于本月二十日偶得病症，现在遍身发热，饮食不进，恐有不测，为此回明叩乞大老爷查核，施行上禀。
>
> 道光六年十月廿九日
>
> 知县批：准取保回家，俟人证到日，一并送案。②

此外，不论治安事件、刑事案件抑或民事诉讼，州县官均签发差役前去拘传涉案人员和证人，而拘传到县后差役往往不立即送房科销差，而是将人证拘押于私设的班馆或"歇家"（即与自己有关系的饭店、旅馆），甚至管押于自己家中，百般折磨勒索。刘衡在《蜀僚问答》中揭露差役的这种恶行说：

> （差役传唤人证）入城之后，必私押之卡房、羁候所之内，实例禁之班房也，班房之看役与差等息息相通。饭店似非班房比，然饭店人等亦与差役通气，或即系差役开张。遇有人证到店，差之凌虐之者无所不至，必勒令当烈日寒风之处坐卧，或以水泼地，或以尿桶粪缸一切秽物置之口鼻切近处，饮食不以时给，俟其馁渴哀求，则昂其价至数十倍，甚至百钱不得一盂饭，数十钱不得一杯水。差等与店家恣食酒肉，行令猜枚，喧呼快乐，一切店内灯油薪水，俱勒令派钱。若亲属给送饭食，则暗唆同押之匪类抢食罄尽，良民不得一粒下咽，三五日内任意索诈，

---

① 四川省档案馆藏：清代巴县档案，嘉庆朝第5卷。
② 中国第一历史档案馆藏：清代顺天府档案，028—1—59—001。

不遂其欲，作受一切苦恼。迨官讯明释放，差等或仍自私押，或跟至其人之家，大肆闹索必遂其欲乃止，而其家破矣。①

另有官员揭露说，差役勒索被拘传人证如能遂意，则可卖放；如不遂意，则陷害株连：

> 差役手奉一票，视为奇货可居，边境距州县窵远者，往往将所唤之人羁押中途客店。店主串通一气，彼此分肥，为之关说。所欲既遂，则回禀未票之先已往邻省；索诈未遂，或更有株害之人，则云唤至中途被某某等纠众抢回，禀请加票。唤至城中，又羁之保户，累月经旬不得质讯。差役坐食两造，饭银差费，一讼所用动至数百。②

对于差役的这种非法私押，清廷有时会颁布命令予以禁止。例如，乾隆五十三年（1788年），福建巡抚徐嗣曾严厉惩处"胆敢私设班馆，擅置刑板拶指等件"的台湾府县差役，"将为首各犯定拟斩决"。上谕肯定徐嗣曾"所办甚是"，下令各省"将班房等项名目永行禁革"。③但没有资料表明这类禁令有过实效。

第四，受贿卖法。差役承担刑事警察职能，但往往贪赃卖法。四川巴县档案记有这样的案例：

> 乾隆二十三年，该县乡民周化水牛被赵老满偷窃，握有证据，控告后知县批准讯究，令差役王章拘传；而"王章受赵老满嘱托，延不带讯"；周化再次禀县，知县再次批示，令"原差带犯禀讯"，王章仍不执行。

> 同年，该县乡民罗兴文牛、马被窃，查获贼赃，官批交捕役赵魁管押；而"赵魁卖法放贼出外"，罗兴文被窃耕牛不能归还，再次上告，虽经知县批示，"该役等竟置若罔闻"。④

皂隶掌刑，也可以大做手脚，舞弊勒索。对此《活地狱》中记述说：

> 从来州县衙门掌刑的皂隶，这小板子打人，都是要预先操练

① 刘衡：《蜀僚问答》，徐栋辑：《牧令书》卷十七，刑名上。
② 严如熤：《三省边防备览策略》，徐栋辑：《牧令书》卷十八，刑名中。
③ 《大清会典事例（嘉庆朝）》卷七十七，吏部。
④ 四川省档案馆编：《清代巴县档案汇编》（乾隆卷），第99页。

熟的，有些虽然打得皮破血流，而骨肉不伤；亦有些下死的打，但见皮肤红肿，而内里却受伤甚重……凡是犯罪的人晓得自己理屈，今日难免责打，必须预先化钱给这掌刑的，托他留情些，这板子下去是有分寸的，只要打得响，纵然皮破血流，决无妨事，过两天就会好的。若是不化钱，这板子打下来记记是死的，大腿上不免就要受伤。此是天下当皂隶的通病。①

第五，借命盗窃案株连、吓诈、诬扳、讹索无辜百姓。遇有命盗重案，差役吓诈无辜百姓，勒索尤其严重。做过知县的刚毅说："常见各州县中命盗重案，呈报到官，胥役视为奇货。先有干当衙役，作为前站，播弄是非，勒派规费，种种吓诈，不可枚举。"②这种情况以命案为最，勒索既重，株连益广。有人记述道：

> 若有命案前往相验，书吏、役总、差役等，动即百数十人蜂拥而来，责令预备饭食，供应夫马、器用、食物，恣意掠取。又勒索检验费往往至数百千文。又借传讯邻证之名，扰及同村居民，以邀厚贿。若有殷实之家，但在数里内者，必百计株连，指为邻右，名曰"飞邻"，而因以恣其讹索。③

> 至办理命案，书役等又借查传邻右之名，挨门传唤，累及无辜。民间有"告状破一家，人命破一村"之语。④

窃盗案件之株连，也足以时人倾家荡产。四川等地民间称窃盗案件株连为"贼开花"，"一票尤必破数家，民苦莫诉"⑤，给百姓和社会带来了沉重灾难。嘉庆年间，一位四川籍御史将回乡时的有关见闻具奏：

> 臣昨年因假在籍，于刻字铺中见一对联，有"若要子孙能结果，除非贼案不开花"之句……留心访察，始知民间遇有被窃

---

① 李伯元：《活地狱》，第57页。

② 刚毅：《牧令须知》，第28—29页。

③ 谭承祖：《请饬严禁书差肆扰疏》，王延熙、王树敏辑：《皇清道咸同光奏议》，第1181—1182页。

④ 费庚吉：《请严定惩×书役扰害章程疏》，王延熙、王树敏辑：《皇清道咸同光奏议》，第1178页。

⑤ 严如熤：《三省边防备览策略》，徐栋辑：《牧令书》卷十八，刑名中。

案件，呈报之后，捕厅差役将被窃事主临近之家家产殷实而无顶戴者，令贼扳出，指为窝户，按名拘押，需索钱钞。每报一案，往往牵连数人，谓之"贼开花"。乡愚无知，惮于畏法，冀图脱身，或出钱七八千、十数千不等，使吏役等得钱分肥，始行释放，谓之洗贼名。一家被窃，即数家受累，必俟该吏役等所欲已盈，始向正贼追赃定案，竟有殷实平民经贼案数次牵连而一贫如洗者，谓之洗家病。①

第六，在征收钱漕各个环节中作弊。咸丰八年（1858年）的一道上谕说，州县经征钱粮实行自封投柜制度，本来就是为了"杜差役滋扰之弊"；然而"江苏赣榆、沭阳等县，粮差代垫钱粮，勒掯串票等弊"，"一县如此，一省可知"。②当时，许多地方均存在差役通过催征、包收钱粮勒索中饱的情况。对此当时有人揭露说：

> 利于钱漕之多欠者，差也。一县之中，承催钱漕之差，名目甚多，有总头，有总总头。有都差，有图差，有保差，有币办之差，有垫办之差，有比较上堂代受枷责之假差。如此等众，皆指望百姓积欠丁漕以养身者也。图保差下乡催缴，辄先饱索贿赂，名曰包儿钱。包儿到手，公项即可央缓。其有豪富骤穷之户，积欠较多，则总头亲临催取。华服乘轿，随从多人，勒索包儿动至数十千。而公项亦仍可央缓……且更挟枷责以为索诈之具。开征之初，书差辄择中上家产能自完纳之花户，代为裁串完粮，然后持票向本户加倍勒还入己，名曰"代票"……刁横武断鱼肉乡里之人，交结衙蠹，包揽丁漕，每向愚懦花户骗钱入己，不为完纳，而差役仍向本户追索……③

第七，与黑恶势力相勾结，横行地方。对此黄六鸿说：吏书皂快"每有父子姻亲盘踞年久者，有巨棍势豪串党窜入者，弊窦熟猾，胆大手辣"。山东郯城"豪衿土棍，号称金刚天王罗刹，二十四人分布四乡；

①　四川省档案馆藏：清代巴县档案，嘉庆朝第5卷。

②　《清朝续文献通考》卷二十七，职役一。

③　王邦玺：《屡陈丁漕利弊户口耗伤情形疏》，葛士浚辑：《皇朝经世文续编》，第865—866页。

三班头役与各房科有执掌者，皆共党羽"①。捕役是差役中最为恶劣的一群，其中许多人本来就是盗匪，或者与盗匪相勾结，师徒相承，结成黑恶团伙，敲诈勒索、逼良为盗、诬良为盗、贪赃卖放，无恶不作。于成龙指出各地捕役往往私带白役"沿历乡村，窥探殷懦之家，指盗指赃，百般索诈"，"其有白役冒捕，昏夜持链铐之具，拥众入村，混将良民指盗，先掠家赀，仍带至荒僻处所，非刑吊打，逼献藏金。迨事发报官，官籍无名，以致追缉查无×弋获，是假捕害民竟同大盗矣"。②

第八，包庇、参与违法犯罪活动。对此有官员揭露说：皂隶、快手等"盘踞把持，瞒官作弊，如赌博、流娼、私贩、私销诸奉禁之事，惟衙役勾串瓜分，包揽护庇，小民乃公然违禁。官即清查，先令躲避，稽查愈严，愈得借端勒索"③；各省匪徒邪教，"书差无不受其成规，代为包庇，以致缉捕不能弋获，甚至直入衙署、戕官劫狱之案层见叠出"④。光绪年间山西汾州府查禁赌局，发现介休县温家港大赌局即系皂班差役王国盛、杨世佑、温辉堂等所开。⑤

第九，平时吃拿卡要，横行地方。如乾隆间四川巴县民人赵建佩在接龙场开一酒饭店，总捕头李仲随带散役一行五人办案吃饭，欠酒饭钱7200文，仅还1000文；"蠹役"李盛彩等二人欠酒饭钱13千零，分文未给；该县捕头牟坤等二人收买民人刘占先牛只，事后牟坤却拖延不给牛价。⑥

① 黄六鸿：《福惠全书》，第37页。
② 于成龙：《弭盗安民条约节录》，徐栋辑：《牧令书》卷十九，刑名下。
③ 《清朝文献通考》卷二十四，职役考四。
④ 费庚吉：《请严定惩×书役扰害章程疏》，王延熙、王树敏辑：《皇清道咸同光奏议》，第1178页。
⑤ 朱采：《清芬阁集》，第731页。
⑥ 四川省档案馆编：《清代巴县档案汇编》（乾隆卷），第236—238页。

附：州县官差传诉讼人证的信票

信票

钦加同知衔赏换花翎尽先补用直隶署获鹿县正堂加十级随带加三级纪录十次魏为传讯事

据休门村乡长赵士刚禀控，石家庄姚永庆不按旧规，硬抗不出差钱，亦不随众按照地亩捐办积谷，乞讯究，等情。据此，除禀批示外，合行传讯。为此仰役前赴各该村协同乡地，即将后开原被人等限两日内速传赴县，以凭讯究。去役毋得延扰干咎。速速。

计传　　　　　速
原禀赵士刚　　系休门村乡长
被禀姚永庆　　住石家庄
休门等村至城四十里

所欠×粮差徭，应向地主取给，姚永庆可与赵士刚公道核算，应办一切公事，不得有误。

光绪八年二月廿二日差牛×禄（印）

县　行　　限　二　日

资料来源：河北省档案馆藏：清代获鹿县档案，655—1—913。

第五章

清代州县政府的职能

清代州县政府作为国家最低一层行政组织，其职能相当广泛，几乎无所不包，瞿同祖著《清代地方政府》，将州县政府的职能归纳为司法、征税、户口编查、治安、邮驿服务、公共工程、公共福利、教育与教化、祭祀仪式和杂务等 10 项。本书在瞿著等前人研究的基础上，对清代州县的赋税征收、司法词讼、治安捕盗、监狱管理、驿站管理和经济社会事务管理等方面的制度和实际运行情况进行补充性探讨。其他如主持科举县试、祭祀教化、公共工程等方面的情况，瞿著一书已有简要阐述，本研究没有新的视角和更深入的探讨，故从略。

第一节　赋税征收

一、地丁的征解

清代由州县经手征收者，主要是地丁和杂税，其科则、数额载于《赋役全书》，只有少数地方的州县官负有盐税、茶税征收的职能。[①]

（一）地丁征解程序

清代地丁经由州县征收，并上解各省布政使司库。地丁征收是州县官的专责，各级上宪不得派差插手，也"不得滥委府佐协征"。[②]州县开征之期，"各省皆以二月（惟云南、贵州限九月开征），仲夏而停之（四月完半，五月则停征，是为停忙），仲秋而接征（各省于停忙后至八月接征，惟福建于七月接征，山东、河南及安徽部分州县于六月接征），仲冬而征毕焉（各省皆限十一月全完，惟云南贵州限次年二月全完）"。钱粮不得预征。[③]针对地产与粮籍分离的情况，典制规定"粮随田办"，"田在此县而粮寄彼县者，将应征钱粮改隶有地州县征收"；"凡寄庄田地，于开征时，经征州县造册移交住居州县代行催征，如有未完，责成代征之员"。[④]清代州县征收地丁的依据是各种赋役册籍，其中最主要的是《赋役全书》，每州县发二本，一存县署，一存学宫。《赋役全书》列地丁原

①　瞿同祖：《清代地方政府》，第243—247页。
②　《大清会典事例（嘉庆朝）》卷一百四十四，户部。
③　《大清会典事例（嘉庆朝）》卷一百四十四，户部。
④　《大清会典（嘉庆朝）》卷十一，户部。

额、荒亡变动增减数额、实征数额和起运存留数额。除《赋役全书》外，清初承明制，赋税册籍还包括一般称为鱼鳞册的土地丈量册（绝大部分地区名存实亡）；一般被称为黄册的户口登耗册（康熙七年停止攒造）。清代州县征收地丁，分以下几道程序进行：

第一，造具征收册籍，颁发征收票据。地丁开征前，由州县有关房科依据《赋役全书》等册籍编制当年的实征册，分征收区（一般为里甲）造纳户花名和征收数额，作为本年征收的依据。黄六鸿记清初州县实征册的"攒造之法"：

> 本县一年银米某项某项若干，共该若干；都图里甲共若干，
> 该银米若干；各里花户银米若干，共该若干。要必各甲花户之银
> 米，与甲总合；各甲之银米，与图总合；各图之银米，与县总
> 合。所谓一县之总撒相符，然后照此册征收，庶无增多减少之
> 弊。①

实征册由有关房科编造，造具后送内衙审查。州县官（或幕友）"将上年实征与本年有无加减之数逐图查清"，然后将实征册印发，填写各甲长单和户单；各甲长单和户单填好后，再送内衙，与实征册"逐图里甲对清"，然后散发。关于这种实征册和长单、户单的印发，黄六鸿说：

> 凡征钱粮，必须各里预造实征册，使排年、里长知一里应征
> 银米总数，并花户一岁应完银米撒数，而督催之。……而各甲又
> 照式造手折，谓之长单，排里执此，以考经催之完欠。各户照式
> 造方票，谓之户单，花户执此，以考本身之应纳。②

黄六鸿这里说的户单，当为易知由单。自顺治十三年（1656年），于开征一月前向各花户颁发易知由单，列上中下田则和应征钱粮数额。康熙二十六年（1687年），"谕各省悉免刊刻由单，以杜派费扰民之弊"。

清代各地的赋役册籍普遍十分混乱，县署所造的实征册，只是根据房科所保存的有关册籍。但实征册所列各里各甲各花户的赋额，同赋税的实际负担情况根本不能相符。由于没有健全的土地和赋税管理制度，各地民

---

① 黄六鸿：《福惠全书》，第77页。
② 黄六鸿：《福惠全书》，第80、81页。

人买卖土地、分家析产，多不到官府办理正式登记、过割手续，而仅仅由掌管各里粮册的里书、册书勾注。这样，州县衙署所保存的赋税册籍就与各里里书、册书所保管的册籍出入甚大，实征册只能做到是各里甲赋额总数与《赋役全书》所规定本州县征收总数相一致，至于各里甲的纳税人及其赋额，则根本不能反映。这是全国普遍存在的情况。兹录各省有关情况的一些记载：

> 福建自开国以来，未立鱼鳞册。业户向不过拨，衙门中所载花户，竟不知是何时人，惟凭书吏草帐一本，向花户催征。书吏因缘为奸，钱粮只交六分，牢不可破。①

> （江西）民间风俗，买田者多不收粮，卖田者多不过户……甚有田易数主，粮仍原户，岁月久远，子孙不知田亩坐落何处……（全县）八都七十二图，每图又分数十支图。有业在此都，户属彼都；有户在此图，人在彼图，知其人不能知其户，查其户无从查其人。②

> （广东各地田赋）户立一名，历数百年而不易。一姓之内，互相买卖，则从不过割。即田入异姓，而买主既不愿立户，卖主亦不愿割户。辄以甲私收乙田之粮，代为缴纳……又有祭产、尝租、儒租、学租等项名目，分谷则举族齐来，纳粮则互相诿卸者。③

粮籍混乱至极，官府根本没有可能进行整理。士绅熟悉地方情况，有此能力，但由于牵涉自身利益，也不会尽力。④这样，终清之世，甚至直至民国时期，田赋征收册籍始终无比混乱。这种混乱，为胥吏在编造地丁实征册时作弊提供了便利。有人记载说：

---

　　①　张集馨：《道咸宦海见闻录》，第266页。

　　②　沈衍庆：《覆吉安文太守询泰和地方情形书》，盛康辑：《皇朝经世文编续编》，《丛刊》第84辑，第2794页。

　　③　徐赓陛：《覆本府条陈积弊禀》，盛康辑：《皇朝经世文编续编》，《丛刊》第84辑，第2819页。

　　④　徐赓陛：《覆本府条陈积弊禀》，盛康辑：《皇朝经世文编续编》，《丛刊》第84辑，第2820页。

但各县之册籍存于官，乡老甲长无从而见。他所知者，自己户内有田若干、应纳米若干而已。而甲内若干户他不知，甲内银米若干他亦不知也。故胥吏得恣其飞洒……或买田无户可归，或有户可归亦不归本户，属胥吏开一名户，将其粮附入他人甲内，谓之附甲。而为所附之甲，实不知也。初时钱粮早清，并无蒂欠，官亦不问其户属何甲。及日久生心，或卖田不割税，或田庐荡尽私自逃亡，钱粮无着，官不得已责所附之甲求其花户，而本甲茫然，谓甲内并无此户，并无此姓，不知人之私附之也。①

巴县档案中存有有关案例的记载：巴县民人张广积、杨含盛前后充当孝里二甲乡约，"甲内有张洪顺户口，载粮八钱三分零，自咸丰十一年无人上纳"，六年间抬纳近百两。后"连岁清查"，查清系房吏陈玉书、王歧山于咸丰五年（1855年）受贿，"将粮册李洪顺补贴李字改成张字"。②

第二，催征。地丁、漕粮的计税和缴税单位是花户，缴税凭证是州县衙署根据实征册印发、填写的串票，即黄六鸿所说的户单。这种串票最初为二联，官民分执。由于"不肖有司勾结奸胥，以已完作未完，多征作少征，弊窦日滋"，康熙二十八年（1689年）议行三联串票，"每联内填写款项数目，于骑缝处大书完数，分中截开。一存案备查，一付差应比，一给花户收执。如官吏朦混填写，及无票付执与勒索票钱者，参处治罪"。黄六鸿记三联串票说：

其法三式相同，而票额有纳户执照、临限查截、票根存算之名各异。执照、查截二票，完粮时柜吏填付纳户，一自执，一付排里查截票完数。票根每晚柜吏同流水日报缴入内衙，以凭存算。③

所谓催征，一是要将串票花户手中，二是要使花户在纳税期限内缴纳。由于每州县花户数目不下数千，甚至上万，因此催征必须依靠一个人员系统和机制。田文镜曾归纳当时的三种催征方式说："州县征粮之法，各处不

---

① 道光《南海县志》，经征略，图甲表。
② 四川省档案馆藏：清代巴县档案，同治朝第220卷。
③ 黄六鸿：《福惠全书》，第79页。

同。有用差役分里坐催者；有用里书、甲总历年不换者；有用花户为催头，责令听比者。"①兹分述如下：

1. 里甲（乡地）催征。顺治三年（1646年），清政府颁行《大清律集解附例》，其户律中有关于里甲制度的规定：以110户为里，"推丁多者十人为长，余百户为十甲，甲凡十人"，"里长十人轮年应役，催办钱粮，勾摄公事"。②这种规定系完全照录明代制度，实则清初并没有在全国范围内重新编排里甲。③清中叶后，里甲制度废弛，一里十长轮年应役的情况已不多见，但保存粮册的里书、册书始终存在，有些州县即以之办理催征。在有些地方，里甲制度废弛后，乡地组织继而承担催征职能。④里甲催征有一种变态，即一些地方豪劣凭借势力包揽（征）钱粮，自称（即典制所说的"妄充"）"保、小里长、主首等项名色"。这些人往往与差役、书吏相勾结，对下欺诈乡民，对上隐匿钱粮。对此，清政府三令五申加以禁革，强调钱粮应令花户自行完纳。⑤有些地方的绅士包征，起源于官府与地方社会的矛盾。例如，江苏阜宁县士绅和地方势力较强，有些地方"每庄数十户，惟庄头之指挥是听。庄头专好闹粮，与官为难"，有的图每年报灾，几乎从不纳粮，被称为"老灾图"。为保证税收按时定额征缴，该县曾实行实质上是绅衿包揽的所谓"里征"制度，后里征取消复行官征，而催征仍不得不依靠士绅和其他地方势力；新制度规定征收"由各册书知照总董，会同庄头、地保及各督催，妥为散给花户查收，赴柜完粮，不准粮差经手代散"，粮差有"向花户需索者，准其扭禀请究"。⑥

2. 每届开征，由州县衙署临时佥点花户充当催头，称里长、甲首、单头、总催等。这种做法虽经禁革，但"旧例相沿，庸碌有司不能顿革"。催头"悉由地方书役举报殷实人户，轮年充应"，负责催纳各甲钱粮，

① 席裕福、沈师徐辑：《皇朝政典类纂》，第5046—5047页。

② 沈之奇撰：《大清律辑注》，第211页。

③ 清末预备立宪时沈家本编《大清现行新律例》，将"大清律"中有关里甲制度的律文和条例加以改、删，指这种关于里甲制度的内容"系明洪武间役民之法，现在情形不同，此例久成虚设"。见"大清现行刑律按语户役""禁革主保里长"条，清宣统元年排印本。

④ 参见魏光奇：《清代"乡地"制度考略》，《北京师范大学学报》2007年第5期。

⑤ 《清朝文献通考》卷二十一，职役考一；卷二十三，职役考三。

⑥ 阮本焱：《求牧刍言（附：谁园诗稿）》，第188—191、214页。

"倘或完不足数"，带官"按限听比"。催头负担极重，"遇有刁顽花户完纳不前者"，催头"受比不过，只得代为垫纳"。①此外，催头还须分摊各种征收费用，差役、书吏且借端勒索。催头承役后"房有使费，官有分规，一至比限，纷纷入城，不但往返盘费，而经承柜书不无酒水，站堂皂隶不无小包，倘或委令衙官代比，更有比规。且印串流水红簿、户房纸笔、奏销册费等项，俱令出备"②。在这种情况下，"乡民视应催头为畏途，百计营免"，"每当报充之时，粮书粮差先则择肥而噬，狡猾者用钱买免，懦弱者强令充当"。③

3. 差役催征。任用州县役班差役催征，一般按里甲或按征收柜分工，即田文镜所谓"有用差役分里坐催者"。前文引获鹿县光绪二十二年（1896年）《承催本年下忙钱粮原差比簿》，即反映了差役催征制度（见第四章第四节）。四川巴县快班亦称"粮快"，分西城里、怀石里、居义里三班，催征是其主要职责。三班各有"总役"若干名，"催差"若干名，分别负责各里"承催条粮"：

西里：总役谢伦，承管慈里全甲，催差叶元；
　　　总役费太，承管正里全甲，催差袁福；
　　　总役赵林，承管直里全甲，催差王章；
　　　总役惠太，承管智里全甲，催差王魁
怀里：总役刘太，承管廉里全甲和仁里八、九、十甲，催差李斌；
　　　总役马志，承管孝里全甲，催差汪元；
居里：总役余顺，承管忠里全甲，催差卢方；
　　　总役贺升，承管节里全甲，催差杨洪。④

还需要指出的是，负责催征的"催役"，有时并非役班的差役，而完全是私人势力，"皆以钱买，或窝缺"。⑤

---

① 乾隆《丘县志》，纪事五。
② 田文镜：《严禁点充柜书里长以杜私派以肃吏治事》，徐栋辑：《牧令书》卷八，屏恶。
③ 席裕福、沈师徐辑：《皇朝政典类纂》，第5046页；乾隆《丘县志》，纪事五。
④ 四川省档案馆藏：清代巴县档案，光绪朝第4191卷。
⑤ 屠仁守：《请革除湖北钱粮积弊片》，葛士浚辑：《皇朝经世文续编》，第785—786页。

除了以上三种基本的催征形式外，有的地方还有些其他做法。例如，有的州县官下乡催粮"所到之处，辄传唤在庠生员，写立限状，责令每卯催完若干，动以详革恐吓"①；有的地方由宗族代为催征②；还有的地方州县官亲自下乡催征，但效果并不好③。

　　上述三种基本的催征形式，往往并行不悖、相互结合。差役催征，因自身人数有限，情况不熟，往往仍须佥点催头，或依靠里甲（乡地）催征和豪劣包揽。例如四川巴县差役责成于各甲乡约，如有短欠由之赔垫。④反之亦然，催征之里甲（乡地）、包揽之豪劣和被佥之催头，其头上也往往有差役承管。除里甲催征中实际存在的包揽情况外，其他各种形式的催征均须花户自封投柜。准确地说，在差役和催头催征制度下，差役、催头的责任在于将串票和催征滚单发到花户手中，督令花户按期投柜。但是，如花户不能按期完纳，差役、催头须受责比，并须垫缴。史记滚单制度说：康熙三十九年（1700年），令甲首催征钱粮时行滚单法，如一邑每里之中或五户，或十户，止用一滚单，逐户开明钱粮及应完分数、限期，发给甲首，挨次滚催，令甲内之民照例自封投柜，以免里长、银匠、柜书称收作弊。⑤

　　第三，收缴。在里甲、豪劣、宗族等包揽钱粮的情况下，由它们汇总解交官府。而除此之外，均由花户自封投柜。在这种制度下，由州县衙署设立钱粮征收柜（绝大多数设于州县治所）收缴税银（钱）。钱粮柜一般按里甲或征收区分设，柜书则由州县官于开征时在房吏中临时佥点，"每日登填流水红簿、写给串票、结算日收数目"⑥。花户缴纳钱粮，须亲身到柜，按照滚单所列数额，将应缴粮银（钱）封如统一刊制的纸袋中，在柜书监督下投入钱粮柜。然后，由柜书进行流水登记，填写三联（或二联）

　　① 王邦玺：《条陈丁漕利弊疏》，葛士浚辑：《皇朝经世文续编》，第868页。

　　② 参见何平：《清代赋税政策研究：1644—1840年》，中国社会科学出版社，1998。

　　③ 沈衍庆：《覆吉安文太守询泰和地方情形书》，盛康辑：《皇朝经世文编续编》，《丛刊》第84辑，第2795页。

　　④ 四川省档案馆藏：清代巴县档案，同治朝第220卷。

　　⑤ 《清朝文献通考》卷二十二，职役二。

　　⑥ 道光《繁昌县志》，舆地志，疆域，成文影印本。

串票，将纳户收执联交纳户保存。银柜定期开封，由柜书和内衙人员（州县官、钱粮幕友和长随）共同清点入库。黄六鸿记钱粮设柜征收、花户自封投柜的运作程序：

> 计区里之多寡以设柜，每柜（柜吏）一人掌之，宜于各房科择老成谙练者若干名，四季轮充。以掣名签而定人，以掣柜签而定所守，俾皆不能以意得。其收银之法，柜吏每日早堂时，舁柜至收所，时刻不得擅离。将司颁校准等子公置案上，听纳户不时完纳。其盛银封袋用绵纸双层糊裱，制成三寸阔、四寸长封袋，上刊一定字样。纳户完银时，买此袋持至柜所，自将官等称准银数，柜吏止看明银色纹足（或令官银匠在柜所佑看银色，如拆出低潮，银匠赔补……），不许执等代称。纳户自封袋口，柜吏于银袋上填明某图里某人，完纳某项某限银若干，某年月日、某字、第几号，收役某人，随照式登记流水收簿，眼同纳户穿连入柜；随填串票付纳户收执。但花户不得朋名封纳，即现年里长代纳，亦必写本户花名，以便临比查对各户完欠。如银钱兼收，票簿俱登填明白，钱须官铸厘文，不许挽收低小，另匣收贮，拆封时并验。如有低小短少，柜吏赔补……其柜每晚舁至川堂或大堂右侧，柜吏及宿堂人役看守……驻防营官例应每夜拨老成畏法兵丁在堂守护……①

田文镜指出，柜书可以多方舞弊贪污，除"索取串书票钱、私收纸笔费"，外"或派收里地帮役，或索取粮民册费，或串通里长银匠，侵用钱粮，或执戥重称粮银，私增火耗"。由于"出息"丰厚，因此每逢金点之时房吏们总是竭力钻营抢充，"不肖有司竟受点柜之规者有之，无品幕友先取谋充之礼者有之，署内亲戚、宅门家人俱欲染手，无所不至"。②

在自封投柜制度下，柜书填写流水收簿和流水日报簿，是州县掌握征收进度、防止柜书作弊的一项重要程序。黄六鸿记载说，流水收簿系"各柜吏收银之簿"，每里一簿，记其实收银钱数，每日一结。流水日报簿照

---

① 黄六鸿：《福惠全书》，第78页。

② 田文镜：《严禁点充柜书里长以杜私派以肃吏治事》，徐栋辑：《牧令书》卷八，屏恶。

流水收簿填写，"每日昃同流水、日收与用过票根、并未用串票，一齐送宅，以凭查对，次日再发。内衙仍置日报底簿，照柜送日报式登记，以便与日报不时查对"①。

在自封投柜的制度下，"向来因民间投纳银色不足，倾镕饷银元宝，未免银匠赔累"②。为了防止花户所纳税银低潮，许多州县采取设立官银匠的办法。清代典制关于官银匠问题的规定是含糊的。《会典》规定："官选银匠数人，听民倾销自封外，不得设立当官总银匠，以致借官累民。"③然而，问题的实质并不在于官银匠仅设一名还是设立多名，而是在于官银匠的职能。从实际情况看，清代州县的官银匠承担着在花户投柜前对税银"看色打印"的职能，而这使得他们有可能"借官累民"。此外官银匠还有一个任务，即在征收结束后，将花户所纳税银倾销成为大锭，以解藩库。官银匠制度存在很大弊病。许多官银匠利用职权"勒索打印，倍勒火工，以至民间完纳一两者，多费五六分不等，完钱者尤甚"④。而且，由于充当官银匠"投认、讨保有费，粮房差役有费，以及赁房、日食硝媒、伙计有费"，因此官银匠一旦充任后，必然要"侵克倾银纳户"以取偿。黄六鸿认为，即使间有无知花户纳银低潮，完全可以在开封时拆出拘偿；而如果是"势宦霸衿"，即使有意"低潮自封"，官银匠也不敢过问。因此官银匠之设"于公事无补，适足有累穷民"⑤。

自封投柜的制度在实行上也有其困难之处，如"花户距城或远，守候留难，或多未便"。胡林翼说因此建议"州县之大者，于四乡添设分柜"，但只准保正、粮书、粮差挨甲挨户催，不准代花户完纳，以杜包征之弊。⑥花户自封投柜是田赋征收的正式制度，但也有些地方不予执行。例如，江西吉安、赣州、建昌等府，"当征收之时，则书吏将粮票裁去，令

①　黄六鸿：《福惠全书》，第80页。

②　道光《繁昌县志》，舆地志，疆域。

③　《大清会典（嘉庆朝）》卷十一，户部。

④　道光《繁昌县志》，舆地志，疆域。

⑤　黄六鸿：《福惠全书》，第85—86页。

⑥　胡林翼：《札各州县革除钱漕弊政》，盛康辑：《皇朝经世文编续编》，《丛刊》第84辑，第3807页。

其子弟及其亲友等携票，带领图差分赴各乡，设立公所，催征钱粮汇齐解县，谓之乡征"，借机浮收、勒索。①还有些地方，征收并不由州县房科直接经理，而是组织民间征收机关办理。例如江苏阜宁县在光绪年间实行"里征"制度，由士绅担任"钱粮总董"和董事，经征钱粮；其下则有各里董，"年外尾欠，田邻代完者有之，里董代垫者有之"。阜宁县实行这种里征，出于由士绅的请求而经官府同意。在士绅而言，是要避免书役的浮收，而谋求自己的私利；在官府，是试图通过赋予士绅征收的权责而解决他们的抗欠问题。但实行的结果是绅权的膨胀，绅与官之间发生尖锐的矛盾。②

第四，上解。地丁入库后，除按照《赋役全书》规定将部分存留州县外，其他尽数上解布政使司库。"钱粮以解司为完，如止报征存未解司者，不得列作实完"。至年终，由道府检查各州县征收红簿，及花户申根，核明留支、起解及完欠各数，申报督抚，于次年春开印前报部。州县起解钱粮，将应解款项数目及起程日期，离省路程，于三日前具报，督抚行布政使司查察。钱粮起解须派营兵、差役防护，银数一万两以下者，派兵一名，民壮二名；一万两以上者，派兵一名，民壮四名；数额再多者酌量添拨；起程时先期移会前途州县，照拨兵役接护。地丁奏销，于征收次年进行，根据完欠情况对州县官进行考成，分别议叙议处。③

（二）州县地丁征收的弊病

州县征收地丁存在诸多弊病，归纳起来，第一在于州县官的浮收；第二在于催差和柜书的舞弊和勒索。兹分述之：

第一，浮收。对于浮收，清政府曾屡颁禁令④，对于有可能被州县利

---

① 谭承祖：《请饬严禁书差肆扰疏》，王延熙、王树敏辑：《皇清道咸同光奏议》，第1181页。

② 阮本焱：《求牧刍言》，第82、188—191页。

③ 《大清会典（嘉庆朝）》卷十一，户部；《清史稿》卷一百二十一，食货志二。

④ 《大清会典事例（嘉庆朝）》卷一百四十七，户部。

用来浮收的银钱比价等问题，清政府也都有旨在防弊的规定。^①雍正间实行"耗羡归公"，即旨在解决浮收问题，然而，此后各地地丁征收仍有新的火耗、平余等附加，没有正式的制度依据，属于介乎合法与非法之间的陋规。惟其如此，各地普遍存在严重的浮收。这种半合法的火耗、平余等浮收所得，在官、吏、差以及长随等人之间瓜分。如山东地丁附加每正银1钱加收耗银1分4厘，其中包括库户书及门印所抽的"厘头"，其余为官所得。^②嘉庆十四年（1809年）的一道上谕说：漕粮征收本来没有漕余名目，而近来各省督抚藩司"以弥补库项之计，巧增漕余名目，至令各州县任意浮收，有一石加至数斗，甚至加增一石"。其结果，不肖州县囊橐私肥，上司因而需索漕规，运弁旗丁因而需索兑费，刁生劣监亦遂乘机挟制，渔利包漕。^③山东的地丁、漕粮附加被认为属于较轻者，而地丁每银1钱收钱180余文，正耗合银1钱1分4厘；漕米重者至两斗八升完一斗，轻者亦两斗四升完一斗。^④山西孝义县地丁征收，正银之外附加35%，"再加平色"，将近浮收40%，且大户小户政策相异。其赋额在7钱以上者为"大串"，"见厘成分"，再按加35%缴纳；7钱以下者为"小串"，"见厘成分"，在此基础上附加20%，然后再"见厘成分"；最后再加1钱。例如，如有小花户应缴粮银1厘，"见厘成分"变为1分，附加20%而成1分2厘，再"见厘成分"而成2分；最后再加1钱，"是一厘钱粮并索火串，非一钱二分不能清完"，实际缴纳为应缴数额的120倍。州县浮收往往通过在银钱比价做文章，《西华县续志》说：前清时以银折钱，所定每银1钱合制钱2800文，不知始于何年，实则咸同以来银价每两不过1000文左右，人民纳钱完一两之粮，无异完纳实

① 清制："（牵连征缴）尾欠、折欠、短封数在一钱以下者，准一制钱一文作银一厘抵纳……乡民有愿折钱交纳者，督抚按时价核定每两收制钱若干文，先期出示晓谕，听民自便。如有不按市价丝毫浮收，以及私加私派及隔岁预征者，据实参办。"见《大清会典（嘉庆朝）》卷十一，户部。

② 包世臣：《山东东西司事宜条略》，盛康辑：《皇朝经世文编续编》，《丛刊》第84辑，第2017页。

③ 《大清会典事例（嘉庆朝）》卷八十七，吏部。

④ 包世臣：《山东东西司事宜条略》，盛康辑：《皇朝经世文编续编》，《丛刊》第84辑，第2017—2018页。

银2两8钱。①有些地方的浮收借折征实现。如"广东征收粮米，支给本省兵食，民间因名为兵米。闻向来州县官皆折收银，每一仓石，照时价多取银六七钱至加倍不等"②。

第二，催差和柜书的舞弊和勒索。书吏和差役在催征过程中的舞弊情况，第四章已有阐述。此外，柜书在钱粮收缴的过程中也存在滥收规费、额外浮收、任意延搁等舞弊行为：

> 柜书经收钱粮，乡民数十里或百余里（来）城投纳，悉听柜书核算，溢额取盈。米则零升直以斗计，银则数钱竟作两论。有所谓般脚之费，有所谓票号之费，任意浮收，无敢致诘。复不当时给票，乡民羁候，恒误农业。或且终不得票，被催重纳。③

滚单制度也存在严重弊病，成为催役、书吏作弊的工具：

> （奸书蠹役）视各户之银数多寡，于额粮之外多开数钱至数分不等。乡民多不识字，且自知粮额者甚少，既见为官府所开，遂照数完纳。即有自能核算者，又以浮开为数无几，不肯赴官控告，结怨吏胥，且恐匍匐公堂，费时失业，往往隐忍不言，勉强输纳。其多取之银，或系书役先将别户钱粮侵收挪用，而以此弥补其数；或通县钱粮正额业经报完，而于卷尾之时兜取入己。更有不肖有司，暗中俵分以饱私囊。其申送上司册籍，则仍是按额造报，并无浮多。至于一州县滚单之多，动以万计，而上司难以稽察，无从发现。④

二、杂税的征收

清代的杂赋（税）名目很多，各地有不同，征收责任也有不同，经由州县征收且各地较为普遍的税种为田房契税、当税、牛驴等牲畜买卖税、牙税等。牙税的征收与牙户的管理不可分，在经济事务管理一节中叙述。

---

① 民国《西华县续志》，财政志，丁地，成文影印本。
② 《大清会典事例（嘉庆朝）》卷一百四十四，户部。
③ 屠仁守：《请革除湖北钱粮积弊片》，葛士浚辑：《皇朝经世文续编》，第786页。
④ 《大清会典事例（嘉庆朝）》卷一百四十四，户部。

在州县经手征收的杂税中，最为主要和恒定的项目是契税。有地方志记清代契税之源流说，清初田房产业"听民间买卖，初时税率每两三分，雍正七年加征一分，以为科场经费；乾嘉之际，生齿日繁，买卖愈多，遂有六分二厘五之规定，业价则以八合十"①。定制，各州县契税无定额，尽征尽解。

州县田房买卖应经房科过户登记，契税也应由户房征收。但实际上，民人田房买卖很少到州县房科办理过户手续，房科因而也就无从征收契税，契税因此就没有可靠的征收组织和机制。有资料表明，一些州县官规定由乡地人员征收契税，但未能切实执行。如直隶获鹿县知县的一个告示说：由于民间买卖田房多不纳税，曾经"由县定章，发给各村庄乡地及田产行官板契纸，饬以成交立契，照式填用，按号稽查，以杜欺隐之弊"。然而，各村庄乡长对于田房交易往往"不遵章填写契纸，以致置买田房之业户匿契不税"。因此谕饬各村庄乡地，今后"各备买卖房地册一本，将成交买卖房地姓名价值数目随时填写册内，按每月初一日来案呈报，以便稽查。如有从前未税之契，无论年份远近，本县宽其既往，准其投税粘尾。倘再扶同隐匿，故意不报，一经查出或被告发，定将该乡长从严究惩"。②

由于契税征收没有可靠的制度，因而弊端丛生。首先，民间房地产交易，往往私下进行而不经官府。对此黄六鸿说："田房税契，隐漏尤多，若遇编审之年，推收过户，间有以田契税印者。"③光绪二十四年（1898年），直隶获鹿县知县颁布催征契税的告示，说"田房契税上关国课下便乡民，《律》载民间不税契者笞五十，仍追田宅价钱一半入官"，但"民间置买房地，往往吝惜小费，多不投税粘尾"。④其次，州县官离任时或将契税送人情，对此黄六鸿说："州县离任之时，绅衿讨情，衙役乞恩，以田房二契用白印者。此陋弊处处皆然，不可破也。"⑤再次，书吏作

① 民国《三台县志》，食货志，田赋，潼川新民印刷公司印本。
② 河北省档案馆藏：清代获鹿县档案，655—1—859。
③ 黄六鸿：《福惠全书》，第99页。
④ 河北省档案馆藏：清代获鹿县档案，655—1—859。
⑤ 黄六鸿：《福惠全书》，第99页。

弊，私收小费而为房地产免税办理过户手续。对此张集馨记述说："书吏有架阁房者，散处四乡，民间买卖田产，告知架阁房，给与小费，不给税价，架阁房即通知户房书办，暗暗过户，而官不知也。"①最后，州县官将契税吞入私囊，具体情况见第六章。

为了防止州县官贪污契税，清末将契税由州县征收改为设立省辖专门机构征收。光绪三十四年（1908年）九月，四川总督"奏设经征局，契税一项改由该局经征"；次年"奏称成效大著，上年冬季契税收数已达五十万两"。于是清政府决定推广这一制度，于宣统元年（1909年）五月颁布《酌加契税试办章程二十条》，规定契税改归各省经征局征收。②

① 张集馨：《道咸宦海见闻录》，第306页。
② 政学社印行：《大清法规大全》，第2568页。

第二节 司法职能

关于清代州县官和州县衙署的司法职能，瞿同祖著《清代地方政府》、陶希圣著《清代州县衙门刑事审判制度及程序》、那思陆著《清代州县衙门审判制度》以及吴吉著《清代地方政府的司法职能研究》等已有较充分的研究，除"州县司法弊端"一目和所附"代书制度"外，本书没有突破性创新。这里，仅转述那著的有关论述作为纲要（在此明确声明，行文中对该著具体文字的采纳不再一一作注），依据史料对有关问题加以辨证和补充。

一、州县衙门的司法职能

清代州县衙门履行初级审判职能，其司法管辖原则，可以分为土地管辖、身份管辖和牵连管辖。州县衙门通常以被告住所地、被告所在地、犯罪地为土地管辖范围。身份管辖方面，军人犯罪除少数案件外，大多数案件由管军衙门与州县衙署共同审理；军人犯命案，完全由州县衙门审理。涉及旗人的案件以及"化外人"在内地犯罪，州县官有部分审理责任；"八议"及宗室犯罪，州县衙门无审理权。牵连管辖方面，同一案件中的数犯在不同州县发案情况下，"轻囚就重囚"；罪行相当者"少囚从多囚"，囚数相等时"后发之囚送先发官司并问"。

州县衙署的正印官、幕友、胥吏、差役，均有司法职能。

清代刑事审判实行审检合一制度，州县官同时执行今日法官与检察官职能，同时还是警官、验尸官和典狱长。他在刑罚词讼方面的主要职能是：查勘检验，缉捕人犯，管押或监禁人犯，审理词讼。州县的佐贰杂职也有某些司法职能。《大清会典》规定:"州县首领即为管狱官,兼与巡检分掌捕务。"县丞、主簿于知县公出时,可代理知县验尸、验伤。清律规定"官非正印,不得受民词",禁止佐贰杂职受理民间诉讼。但事实上,佐贰官时常受理民词(见第二章第三节)。刑罚词讼虽然是清代州县官的一项主要职责,但在当时因循疲玩的政治状态下,许多人却并不认真履行这一职责。嘉庆十七年(1812年)的一道上谕批评州县官"或性耽逸安,怠于听断;或预防翻案,冀免干连,以致讼师逞其伎俩,颠倒是非,往往起衅甚微,久且酿成巨案,而上控京控呈词,亦日渐增多"[1]。

幕友在司法方面的职能包括代批呈词、签差传唤拘提、定期集审(决定集审日期)、参与审讯(在后堂听讯)、代拟判决。有人指出,清代州县诉讼,"幕友拟批于副状,官过目画押,然后墨笔幕友录于正状,过朱发榜,此通则也"[2]。房科在司法方面各有分工,户房承办田土、房宅、钱债等案件;礼房承办婚姻、继承、坟山等案件;刑房承办人命、盗贼、斗殴、奸情、叛逆等案件,其他科房有时也承办州县官交办案件。差役在司法方面承担站堂、刑讯、拘提被告、缉捕盗贼、管押招解人犯、守护监狱、护送过境人犯和验尸验伤等职能。此外,长随也承担某些司法职能(对此那著未能注意),详见第四章第二节。

二、刑事审判程序

州县的刑事审判程序分为审前、审理、复审、执行等阶段,兹分述如下:

(一)审前程序

审前程序包括如下环节:

1. 放告与呈控。州县放告有定期,于期内呈控曰期呈;于非放告日呈控曰传呈。重大案件得随时呈控。放告通常由州县官亲自收呈,然后当

---

① 《大清会典事例(嘉庆朝)》卷九十,吏部。
② 何士祁:《词讼》,徐栋辑:《牧令书》卷十八,刑名中。

堂审讯查问，依据律例和案情决定是否受理。如不能当堂批示，则将呈状携回内衙，与幕友商酌后，再行批词。清制，民人呈控必须有呈词，"俱责令自作；不能自作者，准其口述，令书吏及官代书据其口诉之词，从实书写"。但又规定："内外刑名衙门，务择里民中之诚实识字者，考取代书；凡有呈状，皆令其照本人情词据实誊写，呈后登记代书姓名，该衙门验明，方许收受；无代书姓名，即严行查究。"①关于代书制度，本研究有一专门探讨，附于本节之后。各地对诉状均规定有固定状式。黄六鸿在《福惠全书》中说：规定状式很有必要，可以防止"善讼惯唆之人"在状词文字内容上"巧设虚局"；即使代书"据事以告"，如不限定字格，也会"枝词蔓语，反滋缠绕"。对于诉状的内容和附件，也须规定："凡告户籍者，必以族长、坟产为定；告婚姻者，必以媒妁聘定为凭；告田土者，必以契卷地邻为据。至于强盗重在明火执仗，窃盗重在出入踪迹，俱要粘连失单。人命重在尸伤凶器，亦要状后粘单。"他指出，房吏往往在呈状上做文章勒索涉案人，"凡原告状准发房，被告必由房抄状，该房居为奇货，故意刁难，视事之大小，为需索之多寡"。而被告抄状后也会设法作弊，请刀笔讼师，针对原词具状辩驳，"多方破调，聘应敌之虚情，压先攻之劲势"，以致原、被两状"殊难黑白"。他因此主张"设副状"，"止填注语及被证姓名住址，而其词不载"，"准状之后，止发副状落房，出票拘审，该房无所庸其勒索，被告无所据为剖制"，而原被双方"彼此所云，机锋各别，其真情目不觉跃然纸上矣"。②王值任广东香山县知县，也实行词状正副状式制度，"正状止填所告注语，原被干证姓名，加批发示，副状载原词存衙，候审日批阅，两造不得见原词，则所控诉多相矛盾，而情伪易见"③。

　　2. 批词。州县官回内衙批示是否受理为批词。清代对哪些案件不予受理均有规定，各地大致相同而又略有不同；同一州县在不同时期也有不同。兹录顺天府宝坻县状纸所刊不予受理的规定：

---

① 《大清会典事例（嘉庆朝）》卷八一九，刑部。
② 黄六鸿：《福惠全书》，第117—118页。
③ 王植：《受词》，徐栋辑：《牧令书》卷十八，刑名中。

凡赦前事翻供者不准；

凡上宪批结之案再行具控者不准；

告斗殴无凶器伤痕确证者不准；

告强盗不开明地邻及日月失单者不准；

词内只许据情直书，不得混扯别项，发人隐私者不准；

词内只许一告一诉，如有陆续援词牵连无干证之人者不准；

被告不许过五名，干证不许过三名，违者不准；

告婚姻无媒妁婚书者不准；

告田土钱债无中证契卷者不准；

告奸情无确据者不准；

告奸情及命盗重案牵连妇女者不准；

每张呈词字限二百，以外多亦不过三百，违者不准；

无代书戳记及具状人歇家者不准；

无副状者不准；

呈词不准越格错落一空两空、双行、夹写以及贴×余纸，违者不准。①

黄六鸿《福惠全书》状纸所刊不予受理的规定：

事在赦前及年远者不准；

告人命不粘连伤痕凶器谋助单者不准；

告婚姻无媒妁者不准；

非现获奸犯词内牵连妇女者不准；

告强盗无地邻见证，窃盗无出入形迹空粘失单者不准；

告婪赃无过付见证者不准；

告田土无地邻、债负无中保，及不抄粘契卷者不准；

生监及妇女老幼废疾无抱告者不准；

告生员作证并牵连幼女稚童者不准；

被告非盗命过三人者不准；

状内所告无真正年月日者不准；

---

① 中国第一历史档案馆藏：清代顺天府档案，028—2—112—170。

状尾无考定代书姓名者不准；

告人命，粘单内不填尸伤、凶器、下手凶犯及不花押者
不准；

凡告状不用印格眼者不准。[1]

州县官对于词状的处理也有不同，兹举黄六鸿为一典型例证。他主张对词状处理应分这样几个步骤：一是放告。放告应由官升堂收状，对投状者点名核对无顶替、匿名，"即将白纸封束，写明内共若干张，呈堂朱笔点封；门子接置文匣内，带进内衙"。二是披阅。州县官亲自披阅所收呈状，决定是否受理。其格式者不符者不准，准者"判×日批准"，"纸尾注定承行吏书姓名，以便承发科照发"；对于不准受理的词状，"将不准缘由批原词上"，由内衙管词状的长随抄单发该管房吏。不论已准、未准词状，均"即日写示，入金套送金，次早领金贴出"，原状收贮内衙。三是挂号。"准过词状必须挂号"，由内衙经管挂号的长随"将朱语、原告、被、证姓名、批语、承行差役姓名填写"，是为内号；"内号挂讫，随将各副状汇入封套，发承发房分发承行……承发科亦须挂号方发，是为外号"。[2]汪辉祖强调，对于词状上附粘的"契约议据等项，入手便须过目"，防止发房后胥吏"舞弊挖补"。[3]收呈与批词，虽然按制度规定须州县官亲自进行，并立即批示是否受理，但实际情况并不尽然。曾国藩谈到当时直隶的有关情况说：

直隶怠玩之夕相沿已久。每逢三八放告，或委典史收状，或由承发房将呈词送交门丁；门丁积压数日送交幕友，幕友拟批挂榜，而本官尚不知呈中所告何事。至判阅稿票时，听任丁书主政，按照呈内姓名全数差传，不敢删减一名。[4]

丁日昌谈江苏的情况说：

各州县于词讼案件，其勤勤恳恳者，固不乏人，而漫不经心者，亦复不少。如收呈则委之捕衙，准驳则凭之幕友，而审与不

① 黄六鸿：《福惠全书》，第118页。

② 黄六鸿：《福惠全书》，第119—121页。

③ 汪辉祖：《治讼》，徐栋辑：《牧令书》卷十七，刑名上。

④ 曾国藩：《直隶清讼事宜十条》，葛士浚辑：《皇朝经世文续编》，第479—480页。

审，则又惟门丁之言是听。①

陈宏谋说：

> 向闻赴县告状竟至二三十日尚不批出，所批仍属含糊，似
> 准不准，应拘不拘，有拘不审，偶审不结，以致乡民皆以告亦无
> 益。②

除原告呈控外，还存在其他受理事由：苦主、事主呈报；鸣锣、击鼓喊
禀，不必具呈；地方绅衿等投禀帖；告发（首告、告举）；民人联名公
呈；（犯罪人）投首；（官员）访闻；发审及委审，民人上诉属越诉者，
上司衙门发回原州县审判，称发审；如非越诉，上司衙门有不自行审理而
另委其他州县审理者，称委审。

3. 查验。州县官有责任勘验盗案现场，查验命案中除尸身之外的凶
器等。

4. 检验。州县官有责任进行命案检验与斗殴检验。对于命盗案件的
查验、检验，州县官必须亲自进行，"滥批乡约地保查复者，降三级调
用"③。如地方官公出，则依例由邻境印官或同城佐贰代为进行（见第二章
第三节）。然而实际上，州县官往往不能认真从事这一工作，导致差役勒
索和舞弊。田文镜和李卫对此均有批评揭露，可见系当时普遍情况：

> 每见州县等官初入仕途不谙检验之法，遇有人命，不即往验
> 因，先差衙役催搭尸棚，预备相验。什物种种，骚扰该役自索差
> 钱，又为仵作、刑事串说、行贿。官尚未到尸场，而书役贿络已
> 得，安排已定，及至临场相验，官又躲避臭秽，一任仵作混报，增
> 减伤痕，改易部位，甚或以打为磕，以砍为抹，以致伤仗参差，案
> 情混淆，详校复验，罪有出入。官被参处，莫不因此而起。④

> （对于命案检验尸身）有司之悠忽者，每多迟延日期，以
> 致尸身发变。且于《洗冤》诸录全不寓目，此中既已茫然；及到

---

① 丁日昌：《通饬清理狱讼札》，盛康辑：《皇朝经世文编续编》，《丛刊》第85辑，
第4731页。

② 陈宏谋：《论吴中吏治书》，徐栋辑：《牧令书》卷十七，刑名上。

③ 《大清会典事例（嘉庆朝）》卷九十九，吏部。

④ 席裕福、沈师徐辑：《皇朝政典类纂》，第5051页。

尸场，又以亵秽为嫌，远坐他所，止凭仵作衙役混报。既然未目击，又不令两造面质，草草讯供，游移通详；甚则故留空隙，使将来易于出入。①

田文镜阐述了关于检验尸身的规范做法：

平时一遇地方报到命案，一面差拘凶首，毋使疏脱，一面传集仵作、刑书、单骑简从，亲往相验。切勿差催搭棚等项，亦不可任仵作、刑书远离左右。一到尸场，即唤原被证佐讯问，彼此有无仇隙，因何起衅，用何器械打伤，几处几人动手，各伤何处，几日身死，得其实情。然后令人将尸移放平明地上，督同仵作细验。某处是系何物致伤，是何颜色，长阔深浅，深是何分寸，生前有无残疾，死后有无装点，沿身上下务须亲加察看，砵填尸格，不得避秽远离，任听仵作喝报，被其欺蒙。又须追起凶器，比对伤痕，果否相符，有无疑窦。②

5. 通禀与通详。命盗案件，州县官须在限期内将案情报告督、抚、藩、臬、道、府，称通禀、通详。通禀在前，较简单，不用印。命案限五日内通禀，盗案限三日内通禀。通详在通禀之后，用印，情节较详。有关制度规定：地方有杀死人命，州县官知情隐匿，不行申报者，革职（私罪）。③

6. 传唤。案件受理后，其情节较轻者签差传唤被告到案受审，有时还须传唤地保、乡约、证人。有的地方官尝试用其他方式传唤，如原告传唤、乡约地保传唤。田文镜即强调，为了避免差役滋扰需索，一般诉讼不应佥差而应通过乡保传唤人证。④曾国藩曾揭露，在诉讼传唤过程中，将并无牵连者滥入呈状、差票的现象严重："凡小民初涉讼时，原被告彼此纷争，任意混写多人，其中安扳者居多，且有差役勾串牵入呈内者。票上之传人愈多，书差之索费愈甚，名曰'叫点'，所谓'堂上一点朱，民间万滴血'也。"⑤

① 席裕福、沈师徐辑：《皇朝政典类纂》，第5061页。
② 席裕福、沈师徐辑：《皇朝政典类纂》，第5051页。
③ 文孚纂修：《六部处分则例》，第872页。
④ 席裕福、沈师徐辑：《皇朝政典类纂》，第5046页。
⑤ 曾国藩：《直隶清讼事宜十条》，盛康辑：《皇朝经世文编续编》，《丛刊》第85辑，第4718页。

7. 拘提。案件受理后，情节较重者拘提。详见第四章第四节。

8. 缉捕。涉案人员在逃者缉捕。详见本章州县治安捕盗职能一节。

9. 看押。清律允许州县官看押人犯及干连人证，由差役羁押于班房（卡房）监禁，但不准私设班馆。但实际上，私自羁押的情况十分严重。江苏布政使丁日昌说：

> 羁押人犯，原因案情重大或人证未齐，一时遽难定谳，不得不择要管押……若钱债口角细故，两造均有，当面不难片言折服，应无所用其管押。乃有不论事之大小，人之多寡，经年累月，久押不放。此尚是管押也。甚有家丁书差，狼狈作奸，将案外无辜之人，及审已讯明之后，暗地私押。①

曾国藩任直隶总督，曾颁令严禁私押："传到人证，非命盗大案，不准轻于管押，只许当堂取保候讯。万不得已而羁押，则须随时亲到班馆查访，有无凌虐私押等弊。仍制造大粉牌一面，悬挂头门之外，将在押人姓名，逐一开载，并注明某月某日，因某管押。书明牌上，俾众周知。傥书差舞弊私押，准家属喊禀严究。"②这种禁令实际上反映了当时私自羁押的普遍性与严重性。

10. 监禁。刑事犯罪情节较重之人犯须在监狱监禁。监禁犯人须用刑具，但禁止违例滥用。乾隆元年（1736年）议准：

> 凡内外问刑衙门所用刑具，务皆按定例式样制造，其在外各省州县，令该管道府，遇赴州县盘查时，将所用刑具详加查验。倘有违例造用者，即详揭题参……至强盗及十恶、谋杀、故杀等重案犯，仍照例用铁锁杻镣各三道；其余斗殴人命等案罪犯，以及军、流、徒罪等犯，皆止用铁锁、杻镣各一道；笞、杖等犯，止用铁锁。倘有违例滥用，即行题参，交部议处。③

11. 保释。轻罪犯人、患病犯人、妇女和监候待质人犯得在一定条件下保释。

---

① 丁日昌：《通饬清理狱讼札》，盛康辑：《皇朝经世文编续编》，《丛刊》第85辑，第4731—4732页。

② 曾国藩：《直隶清讼事宜十条》，盛康辑：《皇朝经世文编续编》，《丛刊》第85辑，第4719页。

③ 《大清会典事例（嘉庆朝）》卷九十八，吏部。

（二）审理程序

有些轻微案件，由地方官、两造亲友或乡地、绅耆调解两造诉讼，谓之调处；调处的结果多为和息，即和解与息讼。情节较重的案件或情节虽轻但不能通过调处与和息解决的案件，则进入审判程序。

清代州县对于某些轻微的案件定有停讼期（阴历四月至七月），停讼期内不予审理。其进入审理程序者，须于审前通知原被两造，通知的方式或由出示，或由传唤。与此同时，由房科准备好案卷，经门房、签稿交值堂，请官定夺先审某案，审判时由差役将人证带至公堂。其参加审判的人员，除知县外，有值堂长随、刑房书吏（招书）各一人录供，门子二人指签磨墨。此外用刑皂隶在皂隶房伺候，用刑时乃出；皂隶把守大门、角门，不准闲人进入。州县审判在二堂进行者居多，在大堂审理属个别情况。汪辉祖认为官员审理词讼之所以愿在二堂而不愿升大堂，原因在于贪图安逸——"内衙简略，可以起止自如，大堂则终日危坐，非正衣冠、尊瞻视不可，且不可以中局而止，形劳势苦，皆以为不便"。但是他主张审案应升大堂，因为"司牧之道"应"教养兼资"，"内衙听讼，止能平两造之争，无以耸旁观之听。大堂则堂下伫立而观者不下数百人，止判一事，而事之相类者为是为非，皆可以引申而旁达"，即使"所断之狱未必事事适惬，人隐亦既共见共闻，可无贝锦蝇玷之虞"。[1]

清代刑事审讯的原则是"依状以鞫情，如法以决罚，据供以定案"。所谓"依状以鞫情"，即审讯不超出诉状范围；所谓"如法以决罚"，即量刑与考讯均须依法进行；所谓"据供以定案"，即将证据作为定案的主要依据，而证据主要有三种：证人之供、被告之招和物证。不过，有时州县官却有删改口供的情况，"凡悉犯人原供，其中有情节可驳者，必经刑名幕友删改妥协，始行录册送部。是以解部招供多有不实不尽，部中凭册定拟，窃恐枉杀无辜，在所难究"[2]。州县官负有审判责任，枉法者治罪，承问失误、失出者议处。

清代诉讼制度，于犯人不肯招供时允许刑讯，刑具均有定式。李渔记

---

① 汪辉祖：《亲民》，《牧令书》卷十七，刑名上。

② 何桂芳：《请饬严禁查拿片》，葛士浚辑：《皇朝经世文续编》，第626页。

州县刑具说：

> （刑具）厥数有六：曰笞，曰杖（二者皆用荆条，笞小杖
> 大），曰讯（即今之竹板，有重罪不服，责以讯之），曰枷（项
> 刑，用以示众），曰杻（手刑，俗名手杻），曰镣（足刑，名脚
> 镣），视罪之轻重，为刑之巨细。枷细于杻镣，讯轻于枷笞，杖
> 又轻于讯，非极重之罪有死无赦者不用杻镣，非罪犯众怒、法
> 当榜示以快人心者不用枷；下此常用之具则讯、杖、笞三者而
> 已。杖、笞止于臀受，讯则臀股分受，三者皆不及股湾，恐伤其
> 足……①

典制严禁官员“用刑违式”，否则给予处分。清廷在这方面曾屡次颁发禁
令。如官员将犯人除夹棍、拶指之外，别用非刑者革职；将妇女用夹棍者
革职，犯妇有孕不得用拶指，违者处分；除刑部例载刑具之外，另用木
架、拷踝、针刺以及小夹棍、木棒棰、连根带须竹板、联枷等项非刑者，
革职。②清政府的这些禁令似乎没有真正生效，州县违制私造刑具、滥用刑
讯的情况十分严重，甚至审理民事案件也有用刑讯者。汪辉祖记述说：

> 有所谓跪链者，盘铁索于地，裸犯膝跪其上，犹为未足，以
> 圆木或竹穿入两膝弯，用两人左右踏之，曰踏杠，亦曰压杠，掺
> 号之状，不忍见闻。二十年前，干吏用以勘黠盗，已而非黠盗亦
> 用之，后遂用之命犯，甚则讼案亦用之。

> 至以掌僻颊，或五或十，法之轻者。今以皮代掌，有叠批
> 四五十及七八十者，流血不止，甚至齿牙脱落。③

嘉庆年间一位御史揭露四川州县滥用酷刑的情况说：

> 近年川省吏治日趋严酷，各州县多造非刑，有弸杆、钓杆、
> 站笼等名目，皆可立毙人命……州县大半有之，甚有另出新奇、
> 不可名目者。始犹用之教匪初靖之时，今且用之教化×濡之后；
> 始犹加之奸邪不轨之辈，今且加之×等犯法之人，除以惩治盗贼

---

① 李渔：《论刑具》，《牧令书》卷十八，刑名中。
② 《大清会典事例（嘉庆朝）》卷九十八，吏部。
③ 蔡申之：《清代州县故事》，第29页。

外，甚至田土斗殴等案，一切用之……[1]

审讯终结时须进行判决。州县官对案件的判决，对上而言称堂断或堂判，对下而言称堂谕。堂判分两种：一为审语，即笞杖案件系州县自理，无须上司衙门复审，堂断即结案，故称审语；二为看语，徒以上案件，州县审毕须上司衙门复审，不能定案，故称看语。堂断有当堂作出的，也有退堂后斟酌拟写的，均须榜示。有时州县官审理案件后堂断“不甚明切”，或“虽已明切，而审后神思偶倦，遽而退堂，令差人带两造在外间，照堂上面断之语出结”，就会留下各种后遗症：或者两造对堂断“不甚了了”；或者因棍蠹挑拨而致使“两造之结，各执一词，与堂断之言，俱不符合”；“甚则书役高下其手，竟致供与结亦自两歧，或故留漏洞，或故示矛盾，以为翻异地步，如此则未有不翻案及酿成他故者”。[2]堂断之后，还须做以下工作：整理案卷，取服辩文状（由本人、家属作出），发给文卷议照，两造收执；堂断错误或不当，可改正重申。陈宏谋、汪辉祖等都强调审后做好案卷整理、保存、发还工作的重要性：

凡审过词讼如何判断，务须当堂晓谕，仍将断语写于供单之后，审后即令经承将原呈诉词、禀单、断语粘卷一帙，用印存房，遇有赴上翻控、情有可疑者，檄行提卷，即日申送阅案……

凡审断词讼之后，务将差票当堂缴销，尚须传唤者唤到即销，切不可因事已完结，视为无用之废票，留为不时之吓索。凡自理未结之案，除缉拿外，遇停讼时亦将旧票缴销，俟开讼再为佥票。[3]

堂事毕后……尤宜细心检校勘结案件，应发文卷议照之类，面给两造领回。倘不及取领状附卷，即于谳后标明发字，不必另其再经吏役之手，借端需索致滋守候。其他遵依甘结等项，并可类推。至两造供词，起讫钤处，皆须一一过目，朱笔点勾标识，

---

① 四川省档案馆藏：清代巴县档案，嘉庆朝第5卷。

② 刘衡：《议覆理讼章程书》，盛康辑：《皇朝经世文编续编》，《丛刊》第85辑，第4745页。

③ 陈宏谋：《饬各属办案条件檄》，徐栋辑：《牧令书》卷十七，刑名上。

以免他日猾吏抽换增减之弊。①

这里，转录同治二年（1863年）顺天府宝坻县一件民间诉讼的案卷。案情和诉讼经过大概情况是：原告孔百福家住得义里朱家铺孔庄，与族侄孔万福伙买空庄一处，按半分栽烟秧。后孔万福病死，其父孔君奇（主要被告）指此地全系已故儿子孔万福的产业，率另一个儿子孔万有等到地中栽种烟苗。被告与原告理论，遭原告打伤。原告呈控后，知县签发差票传唤原被两造和证人。经审理，判被告败诉，原被告具结承认判决结果。至此结案。案卷包括：（1）刑房卷宗封皮；（2）原告孔百福呈状及县令批；（3）投状时原告孔百福供词；（4）刑房承拟票稿；（5）正式差票；（6）被告经传后呈状并县令批；（7）三班头票传后得复禀，及县令批；（8）原告、被告、干证供词（刑房录）；（9）干证、原告、被告结案时所具干结。②如下：

（1）卷宗封皮（略）

（2）民事纠纷呈状：

刑房一宗，同治二年五月×日据

原差陈祥、凌宠、陈起

得义里朱家铺孔庄民人孔百福呈控孔君奇率子孔万达将伊殴伤卷

呈状

具呈民人孔百福（年五十一岁，住得义里朱家铺孔庄，城西十五里）为喊禀事：切于咸丰九年秋后……（叙案情经过：与族侄孔万福伙买空庄一处，按半分栽烟秧，去年孔万福病死，现在伊父孔君奇率子孔万有等，到伙买地栽种烟苗，呈控人与之理论，孔君奇令孔万有将他打伤）……有石进祥拉劝可证，为此叩乞大老爷恩准验伤传究。此地契纸临审呈验，实为德便，上呈。（有正堂章官代书潘×戳记）

孔百福，系受伤人；词内孔宗必、孔宗奇、孔万有、孔万达、孔顺、石进祥

---

① 汪辉祖：《省事》，徐栋辑：《牧令书》卷十七，刑名上。

② 中国第一历史档案馆藏：清代顺天府档案，028—2—111。

正堂（章）

批：微伤已验，候传讯。

同治二年五月廿三日

（3）投状时原告孔百福供词（略）；

（4）传票稿：

为传讯事：据得义里朱家铺孔庄民人孔百福呈称：伊与族人孔万福用价伙买孔宗必空庄窠一处，按半分栽烟秧，不意孔万福病故，伊父孔君奇硬赖此地系伊故子自买，向理触怒，率伊子孔万达等将伊殴伤，请验讯等情。据此除验伤并呈批示外，合亟传讯。为此仰役协同该乡牌将后开孔君奇等限二日内速传赴县以究，去役毋得刻延滋扰干咎。速速。（领票）

计传

被告孔君奇、伊子孔万达；词内孔宗必，干证石进祥；原告孔百福（系受伤人），并饬携带地契。

距城十五里

同治二年五月初一日

刑房周簠承

正堂（章）：行。

（5）正式差票（略，传票抬头刻印文字：钦加运同衔特授宝坻县正堂加十级纪录十次章）

（6）被告呈状：

呈状

具呈民人孔钧奇，年六十九岁，住得义里朱家铺庄。抱呈子孔万达，距城十五里。为遵传诉明下情，恳恩作主斧断事：孔万福孔身独霸伙买空基等情一词，现蒙传讯，理宜诉明情缘。身故子……（案情：承认伙买，但说原告欠伊子孔万福钱三十吊，有"故子所遗外欠钱折可凭"，与之理论，伊不说理，"竟向身逞殴捏伤　控"）兹蒙票传，为此诉明，叩乞大老爷恩准作主，查询斧断，实为德便，上呈。

同治二年六月廿七日

正堂（章）批：候实集讯自明，毋庸剖读。

（7）差役销票回禀：

具禀壮头凌宠、快头陈祥、皂头陈起为回明事：切奉票传民人孔百福控孔君奇等硬赖地亩理论，反率子孔万达等将伊殴伤等情，案内人等讯究等因。役等遵即协同乡牌往传，现将被告孔君奇、孔万达干证石进祥、原告孔百福俱已传案。其词内孔宗必年老患病，难以来案，为此回明，叩乞大老爷查核施行，上禀。

同治二年六月廿八日

批：带讯。

（8）原告孔百福、被告孔君奇、人证石进祥的供词（略）

（9）结案时证人的甘结：

具甘结石进祥，今于与甘结事：依奉结得切孔百福控孔君奇……是实，蒙恩查讯，身不敢袒护，情愿具结是实。

同治二年六月廿八日石进祥

批：准结。

（10）结案时原告的甘结：

甘结孔百福于与结事：依奉结得，切身控……蒙恩讯明……将伊宽宥免责，断令将此庄窠按半拨开，各×各业耕种，身遵断均开，再无争论，所具甘结是实。

同治二年六月廿八日孔百福

批：准结。

（11）结案时被告的干结：

具干结孔君奇同子孔万达今于与干结事：依奉结得切身……一案，蒙恩讯明……将身子宽免责断，令将……是实。

同治二年三月廿八日孔君奇、孔万达

批：准结。

州县刑事诉讼审理在堂断以后，徒罪以上案件，须解上司衙门转审。为此，州县官必须定拟罪刑，具文招解。招解文有一定格式，分四个段落：据报、勘验、叙供、审勘，后两者最为重要。

（三）复审程序

清代州县衙门对笞杖案件可以自行结案，而徒罪以上案件，不论被告是否不服，均须解送上级衙门复审，称审转（即审理与转报）。其审转管辖范围如下：1. 府、直隶州、直隶厅：对直接辖境为第一审；审转所属州县解审案件。2. 道：审转所属府、直隶州、直隶厅对其直接辖境的一审案件（有一种意见指，府、直隶州、直隶厅所审转的案件，也须由道再次审转）。3. 按察司：府、道审转案件，须由按察司复审，然后详报督抚。4. 督抚：无关人命的徒罪案件，督抚可予批结，然后由按察司按季造册详报督抚，督抚咨部。有关人命的徒刑案件及流刑案件，由督抚专案咨部核复，年终汇题。死罪案件由督抚审拟具奏或具题。

经州县初审后报上宪审转的案件，往往须将人犯解送上级衙门复审，称解审。凡斩绞人犯，解归督抚审拟具题；军流人犯解臬司，专案咨部；从犯解府不解司，按季报部。徒罪案件，如有关系人命者，均照军流人犯解司转审，但颇多例外。

清代的解犯有三种情况：一为定案时解审；二为秋审解勘；三为发遣时配解。无论哪种情况，均须按有关定制进行。一般解犯，由差役押送；其情罪重大者，令营兵千总、把总亲身押送出境交替。如该州县无武弁，则令吏目、典史亲身押送出境交替。人犯起解，必须严加锁铐，借以受贿私自开放，官员失察者议处。第四章第四节已经述及，差役递解人犯，有长解、短解之分，"犯籍州县签差，名曰长解，沿途州县派拨兵役护送，名曰短解"。长解、短解均由州县官发给点解单、解票（递票），到站将人犯投交后，由收解州县给予回文，回本州县销差。清代顺天府档案中存有道光九年（1829年）宝坻县知县、香河县知县签发的点解单、解票（递票）和回文稿，转录如下：

（1）道光九年宝坻县知县签发的点解单：

点解单计开

人犯魏泳起、魏泳和

长解王明、张玉、杨振侯、李德

短解王玉、王文如、马秀生、王玺

督解沈裕后

（2）解票稿：

　　仰长解协同短解、营兵将后项秋审人文小心解递枭宪辕门告投，听候回勘，奉批回送销，毋稍疏虞干咎，速速。

　　计押解

　　新事秋审囚犯魏泳起、魏泳和，俱锁镣铐坚固灌铅，红衣裤。

　　长文一角，银一封，批一张，口粮二分，捐车一辆，营兵护送。

　　粘长解年貌一纸

（3）接收衙门给予短解的印收回文：

　　顺天府香河县为出给印收事：准宝坻县递到后项囚犯二名，随即照数查收，（除）转递外合给印收回销。×至即收者。

　　计收到

　　魏泳起、魏泳和，俱锁铐镣，文批银两，短文一角，长解年貌单一纸。①

　　清代司法中上控与京控制度。凡军民词讼，须自下而上逐级控诉，不得越控；对于越诉者，上司衙门也不得受理，否则议处。②但原被告及其亲属如认为州县衙门审断不公或不宜由其审断时，不论案件已结未结，得向府、道、司、院逐级上控。上司衙门对于上控事件的处理有两种方式：其一，词讼未经本官官司陈告，及虽经陈告但“本宗公事未给绝者”，“发当该官司追问”；其二，“已经本官官司陈告，不为受理，及本宗公事已绝，理断不当，称诉冤枉者”，上控衙门应立即勾问，不得“推故不受理”。其重大案件，应亲自审理；其他案件，可发交司、道、府及原问衙门附近州县审理，但不准“仍发原问官司收问”。③然而在实际上，上控制

　　① 中国第一历史档案馆藏：清代顺天府档案，028—1—55—102、103、104。

　　② 文孚纂修：《六部处分则例》，第975页。

　　③ 那思陆：《清代州县衙门审判制度》，台北文史哲出版社，第199—206页。

度却经常得不到正常执行（详见第七章）。

（四）执行程序

清代州县审理的刑事案件，笞、杖由州县执行。徒刑的服刑方式在明代为煎盐炒铁，清雍正时改为发本省驿递，"不拘有无驿站，交各州县严行管束，俟徒限满日，释放回籍安插"。兹举直隶深泽县典史光绪三十四年（1908年）收管徒刑犯文一则：

> 深泽县典史今于
>
> 与钤事：依奉收到蒙顺天府尹宪递到壹年徒犯王义，即王义有一名，查收转交防夫严加管束充徒讫，所具钤是实。
>
> 光绪三十四年十一月二十八日
> 典史李传松（印）①

关于流刑人犯，清律规定"照依本省地方，计所犯应流道里，定发各处荒芜及濒海州县安置"。军流道里表对何省人犯应发何省，均有规定，如直隶、江南流山西，安徽流山东等。流犯妻妾从之，父、祖、子孙欲随者听其便。康熙九年（1670年）题准：凡军流徒罪发遣人犯，或应本省发配，或应解部发遣，均以部文到日为始，定限两月起解。路途解送，每日定限五十里。如两月内不行发解者予以处分；又题准：犯人原解未交之先，路途逃脱者，皆将原地方该管各官议处。其起解之犯，已经交与该府州县逃脱者，原地方官免议，将承接府州县该管各官议处。②流刑人犯到配后，俱照应得杖数折责（杖一百）；终身不返，永不释回。流刑犯发交当地州同、州判、县丞、主簿、吏目、巡检、典史等官收管者，以收管之员为专管，州县为兼辖。流刑之减轻有迁徙，流刑之加重有充军、发遣。迁徙者，迁离乡土一千里外。充军者，按五军道里表分附近，发二千里；近边，发二千五百里；边远，发三千里；极边、烟瘴，俱发四千里。充军常犯，至配后责令照例当差，不得任其闲散；到配后杖责一百。充军系流刑之加重，原系沿前明旧制。前明军犯在卫所当差。清代俱归州县收管，并无可当之差，与

---

① 中国第一历史档案馆藏：清代顺天府档案，028—1—76—135。

② 《大清会典事例（嘉庆朝）》卷一百，吏部。

流犯无异。发遣分为当差、为奴二种。职官、进士、举人、贡生、生员、监生并职官子弟以上犯罪，发遣当差；民人犯罪，发遣当差或为奴，发遣地为黑龙江、吉林（宁古塔）、新疆（伊犁、乌鲁木齐）等地。发遣当差官犯得准其效力，派令管理铅铁等场；发遣为奴当差人犯须服劳役。

死刑的执行可分为三种：处决立决人犯、监候人犯和先行正法人犯。逆匪凶盗应斩枭立决人犯，应于省城处决，并由按察使等官监决。处决一般立决人犯，督抚应按程按日计算，程于非停刑日期，将部文钉封专差驰递州县，州县奉到部文即日处决。处决人犯，应由正印官监决，但如正印官公出，令同城佐贰会同武职，代行监决；如该地方无佐贰官时，令府属佐贰等官会同武职，代行监决。监候人犯于秋审程序结束后，其"情实"者即应处决。清律规定，某些重大案件，督抚等官得将人犯先行正法。如凡杀一家三命以上人犯，审明后依律定罪，一面奏闻，一面恭请王命，先行正法（清制，督、抚、提、镇皆蒙钦颁王命旗牌，使专征专杀）。

对于官员在死刑执行中的错误（包括程序错误）给予处分。康熙九年（1670年）题准：官员将绞罪犯人误斩者，降二级调用；将应监候秋决正法人犯即行正法者，降四级调用；如将立决人犯于停刑之日违例处决者，罚俸六月。①

《清代州县故事》载州县处决死囚的程序：

> 决囚有钉封文书到署，切莫令外人知道。（签稿长随）将文书呈官看过，并看天色早晚，一面请捕厅至署，一面武官来署，与本官商议，并问营兵谁人动手。着动手之人，私去磨刀预备。斩毕回署，将动手之人，用大刑责罚，并要预备钱，赏动手之人（按钉封文书，系机密之件，用夹板夹上，绳子钉好，然后于钉封之处盖印）。令禁卒牢头，决囚之时，小心防守，切莫等犯人知道。将三班衙役传齐，请武官令营兵监外围住。请捕厅守住监。传点，发头二三梆。候发三梆，请官坐大堂，将中间仪门关起，留东（西）边两角门莫关。唤三班衙役大堂伺候，令刑房写出犯人名姓标子，令捕快预备绳索，令厨子预备酒肉包子。令刑

_____

① 《大清会典事例（嘉庆朝）》卷九十八，吏部。

房将监犯牌写好，呈官植提犯人。令捕快拿监牌交捕厅，禁卒开监门，捕快进监，提出犯人。令由东边东角门进，至大堂跪下。刑房叫名，验箕斗，即赏酒肉包子毕，将衣服脱下，马快动手上绑。刑房将犯人犯法标子倒放公案桌上，官用朱笔向前一拖，顺手丢弃此笔不要。令捕快将犯人带去，走西角门出去。武官兵役，押犯人至法场。犯人面向西边跪下。本官要传大红呢雪衣，要带红呢斗篷，即在大堂上轿。开中门，赶至法场。目睹犯人开刀。决毕回署，即放爆竹。下轿坐大堂，排衙。排衙毕，进内阁，又要预备炮竹。再预备赏钱，赏刀斧手，约钱二千不等。继则办文申报完事。①

除笞、杖、徒、流、死等五刑外，清代刑事案件的量刑还有赎刑和刺字，枷号，罚金，入官，追征等其他刑罚。罚金是州县官经常采用的结案方式，对于一些本应"按例发落"的刑事案件，往往"罚取纸札笔墨、银朱、器皿、钱谷、银两等项"；对于"所犯之罪本轻"的"民间词讼案件"，则往往"酌量示罚以充地方桥道等工之用"。有关典制规定，对于以罚金结案，"须详报奏明，不许擅自批结"②；"例载罚谷若十石以上，钱十千文以上，即须奏闻。若匿不详报，别经发觉，严加议处，重则革职，仍计赃科以枉法之罪，轻亦降调"。不过州县官为了补充公费和贪污，还是动辄对涉讼人罚金。刘衡说："近来各处官员，间有修祠庙桥路等工，遇富民犯法，乃罚令出钱赎罪。罚得之钱，以些微充公用，而以强半入己。"③

三、民事审判程序

那思陆著《清代州县衙门审判制度》指出：清代民事审判多准用刑事程序，但较为简省。清代民事案件可分两类：一为牵涉刑事之民事案件。许多今日视为民事案件者，清代视为刑事案件，而附以刑罚，如清律

---

① 蔡申之：《清代州县故事》，第38—39页。

② 《大清会典事例（嘉庆朝）》卷九十九，吏部。

③ 刘衡：《蜀僚问答》，盛康辑：《皇朝经世文编续编》，《丛刊》第84辑，第2612页。

规定："负欠私债违约不还者，五两以上，违三月，笞一十；每一月加一等，罪止笞四十。五十两以上，违三月，笞二十，每一月加一等，罪止笞五十……并追本利给逐。""若已嫁女已报婚书，及有私约而辄悔婚者，笞五十。"二为纯粹民事案件。以上第一类案件多用笞杖刑，与第二类案件同属州县自理案件。

民事案件的审判程序与刑事案件大致相同，但也有不同之处。如司法管辖范围，民事案件由事犯之地方管辖。此外民事审判取证较重书证；对被告多为传唤、看押，而很少拘提、逮捕、监禁。此外，在民事审判中州县官堂断权力很大，律例无规定时，得斟酌道德、情理、风俗断案；堂断之后即可结案，无须通禀通详上司衙门。

民事诉讼，四月至七月停止受理，为农忙停讼期；非停讼期放告，民人呈控民事案件，州县官必须受理。而停讼也有例外：

> 如乾隆二年有官员条奏："州县自理词讼务须分别事情轻重缓急，随时酌准，不得借农忙既置民瘼于罔闻。"乾隆四年定例："因天旱争水，黄熟抢割，争娶打抢，聚众打降等事，停讼之时亦应准理。"乾隆十年有官员条奏："地方于农忙停讼期内，凡遇坟山土地等项务须随时勘断；至自理案件，倘事关紧要，或证佐人等现非务农，即不得以时值停讼借词推诿，亦不得滥差稽候，致滋扰累……俱奉旨通行。"此外，"户婚田土似在应停之列，然抢亲、赖婚、强娶，田地界址买卖未明，若不及早审理，必致有争夺之事"，"邻县关拿要犯"，也不能"以停忙为诿"。①

由于州县官疲玩，有时于停讼期结束后仍不受理民事案件。乾隆二十二年（1757年）的一道上谕说：

> 定例每年四月至七月农忙停讼，至于隆冬岁暮，正值农隙，并无停讼之例。乃外省州县，多于隆冬以后亦悬牌停讼，不收呈词。是通计一年内，理事值日甚少。②

民事案件的审判，也首先始于正式审理前的放告、呈控与批词。如

---

① 陈宏谋："申明农忙分别停讼檄"，《牧令书》卷十八，刑名中。
② 《清高宗实录》，《清实录》第十五册，第1060页。

诉讼中涉及田土等纠纷，也须进行勘丈，通常由正印官及佐贰杂职进行。对于民事诉讼首先要进行调处。州县官对于民事诉讼得批令亲族、绅耆调处，或亲为调处。不过有关典制规定，民事词讼州县官必须亲自核明剖断，然后才能交乡约地保调处：

> 凡州县等官，遇有民间一应词讼细事，如田亩之界址沟洫，及亲属之远近亲疏，许令乡约地保呈报，地方官据复核明，亲加剖断。如不行亲审，批令乡约地保处理完结者，罚俸一年。①

其不能通过调处和息者，进行审讯，并作出堂断。民事诉讼经州县官堂断即可结案；堂断依律例作出，律例未载者可依理依情判断。

州县审理民事诉讼，限二十日完结。按照有关典制，州县自理一切户婚、田土等项，按月注销；州县设立循环簿，将一月内事件填注簿内，开明已未结缘由，于每月底送该管知府、直隶州知州查核，循环簿轮流注销；其迟延不结、蒙混遗漏者议处。此外，巡道出巡各州县时，也可以就户婚田土案件，提该州县词讼号簿，逐一稽核。州县官审理不公或不为受理，民人得上控，同于刑事诉讼。

四、清代州县司法的弊端

清代州县司法审判存在两大弊端：其一，州县官疲玩导致案件积压；其二，长随、书役需索严重。兹分述之：

（一）案件积压

清代诉讼规定有承审期限，按州县初审与上宪复审合计统计，分为6个月、4个月、2个月3种。在这种统限期之内，州县承审分限则有3个月、2个月、1个月3种：

1. 寻常命案（斩绞监候以下）统限6个月，州县3个月解府州，府州1个月解司，司1个月解督抚，督抚1个月咨题。州县对于这类"雀角细故，枝节无多，见证确凿，凶犯到案供认明白者，于尸场上取犯证尸亲供结，五

---

① 《大清会典事例（嘉庆朝）》卷九十九，吏部。

日内录供通详，不必候上官批示，即可定罪成招，府司随时过堂"①。

2. 盗劫及情重命案、钦部事件及抢夺等一切杂案统限4个月，州县2个月解府州，府州20日解司，司20日解督抚，督抚20日咨题。无关人命徒罪案件统限4个月，各审限期同上，督抚20日批结。

3. 清律规定："卑幼擅杀期功尊长、子孙违反教令致祖父母父母自尽、属下人殴伤本官，并妻妾谋杀本夫、奴婢殴杀家长等案，承审官限一月内审解，府、司、督抚各限十日审转具题……至杀死三命、四命之案，该督抚即提至省城，督同速审，其审结期限，悉照卑幼擅杀期功尊长之例办理。"

4. 府州县自理事件（笞杖案件）审结，限20日审结。②

关于承审期限，有两点需要补充：其一，上述规定系经乾隆十五年（1750年）修改后的制度。清代地方各级机构承审期限的定制形成于雍正五年（1727年），当时规定：命案6个月限者，州县限3个月解府州，府州限1个半月解司，司限1个月解督抚；至乾隆十年（1745年），将府州解司限期从1个半月改为1个月；将督抚题咨限期从半个月改为1个月。盗劫等案4个月限者，州县限2个月解府州，府州限1个月解司，司限20日解督抚；至乾隆十年，将府州解司限期从1个月改为20日，将督抚题咨限期从10日改为20日。其二，统限期不止6个月、4个月、2个月3种。据《大清会典事例》，雍正五年（1727年）奏准，官员承审盗案限1年，其中州县限7个月解府州，府州限2个月解司，司限1个半月解督抚；乾隆十五年（1750年），改限10个月，州县改限5个月解府州，督抚限1个半月分别题咨完结。另外，按察使自理事件，限1个月完结。

在规定期限内不能审结者，议处；符合一定条件者可以展期。例如：

> 雍正五年奏准：官员审理命盗钦部案件，如案内正犯及要证未获，情辞未得确实，及等候提拿犯证，或因隔省行查，限内实难完结者，承审官将此等情由申详督抚，题明展限。

> 雍正八年议准：每岁农忙之期，例应停讼。凡州县官户婚田土等案，务于农忙停讼之前逐一审结，倘有应加复核者，暂将两

---

① 中国第一历史档案馆藏：清代顺天府档案，028—1—55—03。
② 那思陆：《清代州县衙门审判制度》，第156—160页。

造释归农业，具详各上司，司农隙之时，仍照例扣限审结。①

清代的这种审判期限制度，自身存在问题。由于刑事案件不可能全部得到侦破，从逻辑上讲，要求各类案件全部按期审结是不可能的。因此关于承审限期的规定没有得到认真执行。雍正十二年（1734年）的一道上谕说：

> （江西巡抚金光悌到任后发现）巡抚衙门未结词讼即有六百九十五起，藩司衙门未结者有二百六十八起，臬司衙门未结者有五百八十二起，盐粮各巡道未结者有六十五起。试思省城附近，已有一千六百余起未结之案，则其余府厅州县未结词讼，当有若干，殆不下万余起。②

至晚清，这种情况更加严重。光绪初年，丁日昌任福建巡抚奏报说：

> 月余以来，披阅各属禀报，类皆有名无实，积压之案仍多，审结之案实少。且闻伪造匿报之弊，不一而足……闽县共匿报词讼一百余起，侯官、莆田二县，共匿报词讼二百余起，福清县共匿报词讼八十余起……访查各州县陋习，缘因词讼据实禀报，倘结案不及成数，必干处分。是以每月必捏造审结若干起，作为开除，既可避免处分，又可以结案之多希冀上司保褒。故统一省月报册计之，结案已不下数万起……盖造入月报者，皆口角细故之案，大半伪捏，其真案之不结者，依然如故。③

讼案积压导致积重难返，"旧案改为新案，一案添为数案，小案变为大案，愈大则愈难结，遂有拖至十余年者"④。而更令人吃惊的说法是："今之地方，积案多者以万计，次者六七千，少者亦不下三四千；久则有阅二三十年未结者，近者亦二三年。其中书吏各有承行，差役各有经办，以是为沃产也。"⑤

---

① 《大清会典事例（嘉庆朝）》卷九十八，吏部。

② 《大清会典事例（嘉庆朝）》卷九十八，吏部。

③ 丁日昌：《清理积案以甦民困疏》，葛士浚辑：《皇朝经世文续编》，第2223页。

④ 贺长龄：《整吏治以清政本札》，盛康辑：《皇朝经世文编续编》，《丛刊》第84辑，第2656页。

⑤ 陈文述：《答人问作令第二书》，盛康辑：《皇朝经世文编续编》，《丛刊》第84辑，第2671页。

　　属于州县自理词讼的案件，州县官往往更不认真，"多不详报起限，往往任意延搁"①。官员的疲玩松懈，也是州县承审词讼不能按期结案的重要原因。关于清代州县官怠于听断、草率从事的记载俯仰皆是，可见这在当时属普遍现象。嘉庆十三年（1808年）的一道上谕说："外省地方官办理词讼，率多怠缓因循，甚至于命盗案件，有压搁数年拖延不办者。"安徽蒙城县县民朱子康呈报被劫一案，案犯已经拿获，然而"自嘉庆十年十月中，经事主呈报，至今延搁三年，押毙四命，并不据实详报"②。曾国藩说直隶一些州县"甚至经年累月，未尝坐堂讯问，两造破家荡产，求息讼而不能"③。另有人记述州县官疲于问案的情况说：

　　　　凡一案传票，官必酌批传案之期限，或三日，或五日，其实限者自限，逾者自逾。限三日者，至五日送审，官可谓能行其令于下矣，限五日者，七日送审，官亦可谓能举其职矣。然亦难以尽咎差役。每见有官遇差役送案之勤不悦者，盖畏问案故也。门稿揣知官之心理，乃搁案不送而索贿，否则勒令两造和息，既可见好于官，有可得利息钱……是以有案无传，有传无送，有送无讯，有讯无结者，比比然也。④

　　　　州县自理词讼，不过户、婚、田、土，视为无关紧要……常见一纸入官，经旬不批，批准不审，审不即结，及至审结，仍是海市蜃楼，未彰公道，徒使小民耗费倾家，失业废时。⑤

　　　　向闻赴县告状，竟至二三十日尚不批出，所批仍属含糊，似准不准，应拘不拘，有拘不审，偶审不结……⑥

审转至督抚等上级衙门的案件，有些久拖不结，原因与州县官初审不认真有很大关系。道光二年（1822年）颜检任直隶总督，"接收前任未经过堂者三十起，前后审定未解题招者六十七起……多系雀角细故，并无实在

---

①　《大清会典事例（嘉庆朝）》卷九十八，吏部。

②　《大清会典事例（嘉庆朝）》卷九十八，吏部。

③　曾国藩：《直隶清讼事宜十条》，葛士浚辑：《皇朝经世文续编》，第480页。

④　徐珂编撰：《清稗类钞》第三册，第976页。

⑤　刚毅：《牧令须知》，第32页。

⑥　陈宏谋：《论吴中吏治书》，贺长龄辑：《皇朝经世文编》，第842页。

疑难之件。溯其犯事到官年月，早则二年内外，兼有三四年以前之案"，其不能审结的原因是"解府解司犯供翻易，驳传要证不到"。而追溯其根源，则"总由地方官于落膝供词未经推鞫结实，府司转审又不肯穷加究诘，或任意延搁，以致犯供游移，案悬不结"①。

（二）长随、书吏、差役需索

州县词讼久拖不审、审而不结，在很大程度上是长随、胥吏、差役为了需索而故意造成，它给百姓带来了极大灾难，甚至造成一方社会经济的凋零。有人谈到湖南的这种情况说：

> 湖南知县自理词讼，批率半月始出……幸而讯有日矣，则有投到钱、送案钱、有挂牌钱、有派班钱，如是而胥役之欲未餍，则以某某未到诳禀；如是而阍人之欲未餍，则以邻证不备为词。不知被讼者日聚数十人于市而食，废三时之农功而无所告诉也。不幸官又他出，则不得不归；甫及门，而催差在户矣，家安得不破哉？又如田土坟墓等讼，偶获一讯而官作歇后语，曰候勘。届期两造人夫除道治具，村声雷动。久之不至，则累累陈状请；不至，迫而扳其辕，命驾辄不果行。行则骑从云阗，浆酒藿肉，苦不得直，其案辄积年不可解，是以险健之徒欲破人之家以快其私忿者，必假手于此也……今则所谓有名美缺，州县向日所视为溪壑者，其连×巨室，既皆化为草宿鼪游矣，而小户之仅完者亦少焉。②

周镐也同样谈到他家乡的有关情况：

> 乡愚争讼，候批示数日，候牌者数日，幸而悬牌听审矣，忽焉而改期者数日，或数十日。此数十日中，原被告若而人，四邻证佐若而人，牵连失业，典衣买饭，其间刁滑讼棍，串通蠹役，恐吓变诈，无所不到。曲直未到，而中人之产破矣。③

而讼案久悬不审、不结，又反过来为长随书役勒索创造了条件。州县官

---

①　中国第一历史档案馆藏：清代顺天府档案，028—1—55—03。

②　周锡溥：《复秦小岘廉使论吏弊书》，贺长龄辑：《皇朝经世文编》，第745页。

③　周镐：《与王春溪书》，贺长龄辑：《皇朝经世文编》，第841页。

"听断缉捕，稍存懈驰，呈词到眼，付之幕宾。数日不批，书役便索买批费；又隔数日无票，书役便索出票费；又隔数日不审，书役便索升堂费"①。衙门需索还使得民人诉讼撤诉不得和刁民架讼，这也是讼案久悬不决的一个原因。曾国藩谈到直隶这方面的情况时说：

> 乡曲愚民，每因一言参商，致起讼端。迨事过气平，或经亲友劝解，又复怨释悔生，彼此情甘罢讼。衙门索和息钱文，难以措办，因而避匿迁延，久不到案。此案县不结之一端也。又有刁民凭空砌词涉讼，或挟仇，或渔利，造作影响无据之言，诬告多人，但求准状，不求审理。递呈之后，永远不敢到案。此案悬不结之又一端也。②

有人指出，书役在诉讼过程中需索规费，实际上已经合法化，诉讼费用的高昂，"非谓官之必贪，吏之必墨也"，而是已经成为制度性的问题。小康之家一旦卷入词讼，必然破产。"如乡民有田十亩，夫耕妇织，可给数口，一讼之累费钱三千文，便须假子钱以济，不二年，必至鬻田。鬻一亩则少一亩，辗转借售，不七八年而无以为生。"③汪辉祖也有同样的说法：民间有"破家县令"之谚，毫不夸张。"千金之家，一受讼累，鲜不破败。盖千金之产，岁息不过百有余金，婚丧衣食，仅取足焉。以五六金为讼费，即不免称贷以生，况所费不止五六金乎！况其家不皆千金乎！"④刘衡也说："富民涉讼，不必命盗大案被诬，即寻常细故，列名邻证，便可破家……已经涉讼，往来盘费，在城饭食，及书差临时之索诈，私锁私押，百般凌辱，非钱不行。有事后之酬谢，案结后仍然私押，不肯释令归家。种种花销，大约一讼之费，至少亦须数十金。"⑤汪辉祖谈清代诉讼制度下小民之苦状：

---

① 贺长龄：《整吏治以清政本札》，盛康辑：《皇朝经世文编续编》，《丛刊》第84辑，第2656页。

② 曾国藩：《直隶清讼事宜十条》，盛康辑：《皇朝经世文编续编》，《丛刊》第85辑，第4725页。

③ 汪辉祖：《佐治药言》，张廷襄编：《入幕须知五种》，第134页。

④ 汪辉祖：《学治续说》，张廷襄编：《入幕须知五种》，第389页。

⑤ 刘衡：《蜀僚问答》，盛康辑：《皇朝经世文编续编》，《丛刊》第84辑，第2602—2603页。

少乡居见人赴城投状，率皆两日往返还，已而或批，已而差传，倩亲觅友，料理差房，劳劳奔走，动辄经旬。至于示审有期，又必邀同邻证先期入城。及至临期示改，或狡者有所牵引，谕俟复讯，则期无一定，或三五日，或一二十日，差不容离，民须守候，工商旷业，农佃雇替，差房之应酬，城寓之食用，无一可省。迨事结，两造力已不支，辗转匮乏，甚有羁执公所，饥寒病疬，因而致死者……其负屈不申、抑郁毙命者无论已。更有事遭横逆，不得已告官，候之久而批发，又候之久而传审，中间数月，横逆之徒复从而肆扰……①

清律本无诉讼规费名目，但实际在州县诉讼中却存在各种介乎合法与非法之间的规费，各地不一，大多系书吏、差役收取。书吏需索规费名目为：戳记费、挂号费、传呈费、取保费、纸笔费、出结费、和息费、买批费、出票费、生堂费、坐堂费、衙门费；差役需索规费名目为：命案检验费、踏勘费、鞋袜费、车马费、舟车费、酒食钱、解绳费解锁费、到案费、带案费、铺堂费、普办费、班房费、进监费、保礼费、和息费、结案费、招解费。有地方志记清代州县诉讼规费繁多的严重弊端：

讼事积弊甚深，每该班原差持票下乡，饭钱、酒钱、鸦片烟钱外，仍索盘川数百至数千，或多至数十千不等。及到城中，复索规矩礼，请客几桌，每桌作制钱二千文，有多至数十桌者，不讲定规矩不能过堂。规矩礼外，又有原差体己，更有注到礼、补堂礼。若经被押，用私刑具勒索钱文，每有因此倾家毙命者。至具结与和息，门丁索具结礼二千至七八千不等。若和息，凡事关重案，或勒至百十千，小案亦三五千。至命案下乡验尸，差役数十人，索钱数十千，少亦十余千。若正凶到案，得钱不敷解费打审之用，该差乃密言唆供，或恶言恐吓，令攀拉无辜★实之户以饱其私，常有以一人拖累数家者。至劫盗之案，真贼未获，比责难塞，填一假贼或唆供诬良，或栽赃捏冤，皂白未分，以苦累不堪矣。②

---

① 汪辉祖：《勤怠之分》，《牧令书》卷十八，刑名中。
② 民国《东明县续志》附记，增补条项，讼弊。

此外，州县官违法卖法的情况也所在多有。例如张集馨说，四川"刑名繁重，甲于海内，州县意委轩轾者甚多"；"仁寿县令恒泰，以强奸重案，逼认和奸"，"其他如以仇杀为奸杀，以小匪为剧盗，装笼置卡，凌虐以死者不一而足"。①

附：清代州县诉讼中的代书制度

（一）订立代书制度的宗旨

为了防止讼棍架讼，清代州县实行官代书制度。清代定例："凡有控告事件，其呈词责令自作，不能自作者准其口述，令官代书据词从直书写，如有增减情节者，将代书之人照例治罪。"②但实际上，许多地方要求所有词状乃至各种上禀文书必须由代书书写。当时人对代书身份的定义是"州县署""以代诉讼者书写状纸者"③。清代州县设立"官代书"的出发点，在于规范词状，在"民情健讼"的情况下杜绝"讼棍包揽"词讼。④

（二）代书的考录

代书由州县官考录，给予戳记。有笔记记载招考代书的一般程序：

> 牧令初莅任，辄于放告之前考之，先期牌示，某月日招考代书。是日也，官高坐堂皇，应考者静候点名给卷，试以策论或告示，所命题率为清讼息争、奉公守法等语。揭晓所取，八名或六名，给以戳记，盖书状时钤以为证也。且诉讼者之状纸，无论谁某主稿，必有戳而始为合式，否则官斥饬之曰白禀不收，或批曰违式特饬。⑤

---

① 张集馨：《道咸宦海见闻录》，第 101 页。
② 裕谦：《再谕各代书》，《牧令书》卷十八，刑名中。
③ 徐珂编撰：《清稗类钞》，第 5250 页。
④ 四川省档案馆藏：清代巴县档案，光绪朝第 216 卷。
⑤ 徐珂编撰：《清稗类钞》，第 5250 页。

黄六鸿谈代书招考的程序说：

> （考代书）法宜出示，有在本治为人代书词状者，许赴本县，定日当堂考试，词理明通且验其状貌端良者，取定数名，开明年貌籍贯，投具认保状本县发一小木印记，上刻正堂花押，下刻代书某人。凡系告诉状词，于纸尾用此印记。①

巴县档案中有一卷光绪某年关于代书的知县牌示，公示于当月九日考录代书，规定"投考者均各先期赴房取卷，报名注册，听候临期当堂点名"，严禁"雇倩顶替及包揽誊录等弊"。②

州县官考录代书，一般"多取数人，当时给戳，当差者两三人，此外数人记名候补，概行榜示"③。在实行官代书的地方，禁止其他人私充代书，"未取代书，如系远方游棍，立行驱逐；如系土著，敢有捏虚擅书，立拿重责枷示"④。由于代书所需要的书写诉状的专门知识，非一般民人所具有，因此一些代书实际上系由讼师考取。如《活地狱》中说，"县前素来做刀笔的刁占桂刁先生""本是个讼棍出身，现在又蒙本县大老爷考取得一名代书，专在县衙前替人家包揽讼事，兼写状词"⑤。

（三）代书的职责

代书的基本职责是民人代写呈状，呈状如非经代书代写，官府不予受理；如发现呈状中有不实之词，追究代书责任。刘衡述代书的主要责任说：

> 其现在当差者，×令遇有告状之人，无论事之巨细，均向其人查问明确，依口直书，不准增减情节，违者不宥。本官于大堂收呈，即向递呈之人逐细讯问口供，如有供词与呈词不符者，即严究代书。⑥

---

① 黄六鸿：《福惠全书》，第48页。

② 四川省档案馆藏：清代巴县档案，光绪朝第216卷。

③ 刘衡：《理治十条》，《牧令书》卷十七，刑名上。

④ 黄六鸿：《福惠全书》，第48页。

⑤ 李伯元：《活地狱》，第4页。

⑥ 刘衡：《理治十条》，《牧令书》卷十七，刑名上。

黄六鸿述代书的责任说：

> 严谕代书，无论原被，止要据事明白直书，不许架空装点，本县审出真情，立拿代书并告人重责，然后剖断其余……其原被词状无本代书印记者不准。所取认代书敢有欺凌乡民孤寡，任意勒索，不即与书写者，许本人赴禀重究。[①]

除代写诉状外，禀报乡地病故、为新金乡地具认保状等民人上禀州县官的文书，也由代书书写。例如，光绪某年四川巴县的一个知县牌示说："民间条禀词讼向归备取代书办理"，这里所谓"条禀词讼"，既包括诉讼呈状，也包括乡地、差役"因公递禀"、报告各种事由的"条禀"。[②]例如，光绪十年（1884年），获鹿县休门村乡长赵士刚禀告民人姚永庆抗不出差，禀文由代书缮写。[③]同年，留营村地方李路明禀告本村民人姚洛登不"按门户"接充"仓斗"，知县签差传唤李路明、姚洛登；差役将二人传到后具禀销差，"原差刘万兴叩禀大老爷台前。叩禀者。切役奉票前赴留营村，协同乡地，遵将原禀地方李路明、被禀姚登洛传唤到案，理合禀明。上禀。光绪十年十一月初一日"。地方李路明的禀文和差役刘万兴的销差禀文，也均系代书书写。[④]获鹿县清代案保有光绪十一年（1885年）南关乡地闫庚甲、梁澄等关于本关乡约闫振图日病故，其"经手一切事件，并无不清之事"的禀文、为"王鸿猷充膺本关乡约，催粮办公"而具结的保状，以及王鸿猷同意充当乡约的认状，均为官代书用公文纸书写，加盖戳记"正堂杜给官代书米可钦戳记"。[⑤]上述光绪某年巴县知县的牌示规定，诉讼中的各种文书须在文体、格式上进行区分，"一切词讼事件，除保、领、缴、结、催、限状六项许用条禀外，余皆遵用状式，不准擅用条禀"，"不准再用红白禀词"[⑥]。

除书写词状等文书外，代书实际上还负有监视投诉人，防止讼棍操纵

---

① 黄六鸿：《福惠全书》，第48页。

② 四川省档案馆藏：清代巴县档案，光绪朝第216卷。

③ 河北省档案馆藏：清代获鹿县档案，655—1—913。

④ 河北省档案馆藏：清代获鹿县档案，655—1—826。

⑤ 河北省档案馆藏：清代获鹿县档案，655—1—1000。

⑥ 四川省档案馆藏：清代巴县档案，光绪朝第216卷。

词讼的责任。刘衡说，如果民人所递词状不是代书书写而是"自来稿"，"即立传该代书入内署，严究词稿之所自来，及该原告系何人引来，同来者共有几人。一面亲笔书签，立拿该原告同来之人，必究出真正讼师严办而后已；一面将该代书枷责革役，交保严束，以记名候补之代书挨次充补"①。也就是说，代书须保证所有诉状均由自己书写，如有诉状人呈递自己书写的诉状，代书须负责任。裕谦任湖北荆州知府时的一个《谕代书牌》规定，代书与歇家有监察诉讼人舞弊的责任：

　　（为了防止冒名捏控及包告扛讼等舞弊行为）嗣后凡有来府递呈之人，该代书必先向歇家查询明确，果系本人告状，即列本人名目；如有多人联名告状，亦必查明人俱来郡，始准开到词内，若无其人不得混行开列。本府每逢春期亲自收呈，按名传询，倘词内有名临点不到，即惟该代书是问。至收词后批已榜示，听其自便；若批未榜示，或传本人，或传×告不到，即惟该歇家是问。代书与歇家天天通同一气，均宜留心，毋稍玩忽，致干重惩。②

　　代书制度的实行，看来在一定程度上起到了规范诉讼的作用。黄六鸿说，他在山东郯城等地任知县，因建立代书制度，"竟无捏虚告理，省却许多心事"③。刘衡则说：如能实行代书制度并严格管理，则"讼棍远扬，讼案少矣"④。不过也有资料表明，代书制度的运作有时受到衙署势力的干扰。例如，光绪间，山西孝义县生员王培祚家被劫案，"自带报劫底稿"请代书那长寿"誊写清楚，传递县署"。那长寿回村后，"县差忽传伊到署，逼吓令将王培祚原呈改强为窃，伊无奈，携回寓处，照依董二（孔县令家人）吩咐，改强为窃，改洋枪为木棒"，贼人数目改多为少。⑤显然，这是长随为了使主人规避盗案处分，而出面干预代书运作。

　　① 刘衡：《理治十条》，《牧令书》卷十七，刑名上。
　　② 裕谦：《谕给代书牌》，《牧令书》卷十八，刑名中。
　　③ 黄六鸿：《福惠全书》，第48页。
　　④ 刘衡：《理治十条》，《牧令书》卷十七，刑名上。
　　⑤ 朱采：《清芬阁集》，第747—748页。

（四）代书的收入

代书替人写状，允许收取酬金，但禁止借机勒索。《活地狱》中说："新官的章程，大小词讼，有些少不得状子的，只准代书要二百文一张，不准多索。"[①]

黄六鸿规定："所取认代书敢有欺凌乡民孤寡，任意勒索，不即与书写者，许本人赴禀重究。"[②]上述光绪某年巴县知县的牌示说：以往"每条禀一张准该代书取辛力钞一百文"，或"钞三百文"，这一数额"竟与格式大状相等"，数额偏高，"恐于因公递禀"有碍，"特为酌减"。"嗣后除格式大状仍照向规不议外，至备取代书条禀，每张准×代书取辛力戳记共钞一百文，不得格外多取干咎。"[③]

（五）代书的更替

代书病故或被革斥，由副取代书"挨补"。四川巴县的一些档案反映了代书更替的有关制度：光绪二十九年（1903年），巴县正代书孙必振病故，韩炳林等六名"同充正取代书"联名具文向知县禀告，上缴戳记。"副取代书彭瀛洲"具禀要求按制度"挨补"，知县批示"候当堂查验……"而另一名"副取代书"魏光宗也请求选补，他具文揭发彭瀛洲是承发科经书，并"朦充"道代书，是"一人更充三名"；还指他"前年诱洋船洋兵在伊店嫖娼滋祸"，前知县"大怒"，将之枷禁。魏光宗说，"正代书者历素朴直谙公无劣迹者可以补充"，因此彭瀛洲不应补充。而黄文清等另外两名副代书，曾因朦考正代书被前任知县陈某"责革"，也不应补充。魏光宗因此请求由自己补充正代书，说自己"家贫"，"亲老齿繁事微，历未妄为，只得泣哀仁恩垂怜作主，赏准选补"。[④]

---

① 李伯元：《活地狱》，第53—54页。

② 黄六鸿：《福惠全书》，第48页。

③ 四川省档案馆藏：清代巴县档案，光绪朝第216卷。

④ 四川省档案馆藏：清代巴县档案，光绪朝第282卷。

附：四川巴县诉状（清代巴县档案，乾隆朝第38卷、103卷）

1. 右侧：双线长方框，长39厘米，宽12厘米；内版刻文字，竖排，楷体，内容为：

> 呈
>
> 一　业经呈控事由批语俱注于此
>
> 乾隆　年　月　日为　　　　事原　　　告
>
> 　批
>
>
> 一　诉词将原告事由批语开列于此
>
> 乾隆　年　月　日为　　　　事被　　　告
>
> 　批

2. 中间右侧：双线长方框，长39厘米，宽15厘米，竖排共9行，每行33格（另一状纸为9行，每行30格）；以楷书书写诉状正文（格式性文字为宋体），内容为：

> 具状人　李文生系本邑人住正里四甲离城一百里年十二岁×
>
> 诉为挟仇妄签恳着另报事情　恩宪　赏　票唤蚁赴　辕具认承充
>
> 乡约始知骇异蚁今查实系
>
> 老乡约　李俊先　签报名理合诉明×蚁四岁时父亡母孀抚蚁并无
>
> 余丁且李文生
>
> 系蚁父　名载册输纳虽有　叔长各有册名别甲当粮载册并无彭户
>
> 情弊乌容俊先挟
>
> 记父仇妄签更替为此叩　恩赏唤李俊先到案着令另报妥人充当倘
>
> 有扶捏查出奸
>
> 咎为此诉乞

3. 中间左侧：无框、无格，有固定刻板宋体文字，诉状人姓名和写状日期（楷体书写）、歇家地点（开题书写）、代书戳记和知县批语（行书）。内容为：

> 本县正堂太爷台前　俯　准施行
>
> 被　住　　里　甲离城　里

干证　　住　　里　甲离城　里

乾隆贰拾四年十一月十三日　　诉状人李文生　歇家响水
桥彭店

代书（戳记）：

县正堂考取代书祥×戳记×

四川重庆府巴县正堂加三级王　批

李德志何得报幼童充
当乡约着明白禀复
如违差拘

4. 左侧：刊刻16种情况不予受理（宋体），内容为：

一事在　赦前及年远者不准

一被告非命盗不得过三名违者不准

一非奸情牵连妇女者不准

一报人命斗殴不开明伤痕凶器者定责代书

一报强盗窃盗无地邻见证出入行迹者定责代书

一报奸情赌博非当场现获有据者不准

一报窝盗窝娼无确证者不准

一××妇女老幼废疾人无抱告者不准

一告娄赃无过付证据者不准

一户婚田土无契约婚书者不准

一客账钱债无行单借券者不准

一不遵用式戳格外双行者不准

一本人带稿誊写者定责代书

一代书留难多索者定责代书

一被告不叙原呈者定×××

一××××并无副……

第三节　治安捕盗

一、州县的治安机制

（一）清代的地方盗贼匪患问题

清代州县行政所面临治安问题，一为窃，即一般性偷窃；二为盗，即拦路、入室强劫；三为匪，即以各种形式侵扰地方的非法武装人员和组织。清代地方的窃、盗、匪往往结成社会网络。如黄六鸿记直隶东光县的情况说：

> 邑有四乡，每乡必有盗，盗必有年久而黠、为众盗所推尊者，以为之首。彼乡若欲行劫，其事大，必首相为谋，酌其才而遣之，事小责各以类相求。其乡有所失，白之首，首为之察而归之。故所失无出乡。各有分地，弗素也。邻封有所为，或欲借才于我境，必先诣素识商之，约其人数，订其日期，而后从事。有所美好则献之于首，否则嗾捕役因事缚而笞之，将罄诸所有，至于鼠窃狗偷，首固奴隶使之，而众盗又分隶其近与属，以为门墙桃李者也。①

盗贼往往还有各种其他社会关系做背景，其"窝家者非不法营兵衙役，即系地棍势豪。保正、甲长被其笼络，贪其贿赂不肯举报。牌邻族正人等，畏其凶恶，惧其报复，又不敢首告"②。在有些地方，盗贼活动以宗族为依

---

① 黄六鸿：《以盗止盗说》，贺长龄辑：《皇朝经世文编》，第2683页。
② 席裕福、沈师徐辑：《皇朝政典类纂》，第5050页。

托，如广东即是如此：

> 广属盗贼之害，其源半出于赌徒私枭。然有祖孙父子家世其
> 业者，亦有一村之人，出外行劫，于宗祠之前卖脏物，得财而合
> 姓表分者。又有土豪巨狡，富于万亿，而盈千累百，发作本钱，
> 分给散贼，自作米饭主者。又有伪制旗箭，散给各村插认，名曰
> 保护村庄，实则一年之中，讲定规礼，密戒伙党勿犯，因而敛财
> 者。此等大盗，其平日亦与士族土族酬酢往来，其状貌亦谨厚彬
> 文，不类暴客，故捕之实难。①

（二）州县的治安机制

州县在治安方面的主要任务是防治盗匪窃贼，其负责者是作为印官的
知州、知县和作为捕官的吏目、典史；其执行人员是捕役和驻州县营汛；
其日常防范组织是乡地、保甲。分述如下：

第一，印官和捕官。维持境内治安和防止盗匪是州县官和吏目、典史
的一项重要职责，在这方面失职，按定例处分极严。清制，境内发生劫盗
案件，州县印捕官须在规定的期限内破案，否则给予处分：

> 凡道路村庄被劫，以失事之日起，扣限四个月，盗犯未获，
> 题参疏防，将承缉州县印捕官住俸，限一年缉拿，限满不获，降
> 一级留任，再限一年缉拿；三限不获，再留任一年缉拿；四限不
> 获，照所降之级调用。城内民居被劫，一年不获降一级调用。官
> 署被劫，仓库监狱有失者，照限题参疏防，将承缉州县印捕官革
> 职留任，限一年缉拿。全获开复，限满不获革职。盗案疏防，失
> 事地方系吏目、典史管辖者，将吏目、典史查参；系巡检管辖者
> 将巡检查参；其捕盗同知、通判、州同、州判等官，有分防地面
> 者，亦照此例。②

州县官不得讳盗不报，违者给予处分：

---

① 徐赓陛：《覆本府条陈积弊禀》，盛康辑：《皇朝经世文编续编》，《丛刊》第84辑，
第2816页。

② 文孚纂修：《六部处分则例》，第820—822页。

州县官讳盗不报，及讳强为窃者，俱革职。前官讳盗之案，凡接任接署之州县，到任三月未能查出揭报者，革职留任。①地方被盗，州县官推诿邻封，不行详报者，革职；地方盗案，州县官于会营诣勘之后，限三日通禀，延迟至十日以上者，议处；地方盗案，州县官于会营诣勘之后，即用印文通详，如先未通详，仅止通禀，直至获犯招解始行补详者，议处。②

窃盗案件发生后，州县官申报不实、处置不当者均给予处分：

州县抑勒事主以强报窃，将州县官及各上司均照讳盗例分别议处；州县抑勒事主减报盗数，或将未获盗犯谎报已死者俱革职。③地方盗案，如有必须取问事主之处，准其传讯；若并无应问情节，地方官借端吹求，辄将事主提审需索苦累，已致死者，州县官革职治罪；未致死者，州县官降三级调用。④窃盗案件，州县官不票差缉捕，转将印票给予事主，令其自行访缉，以及后者借票滋事者，致酿人命者，议处。⑤

州县印官、捕官对于捕役在捕盗过程中的违法行为失察，要承担责任：

捕役窝盗分赃及自行为盗者，失察之州县印捕官降三级调用；捕役诬拿良民为盗，及诬良为窃，私用非刑拷逼已致死者，将失察之州县印捕官革职；诬良为盗未致死者，州县印捕官降三级调用；诬良为窃致死未致死者，印捕官亦有处分。捕役将曾犯窃盗业经悔过之人勒索馈赠者，州县印捕官照失察衙役犯赃例议处，故纵者革职。已革捕役诬良为盗为窃已致死者，州县官降二级调用，未致死者减等。⑥

佐杂等官办理盗案有过失，也给予处分，主官负失察责任：

督捕同知、通判以下佐杂等官，巧借通缉逆匪盗犯名色，滥

---

① 文孚纂修：《六部处分则例》，第833页。
② 文孚纂修：《六部处分则例》，第818—819页
③ 文孚纂修：《六部处分则例》，第817页。
④ 文孚纂修：《六部处分则例》，第818页。
⑤ 文孚纂修：《六部处分则例》，第818页。
⑥ 文孚纂修：《六部处分则例》，第847—850页。

差衙役沿门搜访，苦累小民，已致死者革职，失于查报之印官降
二级调用……未致死者降三级调用，印官降一级留任。①

州县印捕官盗案处分制度，曾根据情况有所调整。乾隆十六年（1751年）
的一道上谕说，"承缉各官，于例应降调之先告请病假离任，俱得按例皆
以罚俸完结"，这是"明予以规避之路"。因此谕吏部"另行议奏"，吏
部乃议定："州县官承缉盗案，除特旨升调与回避另补，及另案革职降
调、丁忧治丧等事离任者，仍照定例处分。"②同治元年（1862年），又对
州县官盗案处分制度进行了两点改革。其一，严格执行四参降调的规定。
有关上谕说："近来各省督抚，每于属员盗案参限将满时，纷纷迁调，借
词巧避，以致四参降调定例，视为具文，缉捕日形废弛。嗣后州县遇有盗
案，该管督抚不得于四参限满以前辄行更调，以重捕务。"其二，废止捕
役窝盗而给予州县印官、捕官的处分。有关上谕说："至捕役窝盗，该管
州县印捕官既经查出，尚有降三级留任处分，未免过重，恐开捕役挟制长
官之渐，至该管官转事讳饰。嗣后自行查出之州县印捕官，即著将失察处
分概行宽免。"③作为州县直接上宪的府同知、通判等，也有捕盗职能，
但主要是检查督催，并不直接介入捕盗事务。此外，盗窃案件处分定例，
"城市关厢失事，处分较严于道路村庄，因其地有疏密之不同故也"④。

尽管处分制度严厉，但州县官不认真办理捕务者仍大有人在。贺长龄
谈云南的有关情况说："往往一案报官，数日而后出票，差又敛费始行，
贼已远去无踪，难免隐匿不报。因之贼胆愈大，盗案日多。民知官不拿
贼，见贼亦不追问；贼知官不恤民，稍闲又来抢劫。"⑤

第二，捕役。捕役承担现代刑警任务，是州县侦查缉捕盗窃贼匪工作
的主要执行者。捕役素质低下，这在清代是普遍现象，人们有共识。如袁枚
说，捕役中有名捕，养盗亦能侵盗；其他则游手好闲之辈，只知勒索百姓：

---

① 文孚纂修：《六部处分则例》，第850页。
② 《大清会典事例（嘉庆朝）》卷七十二，吏部。
③ 文孚纂修：《六部处分则例》，第834页。
④ 田文镜：《请停分缉协缉疏》，贺长龄辑：《皇朝经世文编》，第1842页。
⑤ 贺长龄：《整吏治以清政本札》，盛康辑：《皇朝经世文编续编》，《丛刊》第84辑，
第2657页。

彼养盗者，名捕也。能养之，必能擒之。今之充捕者，乞丐
类也。不能养盗，而盗亦不屑供养之。然则何以自给？曰：赖朝
廷有乐户、蒱博、宰牛等禁，彼取月例吓飞钱，以度其日。①

还有人指出："大凡捕役，其始类皆为盗。甚有既为捕役，而故态复萌
者，以为盗之人而授以捕盗之权，是以盗捕盗也。"②田文镜也说，"捕
役原系无赖之徒，多与盗贼通气，坐地分赃"，他们"素与地混势豪人等
通同一气，利其馈送"，对盗贼"明知故纵"。然而，"缉黠盗必须黠
捕"，非这种素质低下的捕役不能捕盗。③他还指出，捕役之所以具有极强
的捕盗能力，原因恰恰在于他们与盗贼有很广泛深刻分关系，而各地捕役
之间也有广泛的关系。他说：

独捕役一项，较他役为最黠，原系积年惯盗改恶复良，则
充为捕，地方官不得已而用之，如杀人毒药，有时而借其救病，
则医家不弃。彼其平素，原与贼通，贼之窝线，彼无不知；贼之
风声，彼无不晓。贼不先投拜捕役门下，而欲入其境掏摸剪绺，
尚且不能，况强劫乎？且彼既为捕役，则临邑、邻府、邻省之捕
役，亦无不声应气求，彼此照应。此处获一盗，而即为彼处有案
之犯；彼处起一物，而即为此处待质之赃，各能暗地通知，禀官
关会。即贼之去向下落，知者必告。且彼又能改扮行装，潜查密
访，此所以捕役缉贼如探囊取物……④

第三，绿营兵。清代驻防各地的绿营兵，兼有现代警察职能，负有捕
盗职责。清政府规定：

地方强劫重案，州县官会同营员缉拿，并令州县于月终将营
汛有无获案据实详报督抚备查。倘州县营汛互相瞻徇情面，于获
案时捏报协获，均照瞻徇例参处；如兵丁壮勇不愿联络，文武员
弁各持意见，均照偏袒不公，降二级调用例参处。⑤

① 袁枚：《复两江制府策公问兴革事宜疏》，贺长龄辑：《皇朝经世文编》，第729页。
② 方宗诚：《鄂吏约》，盛康辑：《皇朝经世文编续编》，《丛刊》第84辑，第2623页。
③ 席裕福、沈师徐辑：《皇朝政典类纂》，第5049页。
④ 田文镜：《请停分缉协缉疏》，贺长龄辑：《皇朝经世文编》，第1843页。
⑤ 文孚纂修：《六部处分则例》，第836页。

州县盗案发生而贼赃无获，驻地绿营将弁要受相应处分。例如，光绪七年（1881年），顺天府宝坻县民人王长永家"被贼窃去骡头，伊子王得盛惊觉起捕，并被拒伤，赃贼无获"。事后宝坻县禀报各级上宪。直隶总督李鸿章批直隶按察使司，要求按察司会同藩司将该县知县、典史各记过一次。同时饬东路厅严督宝坻县"选差干役，悬赏购线，勒限严缉赃贼"，"并移会营汛邻封，一体协拿"；并饬按察使司移文通永镇总兵，饬宝坻营都司"将该管汛弁记责勒缉"。① 当盗匪势力强大、同时受到地方势力庇护时，如不出动营兵则州县不能与之相抗。如姚莹谈福建漳州府的有关情况说：

> 漳郡一厅七县，壤接永泉，界滨海粤，其中山岭险阻，溪×曲深，盗贼藏匿既便，出没无常。缓则登山，急则浮海。而巨族大姓，辄拥丁千万人，亘地数十里。兵役入社，时有拘捕之虞。故缉捕之难，不但盗贼，即案犯亦十无一获。非悬赏缉拿，即须会带弁兵勇役，多者千人，少亦数百，驻社围拿，动以旬日。②

但是，绿营兵参与捕盗，有诸多弊病，如与捕役互相扯皮、勾结盗贼、指良为盗等。对此乾隆间江西巡抚辅德分析说：

> 对于营兵协缉盗匪制度，"外省奉行多有不力"，文武"不能一体"。就营兵一方而言，由于没有刚性的赏罚制度，"每置身于局外"。他们知道州县官"最忌营汛获贼，通报上司，即形其短"，因此"虑生嫌隙"；更怕州县"将营拿之贼，故行讯放"。于是，兵丁捕盗"该管将弁闻知，不以为奋勉，转以为多事"。有些不法兵丁"或阴通匪类，或得规纵放，或坐地分赃"，将弁也"不知畏处分而加稽察"。"即有迫于奉文饬缉者，率多拿曾经犯案之人，或将乞丐抵塞，其实缉获正贼正赃者甚少"。就州县一方而言，"每以兵丁获贼形己之短，遽将贼犯巧为出脱"。③

---

① 中国第一历史档案馆藏：清代顺天府档案，028—4—272—056。
② 姚莹：《复方本府求言札子》，贺长龄辑：《皇朝经世文编》，第856页。
③ 辅德：《请定将弁协缉事宜疏》，贺长龄辑：《皇朝经世文编》，第1841页。

熟悉地方社会情况的田文镜认为，"缉贼之事，城乡俱当责之有司"，而不宜责成营汛。他强调说，营汛有其他职责，不能专事缉贼；缉贼也不能出境，且有扰民之弊：

> 若夫兵丁，则有存城、守铺、差操之不同。其存城者，守城、守库、守狱乃其事也；其守铺者，瞭望、盘诘、巡防乃其事也；其差操者，解粮、解犯、递送公文、按期调操乃其事也。旷班则当惩，离汛则有罚，又非若捕役之可以执批远缉也。况以赳赳之武夫，令其入小民乡井捕获盗贼，则贼未一获而鸡犬桑麻已为之不宁矣。①

黄六鸿也反对用营兵缉捕，他说："缉贼之事，专在捕役，有与营兵协缉者，大是误事。夫营兵不过借贼以扰民，而捕役又得指兵以卸过……不若专差捕役，方有责成。"②

除捕役和绿营兵外，晚清时期也有州县官募勇捕盗以及调用兵勇参与州县防盗者。例如，光绪间阮本焱任江苏阜宁知县，该县"在卯捕役十四名……惟辖境东至于海，三四百里，地太绵长，捕役不敷分布，县中本有另募小队，随同办案，现又禀奉漕宪添派清淮兵勇扼要驻防，以资堵御"③。

第四，保甲、里甲和乡地。清代的保甲、里甲和乡地等乡村职役组织和人员，均负有防贼防盗职责，详见下文。

二、防盗、捕盗职能的运作

（一）乡里的治安维护

清代州县利用保甲、乡地等乡村职役组织和人员维持乡里社会的治安。保甲按居民的实际居住地进行编排，一般采取十进制，常见者如以 10 户为一甲（牌），10 甲（牌）为一保（甲）等。由于十进制单位不

① 田文镜：《请停分缉协缉疏》，贺长龄辑：《皇朝经世文编》，2673—2674 页。
② 黄六鸿：《福惠全书》，第 193 页。
③ 阮本焱：《求牧刍言》，第 118 页。

可能与自然聚落的实际户数相吻合，因此保甲编排往往须照顾居住地原则。除小村庄须联合成保外，一般不跨村庄编保，因此，存在着一甲不足10户，一保不足10甲的情况。保甲制度的核心机制在于通过邻里之间的连带法律责任来维持治安，如"一人、一甲犯法或隐匿逃犯，同甲（牌）其他九户不首告者连坐"等；其运作方式在于填写、悬挂户口牌、编制保甲册和轮流值更等。

清代保甲的户口牌有两种，一为每户一张的户牌，二为十户一张的十家牌。户口牌制度在明代已有实行；康熙四十七年（1708年）清廷"申行保甲之法"，十分强调实行户口牌制度："一州一县城关各若干户，四乡村落各若干户，户给印信纸牌一张，书写姓名、丁男、口数于上，出则注明所往，入则稽其所来；面生可疑之人非盘诘的确，不许容留。""客店立簿稽查，寺庙亦给纸牌，月底令保长出具无事甘结，报官备查。违者罪之。"①各地在实际办理过程中，往往将这种户口牌制度进一步演化为门牌制度，即要求各户将户口牌悬挂于门首。如湖北汉阳县嘉庆县令裘行恕编行保甲，以十户为一牌由知县预备空白门牌，令"保甲"领回，发给牌长填写，"将所管十家人户姓名、丁口、年岁、生业分填牌册内。有伙计雇工者，一并注入。牌则悬挂门首"。②各种文献中的有关记载还有很多。③兹录直隶获鹿县嘉庆十八年（1813年）户门牌内容：

保正×，甲长×；

一户×，系×县人，年×岁，×生理，母×氏，妻×氏，男×丁，媳×氏，女×姐，孙×，同居弟×，侄×，弟妇×氏，侄妇×氏，雇工×，奴仆×，户内共男×丁，女×口。左邻×，右邻×。

一×店铺，×，系×县人，年×岁；伙计×，系×县人，年×岁；雇工×，系×县人，年×岁；共男×丁，左邻×，右邻×。④

---

① 《清朝文献通考》卷二十二，职役二。

② 同治《续辑汉阳县志》，丁赋志，户口保甲，江苏古籍影印本。

③ 同治《新建县志》，附保甲，江苏古籍影印本；光绪《道州志》，赋役志，编里；兵防志，保甲，成文影印本；光绪《霍山县志》，图说、兵防志，成文影印本；中国第一历史档案馆藏：清代顺天府档案，028—1—37—003。

④ 河北省档案馆藏：清代获鹿县档案，655—1—438。

再录四川巴县乾隆四十五年（1780年）所颁"十家牌"内容：

  十　家　牌

  署重庆府巴县候补县正堂随带军功加三级纪录吴　为编联牌甲以清地方事：

  照得弥盗安良须清牌甲，城乡市镇挨户联牌，不必拘定里甲，只就方隅次第十户立一牌，十牌立一甲长，互相联络，轮流稽查，遇有娼妓、赌博、私宰、私铸邪教、端公等项，倘一家犯罪，执牌具禀；如隐匿不首，罪坐九家，慎勿徇情容隐，务使地方宁谧，各宜凛遵毋违。须至牌者。

  牌头一户　袁连及

  二　　户　周世成

  …………　　一　家　犯　罪

  　　　　　　九　家　连　坐

  十　户　陈××

  乾隆四十五年九月　日给

轮流悬立门首晓谕勿损[1]

保甲册即户口册，在明代也已有实行，乾隆二十二年（1757年）清廷再次谕令各地推行保甲制度，建立保甲循环册制度："各州县城乡户口编查之后，造具户口册籍存署，另设循环印簿二本，给发保长收执。所管村庄内户口之初生已故，迁去移来，改习行业，以及外出未归、流寓无定者，先于循册内开注，季终缴送本州县查核。州县于存贮册内照填。俟下季缴送还册时，再将所造循环册给发。其门牌有应改填者，即同循环簿缴送换发。"[2]对于这一制度，各地在编排保甲时往往予以实行，如光绪四年（1878年）十一月，直隶获鹿县发布的《保甲章程》说：

  此次编查保甲颁简明保甲册二本，"填齐之后，一本由乡保收执，一本送官存查，岁以为常"。"居民迁徙难免生故不一，该地方乡约查明后，应随时于册内粘签注明。每于季首，由该乡

————————

 ①　四川省档案馆藏：清代巴县档案，乾隆朝第51卷。

 ②　同治《德化县志》，地理志，疆域，江苏古籍影印本。

地等将册送交地方官，于所存册内照样誊注，以便稽查。仍将原
册发交乡地收执。此项册簿每年应更换，另造一次"①。

保甲册列各牌各户户主姓名、户口和左邻右舍情况。例如，该县西里村后
街的保甲册开列：

　　第一牌第一户，计开：

　　一户：白崇修，监生；生理：农。男大口三名，小口三名
（十六岁以上为大口）。女大口六名，小口一名。雇工男三名，
女＿＿＿＿＿。左邻白金欧，右邻＿＿＿＿＿＿。

　　光绪四年十月×日

　　第一牌第二户，计开：

　　一户：白金欧，生理：农。男大口四名，小口＿＿＿＿＿＿名
（十六岁以上为大口）。女大口四名，小口一名。雇工
男＿＿＿＿＿名，女＿＿＿＿＿名。左邻玉平，右邻白崇修。

　　　　　　　　　　　　　　　　　　　　光绪四年十月×日。

　　第一牌第三户，计开……②

保甲册制度的一个组成部分是"另册"。由于保甲实行连坐制度，故行为
不端和有犯罪前科、犯罪倾向的人在编排保甲时难于被邻里接受。于是便
有"另册"制度的实行。例如，直隶省的一份保甲章程规定：编制保甲册
时，"凡烟馆戏班杂艺以及曾犯偷窃不法人等，若竟驱逐出境，诚恐驱不
胜驱，编为另户名目，专立一册"，如一村并无应入另户之人，取具该乡
保切结。③宝坻县在一次编排保甲时规定："如有好人不愿与联者，非痞
棍凶暴之辈，即窝留贼盗之徒，许牌头乡约开明姓名住址，另立自新册呈
核。"④山东长清县道光间办理保甲，规定牌甲内有游民、匪徒、土娼等
户，摘出"另户写明"，"姑予自新，交该保耆、庄长、约地查管。倘有
不法，该庄长告知约地，随时禀究。果能改过，该庄长、邻佑出具保结，
再准入甲"。曾犯窝窃有案之户也不入甲，"另户交约地、庄长收管"，

---

　　①　河北省档案馆藏：清代获鹿县档案，655—1—1025。
　　②　河北省档案馆藏：清代获鹿县档案，655—1—1025。
　　③　河北省档案馆藏：清代获鹿县档案，655—1—1025。
　　④　中国第一历史档案馆藏：清代顺天府档案，028—1—37—003。

改过后"入甲为良"。^①康熙间，一些地方在办理保甲时还实行明代已有的循环簿制度。康熙山东《阳信县志》，该县在实行保甲制度时，"每乡每里置善恶循环簿四本，其孝弟、力田、服贾、治生者，登于善簿；若游堕、群居、饮博、荡检者，入于恶簿。朔望一缴，举不实者罪坐约长。有能改行自新，即为注明，一年后无犯，始除其恶簿之名。仍于季终查考，择不改者集乡人而挞之市，俾以警众。后有犯者，按簿而验之，良顽立辨"，认为这是"端本澄源之化，弭盗安民之法"。^②

然而事实上，保甲制度在清代始终未能得到持续、有效的实行，填写悬挂门牌和编制保甲册的制度往往形同具文。历朝清廷谕旨和各种私人文字、地方史志都说，保甲在当时往往"虚应故事""寝成具文""时作时辍""名存实亡"。有清一代，能够长期而不间断地承担乡村治安职能的组织是里甲和乡地。^③

明代里甲除设里长、现年外，还设立老人、总甲、小甲等其他职役人员，其中总（小）甲即履行治安职能。清初在谕令各地编联保甲的同时，一些地方仍然沿袭了明代以里甲兼管治安的制度，每里（图）设立一总甲，负责治安事务。如康熙初年，江苏娄县里甲各图均设有总甲，负责私盐、盗贼、人命、火灾事件。^④在有些地方，这种按图设立的负责治安的职役人员称乡约。例如，康熙初，福建上杭县"在城十七铺，铺设乡约一人，在四十图，图亦每一人，专司巡警，有事以时报明于县"^⑤。在直隶蓟县，清初全县分为15里，各里除设有老人、书手管理钱粮催征和册籍外，还设有保正，负责"稽查盗匪"。^⑥有些地方的里甲不设专职治安人员，而以现年同时承担治安职能。如康熙《钱塘县志》说："每遇地方事务，如军需、夫草、火盗、逃亡、人命等项，事出不常，风吹草动，无一不于

① 道光《长清县志》，舆地志下，里社。
② 康熙《阳信县志》，版图志，线装书局影印本。
③ 参见魏光奇：《清代"乡地"制度考略》，《北京师范大学学报》2007年第5期。
④ 嘉庆《松江府志》，田赋志，役法，成文影印本。
⑤ 康熙《上杭县志》，区域志，里图。
⑥ 民国《重修蓟县志》，乡镇，成文影印本。

（里甲）见年是问。"①康熙二十年（1681年）浙江总督所颁的一个公文说：里甲的主要职能本来在于催征，但近来各地"人命、火盗、协缉犯人、结状遵依，无不责之里长"。②

雍乾以后，由于里甲制度废弛，各地循由不同途径产生了一种新的乡役组织——乡地。乡地是一种地缘性乡役组织，以一定的地域为自己的管理对象。它的基本组织特点是：将一州县全境划分为若干地域，每一地域统辖若干同属于地缘单位的下级组织，而以自然聚落为最基层。乡地组织职能全面，其中包括治安职能。例如，四川巴县于乡地组织各甲设立保长、乡约，两者均有维持治安的职责。官府颁发的执照规定，保长对于本甲"外来嘓噜匪类、酗酒赌博以及私宰，一切不法之徒"，须"扭禀"官府；③乡约除朔望宣讲《圣谕》外，须"不时稽查喎匪、娼妓、私宰、私铸、邪教、端公、酗酒、赌博，以及外来面生可疑之人"，禀县拿究。④又如，直隶定州乡地以44约统440余村，各村设有里正、乡长、地方、催头等役，分办本村催征、治安等事务，包括缉拿凶犯、"防拿贼匪"、报告村中聚赌窝娼、勾结贼匪、传习邪教、惑众敛钱、行凶强霸、调词唆讼以及结伙共殴行窃等事；⑤顺天府宝坻县的乡保也负有清查户口门牌、拨夫巡逻、修整窝铺、设置更夫的职责。⑥乡村发生人命、盗窃等刑事案件，本村庄、本地方乡地人员负责向官府禀报。例如，光绪间山西孝义县某村乡地郭增锡"夜出巡田"，发现生员王培祚家被劫，"社首陈笙镒闻声往看"，随即报县。⑦再举顺天府宝坻县的几个案例：

> 嘉庆十七年，蓟运河堤埝上发现一倒毙无名男子，厚俗里乡
> 保张宇斯立即禀报知县；道光十二年三月，马各庄村民刘永发酒
> 后失足落井而死，事发后尚节里乡保酆瑜、马各庄牌头田文佑、

① 康熙《钱塘县志》，江苏古籍影印本，第173—176页。

② 光绪《富阳县志》，赋役志，江苏古籍影印本。

③ 四川省档案馆编：《清代巴县档案汇编》（乾隆卷），第201—202页。

④ 四川省档案馆藏：清代巴县档案，乾隆朝第104卷。

⑤ 《定州志》，第836—841页，成文影印本。

⑥ 中国第一历史档案馆藏：清代顺天府档案，028—2—87—016、028—1—40—001、028—1—40—005、028—1—40—003。

⑦ 朱采：《清芬阁集》，第744—747页。

甲长张德醇即联名向知县禀告；同治十三年十一月，侯家庄村民芮林生在自己家中自缢身死，该庄牌头李承发立即报告乡保薛明德，后者随后向县报案。①

而除了乡地、保甲人员外，如事涉出租土地，地主亦有治安责任。例如：

乾隆三十八年四川巴县仁里十甲"地主"彭正明禀知县说：有艾增阳等14人请求在其地起修铺房做生意，"蚁有地主之责，不敢擅便"，请求"赏准给示"。知县批示说："如有窝匪不法，蚁与乡保地邻一同坐罪"；乡保蔡必章等亦同时呈禀。②

即使是在保甲制度尚且运作的情况下，乡地组织和人员仍然是当地治安的总体责任者。如上文述及山东长清县编排牌甲，对游民、匪徒、土娼、曾犯窝窃有案各户单独管理，同时也规定各庄如果"报有窃案，即饬该约地严行盘结，责令随同捕役查缉务获"③。

有些地方，在境内大道设立窝铺，除令营兵差役巡逻外，也征调民力值更，以此作为防盗的手段。例如，光绪间直隶饬各州县于冬季"于往来大道设立更棚窝铺，并于尖宿处添设总铺，选派兵役梭织巡缉，将来往行旅节节护送""其各村庄乡镇亦宜劝谕居民，联络支更，优给口粮，免其徭役"④。有些问题虽然不直接涉及盗贼匪患，但也列入州县治安行政范围之内。如乞丐流民倒毙，按制度可以不加检验，但为防止有可能出现的弊端，有些州县官仍要求乡地必须禀报。⑤

（二）州县官查验和申报盗案

地方发生抢劫案件，乡地或事主报案后，州县官须"不论远近，无分风雨，立即会同营汛赴事主之家查验"，"并详讯地邻、更夫、救护人等，有无见闻影响，当场讯取确供，俱填注通报"；"失事地方印官公

①　中国第一历史档案馆藏：清代顺天府档案，028—1—66—65、028—1—40—001、028—3—157—98、103。

②　四川省档案馆编：《清代巴县档案汇编》（乾隆卷），第247页。

③　道光《长清县志》，舆地志下，里社，成文影印本。

④　周家楣著、志钧编：《期不负斋政书》，第606—607、609页。

⑤　四川省档案馆编：《清代巴县档案汇编》（乾隆卷），第248页。

出，该佐贰捕官一面会同营汛先行勘验查缉，一面申请临境印官复加查验"；邻境印官不得"推诿不行"，"或将未曾目见情形传会佐贰捕官，捏作亲诣"。盗案查验后，州县官须向府、道、臬和督抚等各级上宪申报地方报告，不得隐匿不报，也不得勒令事主少报被盗财产数额。[①]四川巴县档案中可以看到这种盗案申报的文书。例如：乾隆二十七年（1762年）七月巴县李洪盗窃案结案，其申册的主要内容是：丁识美家被窃，"捕役萧文、营兵刘勇缉获贼犯李洪，并买赃之罗应元，起出原赃"。重要盗案，则需主官与佐贰、学官联衔申报。例如，乾隆三十九年（1774年）巴县境内发生一布铺抢劫案，抢去苏布6捆，每捆110匹，价值银198两；事后，巴县知县和县丞、典史、儒学联衔上报督、臬、道、府和重庆总捕府。[②]除向上申报外，州县对盗案也须进行登记。如获鹿县档案有乾隆五十七年（1792年）的盗窃案件登记簿，逐月登记报案，注明所差差役；正月重新签发差票，缉上年未获窃案。[③]

（三）捕役的管理

由于捕役是州县捕盗的主要力量，而捕役又素质低下，且多与盗匪勾结，所以州县捕盗的一个关键在于官员对捕役的驾驭。周锡溥指出，只要官员驾驭有方，捕役就能成为有效的捕盗力量；但如不能驾驭，则捕役就会为盗所用：

> 捕之缉窃，以方向，以技之生熟；而其缉劫也，以津要。一盗发则能推类钩摘，而制其死命，故盗不畏民而畏捕。虽然，以严吏驭精捕，则捕者民之耳目也；以慢吏驭劣捕，则捕者又盗之耳目也。[④]

一些有见识的官员都认为，驾驭捕役必须恩威并济，赏罚分明，要给予工食和办案费用。如田文镜主张，对于捕役应平时给予工食，"差缉之时，另给盘费；获盗之日，又按所获名数给以重赏。如怠玩延挨，则将其家属

---

① 文孚纂修：《六部处分则例》，第815、816、817页。
② 四川省档案馆编：《清代巴县档案汇编》（乾隆卷），第103、105页。
③ 河北省档案馆藏：清代获鹿县档案，655—1—367。
④ 周锡溥：《复秦小岘廉使论吏弊书》，贺长龄辑：《皇朝经世文编》，第745页。

监禁勒比，不获不已，不全获不已"①。刚毅也说，对于捕役应"厚给工食。一遇地方出案，不准讳盗为窃，多给川资，跟踪踩捕，立即拿获者重赏，卧票玩延者严罚"②。曾国藩任直隶总督时也曾发布这类命令：

> 嗣后各州县皆宜厚养捕役，工食之外，另给月饷……及至捕案之时，购线募人等费，官为给发。重悬赏格，少者数十金，多者每名百金或数百金；捕而不获，则又酷刑严比，血溅肉飞。大利在前，峻法在后，而捕役之不尽力者寡矣。③

三、盗案办理的弊病

州县办理盗案，存在诸多弊病：其一，办案草率，未捕获正犯即草率结案。对此有人指出：各地盗案"定谳之弊如出一辙"，被捕盗贼往往为自己开脱，"非云临时因病，即畏惧不行；或云不知强情"，这些人大多并非"正盗"，而是从犯或无辜之人，"捕役教供，借以塞责"。④其二，违制处理，不按程序进行审判而滥用"就地正法"。如李伯元的《活地狱》反映有关情况说：盗案按制度虽然应解省，但各地并不如此办理，寻常盗案往往由州县官审结，称"外结"，"广东的盗案本多，有些都是就地正法，从没有解到省的"。⑤其三，颇多冤情。有人谈四川的有关情况说："劫案难获真盗，川西州县大率类此。"差役与原告串通，"指控疑似之人"，"官知其枉，取保候质，另缉正盗，原告必来力争"，只能继续羁押。被押之人或有供词，往往指受人"邀行"参加抢劫，"半途逃归，未经上盗"；而所供"邀行"者，"数名巨匪，而其中杂以良民，非夙有挟嫌即原告心疑者，真匪不可必得"。良民被羁押，"每多冤死"，

---

① 席裕福、沈师徐辑：《皇朝政典类纂》，第5049页。

② 刚毅：《牧令须知》，第3637页。

③ 曾国藩：《直隶清讼事宜十条》，葛士浚辑：《皇朝经世文续编》，第482页。

④ 朱之榛：《缕陈整顿捕务并勒限严催禀》，葛士浚辑：《皇朝经世文续编》，第604页。

⑤ 李伯元：《活地狱》，第102、58页。

监狱条件恶劣，"囚不能饱，囹圄为满，死亡枕藉"。①其四，捕役在办案过程中胡作非为。对此有人指出：州县"诘盗于捕"，"或值上檄严切，捕不得已而缚贼以献，则又逸其魁桀，秘其窝主，瓜分其赃物；而官之所讯详者，不过苟完之局，事主之所给领者，乃其吐弃之余。况累千百而盗无一获，偶一获而赃无半领"。②另有人指出："捕役获盗，视为奇货"，往往指使他们"诬良"，"教供嘱扳，非称窃伙即指买寄赃物"；而"真正窝伙，一经差拘即带领多人捉拿拷打，搬抢物件，饱其欲壑，然后解官"，真赃已被"埋没"。③

清代州县盗案破案率极低，张集馨谈福建的有关情况说："民间命案，多半贿和，被害家若已得资，虽凶犯逍遥于市，尸属不复过问"。漳州府自道光十年起至二十一年（1830至1841年）止，"缉凶之案，共九千余起"，但"解犯至省者"和"每年秋审起数"都很少，州县官往往因缉捕处分而降调。④盗案破案率低，原因有这样几个：

其一，州县官规避处分，刑书、捕役畏惧惩罚。州县官于盗案发生后，"惟思规避处分，而刑书捕役又畏上司提比，从旁怂恿遂隐讳不报，或抑勒事主改强为窃"⑤。有官员指出：州县官"一遇报劫，辄授意代书剔去强暴器械，删减赃单，短估价值，使不满贯，而后受状，盖为规避处分起见"，"是以穴墙肱箧，无地无之，非其甚者，多不具报。贼部酋豪骑从，出入里中，无敢忤视，不独官以为讳，即民亦以为讳"。⑥捕役之所以不尽心捕盗甚至包庇盗贼，重要原因之一也在于懂得官员不乐于获盗的心思，所谓"官虑盗贼之关乎考成，而胥役遂窥其隐而中之也"⑦。

其二，州县官因循，不认真办理。李卫指出，各地对于盗贼的惩治和拘役人犯的管理都往往不遵定制。如"定律于窃贼无论脏之多少，每次

① 缪嘉誉：《崇阳客问》，盛康辑：《皇朝经世文编续编》，《丛刊》第84辑，第2740—2741。
② 周锡溥：《复秦小岘廉使论吏弊书》，贺长龄辑：《皇朝经世文编》，第745页。
③ 万枫江：《幕学举要》，张廷襄编：《入幕须知五种》，第35页。
④ 张集馨：《道咸宦海见闻录》，第62页。
⑤ 席裕福、沈师徐辑：《皇朝政典类纂》，第5049页。
⑥ 周锡溥：《复秦小岘廉使论吏弊书》，贺长龄辑：《皇朝经世文编》，第746页。
⑦ 任启运：《与胡邑侯书》，贺长龄辑：《皇朝经世文编》，第868页。

必行刺字，三犯即当拟绞"，但州县对于窃贼往往"止枷號了事，并不依律刺面；即有赃重者，亦任经胥蒙蔽，假以追赃为由，藉名延挨，竟不发落；且于刺字之时，官不亲身看视，听其手法轻浅，虚应故事，以致恶贼辄将热豆腐膏药之类，用术脱去，灭其痕迹，使人不能识认；即犯至十余次，而仍然宽纵不拟绞罪"。对于发配驿站拘役的徒犯，驿丞"官职卑微，惟图营利"，往往不加管理，甚至"随到卖放，旋即报逃"；而州县官由于"地方事冗"，也"不复经心"。于是"奸黠徒犯，每多夤缘贿卖、私放归家，或倩人顶替。本犯潜回枭贩，仍然卖盐窃盗，依旧作贼。若遇旁人首告，在未经拿住者则星夜逃回原驿，以为并未远离；倘连人捕获，则该驿倒提年月，捏报脱逃在先，借以掩饰"①。光绪间江苏桌司朱之榛则指出，"大抵近来州县，舍催科概若缓图"，对侦破盗案极不重视，"或遇盗案悬赏购线，费实不赀，复吝于出，捕役等亦遂虚应故事，谓盗贼远飏无踪"。②

其三，吏治腐败。官府的腐败导致民人失盗失窃而不敢、不愿报案。嘉庆十二年（1807年）的一道上谕指出这种现象说：

> 民间呈报盗案，地方官虑干处分，往往恐吓事主，抑令报窃，或勒改呈词，或逼递悔状，间有报案或因供证未确，情节稍歧，先将事主多方苦累。其派出捕役，并不上紧缉拿正犯，转先向事主之家诛求无已，索取酒食，讲说规礼，一切盘缠花用，无不取给于事主。小民计算呈控到官，为费不赀，辄相率隐忍不报。③

还有官员谈到广东的有关情况说："民间被劫，类不报官，盖亦明知官不足以制贼，而徒费讼资也。"④胡林翼则揭露说，民人捕捉盗贼扭送官府，须缴纳规费，而官员"又不即理"；至审理时又以"擅杀、擅伤、制缚诸法"苛责扭送者，"种种刁难，恩贼仇民，则除害而先受害"，民人"惟

---

① 席裕福、沈师徐辑：《皇朝政典类纂》，第5066页。
② 朱之榛：《缕陈整顿捕务并勒限严催禀》，葛士浚辑：《皇朝经世文续编》，第604页。
③ 文孚纂修：《六部处分则例》，第816页。
④ 徐赓陛：《覆本府条陈积弊禀》，盛康辑：《皇朝经世文编续编》，《丛刊》第84辑，第2816页。

有裹足不前忍气吞声而已"。他因此感叹说："民恨贼而每畏贼；非畏贼也，畏官耳。"①

其四，缉捕经费严重短缺。当时捕役普遍没有缉捕经费，办案须自己贴钱。张集馨任山西朔平知府时谈到这一问题时说：各州县报窃累累而获犯寥寥，捕役宁愿忍受提比刑责而不愿认真缉捕，"推原其故，皆由经费无出，而办理綦难也"。该府每县额设捕役8名，每年工食银共40两，有时且不能足额发给；而捕役"办一案，缉一匪，动用多人；解一犯，签一差，路需多费"，必至赔钱。于是他们"转而豢贼"，"奉差压票，临比抗刑"。②

① 胡林翼：《致广顺但云湖十二则》，葛士浚辑：《皇朝经世文续编》，第587页。
② 张集馨：《道咸宦海见闻录》，第35—36页。

第四节　监狱管理

一、监禁与监押

清代州县监狱用于监禁已判决的死刑监候犯和徒、流待解人犯，以及候审重犯（押犯）。有记载说，清代"各处监狱俱分内外两处，强盗并斩绞重犯俱禁内监，军流以下俱禁外监；再另置一室以禁女犯"[①]；"罪有重轻，则监有深浅，非死罪不入深监，非军徒不入浅监，此定法也"[②]。例如，乾隆三十年（1765年）十月四川巴县申报监犯支用钱米数额，册载监狱监禁本县罪囚65名，其中包括斩立决犯3名（已处决），斩监候犯2名，绞监候犯22名，其他38名为流犯、遣犯和经秋审减刑之流犯、遣犯。此外，还曾监禁重庆理民厅和其他州县解省秋审罪囚95人。[③]

清代州县司法效率低下，许多案件久拖不审，审而不结，故监狱中除已决监犯外，还有为数众多的未决押犯，且管理混乱。光绪初福建巡抚丁日昌等奏报福建的有关情况说：

福建"吏治因循成习，积案累累"，监狱除监禁已经定罪的"监犯"外，还监押属于"未定罪犯及牵连人证"的"押犯"。各州县"押犯"人数众多，且存在严重匿报、漏报现象，"往往有册中仅报数名，实押至数十名者"。丁日昌等奏报之时，

---

① 文孚纂修：《六部处分则例》，第1025页。
② 李渔：《论监狱》，《牧令书》卷十八，刑名中。
③ 四川省档案馆编：《清代巴县档案汇编》（乾隆卷），第56—61页。

"各州县于册报有名之押犯，已结释一千二百四十六名，其未登
列册报，以及书差私押计释放者，盖又不止数千人"。这种羁押
制度十分混乱，往往"书差私押而门丁不知，门丁私押而本官不
知"，"禁押既久，动致拖毙"。不论监犯、押犯，管理都极端
无序。如寿宁县监犯李暄淦，"遇赦年余，尚未释放"；宁化县
监犯管福，以加入会党罪被监禁多年，后讯明"实系诬扳"。有
些"押犯"被长期羁押，如将乐县押犯杨长春，被指为"历任流
交之犯，并无案卷可查"，因此"久押不放"；闽县的丘盛福，
清县的王三妹、伍相吓，皆已被羁押十年。"此等罪犯，命盗居
多，或严刑所逼，供词先后翻异；或书差所指，供词始终游移；
或仅认为从，而正凶未获；或竟诉为冤，而原告坚执，干证毫
无，逸犯难缉，问官拘以成例，不敢断结"。①

而除监狱外，各地还有班房，本为差役办公的场所，用以关押待质人
员、尚未结案的一般人犯。此外，差役还往往私设班馆、歇家，管押待质
人员。如道光某年，调任宝坻县蒋××移交"在监各犯"共17名，均系已
决罪因；此外还有"在押人犯"9名，或"三班押"，或"官媒押"，或
"本城乡保看管"，或"捕班押"。②

二、监狱管理

（一）管狱职责

管理监狱是州县行政的重要内容之一，其直接责任者为吏目、典史，
称"管狱官"；州县印官为"有狱官"。对此清代制度规定：

直隶州、厅及各州县监狱，系交吏目、典史等官管理，俱照
管狱官例议叙议处，印官照有狱官之例。专司狱务之员，上司不
准滥行差调；吏目、典史，除捕务外，亦不准滥行差遣。③

---

① 文煜、丁日昌：《设法清理在监人犯并勒限查办疏》，葛士濬辑：《皇朝经世文续
编》，第2224—2225页。

② 中国第一历史档案馆藏：清代顺天府档案，028—1—16—001。

③ 文孚纂修：《六部处分则例》，第1026页。

州县官作为有狱官，须负责监狱牢房的安全，须于"到任之初，即将监狱查勘，如系坚固完好，造具文册申送上司存案；倘有废坏，立即修理"①。管狱官员负有日常管理监狱的职责：

　　　　提牢官吏每日清晨督禁卒打扫洁净，毋使秽气蒸人，致起疾疫。如遇犯人有病，即刻禀报，拨医调治。犯人家属往来，盘问的确，方许见面。至于一切违禁之物，不许藏混入内，尤不许凌虐犯人，索诈送饭犯属。至晚，因其罪之轻重，枷镣牢固，不得疏虞，务要内外巡逻，梆锣响亮，不许酗酒熟睡，偷安娱事。敢有查点不到及雇替应役者，定行重责四板，断不轻恕。②

管狱官、有狱官的另一项重要职责是监督狱卒，使之不得非为。清制，凡监狱发生以下情况者，将负有失察、放纵责任的有狱官、管狱官议处：1. 禁卒人等借端需索，凌虐囚犯；2. 狱卒凌虐罪囚致死；3. 狱卒听受贿嘱，谋死本犯；4. 官员违制使用刑具，或将犯人拘禁地窖，或以长木将各犯同系，令其不能转动；5. 监犯号充牢头，凌虐罪囚。③

　　除吏目、典史等管狱官外，州县官还派亲信长随参与监狱管理（详见第四章第二节）。此外，刑房也有管狱责任。如清代顺天府宝坻县的一件档案提到：该县"提刑房书办胡广文"平时"进监值宿"④。

　　州县上宪也负有监察狱政的职责。清制规定："各省知府、直隶州知州，设立循环号簿，饬令所属州县将每日出监入监人犯姓名填注簿内，按月申送该管府州查阅，并呈报督抚存核。"⑤州县须定期将禁卒情况向上宪申报。清代顺天府档案中存有嘉庆二十一年（1816年）正月宝坻县呈报查验禁卒的申文，说该县禁卒"俱属年力强壮堪充，所有姓名年貌籍贯，理合开造"。⑥

　　监狱的看守人员称禁卒，俗称狱卒、牢子。清代典制规定，禁卒"于

①　文孚纂修：《六部处分则例》，第1025页。
②　潘杓灿：《筮仕》，徐栋辑：《牧令书》卷二，政略。
③　文孚纂修：《六部处分则例》，第1028页。
④　中国第一历史档案馆藏：清代顺天府档案，028—1—22—004。
⑤　文孚纂修：《六部处分则例》，第1026页。
⑥　中国第一历史档案馆藏：清代顺天府档案，028—1—64—001。

该纳税粮三石之下二石之上户内差点，免其杂泛差役"，"按季给以工食银两"。①虽然将"年力强壮"作为选择禁卒的标准，但实际上禁卒也如其他差役一样，多为终身服役。嘉庆二十一年（1816年）正月，宝坻县呈报查验禁卒情况，列该县禁卒李成等8人，其年龄分别为73、70、68、66、65、62、37、33岁。他们俱系本县善教里人，其中4人系本城人，1人系西关人，1人西沙窝庄人，1人西周家庄人，1人系南苑庄人②，当系互相援引充当。

（二）监狱的管理

清代监禁重犯按例须带刑具，"镣其足而桎其手，钳其口而锁其颈"。但实际上，各地往往"狱规不肃"，"每一囚入狱，狱卒皆有例定规费，仅于州县典史巡狱时为上刑具，官去即便弛之，习以为常，官亦知之，而不深究也"。③监犯由州县支给口粮和钱文，冬季给以棉衣，费用按定制在州县存留内报销。如四川巴县"监犯每日支米一升，钱5文；解犯每50里支米一升，钱5文"④；嘉庆二十二年（1817年），宝坻县监犯14名，每名日支米8合3勺，连同看犯支更禁卒支用大制钱5文在内，初一至三十日共支米3石4斗8升6合，大制钱2100文。⑤乾隆三十七年（1772年）冬，四川巴县赏给监犯棉衣工料银两清册呈文载，在监绞犯22人，每人发给棉衣一件。⑥州县囚粮用银有定额，监犯人数多时，"未必足给"，靠州县"多方措置，或僚佐共捐，或词讼罚赎"。⑦

监犯患病，禁卒须及时禀报管狱官、有狱官，给予医治，或保外就医。"人犯在监病故，讯明并无凌虐情事"，视犯人判罪轻重和监毙人数

---

① 《清朝文献通考》卷二十一，职役一。
② 中国第一历史档案馆藏：清代顺天府档案，028—1—64—001。
③ 伍承乔编：《清代吏治丛谈》，第709—710页。
④ 四川省档案馆编：《清代巴县档案汇编》（乾隆卷），第56—61页。
⑤ 中国第一历史档案馆藏：清代顺天府档案，028—1—64—003。
⑥ 四川省档案馆编：《清代巴县档案汇编》（乾隆卷），第61—62页。
⑦ 黄六鸿：《福惠全书》，第153页。

多少，给予管狱官处分。如因受到虐待致死，或患病未得到及时医治死亡，管狱官要承担责任。有些情况，官员可不负责任。如清律规定："犯人带病进监身故者管狱官免议"；外解及轻罪人犯患病，无人保管提禁散监身故者，管狱官免议。①监犯患病、死亡，有一套报告、处理程序，对此《清代州县故事》记述说：

> 班房、贼笼、监中犯人患病者，将病票吊归卷内，送交签稿，发转呈官，核判日期，送刑钱处批。或拨医调治，或当堂提验，或取保医治。倘病死监中及笼内者，务必问明看役，票帖报明，即吊卷将票帖送至刑钱处批，即传唤原差刑房仵作伺候，并令原差预备棺木爆竹，伺候官去相验，填尸格，坐大堂排衙。②

嘉庆十九年（1814年）六月，顺天府宝坻县秋审绞犯张恩荣死于狱中，病后和死后办理的各种文书事务包括：

1. 宝坻县典史详报张患病；

2. 宝坻县向顺天府东路厅申报张患病情况；

3. 顺天府东路厅批示加紧调治；

4. 同监两名犯人出具甘结，证明系因病而死；

5. 张父出具甘结，承认张系因病而死，"无虐待情事"；

6. 张父具禀请将张尸领回埋葬；

7. 刑房书役等具结张系病死，具结人包括：刑房黄建猷，禁卒李成，"同笼"张久荣、刘宓，"尸父"张顺，医生李成德；

8. 宝坻县详报张病死。③

监犯、管押人犯患病保外就医，须办理手续，经县官批准实行。兹举一例：道光六年（1826年），宝坻县差役班头禀报管押人犯孙建章患病，知县批取保待审；孙建章表兄王祥生具保状将孙领回。差役班头禀文说：

> 壮头王显宗、快头左天培、皂头张秀如禀：为回明事：切蒙饬役等管押人犯孙建章于本月二十日偶得病症，现在遍身发热，

---

① 文孚纂修：《六部处分则例》，第1037—1038页。

② 蔡申之：《清代州县故事》，第35—36页。

③ 中国第一历史档案馆藏：清代顺天府档案，028—1—56—（014—028）。

饮食不进，恐有不测，为此回明叩乞大老爷查核，施行上禀。

道光六年十月廿九日

知县批：准取保回家，俟人证到日，一并送案。①

王祥生的保状说：

具保状王祥生年五十六岁，住王登庄。今于与保状事，依奉
保得切有管押之孙建章偶得病症，经左天培登禀明，蒙批准取保
回家，俟人证到日一并送案等因。身系孙建章之表兄，情愿保孙
建章回家调养，俟人证到日，即行送案候讯，不致有误，所具保
状是实。

道光六年十一月初二日　　王祥生

知县批：准保回调治，病痊送案讯结，毋得借延干咎。②

监犯、管押人犯在监死亡，由亲属领回尸首，也须办理手续。兹举一例：
嘉庆十七年（1812年）十二月初一日，捕役"班房押带匪为人犯"单明如
生病，捕头禀知县后，知县票传尚节里乡保刘从礼、牛家庄牌头杨召余、
民人单××等具保状领回，没有办成。是月十三日，单明如死亡，捕头韩
本善具禀报告知县，知县传其亲属具结，将尸首领回。干结文曰：

具禀人尸弟单永，住尚节里牛家庄（离城四十里），为恳恩
免验事：切身兄单明如因匪为押带，本于半月前染患病症，调治
不愈，实系因病身死，并无别故，恳恩免验，将身兄尸身领回埋
葬。如蒙恩准，情愿出具甘结。为此叩乞大老爷电鉴免验，实为
德便，上禀。

嘉庆十七年十二月十六日③

三、班管押禁制度

清代司法，除对已决罪犯实行监禁外，还对待审和未决嫌犯实行押

---

① 中国第一历史档案馆藏：清代顺天府档案，028—1—59—001。
② 中国第一历史档案馆藏：清代顺天府档案，028—1—59—003。
③ 中国第一历史档案馆藏：清代顺天府档案，028—1—56—006、007、008。

禁。汪辉祖说，"管押之名，律所不著，乃万不得已而用之"，"大概贼盗之待质者最多"①。其管押场所，一为监狱（见上文），二为公设的班房，三为各种私设的班馆，包括差役的私宅、与差役有关系的饭店旅舍，称歇家。对于公设、私设班馆的情况，差役一节已有所叙述，这里从狱政的角度再作进一步探讨。

首先，清代禁止官员、差役私设班。有关律例规定：

> 除重犯监禁候审，其余干连并一应轻罪之人，俱令保候审理。如有不肖官员擅设仓铺、所店名目，将轻罪干连人犯私禁致毙者，照例治罪。

> 差役私设班馆，押禁轻罪干连人犯在官署内者，照故禁平人杖八十私罪律，降三级调用（私罪），因而致死者革职治罪（私罪）。

> 书差私设仓铺、所店及班馆、押保店等项名目，押禁轻罪人犯致毙人命，如本官知情故纵者革职提问，未经致死者降二级留任（私罪）。②

一些州县也曾对班房实行查禁。例如，嘉庆二十三年（1758年），顺天府宝坻县有生员禀知县，民人孙美芳赴顺天府呈控"头役凌永祥等并散役刘××等锁押伊囚禁班房，夺去衣物等情"，知县批"设立班房，久经本县照例查禁"。③但实际上，私设之班馆却普遍存在，有的地方甚至在"禁革班房名目"后，公然令原差将待质人证"押带私家"。④

"班房"顾名思义，是差班办公场所，四川称"卡房"，就设在衙署内。张集馨记述四川卡房之惨酷说：

> 卡房最为惨酷，大县卡房恒羁禁数百人，小邑亦不下数十人及十余人不等；甚至将户婚、田土、钱债、佃故被证人等亦拘禁其中，每日给稀糜一瓯，终年不见天日，苦楚百倍于囹圄……通

① 汪辉祖：《学治说赘》，张廷襄编：《入幕须知五种》，第406页。
② 文孚纂修：《六部处分则例》，第1028、1029页。
③ 中国第一历史档案馆藏：清代顺天府档案，028—3—153—092。
④ 汪辉祖：《学治说赘》，张廷襄编：《入幕须知五种》，第406—407页。

省瘦毙者，每年不下一二千人。①

清末纪实小说《活地狱》对班房制度也有生动反映：

> 这班房就在衙门大门里头，大堂底下，三间平屋，坐西朝东。进得门来，原是两间打通，由南至北，做起一层栅栏；外面一条小小弄堂，只容得一人走路。栅栏里面，地方虽大，闹哄哄却有四五十人在内，聚在一处，一时也数不清楚。

> 班房有差役专管，"黄升、王小三被（差役）赵三带在这里，另外有他们伙计，是管班房的一个副役，名字叫莫是仁，过来接收"。②

差役为了勒索家境富裕的待质人证，有时在班房中辟有条件较好的房屋，收取高额费用。对此《活地狱》描述说：

> 被关入班房的黄升、王小三看到，"独栅栏靠北一头，有一个小门，这半天一直是关着的，到了吃饭的时候，居然有人送进一个提盒，里头放着四样菜，一桶的饭，跟手又有人端了一大碗面进去，都是热腾腾的"。差役头史湘泉对黄升说："你想舒服，却也容易，里边屋里有高铺，有桌子，要吃甚么有甚么。你不信我领你去看。"说着便把黄升链子解了下来，拿到手里，同着他向北首那个小门推门进去，只见里面另是一大间，两面摆着十几张铺，也有睡觉的，也有躺着吃烟的……史湘泉道："这个屋可是不容易住的……进这屋，有一定价钱：先化五十吊，方许进这屋；再化三十吊，去掉链子；再化二十吊，可以地下打铺；要高铺又得三十吊。倘若吃鸦片烟，你自己带来也好，我们代办也好，开一回灯，五吊；如果天天开，拿一百吊包掉也好。其余吃菜吃饭都有价钱，长包也好，吃一顿算一顿也好……这是通行大例，在你面上不算多要。你瞧那边地下蹲着的那一个，他一共出了三百吊，你还不给他打铺哩。"③

---

① 张集馨：《道咸宦海见闻录》，第95—96页。

② 李伯元：《活地狱》，第16、17页。

③ 李伯元：《活地狱》，第18、25—26页。

班房、管押制度黑暗至极，酷刑、勒索等弊端百出。兹列当时人的记述：

> 监狱所以禁重囚也，外省各府州县另设私所，扭锁禁固，累月经年。其违例之刑，枷重百斤，笞以千计，堂下之呼号极惨，堂上之盛怒难平。更有胥役串通门丁，所传人犯，先行羁禁，名曰私押。索诈则百端凌虐，得贿则竟行释放。至于捕役诬良，擅自拷打，反背压磨，×顶立笼，尤惨酷不忍见闻。①

> 政之累民莫如管押，且干系甚重。或贼押而捕纵行窃，或命押而惧累轻生。至讼案押而招摇撞骗，百弊错出……役之贪狡者，命案、讼案及非正盗、正贼，借谕押以恣勒索，每系之秽污不堪处所，暑令熏蒸，寒令冻饿，至保释而病死者不少。②

由于班房制度黑暗，晚清改革，有待质所之设。有的地方，光绪间已开始设立代质所。如江苏阜宁县"押犯向无待质公所，亦无饭歇。捕获贼犯及问供未定之盗犯，收捕班自新所；其命案内人证间因案证未齐暂交东西班；词讼案证间交壮班派家属照应，不交差役看管"。光绪十年（1884 年）阮本焱任知县，"谕董筹款建置待质公所"。③这种待质所，形式虽已革新，但运实际作往往同旧式班馆无大差异，有地方志记载说：待质所设于大堂前二门内，"光绪时贵州巡抚黎培敬奏设军民待质公所，请推广各省一律筹办。原谓一应候质诸人，有时令取保而保人难得，结案而案证未齐，暂羁于此，以免胥役私押之弊，本法良意美也。及其末流，不过多一监卡而已"④。

四、州县监狱制度的黑暗

清代州县监狱黑暗至极，管狱官吏勾结作为黑恶势力的牢头，对监犯施加酷刑，勒索钱财，强奸女囚，导致监犯、押犯瘐毙，惨不忍书。兹抄

---

①　朱潮：《请严汰劣员以肃吏治疏》，盛康辑：《皇朝经世文编续编》，《丛刊》第 84 辑，第 2366—2367 页。

②　汪辉祖：《学治说赘》，张廷襄编：《入幕须知五种》，第 406—407 页。

③　阮本焱：《求牧刍言》，第 117—118 页。

④　民国《宣汉县志》，营建志，城廨，成文影印本。

录当时人的有关讲述，以见其一斑。

1. 张集馨记管狱官、知县家丁与监犯牢头相互勾结、残酷虐待犯人的情况：

> （四川资州）牢头周鸣同，本系推跌其父身死、永远监禁人犯，在监年久，充作牢头，开设小押，重利滚剥，监门出入无禁。女犯入监，牢头逼奸，吏目姜淳访知不依，该犯馈送银二百金，姜淳遂不深究。人犯入监，周鸣同带同缓决犯人，将犯吊在柱上，用水桶盛水挂人背上，又令口吹溺壶，又用竹签拷打逼赃，赃不如数，拷逼不已；始则吊拷犯人，继则凡寄监过站人犯、差役，无不吊拷者。姜淳得牢头规礼四十金，前后共得赃四百余两，姜淳家人亦得赃八十余两。井研差役押犯进省，寄监资州，牢头周鸣同等将犯、役一并吊拷勒赃，大受凌虐。井研差役赴资州署内喊冤，州牧舒翼问知情由，将周明同提署责惩，欲于监内枷号。周明同遂令各犯鸣锣击鼓，放火焚监，幸即扑灭。舒牧不敢深究，遂将周鸣同释放。①

2. 田文镜谈狱卒与监犯、盗匪相互勾结胡作非为：

> （监狱）百弊丛生，或内外关通，得钱买放；或听许财物，松其肘镣；或因官公出，而乘机纵脱；或挖穿墙壁而偷空使逸；欲掩其贿纵，或将头颅打伤，称为反狱；欲就其轻罪，或云偶尔睡熟，失之不觉……再狠心狱卒，无恶不作，往往有诈索不逐，凌虐致死者；有仇家买求狱卒，设计致死者；有伙盗通同狱卒致死首犯灭口者；有狱霸放债逞凶，专利坑贫，因而致死者；有无钱通贿，断其供给，以致冻馁瘐毙者；有因病不报，待其垂死而递病递，或死后而补病递者。②

3. 李渔记狱卒迫害导致监犯大量死亡：

> （囚犯大量死亡）有狱卒索诈不遂凌虐致死者，有仇家贿买狱卒设计致死者，有众盗通同狱卒致死首犯以灭口者，有狱霸放

---

① 张集馨：《道咸宦海见闻录》，第100—101页。
② 席裕福、沈师徐辑：《皇朝政典类纂》，第5057页。

债逞凶、坑贪取利因而拷逼致死者，有无钱通贿，断其狱食，视病不报直待垂死而递病呈，甚至死后方补病呈者，酷弊冤情，种种不一。①

4. 黄六鸿记监犯死亡原因和牢头迫害监犯情形：

（在监犯人）致死之由，有狱卒索诈不遂、买命无钱，而百般凌虐以死者；有共案诸人欲要犯身亡，希图易结因而致死者；有仇家买嘱、随机取便谋害以死者，有婪官利其赃私致之死而灭口者；有神奸巨蠹恐其幸脱而立取病呈者。

本管牢头与众牢头群来帮殴，名曰打攒盘；夜间倾水湿地，逼令睡卧，名曰湿布衫；将犯人足吊起，头下向卧，名曰上高楼；捏称某犯人出入难以提防，既上其杻又笐其匣，名曰雪上加霜……新犯入监，有钱者本管牢头先设酒款待，私与开锁松杻，以示恩惠。次早众牢头俱来拜望送礼，三日本管牢头开帐派出使费，名曰铺监；牢头诈饱，又唆散犯各出钱五六文买鸡肉等，送与新犯，本管牢头又派一帐，如不遂意，即唆散犯成群凌辱，名曰打抽丰；无钱使用者，遇亲属送饭来，故令饿犯抢去，甚至明绝其食，名曰请上路；又有泼湿草荐令卧其上之恶；有逼勒终夜站立不许睡倒之恶；有私加短索扣锁过夜之恶；有以手杻撞犯人胸额，枷板痛打脚底之恶；有穷犯无钱即剥取衣服之恶。②

5. 《活地狱》描述管押女性人证的"官媒处"的黑暗：

往往有押在官媒处的妇女，也有已经定罪的，也有未经定罪的，衙门里头这几个有权柄的门政大爷，甚么稿案、签押、查班房的，都有势力，要如何便是如何。有的便在官媒家住宿，有的还弄了出来恣意取乐。官媒婆奉命如神，敢道得一个不字……其中也有一二真正节烈，不肯失身之人，触动了诸位大爷之怒，那官媒便将他十分凌虐。③

① 李渔：《论监狱》：《牧令书》卷十八，刑名中。
② 黄六鸿：《福惠全书》，第150—151页。
③ 李伯元：《活地狱》，第33页。

6. 光绪间曾任顺天府尹的周家楣记顺天府各州县监狱的黑暗：

　　近来各属禀详，监押各犯因病而故者叠叠不绝。（通州）从前金小四事京控一案，据东路厅查复，竟有一人入监索费二三百千之说。向来新官到任求荐家人，至指明管监狱管班。管以为优，则其娄逼情形可见。狱中有上铺中铺下铺之分，若李黑子（盗匪）一流，则安居上铺，起居良适；下铺则潮湿拥挤，不可以忍。同为犯人，而甘苦之判至此。惟其如此，则其利乃专，其权乃大也。

　　"京师有谚云：不怕宛平县，只怕到后店。"后店在县署之西偏，其后有"一层黑屋"，内设各种刑具，"凡贼犯案证及过境发递犯人，均居其中，讹索陵虐，不堪其苦"。有徐姓控追逃妾，差役"将徐姓原告置之黑房，其情如绘"。[①]

7. 黄六鸿等记各州县设立牢头记牢头之凶恶：

　　冲繁大州县，狱犯众多，若无牢头统辖，彼性皆凶悍，每起争竞。但牢头系年久罪囚，欲为牢头，例有顶首钱，狱卒居间交易。故一为牢头，便肆横作恶，诈索钱物去。[②]

　　《活地狱》说：凡有新犯人进来，他们（牢头）是有规矩的，定要新犯人孝敬。若有孝敬便罢，倘没有，这顿下马威却是不好受的，而且以后还不时凌虐，总得再有了新犯人进来，才能饶过这前头的。[③]

监狱有时还会发生狱囚暴动。例如有记载说，光绪六年（1880年），广东有某县令欲察看狱中积弊。"一日屏去仪从，突入狱中，狱卒未及知也。"狱囚百余人将县官劫持，以杀死县官相威胁，要求释放。典史、知府先后往劝说，均不答应。"相持已及旬日"，知府密禀督抚，发兵两营到县，佯应狱囚要求，准其携官行五十里。当囚犯释放县令后，被伏兵围捕，逃逸三人，其余均处死。[④]

---

① 周家楣著、志钧编：《期不负斋政书》，第599、631—633、781页。
② 黄六鸿：《福惠全书》，第151页。
③ 李伯元：《活地狱》，第27—28页。
④ 伍承乔编：《清代吏治丛谈》，第709—710页。

第五节　驿站与铺递

一、清代驿站的职能与人员设施

清代的国家邮传、交通系统分为两部分：驿站与铺递。对此黄六鸿说："夫驿传之设，有冲有僻。冲则谓之驿站，所以供皇华之使臣、朝贡之方国与赍奏之员役也；僻则谓之里甲马，仅以供本州邑之驰递，故又谓之递马。"①

驿站的基本职能有二：一为传递中央与各省之间以及各省相互之间的公文；二为接待、供应各种差使，为之提供食宿、交通工具。除此之外，还有办理"上司之纸牌"（上司的临时派差）、"邻封之协济"（协助毗邻州县办差）等"额外之差"；个别情况下，还须为路过的勤劳、死难官员提供交通服务。②驿站设于交通要道，因此并非遍及所有州县，如江苏阜宁县"非孔道，并无驿站，向来由县选拨键快三名，在淮接递公文"，光绪间"又加班专勇驰递"。③驿站接待、供应差使，被称为"大差"，这种差使人员"有钦命公干之大臣，有朝贡之番使，有入觐莅任之督抚提镇，巡鹾监税之部院台卿"。驿站邮递公文，"有奉命星驰、急檄飞递，克限以赴者，是谓紧差；有承舍赍奏本章，佐僚代捧庆贺大计表册，是谓小差；悯劳恤死，许给邮骑，是谓散差"④。

---

①　黄六鸿：《福惠全书》，第323页。
②　黄六鸿：《福惠全书》，第323—324页。
③　阮本焱：《求牧刍言》，第126页。
④　黄六鸿：《福惠全书》，第323页。

　　为履行上述两种职能，驿站均养有驿马，设有驿役（人夫）。其驿马，偏僻州县"不过数匹"，冲繁州县设站不止一处，"每站额马六十、七十不等"。①其驿役人夫，各站均有定额，"皆募民充之，差役稍繁，莫不临时添募"，由国家给予工食。驿夫各省"名目不同，凡有马之役，视马多少，例设二马一夫。外有走递夫、白夫、青夫（此项裁）、扛夫、所厂夫、差夫、站夫，有水驿之处有水夫、水夫纤夫，南省有轿夫、兜夫、担夫、扛抬夫"②。黄六鸿记驿役名目说："有总理、有兵房、有马牌、牧马夫、背包、送差、打探、医兽之各执事。"③刚毅则说，州县驿站设有兵房、马牌、背包、送差、兽医、喂马人等。④例如：

　　　　同治年间，湖北应山县四处驿站共有额设驿马160匹，马夫80名，长养排夫155名。其中县城站马20匹，马夫10名，排夫80名；广水站马60匹，马夫30名，排夫30名；观音河站马60匹，马夫30名，排夫30名；平靖关站马20匹，马夫10名，排夫15名；此外设有兽医2名。驿递繁忙时，征调民夫以为补充。⑤

驿站的房舍，有放马的马厂，喂马的马房，以及供马夫、排夫等人员居住、办公的厅、房。如湖北应山县县城永阳驿，前面有门房二间；其后为马厂"宽深数十丈"；马厂左侧为一马房；马厂之后有一厅，此外马厂前后各有三间房舍；广水驿前面有门房二间，其后为马厂，马厂左右为马房，后面有厅，此外马厂左右各有三间房舍。⑥

　　驿马草料、排夫等人员工食和其他经费，均有定额，在州县存留项下支销，岁终随地丁奏报。对此清代典籍记：

　　　　康熙七年，定驿递给夫之例。凡有驿之处，设夫役以供奔走，各按路之冲僻为多寡，数额不一。其夫日给工食一二分以致

---

①　黄六鸿：《福惠全书》，第323页。

②　《清朝文献通考》卷二十二，职役二。

③　黄六鸿：《福惠全书》，第323—324页。

④　刚毅：《牧令须知》，第31页。

⑤　同治《应山县志》，政治志，驿铺，江苏古籍影印本。

⑥　同治《应山县志》，政治志，驿铺。

七八分不等，皆入正赋编征。若额外雇用，则按远近加给工食，

水驿用纤夫亦同。凡应给夫役者，按品定数，不许额外强索。①

例如，湖北应山县额定每马一匹，日支草料银5分；每马夫一名，支工食银2分；每排夫一名，日支工食银2分2毫3丝3忽3微1尘2纤；兽医每名日支银2分，药饵每马日支2厘7毫7丝7忽7微7尘；勘合火牌、修置房×等项，每年共支银267两7钱8分4厘。②清代获鹿县档案存有乾隆五十七年（1792年）镇宁驿"支用驿马差人钱粮登记簿"，驿站支出包括：驿马豆草银，马夫工食银，传报马夫工食银，看马兽医工食银，抄牌书手工食银，抬轿夫工食银，接递皂隶工食银，走递牌夫工食银，听事买办夫工食银，背柴担水夫工食银，马匹杂支银，年终奏销造册纸张工价银，廪给口粮饭食银，另案报销军营回京员役廪粮银等。③

二、驿站的管理

自清初始，驿站就有由"州县兼理"者，有"设（驿）丞专司"者。④史记驿丞官秩为未入流，"掌邮传迎送，凡舟车夫马，廪粮庖馔，视使客品秩为差，直支于府、州、县，籍其出入"⑤。康、雍、乾时期，各地驿丞陆续裁撤，"惟大镇荒堡仅存其官，其余皆归并于州县"⑥。清政府裁撤驿丞而将驿站事务归州县管理，其出发点有二：其一，对驿丞不信任；其二，借州县官之权力征调民力以补驿站夫马之不足。对此有资料记载说：

> 每年一驿钱粮，自数百余至数千金，付之微员，既非慎重之道，抑且遇有紧要差使，及护送兵差之类，额马不足，必借用民力，是以定议裁改（驿站裁归州县）。⑦

① 《清朝文献通考》卷二十二，职役二。
② 同治《应山县志》，政治志，驿铺。
③ 河北省档案馆藏：清代获鹿县档案，655—1—368。
④ 黄六鸿：《福惠全书》，第323页。
⑤ 《清史稿》卷九十一，职官志三。
⑥ 卢锡晋：《吏议》，贺长龄辑：《皇朝经世文编》，第564页。
⑦ 王杰：《请覆实亏空变通驿站疏》，贺长龄辑：《皇朝经世文编》，第589页。

　　由于驿站大多不设于州县治城，所以州县官难以直接进行管理，通行的做法是委派家丁、长随管驿（州县官通过家人管驿的情况，详见第四章第二节）。黄六鸿《福惠全书》中称驿站管号为"总理"，认为必须任用"与本官休戚相关""虽在任去官而情谊不即相离"的"亲族子弟、同乡至戚与生平好友"担任；其为人应"诸事不欺：一则钱粮出纳、工料用费无丝毫染指克扣，一则兵书马牌等不与通同作弊及受贿徇私，一则草料喂养勤行查勘，一则支销用度帐目分明"。对于这些人，应"推心置腹而厚其廪俸，俾无内顾，足以养廉"①。州县官虽然通过家丁、长随管理驿站，但责任者仍是他们自己。因此，他们对于驿站人员的选用、驿马的购买、喂养和文书的按时传递，均须留心、过问。例如刚毅强调说，州县官对于境内驿站的兵房、马牌、背包、送差、兽医、喂马人等，"宜选诚实可靠者，妥为经理；购买马匹，各随其用"；"所需草料喂养，宜不时查看。分拨马匹应差，宜劳逸适均。无论何处公文，应随收随递"。②除州县官家人外，州县房科也参与驿站的管理。如张集馨记，山西代州有"驿书""号书"，为房科中负责驿站的书吏。③

　　州县官在管理驿站事务过程中难免作弊。例如，州县官接递重要公文，"一有延迟，知干吏议，必向上下站通融时刻，为邀免处分地步"；有些州县官"欲知近事"，有时令驿站丁书将公文"私送本官拆阅"；等等。④家丁、驿书在经手驿站事务的过程中舞弊，更是屡见不鲜。顺治间兵部尚书贾汉复记载说：

　　　　三秦以内，驿弊多端，除号马之外，又设里马；夫役除工
　　食之外，复令帮贴银钱。或以疲瘦马匹勒令牙侩买换，或指倒毙
　　马匹坐派现年赔补；或取草料于里甲，或索鞍屉于铺行。额设站
　　银，悉为官役中饱，需用诸物，尽皆求办于民，以致哀鸿遍野，
　　怨声载道。⑤

---

① 黄六鸿：《福惠全书》，第327—328页。
② 刚毅：《牧令须知》，第31—32页。
③ 张集馨：《道咸宦海见闻录》，第46页。
④ 方宗诚：《鄂吏约》，盛康辑：《皇朝经世文编续编》，《丛刊》第84辑，第2637页。
⑤ 贾汉复：《示各驿》，徐栋辑：《牧令书》卷八，屏恶。

有些有驿州县每年向乡民派收号草（喂马干草），书吏、家丁不仅将草价贪入私囊，还向乡民勒索"使费"。张集馨记，山西代州"收买号草，向给一文一斤，官虽发价而民不能领，民习安之。每年各村共交驿草十数万斤，家人号书因缘为奸，另作一杆无份量大秤，常有七八十斤上秤而秤不起花，必须交纳使费，始肯收受"①。由于管驿家丁、书吏只顾贪污谋利，往往导致驿站管理混乱。康熙九年（1670年）黄六鸿任山东郯城知县，上任途中路过红花埠驿局，突击检查，"观其棚厂则风雨不蔽也，验其麦菽则颗束无有也。污秽堆积，臭气熏蒸，则蝇蚋聚飞如雾；数马骨立，领脊溃裂，则乌鸦啄食成糜"。前任"冯令被参卸事，本道拨役代理，勾通驿书，侵克工料，夫牌饲秣，又减菱刍，以故两驿额马一百二十匹，仅剩残疲十八骑"。②

三、驿站的运作

差使官役使用驿站资源，由有关部门颁发凭证，"官则给以勘合，役则给以火牌"。州县检验勘合、火牌后，按制度规定为之提供食宿、夫马船只，"勘合之廪给按员，火牌之口粮按分，而水役之船只、陆驿之夫马，则遵照部填"③。清制禁止各省官役违例使用驿站资源，但很难做到。雍正六年（1728年）的一道谕旨说："各省来往人员，有不应用驿夫而擅自动用者，该管之人或畏其威势，而不敢不应，或迫于情面而不得不应，积习相沿，骤难禁止，地方夫役并受扰累。"④黄六鸿记清初差使、督抚及其随从野蛮烦扰驿站、暴虐勒索州县官役的情形，骇人听闻，其文虽长而不冗，转录如下：

　　（驿站）额外之累，有过差之越站；额外之苦，有马匹之多索，各项之苛求，辱官、欧吏、锁挞马夫之肆横。

　　在昔三藩未撤，海疆多事，差使繁多，往来络绎。员役狠

---

①　张集馨：《道咸宦海见闻录》，第46页。

②　黄六鸿：《福惠全书》，第39页。

③　黄六鸿：《福惠全书》，第323页。

④　《清朝文献通考》卷二十三，职役三。

如狼虎，拷诈惨同盗贼。方解鞍下马，肉山酒海，任彼饮吞。醉饱之余，但喧呼索马，不与牌抄，马集成群，皆非中选，其意在于勒诈也。于是咆哮大怒，锁打兵房，×笞马牌，闭之馆舍，备极楚毒。迨逼金饱欲，方许抄牌试马，多索之外又要折乾，诡云马不堪骑，贴并之外又需借马。若遇水陆交衡之地，既索诸费入手，又要坐船，及拨至官船，又嫌滞重，要坐民船。于是埠头行户，四出封拿，及集河干，众皆敛金馈送，方坐一船而行；或竟不坐船，又乘驿马而去。所乘不过数马，所坐不过一船，而官役受其骚扰，水陆遭其剥削。前差甫去，后差又来，冲繁疲役，何堪此纷纷之叠累乎？然此尤其小差也。

若大差出京，部文先行知会沿途督抚，地方州县预期料理马匹，伺候供帐，办买诸项用物，传集各行工匠，以及剃头修脚之人，无不毕备。远遣马夫，侦探于数百里之外。闻其所至凶威，百般凌辱需索，则官役诸人尽皆胆落。印官稍有才调应付粗具者，尚能黾勉支撑以图侥悻。倘庸劣之员，马残夫缺，则束手无策，惟办临时坚闭城门之一著而已。附近统辖上司，惧祸及己，乃于所属州县调马协济。其协济之马动辄一二百匹，守候多时，离本邑窎远，刍薰粮粮俱尽，而调到州县又痛痒无关，任其冻饿，以致马毙夫逃者不可胜数。及大差将临，督抚护送标员、兵部差官及各大差前站，带领司庖，飞驰先至。印官诣馆接见，供应之外，各送下程规礼。该房马牌一切诸费，先央差官前站包收，而大人既致，印官又致敬尽仪，则餐毕登程，平安无事，不胜欣幸之至矣。否则稍有不周，前站挑唆虎从，良骥指为驽骀；司庖哄禀主人，盛馔匿为草具，于是喑哑叱咤，倾刻风霆。执印官而殴詈旋加，锁骨牌而押牵前路，彩毡器什，毁掠一空。协济诸骑尽行越站，而群凶无所雪愤，专择膘肥健马，鞭棰电迅，蓁堑腾坡，气张力尽而死，其意欲令赔偿于他驿也……然此犹为经过之差言也。

若本省上司按临及纸牌应付，则更有甚焉。夫州县之得罪于经过使臣也，督抚知之，犹或垂怜冲剧，尚为掩覆；纵使臣蓄怨，思所以报，犹事缓而祸迟。至于上司按临，其州县供张之盛，仪卫之隆，姑不具论。此外有杯币之敬，谓之土仪；有×全之敬，谓之过山利市。其幕客、内司，与夫书门、承舍、皂隶、舆台之属，无不有馈，则多出之胥役里社之司公事者。若巡查驿递，则悉出之工料支销，而站马驿夫受困矣。苟或礼貌少疏，打点未到，上官媒捏有司之短长，跟胥播弄属役之过失，非以贪污揭参而挟诈，即以不法衙蠹而访拿。功名身命，属在须史。岂不发速而祸大乎？若夫督值班之书役，司府公务之差承，亦本省之子民也。然而，狐假虎威，需索凌虐，甚于过差。纸牌之外，索逾数倍，兼供附带亲朋……

相传郯（城）旧令某，有招抚海逆大人乘传至，郯实无马，官役惧不敢出……大人不得已，遂骑沂马越站而行，令坐是以误差参革。又某令闻差至，亦闭城。差恨之，乃佯为就道，使人潜至城下×之。时天将明，樵者负薪候门，其人易樵者衣，门启而入。彼官役方幸其差之已去，不意其奔突公堂，排闼直入县，夫人拥被蒙头，卷缩如猬，而室中衣物尽遭劫掠。乃大索县官不得，其差众相率继至，逢人便捉，殴击横加，胥役绑锁怠尽。阖邑骇惊，势同寇叛。于是驻防营弁刷兵丁之马送之。既去，而令公自狱中囚服奔出，众大惊。令公指狱门曰："嘻，非吾闻喊声，而是遁，几不免于虎口矣。"至今地方以为笑柄……

至于各宪纸牌，其最凶狠者，惟河道总督诸员役。一日总河下班，书吏挟纸牌乘传至。先命一夫，驰马执捧而来，名曰巴棍，以示至则必打之意也。彼兵房马牌，辄神魂飞丧。乃刑牲炙酒以待，兵房擎壶把盏，马牌束金跪献，及受而叱之出，则狼仆追擒，已一绳高吊于幽室矣。遂执所携巴棍，而毒殴之，名曰"打下马威"，拷逼数金，殴犹未已。盖其主暗使之，故畅饮酣歌，若不知闻也者……所吊之房牌，血流被面，遍身伤肿。①
康熙以后，差使、官员肆意诛求驿站资源的现象虽然不如清初之

---

① 黄六鸿：《福惠全书》，第324—326页。

烈，但仍普遍存在。有人记载驿站严重"病民"的情况说："使臣例给马匹"，后来乘骑之数"日增月盛，有增至数十倍者，随从多人，无可查询。由是管号长随，办差书役，乘间需索。差使未到，火票飞驰，需车数量及十余辆者，调至数十辆百余辆不等，骡马亦然，小民舍其农务，自备口粮草料，先期守候，苦不堪言"。差使、官员的诛求也导致州县官的严重亏空：

> 差使一过，自馆舍铺设，以及满汉酒席，种种靡费，并有夤缘馈送之事。随从家人，有所谓抄牌礼、过站礼、站包管厨等项，名类甚繁，自数十金至数百金，多者更不可知。大概视气焰之大小，以为应酬之多寡。其他如本省之上司，及邻省之大员，往来住宿，亦需供应。其家人藉势饱欲，不厌不止；而办差长随，从中浮开冒领，本官亦无可稽核。凡此费用，州县之廉俸，不能支也，一皆取之库帑，而亏空之风已成。迨其后任意侵用，虽上司明知之，而不可穷诘矣。①

有人指出，裁撤驿丞而以州县管驿，是导致上述弊端的重要原因。驿站归驿丞管理之时，遇有"紧要差使""护送兵差之类"，驿站资源不敷办理，则"另设台站"，"或调拨营马，或筹项购买，事竣各自报销，要与县站两不相关"。且驿丞"俸入薄，过往无所贪。凡有差使，各按品级乘轿之外，加增不过二三匹，多则驿丞不能派之民间也，照常廪给之外，一无使费。使臣及家人等，亦知驿丞之俸入，无可诛求也，日久相安，罕有骚扰之事"。而驿站改归州县管理后，差使、官员知道州县官有权征调民力，夫马"可以调派里下"，乃违制无限苛求，州县"平常供应即有不可数计者"，"亏空之弊，大半因之"。②还有人指出，以州县官管驿，贬损其尊严，繁重其事务，加重其赔累，其结果必然导致苛敛：

> 驿站改归州县后，"僻邑犹可支持，若一当冲繁孔道，则皇华往返，日无宁晷，而索诈怒詈，使人忿恨于心而无可奈何"。虽然按制度州县官对于差使勒索可以"直申兵部"，然而没有人

---

① 王杰：《请覆实亏空变通驿站疏》，贺长龄辑：《皇朝经世文编》，第589页。
② 同上书，第588—589页。

"敢冒险以获罪于钦差之贵臣与亲临之上官"。对州县官"以驿务程其优劣，既已困顿而揉靡之，而又贻以赔累应付之苦，欲其不扣刻刍牧而横敛于民以救其急，其势固有所不能也"。①

四、州县铺递

除驿站外，清代各州县设有铺递以达毗邻各州县，用以传递省内公文。铺递人员称铺兵，其首领人员称铺司，均募有产民籍充任，给予工食；禁止各衙门人员违制役使铺兵。《清朝文献通考》记州县铺司铺兵制度说：

> 直省各州县公文来往，役民递送，名曰铺兵。每十五里置急递铺一所，设铺兵四名，铺司一名，于附近有丁力一石之上二石之下者点充，须要少壮正身，与免杂泛差役。凡公文一到，即刻递送，昼夜须行三百里，稽留者分别时刻治罪。若公文有损坏沈匿、拆动原封者，亦分别治罪。铺司为铺兵之长，专一于该管铺分，往来巡视；其提调官吏每月亲临稽查，若有无借之徒不容正身应当，用强包揽，多取工钱，以致公文有误者，重治其罪。其各衙门一应公差人员，不许差使铺兵挑送官物及私斋行李。若铺舍不修，什物不备，铺兵数少及老弱当役，则罪其铺长。巡检司所属弓兵专司巡缉地方，亦不准包揽应当，并禁止私役，违者如私役铺兵之罪。②

兹就各地铺递之设，举例如下：

（1）江西东乡县：总铺在县治前；西达临川者3铺，曰越塘、杨梅，相距各15里；曰坪棠，距县40里；北达进贤者2铺，曰安坊、秧塘，相距各15里；东达安仁者4铺，曰湖墩、小×、桥头、西铺，相距各10里；东南达金溪者3铺，曰麻溪、社林，相距各15里；曰黎墟，距县40里；东北达余干者3铺：曰水东、

① 卢锡晋：《吏议》，贺长龄辑：《皇朝经世文编》，第564页。
② 《清朝文献通考》卷二十一，职役一。

冈上、杨林，相距各 10 里。①

（2）山西临汾县"南北冲路"共 7 铺：总铺在县治西；3 铺在城南，通襄陵县；3 铺在城北，通洪洞县。"东西僻路"12 铺：4 铺在城东，通浮山县；8 铺在城西，通蒲县。②

（3）陕西邠州：在城总铺在州治前；东路 3 铺；西路 10 铺；南路 2 铺；西北路 6 铺；东北路 2 铺。③

各铺设有铺兵，各给工食银；并有为数不多的走递马，及负责喂养的马夫；还有些地方铺兵之外另设"走递夫"。兹举例如下：

（1）湖北应山县共有 12 铺，铺司 10 名，铺兵 41 名，内"永充"1 名。永充铺兵每年工食银 1 两 9 分 8 厘，33 名铺兵 6 两 1 钱，7 名 3 两 5 分。④

（2）湖北罗田县县前铺铺兵 10 名；十里铺等 4 铺铺兵各 5 名；凤凰关和石桥铺等 3 铺铺兵各 3 名。原设脚马 5 匹。⑤

（3）江西湖口县有铺递 9 处，县前铺即总铺，铺兵共 25 名，走递马 4 匹，马夫 2 名，走递夫 38 名。⑥

铺递均有房舍。例如：

（1）湖北罗田县县前铺铺屋 4 间，十里铺等其他 7 铺铺屋各 1 间。⑦

（2）江西东乡县总铺正厅五间，厢房六间，外门一间，长 8 丈 4 尺 5 寸，广 3 丈 5 尺 5 寸；越塘铺长 8 丈，广 6 丈 5 尺；杨梅铺长 4 丈 6 尺，广 4 丈 1 尺；安坊铺长 10 丈 5 尺，广 9 丈 2 尺 5 寸。⑧

---

① 同治《东乡县志》，疆域志，铺递，江苏古籍影印本。
② 邢云路原本，林弘化续纂修：山西《临汾县志》，宫室志第二，铺舍，线装书局影印本。
③ 姚本修，苏东柱等续修：陕西《邠州志》，土地卷，线装书局影印本。
④ 同治《应山县志》，政治志，驿铺，江苏古籍影印本。
⑤ 光绪《罗田县志》，建置志，塘汛。江苏古籍影印本。
⑥ 同治《湖口县志》，武备志，江苏古籍影印本。
⑦ 光绪《罗田县志》，建置志，塘汛，江苏古籍影印本。
⑧ 同治《东乡县志》，疆域志，铺递。

铺兵递送公文，须由收文衙门给予回照，缴发文衙门登记销号，"如无回照，及送缴迟延，该县刻即严查办理"；各州县须"十日一次调验各铺司号簿，查对是否符合，有无遗漏"，按月申送上宪查核。[①]

有记载表明，清代后期一些地方的铺递被裁撤。如光绪五年（1879年）修纂的山西《吉县志》记载，该县铺递原有一总铺和七个通往乡宁县、平阳府、蒲县、太原的分铺，均已裁撤。[②]又如湖北《罗田县志》记载，咸丰初年，巡抚胡林翼奏请将湖北铺递全部裁汰，"公文有驿归驿，无驿专差递送，额设工食银两酌留二成给差马工食麩料之用"[③]。

---

①　《清朝文献通考》卷二十四，职役考四。

②　光绪《吉县志》，公署，成文影印本。

③　光绪《罗田县志》，建置志，塘汛。

第六节　经济社会事务管理

一、对牙户的管理

清代州县的牙户、行户、行会，不仅本身从事商业、手工业等经济活动，而且替官府承担某些管理职能。从州县行政的角度说，州县官府通过对牙户、行户、行会的管理，间接管理各种经济社会事务。[①]

（一）牙户和牙税征收

清代州县经征的牙税，是征之于牙户的税课；牙税的征收是与对牙户的管理结合在一起的。当时所谓牙户，实际上包含三种人：

其一，单纯从事贸易中介的经纪人。雍正二年（1724年）一道上谕中所说："凡城市乡村通商之处，陆有牙行，船有埠头，为客商交易货物"，即是指的这种牙行。清廷规定，这种牙行、埠头须"选有抵业人户充应，官给印信文簿"，禁止私充。清政府赋予他们监督管理客商船户的职责，所颁文簿"附写客商船户住贯姓名、路引字号、货物数目，每月赴官查照"[②]。在清代州县的所谓牙户中，唯有这种人是经典意义上的经纪人，但他们只占极少数。

其二，在一定行业中从事收购出售、包收包卖的商户，一般有自己的

---

① 与商业有关的事务，包括涉铺房、田房产权纠纷、乡村集市事务等以及有关，由工房负责。见四川省档案馆编：《清代巴县档案汇编》（乾隆卷），第251—256页。

② 《清朝文献通考》卷二十一，职役一。

商铺。乾隆五年（1740年）关于禁止胥役兼充牙行的谕旨说："民间懋迁有无，官立牙行以平物价、便商贾"，而一些胥役"顶冒把持"，"兼充牙行"，"垄断取利"，"鱼肉商民"。乾隆八年（1743年）关于禁止衿监忍充牙行的谕旨说：各省以衿监认充牙行者，"每至侵蚀客本，拖欠贷银"，"以致羁旅远商含忍莫诉"。①这两道上谕中所说的牙行，即属于这一种。再例如，同治十三年（1874年）四川巴县靛行牙户江万镒缴贴，由县民王正芳顶补，王不再经营靛行生意，"更为各路各色纸张及建笺草纸皮纸"，"仍在原处开设，代客买卖，取用供差"，也属于这种牙户。②

其三，一定行业中的包税人。清代州县对于杂税不设专职征收人员，而实行包税制，办法是包税人向官府定额缴纳银钱以换取牙贴，凭借牙贴可以在一定行业和市场范围内向商贩乃至出售自产农副产品的农民征收牙贴税。领贴者多地方土劣，州县官承认他们盘踞市场为合法，听凭他们盘剥勒索小民而自己从中分润。对此，有文献记载说：

"小民趁集交易，乃数百文、数十文之事，为利甚微，借以营生糊口"，本来根本不需要经纪人。然而在许多地方，"地方光棍自呼为经纪，百十成群，逐日往州县中领牙贴数十纸，每纸给银二三钱不等，持贴至集，任意勒索，不论货物大小精粗，皆视卖之盈缩为抽分之多寡，名曰牙贴税。少与龃龉，即行驱逐，不容陈设于街道"。③

（福建）泉南积习，多有（杂税）认税代征之弊。往者奸徒势恶，钻营告示，刊刻号票，假公税为名，横剥私抽，以一取十，初税之于地头，继税之于经过，又复税之于市廛，甚则遍张假示，私立印单，执陈年之批照，冒官府之名目，虎踞沙头，狼贪澳口，悬灯树帜，藐法抗官，细至肩挑步担、米谷鱼鲑及蔬菜柴薪，皆私立税名，纤悉不漏，小民资生日用，尽入网罗，以致百物腾贵。④

----

① 《清朝文献通考》卷二十四，职役四。
② 四川省档案馆藏：清代巴县档案，同治朝第812卷。
③ 《清朝文献通考》卷二十一，职役一。
④ 叶灼棠：《论私抽》，《牧令书》卷八，屏恶。

直隶获鹿县的一件历史档案，记载该县向上宪造报乾隆二十五年（1760年）"征收过牙帖税银数目"，也从一个侧面反映了这种牙贴税名目下的分行业、分市场的包税制度：

> 初一日在城集故衣行、斗行、花行。
>
> 初四日李村集斗行、花行、驴行。
>
> 初七日镇头集斗行、地行、花行。
>
> 初九日同冶集斗行。
>
> 十一日在城集花行、牛行、地行。
>
> 十三日于底集斗行、驴行、花行。
>
> 十六日在城集故衣行、斗行、花行。
>
> 十八日山下尹村集花行、地行、布行。
>
> 二十一日在城集花行、地行、布行。
>
> 二十二日镇头集牛行、驴行、花行、布行。
>
> 二十四日李村集斗行、牛行、地行、猪行。
>
> 二十五日超陵铺集斗行、驴行、花行。
>
> 二十六日在城集布行、铁行、油行。
>
> 二十九日同冶集布行。
>
> 以上共征收过牙帖税银三十一两三钱二分。[①]

（二）州县对牙户、牙行的管理

对于牙行、牙户、牙贴税制度中的弊端，清政府曾进行整顿。雍正二年（1724年），令各省藩司查禁土劣盘踞市场勒索商民的积弊，规定将颁发牙贴的权力从州县收归各省布政使，"各省商牙杂税额设牙贴，俱由藩司衙门颁发，不许州县滥给"。但不久后发现，布政使颁发牙贴同样存在滥发谋利的情况。至雍正十一年（1733年）又颁发上谕，指出"各省牙贴岁有增添"，要求"直省督抚饬令各该藩司，因地制宜，著为定额报部存案，不许有司任意增添"。[②]乾隆五年（1740年），谕令禁止胥役兼充牙行。谕旨说：

---

① 河北省档案馆藏：清代获鹿县档案，655—1—241。

② 《清朝文献通考》卷二十一，职役一。

外省衙门胥役，多有更名捏姓兼充牙行者。此辈依势作奸，垄断取利，必致鱼肉商民，被害之人又因其衙门情熟，莫敢申诉。其为市廛之蠹，尤非寻常顶冒把持者可比，当急为查禁。[①]乾隆八年（1743年），禁止衿监忍充牙行。谕旨说：

> 定例投认牙行，必系殷实良民，取有结状，始准给贴充应。盖殷实则有产业可抵，良民则无护符可恃，庶几顾惜身家，凛遵法纪，不敢任意侵吞，为商人之害。乃闻各省牙行多有以衿监忍充者，每至侵蚀客本，拖欠贷银，或恃情面而曲为迟延，或借声势而逞其掯勒，以致羁旅远商含忍莫诉，甚属可悯……应将现在牙行逐一详查，如有衿监忍充者，即行追贴，令其歇业，永著为例。[②]

四川巴县的有关档案表明，充当牙户须向州县提出申请，经州县批准，具结干结，造具年貌、籍贯清册，经州县加印后详府，转报布政使司，由后者颁发牙贴。牙户每年须缴纳牙课一两。牙户死亡，即使子孙继续充当，也须重新办理手续。例如，四川巴县本城民人田昭万乾隆二十七年（1762年）"请领芝麻牙贴一张，开设办课"。乾隆四十二年（1777年），田去世，其孙田溪鹤呈知县，表示"情愿顶补，更换身名，承充开设，仍照原额纳课"，请求知县转详上司发给牙贴。巴县知县乃详文重庆府，说田溪鹤实系本县智里四甲"载粮民籍，身家殷实，并无衿役朋充等弊"，"牙贴名缺，应准其顶补"。他"取具供甘各结，加具印结，造具年貌、籍贯清册，同缴到牙贴"，一起申缴（原贴一张，供甘互印结七套，年貌册七本，印领一张）。重庆府知府收到后批示"仰候转详"。[③]再录巴县呈造牙户洪星瑞年貌籍贯清册一例：

> 四川重庆府巴县为恩详顶补事。
> 遵将更换山货牙行洪星瑞年貌、籍贯造具清册。须至申者。
> 计开
> 牙户洪星瑞年二十四岁，身中材，面白无须，实系巴县载粮

① 《清朝文献通考》卷二十四，职役四。
② 《清朝文献通考》卷二十四，职役四。
③ 四川省档案馆编：《清代巴县档案汇编》（乾隆卷），第264页。

民籍，身家殷实。于乾隆肆拾柒年柒月初五日顶补洪鼎元年迈辞退山货牙贴一张，承领开设，每年照原额纳课银一两。于乾隆肆拾柒年柒月初五日顶补更换之日为始。理合登明。

右具册

乾隆四十七年　月　日知县徐鼎亨①

牙户每年缴纳牙贴课银，由官府给与税票以为凭证。兹录巴县"牙税存票"一则：

四川重庆府巴县正堂加三级纪录五次刘　为奉

闻事。案奉　各宪饬征收牙行税课银两×

缴完解缘由到县。奉此。今据山货行方正和完

纳本年分贴课银壹两〇钱。合行给票存

查。此照。

嘉庆二十一年二月初四日

巴字第叁号

四川巴县档案中有一卷关于同治十年（1871年）牙户招募、顶补的文卷，摘录于下，从中透视当时州县对牙户的管理制度：

（1）巴县知县详文重庆知府，详请以牙户王正芳顶补江周发靛行牙贴：

巴县知县奉布政使司札文，"悬牌招募"牙户，"饬差传集各行后裔到案查讯"。县民江万镒供称：其祖江周发"于乾隆五十三年请领靛行牙贴一张，在渝开设"，去世后"无力更换，情愿将贴呈缴，恳请另募顶补"。县民王正芳赴案具认，"恳请更为各路各色纸张及建笺草纸皮纸牙贴一张，仍在原处开设，代客买卖，取用供差，每年仍照额例认纳课银壹两"。知县查王正芳实系"正里十甲载粮民籍，身家殷实，其中并无衿役朋充等弊"，准其顶补。"取具缴、退、供、甘、互保各结，加具印结粘钤，造具年貌籍贯清册，同缴到牙贴并印领具文"，详请上宪查核，"转请给贴"。

---

① 四川省档案馆编：《清代巴县档案汇编》（乾隆卷），第265页。

（2）巴县造具顶补牙户王正芳年貌籍贯清册（与上文所录洪星瑞年貌籍贯清册大致相同，不赘）。

（3）前充牙户江万镒缴结：

> 今于与缴结为呈请另募顶补事。实缴结得身祖江周发于乾隆五十三年请领靛行牙贴一张，在渝开设。兹因身祖物故，无力更换，情愿将贴呈缴，恳请另募顶补，以免误课，中间不虚，缴结是实。

（4）王正芳干结等（略）。[①]

从上列文卷可以透视州县牙户管理制度的几个重要内容：（1）各州县领贴牙户、当户例有定额，各贴由部颁发；（2）牙户除每年缴纳贴税外，没有其他管理制度，随着时间推移出现混乱，不少领贴人早已故去，现在持贴人是他们的后人，故布政使令各州县整顿；（3）巴县知县奉令整顿牙户的措施，一是悬牌招募；二是召集各领贴人后裔查讯；（4）靛行之祖江周发于乾隆五十三年（1788年）领贴开设靛行，世代经营，至同治十二年（1873年）整顿时江万镒缴贴，已有85年；（5）由于定额制度，必须有人缴贴，他人才能顶补；（6）顶补者可以改营其他业务；（7）牙行业务、责任在于"代客买卖，取用供差"；（8）每贴年纳课1两；（9）领贴充当牙户者必须是"载粮民籍，身家殷实"，差役和绅衿不得朋充；（10）牙户顶补须具退结、干结、保结，造具年貌籍贯清册，由州县官加具印结，报知府转申布政使司。

二、对于行户、行会的管理

除牙户外，清代州县还有其他一些商户（铺户）和从事劳务活动的行会。这里主要以四川巴县为例，来透视清代州县对于他们的管理。在这方面，巴县的做法是：给予行户、行会经营某种盈利性事业的权利，条件是这些行户、行会必须向官府提供某些无常差务，包括劳务、实物和银钱；而劳务又可以是替政府履行某些经济和社会的管理职能。兹就有关情况分

---

① 四川省档案馆藏：清代巴县档案，同治朝第812卷。

述如下：

（一）办差商户、行会取得经营垄断权

商户、行会为官府无偿、少偿办差；作为回报，官府给予他们某种行业的经营垄断权，禁止行会之外不承担办差义务的散商从事同种经营。

兹举四川巴县的有关事例：

1. 乾隆五十六年（1791年）铺民万义元、张三才等具禀说：自己在重庆开设锡匠铺，从事打造锡器职业，同时"轮流值月，应办差事"。"各署差务浩繁"，"应办文武各衙大小差务，每日或要二十余名，亦或十四五名，各处分用，不胜拮据"，而"外来野匠肩挑锡担，每日游街"强夺生意，"毫不当差"。对此，他们曾于乾隆四十四年（1779年）禀请禁革，经前任知县刘某批准出示。但"日久弊生，今又有外来匠徒，仍蹈前辙，拢（扰）乱行规"，钻夺生意，因此再次请求知县出示，禁止不应官差的外来工匠从事锡器打造职业。知县予以批准，随即发布告示。告示说"县属铺户居民人等""嗣后不许私在宅站打造锡器，沿街并较场摆卖，致使匠铺积货难销。倘敢不遵，许各铺户扭赴本县，以凭重责"①。

2. 冶铁铸造行业，设立铁厂厂头管理和办差。乾隆四十一年（1776年）正月巴县孝里八甲乡约李秀章、保正尹天命呈知县说：该甲内有红炉、天池湾两个铁厂，"原设有厂头一名，承办公事"，后因老弱辞退。现在"京兵过境，差务浩繁，并无人接办"，二人"伙同公议"签厂内杨正国"充厂头事务"，请求给照，"俾有专责承办"。知县批"准给照"②。

3. 为了维持码头秩序官府设立夫头，通过他们管理码头。按照这一制度，规定客船装卸货物，必须通过夫头雇用人夫，而不得雇用散夫；而夫头须承担货物安全责任。夫头由官府给照，代官府行使管理散夫、维持码头秩序的职权。以下是乾隆三十六年（1771年）与此有关的四个文件：

（1）夫头徐殿杨、陈大善请求给照的禀状：朝天厢码头乃三江总汇，客商云集起货之所。因无夫头统率，以致货物拢岸，脚

---

① 四川省档案馆编：《清代巴县档案汇编》（乾隆卷），第265—266页。
② 四川省档案馆编：《清代巴县档案汇编》（乾隆卷），第272页。

夫拥挤抢背，往往失落；甚有脚夫背货藏匿，或于中抽取货物，不一而定。前沐仁宪在码头设旗赏示，设立夫头，将散夫清查造册，客船起货，专向夫头雇人，每货一背，多给钱一文，倘有失落，着令赔偿；散夫如有增添，随时开报注册……蚁等遵示，现在设立夫头，第恐各行站店铺客商不遵……（请给执照）。

县正堂批：准给示赏照，以专责成。

（2）知县关于设立夫头的告示：渝城五方杂处，向来客货起岸下船，都有乘间背匿拐带之弊。不但脚夫内匪类固多，即各行站伙房小厮，亦皆无籍之徒。今本县设立夫头，凡客货起岸，俱经夫头雇人背送，如有遗失，着落赔偿。至各行站发货下河，如自雇伙房背运者，若有遗失，应惟本店是问……嗣后客货下河，不经夫头雇人，自令本店伙房人等背运者，设有遗失，惟行家站房以及伙房自问。

（3）朝天门夫头徐殿杨、陈大善忍充夫头的认状，县正堂批：准认。

（4）巴县知县所发夫头执照：为给照事。本年五月初八日，据朝天门码头徐殿杨、陈大善忍充夫头前来，合行给照。为此，照给陈大善、徐殿杨收执。嗣后每逢客船装货抵岸，务须经理，散夫背运货物，交割明白，仍不时稽查外来无籍之人，毋许混行抢背客货。倘有恃横滋事者，许即扭票本县，以凭法宪。尔等亦不得勒索偏枯，致干察究不贷。毋违。须至执照者。[①]

4. 设立负责打捞的"散水摸"摸头，由县官发放在河从事打捞职业的许可照，同时令其办理打捞官船等公务；拒绝办理公务者予以斥革，并追究。一件相关档案记载：

万仁道等禀称：他们6人"充当下河水摸头"，"凡遇铜铅沉溺"，"督率散水摸打捞"。其中姚光烈"见有公事躲藏不前，倘遇客船坏船，一人钻办，有利即出，见差即躲"。如今奉县官命令"赴云万办公，蚁等刻即到案听遣"，姚光烈"躲匿不

出"，请求"赏拘责革追照，免致公事违误"。知县签发差票将
姚光烈"差唤，随带执照到案"。①

5. 利用行会对外来人口等社会事务进行管理，甚至修脚一类贱业，也
如此办理。例如，乾隆三十三年（1768年），居住四川巴县本城的孙化
成、张正達等禀称：自己是"各省良民"，"来渝与张登元同修脚生理，
设立一罗祖会，以免紊乱行规"；而张登元拒不出钱，殴打撒泼，禀请究
做。县正堂批："仰坊邻确查禀夺。"②

四川巴县还通过行帮对乞丐进行管理，设立丐头，发放执照或"签
牌"，令管理乞丐。如本城南纪厢设有丐头4人，其中一人死亡，由其他
三人"选"补；所选新丐头的基本素质是"老实，素守法纪"。③汪辉祖则
对"流丐"采取"捕逐"的政策，他在《学治臆说》则谈到"查逐流丐之
法"，说到任后"刷印小票数百番"，于点卯后颁发给负责各里催征的差
役"分发各里耆民，协保捕逐"。④

（二）行户、行会的办差责任

行户、行会取得经营某种营利性事业的权利，同时承担为官府无偿、
少偿办差的义务。例如，乾隆三十一年（1766年），四川川东道修理衙
署，所用工料均由巴县向木匠、石匠行会派办，付给工价料价。木工"需
用工匠"由木匠头熊焕章、任德福具认状承办；石料由通远坊石匠头许令
德具认状承办，"每个石墩价银三分八厘，条石每丈银三钱，石磉墩每个
一钱五分"，并负责"抬送承修安砌"。石工由石匠头陈文禄、许令德等
承办，"每新石一丈发饭食银五分；每百墩石发饭食银三钱；砌旧石一
丈，发饭食银三分"。⑤巴县木行（从事木料买卖的牙行）共5家，各有执
照，支应官差。"如遇些需小差，值月承办；倘有大差，修理各衙署需木
颇多，向着五行公办"。乾隆四十七年（1782年）修理衙署，知县票令着

① 四川省档案馆藏：清代巴县档案，嘉庆朝第8卷。
② 四川省档案馆编：《清代巴县档案汇编》（乾隆卷），第246—247页。
③ 四川省档案馆藏：清代巴县档案，嘉庆朝第71卷。
④ 汪辉祖：《学治臆说》，张廷襄编：《入幕须知五种》，第309页。
⑤ 四川省档案馆编：《清代巴县档案汇编》（乾隆卷），第323—325页。

行户王洪仁"承办大圆木二十根，大橛三十根，送辕应用"。王洪仁具禀说，"蚁实属穷牙，兼独立实难办缴"，请求"照向例票着五行公办"，取得知县批准。①巴县档案存有乾隆四十九年（1784年）各厂行领取工料钱的"领状"，择录如下：

（1）泥水匠：用工96名，工钱3072文；县批准领74工，钱2368文。

（2）杂木架户：料钱2496文，准领。

（3）瓦户：供瓦4500块，钱1080文；县批实收瓦3560块，准领钱841文。

（4）桡坝厂：料钱1656文，县批准领1104文。

（5）杂木厂：料钱5240文，准领4172文。

（6）杂粮行：粮钱1600文，准领。

（7）药材行：药材钱3472文，准领800文。

（8）石灰头：料钱3392文，准领2500文。

（9）砖窑户："借"砖力钱、水脚钱3200零，不给。

（10）棕行：料钱1560文，准领。

（11）更夫（考试用）：工钱3200文，准领。

（12）砖户料钱：2560文，准领。

（13）瓦户料钱：360文，准领。

（14）竹行：料钱400文，准领。

（15）地席头：料钱2285文，准领。

（16）灯、伞：1800余文，准领。

（17）广货行"观金银、朱花银、×××丹"等23千264文，准领。

（18）锡行7740文，准领。

以上所有给价工料，均系知县事前"恩票取"，事后再凭票给价。②有些差务或因无行会，直接派铺户承担。例如，乾隆三十一年（1766年），四川

①　四川省档案馆编：《清代巴县档案汇编》（乾隆卷），第326页。
②　四川省档案馆编：《清代巴县档案汇编》（乾隆卷），第326—330页。

川东道修理衙署，由巴县向铁货铺杨显彩派购铁料角钉。杨显彩具认状，承诺完成，"一并运送道辕"，价钱是角钉"每斤价银四分半，门斗钉每斤价银四分"，知县县正堂批"准认"。[1]

州县临时派夫派物，签发差票令差役通知厂行、夫头、匠头办理。兹录四川巴县的有关差票稿：

（1）县正堂吴　着令木匠头速办火盘架子四十个送县应用。乾隆五十四年×月初二日差李倖、宋坤。

（2）县正堂吴　着令铜铅行速办点铜锡五十斤送县应用。乾隆五十四年×月××日差徐升。

（3）县正堂吴　着令临江门夫头速拨人夫廿名赴储奇门拖狮子赴县交替。乾隆五十四年十一月初二日差×珍。[2]

有些属于州县公务范围而又不经常发生的事情（如以下资料所反映的装殓埋葬死犯和养济院死亡人员），州县不设专门机构和人员负责；遇有这类事情发生，责成商户、乡地办理，给予经济补偿。下面是巴县档案中保存的乾隆三十年（1765年）反映这类情况的两张"领状"：

（1）神仙坊木匠石敏公具领状，"遵依领得装埋死犯"四人，用棺材四口，共银1两6钱，请领。知县批：候查明给领。

（2）南纪厢厢长张维先具领状，"遵依领得装殓已死七十五岁杨氏尸身，买备棺木一口，钱320文。养济院抬埋"。知县批：准领。[3]

州县向行户摊派的差务，往往给商户造成难以承受的负担。例如，巴县本城行户屈绍祖原承领部贴二张，开设丝行，并不做绸绫买卖，"亦未应当绸差"。乾隆二十二年（1757年），因广货行绸差繁重，知县王某令将其彩绸差拨归屈绍祖丝行承担，"至各署旗帜、白绸，俱照时价发银代买"。至乾隆四十六年（1781年）四川总督莅临重庆，知县吴某令其"借办色绫作彩"，后历任县令均如此办理。"后各署有差俱要色绫，若止张

---

① 四川省档案馆编：《清代巴县档案汇编》（乾隆卷），第323页。

② 四川省档案馆藏：清代巴县档案，乾隆朝第148卷。

③ 四川省档案馆编：《清代巴县档案汇编》（乾隆卷），第241页。

挂，至多数匹，动辄要百十余匹找扎"，丝行"借银向机房现买呈缴"，"应办累极"。乾隆五十四年（1789年），丝行向上禀告，川东道批"嗣后不得取用色绫扎彩，致滋扰累"。然而"迨后日久"，各署仍"取色绫作彩旗帜"，白绸也"不照时价代买"，而令丝行取办，"每绸一两，只发价银一钱二分，不无赔累"。[1]又如，乾隆二十五年（1760年）四川巴县出奇坊、南纪坊的"炭户"杨世美等禀称：巴县"止有七门炭户"，"装炭屯卖"，"并无行贴，故无专行"。平时"七家公办铅局官炭"，此外"文官各衙门需用炭斤"，也由他们"分衙各办"。后因山木伐尽，炭价腾贵，有的炭户改行歇业，乃重议向官衙供炭办法，而有炭户不愿遵从办理，因此向知县禀控。[2]

工匠承办官府工程差务，虽给工价，但低于市价，故工匠视为负担，尽量逃避。乾隆三十一年（1766年），四川川东道修理衙署，由巴县石匠头陈文禄、许令德等承办，限一月内完工。但开工已二十多天，"所议之时匠头五十三人，承办修理止有二十余人"。石匠头陈文禄、许令德等因此上禀说"难以办理"，请求知县"差唤未到办理匠头，速赴承办"。[3]有些时候，办差厂行、匠户不能得到料价、运价。如乾隆四十七年（1782年）三月，因举办科举考试（府试？），巴县窑户谭腾辉奉到差票9张，向城内铺户借砖共5850块，"请夫挑送官船、马号、学院衙门等处，共力钱二千零"，"后装运还店，又水脚钱一千二百零"，均无人偿给。向知县禀请发给运价，知县批示却说"借用之砖块，俟考毕发，毋得屡渎"，不着边际。[4]州县利用工匠行会管理工匠，承办差务，行会匠头有责比风险，同时也可利用职权谋取私利。例如，行会承办差务工料价款由匠头统一承领，然后发给工匠，在此过程中，匠头时有克扣情事。乾隆三十一年巴县石匠行会承办川东道衙署修理，即出现这种情况。事后石厂民刘林万等禀告说：匠头许令德、方仕聪、王仲贤领票承办道宪改造衙署工料，命他们送石磴530个，条石215丈，应领价银共40两9钱零，但实际

①　四川省档案馆编：《清代巴县档案汇编》（乾隆卷），第32—33页。
②　四川省档案馆编：《清代巴县档案汇编》（乾隆卷），第259页。
③　四川省档案馆编：《清代巴县档案汇编》（乾隆卷），第325页。
④　四川省档案馆编：《清代巴县档案汇编》（乾隆卷），第328页。

上只领到铜钱13千，"余银道宪俱已发出，均被许令德三人吞蚀"，请求究追。①

州县官无偿或短价向商户派勒货物，当时称"行户当官"和"官价采买"，是清代州县行政中常见的弊病。对此田文镜指出：

> 行户当官，最为恶习……但州县衙门所有日用食物、布帛等项，往往有概不照依时估，十而予以四五者，亦有勒派取用并不发给一钱者。短给而称为官价，白用而号曰当官，以致行户赔垫，贾贩吞声。官既然喜其省钱，役亦乐夫中饱。②

当时州县官到任后，即"令号房开进阖县典当行商绸缎布店姓名单子，有无功名，是何招牌，备官拜客请酒用"③，这已成为一个惯例。州县官"官价买民物"之恶劣者，"公然出之铺户，不给以毫厘之价"，且"责其物之精粗美恶"，"令之求死不得"。有些地方甚至形成一种铺户制度，对于"本非铺户"者，"令其子若孙承当不替"。例如福建上杭县，有"供应巡漳道"之惯例，历任知县于是"借供应巡漳道名色，以恣其余之无穷取索"，进而形成野蛮无理的铺户制度：

> 巡道之执事旗帜桌帏座褥，上下铺陈，既出之铺户矣。二十年之前犹给以半价，十年之前尚有三分之一，迩来但有供应，并无价值矣。所谓铺户者，盖先年其祖若父，或经营于吴浙，或张肆于本乡，或歇宿商贾，觅有蝇头；或充当行户，分其牙用。虽多赔累诸端，尚有分毫利息，勉力支持，已觉难胜。今两广路阻，商贾难通，且向之所谓铺户者，半登鬼录，半徒他乡矣。士之子尚不恒为士，农之子亦不恒为农，而上杭之铺户，则如充问祖军。其祖若父虽死，其子若孙虽改而之他业，而铺户之名，终不可得而去也。幸而本户死绝矣，又必累及其亲枝；幸而逃之他乡矣，又必连及其姻戚……间有求情脱免，受贿更易者，亦必有一名顶替，而后有一名开除。其顶替之人，即出之开除者之口，所报者非衙门中所共垂

---

① 四川省档案馆编：《清代巴县档案汇编》（乾隆卷），第324—325页。
② 席裕福、沈师徐辑：《皇朝政典类纂》，第5055—5056页。
③ 蔡申之：《清代州县故事》，第28页。

诞之人，即彼平素所最恨之人也。一名既入簿中，千年不能更易。今日取绸缎，明日取毡绒，非嫌其色不鲜明，则怒其物之粗恶。道路即阻，又往往取邑中所绝无者以难之。求之乡绅而不得，谋之他邑而不能，差役之权，从此尊矣。非曰代尔回官受责，必曰谅情代禀收用，取一物即有一番之刁难，交一物即有一番之使费。富者求贫，贫者求死，其来非一日矣。①

为防止差役滥行向铺户摊派勒索，有些州县官层实行"照票"制度，凡县衙因公向铺户取用什物，令差役平票摊派，铺户凭票向县索价；暂借者凭票索还；不准衙役无票勒索。乾隆二十六年（1761年）八月四川巴县知县应某为实行这一制度而出示的晓谕说：

邑乃三江总汇，通省要道，凡迎官接诏以及朔望公事需用什物，难免各铺借取……有等不肖胥役，借名混取行铺货物，并票外多取，捎不给还，殊为可恨。除密察查拿外，合行出示晓谕。为此仰县行户铺店人等知悉：今本县衙门设立照票为凭，凡取用什物缴票即给原价；如系暂时借用。缴票给还原物。倘有无票借名冒取者，许即扭禀本县，以凭大法究治。如该行铺户人等传统徇隐，已经查出，定行并究不贷。

照票一式二联，一为"照票"，一为"存票"。其文字为：

巴县正堂应　为执照事。票仰　　前往　　速取

　　即刻送

县衙们应用，缴票给价。如系暂时借用，缴票给还原物。倘有衙役无票揞名冒取，许即扭禀；徇隐者一并重究。须票。

乾隆二十　年　月　日发

县　　限　　日销②

①　周亮工：《请禁苛派铺户状》，贺长龄辑：《皇朝经世文编》，第860—861页。
②　四川省档案馆藏：清代巴县档案，乾隆朝第146卷。

三、对其他经济社会事务的管理

州县官有行销官盐、稽查私贩的责任。对此黄六鸿说：（行销官盐）"本州县额引若干，每引额盐若干，合计四乡烟户若干，按每户丁口之数，与额引盐斤之数而均派之，分发四乡乡长、庄头，按户买食。"[①]对于经济领域的不合理现象，地方官有时也予以干预。例如，光绪间，山西汾阳府孝义县存在煤窑窑主对雇工野蛮对待、过分盘剥的现象，知府即札令知县予以整顿。札文说：

> 最下至窑底挖煤之夫而苦斯极矣。终日所得至多不过二三百钱，而饭食灯油之费去其大半，窑主工头又复任意剥削，饥寒不恤，疾病不问，甚或鞭扑吊打，几不复以人类待之，草菅人命，何可胜数？然揆其致此之由，则以其能结交衙蠹，贿通胥役，恃官绅为护符，而小民遂不敢过问……（颁发告示）不得私自吊拷，不得威逼关禁，不得匿报人命，不得收藏匪类，不得残忍克剥。[②]

对于社会不良习俗，地方官也有禁革的职责。兹录光绪间山西汾阳府禁革师巫和淫亵看棚告示各一则：

> 为出示严禁事。照得师巫假降邪神，为人疗病，例禁綦严。本府访闻汾阳县属多有师婆等项不法之徒，假托仙佛，妄言吉凶，诊脉开方，为人疗病；或书符禁魇，或接运禳灾，或妄称收摄灵魂，或捏说驱除狐魅，自矜其术以售其奸。愚民当生死利害之际，心神瞀乱，每为所迷。至于妇女，欺骗更易，或侈谈康宁富寿难望之福以耸动其心，或预定子女夫男未来之厄以忧恐其志，妇人崇信尤笃，一言适中，即诧为神奇；一事偶符，辄服其先见。行踪诡秘，意合情投，于是布帛衣裳，悉充焚醮；金珠钗钏，尽作供施。不知若辈虺蜴其行，溪壑其欲，稍有龃龉，更必多端挟制，亦有治疗无法，病者转因之而戕生。似此诳人钱财，误人疾病，导人于邪僻，淆人之志趋，种种匪恶，实堪痛恨……

---

① 黄六鸿：《福惠全书》，第351页。
② 朱采：《清芬阁集》，第761—768页。

除饬各州县一体严禁，暨由本府不时遣人密查，务期有犯必惩外，合亟通行示知。①

　　汾邑每逢迎神赛会、开光打斋，即行扎办看棚，大率闺房秽亵淫邪，不堪入目之事，情形生动，宛肖真人，甚至出殡之家，亦于沿途扎办看棚以饰观瞻。少年血气未定，见之易于流荡，即嫠妇鳏夫确然有守者，亦难保不意动情移，为所眩惑……（昨大南关扎办）传该社首当堂训斥，令将所拌偶像立时撤毁……今再出示与尔军民绅士人等，约嗣后禁止淫亵看棚，责成社首；禁止妇女游观，责成父母甲长夫男。②

对于民间自发组织的会社，州县官也有监督、管理的权责。例如，光绪间顺天府宝坻县尚节里民人于德全呈控本村青苗会首事借公敛钱，不公布账目。呈文说：本庄设立青苗会"雇人巡青"，"所有庄中应用并巡青一切花费钱文，俱系会首先行借垫，至麦大两秋，按地亩摊撺归款"。而本庄首事李连举、李寿春"借公苛敛分肥，并不张贴清单，使人人无凭复考"。知县乃批示将被控首事被传讯。③

---

①　朱采：《清芬阁集》，第771—772页。
②　朱采：《清芬阁集》，第779—783页。
③　中国第一历史档案馆藏：清代顺天府档案，028—3—157—137。

第六章

清代州县的财政

清代实行中央集权的财政制度，各省和府、厅、州、县均没有独立的地方财政，所谓"州县财政"，其涵义不过是"州县所经理的财政事项"。清代的州县财政制度沿自明代，国家虽有定制，但实际运作情况却与之严重背离，各地普遍存在大量的法外支出和收入。在这种情况下，清代的州县财政实际上是一种由州县官个人"大包干"的制度，朝廷只是要求州县官按定制上解钱粮入库，以及州县库存不得发生亏空，此外别无责成。这种做法，使得清代的州县财政呈现出明显的家产制和非理性特征。

第一节 州县财政的定制

一、起运存留制度

州县赋役的起运、存留制度，是当时中央集权财政体制的重要组成部分和体现，正确把握其内容，有赖于对后者的切实了解。

清代前期，不存在中央与地方之间的财政收支划分。这一时期，以地丁、漕粮（折）、耗羡、盐课、常税为主的各项收入，虽然大部分由各地官员征收，但却都是国家税，户部通过制定具体的、固定的税目、税额或税率以及缓减免政策加以集中管理。地丁等各项经由州县征收的赋税通过制定《赋税全书》，将定额落实到各省各州县，并通过实征册等册籍落实到每户每一块土地；盐课实行"按引征课"，引数、税额均由户部统一规定；各常关商税（即常税）则通过制定数十万字的《各关税则》，具体规定了每一项商品的税额和税率。除国家税收之外，各地不得另立名目征收地方税或在国家税基础上征收地方附加税。这样，就保证了一切财政收入权统归中央而地方官不得专擅。对于各种财政支出，也由户部实行定项定额管理。例如，各省布政使司掌管的起运款项被分为三部：一为留支款项，如各省兵饷等，系各省布政使司代户部经理的常例开支，项有定制，数有定额，不得变更挪用；二为京饷、协饷，各省布政使司每年于春秋两季将藩库存储银两数目报告户部，户部根据需要下达指令解部（称京饷）或拨解邻省（称协饷）；三为留储款项，即前两部之剩余，由各省藩库代部库存储，遇有本省及邻省急需时由户部批准动支拨解。由此可见，布政使司所掌各省款项，全系户部支配的国家款项而非地方款项，各省布政使司库只不过是户部银库的分库，"对于部库不啻附属品"①。至于州县留支，其解交其他官署者，系遵从户部定制；其自身开支者，其项目和数额也完全遵从户部定制，属于对国家税收的坐支。②

搞清了清代财政体制的这种中央集权性质就可以知道，在对清代赋役制度、州县财政的研究中，有些提法和做法值得商榷。例如，有论者仅仅将清代地丁上解户部的部分称为"起运"，而将州县坐支与贮存于各省藩库的部分统称为"存留"。③这种提法没有注意到，清代各省藩司的库储，就是州县起运之款；而它支放官俸、兵饷等银，系遵从定制或户部指令，性质属于国家支出，清代文献称"动支"。再者，由于各省藩库款项大量用于官俸、军饷等国家开支和按户部指令协济他省，由于各地州县存留（留支）中所包含的解交其他官署的款项多寡不一，笼统计算"地方留支"与上解中央款项（京饷）的比例，也无重要意义。对于清代州县制度研究来说，真正重要的财政问题是，州县存留（留支）中直接用于州县官衙署经费的数额变化，这种变化对州县行政有着深刻影响。有鉴于此，本书对于清代州县财政的探讨，基本局限于州县坐支经费的范围，而不将起运纳入研讨范围。至于州县解交各上司衙门款项的裁减，与后者对州县摊捐和收受陋规有关系，将从这一角度进行探讨。

清制，财政收入经由州县组织征收者为田赋、杂课杂税和地租三大项。地租为内务府旗地及其他各类官田地租；杂课杂税各地不一，主要为渔（湖）课、芦课、矿课、茶课、牙税、当税、契税、牛驴税、销盐税等项；而田赋则比较复杂，从明初至清代雍正间"摊丁入亩"，经历了一个项目归并和演变的过程。明初定制，赋役以黄册为准，"丁有役，田有租"，田租即田赋，分夏税、秋粮二季征收；田租以米麦为本色，捐、钞、银等为折色，明初有征本色为主，正统后多改折征银。役为里

---

① 山西清理财政局编：《山西藩库收支各表说明书》，宣统年间铅印本，第1页。

② 参见拙文《清代后期中央集权财政体制的瓦解》，载《近代史研究》1986年第1期。

③ 如美国学者曾小萍认为，"军费、驿传体系和地方开支"均属于"存留"，见曾小萍：《州县官的银两——18世纪中国的合理化财政改革》，董建中译，中国人民大学出版社，2005，第29页。

甲、均徭、杂泛。里甲以户计，本来只是承担催征银粮之役，而各级官府"公私所需"，也向里甲摊征。各种人力性徭役按户等金派，正统间推广"均徭法"后，或直接按丁粮数额金派，或按丁粮多寡划分户等金派。均徭分力差、银差，其"用民力者名力差"，"入银者名银差"。力差金征"正户"服役，"贴户"各照丁则出银补助，服役"正户"各照丁则取足工食；银差缴银，由官府募役。均徭之名目，主要为各衙门胥役，如皂隶、弓兵、（河泊所）巡拦、（驿站）馆夫、斋夫、库子、门子、禁卒、斗级等。随着时间推移，力差大多转为银差，而项目、数额也超出旧制。正德以后，差役繁冗，除按户丁派办之外，也按地粮派征。嘉靖、隆庆后行"一条鞭法"，里甲、均徭"量地计丁"统一编征，甚至"与两税为一"。于是，两税、丁粮和里甲、均徭"浮于岁额"的部分全部成为国家收入。清初赋役仍有田赋、有丁徭。田赋之征，雍正间实行火耗归公，称耗羡，属于田赋附加；丁徭之征，"有分三等九则者，有一条鞭征者，有丁随田派者，有丁随丁派者，即一省之内，则例各殊"，后大多"改随地派"。①至雍正间"摊丁入亩"，田赋与丁徭合一，称地丁。这样，清代的田赋就包含地丁和耗羡，也包括有漕省份之漕粮、漕折和漕项。清代州县经征的地丁、耗羡和杂课税，其去向分为二途：起运和存留。兹分述之：

（一）起运制度

"起运"制度沿自明代，是指州县将自己经手征收的本色、折色钱粮解交（或经府解交）北京、南京各部寺和本省之外的各地仓库。除正项钱粮起运外，金派于州县的各种上供物料以及属于里甲、均徭的部分役银也须解交两京和本州县之外其他地方各衙门。明代直至清初，起运项目繁冗。康熙《会典》载记载了清初沿自明代的起运项目：

> 1. 起运户部折色：包括京库金花麦折银、京库金花米折银、农桑丝折银、京库草折银、甲子库折色颜料银、丁字库折色颜料银、府部院等衙门米折银、南粮改折解北银、漕米永折银、裁扣

---

① 《大清会典（康熙朝）》卷二十三，户部七，户口；《清史稿》卷一百二十一，食货二。

各项充饷银等22项。

　　起运户部本色：颜料铜锡、芽茶、丝绵、绢布等物。

　　2. 起运礼部折色：牲口料银、药材折价银等4项；本色：药材、荐新芽茶、纸张等3项。

　　3. 起运兵部折色：会同馆马价银、草料银等5项。

　　4. 起运工部折色：四司工料加银、胖袄等银、盔甲刀箭弦翎毛折价银等10项；本色：白麻桐油鱼线胶。

　　5. 其他起运各项：起运各部滴珠铺垫扛解费银、解盐运司包补盐课银、解淮库修河米折银、协济驿站银、协济各仓买米折银、协济各仓买米、拨给本地各营兵饷银、官兵月粮、协济他省兵饷银、拨给浅船民七料银、漕运水脚轻赍芦席木板折银、运军行月二粮银、白粮经费工食银、兑军正耗米、改兑正耗米、白粮正耗春办米、运军月粮、运船水手饭米等18项。

在这些项目中，有些还分为许多细目，清初又对原属于州县开支的费用进行裁减，解部充饷，地方各地实际起运因此就更加烦琐。例如，浙江仁和县当时起运户部折色、礼部折色、工部折色、额编兵饷、裁扣兵饷、里马优免、裁官经费以及科举、历日、海事等项银两，"几及二百余款"；[①]又如，江西南昌县当时起运折色银两户部9项，礼部1项，工部12项；起运本色物料折银户部15项；起运户部改抵、扣解银两7项；各项银两之数额，多者如改抵兵饷银为2万1千余两，解户部田赋银为1万3千余两，而许多项目则只有几两，其至少者如解工部"天鹅银"仅5钱，户部"申字库柴草二斤余"折银仅7分零[②]。对于这种解运制度的烦琐，明代就有人提出批评。[③]清初也有官员指出：各州县上解钱粮"簿书至猥杂"，"款项至繁琐"，"兵饷急则解兵饷，协饷急则解协饷，漕项急则解漕项，起运各部寺钱粮急则解起运各部寺"，"军机紧急，则解军需"；结果导致"昏愚有司，任意挪移，或存留甚缓，反挪起运以给存留；或杂费无额，

---

①　袁一相：《一条鞭议》，《牧令书》卷十一，赋役。

②　光绪《南昌县志》，赋役志下，江苏古籍影印本。

③　沈榜：《宛署杂记》，北京出版社，1961，第50页。

反挪正项以充杂款"，"经承胥役乘机作弊，千变万化，莫可究诘"。这位官员建议：各州县钱粮系一条鞭征收，也应"一条鞭起解"，除盐课、驿站经费等项以外，"凡系解司钱粮，汇为一条"，统一运解。①这种改革起运钱粮会计制度的建议得到了实行。顺治元年（1644年），各起运各部寺项目"总归户部"；顺治七年（1650年），又"令各部寺分管催收"；康熙三年（1664年），改"一条鞭起解"，"一应杂项俱称地丁钱粮，作十分考成，除每年扣拨兵饷外，其余通解户部"。至康熙五十九年（1720年），废止州县将所征钱粮上解户部的制度，改为解本省布政司。雍正初，对于各省布政司所收各州县钱粮的拨解和存留又作出进一步规定：自雍正三年（1725年）开始，各直省布政司须于春秋二季造具上年所收钱粮清册报送户部，内容包括"征收何项若干，动用何项若干，现存何项若干"；户部于春秋二季根据自己掌握的各省藩库对收储情况，发出指令拨用。至年底进行"大拨"，将各省藩库"确存款项数目酌拨兵饷、俸工外，余悉令解充京饷"。雍正五年（1727年）又规定了各省藩库对收储钱粮适量留存的制度："嗣后直省钱粮，户部于每年春拨时，将各该督抚册报实存应解京饷银两内，酌量地方之远近大小，钱粮存剩之多寡，预为留存，以备该省不时之需。其酌留银两，令该督抚等公同封贮藩库，如有动用之处，该督抚题明，方准动用，户部仍于秋拨时再为酌留。""其余实存银两，仍于春秋二拨案内，悉行解部。"②至此，由各州县经征而起运各布政使司的款项被分为三部：留支、京饷协饷和留储，它们均属于由户部掌握的国家款（参见上文）。经过这种改革，起运制度趋于简单、规范，起运项目也大大减少。

（二）存留（留支）制度

清代的州县存留（留支）制度也承自明代，但进行了理性化改革。

财政中的"存留"一语，清代与明代涵义不尽相同。明代政府的财政和行政费用开支主要有两个来源：一是正项钱粮，即田租（赋），包括

---

① 袁一相：《一条鞭议》，《牧令书》卷十一，赋役。

② 《大清会典（雍正朝）》卷三十二，赋役二。

本色与折色；二是丁役，《明史·食货志》将之归纳为里甲、均徭、杂役三个部分。这两者之外，还有上供物料（被称为"贡"）、盐课、各种商税以及原本属于男女丁口食盐代价的盐钞等。经过长期演变，上供物料与里甲杂役混一，在很多地方，丁役被归并为里甲（均平）、均徭、驿传、民兵"四差"，而盐钞也被当作差役来金派。至嘉庆、隆庆后一条鞭法实行，除盐课和各种商税外，田赋和"四差"其他各种赋役均被编入条鞭。明代财政中的"存留"是正项钱粮范畴内的一个概念。明代将各州县经征的田赋本色和各种折色分为"起运"和"存留"两大部分。州县运解钱粮交南、北两京各仓库、各衙门和本省之外各官仓、各衙门、各军卫，称"起运"；州县自己经手开支和解交本省布政司管辖范围内各仓库、各衙门的钱粮，称"存留"。与正项钱粮一样，明代丁役（四差）中也包含解交本省之外的项目和用于本州县开支、本省各衙门、军卫开支的项目，它们相互混杂，分列于"四差"之下，不以"起运""存留"相区别。在这种制度下，州县经手的各种开支分别属于不同的会计科目，如院（省）、道、府、州县各级官员的俸薪银两属于秋粮起运，驿站在有些地方属于"四差"的一种而在有些地方属于秋粮起运存留，皂隶、马快、民兵等各种差役的工食银属于四差中的均徭，祭祀、礼仪、科举等各种费用属于四差中的里甲（均平）。于是，起运之外的各项州县存留支解便处于一种相互分隔的状态，不能形成一个统一、独立的体系。

　　这种情况在明后期已经开始出现改变。当时有些地区开始编造《赋役全书》，对于条鞭中的丁银（役银）也开始区分其"起运"与"存留"。例如，徽州府祁门县万历四十八年（1620年）编定《赋役全书》，对条鞭中的上供物料即区分为"起运"和"存留"，对"徭费"区分为"起运"和"存留本府支给""存留本县支给"。[①]入清后，这种趋势得到延续，对于各种起运之外存留于州县的赋役银两（以及本色粮米），开始更加合理地加以分类。康熙《大清会典》在起运之外列"存留支给庆贺表笺并赍进盘缠银"等共13项，既包括原来属于田赋"起运"的官员俸薪和驿站经费（在部分地区），也包括原来属于"四差"役银的各项州县公费开支，

---

　　① 同治《祁门县志》卷十三，食货志一。

如拜贺习仪、祭祀迎春历日、修理文庙城垣监仓、官署心红纸张、各役工食、乡饮酒礼、各种科举费用、孤贫柴布口粮、囚粮等银两和杂支银米。[①]至迟在康熙初年，各地已经通过"新编经费"的形式使得赋役银两的州县存留支解部分取得了初步独立的形态。据康熙四年（1665年）江西《抚州府志》记，该府各州县赋役除起运户部、礼部、工部和解布政司拨充兵饷及协济漕运经费外，其余均合并归类为各级官员和官署的经费，亦即州县存留支解银两。这种州县存留支解分为三个部分：

其一，"解各衙门新编经费"。主要为本县官员（知县、县丞、典史、儒学、止马市巡检）的俸薪银和各种吏役人员（吏书、门子、皂隶、马快、民壮、灯夫、看监禁卒、轿伞扇夫、库书、仓书、库子、斗级）的工食银，以及少量办公费（心红纸张、修宅家火、修理仓监、迎送上司伞扇等银）。

其二，"存留本县支给"的各项公费。包括县学廪粮银、文庙朔望香烛银、县学库子工食银、春秋祭祀银、鞭春塑造春牛芒神银、门神桃符银、春冬乡饮酒礼银、县官新任祭宴等银、县官觐费及抬册夫价银、县官应朝造费用银、岁贡酒礼和盘缠银、应试誊录生儒路费银、考试操赏银、供应过往上司使客费用银、修理置办什物家伙银、修城银、走递差马马价工料银、铺司兵工食银等。

其三，少量解布政司支用和解本府支给的银两。主要为布政司支用的科举费用和由本府支给的知府应朝路费及抬册夫价银。[②]清初有人指出：在州县经征的钱粮中，起运与存留虽然分别为二，但"存留中亦有起解之款"，"或系某衙门关提"，或系州县起解。[③]上述三类款项中，第三类就属于这种性质，第一类中有时也存在这种款项（解给本县之外其他官员薪俸等）。这类款项一般岁有定额，先作为收入起运再作为支出拨给显然不如直接在收入中坐支简便。但采取坐支的方式，它们就会与州县自身的开支相混一。因此，乾隆后也不断采取措施加以规范，将之

①　《大清会典（康熙朝）》卷二十四，户部八，赋役一。
②　康熙《抚州府志》卷六，赋役考
③　《福惠全书》，第93页。

转为起运之款，与州县存留相区分。以安徽祁门县为例：

> 该县康熙十九年《赋役全书》中编定有不属于"起运"的"本县起解外各衙门折色银"5项，即"抚院俸工额银""江宁场屋额银""会试举人盘缠额银""岁贡旗匾盘缠额银"和"时宪书额银"，至乾隆五十二年，全部"归入丁地起运项下计算考成奏销"。"经费"5项中，含"徽宁道员下编给俸银5两"一项，也于乾隆五十二年"归入丁地起运项下计算考成奏销"，经此变动，"经费"留支乃全部属于本县知县、典史、儒学学官、巡检的俸工银和办公银。留支中还有一项沿自明代的"廉惠田租银"，"原系官田办征存本县备赈"，康熙十五年将其中的46两"裁归起运充饷"，其余23两零"征给贫生之用"，至乾隆五十二年，也改为"编征银两照数解（布政）司，归入丁地起运项下计算考成奏销，应支银两照数支给"。清代驿站虽分建于各地且归州县管理，但属于国家统一系统。祁门县"驿站夫马岁需工料银"为数无多带闰仅168两零，原由县支给。自乾隆五十二年始，也改为将额征银两照数解本省布政司，"应支银两由臬司衙门具领支给"，脱离存留而纳入起运。

经过这种不断规范，至嘉靖元年（1522年）编定《赋役全书》，折色银两除起运外，存留款项全部为本州县的公费开支，包括本县官员俸工、隶役工食和文庙香烛银、本县儒学廪粮银、各项祭祀银、乡饮银和养济院孤贫衣布柴米银。[①]综合各地地方志的记载，清代的州县存留款项包括这样几类：1. 州县各官员的俸薪；2. 州县各衙门隶役的工食银，即房科书吏和皂隶、马快、民壮及门子、禁子、库子等各种吏役的津贴；3. 祭祀礼仪经费，包括用于社稷、关帝、文庙等祭祀和乡饮酒礼、春牛花鞭等活动的费用；4. 驿站经费；5. 科举经费，如廪生饩银、岁贡生花红旗匾银、新中举人进士坊仪银、新中举人会试盘费等；6. 其他开支，如养济院孤贫口粮、孝子节烈妇寿民建坊银等。此外，在各省、各府附郭首县的存留中，有时还存在支给同城省、府官员的俸薪银和隶役工食银。如光绪江西《南昌县

---

① 同治《祁门县志》卷十三，食货志一。

志》记，该县经征的钱粮除起运外，还存在"给各衙门经费"一类的支出，包括巡抚、布政使司、南昌府知府、通判、儒学教官的俸薪银和这些衙门（以及按察使司）的差役工食银。①

经过顺、康、雍、乾时期赋役制度的不断改革与规范，州县存留款项的来源也趋于单一。上文述及，明代州县各项官俸、经费的开支来源于田赋和丁役，嘉、隆后实行"一条鞭法"，作为役银的丁银与田赋合并征收，但会计科目仍然独立。清雍正年间在全国大部分地区实行"摊丁入亩"，丁银摊入地亩，与田赋合并成为一个会计科目——地丁（广义的田赋）。此后，州县存留全部来源于自己经征的地丁，对此清代典制说："凡州县经征钱粮，扣留本地支给经费，曰存留。"②一家地方志则说："人丁均入地粮矣，在官之役则留其田赋支以赡之，故数与费俱详留支。"③

二、清初州县存留经费的裁减

清代的州县存留制度沿自明代，作为一种坐支制度，其特点在于收入与支出的项目、数额相同。明代州县征收赋役，除起运、拨解之外，自己经手的开支主要有这样几个部分：官员俸薪，吏役工食，邮驿经费，祭祀、科举等办公费用，孤贫口粮等少量社会性费用。这些支出，除官员俸从国家正赋开支外，其余全部源于里甲、均徭、杂泛等徭役，项目因事而立，数额量出为入，陆续纳入定制。明代后期行"一条鞭法"，"总征均支""总收类解"，各种赋役折色项目归并为粮银与丁银两大项，合并征收，但起运和存留支解，仍保留传统的会计科目。就州县所经手的支出（支解）而言，除官员俸薪和有些地方的驿站费用来源于正项田赋外，其他完全就是以往均徭、里甲的各个项目。明代的这种州县存留支解，项目多，数额大。试举山东泰安州为例，见表6.1。

① 光绪《南昌县志》卷十一，赋役志下。

② 《大清会典事例（光绪朝）》卷一百七十，户部，田赋，存留钱粮。

③ 周家楣、缪荃孙编著：光绪《顺天府志》卷五十一，食货志三，田赋上，北京古籍出版社，1987年。

表6.1 万历三十年（1602年）山东泰安州的均徭、里甲项目

均徭银差	1. 隶役工食类：库子2名，知州、同知、判官、吏目等官柴薪皂隶11名、马夫4名，学正、训导斋夫8名，州学膳夫6名。 2. 办公费用类：祭祀银（文庙、启圣祠、二贤祠、岱庙、白龙池、社稷坛、山川坛、幽厉坛、×蜡庙、马神庙），乡饮银。 3. 科举费用类：岁贡（盘缠）银，举人车价银，进士、举人牌坊银，武举盘缠、长夫银。
均徭力差	隶役工食银：守城民壮80名，马快手8名，泉夫193名，知州、同知、判官、吏目、学正、训导、启圣祠、敬一亭、名宦祠门子12名，知州、同知、判官、吏目皂隶共29名，儒学库子1名，本州禁子12名，本州预备仓看仓夫4名，泰安巡检司弓兵24名，总铺司、各铺司司兵44名，灯夫5名；本州教官喂马银。
里甲	1. 驿站类：驿站夫马、走递青夫、走递白夫、走递马、骡银和"口办"银。 2. 办公经费类：各衙门查盘并审录处恤刑造册纸张银，表签什物银，本州各官日用心红纸札笔墨油烛银，六房日用一应呈上公文并造册、报贤否循环文册纸张、封袋、青殼等银，造报年终文册银，审编均徭油烛柴炭榜册纸张工食银，朝觐考满文册纸札并抬册夫工食银，朝觐官吏盘费银，朔望下学讲书纸札银，押囚官吏盘缠银，刷卷登答造册等项银。 3. 祭祀礼仪等费用：鞭春土牛花杖银，立春桃符、门神、公宴等银，朔望日行香纸银，惊蛰、霜降祭旗赏操等项银，各官到任祭神并酒席银。 4. 修理费用类：分巡济南道小修衙门并冬夏桌围补葺家火银，本州修理文庙坛所祭器银，本州修理衙门并新官家火桌围等项银，本州修理文庙坛所祭器银，本州修理察院各司衙门家伙、伞轿、公座围裙坐褥等银，本州修补仓监铺舍银，本州正印、佐贰、首领、教官新官到任修理宅衙家火等银，修理龙亭帐幔仪仗锦衣花帽银，修补接递伞扇银。 5. 迎送招待费用：上司使客心红纸札油烛柴炭银，上司使客廪粮下程中火小饭银，上司按临下学纸札银，上司使客卷香（箱）杠架绳席并差钱盘缠等项银，察院出巡驻扎、守巡各道及查盘理刑一时并临协济银。 6. 补贴类：派征钱粮赤日油贴银，本州各官及六房冬月炭火银，上司奖励本州正印官并儒学银，本州各官每年修葺家火、冬夏桌围等银，"款开未尽备用"银。 7. 科举费用类：岁考科举生员、童生搭棚造册、供及试卷及赏生员花红纸笔并新进生员披红彩旗等项银，岁贡生员正副盘费银，岁贡生迎贺旗匾花红酒席等银，起送会试举人公宴花红银，科举生员盘费酒席等项银，迎贺新中举人花红酒席等项银，季考生员供给并花红纸笔银。 8. 社会支出类：孤老冬衣花布并埋银。

资料来源：万历《泰安州志》，建置志，赋役。

明万历间山东泰安州的均徭银、力二差和里甲银，与后文所述清代州县存留相较，有几点明显不同的特征：其一，项目多，合计共74项；其二，数额大，合计银12149.2两，即使不将驿站银计算在内，也达6225.2两；其三，驿站银数量多，合计夫马、走递青夫、走递白夫、走递马、骡银和"口办"银，达5924两；其四，各官隶役名目多、人数多，工食标准较高。合计知州、佐贰（同知、判官）、首领官（吏目）、学官（学正、训导）所属隶役共15种（库子、柴薪皂隶、马夫、斋夫、膳夫、守城民壮、马快手、泉夫、门子、皂隶、禁子、仓夫、弓兵、铺司兵、灯夫等），人数共444名，工食银共4432.9两；其五，各种办公费名目多，数额大。共计45项，金额1178.5两。尤其值得注意的如"杂办"388两零，"款开未尽备用"150两，并无固定用途，纯属用于临时性开支和补助；再如"上司使客心红纸札油烛柴炭"60两、"上司使客廪粮下程中火小饭80两"，均数额较大，用于接待上司。这种留给州县官的机动经费或补助性开支，并非个别情况，如湖北黄冈县清初存留款中有"备用银"275两零，安徽宁国县当时的州县存留中有"公费银"240两，"备用银"250两，其他如新官到任公宴银、修理厅堂银、案衣银、官库油烛银、行香纸烛银、儒学教官马价银等，实际上也属于这种性质，可见在当时这是一种制度。[①]详列安徽宁国县的情况如下，见表6.2。

表6.2　明末清初安徽宁国县存留银项目、数额

类别	项目	数额
官吏俸薪	知县、县丞、主簿、巡检（2员）俸银，六房司吏（7名）米石折银	158.1两
差役工食	皂隶48名，本县门子14名，本县民壮162名，巡检二员所隶弓兵54名，禁子6名，柴薪皂隶9名，铺司兵59名，马丁4名，（仓廒）义官6名，儒学斋夫6名，儒学膳夫5名，儒学门斗10名，轿伞夫9名，灯笼夫10名，厨夫6名	3013两
科举经费	乡试举人、会试进士、武举、生员岁考及季考花红旗匾银，生员、岁贡、举人盘缠银，刷卷银，搭棚银	251.831两

① 光绪《黄冈县志》，赋役志，杂课税，江苏古籍影印本；顺治《宁国县志》，政事志。

续表

类别	项目	数额
祭祀经费	应朝盘缠银，乡饮银，祭祀文庙等银，春牛门神银，历日银等	163.9两
补助性办公费	公费银（240两），备用银（250两），新官到任公宴银、修理厅堂银、案衣银、官库油烛银、行香纸烛银、儒学教官马价银等	598.6666两
修理费用	修理察院、城垣、仓廒、铺陈、察院家火银	109两
公益性开支	养济院孤老衣布银21.2两，本县儒学仓粮350两	371.2两
合计		4665.6976两

资料来源：顺治《宁国县志》，政事志。

该县明末清初存留款项所呈现的特点，与泰安州基本相同（该县"公费银"240两，"备用银"250两，无固定开支用途，与泰安州的"杂办"银、"款开未尽备用"银相同）。

清初自顺治九年（1652年）至康熙初年，曾多次对州县存留的官俸、役食、公费进行裁减。光绪湖北《黄冈县志》记载了这一时期历次摘裁该县存留情况：

1. 顺治九年共裁银419两6钱。涉及项目：（1）全裁项目：知县修宅家伙银。（2）部分裁减项目：知府书办银、门子银、步快银、皂隶银、灯笼夫银、库书银、斗级银；本县吏书银、捕役银、门子银、皂隶银、民壮银、灯笼夫银、禁卒银、库书银、仓书银、库子银、斗级银、轿伞夫银；县丞书办银、门子银、皂隶银、马夫银；典史书办银、门子银、皂隶银、马夫银；巡检书办银、皂隶银；驿丞书办银、皂隶银；河泊书办银、皂隶银。

2. 顺治十二年、十四年共裁银共银1849两1钱9厘6毫。涉及项目：（1）全裁项目：布政司修宅家伙银、更换桌帷银；本县迎送伞扇银。（2）部分裁减项目：总督吏书银；抚院轿伞夫银；布政司吏书银、门子银、皂隶银、快手银、右堂吏书银；学道俸薪银；府教官膳夫银；本县俸薪银、心红纸张银；县丞俸薪银；县教官膳夫银；按察司表夫银；各巡司各属弓兵银；渡夫银；乡饮银；府学廪生银；供应银；县学廪生银；桃符银；生童试银；本县应朝盘缠银。

3. 康熙元年、二年共裁银851两1钱3分7厘3毫。涉及项目：（1）全裁项目：总督书吏银；布政司吏书银；布政司右堂吏书银；知府书办银、库书银；教官书办银；本县书吏银、库书银、仓书银；县丞书办银；典史书办银；阳逻、团风二巡检书办银；李坪、阳逻二驿丞书办银；樟松、黄汉湖官书办银；府教官学书银；县教官学书银。（2）裁减项目：府学廪银；县学廪银。

4. 康熙四年共裁银243两3钱6分。裁减项目：府教官银、门子银、草料银、斋夫银；县教官银、门子银、草料银、斋夫银。

5. 康熙五年全裁检校俸银21两1钱1分4厘。

6. 康熙二十二年裁减布政司右堂皂隶、快手银18两。

7. 康熙二十六年共裁银932两9钱3分9厘9毫。涉及项目：（1）全裁项目：布政司左堂心红纸张银；知府心红纸张银；府教官喂马银；知县心红银；修理监仓银；县学喂马银；科举银；备用银；生童试卷、给赏等银；科举生员银；本县应朝盘缠银。（2）裁减项目：修船银；预备轿伞银；对读刊录银；本县马快草料银。

8. 康熙二十七年全裁府县岁贡盘缠银45两。

以上八年共裁银4380两2钱6分8毫。[①]

何平引咸丰《平山县志》记载指出，直隶平山县顺治初年部颁存留款共6796.113689两（遇闰加银500.5328两），此后陆续裁扣5200.01457两（遇闰加银裁403.4883两），康熙二十年（1681年）后县存留银仅为1596.099两，裁扣数额为原额的76.5%。[②]这里再将江西南昌县清初裁减县存留情况列表如下，见表6.3。

表6.3　南昌县清初县存留银裁减数额表（单位：两）

类别	原额	裁减	实存	裁减%
本县各官俸薪和吏役工食	1713.632	709.472	1004.16	41.4%
各项经费	4948.41982	3585.2739	1363.14592	72.5%
驿站	6307.775	3568.175	2739.6	56.6%
合计	12969.826822	7863.9209	5106.90592	60.6%

资料来源：光绪《南昌县志》，赋役志下。

清初州县存留的裁减，具有以下结构性特点：

第一，减少了州县官员的俸薪。知县原编俸银27.49两，薪银36两，合计63.49两，裁减18.49两，存45两；县丞俸薪银原额48.202两，裁8.202两，存40两。

第二，书吏工食银全部裁革。清初地方各级衙门书吏均有工食银，数额不等。州县书吏工食的数额，各地先后或不相同。例如，康熙山东《阳信县志》记书吏工食原额为每名12.4两，后每名核减6.2两；[①]湖北《黄冈县志》、江西《南昌县志》记清初州县书吏工食裁革前为每年6两。顺治九年（1652年），地方各级衙门书吏工食银部分核减，至康熙元年（1662年）全数裁革。例如湖北黄冈县，顺治九年本县房科吏书银裁4/9，县库书、县仓书银裁1/2，县丞、典史、巡检、驿丞、河泊所书办裁1/6；至康熙元年，连同县学书办银一起彻底裁革，计裁革县衙书吏银153.6两，佐杂、教官、首领官书吏银64.8两。江西南昌县共裁革县衙吏书12名，工食银72两，库书、仓书各1名，合计工食银12两；县丞、主簿、典史、巡检书办各1名，合计工食银24两，县儒学书办1名工食银7.2两。[②]

第三，各种差役、夫役人数与工食定额减少。明代州县差役名目、人数较多，工食标准也较高，清初裁减州县存留银两，均进行了核减。

---

① 康熙《阳信县志》，田赋志。

② 光绪《黄冈县志》，赋役志，杂课税；光绪《南昌县志》，赋役志下。

表6.4 明末清初州县差役名目、数量和工食银比较

役目	万历泰安志		顺治宁国志		康熙阳信志		雍正丘县志	
	名额	工食（两）	名额	工食（两）	名额	工食（两）	名额	工食（两）
皂隶	29	205.9	48	304.8	16	99.2	16	95.6
门子	8	56.2	14	45	2	12.4	2	11.9
民壮	80	640	162	1188.6	50	310		
马快	8	160			8	138.88	8	33.9
巡司弓兵	24	172.8	54	388.8				
禁子	12	144	6	72	8	49.6	8	47.8
柴薪皂隶	12	144	9	108				
铺司兵	44	168	59	424.8				
马夫	4	160	4	160				
仓夫	4	48	4	24				
库子	2	12			4	24.8	4	23.9
灯夫	5	20	10	36	4	24.8	4	23.9
儒学斋夫	8	96	6	72				
儒学膳夫	6	60	5	60				
儒学库子	1	6	4	21.6	4	24.8	4	23.9
儒学门斗	4	24	6	43.2				
轿伞夫			9	58.2	7	43.4	7	41.8
厨夫			6	6				
泉夫	193	2316						
合计	444	4432.9	406	3013	103	727.88	53	302.7

资料来源：万历《泰安州志》，建置志，赋役；顺治《宁国县志》，政事志；康熙《阳信县志》，田赋志；雍正《丘县志》，贡赋（《丘县志》各项数字含遇闰加银数）。

表6.4虽然取材于四个不同州县，但由于州县制度出于国家规制，各地基本相同，因此可以说明明末清初州县差役名目、数目和工食银变化的

基本情况。从这一比较可以看出：整体而言，经过清初裁革，州县差役的名目、数两和工食均有明显减少；直接承担行政功能的皂隶、民壮被大量削减，弓兵全被裁革；各官的柴薪皂隶、马夫、厨夫、仓夫以及儒学的斋夫、膳夫、门斗，有闲散性质，完全裁革（铺司兵工食后归入驿站费用开支）。

第四，各种办公费用被大量裁革。从江西南昌县、直隶栾城县的情况看，州县存留中的办公经费、修理费用和迎送招待费用性质的存留被全部裁革，祭祀礼仪、科举和公益性质的支出部分裁革、裁减。见表6.5、表6.6。

表6.5　江西南昌县留县支给经费银裁减情况（单位：两）

项目		原额	裁减	实存
办公经费	觐费抬册夫价银	26.6666	26.6666	0
	应朝造册纸张、工食、绫袱等银	3	3	0
	梨板芳茨	20	20	0
	考试操练等银	340	340	0
	印刷廠经由票纸张工食银	24.8032	24.8032	0
	采办荐新茶芽扛解银	2.2	2.2	0
	府县新官上任祭门公宴银	15	15	0
祭祀礼仪	文庙朔望香烛银	1.8	0	1.8
	春秋祭祀银	177.12592	0	177.12592
	增添外县文庙等祭祀银	74	0	74
	春东乡饮酒礼银	31.38	15.686	15.694
	先农坛神祭品银	6	6	0
	鞭春塑造春牛、芒神等项银	2	2	0
	门神桃红银	2.4	2.4	0
修理费用	修理府县学宫公廨坛祠等银	35	35	0
	改编修城银	512.9699	512.9699	0
迎送招待	伺候各上司新任祭宴酒席柴炭等银	320	320	0

续表

项目		原额	裁减	实存
	供应过往上司下程中伙坐饭等银	446.9355	446.9355	0
	伺候各上司伞扇桌椅、执事家伙等银	150	150	0
科举费用	县学廪生20名廪粮银	125.28	84.52	40.76
	县岁贡酒礼银	2.5	0	2.5
	县岁贡盘缠银	25	25	0
	誊录生工食银	20	20	0
	应试生儒花红卷价酒席银	80	80	0
	鹿鸣宴牌额花亭、举人次第马牌小鹿皮箱，应试生儒盘费银	18.7467	18.7467	0
	武举会试盘缠银	40	40	0
公益支出	孤贫210名粮布银	788.4	32.4	756
合计		3291.20782	2223.3279	1067.87992

资料来源：光绪《南昌县志》，赋役志下。

表6.6 直隶栾城县存留公费银两数额（单位：两）

项目		数额
办公经费	宪书银	3
祭祀礼仪	文庙银	10
	文庙、崇圣、名宦、乡贤祠春秋二大祭银	40
	武庙三大祭祀银	40
	文昌帝君庙春秋二大祭银	26.666
	社稷、山川、风云雷雨、城隍等神二大祭银	30
	乡饮二次酒礼银	10
	朔望行香纸烛银	1
修理费用	修理龙亭银	0.5

续表

项目		数额
科举经费	贡生花红银	2.5
	会试举人盘费银	6
	本府举人坊价银	26.66667
	新中举人坊价银	26.66667
	武闱入帘公宴银	2.66667
	新中进士坊价银	33.33033
	新中武举花红旗匾银	3.33033
	新中武进士花红旗匾银	6.66667
	会试誊录手工食银	5.33333
公益性支出	孤贫45名口粮银	162
	冬衣花布银	12.52575
合计		448.85242

资料来源：道光《栾城县志》卷二，食货志，赋役。

第五，驿站费用大幅度裁减。明代驿站经费或来源于田赋，或来源于徭役，中叶以后，在有些地方与里甲、均徭、民兵并为"四差"；"一条鞭法"实行后，诸役合一，甚至赋役合一，实际上成为经制收支。清初对各地驿站经费进行了大幅度裁减，解部充饷，裁减额多达二分之一甚至三分之二以上。例如，湖北黄冈县驿站经费原额7022两零，清初裁减解部4719两零，实存2303两零，裁减比例达67.2%；南昌县经费原额6307.775两，裁减起运3568.175两，实存2739.6两，该县作为江西省首县驿站事务繁冗，而裁减比例也达56.6%。

三、清中叶后的州县存留项目与数额

清代的州县存留经顺、康间大幅度裁革后，基本稳定下来；雍正、乾隆以至晚清，虽然仍有裁革（包括随佐贰杂职官裁革而进行的裁减），但变动不大。这里根据光绪《顺天府志》对于永清县有关情况的记载，对于雍、乾以后的州县存留制度做出概括性分析，见表6.7。

表6.7　顺天府永清县州县存留银项目与数额（单位：两）

项目		本县知县衙署	本县佐杂衙署			非本县衙署	合计
			管河县丞	典史	儒学		
一．官俸		45	80（2员）	31.52	80（2员）		236.52
二．役食合计		724.56	60	30	63.733	297.6	1181.893
其中	门子	12（2名）	6（1名）	6（1名）		6（1名）	
	皂隶	60（10名）	24（4名）	24（4名）		24（4名）	
	民壮	150（25名）	24（4名）			60（10名）	
	仵作	12（2名）					
	禁子	48（8名）					
	马快	134.4（8名）				201.6（12名）	
	轿伞扇夫	42（7名）					
	斗级	24（4名）					
	库子	24（4名）					
	铺司	54（9名）					
	更夫	30（5名）					
	火夫	60（10名）					
	吹手	24（4名）					
	天坛户	31.8（5名）					
	斋宫夫	6.36（1名）					
	先农坛户	12（2名）					
	马夫		6（1名）	6（1名）		6（1名）	
	门斗				14.4（2名）		
	膳夫				13.333（2名）		
	斋夫				36（3名）		

续表

项目		本县知县衙署	本县佐杂衙署			非本县衙署	合计
			管河县丞	典史	儒学		
三. 祭礼合计		179.499					179.499
其中	修文庙	10					
	文庙祭祀	40					
	各坛祭祀	30					
	文昌庙祭祀	39.999					
	关庙祭祀	40					
	三小祭祀	10					
	朔望行香	1					
	修龙亭	0.5					
	乡饮酒礼	8					
四. 杂项合计		113.54					113.54
其中	时宪书银	3					
	廪生银	64（32名）					
	孤贫粮银	43.2（12名）					
	孤贫冬衣银	3.34（12名）					
五. 带办合计		92.981					92.981
其中	贡生花红旗匾	2.5					
	乡会试对读誊录	15.15					
	会试举人盘费	3.333					
	举人坊银	26.666					
	进士坊银	33.333					

续表

项目		本县知县衙署	本县佐杂衙署			非本县衙署	合计
			管河县丞	典史	儒学		
其中	武举花红旗匾	3.333					
	武进士花红旗匾	6.666					
	状元筵宴	2					
六. 驿站		284.94					284.94
总计		1440.52	351.253			297.6	2089.373

资料来源：光绪《顺天府志》，北京古籍出版社，1987，第1849—1851页。

这一时期的州县存留制度有以下几点值得注意：

第一，州县存留的性质系州县坐扣国家赋税，代为支放国家性支出，而不是现代意义上的地方财政收支。前文已经提到，清代督、抚、藩、臬、道、府各官的官俸，均在包括首县在内的各州县支领。永清县存留中支放的款项，也同样包含着均与本县行政无关的项目，例如石景山同知、涿州州判和北运河通判民壮工食银，（顺天府）南路厅马快工食银、北五工管河县丞皂隶、马夫、门子工食银等，都属于这种项目。这种情况是普遍的，如固安县留支银中即包括永定河道俸银105两，南路同知、永定河南岸同知、北岸同知俸银各80两，以及武清县淘河主簿民壮银18两；宁河县留支中包括顺天府、天津县、东安县主簿、青县主簿、景州州判、南皮县主簿的民壮工食银。[①]

第二，州县留支由官俸、役食、祭礼、科举、驿站以及社会性支出等6个部分组成。州县官俸银经清初裁减，知县定额为45两，知州定额为80两。养廉银制度自雍正五年（1727年）各省陆续实行，至雍正九年（1731年）成为定制，最初由州县留支，嘉庆十六年（1811年）改解各省

---

① 周家楣、缪荃孙编著：光绪《顺天府志》，北京古籍出版社，1987，第1847—1848、1877页。

藩库，州县官定期向布政使司"请领"[1]，其数额各地不等（见表6.8）。

第三，州县差役名目经裁革后，主要为皂隶、民壮、马快、门子、仵作、禁子、轿伞扇夫、斗级、库子、更夫、火夫、吹手、马夫、铺司及儒学门斗、膳夫、斋夫，工食银大部分为每人每年6两（马快连同草料银为16.8两）。

第四，州县官的有定项办公用款和无定项补助性款项全部裁革，祭祀、礼仪经费因涉及根本制度而予以保留，但数额很少。

第五，各州县因地理位置关系，驿站事务繁简不同，驿站经费存留也彼此悬殊；科举费用为"带办"，各州县存留数额或相同，但因文武举人、进士中额不同而支出有差。这些也全都凸现了州县存留的国家收支性质。

表6.8　清代州县官养廉银数额（单位：两）

省份	直隶州知州	属州知州	知县	两司、各府首领、州县佐杂
直隶			1200—600	200—31
盛京		427—281	424—135	45—31
江南	2000	1500—1200	1800—1000	200—60
安徽		1000—800	1000—600	60
江西	1400		1900—800	60
浙江		800	1800—500	80—60
福建		1200	1600—600	240—20
湖北		1000—800	1600—600	100—60
湖南	1300	900	1200—600	200—60
山东		2000—1000	2000—1000	300—60
山西	1500	1000—800	1000—800	80—60
河南	1800		2000—1000	150—60
四川		1200—600	1200—600	220—80
陕西	1000	600	600	100—60

---

[1]　周家楣、缪荃孙编著：光绪《顺天府志》，第1838页。

续表

省份	直隶州知州	属州知州	知县	两司、各府首领、州县佐杂
甘肃	800	600	600	300—60
广东		1200—600	1200—600	240—60
广西	1756	2265—705	2265—705	576—80
云南		2000—700	2000—700	400—60
贵州		800—500	800—400	300—60

资料来源：《清朝文献通考》卷四十二，国用四。

第二节　州县的法外支出

一、概说

由于州县存留制度拮据而僵死，不仅数额"奇廉"，而且不予预留丝毫机动财力——既不考虑各种因素对于留支项目开支标准的影响，也不考虑在规定项目之外必然会发生的其他开支，遂导致各州县大量必不可少的支出没有合法来源，本书称这类支出为"法外支出"。这些法外支出，本应包括房科和差班的办公费用，但这些费用书吏、差役已通过规费和勒索得到补偿，其数额也无从估算，故不予探讨。本节所谓"州县财政的法外支出"，主要指由州县官个人负责开支的费用，这可归为几类：州县衙署人员的俸薪、各上司衙门的办公经费摊派、对钱粮亏空和非常例动支的摊捐、馈赠上司的陋规和应酬款项、差务费用，以及各种办公费用支出。

二、州县衙署人员的俸薪

清代州县的官员、幕友、书吏、差役等各类人员，全都没有源于国家财政的充足俸薪保障，甚至全无俸薪。

清代的州县官虽然由国家财政支给俸薪和养廉银，但其性质并非单纯的个人劳务报酬，而主要是办公费补贴，数额很少，根本不敷开支。当时人谈有关情况说：

> 今州县廉俸，多者千两，少者五六百两，以之延请幕友，尚虑不敷，加以养父母、畜妻子，仆役之工饩，差使之往来，上

司之应酬，亲友同僚之应答，皆人情世事之所不能已者。又其莅任之初，以及交代、盘查、奏销、册报等项，由府房以至司院，各房随举一事，必有规费，准之廉俸，不啻数倍矣。况以捐款派之，一年之间，为数无定。①

（州县官）大邑廉俸仅千金，而岁费当数万缗，郡伯之例规，幕宾之修脯，驿传之供亿，贼囚之解送，其用至浩繁……②

这两段资料的内容涉及本节关于清代州县财政支出实况的各个方面，后文逐项阐述，这里仅对州县官俸廉不能"养父母，畜妻子"的问题作一分析。根据我们熟悉的一种经济学理论，现代社会的工资是"劳动力的价格"，公务员的薪酬应能"赡养身家"，但清代州县官每年的数十两俸银却不敷此项开支。这是由于：第一，在回避制度下，州县官赴任"远者万余里，近者亦不下数千里"，且须"倾家挈室"③，而上任费用国家不予负责，全由个人开支；州县官调任情况也一样，尤其是在"不通舟楫"的交通不便地方，"官员每一量移，其眷属傔从，至少亦须百十夫役"，而州县官又更调频繁，"往来之费"甚昂。④第二，清代的州县官任职需要长时期在部候选或在省候补，并无薪酬（在省候补人员有时可以通过临时性"办差"取得少量收入）。晚清官员丁日昌指出，州县官在任时抓紧聚敛，就是由这种情况所决定，他们"在省候补十数载，贫苦已极，一旦得一署事，又仅一年，于是前十数载需次之费，皆在此一年中补偿，后十数载需次之费，皆在此一年中储积"⑤。此外，州县官眷属实际上承担着某种行政功能⑥，也没有合法报酬。因此可以说，清代的州县官并没有数额合理的俸薪。

① 周镐：《上制军条陈利弊疏》，贺长龄辑：《皇朝经世文编》，第596—597页。

② 陈寿祺：《治南狱事论》，盛康辑：《皇朝经世文编续编》，《丛刊》第84辑，第2732—2733页。

③ 陈虬：《酌提羡银以济同官》，陈忠倚辑：《皇朝经世文三编》，第369页。

④ 贺长龄：《州县宜照例久任以专责成札》，邵之棠辑：《皇朝经世文统编》，第1429页。

⑤ 徐凌霄、徐一士：《凌霄一士随笔》，第992页。

⑥ 如王凤生说："署无眷属则宅门如客寓，然一切俱无检束，官一升堂拜客，仆从即无顾忌；遇公出，晚夕印匣亦难信托。"见王凤生：《理财挈要》，徐栋辑：《牧令书》卷三，持家。

州县官的幕友和家丁，其薪酬均不由州县存留列支，而由州县官个人负责开支。房科书吏工食银在康熙初年裁革后，州县也无留支；差役虽有工食，但人员定额极少，只得募用大量白役，听其"鱼肉乡民以自肥"。这些在第四章已有阐述。

三、各上司衙门的办公经费摊派

清初对于州县存留的裁减，不仅涉及州县经费，而且也涉及府、道、司、院各衙门。例如，湖北黄冈县顺、康间裁减的县存留，就包括以下各项州县上司衙门的经费：

总督书吏银180两；巡抚轿伞夫银14.4两。

布政司吏书银784.8两，皂隶、快手银46.8两，门子银4.8两，修宅家伙银48两，更换桌帷银53两，心红纸张银120两；按察司表夫银10两。

知府书办银259.2两，库书银12两，步快银19.2两，皂隶银19.2两，门子银2.4两，灯笼夫银4.8两，斗级银1.2两，心红纸张银50两。

府教官书办银7.2两，学书银7.2两，膳夫银53.3333两，门子银14.4两，斋夫银48两，供应银450两，草料银24两，喂马银12两。[①]

经这样裁减后，州县各级上司也同样经费拮据。雍正间实行"火耗归公"后，各州县耗羡除坐支州县官养廉银外，其余起运藩库，以备公用。但清政府对各省动支耗羡限制很严。各省动支库存耗羡，原分两种制度：一为"有定款无定数"者，不须奏请即可按制度动支；二为"随时动用"者，须报部奏请动用。乾隆三十三年（1768年）规定，统一按后者"划一办理"。乾隆四十八年（1783年）进一步规定：各省"如遇地方急需"动支耗羡，须"一面奏闻，一面动垫，倘有擅行动垫者，照例查参"。[②]

---

① 光绪《黄冈县志》，赋役志，起运存留。
② 《大清会典事例（嘉庆朝）》卷一百四十三，户部十六。

在这种情况下，府、道乃至藩、臬、督、抚为了解决办公经费不足的问题，往往巧立各种名目向所属州县进行摊派，久而久之，这类摊派的名目、数额渐形成定例，成为"无制之制""非法之法"。据道光三十年（1850年）直隶雄县的一件摊捐交代清册，是年各级上司对该县的37项摊捐中，包括书役等人员的饭食银11项：

　　1. "省塘拨夫工食无闰之年应摊银"97两2钱；

　　2. 臬司书吏饭食银64两；

　　3. "学宪衙门书役心红饭食银"1两7钱4分4厘；

　　4. 道府衙门更夫工食银7两；

　　5. 府学乐舞生薪水银20两；

　　6. 府宪衙门库书饭食银6两；

　　7. 本府经历司门子工食银1两5钱；

　　8. 府礼生纸笔银2两5钱；

　　9. 府宪缮书口粮银35两8钱零4厘；

　　10. "府宪招书饭食银"5两3钱；

　　11. 清苑县（首县）添设件作工食银1两。

还包括各常年办公费用16项：

　　1. 藩宪盐当规（每年170两）；

　　2. 臬宪添拨公费每年应摊20两；

　　3. 臬司摊派公费银；

　　4. 臬宪盐当规22两；

　　5. 臬宪经厅槟箱银每年应摊4两；

　　6. 司、府、县三监不敷囚粮米价银（无定额，是年56两）；

　　7. 府司狱不敷柴薪银2两9钱1分7厘；

　　8. 本府盐当规360两；

　　9. 大、宛两县道光三十年承领乡会试津贴银11两3钱4分；

　　10. 清苑县供应考棚公费银112两8钱3分；

　　11. 摊捐驿马不敷银每年12两5钱2分；

　　12. 道光三十年兵米水脚等项银50两6钱3分；

　　13. 咸丰元年领运保雄驻防兵米水脚银34两5钱；

14. 上仓脚价银9两8钱；

15. 广盈仓、铺仓脚价银；

16. 奉派采买硝斤银100两。[①]

以上合计约1111两零（不明数额者2项，不计）。

据直隶东明县地方志记载，当时各上司衙门督查州县各项公务，都要向州县摊派相关费用，成为一种常规，被称为"例差"。这部地方志记载了该县"例差"的具体项目和数额：

1. 道派：查烧锅银1两6钱，查积囤银2两4钱，查小钱银3两2钱；查盐店小钱并盐斤各8钱；查私宰1两2钱。

2. 府派：查烧锅2两6钱，查囤积2两4钱，查小钱3两2钱，查盐店小钱并盐斤各8钱，查私宰1两2钱，查盐斤8钱5分。

3. 道派春差：催钱粮银6两，查保甲3两2钱，查河道1两6钱，查监狱、田房税、驿马、捕务、班管牙贴积案、柳株、衙役、墩台、荒田、民壮、当铺，各1两2钱。

4. 道派秋差：催钱粮6两、查保甲3两2钱，查河道1两6钱，查班管积案、留养、墩台、营防、牙贴、盗窃案、柳株、窝铺、田房税、驿马、当铺、白役、荒田、监狱、民壮，各1两2钱。

5. 府派春差：催钱粮4两，查保甲3两2钱，查监狱、田房税、白役、柳株积案、驿马、硝磺、当铺、班管难民、捕务、民壮、牙贴，各1两2钱。

6. 府派秋差：催钱粮4两、查保甲3两2钱，查牙贴、白役、监狱、当铺、柳株、桥梁、民壮、留养、硝磺积案、窝铺、捕务、驿马、难民、田房税、班管、墩台、营防各1两2钱；外府委春查硝斤、秋查硝斤、捕务，各1两2钱。

7. 解省：省城贫员差费银20两，炭资6两，府委提案程仪2两4钱，藩委催钱粮8两。

[①] 中国第一历史档案馆藏：清代顺天府档案，《雄县各项摊捐交代清册》（道光三十年），028—1—16，002—03、052—092。

所有以上各项除按定额解交银两外，均须附加"随封
钱"400文（个别项附加500文或1000文）。

以上省、道、府每年定额摊派共计88项，合计银166两零，附加"随封
钱"约35缗。①这些解交各上司衙门的"例差"（还有"借差"），其实
并非真正用于办差，而不过是对候补人员的补贴。对此阎敬铭曾揭露说：
"候补人员盈千累百，各有眷口奴仆，非商非农，悉以营求差使为事。如
查驿站、烧锅小钱、缉捕，名目烦多，谓之例差；其有回籍私事他往，予
以咨追、海捕、催饷各样印札，借省川资，谓之借差"，其实"各委员并
不出省出府，遣家丁执持印札，四出向州县索取差费银，向地方折收车马
钱"。②除此之外，东明县还存在被称为"道府杂项"的上缴款项，其中
有7项也属于上司衙门公费摊派性质，即解府考棚公费银201两，交代局
公费银每月8两，府书院生童膏火并修补等项银17两5钱，道冬季会哨硝
银10两，道冬季分津贴工书饭食银2两，府冬季分刑科缮书口粮银3两2钱
余，府冬季分刑房纸张银2两，合计银331两7钱。

四、对钱粮亏空和非常例动支的摊捐

　　清代对于地丁、漕粮（折）、耗羡等正项钱粮管理严格。这一方面
表现在要求经征官员足额征收，按时上解，否则给予处分；另一方面表现
在定制支出项目少、标准低、报销严，乾隆初年定立各省耗羡章程，规定
各项地方零星用款必须"实用实销"，"每年支用总不得出范围之外"，
也"不准另请别项增添"，"常例之外，遇有兴作必须者，随时奏明动
用"。③如有任意支销以致不敷，即由有关官员赔补。这样，凡由于欠征、
欺侵、挪移和例外动支所造成的钱粮亏空，就全部由一定范围内的地方官
员"摊捐"，即摊款、捐廉赔补。

　　由非责任官员摊捐赔补各种钱粮亏空，明显不合情理，其运作也存

　　① 民国《东明县续志》，附记，县署出纳款项。
　　② 阎敬铭：《沥陈川陕差徭苦累亟宜变通恤农疏》，葛士浚辑：《皇朝经世文续编》，
第849—850页。
　　③ 《大清会典事例（光绪朝）》卷一百七十，户部，田赋，耗羡动支。

在严重弊病。因此，清廷曾下令对有些摊捐加以限制和禁止。例如，乾隆前各地遇有"地亩荒芜，粮额豁除"，其豁免部分通过扣减知府、州县、佐杂和教职官员俸工弥补，称"扣荒"，各地总额达12万两。乾隆元年（1736年）颁发上谕说："扣荒"仅仅及于低级"寒苦之员"的做法"大非情理"，著今后各省"荒缺赋银"，"于督抚司道大员及府县正印官俸工内，酌量均摊扣除"，佐杂、教职等官免除。次年，进一步规定彻底废止"扣荒"制度。又如，嘉庆四年（1799年）的一道上谕对摊扣官员养廉银的制度进行批评，说"外省遇有一切差使，及无著款项，往往议将通省官员养廉摊扣"，结果导致"上司借以勒派属员，而州县遂尔需索百姓"，谕令今后各省遇有"应办公务"，在耗羡项下备公银两中动支，"不得仍前摊扣各官养廉"。①然而，停止摊扣各官养廉银的谕令并没有真正得到执行，对于州县官的摊捐始终普遍存在。

　　清代州县官的"摊捐"，主要用于弥补以下两种款项：

　　其一，钱粮亏空。州县官钱粮亏空，不论是由于欠征还是欺侵、挪移，均首先向本人及所隶知府追赔，如不能尽数获得赔补，其"无着"款项或由继任官员分年摊补，即如当时人所说："前人侵欠，责偿后人，一人逋负，波及数任，谓之摊赔。"②例如，某年顺天府宝坻县知县刘士珍亏银1692两零，直隶藩司批令由顺天府所属各州县摊赔1200两，其余由宝坻县本县分16年摊还。③张集馨说：州县官"接前任漏卮流摊弥补名目，处处皆有"，道光间忻州知州韩宝锷病死，亏空地丁银8000余两，由后任董良承担；许某接任山西朔州知州，接亡故前任知州邹某亏空正杂款项17400余两；平鲁县知县汤某被参，亏空正杂各款2980余两，由后任"分作十年流摊"。④上文提到道光三十年（1850年）直隶雄县摊捐交代清册中的"筹补无着银量"每年摊捐64两，"筹补差案垫款、外捐、差捐等项改摊军需银两"，每年摊捐银165两，也基本属于这种性质。

　　其二，逾出定制之外的开支。各地修缮衙署、仓廒等费用，照例不

---

① 《大清会典事例（嘉庆朝）》卷一百四十三，户部十六。
② 孙鼎臣：《论四治》，盛康辑：《皇朝经世文编续编》，《丛刊》第84辑，第2482页。
③ 中国第一历史档案馆藏：清代顺天府档案，028—1—16—097。
④ 张集馨：《道咸宦海见闻录》，第48、33页。

得动支库款，一般一定范围内的官员共同摊补，称"公摊"，即如当时人所说："公事无名之费，例所不许，均之州县，谓之公捐，皆于养廉除之。"①例如，道光间山西平鲁县知县杨某到任后，即接前任宋某任内修理衙署银603两，负责摊补；②上文提到道光三十年直隶雄县摊捐交代清册中的以下款项，也属于这种性质：

1. 岁修学宪衙署工程银（自道光十八年始每年1两7钱2分）；

2. 发审局修缮银18两3钱；

3. 岁修府司狱工程银6两；

4. 前任垫修县衙大门、二门、照壁、牌楼等用银500两（自道光二十五年三月二十七日起分作六年按日分摊）；

5. 义仓岁修钱12千文。

州县官摊捐公款，责任者有一定范围，如山东各州县的"常年捐款"，"系按上中下三等之缺分分别摊派，其下缺州县向不分摊"。③由于摊捐款出自官员俸廉，故采取按任职天数负担的办法。例如，上文提到的道光三十年直隶雄县摊捐交代清册记，前任知县垫修县衙大门、二门、照壁、牌楼等用银500两，经知府批准，该县继任知县"无论正署"，自道光二十五年（1845年）三月二十七日起分作六年按日分摊；又如，同治八年（1869年）九月临榆县的一件卸任知县交代文书说：

> 该县每年应摊"道宪衙门审案委员薪水银"16两，应捐"筹补捐廉银"219两5钱1分。无闰之年按360日核算，每日应摊第一项银4分4厘4毫4丝4忽，应捐第二项银6钱9厘7毫5丝；有闰之年按390日核算，每日应摊银第一项银4分1厘2丝5忽6微，应捐第二项银5钱6分2厘8毫4丝6忽。
>
> "敕任"自同治八年正月初十日到任起至八月二十六日卸事止，计270日，应摊第一项银10两8分8厘7毫8丝8忽，应捐第二项

①　孙鼎臣：《论四治》，盛康辑：《皇朝经世文编续编》，《丛刊》第84辑，第2482页。

②　张集馨：《道咸宦海见闻录》，第33页。

③　贺长龄：《州县养廉摊扣太多请酌量变通疏》，葛士浚辑：《皇朝经世文续编》，第470页。

银138两4钱1分3厘2毫5丝。①

五、馈赠上司的陋规和应酬款项

清代地方官场上的所谓"陋规"有二义：其一，州县官浮收入己，以及长随家人、各房书吏和差役从自己的法外收入中按比例缴给州县官的银钱；其二，州县官按"潜规则"馈送各级上宪的银钱。这里所阐述的作为州县官法外支出的"陋规"系指后者。这种陋规与上文所述"办公经费摊派"不同，后者起码在形式上以某项用途为名目（如某衙门隶役工食、心红纸张银等），而陋规则只讲馈送对象，而不以开支内容为名目。此外，有时上司官员向州县摊派各种没有制度依据的差使、应酬费用，形成常规，也属于陋规。关于这种陋规大体情况，可以先看一段清末谴责小说的感性描述：

> 向来州、县衙门，凡遇过年、过节以及督、抚、藩、臬、道、府六重上司或有喜庆等事，做属员的孝敬都有一定数目；什么缺应该多少，一任任相沿下来，都不敢增减毫分。此外还有上司衙门里的幕宾，以及什么监印、文案、文武巡捕，或是年节，或是到任，应得应酬的地方，亦都有一定尺寸。至于门敬、跟敬，更是各种衙门所不能免。另外府考、院考办差，总督大阅办差，钦差过境办差；还有查驿站的委员，查地丁的委员，查钱粮的委员，查监狱的委员，重重叠叠，一时也说他不尽。诸如此类，种种开销，倘无一定而不可易的章程，将来开销起来，少则固慝人言，多则遂成为例……缺分无论大小，做账房的都有历代相传的一本秘书。②

据一些历史文献记载，清代地方官场这种上级官员"取之于属员"的陋规，"各省名目不一，或名节寿到任礼，或名季规，或名薪水，或名帮项"；"三节两寿"（春节、端午、中秋和官员、官员夫人生日）之馈赠

---

① 河北省档案馆藏：清代获鹿县档案，655—1—782、787。
② 李伯元：《官场现形记》，人民出版社，1979，第696—697页。

"谓之曰规礼"；"大数之外，以小数与其亲幸之仆人，谓之曰门包"；
"小数之外，又与其传禀之蠹役，谓之曰差仪"。官员收受陋规的情况，
"督抚尚少"，"藩司或有或无，各省不同；至臬司以致道府，无不仰给
于此"。总之，自知府以上各官"皆取之于州县，以转相馈送"。①

对于这种陋规，定制本来禁止，康熙九年（1670年）议准："官员
因事夤缘，馈送礼物，发觉之日与受者皆革职；如馈送虽未收受，不行
出首，后经发觉者，将不行出首之官罚俸一年。"②但实际上，陋规却从
来未能禁革，处于半合法状态，"规"字体现其合法性质，"陋"字体
现其非法性质。对此当时人描述说：陋规"半明半暗，不公不私，登奏
牍则力辩，而僚属相对则昌言不讳也；居局外则诋斥陋规，而及身为外
吏，则收受亦如前人也"；"上下习闻，不以为怪"，下级官员不收受，
则对上"馈送之资"无所出。因此各级官员对于陋规全都"阳禁而阴容
之"，只要"能以所得之半略上官"，就可以"横行而不败"，没有任何
风险，"历来言官弹奏者多矣，属员讦告者有矣"，但"从未闻督抚以此
劾去一人"。馈赠收受陋规一旦成为官场风气，便越演越炽，积重难返，
"卑谄州县则多送见好，贪横大吏则额外诛求，善地由少而多，瘠区由无
而有"，直至清末，州县"该管上司收受陋规，视为故常"，"各省皆
然"。而陋规之所以不能革除，一个重要原因显然就在于地方各级官员办
公经费拮据。③

据《清代州县故事》记，当时州县官到任，其管事家人即须令号房
"开进文武同寅各生日单子，名曰百寿图"，以便馈赠寿礼。④张集馨在
《道咸宦海见闻录》中的有关记载，也为我们了解清代官场陋规的情况提
供了生动、具体的事例：

---

① 黄体芳：《请分别裁定陋规以肃吏治疏》，盛康辑：《皇朝经世文编续编》，《丛刊》
第84辑，第2231页；卢锡晋：《吏议》，贺长龄辑：《皇朝经世文编》，第565页。

② 《大清会典事例（嘉庆朝）》卷七十五，吏部六十二。

③ 黄体芳：《请分别裁定陋规以肃吏治疏》，盛康辑：《皇朝经世文编续编》，《丛刊》
第84辑，第2232页；卢锡晋：《吏议》，贺长龄辑：《皇朝经世文编》，第565页；政学社印
行：《大清法规大全》，第2523页。

④ 蔡申之：《清代州县故事》，第26页。

山西宁远厅每年解朔州府"办公银"250两，"明为办公，其实陋规"，该厅则每年同时解雁平道署250两。

甘肃秦州知州的帐房，"悬粉牌一面，应酬各上司衙门若干，则表而书之"，陕甘总督乐斌、臬司明绪名下，均有标记"馈以黄物，注明收字"。

"向来（甘肃）臬司节寿"，收受五个州县的陋规，共500两；而明绪于"三节两寿"外"又添母寿二次"，收受20余下属的陋规，"每次不下数千金"。

甘肃藩司衙门"向无节寿，大缺州县馈送水礼数事，酌留一二样而已"。张集馨任甘肃藩司，李敦厚委署优缺秦州知州，他"官亏私账不下数万"，"应解司库公款极多"，因此"出省时留别四百金"给张，希冀不被追解公款。①

钦差大员也同样收受陋规，因数额巨大，地方甚至动支库款垫付。张集馨记：山西"向来钦差将次到省，首府即出具领结，赴（布政使）司请领办公银二万两"，事毕由道府出具"手信"，摊派各州县归还，"大约每次摊派俱在三五万金"；后来钦差"不肯收受盘费"，就俟其到京后"会兑送宅"。

上司官员的书吏家人，也会仗势索取贿赂，而州县官在向上司致送陋规时，也会主动惠及这些人员，"门包"即是后者收贿的一种重要形式。官员司阍收受门包在清代是普遍现象。当时定制，督抚须"封锁衙门"，"一应亲族奴仆，俱例禁出入"，同时设立中军、巡捕等人员负责稽查传禀，但实际上，各省督抚却"仍令家人传事"，"任听家人向属员恣索门包"，"盈千累万"。某新任安徽按察使谒见巡抚，阍人向他索要门包100两，此外尚有"小门包之例"，数额为门包的十分之一。这位官员感慨道："（巡抚）待本司如此，则其需索于府州县佐贰者，必更十倍于此可想见也。"各省布政使司书吏也收取陋规，"州县之得委缺者，当藩署书吏送委札到寓时，例须给以赏封，数之多寡，悉以其缺之肥瘠而定。将赴任时，又须致送利市，务餍其欲而后已。否则凡有文书上省，多抒

---

① 张集馨：《道咸宦海见闻录》，第34、225、225—226、225—227、48页。

格，必使其忤上官之意而后止。"①

民国《东明县续志》保有关于知县向上司及其幕友属吏（以及同城武官、典史等人）致送陋规的记载，这类陋规被称为"道府杂项"，其具体项目和数额是：

1. 与上级衙门来往中的礼节性陋规：到任秉见道府跟班扣喜每处1两6钱，门吏、东房、茶房每处京钱2千；道东房送宪书赏京钱500文，府差送宪书赏京钱800文，每到府一次赏京钱2000文；本县听差到府每日给京钱300文；道府公馆伺公炮手每日给饭食钱100文，打更夫饭食钱100文。以上各项按每年一次发生额计，共银3两2钱，钱15.8千文。

2. 道府"三节两寿"礼银：每次银100两，门包8两，门随8钱，道外费大钱2000文，府外费大钱3000文，合计银1088两，钱50千文。

3. 致送上司幕友、同城武官等人的"节礼"：（知府？）刑席8两，书启4两，随封钱500文；"二府"（同知）12两，随封1两2钱；臬房缺主银3两2钱；藩房缺主3两2钱；院房缺主3两2钱；清苑县执宾3两2钱；京报房3两2钱；省听差工食1两6钱；大名分府8两，随封8钱；道府刑、钱各6两，书启三四两不等；本城都司银10两，又加送冰糖、白糖各10斤，牛烛20斤（此项只年节送，端秋不送）；经制、外委各3两；典史8两；营汛并官学各10两。以上各项合计银406两8钱，钱1500文，礼品不计。②

上述三类陋规，合计每年需银1498两，钱67.3千文，其中尚不包括对于《官场现形记》中所谓"府考、院考办差，总督大阅办差，钦差过境办差""查驿站的委员，查地丁的委员，查钱粮的委员，查监狱的委员"等"重重叠叠"的临时过境官员及其属员、随从的馈赠。

咸同以后，湖北巡抚胡林翼、两江总督曾国藩、江西巡抚沈葆桢等都

---

① 徐珂编撰：《清稗类钞》，第5285、5283、5258页。
② 民国《东明县续志》，附记县署出纳款项。

曾采取改革措施，裁革、规范陋规。例如，同治元年（1862年）曾国藩、沈葆桢实行"减征丁漕""永禁捐摊"改革，新章规定：在将地丁、漕粮浮收规范化的基础上，从中提取省摊捐和各级衙门办公费；"本省各项实在需用之捐款"从每两地丁、每石漕粮中提银3钱，"司道府县办公之需"从每两地丁、每石漕粮中提银7钱；除上述提留外，"所有捐摊各名目，悉予裁停；各项陋规，概行禁革"。但实际上，"节寿等项陋规"在这次"禁革之后"仍然存在。[①]清末新政时，直隶总督袁世凯奏请令各衙门"将旧有规费责令和盘托出，化私为公，酌给公费"，清廷颁发上谕推广，令各督抚"仿照直隶奏定章程，将各项陋规一律裁革，仍酌定公费，以资办公"[②]，未及实行而清亡。

六、差务费用

清代在各地设立驿站，它们除传递公文外，另一重要职能是办理各种差务，为相关人员提供食宿、交通工具。清代大小官员因公外出，不论道路远近和随行人员多少，均准许驰驿前往。各州县每遇钦差大臣、外放各省学政和乡试主考以及本省督抚藩臬道府过境、学政按临院试、官吏递解犯人及文武举人乡试卷箱过境，均需支应官差，为之预备馆驿、伙食、车马、柴草；此外，转运军队、军械、军饷，以及按指令为路过的勤劳、死难官员提供交通服务，也需要驿站承担差务。清初各地驿站有由"州县兼理"者，有"设（驿）丞专司"者。[③]遇有"紧要差使""护送兵差之类"，驿站资源不敷办理，则"另设台站"，"或调拨营马，或筹项购买，事竣各自报销，要与县站两不相关"；康、雍、乾时期，各地驿站除地处"大镇荒堡"者外，驿丞被裁撤，改归州县管理。裁改之后，差使、官员知道州县官有权征调民力，夫马"可以调派里下"，乃违制无限苛求，差务费用急剧增加。[④]此外，一些官员因私过境，各地州县官"或畏

① 刘秉璋：《遵查江西征收丁漕疏》，葛士浚辑：《皇朝经世文续编》，第839、842页。
② 政学社印行：《大清法规大全》，第2523页。
③ 黄六鸿：《福惠全书》，第323页。
④ 王杰：《请覆实亏空变通驿站疏》，贺长龄辑：《皇朝经世文编》，第589页。

其威势"，"或迫于情面"，也使用驿站资源予以接待。有些地方，甚至"州县官之子弟亲友"乃至"家丁之丁，幕友之友"，"无不擅用差车"[①]。这些差务，所需费用数额巨大，远非驿站常年经费所能支付，而国家不予拨付，全由州县官负责筹措。

各州县的差务费用，因地理位置不同而有差异，无从估算，但数额很大。例如，陕西富平县各项差车马价并夫役口食，官员与地方定章每年支钱700串，实际开支为1380余串；学差（学政按临三年两次）、陵差（每十年一次），平均每年共提备钱299串。[②]又如，直隶获鹿县系简缺县，差务并非繁剧，但据该县《同治六年工房骡马车辆差簿》记，是年票催各村庄乡地办骡马车辆应差数量：正月29辆，二月26辆，三月办42辆，四月办33辆，五月办25辆，六月办14辆，七月办46辆，其中不少为"三套骡马大车"。其用途包括："东来银两用""东来差官用""候补府用""委员差使用""昌大人用""陆大人用""委员用""解犯官用""差官×用""解铁差使用""解银两回用""官眷用""解磺回用""西来硫磺用""德大人灵柩用"，其中以"委员用"居多。从征用到"归农"一般为4—7天，时间长者达十几天。[③]差使、官员违例铺张、随从家人需索诛求，也极大地增加了费用开支。对此有资料记载说：

> 差使一过，自馆舍铺设，以及满汉酒席，种种糜费，并有夤缘馈送之事。随从家人，有所谓抄牌礼、过站礼、站包管厨等项，名类甚繁，自数十金至数百金，多者更不可知。大概视气焰之大小，以为应酬之多寡。其他如本省之上司，及邻省之大员，往来住宿，亦需供应。其家人借势饱欲，不厌不止。

> 使臣例给马匹，轻骑简从，原无不敷……（后来乘骑之数）日增月盛，有增至数十倍者，随从多人，无可查询……火票飞驰，需车数量及十余辆者，调至数十辆百余辆不等，骡马亦然。[④]

---

① 周恒祺：《请整饬吏治疏》，盛康辑：《皇朝经世文编续编》，《丛刊》第84辑，第2376页。

② 光绪《富平县志》，经政志，杂差，成文影印本。

③ 河北省档案馆藏：清代获鹿县档案，655—1—765。

④ 王杰：《请覆实亏空变通驿站疏》，贺长龄辑：《皇朝经世文编》，第589页。

有些大差，国家虽然拨有经费，但远远不敷开支，仍需州县支给。一位官员说："每年直隶承办巡幸木兰与谒陵大差，一切桥道工程、车马支应等项，虽有经费，不敷支销。而差次费用，名目不一，有难以报销而必须使用者，名曰外销费。此项银两，向由司道派之州县，州县派之民里。"他任直隶深州知州的六个月内，"奉办之大差支应银三千两"。①

七、各种办公费用支出

征收赋税和审理词讼，是清代州县的两项主要职能，国家均无办公费拨给。其他政务，如"解犯解饷，考棚誊录，监狱仓廒，一切应办公事，需费之处，亦难悉数"，"例价"也不敷支出。②其他各种杂支经费，可通过下文获鹿县杂支账目的记载来了解。

八、法外支出的总体估算

综计上述各项没有国家财政来源的支出，各州县因缺分不同，数额也多少不等，"多者万余金，少亦不减五六千金"③，其繁剧州县，如福建之漳浦、侯官、广东之番禺、南海等州县，"每缺须用幕友四五人，每人束修至千五六百、千八九百不等"，仅仅幕友束修一项"已近巨万"④，合计其他，这种没有国家财政来源的支出或可达数万之巨。

获鹿县清代档案中存有一件《署内杂收支银账》⑤，其支出可以为我们透视这种法外支出的内容与数额。这件名为《署内杂收支银账》的档案年份不明，是一部县衙收支的流水账目，收入与支出分记，均折成钱文记账。收入部分起于三月廿五日，迄于七月十一日，共48笔；支出部分起于正月初八日，迄于七月十二日，共165笔（或为某知县在任期间

---

① 张杰：《论差徭书》，葛士浚辑：《皇朝经世文续编》，第1204页。

② 屠之甲：《敬筹直隶减差均徭疏》，葛士浚辑：《皇朝经世文续编》，第1194页。

③ 谢振定：《察吏八则》，贺长龄辑：《皇朝经世文编》，第750页。

④ 张鹏展：《请厘吏治五事疏》，贺长龄辑：《皇朝经世文编》，第739页。

⑤ 河北省档案馆藏：清代获鹿县档案，655—2—477。

的账目），称"杂支银账支钱"，反映了州县官法外公费开支和聘用幕友、馈赠陋规以及购买物品等公务用度私人开支的情况。这165笔开支合计7541千52文，可以分为以下几类：

（一）本县公费（19笔）

"解银使费"银9两，合钱7千470文；

"解地粮使费"银15两零6分，合支钱12千500文；

"解地粮使费"银23两5钱5分，合支钱19千546文；

"解兵饷使费"银9两5钱4分，合支钱7千823文；

"解八年杠箱"银2两5钱8分，合支钱2千322文；

"解六年缮书口粮"银11两6钱1分5厘；

"解七年缮书口粮"银11两6钱1分5厘；

"解八年缮书口粮"银11两6钱1分5厘；（以上三项合钱31千12文）

"解九年尊闻书院春季膏火"银23两7钱1分5厘，合支钱21千106文；

"解九年夏季尊闻书院膏火"银23两7钱1分5厘，合支钱20千632文；

"发两义学并医生春季银"18两，合支钱14千940文；

"发两义学并医生夏季银"18两，合支钱14千400文；

"兵部脚力料本年春夏二季费"银11两4钱，合支钱9千348文；

"军报本年春夏二季费银"银11两4钱，合支钱9千348文；

"奏销费"银11两2钱8分，合支钱9千250文；

"四礼生节礼"银1两9钱，合支钱1千558文；

"礼房解津贴"银3两，合支钱2千400文；

"×安租"银46两5钱，合支钱46千500文；

"协济銮仪卫夫马工料"银105两9钱5分，合支钱92千176文；

合计：银369.435两，合钱323.791千文。

（二）解上宪陋规、摊捐（13笔）

"协济马用"银200两，合支钱182千文；

"送公上"银300两，合支钱270千；

"送正定汇总×房"银28两5钱，合支钱23千655文；

"解房福×、王各太囚审公费"银7两，合支钱6千230文；

"解崔×秋审公费"银3两5钱，合支钱3千115文；

"解韩得忠囚审公费"银3两5钱，合支钱3千115文；

"司房报余米费"银49两3钱5分，合支钱40千960文；

"府房报余米费"银7两8钱，合支钱6千474文；

"本府春季工料"银39两5钱，合支钱35千155文；

"户总科规银"银11两3钱，合支钱9千266文；

"府户南科规银"银13两1钱，合支钱10千742文；

"府刑房规银"银3两7钱，合支钱3千34文；

"架阁库"银7两5钱，合支钱6千150文。

合计：银674.75两，合钱596.896千文。

（三）馈送官员、上宪幕友等礼金及受礼赏钱（47笔）

"清河（道）节礼"银100两，合支钱88千文；

"本府节礼"银100两，合支钱88千文；

"本府送礼随封"银4钱7分，合支钱385文；

"送省用"银300两，合支钱273千文；

"上京大×公捐监×老爷"银113两，合支钱101千700文；

"枭宪书院山长先生"银100两，合支钱88千文；

"司房金八爷春夏季礼"银24两9钱，合支钱20千418文；

"兵部捷报科俞先生春夏季规"银7两6钱，合支钱6千156文；

"给提塘春季报资"银14两1钱，合支钱12千408文；

"送学院曹奠分银"银11两4钱，合钱9千576文；

"京都谢老爷奠仪"银38两，合支钱31千160文；

"送正定府经厅寿分"银3两8钱，合支钱3千154文；

"府署王师爷夏季修金"银12两，合支钱10千680文；

"府署严师爷笔价"银10两5钱，合支钱9千345文；

"送前任藁城捕厅杨老爷"银3两8钱，合支钱3千116文；

"门包"银11两3钱，合支钱9千266文；

"外费"银3两，合支钱2千460文；

"门包"银7两5钱2分，合支钱6千166文；

"补良乡县吕师爷八年冬季报资"银11两4钱，合支钱9千234文；

"给原任宁津张捕厅"银1两9钱，合支钱1千539文；

"送武大人驼轿四乘"银28两，合支钱24千360文；

"补还买×不敷银，系保定府贺礼"银2两3钱，合支钱2千1文；

"送五云堂书价"（当系购礼品）银84两6钱，合支钱76千140文；

"送古画楼田二爷磁铜画价先付"（当系购礼品）银84两6钱，合支钱76千140文；

"送古画楼田二爷鼻烟价"（当系购礼品）银41两8钱，合支钱34千694文；

"打金器×工银壶×工粮"（当系礼品开支）银9两6钱，合支钱8千448文；

"十方院送寿礼"银1两9钱，合支钱1千520文；

"藁城马快送礼"（赏金）银6两4钱，合支钱5千760文；

"捕厅沈官太太送土仪"（赏金）银3钱，合支钱252文；

"沈老爷送节礼"（赏金）4钱8分，合支钱390文；

"沈老爷送礼"（赏金）银3钱，合支钱246文；

"太爷在府本府送壶烟赏"银3两4钱，合支钱2千788文；

"蔡大人送羊皮挂赏"银7两4钱5分，合支钱6千109文；

"冯盐店送春夏规赏"银1两3钱，合支钱1千131文；

"赏本府家人"银11两3钱，合支钱9千40文；

"赏吕太爷家人"银2两4钱，合支钱1千968文；

"本府差人送烟户赏"银2两零2分，合支钱1千636文；

"孟盐送春季规赏"银4两7钱，合支钱4千42文；

"沈老爷送寿礼赏"银5钱，合支钱400文；

"道宪送寿礼"（赏金）银1两9钱，合支钱1千520文；

"候补县吕太爷"（赏金）银1两9钱，合支钱1千520文；

"跟吕太爷家人"（赏金）银1两9钱，合支钱1千520文；

"正定戴老爷来人"（赏金）银3两8钱，合支钱3千40文；

"本府差人送寿礼赏"银11两3钱，合支钱9千40文；

"本府门上送寿礼赏"银15两1钱，合支钱12千80文；

"藁城刘太爷送寿礼赏"银3两8钱，合支钱3千40文；

"厅差差送寿礼赏"银3两8钱，合支钱3千40文。

合计：银1233.14两，合钱1065.712千文。

（四）幕友等束修（13笔）

"本府荐书院掌教聘仪"银4两，合支钱3千600文；

"试用杜老爷"银1两9钱，合支钱1千577文；

"夏师爷修金"粮银250两，合支钱227千500文；

"杜师爷支修金"银60两，合支钱54千文；

"本道并书院山长王师爷修金"银60两，合支钱53千400文；

"范师爷修金"银30两，合支钱27千；

（范师爷修金）银30两，合支钱27千；

（范师爷修金）银40两，合支钱35千600文；

"邬师爷束修"银30两，合支钱26千700文；

"六位师爷节礼"银14两，合支钱12千460文；

"廉师爷老太太奠分"银11两3钱，合支钱9千266文；

"杜先生束修"银30两，合支钱26千100文；

"范师爷支束修钱"16千300文。

合计银：541.2两（不含"范师爷支束修钱"16.3千文），合钱520.503千文。

（五）生活开支（18笔）

"送风鉴先生"银7两6钱，合钱6千384文；

"省中买海菜用"银19两8钱，合支钱17千820文；

"阿胶大名郡"银9两8钱5分，合钱8千765文；

"赏戏班"银5两7钱，合支钱5千73文；

"找发陈裁缝上年工食"银13两3钱，合支钱11千837文；

"先生上馆赀"银3两4钱，合支钱2千788文；

"找付陈裁缝本年工食"银12两4钱5分，合支钱10千956文；

"买青骝马用"银20两，合支钱17千400文；

"差役上郑家口运酒"银40两，合支钱35千200文；

"差役上省买海菜等物"银39两6钱，合支钱34千848文；

"上山西买榆次西瓜"银15两，合支钱13千50文；

"省城买纱"宅支纹银15两8钱4分，合支钱13千939文；

"还省城补买海菜用"银9钱9分，合支钱861文；

"大老爷还送谢二爷锦价"银3两8钱，合支钱3千306文；

"送先生元卷"银3两1钱6分，合支钱2千528文；

"赏戏上"银3两8钱，合支钱3千40文；

"托高掌柜买高丽参"银9两4钱，合支钱8千178文；

"二相公带京买燕窝"银30两零5分，合支钱24千400文。

合计：银253.74两，合钱220.823千文。

（六）**还借款（7笔）**

"还盐店"银400两，合支钱360千文；

"托霸州顾太爷代还价，差役专送"银304两，合支钱273千600文；

"托霸州顾太爷代还三九堂差上借用"银298两5钱，合支钱271千635文；

"取绸缎贷市平元银223两，折实发银200两"，"托代买×州除付找发市平元银89两，二宗共银289两，合钱231千200文"；

"还八年供钱铺钱"钱2800文；

"还粮行"支钱200吊。

合计：银1291.5两（不含最后两项），合1339.235千文。

（七）亲属、家人用项（15笔）

"刘升赴平泉州盘费"银10两，合支钱8千900文；

"托二爷家人盘费"银5两7钱，合支钱4千788文；

"找付托二老爷家人"银13两3钱，合支钱11千172文；

"送乔大少爷"银95两，合支钱85千500文；

"贾五爷处二位少爷馆上月费"银76两，合支钱68千400文；

"补还正月廿四日给谢二老爷"银150两8钱9分，合支钱137千310文；

"大少爷伴×赏"银11两4钱，合支钱9千348文；

"贴吴大老爷处盘费"银3两8钱，合支钱3千116文；

"送京施家胡同孟二爷"银3两8钱，合支钱3千116文；

"送李培珠少爷"银5两6钱4分，合支钱4千625文；

"吴姑爷用"银15两，合支钱13千350文；

"谢二爷用"银2两2钱5分，合支钱1千845文；

"二相（公）赴京盘费"宅支纹银50两，合支钱43千500文；

"冯九爷上府带"银19两，合支钱16千720文；

"张二爷支"钱45千文。

合计：银两461.78两（不含最后一项），合钱456.69千文。

（八）官员用款（2笔）

"老爷赴府零用"银13两9钱7分，合钱11千735文；

"老爷上府用"银15两5钱，合支钱13千950文。

合计：银两29.47两，合钱25.685千文。

（九）支应上宪差事（10笔）

"本府委员陈查柳株"银3两8钱，合支钱3千154文；

"额侯公馆小费"银13两8钱7分，合支钱11千512文；

"藩宪委员催地粮"银3两零4分，合支钱2千523文；

"本府委员孙催兵饷"银2两2钱6分，合支钱1千876文；

"委员吕太爷催安租"银11两4钱，合支钱9千462文；

"送委员叶老爷催地粮"银3两零4分，合支钱2千493文；

"本府委员白老爷送秋审犯人"银3两，合支钱2千460文；

"本道委候补县黄查蝻孽用"银11两4钱，合支钱9千120文；

"补正月日差上用"宅支粮银600两，合支钱552千文；

"藩宪委员从九吴催兵"银3两9分，合支钱2千472文。

合计：银两654.9两，合钱597.072千文。

（十）不明用途开支（21笔）

"纹银200两，合支钱180千文"；

"粮银500两，合支钱455千文"；

"纹银12两，合支钱10千800文"；

"喇嘛羊双米面银"银1两9钱，合支钱1千710文；

"元银15两2钱，合支钱12千616文"；

"赴平定铸点用"银5两，合支钱4千500文；

"赴山西河底锁铸云牌"银30两，合支钱26千700文；

"纹银188两8钱，合支钱168千32文"；

"四月廿四日用"银102两，合支钱91千800文；

"给保天元西贷张"银15两，合支钱13千500文；

"粮银137两，合支钱126千40文"；

"粮银293两，合支钱269千560文"；

"纹银184两2钱5分，合支钱167千667文"；

"银571两5钱1分，合支钱514千359文"；

"粮银200两，合支钱184千文"；

"候捕县喻太爷"银100两，合支钱87千文；

"银15两，合支钱13千50文"；

"给天锦号"银15两，合支钱12千文；

"银300两，合支钱258千文"；

"钱37千200文"；

"支钱86千320文"。

合计：银两2885.66两（不含最后两项），合钱2725.452千文。

通过这一"杂支"透视清代州县没有合法财政来源的支出，还须指出以下几个情况：

第一，获鹿县是"一字（冲）简缺"，奏销钱粮只有11973千943文（据该账簿），其法外支出数额当属偏少者，而半年零4天共支出银8395.575两，又钱387.62千文；减去还账银1291.5两、钱202.8千文，实支银7104.075两、钱184.82千文；据此计算，一年支出合银当在15000两。

第二，账目中列"清河（道）节礼"100两、"本府节礼"银100两，这一数目与前引《东明县续志》所记道府"三节两寿"礼银每次100两相符。账簿虽然未列道、府"两寿"礼银数目（当因这一时段道、府未过寿），但寿礼数额也应为每次100两。支持这一点的另一个证据是：该账簿记知府"门上"给获鹿知县送寿礼一次，后者给予赏银15两1钱，礼银数额必大于此；而知县给道、府的寿礼数额肯定更大。在该账簿记账时段内（正月初八日至于七月十二日），仅有端午节一个节日，春节、中秋均不在这一时段之内，是全年还须另外开支府道节礼400两、寿礼400两。

第三，征收钱粮和审理词讼所需经费，均通过收取规费解决，故这一账簿中没有这类开支。如统一将这类开支计算在内，州县法外支出当更大。

第三节　州县的法外收入

一、概说

清代州县也存在大量不符合定制的法外收入，用以支付数额巨大的法外支出。这些法外收入，本应包括房科和差班的在办理各种公务过程中收取的规费，但这种规费部分用于办公费用开支，其数额也无从估算，故不作深入探讨。本节所谓"州县财政的法外收入"，主要指由可由州县官个人支配的收入。民国《广平县志》说，清代"知县因薪俸养廉不足自赡……则攫取火耗、平余、差徭、陋规为挹注，年约数千两"①。而据本书研究，数额往往要大得多。这些法外收入可归为几类：田赋浮收、杂税瞒报、差徭和陋规。

二、田赋浮收

清代征收的各种赋税，其数额最为稳定、机制最为健全就是田赋，地丁和漕粮的浮收因此也就成为州县法外收入中最主要的一项。

清代田赋征收在雍正年间实行"耗羡归公"后，各地仍不断在倾熔、火耗、平余、办公、书差、耗银等名目下出台新的浮收。这种浮收一般通过三种方式进行：其一，直接规定地丁每两、漕粮每石的浮收额。其二，通过提高银钱比价多征。地丁、耗羡、漕折、漕项以银两为计税单位，而民间缴

---

① 民国《广宗县志》，法制略。

纳大多以钱折银，"其价目悉听官府操纵，民间不敢过问"。在有的地方，光绪末年每银一两市价为制钱一千，"而征收地粮由官府定价每两至制钱一千六七百文不等"。其三，在征收过程中，"遇有地粮畸零者，征收时逢厘作分"。①以上三种形式的附加，往往同时实行。例如，山西孝义县征收钱粮，无论赋额多少，一概加征35%，此外"再加平色"，几乎附加40%。此外赋额7钱以上者为"大串"，"见厘成分"，在此基础上按附加35%缴纳；赋额7钱以下为"小串"，"见厘成分"，在此基础上按附加20%缴纳，此外再加1钱"火串"。例如，有"小串"花户赋银为1厘者，其1厘赋银"见厘成分"变为1分；以此为基础再附加20%，合计1分2厘；然后再次"见厘成分"，变为2分；此外加1钱"火串"，结果"一厘钱粮并索火串，非一钱二分不能清完"，实际征收额增为定额的120倍。②

各地征收田赋附加的形式不一。例如，江西地丁每两连同耗羡定制完解1两1钱，漕米每石完解1两3钱，但在同治初年"改章"以前，"地丁每两征银一两七八钱，征钱三千数百文；漕米每石折支钱七八千或银七八两不等"。③山东地丁"加耗"，每银1钱加耗1分4厘，而漕米加耗较重，重者每1斗加1斗8升，轻者加1斗4升。④广东州县的主要田赋附加是"兵米"，即对兵米实行折征，"地方官代为买谷碾支"，所余即为州县法外收入。⑤

至于清代地丁、耗羡的浮收率究竟为多少，当因时因地而异。直隶获鹿县的《署内杂收支银账》记该县收入中有4类当为正项钱粮，合计18474.873千文，而"入奏"支钱11973千943文，浮出6500.93千文，浮收率为54.3%；⑥上文所述同治前江西的情况，地丁浮收率为59.1%（实征数按1.75两计），漕米浮收率为576.9%（每石实征数按7.5两计）。

---

①　民国《广宗县志》，财政略。

②　朱采：《清芬阁集》，第853—856页。

③　刘秉璋：《遵查江西征收丁漕疏》，葛士浚辑：《皇朝经世文续编》，第839、842页。

④　包世臣：《山东东西司事宜条略》，盛康辑：《皇朝经世文编续编》，《丛刊》第84辑，第2017—2018页。

⑤　伍承乔编：《清代吏治丛谈》，第437—438页。

⑥　河北省档案馆藏：清代获鹿县档案，655—2—477。

1914年，北洋政府财政部令田赋改两征元，在取消耗羡及各种陋规的同时，一两之赋改征银元2元3角，折合库平银1两6钱5分6厘。据此我们大致可以认为，如果整体估算清代地丁、耗羡的浮收率，当不会少于40%。除浮收外，清代州县官还可以通过以丰报荒形式浮收田赋。①

三、杂税瞒报

清代杂税主要为田房契税、牙税、当税、牲畜税等，由州县征收，数额无常，按规定实行"随征随解""尽征尽解"，即全部上解藩库。但清中央政府对这类税收缺乏有效的会计监督手段，各省对州县也无从建立严格的管理制度。清初官员黄六鸿说：大县田房交易无日无之，"日以百金计，岁即数万，计税银当不下千金"，但各州县"一年报税，竟尔寥寥"；②张集馨记道咸时期福建的有关情况说，各州县所收契税银两，"并不解司，随收随用，如应得陋规一般，即严提勒催，而解不如数，及至交卸，后任推脱前任未曾交出，而前任又称交代尚有盈余，互相推诿"；一些州县"只管请领司尾，并不将税契银两批解，亦有数年不请司尾地方，前之请者是否粘完，并不见只字申复"。他任布政使后，"分饬委员驰赴各属，严提欠课；并派员会同州县认真查办"，闽清县"甫及一月已征千金"，但县令谢翊南"抗不申解，禀称兵差动用"，而前任布政使裕某也认为"税契不必催解，自应准其动用"。③

在这种情况下，许多地方对杂税实际上实行定额管理。例如，湖北黄冈县牙贴税初定额478两（牙户478户，每户每年1两），后减为308两3钱，同治十二年（1873年）又减为200两5钱5分；当税85两（当铺17座，每座每年5两）；田房税"原无定额"，后定额银43两6钱；驴税银"尽征尽解，原无定额"；销盐税原额483两（额销盐引24150引，每引纳税银2分，商人交纳），但实际上"每年行销原无

---

① 胡林翼说，湖北"积年以来，每遇歉岁，官吏私收，而恩旨蠲缓者，实惠不及于民"。（葛士浚辑：《皇朝经世文续编》，第476页）

② 黄六鸿：《福惠全书》，第99页。

③ 张集馨：《道咸宦海见闻录》，第289页。

一定"。^①雍正直隶《丘县志》载该县杂税定额，牛驴抽税银4两，牙杂税银8两2钱，当税银15两，"额外课程银"36两7钱7分2毫1丝零。^②需要注意的是，各地杂税定额一般较实际征收额要低许多。如直隶定州每年实征杂税银数百两、钱五六千缗，而"每岁上解者，约在四百余两上下，其赢余则为州牧以下分润"^③；四川各州县在田房契税征收中普遍存在所谓"炮税"的做法，即州县官行在即将卸任时，对田房契税实行突击性减额征收，有人记载有关情况说："官将去任，减价勒税，名曰'放炮'。繁剧地方，放炮一次，可得万金，或五七千金不等。官累重者，日放谣言，云将去任，减价催税；差役又遍乡里传知，百姓贪图小利，纷纷投税，其实并无去任之说，名曰'太平炮'。又有新官甫经到任，亦减价催税，名曰'倒炮'。"^④一家地方志也记载说，每次炮税"买业者争于减价时投税，数日之内，业价或至六七十万，官之所得可及万余两，宦场谓之'收庄稼'"^⑤。前文已经述，清代州县"牙户"（行户）须向官府定额缴纳银钱以换取牙贴，州县官通过验贴也可以从牙户身上取得相当可观的收入。例如刘衡说："巴县向有行户验贴之旧例，每次可得三四千金"。^⑥

在有些州县，杂税是州县官的重要法外收入。如山东无漕州县，办公费用主要取自"集头规费及落地税"等；^⑦四川三台县清代契税也数额不菲，"地方官之收入独以此为正项"。^⑧

四、差徭

清代实行募役制度，役银随地丁编征，无论职役夫役皆由官金募，支

---

① 光绪《黄冈县志》，赋役志，杂课税。

② 雍正《丘县志》，贡赋，线装书局影印本。

③ 民国《定县志》，政典制，赋役篇中，成文影印本。

④ 张集馨：《道咸宦海见闻录》，第116页。

⑤ 民国《三台县志》，食货志，田赋。

⑥ 刘衡：《蜀僚问答》，盛康辑：《皇朝经世文编续编》，《丛刊》第84辑，第2609页。

⑦ 包世臣：《山东东西司事宜条略》，盛康辑：《皇朝经世文编续编》，《丛刊》第84辑，第2018页。

⑧ 民国《三台县志》，食货志，田赋。

给工食，民户除交纳地丁后本不应再有其他任何徭役。然而每遇临时兴作或事故，所需人力、物料和经费，各州县往往仍向民间摊征，久而久之遂成为一项固定收入，称"差徭"，北方地区尤重。^①各地差徭有类别之分，如直隶地处京畿地区，每年承办春季谒陵与秋季春秋巡幸木兰两项大差；河南新安县地当陕豫交通要道，差务沉重，有兵差、流差、杂差之分，兵差服务于军队移营换防及采购军械、装运勇饷，流差服务于使节、官员往来差遣，杂差缴纳为驿马草料。各类差徭均有项目之分，少则几项，多则几十项，以夫役、车马、柴草等最为普遍，如直隶宁晋县差徭二十余项，包括：

> 岁试考棚、科试考棚、三年大修考棚、起解地粮鞘车、递解人犯车、学宪起马车、接送官眷车马、赴京差车、赴省差车、邻封差车、赴乡零用差车、马蹄草束、署内秫秸、修理衙署土坯麦秸、监狱枣茨、酹神演戏台板、修理监墙工程、署内打盖凉棚苇箔、晾仓风车跳板、武营杂费、捕厅杂费、各房规费、铺堂席、保禁卒规费等。^②

在许多地方，差徭最初系按差事征派人夫、车马、物料、钱文，后来大多征收银钱；其金征"有按牛驴派者，有按村庄派者，有按牌甲户口科者，间亦有按地亩者"^③。而其他各种记载表明，各地差徭大多征收制钱，各州县且形成了自己常年不变的定额，少则数千缗，多则数万缗。例如，直隶东明县差徭每年额征制钱5000缗有零，威县每年额征制钱12595缗，望都县每年额征制钱13237缗，广宗县全县每年额征制钱2万余缗，宁晋县每年额征制钱16716缗余，徐水县每年额征京制钱10425缗余。^④光绪八年（1882年），张之洞任山西巡抚后奏请整顿差徭，言该省"向例每县所派

---

① 如陕西洛川县差徭起源于乾隆二十年裁汰驿丞，"尔时军事旁午，差务殷繁，故按地摊征粮，留作支应差务之用"，每地丁一两征钱200文，合计征钱1697串393文。见民国《洛川县志》，财政志，成文影印本。

② 伊承熙等修：民国《宁晋县志》，赋役志，成文影印本。

③ 《清史稿》卷一百二十一，食货志二。

④ 民国《东明县续志》，田赋志上；民国《威县志》，政事志，财政，成文影印本；民国《望都县志》，建置志，交通，成文影印本；民国《广宗县志》，财政略；民国《宁晋县志》，赋役志；民国《徐水县志》，政治记，财政，成文影印本。

差钱，大县制钱五六万缗，小县亦万缗不等"①。

差徭名义上是支应差使、差事，而州县衙署有时也借此名义向农工商各业民人摊派衙署日用钱物。例如，河南新安县的"杂差"，除向全县乡地组织52牌摊派驿马草料钱外，还向其他行业摊派其他各种物品：

> 粮行交马每年300石，油坊每月支油400斤，碗窑每年支碗千只，肉肆每月出肉100（部分折钱），"城北十牌倚邙山而居，民业烧煤"，每年各纳窑口钱800余千，新令莅任加纳400千；乡地52牌每年支"正票"煤车480辆，"句票"240辆，"摊票"120辆，每辆折钱二千、三千不等；牙行每年出官骡折银240两，新令莅任加240两，夏季支凉棚杆数百根，冬季支木炭万余斤，句炭、摊炭、年炭无定数，每5天供给鸡20只、鸭4只，每只折钱700余文，每逢过差出木槽、铡子、床椅、器皿各数十。

当时人指出，这种摊派实际上是"衙署内外起居日用，无一非取之于民，而又实用一分，出票多至四五分；差役下乡，又多逾分，诛求刻下"，导致"各铺闻风不敢复业"。②

差徭折钱征派，构成了清代州县的一项重要法外收入，除用于差务，相当大一部分为州县官、幕友、家丁、书吏、差役及经手士绅、乡保所中饱。例如，河南新安县同治十二年（1873年）后兵差"改胥办为绅办"，但除了兵差局员绅"舞弊侵渔外"，每年还要按定规向县署交纳钱文，以弥补幕友、家丁经手差徭时的中饱，其中"稿案、签稿、钱粮、杂务诸门曹"各66千文，"用印"17千文，"执贴"18千文，"跟班"48千文，合计347千文。③咸丰《邓川州志》说，该县差徭各里甲缴钱后，每遇差事，"奸胥玩法渔利，仍索地方应役"，或"捏称先期垫办，妄向乡约折价取盈"。④民国《西华县志》说，该县差徭"大概用一取十，利归中饱"，"归署内者不过十分之一二，蚀于书差者十之三四，而劣绅恶保则侵吞十

---

① 《清史稿》卷一百二十一，食货志二。
② 熊祖诒：《上当事书》，葛士浚辑：《皇朝经世文续编》，第854页。
③ 熊祖诒：《上当事书》，葛士浚辑：《皇朝经世文续编》，第853页。
④ 咸丰《邓川州志》，赋役志，值日，成文影印本。

之四五"。①道光间直隶省布政使张杰说，该省"杂差"所征用的米车、煤车、酒车、委员过境车、递解人犯车、委员过境及递解人犯车等，每辆市价仅用钱700文，但各州县向民间派征，令每辆出钱14千文，绝大部分被官吏、差役等人中饱。②

五、陋规

清代文献中谈到的州县官"陋规"，广义地讲，系指一切没有制度依据但又有传统成规的收入（黄六鸿说"陋规"系"地方历来之成例，而非自我创始者"），其中包括上文所述的平余、杂税瞒报和差徭。除这三者之外，清代州县官吏、差役人等在办理公务过程中，还收受其他陋规，其主要门类有：

1. 在诉讼、刑罚、治安事务各环节收取的费用。清代州县以正印官审理诉讼，以典史和同城绿营武官负责捕盗，书吏、差役则参与这些事务的办理。然而，州县办理这些事务却没有经费（六房书吏且连工食银也无之），全靠向有关当事人收取规费。刘衡说，州县官陋规有"牵涉讼案者"，"如命案夫马钱，两造出结钱，代书戳记钱，及坐堂礼之类"。③由于收取这类陋规"合法"，官员、吏胥因此可以乘机大肆敲诈勒索，祸及当事人邻里乃至一方社会。对此有地方志记载说："人命案发，办案公费一切责之地方，派及邻里，吏役借以需索，牵连数十家，曰办地邻；盗案获送延搁时日，民咸苦之。"④"以命盗案件厂费、解费无着，率板放渺不相干之邻人以垫赔之，官亦知其弊而不能革。凡富而愿者，常罹此苦，故有老邻人之名目；且虽距数百里而不能免，故又有飞邻之名目。"⑤

咸丰末，四川总督骆秉章通饬四川各州县设立"三费局"，统一支缴刑罚、治安收费，目的即在于规范这类陋规以减少官员、吏胥的勒索。所

---

①　民国《西华县续志》，财政志，差徭。

②　张杰：《论差徭书》，葛士浚辑：《皇朝经世文续编》，第1205页。

③　刘衡：《蜀僚问答》，盛康辑：《皇朝经世文编续编》，《丛刊》第84辑，第2609页。

④　民国《南川县志》，建置志，局所，成文影印本。

⑤　民国《宣汉县志》，营建志，城廨。

谓"三费",一说是"命盗重案吏役相验、招解、缉捕等费"(民国《南川县志》);一说是"厂费、解费、厅费",即给予州县房科、差班和典史的规费(民国《宣汉县志》)。"三费局"的运作方式是:地方社会通过契税附加等方式筹措款项,设局经理,置买产业,以其租息统一支付本邑"三费"。如南川县于同治九年(1870年)办理"三费局",一方面支缴"三事各费",同时津贴典史"捕盗月钱"20千,绿营汛官"拿匪月钱"15千,"卡犯粥食每日两次"。[①]光绪三年(1877年),梁山县在筹办"三费局"的同时,仿照邻县颁发制定《三费章程》和《书役条规》,其中具体规定了诉讼案件办理过程中付给内衙、书吏、差役的规费标准,其数额较以往应已大为减少,人们可以以此为窗口透视清代诉讼规费的项目与数额。详见表6.9。

表6.9　四川梁山县《书役条规》所载诉讼规费项目与数额(单位:钱文)

收费环节	内衙	房科	差役	代书	合计
讼案送审	原告1200 被告1600				2800
两造和息	原告2000 被告2000	原告500 被告500			5000
词讼批准 出票	铺堂费:原告200,被告200		原告2000 被告3000		5400
案件复审			原告600 被告1000		1600
两班差役合办 词讼案件	铺堂费:原告200,被告200		原告3000 被告5000		8400
差役 下乡传案			差役2名,每名每日两造各给100,以80里为一日,往返不得超过5日。		
刑房开单 送审		原告1200 被告1200			2400

①　民国《南川县志》,建置志,局所。

续表

收费环节	内衙	房科	差役	代书	合计
刑房开单复审		原告240 被告240			480
七房共同开单送审		原告1000 被告1000			2000
七房共同开单复审		原告240 被告240			480
审讯添唤添质		每名150			
词讼结案具结		原告534 被告534			1068
代书写呈	120	340		120	580
勘坟界址等案（50里内）		原告750 被告1250	原告450 被告750		3200
勘坟界址等案（80里外）		原被告共3000	原被告共1600		4600

据：光绪《梁山县志》，建置志，公所，成文影印本。

2. 佥点乡役、县役、书吏等人员，无论谋充、避充，均须向州县缴纳陋规。如雍正时河南各州县的这类"陋规"包括：

"催粮之里书、单头、坐差，收粮之库吏、经承、柜书，倾宝之银匠，每年终点充时各有规礼"；"参充典史、点充皂快头"，州县官"不论其人之能否，惟钱是取"；各衙门俱有"挂名书役"，此外如"门子、马夫、禁卒、斗级、门军、枪手等役"，也有只挂名而"不上班"者，"官免点卯"，但每名须向官缴银"二两四两不等"；衙役"不敷差遣"，"乃有每年令里书乡地举报，择肥而食，百姓畏惧充役，营求买脱，贿赂公行"。①

河南西华县的"卯规"和"点规"即属于这一类。该县"房书、里书、差役、保正、乡约、牙行、产行，于新官到任之初，及每年三节，例须点

① 田文镜：《为再行条约事》，《牧令书》卷八，屏恶。

卯，并缴卯规，少者制钱数百文（如保正、乡约），多至制钱数十串（如房书、里书、产行）"；"凡房科经承、各里里书、壮皂各班总役设有更调，例须缴纳点规，多至一千余串，少亦数百串"。①

3. 将本应在正项钱粮中开销的支出摊派于民。如雍正时河南各州县的这类"陋规"包括：

> "办解白腊木杆系开销正项钱粮，官为买解"，而有些州县"派之于民，并运脚收费亦系民出"；"民壮每县五十名，俱动正项钱粮，给以工食"，而有些州县"令乡地里书举报，一年一换，轮流当差，官将所领工食收入肥己"；常平仓贮谷"俱系照部价发买"，而有些州县"短价分派乡地衙役代买交仓"；"采办河工料物，俱系官给价值，照民买运"，而有些州县"派之里地"；鞭春祭祀，俱动正项钱粮，官为买补"，而有些州县"派之行店、里民、屠户"；"各色工匠，俱令照民间价值雇用，仍给饭食"，而有些州县征用"白役"，"或止给饭食"，或连"饭食"银也不给；驿站草料向"斗夫、行户、饭店"等摊派，令其"代买"，但却不发给"官价"；或以"差役代买"为名，令行户等缴纳钱文，并加缴"帮贴原差钱文"；"驿马遇有疲瘦病损者，或发给牙行另换好马，或发给里书人等另换好马"，不行买换者"每匹交价至十余两"。②

又如，祭祀本有存留经费，而有些地方"需用牛羊猪只"，由州县衙署签发谕令，由城乡牛猪羊牙行"承办"，称"祭差"。③

4. 官价采买或无偿勒索衙署日用物品。所谓"官价采买"制度，即官府按低于市场价的"官价"来收购其所需要的各种生活和办公用品。据一部地方志记载，这类被列入"官价采买"的物品范围极广，如大米、羊烛、香油、煤、木炭、秫秸、猪肉、鸭、鸡、鱼、麻、石灰、白布、冰糖、白糖、红糖、木耳、茴香、紫菜、花椒、粉面、银珠等均属之。④州

---

① 民国《西华县续志》，财政志，陋规。
② 田文镜：《为再行条约事》，《牧令书》卷八，屏恶。
③ 阮本焱：《求牧刍言》，第57页。
④ 民国《东明县续志》，附记，县署出纳款项。

县采买这些"日用碎细之物"，"大抵予以半值，又自门仆胥役，剥削数层，方能到手"，"僻乡穷黎，收拾柴炭鸡鸭等物，肩挑入市，以谋升斗，一遇官差，则徒手而归"。①有些地方更是无偿勒索，如河南西华县有"支官陋规"，"县署及典史署等日常用品，屠行供肉曰官肉，鸡鱼行供鸡鱼曰官鸡官鱼，以及柴煤、油盐、蜡烛、木泥裱糊工匠等，均须支官。官署取之城内各业，城内各业则转取之于四乡，辗转勒索"；此外，每年城乡民户还须缴纳"为数甚巨"的草料豆，供"县署养马"，"即不养马，亦须照缴"。②除衙署日常生活、办公物品外，有些地方"遇有公事需用物件"也搞"官价采买"，"贪鄙之员则恣行科派"，连"官价"也不给。

"官价采买"在许多地方均形成固定的机制，大体是令民役、行户具体承办，而以衙署家丁、吏胥督催：

> 凡一应工料、食物、器皿等项，有一项设立一项总甲，支值官府，名为当官；所有需用之物，票著总甲，从各铺刻期即缴。因而总甲串通奸胥蠹役，以当官为名，从中渔利；或借端多派，运回私室；或指官吓诈，娄财入己；即发官价，亦必低潮折扣，十不偿五，奉法小民惟有隐忍……凡工作匠役，亦必设立总甲，派定当官，某月则某人当某衙门，以次转轮伺候。督工则呵叱鞭答，工食则迟延短少……其有不愿赴官者，勒令出银帮贴……③

> "每行设立行头，各衙门需用等物，总取诸行头，行头分敛于铺户，以应官差。凡行头所缴之物，有自来无价者，有酌予半价者"，吏胥乘机舞弊，"用一取十"。④

5. 与仓廒、积谷有关的陋规。"州县平日署中食用，往往动碾仓谷"，或以高价私粜仓谷，"而交代只须每石作银六钱"。如河南"常平仓谷春借秋还，照例每石加息谷一斗"，而有些州县"违例加息至二三斗不止，并令尖量踢斛，凡抛撒斛外之谷不许借户收回，尽收入仓"，成为

---

① 贾允升：《请除外省积弊六事疏》，贺长龄辑：《皇朝经世文编》，第586页。
② 民国《西华县续志》，财政志，陋规。
③ 《清朝文献通考》卷二十三，职役考三。
④ 贾允升：《请除外省积弊六事疏》，贺长龄辑：《皇朝经世文编》，第586页。

官员收入。州县奉令从藩司领银买谷，可以"不即买转，将价银挪用，虚出仓收，并又以例价不敷擅行挪垫"；至上司委员盘验仓库时，"又往往通同徇隐，并不亲往丈盘，尽仅取该州县复文率行加结"。①广西一些州县借口仓贮谷石，以低于市价的价格强买民人谷物，"按户分派，每年或五六千石、八九千石不等"，不卖者缴纳差价，州县官以此渔利。

6. 取之于商户、行户的陋规。刘衡说，四川州县可以收取钱局内"炉头"人等馈送的规费，可以在"典当、烧锅与行户验贴"时收取"规钱"，巴县"行户验贴""每次可得三四千金"。②

7. 州县官借上任、修理衙署、过寿名义勒索。清代州县官"多以到任为荣，而奸胥喜以铺垫为事。衙门则必重为修饰，轿伞则必另制新鲜；甚至氈彩围屏务求华丽，桌几灯烛不厌碎烦"，"派累行户，苛敛里民"，"其实备办，供官者不过十之二三，而侵蚀分肥者已逾十之七八"。③雍正时河南州县即普遍存在这类"陋规"：

新官到任，向民间摊派"衙内铺垫什物，名曰填舍"；

"新官到任及年终更换轿伞、执事、签筒、架砚等物"，"取之于民"；

修理衙门，征用"白役工匠，白取民间草木砖瓦等物"，"派之里地"而"不给价"；

州县官征用"民夫""搬运所置私物"；

衙署借用"民间桌椅床凳等物，并各行铺什物"，"久假不归"；

州县官"借作生日名色，任里地派钱，每人二三十文、一二百（文）"。④

卸任交代也可以为州县官提供中饱之机，他们届时可以"以陈设玩器及衣

① 田文镜：《为再行条约事》，张师诚：《杜州县交代积弊议》，徐栋辑：《牧令书》卷八，屏恶；卷二十三，宪纲。

② 刘衡：《蜀僚问答》，盛康辑：《皇朝经世文编续编》，《丛刊》第84辑，第2609页。

③ 席裕福、沈师徐辑：《皇朝政典类纂》，第5042页。

④ 田文镜：《为再行条约事》，《牧令书》卷八，屏恶。

物等项暂行作抵", "高抬价值,以少抵多",弥补亏空。①

8. 家丁、房科、差班收取的规费。清代州县衙署家丁、房科、差班均有所谓"出息",也就是在履行公务过程中收取的规费。例如,有文献记"签稿"有来自以下公务办理或涉及人员的"各项出息":

> 契税,朱油,盐埠,山煤,起复,各贴,节敬,年敬,报捐,拔贡,补廪,乡保,典史,典修,海坪,串票,仓库,照身,开垦,和息,遵依,甘结,保状,传呈,僧官,道官,充经纪,换代书,考代书,到任礼,点库房,充社仓,充地保,工程领银,大小船照。②

各房科也有"出息",并须将一部分缴给内衙,由州县官和幕友、家丁分润。康熙间曾做过知县的王值主张:各家人"所得陋规,令存公所",每季按上、中、下三等进行公开分配,不许私收。③获鹿县清代档案中的《署内杂收支银账》,其收入部分包括"宅发钱"3笔,计3100.38千文(内有银200两系借款),其中有两笔注"系毛三爷账内""张二爷手",当为家人上交的陋规;又有房科等上交的陋规,共7笔:

> "车马钱"1191千308文; "钱21千934文,系束房钱"; "钱16千186文,系扣轿夫秋季工食"; "捕正月分当店钱"180千文; "捕粮银二百两,合钱184千文,系当铺"; "户北科正月起六月底止1230千文"; "×车行钱"350千文。合计:3173.428千文。

此外还有4笔款项未注明来源,计2600.64千文,也当系衙署陋规收入。④

9. 罚款。清代刑罚制度,徒、杖以下有"赃罚", "有上司批审追赃拟罚者,有本州县申详追赃拟罚者";上司批罚者"赃物寄库,罚赎追完,按各衙门批解", "自理所罚,不过谷石,存以备赈", "每年上司

---

① 张师诚:《杜州县交代积弊议》,徐栋辑:《牧令书》卷二十三,宪纲。

② 蔡申之:《清代州县故事》,第39页。

③ 王值:《家人》,《牧令书》卷四,用人。

④ 河北省档案馆藏:清代获鹿县档案,655—2—477。

查取赎锾起数，开报达部"；^①"罚谷若十石以上，钱十千文以上，即须奏闻；若匿不详报，别经发觉，严加议处"，其轻者降调，其重者革职，并处以贪赃枉法之罪。^②由于修理费用不列入州县存留，罚款往往被用于工程修缮。有人主张："要紧公廨、城隍庙及文庙、校士馆、贡院、演武厅"等场所的小修小葺，"宜于词讼公罚中取之，有犯罪轻者，责令买砖瓦若干，木石灰钉若干"，"其贫无力者，量令助工数日亦可"。^③同治某年，四川巴县署木洞镇巡检申请发给银两修理衙署，获知县批准，"于贩米运楚之陈万泰罚款项内"拨给100两。^④罚款除被用于修缮外，也入州县官私囊，如刘衡说，各处官员"间有修祠庙桥路等工，遇富民犯法，乃罚令出钱赎罪；罚得之钱，以些微充公用，而以强半入己"^⑤。

10. 其他。州县陋规名目众多，不可能为人们全部知晓，除上文所列9类外，肯定还有其他名目存在。例如，有些地方岁、科两试录送文武童生，"州县借词淘汰，视为利薮，有将应考童生仅录送一半，及仅小半者，而留其一半，以为居奇之地。往往有不录取者，出银贿买，数金以至数十金不等，名曰买卷"^⑥。有些州县官"以军兴急需为名，借端设法科派，并因事科取行户货物"；"因造报册籍，投送各上司衙门，收取费用陋规"；等等。^⑦如此之类，难以尽述。

六、法外收入的总体估算

清代州县官的法外收入名目繁多，数额巨大。这种收入的数额多少，因缺位肥瘠而差异很大，因此无从统一估算。这里列举两个记载供读者参考：

1. 河南省内黄县（繁、难二字中缺）的一个县令自己开单报

---

① 黄六鸿：《福惠全书》，第103页。

② 刘衡：《蜀僚问答》，盛康辑：《皇朝经世文编续编》，《丛刊》第84辑，第2612—2613页。

③ 潘杓灿：《工役》，徐栋辑：《牧令书》卷廿二，事汇。

④ 四川省档案馆藏：清代巴县档案，同治朝第92卷。

⑤ 刘衡：《蜀僚问答》，盛康辑：《皇朝经世文编续编》，《丛刊》第84辑，第2612页。

⑥ 张鹏展：《请厘吏治五事疏》，贺长龄辑：《皇朝经世文编》，第741页。

⑦ 《大清会典事例（嘉庆朝）》，卷七十五，吏部六十二。

告他每年的收入，项目数额如下：

（1）俸银42两3钱；

（2）公费银225两6钱；

（3）地丁耗羡每两浮收钱568文，合计9600余千文；

（4）漕粮每石浮收1120文，合计3900余千文；

（5）"活税"浮收190余千文；

（6）牙贴"赔亦无多"；

（7）房地税平余银400两；

（8）盐店帮规钱600千文；

（9）当铺帮规钱600千文。

以上9项共计银667两9钱，钱14900千文。①

2. 前揭获鹿县（简缺）清代档案中的《署内杂收支银账》，记某年三月廿五日至七月十一日的收入共47笔，总计钱29625.816千文，其中"入奏支钱"11973千943文（起自正月初八日，迄于七月十二日），其余17651.873千文即为州县官这半年零4天的法外收入。②

需要指出的是，上文所列各种法外收入，其性质尚属"介于公私之间"，而除此之外还存在各种为法所不容的纯粹贪污受贿，如州县官审办大小案件时勒索财物，不分黑白曲直，"惟揣其肥瘠而搏噬之"；③有些地方"每遇歉岁"朝廷颁旨蠲缓钱粮，而州县官却"私收"入己。④这些在当时都非罕见现象。情节严重的贪黩案件也时有发生，如嘉庆间顺天府宝坻县知县某，"以旱灾领库款五万散赈，实用三万，余尽入己"，发觉后被处死刑。⑤

---

① 中国第一历史档案馆藏：清代户部度支部档案，卷127，彰德府内黄县县令自开每年收入清单。

② 河北省档案馆藏：清代获鹿县档案，655—2—477。

③ 《大清会典事例（嘉靖朝）》卷七十五，吏部六十二；马相如：《请勒限清理积案疏》，盛康辑：《皇朝经世文编续编》，《丛刊》第85辑，第4703页。

④ 胡林翼：《敬陈湖北兵政吏治疏》，葛士浚辑：《皇朝经世文续编》，第476页。

⑤ 伍承乔编：《清代吏治丛谈》，第383页。

第四节　州县财政的责任与管理

一、财政"家产制"与州县官的责任

在各种法外收支远远大于定制存留从而成为收支主体的情况下，清代的州县财政不可避免地沦为一种"家产制"管理。用现在人们熟悉的语言讲，清代州县财政实际实行的是一种以州县官个人为责任人的"大包干"制度。具体言之，在一州一县之中，不论是地丁、杂税等合法税收还是各种法外的浮收、摊派、陋规，全部被视为州县官自己的收入；与此同时，额定的本州县公费开支、上解藩库款项和各种法外支出（办差费用、上解摊捐和馈赠陋规等），以及州县官自己雇用幕友、豢养家丁等费用，也全都由州县官个人开销支付。而以上收支相抵之剩余，便是州县官自己的净收入。由于朝廷将州县财政完全责成于州县官一人，州县衙署因此也就没有对制度（而不是对官长）负责的常设财政机构。州县官办理各项财政事务，虽然须借助幕友、家丁和房科，但幕友、家丁由州县官个人支给薪酬，只对后者负责；房科虽然不属于州县官私人机构，但也不隶属于任何上级衙门，不与上级衙门的任何人员共同构成职能独立的财政机制，其办理征收、留支、解运事务虽须遵守成例，但归根结底听命于现任州县官。

由于在"家产制"管理下朝廷必须默认各种法外收支的存在，因此对于州县官是否严格按定制征收赋税和开支各种经费，也就无法苛求，没有相应的考核制度。^①从现代管理学的观点看，清代对于州县官的财政责成属于一种"目标管理"，而非"过程管理"，具体言之，这种责成主要有两点：

第一，足额征收地丁、杂税等赋税。朝廷对于州县官经征的地丁、漕粮等钱粮，分作十分考成，每年奏销届期，"按分数分别议叙议处"；其"于奏销前全完者议叙"，议叙的具体办法是：

> 经征本年钱粮一年内全完者，5万两以下记录一次；5万两以上、10万两以下记录二次；10万两以上记录三次；"止完地丁而杂项钱粮未完者，不准议叙"。

其"一年内未完者参劾"，处分的具体办法是：

> 欠征不及一分者停其升转，罚俸一年；欠一分者，降职一级；二分者降职二级；三分者，降级三级；四分者，降级四级，"皆令带罪催征"；欠五分以上者革职。州县官经初参后"带罪征收"，限一年征完，届期如能全完，"准其开复"；如限内不完，"各按原参分数议处"。

原官离任，继任者"以到任日为始，另行起限"；署印官任期不及一月者"免其查议"。^②

第二，定时定额解运入库钱粮，不准因贪墨、挪移而发生"亏空"。清制，对于州县官亏空钱粮给予严厉惩罚。州县官亏空，无论"欺侵"还是"挪移"，除"循隐"之知府给予处分外，亏空官员本人"拟罪监追，限三年完补"。而"欺侵"与"挪移"的最终处理又有不同：

> 1. "欺侵"者如能在一年内全完，"拟死罪者减二等，军、流、徒、杖者豁免"；能在二年、三年内完补者，"照例分别发落"；三年限满查实"家产全无"而仍不能完足，治罪。
>
> 2. "挪移"者如在一年内全完，2万两以上者释免，2万两以

---

① 清代定制："州县等官，私加火耗及私派加征者，革职拿问"（见《大清会典事例（嘉庆朝）》卷八十五，吏部七十二）。但实际上，州县浮收普遍存在，很少得到认真处理。

② 嘉庆《大清会典（嘉庆朝）》卷十一，户部；《大清会典事例（嘉庆朝）》卷八十五，吏部七十二。又，乾隆五十三年规定：漕粮欠征"带罪催征"，定限仅为三个月，"逾限不完，即予以实降实革"。见汪志伊：《敬陈吏治三事疏》，贺长龄辑：《皇朝经世文编》，第592页。

下者开复；二年、三年内完补者，"照例分别发落"；三年限满
查实"家产全无"而仍不能完足，治罪。

此外还规定，对于"亏空钱粮各官"，一律即行革职，勒限追还，而不得
准其"革职留任催追"，因为这样做"必致贻累百姓"；"州县官恃有上
司分赔之例，将库银藏匿，假捏亏空者"，追赔，照例治罪。至于亏空款
的追补，规定"州县钱粮仓库亏空题参时，一面于任所严追，一面行文原
籍，将其家产严查存案；如任所无完，即变价补完"。亏空追补的对象，
仅限于犯官本人及其妻子、未分家子女，禁止"借端将亲族滥行著落追
赔"；亏空追补至本人家产尽绝而止，"如果家产全无，本人身故，妻及
未分家之子不能赔补者，该地方官取具印干各结，申报督抚，保题豁免结
案"。①

二、簿记与库储

清代州县的簿记，大致承担着两种功能：一是会计，二是现金保管。
会计性簿记记录以下内容：地丁等各项赋税的实收和欠征数目，起运、上
解各项银两的实解、欠解数目，留支款项的开支、发放、改解情况，各种
法外收入与支出数目。需要指出的是，"家产制"的清代州县财政与现代
财政不同，它不需核算全部财政收支，其会计性簿记仅限于对于州县衙署
来说有现金收支发生的范围。例如，州县办理差务有直接向民间摊派人
夫、车马、物料者，其性质本属于国家财政活动，但由于对于州县衙署来
说也没有现金收支发生，便不须簿记；此外，房科书役没有工食，其个
人薪酬来自公务活动中收取的规费，这一收一支本来也属于国家财政活
动，但也由于同样原因不列入州县财政簿记（各科房为分配规费有内部
簿记）。

清代州县财政的会计性簿记，责任者为各个房科和内衙账房。据黄六
鸿记，由州县各房科负责记账的会计性簿册，均与国家定制之内的收支有
关，一式两份，一份自己保存，另一份存内衙账房。这些簿册除了属于钱

---

① 《大清会典事例（嘉庆朝）》卷八十、吏部六十七；卷八十七，吏部七十四。

粮征收各环节者（如实征册、征收钱粮总簿等）外，属于财政管理各环节者包括：

> 起解钱粮簿、钱粮库收簿、支领官俸簿、支领工食簿、支领孤贫口粮簿、支领驿站工料簿、典房牙杂税银簿、收典坊牙杂税银簿、领换牙帖簿（以上户房）；支领坛庙祀银簿、支领师生俸廪簿（以上礼房）。①

内衙账房"为银钱出入总汇之地"，一方面须簿记国家定制之内的各种财政收支，另一方面也须簿记各种法外收支。汪辉祖主张，州县官应设立四种会计"簿册"：1. "正入簿"，"记银谷应征之数及契税、杂税、耗羡等项"，即正杂钱粮收入；2. "正出簿"，"记钱谷之应解、应支、应放、应垫之数，及廉俸、幕修等项"，即解运藩库款项、州县存留支放款项（幕友束修被记入"正出簿"，或许是因为这项开支没有任何私弊不法）；3. "杂入簿"，"记银之平余、谷之斛面及每岁额有之陋规等项应入己者"，即各种向有成例、"人所共知"的法外收入；4. "杂出簿"，"记应捐应赠之断不可省者及日用应费各项"，即各种法外支出。②刚毅的做法是设立"三簿"：1. "正项"簿，记地丁、漕粮、地租等正项钱粮的收支；2. "报部杂项"簿，记杂课、杂税等杂项钱粮的收支；3. "不报部杂项"簿，记平余、陋规等各种法外收支。③何耿绳的做法是设立"存库银钱"簿来会计正项钱粮的收入，设"提库批解银钱"簿、"支发俸工"簿和"支发一切杂款"簿来会计正项钱粮项下的支放，此外另外设簿"分类登记"各种"私项出入"。④据黄六鸿记，内衙除与各房科共同保存正项收支簿册外，还保存其他"惟内宅用"的簿册，包括"内杂差簿""买办簿""送礼簿""收礼簿""书启簿"，这些也就是汪辉祖等人所说的杂入、杂出簿册。

除会计性簿册外，清代州县还存在现金保管性的簿册，即当时所谓"流水簿"，汪辉祖说，"流水细帐则责之司出入者"，即由内衙库保管

① 黄六鸿：《福惠全书》，第35—36页。

② 汪辉祖：《学治臆说》，张廷襄编：《入幕须知五种》，第412—414页。

③ 刚毅：《牧令须知》，第18页。

④ 蔡申之：《清代州县故事》，第15页。

人员负责记账。"流水簿"主要登记各项法外收支的现金出入。例如刚毅说，"流水簿"不列"旧管、新收、开除、实在""四柱"，记账形式为"进款"与"出款"，以"加耗平余及一切照章陋例，为进款；署内伙食、幕友束修、家丁工食、各役赏项、书院膏火、各庙香资及摊捐银两，为出款"；①何耿绳也主张，"私项"收入除"分类登记"外，还须"统入流水，俾总入总出，每日有数"。②但也有些州县官（任职州县无公库者），其"流水"账簿所记同时包括正项钱粮的收支和法外收支，前揭直隶获鹿县清代档案中的《署内杂收支银账》即是如此。为使读者对于获得关于这种"流水"账簿的直观认识，这里摘录获鹿县档案中的《署内杂收支银账》和四川巴县清代档案中的一件《县衙流水帐簿》的部分内容：

获鹿县《署内杂收支银账》③

收入部分：

三月廿五日：收九年书院租钱1180文；

……

连前共钱13665文。

六月十三日：收杂支钱账内六月初六日买螃蟹未用钱800文；

连前共钱14465文

……

六月廿一日：收借粮店钱200千文；

收户北科正月起六月底止1230千文；

收×车行钱350千文；

共钱1780千文。

连前共钱1795千465文。

六月廿五日：收宅发钱1688千421文（系毛三爷账内）

……

共钱2479千487文。

---

① 刚毅：《牧令须知》，第18页。

② 蔡申之：《清代州县故事》，第15页。

③ 河北省档案馆藏：清代获鹿县档案，655—2—477。

连前共钱4274千952文。

六月廿六日……

> 入傅廷楠交安租钱39千600文

> ……

> 共钱692千813文。

连前共钱4967千765文。

七月十一日：收九年上半年底子钱86千97文；

> 收九年上半年寄庄底子钱510文；

> 收九年地粮银17219千360文；

> 收九年寄庄钱101千965文；

> 收车马钱1191千308文；

> 收谷价钱57千30文（王清水）；

> 收谷价钱4千文（苗三保交）；

> 收宅发钱800千文（张二爷手，内有秋季工

> 　食，系借入纹银二百两）；

> 收捕正月分当店钱180千文；

> 收捕粮银二百两，×钱184千文（系当铺）；

> 收钱19千75文（系秋季地租）；

> 收钱21千934文（系東房钱）；

> 收钱16千186文（系扣轿夫秋季工食）；

> 收钱2000吊（正定兑钱）；

> 收钱886千320文（系元宝廿定）；

> 收钱1000吊；

> 收钱642千420文（系九八银……两……）。

> 共钱24410千205文。

连前共29377千970文。

……

支出部分：

正月初八日：宅支九八银10两，合支钱8千900文（刘升赴

> 　平泉州盘费）；

宅支元银5两7钱，合支钱4千788文（系托二
　　爷家人盘费）；

宅支纹银4两，合支钱3千600文（本府荐书院
　　掌教聘仪）；

宅支九八银6两4钱，合支钱5千760文（系蕖
　　城马快送礼）；

共钱23千48文。

宅支元银13两9钱7分，合钱11千735文（老
　　爷赴府零用）；

连前共钱34千783文。

正月廿一日：宅取元银7两6钱，合钱6千384文（送风鉴
　　先生）；

宅支元银13两3钱，合支钱11千172文（找付
　　托二老爷家人）；

共17千556文。

连前共52千339文。

正月廿九日：宅支银11两4钱，合钱9千576文（送学院曹奠
　　分银京平12两）。

连前共61千915文。

……

连前共钱7541千52文。

四川巴县《县衙流水帐簿》[①]

（九月）二十日

收李洪友结状钱八百文　　　午付大×钱一百文

收报×钱一千文　　　　　　付大况钱一百四十二文（开冉老
　　　　　　　　　　　　　头牛肉）

　　　　　　　　　　　　晚又付况钱一百文

---

① 四川省档案馆藏：清代巴县档案，光朝第630卷，县衙流水帐簿。

自十一日起连前共入钱六千一百卅文，共付×钱四千零卅二文，除付外应存钱贰千（提用在×）

廿一日

收×兴发缴结钱四百文　　　早付况钱贰百文

　　　　　　　　　　　　　付买×钱一百文

　　　　　　　　　　　　　付米钱一千文（××）

　　　　　　　　　　　　　付补数六文

廿二日

收黄作用缴结钱六百文　　　早付况老么钱贰百文

收郭尚吕结钱四百文　　　　晚付况钱贰百文

……

三十日

收邓发保状钱一百文　　　　早付况钱一百文

收硝办文钱四百文　　　　　付毛边纸钱贰百廿文

　　　　　　　　　　　　　付况钱叁百文

　　　　　　　　　　　　　付补米钱十五文

　　　　　　　　　　　　　付莴笋尖钱十四文

自二十一日起至三十日止，连前存前共入钱拾贰千五百廿八文，共付出钱拾千零六百卅二文，除付外应存钱壹千八百九十六文；×除存毛钱壹千一百卅五文，应存钱柒百六十一文；除典钱三百、邓二先生二百、张先生一百、周先生付还一百，共七百，应存钱六十一文（少数××）存七文

十月初一日

收牟文宣诉正钱四百文　　　付况钱四百文

收赖文福诉正钱六百文　　　付还典钱一千五百文（清，挂區用）

收穆文宣缴结钱三千文　　　付肉钱一千文（况手）

　　　　　　　　　　　　　付况钱四十文

初二日

收赖文福结钱叁百文　　　　早付况钱贰百文

　　　　收刘元应结钱叁百文　　　　午付况钱贰百文

　　　　　　　　　　　　　　　　　付送礼钱四百文（道的）

　　　　　　　　　　　　　　初三日

　　　　　　　　　　　　　　早付况钱叁百文

　　　　　　　　　　　　　　晚付况钱叁百文

　　　　　　　　　　　　　　初四日

　　　　收张永发钱三千文　　　　午付况钱贰百文

　　　　收陶开第单钱一百六十文　付典钱一千文

　　　　……

　　州县银钱的贮存有两种"库"：一是公库，由房科负责账目和看守；二是内衙中的一定处所，不妨称为"内衙库"，由账房或其他家人负责出纳、看守。道光间官员何耿绳说：征收钱粮每隔几日，即应由有关房科照流水簿核算数目"检齐送内，或银或钱，核明正耗实数，令明白亲信者眼同贮库"，"或有应支各款，或批解司库，应行动用之时，照领照批，开库支发"。这种库即属于公库，由"吏役小心看守"，"钥匙存内（衙）"。[①]但有的州县没有这种公库，如汪辉祖说湖南宁远县"旧无库，征收饷银皆贮内室，遇批解始发匠倾熔"；他任知县后，才"创设库房三间"，贮存"正项"银两，与何耿绳之做法不同的是，钥匙"库书"管理，而不是存于内衙。宁远县在汪辉祖为之设立库房之前，贮存银两的"内室"，即属于"内衙库"。

　　可以肯定，在很多地方"公库"与"内衙库"是并存的。在这些地方，两种"库"不仅在衙署中所处的位置不同、看守与出纳人员的身份不同，而且功能、职责也不同。"公库"一般贮存按定制应起运和存留的银两；"内衙库"一般贮存各种法外收支（即当时所谓"杂项"收支）。例如，汪辉祖在宁远县设立公库后，又另设"帐房"，存贮介于公私之间的杂项收入，"应酬日用皆取给焉"，"帐房"所司管的库房，就是内衙库

---

　　① 何耿绳：《理财》，《牧令书》卷三，持家。公库库吏属于户房书吏，另见《福惠全书》，第35—36页。

（即原来的"内室"），由内衙人员"司出入"并登记"流水细账"。①何耿绳也主张，为了避免"开库烦琐"，可以"先提半年支款存内支发，另簿存记"，也可见内衙仍有"小金库"和相应簿记、出纳人员。②

"内衙库"所收支、贮存的银钱，一般都是上文所述州县官的法外收支，其性质本属于州县官的私产。然而，这部分银钱却没有直接"入私室"，没有直接归州县官及其眷属任意支配，而是被置于一种有规范的管理制度之下，体现了"所有权"与"管理权"的分离，这是中国传统社会中大家族（如《红楼梦》所描述的荣国府）和一些商号（如山西票号）所经常采用的做法。汪辉祖曾强调陋规等收入"不可入私室"，他说，这些收入"一归私室，则当问出纳于室"，再想动用就须征得家眷同意，不能理性使用，"人性啬者虑其绌也，出之不易，或误事机；奢者见其赢也，用之失节，必致匮乏"。③正因为如此，州县往往对法外收支进行规范管理：首先，设账房人员司管，而账房不由官亲担任。有官员强调，账房应该请"老成精细""以义合"的外人担任，以保证"去留在我"；如果用"子弟至亲"担任，势必"百弊丛生"。第二，账房管理银钱，须严格遵守既定规则，"例支捐款、幕友束修、厨房伙食，凡有一定之数者，立定章程，即可照此发给；其他不能预定之款，如酬应、供给、差使之类，必官为酌定，帐房照发"④。

州县衙署的日常生活开支由买办之类的家丁、长随负责，他们从账房支钱开销。四川巴县清代档案中保存有一件《县衙流水帐簿》⑤，这一账簿每天均记载一位被称为"况老么"的人从账房支钱，少时1次，多时3次；每次金额少时40文，多时300文，大多数为一二百文。可以推测，这为"况老么"系负责衙署日常生活用度的采买、买办。收支也须记账。买办人员对于自己经手的花销，也须记账。四川巴县档案还保存有一件《县衙生活杂支簿》，所记项目主要为饭钱、茶钱、烟钱、笔墨钱等开支，金额

① 汪辉祖：《学治臆说》，张廷襄编：《入幕须知五种》，第333页。
② 何耿绳：《理财》，《牧令书》卷三，持家。
③ 汪辉祖：《学治臆说》，张廷襄编：《入幕须知五种》，第333页。
④ 何士祁：《帐房不可用至亲》，《牧令书》卷三，持家。
⑤ 四川省档案馆藏：清代巴县档案，道光朝第630卷。

很小，错字颇多。

如"五月十四日"记："共收钱七百五十文"，"付灯笼钱四十文"，"付茶钱卅五文"，"付早反（饭）钱七十七文"，"付午反（饭）九十七文"；"六月廿九日"记："付×早反（饭）八十三文；付×午反（饭）乙（一）百乙（一）十文；付卓（早）午夜三起茶钱廿六文；收钱二百文，长用实存钱九十二文"。①

这一账簿，应该就属于买办人员的流水账。

三、运解与支放

州县起运上解银两，均为有定制的正杂项赋税或有定例的摊捐，其项目、数额、解款记录由各科房掌握。因此，起运上解事项分别款项性质由各科房负责，而由内衙账房总其成。清代获鹿县档案中有《礼、兵、刑、工等房解银登记册》，可以反映州县运解款项名目之多，以及各科房的责任范围。②摘录如下：

户南科运解"每年应摊解芝麻银"，道光四年至五年"应摊解积欠旗租等局公费银"。

礼房运解与学务、科举、学政有关的各项款项，包括："尊闻书院四季膏火银"，科考公费、岁考公费摊捐，"《科场条例》价银"，"本府书价银"，"学政全书价银"，"《大清通礼》书价银"，"《续增科场条例》书价银"，"《礼部则例》书价银"等；此外还负责运解"督院门子工食银""本府门子工食银"。

兵房负责与按察使司以及驿站、军事、防卫有关的款项，包括"臬司奏费银""臬司经厅驿站扛箱银""臬司册局工本银""本府驿站奏销工本银""臬司驿站奏销府总工本银""本

---

① 四川省档案馆藏：清代巴西档案，道光朝第631卷。
② 这些款项不包括地丁正项，获鹿县房科有户北房，地丁当由该房负责运解。

府城门火药银""摊捐赞皇县兵差车马雇价银""本府摊捐驿马不敷银""本府节年捐马不敷银"等。

刑房负责与刑狱有关的款项，包括"保定府招书饭食银"、"府监禁卒工食银四两"、"在省听差工食银"、"首府发审局修膳银"、府监"囚粮囚衣"银、"清苑县添设仵作工食银"、"囚粮扛箱银"、"臬司囚粮工本银"等。

工房负责与差务、河工、交通有关的款项，包括"大差公捐养廉银""府宪易州供应×糈米石帮贴运脚银""臬宪代造玉石车价员役廪粮册籍工本银""府宪滹沱河原设四季水手工食银""府宪滹沱河建船水手工食银""正定县滹沱河搭桥银""道宪盐商应交四季筹备生息银""府宪应征营田租米"等。

库房负责的款项有："臬司禁卒工食银"、应摊"公帮发商生息参员路费银"、应摊"高阳县知县赵紫华借部养廉银"等。①

地丁入库后，除按照《赋役全书》规定将部分存留州县外，其他尽数上解布政使司库，"钱粮以解司为完，如止报征存未解司者，不得列作实完"。每年年终，由道府检查各州县征收红簿及花户串根，核明一年之内留支、起解及完欠各数，申报督抚，于次年春开印前报户部。州县起运银两，有些按四季定期上解，有些照例奉藩司"牌提"起解，也有时藩司会忽然"牌提"。起运三日前，州县官须将应解款项数目及起程日期、离省路程具报督抚，行布政使司查察。起运时，州县官发给运解吏役申文，注明运解何项银两和数目；上司验收入库后，在申文上书写"批回"二字，盖印后由运解吏役带回，交州县官查验后送有关房科存档。钱粮起解须派营兵、差役防护，银数一万两以下者，派兵一名，民壮二名；一万两以上者，派兵一名，民壮四名；数额再多者酌量添拨；起程时先期移会前途州县，照拨兵役接护。地丁奏销，于征收次年进行，根据完欠情况对州县官进行考成，分别议叙议处。②

---

① 河北省档案馆藏：清代获鹿县档案，655—1—556。

② 嘉庆《大清会典》卷十一；《清史稿》卷一百二十一，食货志二。

　　精干的州县官对于照例可以"陆续起运"的钱粮，征收后即"尽数解司，以省贮县干系"。起运银两"款项繁多"，各有定额，"无容混淆"，但州县官往往因"上司有紧项催提"，未征先解，"移彼应此"，结果导致拖欠、亏空；有时州县官"遇有急需"，也私自挪用，"遂致起解每辄愆期"。[①]根据当时官员的经验，起运正项钱粮考核较严，"有亏分厘，均干参处"，因此不可拖延；而各种摊捐考核较宽，除"急须批解"者外，拖延缓解，"断不可动正项而解捐款"。[②]有些州县官对于运解钱粮极为草率，如山东有些州县，准备起运时将解役姓名、银数、日期等通禀抚院，然而只是"虚发一禀"，解款"久久不到"，及至上宪"严檄饬查"，州县官竟然"茫然不知"。[③]

　　州县财政的支放，一为各项定制存留，二为法外支出，其后者上文已经述及，系由账房根据章程或官员批示发给；其前者包括官俸、役食、驿站费用、孤贫口粮和其他办公费用，由相关人员、机构向公库具领，时间、方式互有差异。对此黄六鸿记道：

　　　　驿站经费为"支放中之急项"，按月或按季支放，先支后用；

　　　　铺司兵工食"取各铺司领状，按月支给"；

　　　　养济院孤贫口粮，"逐名按月先给，取花名领状，其布花系御寒所用，宜冬首支给"；

　　　　文庙丁祭、各坛祠春秋祀等经费"因时支给"，"俱先五日前放，以便备牲品，取该房铺领状"；

　　　　官员俸银因"恐有裁缺降罚事故"，佐贰役食因"恐有盐斤罪赎"，均宜"冬季支领"，"不可早放"；

　　　　修理龙亭察院、宾兴、乡饮等项经费属"因事支给"，"俱取各该管领状"；

　　　　生员廪饩"时有裁减空缺"，所以"年终支给"；

────────────

① 黄六鸿：《福惠全书》，第44页。

② 何耿绳：《理财》，《牧令书》卷三，持家。

③ 包世臣：《山东东西司事宜条略》，盛康辑：《皇朝经世文编续编》，《丛刊》第84辑，第2019—2020页。

本衙门工食"时有公用抵充"，于"年终找给"（补齐）；

监狱、仓库禁卒工食银，"按名逐月支给"；

囚徒口粮，"按名先三日一次俵散，不可总放，为胥卒中饱"。

以上这些支出，"每年照经制放完，将官俸役食各领状分别粘卷，用印存案"①。

四、交代与亏空

上文已经述及，清代对州县官的钱粮亏空定有严厉的惩罚制度，但由于没有定期盘库制度，亏空与否一般只能通过卸任交代（亦称"交盘"）查核。

清代州县官离任，须与接任官员办理交代，内容包括诉讼卷宗、赋税簿册、书差卯册、银钱仓谷、监狱囚犯、衙署房屋器物、城池庙宇、考棚营房、墩台监仓、水旱驿递船只马匹，以及钱粮盗案未完事件、上司交办事件等，其中属于财政范畴的银钱仓谷是交代的重点。清初定制，新旧官员交代限两个月内完成；雍正间进一步规定，州县仓粮多至5万石以上者，展限一个月；钱粮交代5万两以上者也展限一个月，10万两以上者展限两个月，15万两以上者展限三个月；乾隆初年又规定：州县交代"令于限内将正项钱粮交代清楚，再展限一月，将社仓米谷稽核交代"。②

州县交代由上司派临近州县正印官等官员监督，称"监盘"，而主体是前后任官员。卸任官员须造具各项交代清册，接任官员一方面核查各交代册所开数目是否属实，另一方面按照清册盘点仓库，核实银钱、仓谷与交代册所开是否符合。地丁钱粮交代的关键在以下数环节：第一，根据《赋役全书》和有关簿册卷宗搞清本州县赋役原额，"奉文加派""清出地亩"等"全书未载"的增额，以及历年民欠数额，以上三项总和即为本年应征数额。第二，根据钱粮征收的"串根流水""日报总簿"等账目簿

---

① 黄六鸿：《福惠全书》，第96页。

② 《大清会典事例（嘉庆朝）》卷七十一，吏部五十八。

册，搞清任期内经手地丁钱粮的实征数目。第三，根据《赋役全书》和有关簿册卷宗搞清本州县例应起运（包括正杂钱粮和各种摊捐）和例应留支各项银两的数额。第四，根据上解款项的批回和官吏差役等各类人员支领各项银两的领状，搞清任期内实际起运、支放银两的数额。以上各项，第一项减除第二项，即为现在钱粮民欠数字；第三项减除第四项，即为现在欠解、欠支数字；第二项减除第四项，即为库存现银数字。①以上各项，正是"四柱清册"所要反映的内容。

从现代会计学的角度看，清代州县交代的"四柱清册"存在严重缺陷，即会计核算与现金核算合二为一，通过同一簿册反映，而不做逻辑性分析。例如，获鹿县清代档案中保有《临榆县光绪八年十一月分征收解支正杂各款四柱清册》，其内容如下：

（一）旧管：

1. 共库存未解32项，银3674.117659两（甲）；

2. 民欠10项、未征1项（杂税无定额）、未扣7项，银1219.351792两（乙）。

（二）新收：

征收9项、扣存6项，银649.4690333两（丙）。

（三）开除：

支发光绪八年留支俸工等银422.3818两（丁）。

（四）实在：

1. 存库未解34项，银3901.2048923两（戊）；

2. 民欠8项、未征1项、未扣4项，银577.9027587两（己）。②

以上各项中的库存现金核算是：甲＋丙－丁＝戊；民欠、扣存会计核算是：乙－丙＝己（实际为569.8827587两，差8.02两，当为档案原件计算错误）。

由于缺乏全面、合理、严密的簿记制度和常设财政机构，州县钱粮

---

① 席裕福、沈师徐辑：《皇朝政典类纂》，第5043—5044页。

② 河北省档案馆藏：清代获鹿县档案，655—1—1051。

交代很难做到准确，作弊非常容易。例如，钱粮征收的串根和流水簿可以"假捏改造、征多报少"，解支款项的批回、领状可以"洗补年月、改换银数"，"民欠清厘尤难，官侵役蚀多暗藏于民欠之中"。新任官员对于这些，一时难以发觉，因此通常的做法是令房科具结，保证前任官员的交代簿册真实，如令某房科具结"某任实在，并无短缺"，或"实在亏短某某项银若干两，如有隐漏，情愿认赔"；令各房科公具"某任内实在欠解摊捐银两，逐款开明，共若干两，如有隐漏情愿认赔"等，画押存于内衙。①即使如此，也难保没有弊端，如田文镜说：新任官员为清理民欠，往往令经管钱粮总吏、库吏、经承、柜书等人"取具并无捏欠、愿甘暗补之结状"，然而他们不知道，"此辈或受前官贿嘱，或系已身侵蚀，通同徇隐，彼此欺瞒，结状实为具文"。他自己提出的办法是："大张告示"公布欠缴钱粮的花户姓名和银数，如有"以完作欠以少作多，令本户告理"；"出其不意"地摘拘欠户完纳钱粮，如发现弊端"即穷究到底"，"官侵则据实揭报，役蚀则立即监追"。可以想见，这些办法也同样不会有明显成效。②此外，仓米交代也存在种种不易发觉的严重作弊问题。

　　大量资料表明，州县交代往往不能有序进行，交代双方和监盘官员乃至府道等上司，都会因私利而干扰交代工作。卸任官员常见的违规做法包括："钱粮侵蚀亏空，捏称民欠"，"侵欺、透冒、挪移、垫解"，以及因"钱粮款项头绪繁多，急难清理，故思朦混新官，以希接受"，等等。接任官员常见的违规做法包括：因前官"交代陋规不能如愿，故意留难，不出册结"，对前官欺侵、挪移、拖欠等问题"循隐不行揭报，交代后始行察出"，以及"瞻顾情面，听受嘱托，轻为接受"，等等。监盘官员则存在"耽误不到""通同循隐、偏袒苛累""不实力盘查，通同捏报"等问题。州县各级上司官员及其属吏也常有违规做法，有官员因属下州县官"平日之趋承不到，今日之礼节甚微"，因而对他们的交代申报"辗转移查，搁案缓详"；有上司经管交代事务的吏胥因对办理交代的州县官"勒索未遂"，因而对其交代案"混行翻驳"。此外，有时卸任州县官亏空钱

---

①　何耿绳：《到任》，徐栋辑：《牧令书》卷二，政略。

②　席裕福、沈师徐辑：《皇朝政典类纂》，第5043—5044页。

粮，督抚也加以庇护，"不行题参"，"而该府州又畏虑分赔"，向新任官员施加压力，迫其接收。①

乾嘉以后，州县亏空问题严重，交代制度也往往因此而流于形式。有官员说，乾隆中叶以前由于政治较清明，州县官对上司"无所谓馈送"，因此"无所谓亏空之说"；州县"交代闲杂款项，偶短二三百金"，便自觉是问题，"不但不敢闻于上司，并不敢闻于僚友"。在这种氛围下，交代就比较认真，康熙间黄六鸿接任山东郯城知县时，其"前任四官彼此不受交代，前后留十余年，苦难殚述"，不能回籍，其中一人客死。②但乾隆中叶以后，各省出现大面积州县亏空，交代不结案件也大量增多。嘉庆八年（1803年），山东清查"无著亏缺"，向各州县摊派弥补，此后两年共提解藩库银110余万两；而"旧亏尚未补清"，至嘉庆十九年（1814年）盘查，新亏又积至600余万两。甘肃全省仅有70多个州县，但咸丰间张集馨任甘肃布政使时，"未结交代，有二三百起之多"；他任福建布政使时，全省内地州县交代未清案"积至六百余起"，台湾州县200余起。③

关于州县亏空问题严重的原因，当时人有两种倾向性不同的解释。一种意见认为，州县亏空主要是由各种客观原因所造成。如道光间贺长龄说，山东"近年以来参办亏空已不下百余起"，但他"不敢自信此后遂无亏空者"，原因就在于"致亏半由于摊捐"。④又如张集馨说，山西朔平府地处雁门关北，"地方硗瘠"，每遇荒歉，丁徭征收不能足额，但山西奏销却"向以完全奏报"，不报民欠，致使州县官严重亏空；⑤有官员认为乾隆中叶后督抚争相贿赂和珅，因"费无所出"而收受州县陋规，各级官员乘机"肥己"，由此导致州县严重亏空。⑥另一种意见则认为，亏空主要是由州县官员自身原因所导致。如嘉庆初年有官员分析说：州县官亏空库

<hr>

① 黄六鸿：《福惠全书》，第6—7页；《大清会典事例（嘉庆朝）》卷七十一，吏部五十八。

② 黄六鸿：《福惠全书》，第47页。

③ 张集馨：《道咸宦海见闻录》，第227、283页。

④ 贺长龄：《州县养廉摊扣太多请酌量变通疏》，葛士浚辑：《皇朝经世文续编》，第469页。

⑤ 张集馨：《道咸宦海见闻录》，第33页。

⑥ 王杰：《请覆实亏空变通驿站疏》，贺长龄辑：《皇朝经世文编》，第588页。

款，其"因公赔垫，以致短少，实不过百中三五而已"，主要原因在于州县官的四点不良品质和素质：

　　一是"素性奢靡"，有些人候补期间已经"负逋累累，甫到任即挪项逋还"，"在任内复纵行豪侈"。二是"专恣逢迎"，有些人"投所好以邀上欢，遇有美缺，竭蹶钻营，希图保题；倘上司经过，多方曲探上意，不惜巨费；抑或劣迹经人告发，竭蹶馈送，以求曲护"。三是"心地糊涂"，有些州县官"官亲及长随耗散"，自己"漫无察觉"；"或因上司微厉声色，即茫无主意，遂不复顾惜帑项"。四是"专意营私"，有些人看到亏空成为官场风气，不被发觉，因此"到任即事渔侵，或将帑项私寄回籍，或开库为子弟捐官，以为亏空系众人之事，牵缠攀累，或难尽诛，所以侵私迄无顾忌"。①

此外如王凤生也认为，州县官不善理财、管理不严必然会造成亏空。他说，有的州县官"虽日自刻苦，而黠丁蠹役重支重销，或款已划而复解，或解稿具而故延，催以核算，托词不采，日久渐忘，任其颠倒混开"，亏空便日益严重；"尝有州县历官屡处富腴，素性从无挥霍，一经交卸，竟多亏绌"。②冯桂芬对于州县亏空问题做出了更为深刻的思考。他认为，州县"亏空之故，在于挪移；挪移之故，在于漫无稽考"，即没有规范的财政制度，州县官"以一县之主，独操出纳之权，下车之日，公用后而私用先，室家妻子之百需，旧逋新欠之交集，大抵有收管而无开除，惟所指挥，莫敢过问，迨上司知之，而亏空久矣"③。

　　在探讨州县亏空的原因时有一点需要注意，即当时所谓"亏空"，只是就正项钱粮的收支而言，而没有将州县官所取得的"出息"（陋规）计算在内。当时州县官往往对于各种法外收入"视为分所应得"，交代时隐藏不报；而对于各种法外"公用""则不肯自出己帑"，交代时要求后任流摊。④在这种情况下，如果州县官因顾及考成而对钱粮征收以欠作完，

①　张鹏展：《请厘吏治五事疏》，贺长龄辑：《皇朝经世文编》，第739—740页。

②　王凤生：《理财挈要》，《牧令书》卷三，持家。

③　冯桂芬：《校邠庐抗议》，第152页。

④　张师诚：《杜州县交代积弊议》，徐栋辑：《牧令书》卷二十三，宪纲

收少报多，或例由个人承担而不能报销的各种摊捐数额过大（比如超过养廉银数额），库款就会出现亏空。但如果将州县官的各种"出息"和摊捐以外的其他法外支出全部计算在内，情况就会大不一样。以下几种情况在理论上和实际上都是可能的：其一，库款、个人均无亏空；其二，库款、个人均有亏空；其三，库款虽有亏空而个人却有盈余；其四，库款虽无亏空而个人却有赔垫。当我们谈论这个问题时还必须考虑到，在家产制管理下，州县官的公费开支计算与家庭支出浑然一体，无法区分，当时所谓州县官个人的赔垫，是将全部个人和家庭用度计算在内的，而这些人家庭负担之轻重、生活之奢俭、用度之多少，因人而异。因此，所谓州县官个人的赔垫其实根本就无法定义，孰盈孰亏根本就无法判定。但有一点似乎可以肯定，州县官如果将各种"出息"计算在内，而个人、家庭用度又不是过度奢华，则大多数人不会赔垫，而且会有相当数额的盈余。乾嘉时官员谢金銮认为，州县官所入与所出必能相抵，因为"国家设立州县""曾经八方筹划，倘所入不敷所出，则不成缺，不可设县矣。故无论极低极丑之缺，以所如权所出，皆有赢余，惟多少不同耳"①。关于清代州县官盈余的情况，这里列举两个记载供读者参考：

其一，前揭获鹿县（简缺）《署内杂收支银账》，记某年三月廿五日至七月十一日的收入共47笔，总计钱29625.816千文。其中11973千943文用于"入奏支钱"，7541千52文用于"杂支"，即本章第二节所述各种法外公费。除此之外，有10034千862文记入"杂支钱账支钱"（剩余75千959文），没有各项明细记载，相当大的一部分当为州县官这半年零4天的净收入，即当时人所说的"出息"。②而这并不包括汪辉祖所说的各种"不可以入簿""不可以对人"的"赃私"。

其二，《清稗类钞》载录一个说法："官之岁入，县令尤巨，年得数千金者为瘠缺矣，然视他项商业，则独赢。腴者多至十万，亦仅就钱粮漕米之平余计之耳，若不恤人言，遇事纳贿，则可至数十万。"晚清浙江山阴县蒋渊如与四友人"醵资上捐，得最新花样最优班次之候选知县"，

---

① 谢金銮：《居官致用》，《牧令书》卷三，持家。
② 河北省档案馆藏：清代获鹿县档案，655—2—477。

约定蒋为令，其他四人分别为刑幕、钱幕、钱漕、门稿。"越数月，得某邑，胦缺也"，五人乃如约办理，岁得20余万两。①

无论如何，仅就库款交代而言，造成亏空的一个重要原因显然是已经报收的民欠（以欠报收有时是上司的要求，如上文已经提到，张集馨说山西奏销"向以完全奏报"，不报民欠）和各种不能"作正开销"的摊捐，这使得州县官对于亏空公款没有负罪感，甚至理直气壮；而"人心"束缚一旦丧失，亏空就成为风气，积重难返。嘉庆初年有官员说，"州县亏空仓库，挪新掩旧，各省积习皆然。近年间有督抚实力稽查，设法补缀一二，而一转手又已荡然。各州县见积习相沿，愈生玩狎，终无完补之日"②；安徽"亏空垒垒，清查一次续添一次……旧亏未补，新亏又起，通省仓库几无完善之区"③。在这种情况下，督抚对于州县官亏空往往不予参办。嘉庆初年有官员分析说，督抚们采取这种态度原因有四点：

> 一是"避处分"，"属员亏空，上司有失察之咎，且有摊赔之责，所以欲图趋避，遂成循隐"；二是"恐牵连"，"上司或受过属员之馈送供给，所以不敢办"；三是"徇情面"，有些督抚虽然自己"并未受属员馈送办差之费"，但知道自己"所属藩臬道府不能保无沾染"，如果参办亏空州县官必至"连累多人，动成大狱，所以宁隐忍而不肯办"；四是"狃积习"，认为近来各省督抚对于州县亏空"俱未办出"，如果自己"一人独办，或反招刻薄之名，遂至习为固然，而恬不知怪"。④

不仅不予参办，督抚有时还会为亏空州县官设法掩饰、补救。如道光间韩宝锷任山西忻州知州，亏空地丁银8千余两，病死前哀求巡抚申启贤设法弥补，免致参追，申某乃奏调韩宝锷的进士同年董某接任，承担亏空。⑤如果"接任之员"对于前任亏空"刻意认真"，上司、同僚、监盘官

① 徐珂编撰：《清稗类钞》第三册，第1358—1359页。
② 张鹏展：《请厘吏治五事疏》，贺长龄辑：《皇朝经世文编》，第739页。
③ 张师诚：《杜州县交代积弊议》，徐栋辑：《牧令书》卷二十三，宪纲。
④ 张鹏展：《请厘吏治五事疏》，贺长龄辑：《皇朝经世文编》，第740页。
⑤ 张集馨：《道咸宦海见闻录记》，第54页。

员往往会出面"交相劝说"，督抚等上司且可批准将亏空流摊。^①在这种氛围中，接任官员如果要按照制度对前任亏空"据实详揭"，就被人们指为"欲闹交代"，因此只好"吞声滥抵"。^②于是，对亏空严厉惩罚、追赔的制度行同具文，"凡遇交代，无不迟延辗轕，每多通融结报"。"通融结报"的具体途径包括："虚报工程"，即"凭空捏造"修理城垣、监狱、仓廒、衙署、庙宇、棚厂、桥道等工程项目，或"浮开用数"，由后任"分年摊补"；假立缉拿匪犯、供应差使等名目，"借称因公赔累，私求本管府州批准，分年流摊；或凭监盘说合，公立议单，分年摊认"；前后任官员"互相通融，私立欠票，辗转流交"；高价私粜仓谷，交代时低价记账；交代"以陈设玩器及衣物等项暂行作抵"，"高抬价值，以少抵多"；等等。^③而这样做的结果，就是新旧亏空交织，数额越来越大，责任越来越分不清，最终如一团乱麻，无从清理；如一摊烂泥，无法收拾。

---

① 张师诚：《杜州县交代积弊议》，徐栋辑：《牧令书》卷二十三，宪纲。有的官员以让缺为报酬，要求其他官员为自己承担亏空。如太原府知府王某署理河东道，张集馨署理太原府，王某将回任，提出如张集馨如果肯承担7000两的库款亏空，则自己可以退休，不再回任，而由张集馨正式补缺。"同人"也答应"公认"此项亏空。藩司则说，如张肯承担，"则七千金缓缓弥补，司中绝不催提"。见张集馨：《道咸宦海见闻录》，第45页。

② 张集馨：《道咸宦海见闻录》，第33页。

③ 张师诚：《杜州县交代积弊议》，徐栋辑：《牧令书》卷二十三，宪纲。

有法与无法：清代州县制度的总体特征与缺陷（上）

本书"序论"指出，近代思想家严复曾借苏轼"中国以法胜，而匈奴以无法胜"一语来阐发自己的一个重要见解——19世纪末的西方国家"无法与法并用而皆有以胜我"。他实际上是说，中国一方面在社会政治制度方面处于"有法"状态，即各个社会成员、社会阶层尊卑判然不平，相互之间"壅蔽"隔阂；另一方面在行政制度方面处于"无法"状态，即各项具体的行政、军事、财经制度不健全、不明确，名实不符，运作随意。本书认为，严复的这种说法，为我们深入剖析清代的州县制度指示了一个十分有利的切口。本书最后两章，即准备从这一视角出发来探讨清代州县制度的总体特征和前现代性质（第七章探讨社会政治制度"有法"问题，第八章探讨行政制度"无法"问题）。而笔者相信，这种探讨还具有更重要的意义。中国始建于秦的中央集权君主专制制度，其形态至清代臻于完备，因此，我们完全可以将清代的州县制度作为一个"文本"，通过对它的解读来深刻认识、把握"秦制"之下政府制度的本质与特征。而毫无疑问，这种认识和把握，乃是我们对中国行政制度现代化转型问题进行思考、探讨和阐述的真正出发点。

第一节　宗法性官府本位："秦制"下的社会结构

一、"官府"是一个社会性集团

秦统一后，废分封、行郡县，建立了中央集权的君主专制制度。对于中国历史来说，秦制的建立不仅是一种政治制度的变革，同时也是一次社会结构的转型。中国在商周时期实行宗法制、分封制，天子以及直接为他服务的官僚班子，有效统治权不出王畿地区，而全国大部分社会权力和资源系由各级宗法贵族所掌握，社会的重心因此在下而不在上，在（贵族）社会而不在国家。用今天的理论术语说，这是一种"社会主导型"社会。而秦以后废除世卿世禄的贵族制度，专制君主依靠官僚实行统治，国家竭力控制各种社会权力与资源，社会的重心因此在上而不在下，在国家（政府）而不在社会，呈现为一种"国家主导型"结构。清代州县制度的总体特征和前现代性质，其产生的基础就是这种"秦制"之下的社会结构。

对于中国秦以后的社会政治制度，中国主流历史理论称之为"封建制度"，这种看法未能准确把握该制度的本质，因此也妨碍人们深入揭示它的各种特征。众所周知，中国主流历史理论所谓"封建社会"，只是一个具有政治性的历史哲学词语。实证地看，汉语"封建"一词语出"封建亲戚"（《左传》）、"封建诸侯"（《史记》），在中国历史上系指西周分封制度；而西文"封建制度"（feudalism）系指欧洲中世纪的社会制度。至于中国秦以后的社会政治制度，则与这两种制度全都不同，对此人们已有共识。由于这种制度具有任用职业官僚行政、设置科层政府机构，以及各种行政运作均有"典章"规则等特点，欧洲18世纪的启蒙思想家伏尔泰曾以欣赏的态度看待这种制度，认为它具有"理性"特征，而西方国家在寻求建立近代行政制度时，也确实从这种政治体制中吸取了重要经验（如公务员资格考试）。然而人们肯定也不会将这种制度与现代社会政治制度等量齐观。那么，到底应如何准确而深刻地把握这种制度的本质与特征呢？这个问题并没有真正得到解决。

笔者认为，用"官府本位"来概括秦以后社会政治制度的本质最为贴切。今天，当人们批评某种政治风气时会使用"官本位"的概念，而用这一概念来反映中国秦以后社会的历史特点，并不十分恰当。这是因为，"官本位"中的"官"容易被理解为官员个人，或作为若干官员个人的集合体。但实际上，秦以来成为中国社会重心和主导的"官"却是一个有机的结构性整体，即中国普通百姓耳熟能详的"官府"。秦制之下的社会，就是一个"官府本位"的社会。

在秦制之下的"官府本位"社会中，"官"不是一个行政意义上的公务人员群体，而是一个统治社会、与其他阶级相对立的"社会阶级"。王亚南指出，现代社会的"官僚政治"是一种"技术"性工作体制。在这种社会中，国家的"主权者"（人民、公民、社会各阶级）通过法律程序产生由职业官僚组成的政府，官僚以个人身份受雇于"主权者"，遵循后者的意志（体现为法律）进行行政运作。这种官僚政治尽管通常总会存在各种流弊——如违法行政、形式主义、效率低下等，官僚作为个人也可能存在以权谋私的违法行为，但官僚却并不构成一个能够通过侵害社会来实现自己特殊利益（特权）的社会性群体或阶级。他们作为个人临时服务于公权力，除根据契约而享有个人权益外没有其他集团性利益，并不结成集团永久性占有公权力；他们所任职其中的公权力因此是虚拟的，只是行政人员进出流动的"场所"，而不是作为一个固定统治集团的实体；这种公权力服务于社会，而不是作为一个集团与社会相对立，并统治社会。然而，中国自秦以来的"官府本位"政治却不是这样。在这种体制中，君、官、吏（以及贵戚等）共同构成一个有自己特殊利益的集团，它永久性把持公权力，凭借公权力为自己谋利益，与社会相对立并统治社会。对此王亚南曾指出，中国的这种官僚政治不是一种"技术"意义上的作风、流弊，而是一种"社会体制"。在这种"社会体制"中，官僚不是或不仅是一种行政性的人员团体，而且是一个社会性的集团，用马克思主义的话来说是一个"社会阶级"（"君"是他们的主人和首领）。他们不是简单地"代表"其他阶级，"不代表贵族阶级利益，也不可能代表资产者阶级的利益"，而是"自有特殊利益"，"他们自己就是支配者阶级"，就与人民"处在对立者地位"。因此，"官"与"民"是这种社会的主要分野，两者之间的矛盾是这种社会的主要矛盾。如同任何社会阶级一样，这种官僚阶级也有着自己独特的牟利方式，其根本特点在于利用手中的政治权力牟取经济利益，即所谓"以权谋私"。"做官"与"发财"不可分地连在一起，"做官被看成发财的手段，做大官发大财，做小官发小财"。"发财"对于这种官僚阶级来说不仅具有物质收益的意义，而且是他们标榜自己特权社会地位的条件，对此王亚南指出，"官对人民的特殊差别表现，首先是从物质的享受上具体体现出来的"，官僚如果不能做到享用豪华奢侈，"在老百姓面前，就显然没有了不起的威严了"。于是，京官、外官、大官、小官"上下其手，交互造成一个贪污大局面"，贪污不再是一种"风气"，而是成为了一种制度。①

还需要注意的是，"官府"既然是一个社会性阶级而不是一个行政性人员团体，它在人员上就没有刚性的界限。作为"阶级"，官府各成员与其家庭、亲朋、故旧乃至奴婢之间，都存在无法分清、无法割断的联系。换言之，秦制下的"官府"，是一种边际不清的社会网络，既包括君、官、吏、役个人，同时又可以囊括他们的一些社会关系。

二、"官府"具有宗法性质

在世界历史上，存在各种政府构成、蜕变或分化为特殊利益集团的情况，而秦制下的"官府"之构成一个社会性集团，其特点在于它的宗法性。

① 王亚南：《中国官僚政治研究》，中国社会科学出版社，1981，第19—20、60—61、117—118、121—122页。

　　马克斯·韦伯指出，"契约任命即自由选择，是现代的官僚体制的本质"，现代"法理型"统治中的行政人员，"个人是自由的，仅仅在事务上服从官职的义务"。也就是说，在现代政治中，政府公务员是一群自由的个人，或具有公民权的个人；他们作为个人，根据契约在虚拟的公共权力中任职和退职；除行政职责之间的（隶属、分工等）关系外，他们彼此之间（包括与上司之间）没有人身依附关系；他们仅仅对法律以及根据法律所制定的行政制度负责，不超越法律对任何个人负责。但"传统型"统治则不同。韦伯指出，这种统治或者"没有行政管理班子"，或者即使有行政管理班子，但其成员却不是自由人。这些成员或者是"依照传统，通过恭顺的纽带，招募与统治者有关系的人"，如氏族成员、奴隶、家臣、隶农等；或者是一些与统治者有"个人信赖关系""忠诚同盟"关系、"恭顺关系"的"官员"。[①]秦制之下的"官府本位"制度，就属于这种"行政人员不是自由人"的"传统性"统治，但它又有自己的特点。

　　从古典时期到近代的西方思想家，包括亚里士多德、马基雅维利、波丹、孟德斯鸠、黑格尔和马克思，都认为"东方"国家盛行一种"专制主义"政体，在这种政体下，专制君主是全国唯一的财产所有者和主权者，其他臣民——包括辅助他实行统治的亲信、官员，都是屈从于他的奴仆。对此，黑格尔的表达是东方人"只知道一个人是自由的"[②]，马克思的表达是东方存在"普遍奴隶"制[③]。西方思想家们的这种观点大体不差，中国古代文献实际上也表达过这种看法，如"普天之下，莫非王土；率土之滨，莫非王臣"，君主"富有四海，臣妾亿兆"，人民"男为人臣，女为人妾"等等。这里所谓"臣""妾"，就是奴虏（《说文》释"臣"：牵也事君也，象屈服之形）。君主对于"臣"，可以任意生、杀、予、夺，这种权力曾明确地载之法典（见《周礼·天官·大宰》《周礼·春官·内史》），"主上之遇大臣如遇犬马"，"如遇官徒"（龚自珍引贾谊语）。但需要注意的是，中国社会还具有不同于埃及、印度、波斯、土

耳其等"东方国家"的特殊性，即宗法性。西周社会实行普遍的、一体的宗法制度；战国以后宗法制作为一种一体的制度虽然瓦解，但其"碎片"仍然存在于基层社会，而宗法原则也被"复制"到官僚制的国家组织中（韦伯因此称中国秦以后的政治制度为"世袭的官僚制"）。这样，中国传统的社会政治制度就与其他"东方专制主义"制度有两点不同：其一，就连专制君主也不是"自由"的，也要受制于宗法性的社会整体、国家整体，也要服从传统（如"祖宗之法"等）；其二，"奴隶制"不仅是"普遍的"，而且是等级的，在尊卑有序的宗法性社会中，每个人对尊者都是"奴"，对卑者都是"主"。在这种社会的"官府"中也同样，君主与官员、上司与下属、官员与吏役之间也是一种人身相互依附的主奴关系。

　　要准确把握秦以后中国专制政体的本质特征，必须澄清人们谈论"专制""威权"问题时常常存在的概念混乱。我们经常可以听到一些说法，诸如"某国的威权体制有很大的优越性""某类国家只能实行专制体制，否则国家就会陷于混乱、分裂和战争"，这类说法相对于它们所谈的具体问题而言或许不错，但它们所使用的概念过于笼统，容易引起理论和思想混乱。大致说来，世界历史上存在三种都可以笼统称为"专制"或"威权"的政体，我们必须明确认识它们的不同性质和特征，而不能以一"名"指多"实"。其一，法治性质的"威权体制"。这种体制与现代西方式的民主政体不同，其政府职能较多、权力较大，对社会有较多的管理和干预，而人民的自由、民主权利受到一定限制。但是，所有这些都是由法律所规定的，法律具有最高权威，政府也必须守法；政府是一个为国家、社会服务的行政性治理团体，而不是一个有自身特殊利益的社会性集团，其成员更不能利用职权谋取个人利益。有人将新加坡指为"威权国家"，如果这种提法或看法可以被接受的话，那么它的政体就属于这种法治性质的"威权体制"。其二，当一个国家陷于社会分裂、各个阶级（群体、团体）持续互相争斗，因而使国家的政治、经济不能正常运转时，或国家因内忧外患而遇到重大危机时，往往会出现军事性、准军事性的"威权"（甚至独裁）政府，它凌驾于一切社会阶级之上，采取行政、军事措施对社会严加管理，限制公民个人的自由和社会政治团体的活动。这种"威权""专制""独裁"政府由于不能受到法律的限制和民主的监督，自然会出现腐败倾向，有可能逐渐成为一个特殊利益集团。但就其基本性质而言，这种"威权"政府还是一个治理团体，而不是一个凭借权力压榨其他社会阶级而牟取自身特殊利益的社会性集团。它对整个社会所实行的"专制"统治，或是为了避免各个社会阶级在相互争斗中同归于尽，或为了避免国家陷于混乱、崩溃、灭亡，而不是为了镇压其他受损阶级对自己胡作非为的反抗。其三，政府自身是一个社会性集团，凭借权力压榨其他社会阶级而牟取自身特殊利益，因此与其他社会阶级处于矛盾对立关系中。这种政府为了维护集团自身及其各个成员的特权、私利，必须对其他社会阶级实行强力统治，对它们的反抗实行镇压。这种"专制"，其基本宗旨就在于保护政府集团的利益和统治，保护其成员的贪腐、滥权和压榨，因此不仅不能促进社会的和谐，相反只会导致政治更加腐败，社会更加失衡，矛盾更加尖锐，经济陷入衰落。传统中国秦以后"官府本位"社会的专制政体，就属于这种性质，它与新加坡那种现代法治性质的"威权体制"不可同日而语。

中国传统社会的宗法性"官府本位"结构，构成了清代州县制度的总体特征和前现代性质的基础。

第二节　役使、勒索与荫庇：清代州县官府的内部关系

一、上司与州县官有如主奴

现代社会区分人的人格与社会角色，认为人的社会角色有不同（包括在政府中的职位有高低），但人格彼此平等；社会政治运作中的职务服从不能损害人的人格。但在以宗法制度为背景的中国传统文化中，人的人格与社会角色却是合而为一的，社会政治地位的尊卑高低，同时就意味着相应的人格不平等。正因为如此，在清代官场上，各级上司对于州县官实际上视为奴仆。

有人指出，清代官场"上宪视属吏，无论贤否，皆等之隶卒"，"奴视之"，颐指气使，任意支配。最为严重的是，各级上司与州县官见面，后者要行跪拜之礼，"道路邮亭，众目观望之地，直听其朝服膝行，踞不为让；甚至大官之仆隶，亦厉声斥骂之"。①这种十分感性、令行礼者无比难堪的礼节，故意凸显行礼者的人格屈辱和受礼者的人格尊贵，其功能远远超出了体现双方行政角色的需要，而是要刻意强化双方的主奴关系。一些督抚大员无视州县官同样也是"朝廷命官"，"遇有公事"，辄将他们"调至省城办理，或调赴他府办理，动经数月，不回本任"，这也说明，

---

① 谢振定：《察吏八则》、卢锡晋：《吏议》，贺长龄辑：《皇朝经世文编》，第750、564页。

他们实际上是将州县官视为自己的私人。①

州县官在制度和习惯上被视为上司的奴仆，时间既久，他们自己也就在无形之中认同了这种身份。有人指出，州县官们受到上司及其仆隶令人不堪的凌辱，"始犹怒于心，久则相与安之，又久则相与赂之"，廉耻心因此而"丧失无余"，纷纷去做那些本来"所不屑为"的事情，②对上司奴颜婢膝，竭尽巴结谄媚之能事。如黄六鸿说：州县官对于各级上司，参见"必恭必慎"，仪节"必时必周"，奉行"必详必速"，咨请"必婉必诚"；到任后"必谒上司"，"不宜迟缓"，"容止跪拜，进退疾徐"，都须于平日练习娴熟；其各种馈送，都应"悉照旧规，务于先期躬亲简点，勿露吝形，致见挥斥"。③有些州县官员毫无廉耻，看准某一司、道"为督抚所信任"，即"不惜重贽，执贽门下"，寻求"维持徇庇"。④清代为了维护州县官在人民面前的尊严，本来禁止他们在上司各官经过时出城迎接，"蟒衣跪道"，但实际上，遇有上司经过，州县官往往"有意谄媚，违例迎送"。⑤为了巴结上司，当时各州县都在省城安排"听差"或"坐省家人"，负责交结督抚两司衙门吏役和首州首县家丁，探听上司官员的动向，以便迎逢行贿，"凡大宪语言喜怒，升迁降调，事未举而通省皆知，弥缝夤缘，无所不至"，连各位上司"太太、老太爷、老太太生日单"都必须打探清楚。⑥当时，州县官向督抚"馈送土宜物件"，对于经过本地的"上司之子侄亲戚""趋承供应，馈送礼物"，"并无公事"但却"谒见上司，有意逢迎，并赴省拜寿行贺，夤缘通贿馈送银钱等物"等等，是十分普遍的现象。⑦

---

① 《大清会典事例（嘉庆朝）》卷七十六，吏部六十三。

② 卢锡晋：《吏议》，贺长龄辑：《皇朝经世文编》，第564页。

③ 黄六鸿：《福惠全书》，第53页。

④ 袁方城：《条陈整顿吏治疏》，盛康辑：《皇朝经世文编续编》，《丛刊》第84辑，第1968页。

⑤ 《大清会典事例（嘉庆朝）》卷七十六，吏部六十三。

⑥ 《大清会典事例（嘉庆朝）》卷七十六，吏部六十三；谢振定：《察吏八则》，贺长龄辑：《皇朝经世文编》，第751页；蔡申之：《清代州县故事》，第16页。

⑦ 《大清会典事例（嘉庆朝）》，卷七十五，吏部六十二。

二、上司衙门对州县的勒索

各级上司对于州县官的肆意勒索，也从一个角度展示了双方之间的主奴关系。除前文已经述及的办公费摊捐外，各省督抚、监司、知府等官员的私人用度在相当大程度上也依赖于州县供给。上司官员勒索州县官的手段多种多样，如假称"借贷"，实际有借无还；"借访事为名，差家人衙役更番迭出，阳称路过，阴言采访，抑勒州县馈送进奉"；州县官"请换印信"时，令且缴纳"使费"，"多至百金，或数十金"；"值大计之时"，"借端敛派"；本衙门"需用物件"，"嘱令属员购买，短发价值"；借"留待属员饭食"之名"收受属员压席银两"；"纵容管门家人收受属员门包"；知府以征粮为名下临州县，贪图"供应"，需索财物，如此等等，不一而足。①州县各级上宪官员赴任，家眷、家人数目众多，"除携妻子兄弟而外，其奴婢有多至数百人者"，其赴任离任在各州县入境出境，"驿递则有人夫迎送之苦，州县则有中伙供亿之苦"；在任期间"千百名口，嗷嗷待哺"，"取之所属以供之"，"率以为常而不顾"，致使"地方之官民大困"。②此外，各级上司向所属州县官勒荐幕友、长随，实际上也是一种变相勒索，当时各省"遇有新州县到任"，作幕者往往"夤缘求其上司荐举，或贿托上司之官亲幕友，央求转荐，督抚司道府均所不免"；③有时"上司之幕友家人将人荐与州县"，其实是由"本官授意"。④督抚司道等官员对于首县的摊派勒抑，在清代更属于无从禁止的惯例。清代知县与知府同城者，称首县（即附郭知县），要无偿为本府、本道办差；其首县附郭省城者，更是近乎成为各级上司专职办差人员和法外费用开支的"小金库"。当时，各省"遇有庆典年节宴会，及钦差过境开筵演戏"，督抚司道"往往令首府首县承办"；一些督、抚、藩、臬、道、府甚至"蓄养戏班"，没有公事也常常"开筵聚饮"，而费用全由首县负担；此外"凡一切操演兵马，考试吏员，行香讲约，因公勘验等事，

---

① 《大清会典事例（嘉庆朝）》卷七十五，吏部六十二；卷一四四，户部十七。
② 刘子章：《节仆从以省扰累疏》，贺长龄辑：《皇朝经世文编》，第590页。
③ 张鹏展：《请厘吏治五事疏》，贺长龄辑：《皇朝经世文编》，第739页。
④ 文孚纂修：《六部处分则例》，第365页。

需用酒筵，铺设香烛菜品"，督抚司道等"均于首邑取办"，"甚至葺理衙署，修正执事，置备器物，首邑俱遣家人工房，在辕承值"，"合一年所费，每至盈千累百"。①

上司关于勒索州县，最恶劣者莫过于督抚卖官。如有人揭露说，乾隆间和珅擅权，封疆大吏"不能不为自全之计，费无所出"，遂卖官鬻爵，"以缺分之繁简，分贿赂之等差，馈送之外，上下又复肥己，久之习以为常"。②咸丰间祥奎任四川布政使，贪鄙异常，"贿赂公行，声名狼藉，不肖守令相率出入其门，钻刺夤缘，无所不至"，"州县优缺署理者"大半是这些人；当时军饷匮乏，他"辄借口军需以供其图索，于是缺分之委署有费，军功之保举有费，防堵之报销有费，复听信幕友家丁，肆其讹索"。③

此外，督、抚、藩、臬、道、府等各级上司衙门均有书吏、差役和家人性质的人员（包括亲族、奴仆、长随、承舍、旗牌等），这些人仰仗本衙门权势、权力，也常对州县进行各种形式的勒索和干扰。有人指出，"吏非能害人也，必假官以害人，官尊则吏横，官卑则吏弱"，"衙门之体制愈尊，胥吏之事权愈重"，"州县之吏病民而止尔，司道之吏能病官，督抚之吏病大吏"，④差役、家人也是如此。有文献记载，这些人常常"倚恃衙门声势，拜谒属员"，勒索财物；而督抚也往往违反禁止"亲族奴仆""出入与属员接见"的衙门"封锁"制度，使"家人传事"，勒索属员，"积收门包，盈千累万"。⑤督、抚、藩、臬衙门所设承舍、旗牌等人员，"督抚给票差遣"，号称"差官"，"平日踞坐班房，包揽词状，每于府州县官谒见督抚之便，私行嘱托，滥准枉断；及差往他处，则肩舆逾分，马褂胸缨，俨然官长，沿途拜会有司，需索夫马馈送"。⑥各级上司

---

① 《大清会典事例（嘉庆朝）》，卷七十六，吏部六十三。

② 王杰：《请覆实亏空变通驿站疏》，贺长龄辑：《皇朝经世文编》，第588页。

③ 骆秉章：《择尤参劾以图整顿川省吏治营务片》，葛士浚辑：《皇朝经世文续编》，第540页。

④ 费庚吉：《请严定惩×书役扰害章程疏》，王延熙、王树敏辑：《皇清道咸同光奏议》，第1179页；鲁一同：《胥吏论四》，盛康辑：《皇朝经世文编续编》，《丛刊》第84辑，第2871页。

⑤ 《大清会典事例（嘉庆朝）》卷七十五，吏部六十二。

⑥ 《清朝文献通考》卷二十三，职役三。

"左右之人"随本官过境州县，则使出各种卑鄙伎俩敲诈勒索，州县应酬"稍不逐其所欲，辄相兴百方挑剔，或于窗外布散流言，或于酒菜搀和盐醋，或将铺垫暗中撤去，或捏称灯烛夫马不齐，诡诈多端"，直至激怒本官而后已。①

三、"官官相护"

如同任何主奴关系一样，清代各省的督抚、监司、知府等官在对州县官役使和勒索的同时，也竭力进行保护与包庇，这造成了各省官场上下勾结、官官相护的局面。当时有人指出，各级上司对于曾向自己行贿的州县官，"喜其殷勤也，有过体恤之；惧其讦发也，曲意包容之，究至于反受挟制，而无可如何"②。还有人指出，各省州县亏空严重而督抚却往往并不认真参办，其重要原因之一就是"恐牵连"，"上司或受过属员之馈送供给，所以不敢办"③。又如，督抚等上司平日依赖首县出赀办理各种事项，首县"既多赔垫，势不得不派累科敛，作弊营私，以弥补缺乏，而督抚念其捐项繁多，往往曲加体谅，姑息优容；或且喜其逢迎，题升保荐，是非颠倒"④。一些州县官厚颜无耻，投靠上司做"门生"，"已经列入门墙，即使造孽无穷，其师为之维持徇庇"，不会受到追究。⑤

在没有现代民主、法治的专制制度下，清代统治者试图靠"以官制官"的体制内监察机制来解决官员的贪墨、滥权问题。但大量史实表明，宗法化官场上的上下勾结、官官相护，使得这种监察制约形同虚设，这在司法"上控"制度方面表现的最为明显。清代司法上诉制度，本来是为了

①　刚毅：《牧令须知》，第30页。

②　王杰：《请覆实亏空变通驿站疏》，贺长龄辑：《皇朝经世文编》，第588页。对于不予行贿的官员，上司则往往恃权刁难，如咸丰间福建漳州府知府金崇向属县"需索陋规"，"每因所属未能馈送，即行遇事挑剔，是公事之准驳，一视馈送之有无"，见韩锦云：《严惩贪墨疏》，盛康辑：《皇朝经世文编续编》，《丛刊》第84辑，第2362页。

③　张鹏展：《请厘吏治五事疏》，贺长龄辑：《皇朝经世文编》，第741页。

④　《大清会典事例（嘉庆朝）》卷七十六，吏部六十三。

⑤　袁方城：《条陈整顿吏治疏》，盛康辑：《皇朝经世文编续编》，《丛刊》第84辑，第1968页。

制约州县官审判不公、营私舞弊，平反冤狱，但实际上徒有形式。有人指出，"民冤于州若县"，则由府而道直至督抚，逐级上诉，而上司衙门由督抚而臬司直至道、府，又逐级转饬下级衙门审理，"其审判必与县断略相等"；"民于是不得已控之部，部饬督抚，督抚者不得已，使省会州县杂治之，地方州县，又先往为之地，曲徇锻练"，无所不有，"民之冤获伸者，盖百而一二，而当事之身家，局外之株连，证验之旁逮，奔走道路，经年累月，干冒寒暑，死丧相继，财殚身冤，痛入心髓"。①道光皇帝的一道上谕也说：州县上司遇有百姓上控之案，往往"未能湔除积习，或仍发交该州县衙门审办，或复回护固结"，这是"外省之通病"。②而上司官员对于上诉"翻控之案"之所以"不肯提究"，或虽"欲提究而州县官抗违不遵"，"甚至已经发觉，且代为掩护"，"推其原故皆因道府收受苞苴，事事被其挟制"。③清末谴责小说《活地狱》描述的一个事例也反映了这方面的情况：单某任安徽亳州知州"道里府里，都是受过单太爷三节两寿及别样的应酬，更没有不照应的。遇到上控的，不是不准，就是批县。这苦主再到了县里，更是没有命了"④。如果属于"民告官"案件，上级官员对州县官的包庇就更为严重。清制，民人向上级衙门控告下级官吏，上级衙门不得发回被告衙门审理，但这一制度实际上也没有得到认真实行。道光元年（1821年）的一道上谕说："小民有于道府衙门控告州县及控吏胥而牵涉本官者，该道府往往一批了事，仍发回本官办理，以致逼勒、认诬、私押酿命，弊窦丛生。冤抑者无路求伸，刁健者任情挟制，讼狱繁兴，牧令肆恣。"⑤

官员对于差役也同样采取回护的态度。下文将要谈到，差役在清代被定位为"贱役"，没有政治权利，甚至可以被官员任意刑责致死，可以说是官府内部的一个奴才群体。然而，奴才毕竟也是"自己人"，官员们因

① 鲁一同：《胥吏论五》，盛康辑：《皇朝经世文编续编》，《丛刊》第84辑，第2875页。
② 席裕福、沈师徐辑：《皇朝政典类纂》，第5071页。
③ 韩锦云：《严惩贪墨疏》，盛康辑：《皇朝经世文编续编》，《丛刊》第84辑，第2362页。
④ 李伯元：《活地狱》，第104页。
⑤ 席裕福、沈师徐辑：《皇朝政典类纂》，第5070页。

此总是对于自己衙门的差役竭力回护，后者纵有不法，也不愿其他官员参与处治。如田文镜指出："官场痼癖，鲜不庇护自己衙役，视当官值役之辈，即同世仆家人，凡上司行提，即曰令我无颜；属员触犯，即曰目中无我"，而"衙役知有本官曲护，每多足高气扬，肆行不法"。[①]当"官"面对"民"这一防范对象、统治对象乃至镇压对象时，他们更是明确地认为，差役是自己依靠的爪牙。一些官员指出：州县官对于书役、家丁"委以腹心，寄以耳目"，在当时成为风气；[②]"官与民日隔，而与书役日亲。其贪墨之甚者，方恃书役为爪牙；其恂谨无能者，书役又复以官为傀儡，相习成风，牢不可破"[③]。官员既然将差役当作爪牙、耳目甚至腹心，就要放纵他们百姓，如有人指出，各地在办理差务过程中，"衙蠹"与"地痞"往往"交相狼狈，用一报三，官司知而不问，彼此含糊"，贪墨的州县官为图自己"使用"，甚至有意"放纵丁役"，认为他们的勒索中饱是"理应"之事。[④]差役依仗官员庇护欺压百姓，有时会引起反抗，当这种情况发生时，官员们往往会认为百姓们是在冒犯自己。对此有人指出，各州县差役"依官为护符"，"呼朋引类，奋其鹰犬之狠戾以搏噬我齐民。有时齐民苦于无诉，或偶焉抗拒，则官以为伤其类，故左袒之"。[⑤]

① 田文镜：《请停分缉协缉疏》，贺长龄辑：《皇朝经世文编》，第2676页。

② 刘衡：《议覆理讼章程书》，盛康辑：《皇朝经世文编续编》，《丛刊》第84辑，第4736页。

③ 费庚吉：《请严定惩×书役扰害章程疏》，王延熙、王树敏辑：《皇清道咸同光奏议》，第1178页。

④ 阎敬铭：《沥陈川陕差徭苦累亟宜变通恤农疏》，葛士浚辑：《皇朝经世文续编》，第851页。

⑤ 《皇朝续文献通考》卷二十七，职役一。

第三节　盘剥、统治与镇压：清代州县官府与社会的关系

一、州县官府：盘剥社会与侵蚀国家资源的寄生体

前文已经述及，秦制之下的"官府"是一个有自己特殊利益的社会性集团，利用手中的政治权力来盘剥社会，是它的本性。这个集团所取得的经济收益，主要不在于其成员担任公职的法定俸薪，甚至也不在于他们的非法贪赃所得，更为重要的是今人所谓的"特权利益"和"灰色收入"。这种收益，是他们（官府人员以及他们的宗法社会网络）利用权力、权势对社会的盘剥和对各种国家资源的侵蚀，这一点最为充分地表明秦制下的"官府"不是一个为社会服务的治理团体，而是一个靠垄断政治权力来为自己谋利的"社会阶级"。

州县官府对社会的盘剥和对各种国家资源的侵蚀，首先由官员、幕友、长随、书吏、差役等实际具有公职身份的人员做出的。他们的这种盘剥、侵蚀行为，介乎于合法与非法之间，既无合法依据，又为法所不禁，因此与法所不容、法所不贷的贪赃并不相同。对此，本书第四、五、六章均已作出阐述，其具体形式如州县官地丁浮收、杂税瞒报、摊派差徭，在诉讼刑罚等各个行政环节索取陋规和罚款、官价采买以及向商户收取规费，长随、书吏、差役在各种公务活动中收取陋规，等等。由于"官府"不是一个边际清晰的行政人员团体，而是一个既包括君、官、吏、役个人，同时又囊括其家庭、亲朋、故旧乃至奴婢的差序性社会网络，因此它

对于社会的盘剥和各种国家资源的侵蚀，又同时体现为这种社会网络的作为。例如前文曾经述及，州县官员的"子弟亲友"往往擅用国家驿站资源，"甚至家丁之丁，幕友之友，俨然乘传往来，相习成风"。① 又如所谓"官价采买"，其实质是要民人、商户无偿负担州县衙署数十乃至上百家丁、官亲的大部分生活费。再如，州县官任职时，亲朋、上司推荐幕友每至数十人、上百人，前者或"情不能却"，或"不敢拂其意"，半送干修，半请到馆，使之尸位素餐，每年"此一项约耗去二三四千金"。② 这些都说明，所谓"官府"盘剥社会和侵蚀国家资源，完全不同于现代法治国家中偶发的官员个人贪污，而是一种由一个寄生性社会群体所施行的常态化、制度化的剥削，"官府"因此完全成为一个紧紧附于社会机体之上疯狂吸血的寄生体。

由于"官府"剥削不是偶发的个人行为，而是具有群体性、常态性和制度性，因此其危害就不仅及于国家行政层面，而且及于社会、经济层面，可以导致社会、经济的衰落。前文已经述及，州县官府借民间诉讼和命盗案件肆意勒索、敲诈，往往导致民人的破产，甚至导致一方社会的凋敝。普通百姓只要涉入简单民事诉讼，原告、被告以及四邻证佐就全都会"牵连失业，典衣买饭"，"曲直未到，而中人之产破"；③ "一讼起，常二三家破；一岁之讼，以数千计"，破家者不可胜数。④ 窃盗案件，"一票尤必破数家"，被称为"贼开花"，⑤ "殷实平民经贼案数次牵连"必然"一贫如洗"，被称为"洗家病"。⑥ 命案办理，"若有殷实之家，但在数里内者，必百计株连"⑦，民间因此有"告状破一家，人命破一村"之

　　① 周恒祺：《请整饬吏治疏》，盛康辑：《皇朝经世文编续编》，《丛刊》第84辑，第2376页。

　　② 徐凌霄、徐一士：《凌霄一士随笔》，第995页。

　　③ 周镐：《与王春溪书》，贺长龄辑：《皇朝经世文编》，第841页。

　　④ 莫友芝：《送潘稚青明府归桐城序》，盛康辑：《皇朝经世文编续编》，《丛刊》第84辑，第2962页。

　　⑤ 严如熤：《三省边防备览策略》，徐栋辑：《牧令书》卷十八，刑名中。

　　⑥ 四川省档案馆藏：清代巴县档案，嘉庆朝第5卷。

　　⑦ 谭承祖：《请饬严禁书差肆扰疏》，王延熙、王树敏辑：《皇清道咸同光奏议》，第1182页。

语①；"甚则延及二三十里内之富户，谓之望邻，亦被吓诈破产"，"地方元气，索然尽矣"。②而这类问题长久积累，最终就会导致社会的衰落，一些被官员"视为溪壑"的富庶"有名美缺"州县，"其连×巨室，既皆化为草宿雎游"，"小户之仅完者亦少"。③在中国历史上，国家赋役沉重导人民逃亡、经济凋敝的情况为人们所熟知，清代州县官府的盘剥也同样严重影响地方经济。例如，州县为了"创收"滥发牙贴，听凭地方土劣盘踞市场，滥收"牙税"，结果导致"百物腾贵"。④又如，州县实行由铺户无偿或低价向衙门供应各种用品的制度，导致铺户严重赔累，商业凋零。⑤可以说，在中国"官府本位"的制度下，不是"经济决定政治"，而是"政治决定经济"。19 世纪中叶"西风东渐"，中国有了现代经济，但由于"官府本位"的政治社会结构没有改变，立即出现了"官僚资本"。"官府"不是作为一个治理团体服务于国家，而是作为一个寄生群体紧紧附着于经济、社会机体之上，吞食其膏脂，吸吮其精血，凭借权力、权势来恶性膨胀自己的利益。这历来是中国经济、社会周期性陷入衰落与危机之中的主要原因。

二、州县官府的统治：强力行政与武力镇压

　　一个政府的统治方式、行政方式，系由其所处的社会政治制度所决定，用近代中国人的政治概念说，即"国体"决定"政体"，"政权"决定"治权"。

　　现代法治制度是社会多元化的产物。法律的本质是多元社会主体之间的契约，一个社会（国家），只有存在各自都具行为能力、彼此不能任意

---

① 费庚吉：《请严定惩×书役扰害章程疏》，王延熙、王树敏辑：《皇清道咸同光奏议》，第1178页。

② 刘衡：《札各牧令相验宜遵例自备夫马少带人役由》，徐栋辑：《牧令书》卷十九，刑名下。

③ 周锡溥：《复秦小岘廉使论吏弊书》，贺长龄辑：《皇朝经世文编》，第745页。

④ 叶灼棠：《论私抽》，《牧令书》卷八，屏恶。

⑤ 周亮工：《请禁苛派铺户状》，贺长龄辑：《皇朝经世文编》，第860—861页。

支配的多元主体，法律才可能成为调节它们之间关系的最高权威；反之，如果一个社会（国家）如果存在一种独尊独强的社会主体（统治者），它就可以凭借自己的力量任意支配国家、社会或其他社会主体，这种社会因此也就不需要法律来作为调节各种社会关系的至上权威，也就不会有法治（这种国家即使存在"法律"，它也不过是统治者用来统治社会、对付人民的工具）。现代法治国家的政府治理，必然体现为一种法治型行政。这种行政的主体——政府，是由国家主权者推出的、为自己服务的治理机构，其行政必须遵从主权者的意志——法律。换言之，法治型行政最根本的特征在于依法运作。在法律面前，政府与公民、与各种社会团体、社会群体，彼此平等；当两者发生矛盾时，须依据法律判定是非，政府不得超越法律而用强力对付后者。

　　然而，清代的"官府本位"社会却不是一种可以产生法治制度的多元社会。在这种"官府本位"社会，"官府"既是一个有自己特殊利益的社会阶级，同时又是一个组织严密的暴力机关，独尊独强；而在它统治之下的"民"，则涣散、柔弱，无力与之相抗衡。这种"官府本位"社会的政府治理，必然是一种"强力行政"。它的行政命令系由官府单方面颁行，仅仅反映官府的利益和意志；它之所以得以实行，是因为官府具有足以使社会服从的"力"。清代州县官府的行政就是如此，它认定任何规则都有可能使自己的权力受到约束，认定自己必须保有能够迫使人民就范的"力"，才能有效施政。例如，道光初年直隶差徭"既无定时，又无定数"，听凭州县官任意摊派，布政使屠之申建议实行改革，每年每亩定额摊派差银一分，由官府雇佣人夫车马应差，此外裁革"一切派差名色"，"不得再派丝毫"。对于这一理性化改革的建议总督颜检坚决反对，而他提出的一个重要理由竟然是：只有不讲道理、依靠强力才能有效施政。他说：直隶各州县每遇差事、差使，"需用车辆，自一二辆至十数辆不等，不能不借资民力"，这种凭借官府权力强征强派的制度，其好处是"一呼即至"，能够保证公务不被延搁。如果改为按亩征收差钱后"一律官为备办"，则一切人夫车马"皆须雇觅"，官府与民人之间的关系就会成为一种平等的商业关系。当"差务吃紧"时，"车户必恃以居奇"，"此时虽出以重价，亦将不应"。他认为，"民之情伪，官实难防"，因此只有用

"不讲理"、赤裸裸的权力保持对民的压力，才能施政；相反，"官既无权，民且益肆"。^①同样是在道光初年，有人提议将地方官场陋规公开化、合理化，使人们负担合理。对此广东巡抚康绍镛坚决反对，而他提出的理由也是对"民"只能"角力"而不能"讲理"。他坚持认为，为了保证足额征收，只能欺软怕硬、坑良纵恶："有力"的"刁生劣监"拒绝缴纳浮冒，就听之任之；"驯谨花户"不敢反抗，就予以征收，并使之多缴以弥补前者的欠缴。^②

而"官府本位"社会，由于"官府"施政的目的在于维护、膨胀自己的利益，因此当社会不予服从时，它的回应方式就不是讲理、谈判、妥协，而是武力镇压。清代的州县政府就是如此。清代州县官施政如果出现严重阙失，尤其是损害地方利益的暴政，会受到士绅、民众各种形式的反抗，包括上控、"公呈"、聚众抗争乃至暴力起事等。而州县官有可能因此而受到包括革职在内的各种处分，这对州县官的权力是一种制约。但是在当时的专制政体下，绅民对于州县官的监督、制约没有法律依据和保障，也不能通过相应的常在组织和机制进行运作，因此这种制约是无形的、非制度化和非理性的，它是否以及能在何种范围内产生效果，无从预见，而是取决于各种无法把握的偶然因素，如官员与绅民之间的较力，上司官员的清明程度，以及政治形势的治乱缓竣等等。当时，在处理官府与绅民之间矛盾、冲突的问题上，专制政体的理念总是将维护官府权威视为第一原则，绝不允许"民"冒犯"官"的权威，民众与任何一个"官"的对抗，都被视为是对官府和朝廷的挑战；民众的任何反抗，不论其理由是否正当，都必须首先予以镇压。为了维护官威、压抑民气，在解决官民矛盾冲突时牺牲公平、罔顾事实甚至颠倒黑白，被认为是必要的、正当的。如王凤生说："有等刁健之徒，往往借端挟制，聚众抗官"，其原因虽然在于"官之平日疏于治理，未协舆情"，但"当场不摄以威而抑其气，将此事逞而彼事随之，此乡创而彼乡效之，相习成风，一蹶不可复振"。他说："官能治人，全在朝廷名分，苟法无可畏，而官益可轻，

① 颜检：《覆议减差均徭利弊疏》，葛士浚辑：《皇朝经世文续编》，第1197页。
② 伍承乔编：《清代吏治丛谈》，第437—439页。

犯上作乱之为，未始不由此以开其先也"，"地方风气之坏，每肇于一端"。他认为，当出现民众与州县官的矛盾冲突时，"上官"的处理须"衡其轻重"，"固不可庇官而抑民，尤不可损威而坏法"。①事实上，清代包括州县在内的各级官府，从来都是这样处理各种"民变"的。

---

① 王凤生：《从政要言》，盛康辑：《皇朝经世文编续编》，第2570页。

第八章

有法与无法：清代州县制度的总体特征与缺陷（下）

健全的治理机制、职业化的公务人员和规则化的运作是现代行政的必备因素。而以此为标准来考量清代的州县制度，就可以发现它在行政层面存在诸多前近代的重要特征和缺陷，包括缺乏健全的职能机构、有力的执法机制，缺乏有效深入乡村社会的行政机制和翔实可靠的情咨统计，以私人或社会势力履行公权、监察机制异化以及非法制的模糊运作等。

第一节　州县治理机制的残缺

一、缺乏健全的职能机构

在现代法理型政治中，行政人员的构成体现为政务官与事务官的二重结构。政务官或由选举，对选民负责；或由任命，对长官负责，均须按法制程序进退，并非终身职业。事务官系经考试合格的专业行政人员，他们组成各种常设职能性行政机构，按规章进行行政运作，只对制度负责而不对长官负责；政务官不得随意干预职能机构依法运作，事务官也不随政务官进退。由这种职能机构负责日常行政运作的做法，是法理型行政的集中体现。这是因为：第一，职能机构合理而健全的设置，可以为行政职能的全面履行提供保证；第二，职能机构照章办事，可以避免政务官对行政的非法干预；第三，职能机构的常设性（不随政务官的进退而置废、改组），使之能够成为行政组织的主体，从而为行政运作的连续性提供保证。

清代有谚语说"铁打的衙门流水的官"，州县官员时有更调而由书吏、差役组成的房科、差班固定不动，表面看来，这与现代法理型行政制度的政务官、事务官二重结构极为相似，也确实有人将清代衙署中的书吏类比为现代行政中的事务官。然而究其实，可以发现这是一种极大的误解，清代州县"官"与"衙门"的二重结构与现代法理型行政中的政务官与事务官二重结构有着根本不同。

首先，清代州县时有更调的正印官，不是官员一人，与之同进退的还有幕友数人、十数人，家丁、长随数十人，而这些人中，除钱粮、刑名等少数核心幕友与正印官一起承担着政务官职能外，其他人其实是承担事务官职能，这使得州县房科的行政职能残缺。前文已经指出，在清代州县行政中，文书收发承转、司法审理的文件准备、仓库管理、驿站管理以及各种差务等各种在现代行政中属于事务官职责的工作，实际上都是由家丁、长随具体承担或负责控制（见第四章第二节）。[①]此外更有为现代行政所绝不能相容者，即官员眷属也参与承担行政职能，成为行政组织的有机部分，如汪辉祖就认为州县官"任所不可无眷属"，因为眷属承担着衙署的内务和家丁管理职能，"署无眷属则宅门如客寓"，"一切俱无检束"，"官一升堂拜客，仆从即无顾忌；遇公出，晚夕印匣亦难信托"。[②]这样就可以说，政务官与事务官之间的明确职能划分以及合理的职能机构，在清代州县行政中并不存在。这种情况，势必使得行政职能的履行处于混乱无序。

其次，州县官依靠幕友、长随控制州县行政的方方面面，通过这些人贯彻自己的意志，房科、差班听命而已。这样，州县房科、差班就受到州县官私人控制，处于附属地位，不能按照法定规则独立运作，不可能成为现代行政意义上的常设职能机构。

再次，长随、官亲承担或控制州县行政中的各种事务，而他们与州县官同进退，这使得州县房科不能构成代表行政连续性的主体。例如，职能机构的一个重要职能是保存行政文书档案，以保证行政的连续性。然而在清代州县行政中，许多重要公文却是由官员、幕友和家丁保管、处理。有官员特别强调说，州县官升迁时，"凡书札、文移、牌票，非有用必存者，尽行焚毁，不得遗留，使后官拾去，致生他议；其一应不须交与后官册籍，尽行收藏，以备他日查核之用。至于征收无额杂税簿籍，尤不可留与吏胥"[③]。行政文书随官员离任而被销毁、携去，使得清代州县行政的连续性不能得到保证。州县官的离任交代制度也同样反映了这一点。

---

① 如黄六鸿说：县衙设有贮银仓库，"本应库吏收掌"，但由于胥吏素质低劣，不能保证没有"侵蚀"，因此只能"于署内择其严密处所封贮，俾亲信守之"。见《福惠全书》，第93页。

② 汪辉祖：《学治臆说》，张廷襄编：《入幕须知五种》，第323—324页。

③ 潘杓灿：《升迁》，徐栋辑：《牧令书》卷二，政略。

前文已经述及，清代州县官办理离任交代，其内容包括诉讼卷宗、赋税簿册、书差卯册、银钱仓谷、监狱囚犯、衙署房屋器物、城池庙宇、考棚营房、墩台监仓、水旱驿递船只马匹，以及钱粮盗案未完事件、上司交办事件等。在现代行政中，所有这些事务均由职能部门进行常规管理，承担管理责任，不会因政务官更换而中断，也根本无须政务官离任时进行交接。而清代州县官的这种离任交代制度，恰恰反映出州县房科绝不具有现代行政中的常设职能机构性质。没有只对制度负责、不随长官进退的常设职能机构，就必然造成行政的漏洞。例如，一些州县官离任时，往往应"绅衿讨情，衙役乞恩"，将加盖官印的空白田房契赠给他们，"此陋弊处处皆然"，从而造成契税的严重流失。[①]

二、缺乏有力的执法机制

在现代国家，警察除执行各种行政、刑事、交通等日常外勤事务外，也有能力处理群体性暴力抗法事件。然而，清代州县的差役却缺乏这种能力，遇有群体暴力事件须申请上司动用绿营兵镇压，而营兵指挥、经费报销、刑事审理等各种相应机制又相互羁绊，从而严重削弱了州县政府的行政能力，使得国家行政缺位，难以下达基层社会。在那些民风强悍、宗族等社会势力强固的地方，行政下乡更是会遇到顽强抵制。例如，当时有在广东任职的州县官说：

"粤之民风，素称犷悍，拒捕殴差，负隅顽抗之案，无邑无之"。州县遇有"重大案件"，"因势力之不支"，就须请命督抚，然而"候奉批行，自上下下，近则匝月，远则十旬，而事变之叠更，固已缓莫能及，迨奉批到县，亦不过以移营拨兵数语，循例责成。然营兵之行粮，弁目之薪水，其费或浮于募勇。而且兵民异辖，文武分途，呼唤不灵，调派不服，非但不能得力，反难禁其驿骚。故拨兵虽多，要不过饱食以嬉，聊资观听，仍无裨事机也。无可如何，于是有自行募勇之举。募勇数百，办理兼

---

① 黄六鸿：《福惠全书》，第99页。

旬，幸而粗完，费已盈千累百"，无处报销。事后审理又须逐级
申报簿册，"必削足就履，务合于本省成案而后可，若一径直，
辄格不行。"①

江西泰和县的一位知县也谈到类似情况："（该县）二都之固陂张姓，三
都之灌溪匡姓，寺下萧姓等村，族最大，丁最繁，积欠钱漕，动至盈千累
万。差役不敢临门，官亲催征坐守，仅以一纸限状搪塞，或完些许了事。
若带领差勇拘拿，则抗官殴差，拒捕夺犯。或男丁躲避，妇女泼抵。其次
大村庄，亦多闻风效尤。将欲禀请调兵严惩，又恐激之生变，自蹈办理不
善之咎。以故相率因循，毋动为大，民气益玩，逋欠益增，虽有聪强州
县，亦觉其气易阻，其神先馁。"②

三、缺乏有效深入乡村社会的行政机制

在现代社会，国家行政可以在地方社会设置科层机构，实行"官
治"，也可以不设置机构而由后者实行一定形式的"自治"。然而即使在
后一种情况下，地方社会除自治事务外，也必然存在需要办理的国家行政
事务，国家行政因此也必然会建立某种管理地方社会的机制。然而清代州
县制度在这方面却有很大缺陷。清代在州县以下不设正式行政机构，各种
乡里组织大致可以分为两类：其一，办理乡里社会自身事务（或者说承担
"自治"功能）的组织，主要是宗族和由绅、民自发建立的各种常在性或
临时性会、社；其二，办理各种官府事务（即所谓"政教之下于民者"）
的组织，主要是里甲、乡地等定制性职役组织以及适应形势需要成立的保
甲、团练等组织。这两类组织，其后一类是国家行政职能的承担者。然而
这类组织却有着先天缺陷，即人员性质不是属于身份郑重的"乡职"，而
是属于"以民供事于官"的"（徭）役"。

自秦汉至隋唐，"以士大夫治其乡之事"，在郡县以下设立"乡

---

① 徐赓陛：《覆本府条陈积弊禀》，盛康辑：《皇朝经世文编续编》，《丛刊》第84辑，
第2809—2810页。

② 沈衍庆：《覆吉安文太守询泰和地方情形书》，盛康辑：《皇朝经世文编续编》，《丛
刊》第84辑，第2795—2796页。

职"，包括"乡官"和由县派出而分管乡里事务的"乡（里）吏"。秦汉魏晋时期之三老、北魏之三长及隋唐之族正、里正等均属于乡官，两汉之亭长、啬夫、游徼、晋之里吏、啬夫等均属于里吏。"乡职"具有政府基层官员和"乡大夫"的双重性质，其委任方式和职掌对此均有体现：一方面，"乡职"人员作为国家基层的官或吏须由政府自上而下委任，免其徭役，有些且有禄秩，如西汉之亭长、啬夫、游徼等，皆食百石以下禄秩，相对于县令、县长、县丞、县尉等"长吏"而称"少吏"；他们须执行税收、徭役、捕盗等政府行政职能。另一方面，"乡职"人员作为"乡大夫"必须是有一定声望、地位或社会势力的本籍人士，其担任乡官（如秦汉魏晋的"三老"）须得到"地方社会"的认可；他们的职掌既包括国家下于乡里的各种政务，也包括劝农、教化、民事调节、公益建设、互助救济等乡里"自治"性质的事务。隋统一后，有官员"奏置五百家乡正，即令理民间词讼"，遭到李德林等许多官员的反对，他们说"乡官判事为其闾里亲戚，剖断不平，今令乡正专治五百家，恐为害更甚"。后来，其他官员也抨击乡正制度"不便于民，党与爱憎，公行财货贿"，文帝遂令废止。[①]此后，乡职制度蜕变为职役制度。关于这种蜕变马端临记述说：

> 古代的"役"系指以体力为国家服兵役、服劳役，"或以起军旅则执干戈、胄锋镝"，"或以营土木则亲畚锸、疲筋力"。而那时的"里胥"（乡官）"任长人之责"，从这一意义上讲甚至与天子无不同，因此"自汉以来，虽叔季昏乱之世，亦未闻有以任乡亭之职为苦者"。至唐代，因"乡职"负担沉重，已有人"不愿为"而求"避免"，晚唐宣宗时，"乡职"因"不易为"已经开始实行"轮差"制度。"自是以后，所谓乡亭之职至困至贱，贪官污吏非理征求，极意凌蔑，故虽足迹不离里闬之间，奉行不过文书之事，而期会追呼答箠，比较其困踣无聊之状，则与以身任军旅土木之徭役之祸，反不至此。"于是，"乡职"因"困苦卑贱同于徭役"而沦为乡役，完全失去了"古人所以置比

---

① 《隋书》卷四十二，李德林传；《文献通考》职役二。

间族党之官之本意"。①

清代的里甲、乡地首领均属于这种"乡役"。他们以"民人服役"的身
份承担国家对于乡村社会的行政职能（催纳赋税、征发差徭、查报案件
等），存在两方面的问题：

其一，社会地位卑下，缺乏办理国家行政事务所必需的素质和威信。
如冯桂芬指出：清代依靠地保、地总等乡役"司民事"，而这些人"流品
在平民之下"，根本"不足为治"。例如，当时保甲被"视为具文，诏书
宪檄，络绎旁午而卒不行；间行之而亦无效"，原因就在于保甲长等乃
"贱役"，而"非官"。②这些乡役人员负担沉重，他们催征赋税和办理
差徭，如不能"扫数"完成即须自己赔垫，这在当时是普遍现象。更为严
重的是，当时这些人没有基本的人身权利，官吏对他们可以任意欺凌、惩
罚。他们负责催征的赋税如果不能足额完纳，要受"比较"，也就是杖
责；官府"遇有差役，所需器物责令催办，所用人夫责令摄管，稍有违
误，扑责立加"。③官员杖责乡役，无论致伤致死均不负法律责任，这在当
时是不成文的法律。黄六鸿在直隶东光做知县时，责令保正、庄头等修浚
庄村墙壕，东乡保正赵某私敛民财而敷衍公事，黄六鸿下乡查勘发现后，
将他"重杖三十，未逾月而赵某身故"④。由于赔累严重且人身权利毫无保
障，民人往往千方百计规避应充乡地，其不得已充应者，也经常发生潜逃
现象。清代顺天府档案中记载了在宝坻县大量存在的这类现象。例如：

> 嘉庆十四年，尚节里乡保出缺，郭文德、董文献、金天来、
> 董太永等4人被荐为乡保人选，知县票传4人到县，结果"郭文德
> 躲避不见"，金天来称"现患伤寒病症"，董文献、董太永闻讯
> 后"外出躲避"；嘉庆十五年十二月，兴保里乡保马杰三，"避
> 差潜逃"；嘉庆二十年十二月，和乐里乡保张圣符躲避潜逃，
> 知县批"示革并拘拿"；嘉庆二十四年四月，得义里乡保王得功
> "不愿充当，私行潜逃"；道光二十二年十一月，"兴保里乡保

---

① 《文献通考》卷十三，职役二。
② 冯桂芬：《校邠庐抗议》，第92页。
③ 《清朝文献通考》卷二十一，职役一。
④ 黄六鸿：《福惠全书》，第32页。

张连和抗不遵办采买柴束号草、拉运营米车等项差务"，差役"屡次往传"，张连和"潜逃无踪"，"家属云称，因家贫无力充当乡保，出外谋食"。①

其二，缺乏规范管理。乡役不是正式的国家行政（当时也没有制度化的自治行政）人员，国家不保障他们的薪酬，也不对他们的职责行为进行常规管理和监督。如果说州县官府对于乡役人员还有某种管理的话，那么这种管理主要体现在这样几点：一是佥派；二是有些地方实行的定期点名；三是对不能足额征收赋役等过失进行惩罚。如果乡役人员能够按有关制度和官府饬令完成各种官差，则他们的各种违法非为一般不会受到追求（除非受到地方绅民的强烈控告）。因此，乡役人员往往勾结吏胥，利用职权营私舞弊，贪污中饱，欺压普通百姓。这些恶行劣迹的主要形式包括：

1. 长期霸充，流品杂劣。例如，山西汾阳府各县乡村，"豪猾之交结官吏者，多以充当纠首（村役首领）为利薮，强梁者积年霸充，狡黠者夤缘入朝"，"其甚者，兄终弟及父死子继，竟视为传家世业；或同党积猾，互相汲引，名虽更换，实则仍是党援"，"朝退暮充，明辞暗应，殆成牢不可破之局"。②

2. 滥摊公费，中饱私囊。例如，宝坻县兴保里白家庄甲长赵凤九，借办户口册向全庄60多户收户口册和门牌钱，每户600文，全部私吞；③得义里乡保邓士廷等，将角淀庄等七庄的差务钱160吊、秋粮十石余"搂吞"分肥；④某里乡保周玉池被革斥后，改名复充，为弥补有关花费，"硬向各庄摊钱七百多吊"。⑤山西汾阳府各县乡村的"纠首"，"贪婪龌龊、鱼肉村众者，比比皆是"，借"酬神演戏、乡地巡夫"等名目摊派"村

---

① 中国第一历史档案馆藏：清代顺天府档案，028—2—87—002、006、030、062，028—2—88—165、167。

② 朱采：《清芬阁集》，第801、805—806页。

③ 中国第一历史档案馆藏：清代顺天府档案，028—3—153—063、067、070、073。

④ 中国第一历史档案馆藏：清代顺天府档案，028—2—93—054、055、078。

⑤ 中国第一历史档案馆藏：清代顺天府档案，028—2—94—090。

费"，肆意"侵蚀浮冒"，"或藉口涉讼，或托名兴修，浚广众之脂膏，供一己之挥霍"；汾河沿岸各村"地据膏腴，起摊尤重"，"有每亩摊至一千文以外，多于雍正之供数倍"，花户无力缴纳者，被迫将房产折价"以抵欠摊之项，或委弃田庐，甘为外乡，佣保客居，既久变为流亡"。①

3. 逞强肆暴，私设公堂。例如，宝坻县某里乡保王兆和等，借办差务向民人王纯多索钱文遭到拒绝，乃指王纯"抗差"，后王纯通过亲戚代缴9千文，而王兆和等仍然污指王纯之子王七荣"抗差"，趁其进城赶集时将他"用铁锁锁上"，致其死亡。②山西汾阳府各州县，各村社首"大率地方奸猾，多交结书役，私设公座，吊拷勒罚花户，稍有抗违，捆送至县，枷责立至"。③

乡役组织和人员由于存在这些严重缺陷，不足以完全承担国家下达乡村社会的行政职能，州县官府行政下乡，只得借助其他社会势力和机体，主要是宗族和士绅。雍正四年（1726年）规定，在"聚族满百人以上"的村堡"拣选族种人品方刚、素卫阖族敬惮之人，立卫族正"，承担保甲职能。④有时地方官也通过正式程序赋予宗族首领管理乡村基层社会的权力，同时也要他们承担相应的责任。例如，姚莹嘉庆间任福建龙溪知县时，龙溪"四路各乡社"各有宗族首领"家长"，共七百余人。他将"家长"纳入行政管理，"颁给札谕戳记"，批准"某为某社家长，约束子弟，理某社之事；以某某为之副"，赋予各社家长调解纠纷、拿解盗犯、杜绝抗粮和带送被控族人赴县就审的责任和权力。⑤

国内外学者已经注意到，太平天国战争爆发后，一些地方由士绅主持的团练机构曾广泛履行地方保卫之外的其他地方行政职能，如美国学者孔飞力指出，咸同年间湖南等地的团练"与其说是作战单位，不如说是行政

---

① 朱采：《清芬阁集》，第801—803页。

② 中国第一历史档案馆藏：清代顺天府档案，028—3—154—200。

③ 朱采：《清芬阁集》，第897—902页。

④ 《清朝文献通考》卷二十三，职役考三。

⑤ 姚莹：《谕七百社家长》，盛康辑：《皇朝经世文编续编》，第2777—2781页。

单位"，有时甚至被赋予征收赋税等非军事职能。①而关于士绅与州县行政的关系，还有两点需要注意：其一，清代州县官府依靠士绅办理行政事务并非始于咸同时期。明代社会"缙绅多横"，"绅权"綦重，有清鉴于前明之弊，对士绅采取抑制政策，明令禁止士人、缙绅干预地方政治，"间有公正绅衿，感受政治黑暗，有所声请，上峰辄以妄干政务，不守卧碑条文严加钳制"②，也不许士绅介入里甲、乡地、保甲等各类乡役组织。③但由于乡役组织存在严重缺陷，各地州县官府往往须借助士绅办理各种行政事务。例如，王凤生任嘉兴府平湖县知县时编查保甲，"每一乡之中用印启请公正绅士一人为乡耆，总司其事"，每坊延坊耆一人"为乡耆之副"；④道光间山东查禁"邪教"，巡抚钟某颁发《章程》，令"散处乡庄"的生员和绅耆"加意访查"，据实报告；⑤有些地方州县官下乡催粮，"所到之处，辄传唤在庠生员，写立限状"，责令催征；⑥陕西靖边县乡地划分5堡1镇，若干村庄编为一牌，在设"牌头""帮查"的同时，令城乡"总绅"和四乡"散绅"28人督办，以办理治安和赈灾事务；⑦四川石泉县棚民"无定居"，"土著亦零星散处"，而"保正甲长相距恒数里、数十里"，不能"朝夕稽查"，所以保甲制度难有成效。道光间，知县实行以士绅管理治安的制度，"每乡举公正绅士二人以为总管"，管理田主，"而花户则各隶于取租招佃之主家，以主人查佃户"。⑧其二，咸同以后士绅参与州县行政的途径很多，并非仅仅通过办团。例如，河南新安县徭役浩繁，由兵差银两在地丁项下均匀摊派，由房科差役办理，同治十二年

①　孔飞力：《中华帝国晚期的叛乱及其敌人：1796—1864年的军事化与社会结构》，谢亮生等译，中国社会科学出版社，1990，第106、225页。

②　民国《正阳县志》，政治志。

③　文孚纂修：《六部处分则例》，第363页；《清朝文献通考》卷二十一至二十五，职役考一至五。

④　王凤生：《保结事宜》，徐栋辑：《保甲书》卷二，成规上。

⑤　民国《武城县志》，疆域城池志，乡里，成文影印本。

⑥　王邦玺：《屡陈丁漕利弊户口耗伤情形疏》，葛士浚辑：《皇朝经世文续编》，第868页。

⑦　丁锡奎修：光绪《靖边县志稿》，户口志，旧牌甲；艺文志，成文影印本。

⑧　舒钧纂修：道光《石泉县志》，事宜节录。

（1873年），"兵差局改胥办为绅办"；[1]江苏阜宁县原来实行差役催征制度，光绪三年改为"里征"，设"南北科钱粮总董"，由绅士担任里董和总董，里董"大抵刁生劣监，甚有无功名而武断乡曲者"，他们手握催征之权，"虽官亦不肯与之抗"。[2]至清末，晚清官府派绅士办理地方公事、并给以职务的情况已经很普遍，各地州县"地方公事无不酌派绅士襄办，董正首长，相沿未改"[3]。

四、缺乏翔实可靠的情咨统计

通过可靠的统计制度准确掌握有关人口、土地占有等方面情况的资料，是政府行政的重要基础。然而有清一代，却始终没有能够建立起这种统计制度，全国的人口、赋役册籍极度混乱，从未建立起常规化的管理制度。

首先，州县和各里的赋役册籍不是掌于公共机构，也没有责任人员的任职、退职和责任交接制度。有清一代（甚至直至民国），各地土地册籍基本上都保存于里书、册书、庄书之手，这些人父子相承，成为世业。由于"缺主"陋习的存在，州县书吏往往也成为终身制、世袭制，赋役册籍也因之而为书吏所垄断。久而久之，土地册籍成为甚至可以作价买卖转让、可以当作嫁妆陪送的私人财产：

> （州县粮书）一切征收等事，委之各乡各里各图之點者为之催纳，坐享其肥，而总吏绝不过问。久之而债累日深，生计日绌，并其世传之底册，展转售卖，而册书、户书、里书、里差之名所由起，权益寝大。房科之籍，仅拥虚名；乡图之册，转成实户，甚至以册为遣嫁之资，问册为相攸之具。[4]

其次，册籍编制与催征、缴纳系统不相一致。雍乾以后编审制度废弛、废止以后，不再存在定期重编、审核赋役册籍的制度。康雍乾时期，

---

① 熊祖诒：《上当事书》，葛士浚辑：《皇朝经世文续编》，第853页。
② 阮本焱：《求牧刍言》，第189—191页。
③ 政学社印行：《大清法规大全》，第367页。
④ 方宗诚：《鄂吏约》，盛康辑：《皇朝经世文编续编》，《丛刊》第84辑，第2628页。

赋役征收进行了自封投柜、顺庄编里、乡地催征等改革，催征系统大多已经地域化，但赋役册籍往往仍一如其旧，没有进行重编。

第三，粮户土地因买卖、析产等原因发生产权转移，往往不到里书处办理"过割"手续；而里书对于本里的田亩、赋税的过割情况，也不向州县房科汇报。这样，县署每年所造实征册所列各里各甲各花户的赋额，同赋税的实际负担情况根本不能相符。

在这种情况下，清代的赋税征收从来就没有可靠的基础，本来属于国家重要行政内容的赋税征收，实际上被乡村册书、里书所控制。胡林翼说：湖北一些州县官"形同木偶，征收大权，一寄诸总书、册书、里书之手"；"官欲自征，而册籍无存，必恃若辈为勾致；民欲自纳，而券票罔据，转视若辈为足恃"，这在当时是普遍现象。[1]

五、经费拮据

对于任何一个政府来说，充足的经费都是行政职能正常行使的必备条件。然而，清代州县经费却严重拮据，州县官员俸廉极低，靠平余等浮收及非法征敛度日、办公，府、道、司等各级官员也没有充足的办公费，靠属下摊捐和致送陋规为生，对此第六章已有较详细的阐述。经费拮据也是州县治理机制残缺的一个重要表现，它严重制约了州县行政的正常运作。例如，没有捕盗经费就是各地州县普遍面临一个严重问题，它使得治安形势恶劣的问题几乎无法解决。有人谈福建漳州府的有关情况说：

> 该府一厅七县，"山岭险阻，溪×曲深，盗贼藏匿既便，出没无常。缓则登山，急则浮海。而巨族大姓，辄拥丁千万人，亘地数十里。兵役入社，时有拘捕之虞，故缉捕之难，不但盗贼，即案犯亦十无一获。非悬赏缉拿，即须会带弁兵勇役，多者千人，少亦数百，驻社围拿，动以旬日。又四路险要，除设兵防汛外，必须择选家丁，派拨壮役，巡逻抢掳。此等捕费，皆不能动项开销，而漳

<hr />

[1]　胡林翼：《札各州县革除钱漕弊政》，盛康辑：《皇朝经世文编续编》，《丛刊》第84辑，第3805—3807页。

属府县，素无赢余闲款"，捕盗事务因此没有成效。①

而除此之外，州县经费拮据也导致了其他各种严重的政治弊端。清初大量裁减州县存留和地方各级官员办公费，主要出于两个目的：其一，增加国库收入；其二，减少官员贪污。关于后一点，当时的客观背景是：在正印官独任制下，州县财政事务大权掌于州县官一人，此外不存在对制度而不是对官员负责的职能财务机构，因此试图对州县财政开支的具体环节进行监控，几乎是不可能的事情，起码是非常麻烦的事情。于是，便采取了这种简单措施——不问具体情况，不分地区差异，一律将州县存留和府道司经费压缩到根本不敷开支的最低限度，使官员无钱可贪，从根本上杜绝其贪污中饱的可能性，当时有人批评国家对州县官"澄之太清"，指的就是这种情况。然而在这里，手段与目的却存在着绝对的矛盾。

首先，增加国库收入的目的不能实现，反而导致库款亏空。有人指出，官员"从田间来，寒士居多"，他们"莫不有父母之养，妻子之赡，宫室舆马、衣裘仆从之需，亲戚故旧之周恤"，断无赔钱做官、做官赔钱的道理，再"贤"的官员也不能不谋其生，其"贤"者最多能够做到"不至于大贪"，但这样的人也"百不得一二"。②当州县官俸廉不敷办公、摊捐时，他们解决问题只有两个：一是"派之民里"，二是侵挪国帑，总而言之是"上侵其国，下病其民"，而最终结果是"并归于积欠"，即国库收入的亏空。③

其次，减少官员贪污的目的不能实现，反而导致贪污合法化。由于州县官及其各级上司浮收钱粮、收取摊捐、陋规具有"迫不得已"的合理性，这些做法就在实际上被合法化，不能予以追究惩治。但是，国家对于浮收、陋规，又不可能公然承认其合法，不可能对之做出合理与不合理的区分，不可能为之制定仅限于弥补经费不足的标准。于是，官员也就可以浑水摸鱼，借机贪污中饱，"是非由之不明，举措由之不公"④。有人谈到

---

① 姚莹：《复方本府求言札子》，贺长龄辑：《皇朝经世文编》，第856页。

② 冯桂芬：《校邠庐抗议》，第85页；卢锡晋：《吏议》，贺长龄辑：《皇朝经世文编》，第563—565页。

③ 周镐：《上制军条陈利弊疏》，贺长龄辑：《皇朝经世文编》，第596页。

④ 丁日昌：《条陈力戒因循疏》，盛康辑：《皇朝经世文编续编》，《丛刊》第84辑，第1978页。

直隶差徭问题时指出：由于官员、使臣供亿铺张，费用浩繁，州县官廉俸"不能支"，被迫"取之库帑"，这使得亏空有了"合理"理由。于是，州县官们便乘机对库款"任意侵用，虽上司明知之，而不可穷诘"[1]。冯桂芬则尖锐指出，这是一种"驱廉使贪"的制度，官员贪污"非本性之贪，国家迫之使不得不贪也"[2]。更为荒谬的是，一方面实行这种使官员不得不贪的制度，另一方面又搞一套"空虚不用之律例"，规定官员"凡俸禄外丝毫有取"都属于"枉法赃"；明知制度"不能养廉"而对官员的贪污行为"不得不姑听之"，同时"有发而又不得不案治之"；但如果真的"以综核名实之法治之"，官员就得全部罢官惩处。[3]

再次，这种非理性的公费制度使得州县政治限于上下因循、纲纪废弛的状态之中。如嘉庆间有人分析州县亏空严重而督抚不予积极参办的四点原因，都与这种非理性的公费制度有关：

> 一则避处分。属员亏空，上司有失察之咎，且有摊赔之责，所以欲图趋避，遂成循隐。一则恐牵连。上司或受过属员之馈送供给，所以不敢办。一则徇情面。虽有洁清自守，并未受属员馈送办差之费，而所属藩臬道府，不能保无沾染，连累多人，动成大狱，所以宁隐忍而不肯办也。一则狃积习。近来各省亏空俱未办出，一人独办，反或招刻薄之名，遂至习为固然，而恬不知怪也。[4]

而州县官因公费奇廉而克扣差役工食，也导致他们包庇、放纵后者的不法行为，甚至与他们沆瀣一气，"任凭他们胡作胡为。只要事情不穿，官亦不来过问"[5]。

这种非理性公费制度所产生的最严重后果，是州县政治的异化，即宗旨与手段换位。国家设立职官，其目的在于履行政治社会职能，给予他们薪酬，是服务于这种宗旨的一种手段。然而，非理性的公费制度使得州县官要靠陋规才能避免赔累，而可以获得的陋规数量，肥缺、瘠缺之间又

---

① 王杰：《请覆实亏空变通驿站疏》，贺长龄辑：《皇朝经世文编》，第589页。

② 冯桂芬：《校邠庐抗议》，第85页。

③ 陶正靖：《吏治因地制宜三事疏》，贺长龄辑：《皇朝经世文编》，第633页。

④ 张鹏展：《请厘吏治五事疏》，贺长龄辑：《皇朝经世文编》，第740页。

⑤ 李伯元：《活地狱》，第70页。

悬殊。于是，督抚就必须要十分用心地对属员进行"调剂"，"为人择缺"。这样一来，好像州县官缺设置的目的就是要使官员们获得薪酬，而履行职能反倒成为次要的事情。对于这种职官制度的异化，当时就有人提出批评，"为民设官，原以利民"，而"为人择缺"的"调剂"制度，却使得职官之设成为职官自利的手段，上官"以市贾之心待其属，而各属亦以市贾之心望其上"。其结果，必然导致政事废弛，官员钻营，吏治，盗风猖獗，因为"得优缺者，知其不能久也，则但思亟肥囊橐，而不恤民生；其瘠者又以为上将调剂我也，则且营竞窥探，更无心于民事……即有实心任事之人，而胥吏意其将去，亦且呼唤不灵；匪徒以无能为，更或肆行无忌，则皆调剂之说误之也"①。州县官为了获得陋规，宁肯放弃职责，甚至逆向行使职责。如山东的州县官"倚钱漕羡余为生，岁饥则无入项"，因此"相率讳灾"。②在非理性的公费制度下，州县官有时须有意为家丁、长随制造索取规费的机会，吏治因此败坏，人民因此受累，所付的社会代价十分沉重。例如，民间诉讼提控到官后，词讼双方有时会撤诉，"或自递罢词，不愿涉讼；或经人调处，两家和好，公同递呈，谓之和息"，而"不肖州县一味调剂门丁，不准当堂面递和息，间或拦舆哀求，辄将和息呈掷之于地，而门丁之权从此愈重，和息之费则必取盈。两造畏其拖累，有破屋倾家而求其息事者"。③总之，由于公费严重不足，导致官吏以履行公职为谋利手段，始则在履行公职过程中顺便谋利，得失或尚能参半；继而假履行公职之名而专事谋利，公务是否有成在所不计；最后为谋私利而对公务目标逆向办理，有失无得，甚至比不作为所失还多。至此，行政完全异化。

---

　　① 贺长龄：《州县宜照例久任以专责成札》，邵之棠辑：《皇朝经世文统编》，第1428页。

　　② 包世臣：《山东馆陶县知县张君墓表》，盛康辑：《皇朝经世文编续编》，《丛刊》第84辑，第2716—2717页。

　　③ 田翰墀：《敬陈清苑蠹役需索之害疏》，王延熙、王树敏辑：《皇清道咸同光奏议》，第1181页。

第二节　以私人和社会势力履行公权

一、概说

常设行政和执法机构由以职业化的公务员组成，是现代法理型行政的一个重要特征。在这种制度下，公务员以自由个人（公民）的身份定期受雇于政府，而不是以一种政治、社会势力或组织成员的身份盘踞政府；他们依据明确的国家法律法规行政，而不是承奉任何个人的意旨、指令行政，也不是根据某种笼统的意识形态行政；他们具有郑重的国家公务员（文官）身份，有偿为政府服务，从政府领取合理工薪并享有福利保障，而不凭借职权或行政行为来获取其他经济利益，同时也不以个人财产资助行政运作。这样一种公务员人事制度，可以保证行政组织的公共性质，避免它成为任何个人、社会政治势力或组织的工具。

但是，清代州县行政的人事系统却不是如此。除了正印官和几名佐贰官、杂职官、首领官和学官之外，绝大多数承担行政职责的人员都不是国家的正式公务员，而是以私人或其他社会身份履行公权，其中幕友、长随是州县官的私人雇员或奴仆，而书吏、差役则是一种臣民为国家提供的徭役，即所谓"民之在官者"。而更为荒谬的是，差役还被定位为被剥夺政治权利的"贱役"。幕友、长随非国家定制，当然谈不上编制；书吏、差役制度虽然例有定制，但大量散书、白役的存在实际上也使得其编制形同虚设。这样，清代州县的"行政班子"（马克斯·韦伯语）甚至都没有清晰的边界，都不具备一种明晰、完整的组织形态。而与此同时，幕友、书吏、差役等人员，却往往成为一种超越于国家组织之外的社会势力，把持公权，操纵行政。例如幕友，上司官员的幕友往往"荐引幕友入于下司之幕，讲定年规，遇事则彼此关照，作弊营私，高下其手"；各省幕宾往往"聚集省会，引类呼朋，与上下衙门往来结交，因之盘踞把持，勾通串合"；有些幕友"在就馆地方另娶家室，出入官署，勾通作弊"，有些幕友"彼此馈送往来"，"布散党羽，招致本地亲串，狼狈为奸，非其党恶，百计排挤出境"；等等。①而书吏、差役作为本地人，在国家组织之外结成社会势力的情况，最为严重。

二、以"贱役"和盗匪充当警察

清代州县的差役承担着现代行政中刑事、政务、司法警察的职能，但他们却没有一般人的政治权利和社会身份。前文（第四章第四节）已经述及，清代的差役被定位为"贱役"，"其子孙自不准入仕应试"。清代对差役人等采取这种政治和社会歧视政策，其理由是十分荒谬的。嘉庆八年（1803年）的一道上谕说：

> 隶卒人等所以不准入仕考试者，贱其役非贱其人，寻常民庶原系良民，一经允当差捕，则执役微贱，自不得滥邀登进。②

也就是说，隶卒人等本系良民而非贱民，其人格本来"非贱"，之所以要对他们采取政治歧视政策，是因为他们所从事的工作"贱"。一个荒谬的问题出现了：一个政府，竟然将自身的重要职能法定为"贱"的工作，一方面规定这些工作只有"良民"才有权利承担，另一方面又宣称不论什么人，只要从事这种工作就必然会堕落（"贱"），这不是十分荒谬吗？如果对这种荒谬政策的原因进行理性思考，合乎逻辑的结论就只有一个：当时不论什么人充当"隶卒"，都只能以一种十分卑劣的方式来工作，这也正是嘉庆上谕中所说的"贱其役非贱其人"。显而易见的是，隶卒人等之所以只能以一种十分卑劣的方式来工作，问题是出在制度上。但是，清政府却不去探讨"隶卒人等为什么只能以一种十分卑劣的方式来工作"这样一个问题，不去改革吏

① 《大清会典事例（嘉庆朝）》卷七十六，吏部六十三。
② 《清朝续文献通考》卷二十七，职役一。

役制度，而宁愿实行这种荒谬政策——不论是谁，只要他进入了政府警察的队伍，就立即宣布他为"贱役"，立即剥夺他的政治权利。隶卒等人政治权利的被剥夺，不仅表现在本人及子孙不得参加科举考试，更为严重的是，他们的人身权利、生命权利都没有法律保障。清制，州县官如因公将差役责处致死，不负法律责任。乾隆间定制：知县对于"所管人役"，"如事属因公，按法责毙"，"督抚止须奏请交部议处"，"降级留任"，"不得遽行革职，致启书役刁恶之渐"。①州县官对于捕快不能按限获盗者，"轻则加以扑责，重则质其妻子"，将其家口"监禁勒比"（清代典制对此有明文规定）。②上宪差使过境州县，其随从往往对本地差役任意"锁带"，"恣意揸勒"，"鞭殴吊打"。③差役押解人犯途径之地和到省之后，甚至要与人犯一同入监禁闭，"必许给重资，始能释出"④。张集馨曾记述一个有关事例：四川井研县差役押犯进省，途中宿资州，差役与犯人被一并寄监，还受到犯人牢头周鸣同的吊拷勒索。⑤差役的政治社会地位如此低下，必然自轻自贱，进而不惧犯法，但他们的权力却又比现代行政中的公务人员大得多，隶役制度的这种荒谬对政治与社会危害极大。对此有人指出："天下莫患乎以至轻之人，而寄以至重之权。朝笞暮辱，颐指而气使，其人固已轻矣，而其权乃能操纵阖辟一县之事，故作奸易而畏罪难。"这位人士因此建议对待隶役应"稍存宽大，无轻笞责，重其颜面"⑥。

此外，清代州县"以盗捕盗"，差役中专门承担捕盗职能的捕役一般都由有盗匪经历者充任，如《清文献通考》说：负责缉捕盗贼的"捕快"之役，乃"良善之民所不能为"；田文镜则直截了当地承认：捕役只能由盗匪出身的人充任，"原系积年惯盗改恶复良，则充为捕"，这些人"缉贼如探囊取物"（详见第四章）。

---

① 《大清会典事例（嘉庆朝）》卷九十八，吏部八十五。

② 《清朝文献通考》卷二十三至二十四，职役考三、四。

③ 黄六鸿：《福惠全书》，第38—40页。

④ 徐赓陛：《覆本府条陈积弊禀》，盛康辑：《皇朝经世文编续编》，《丛刊》第84辑，第2812页。

⑤ 张集馨：《道咸宦海见闻录》，第100—101页。

⑥ 鲁一同：《胥吏论四》，盛康辑：《皇朝经世文编续编》，《丛刊》第84辑，第2872页。

三、书差以勒索、赃私为薪酬

清初沿明制，州县书吏、差役皆有工食，其性质不是国家支给的薪酬，而是民人通过官府转给他们的代役报酬。书吏工食银康熙初期完全裁革；差役工食银则数额很低，"每年多不过十二两，或七两二钱，每日不过三二分，仅供夫妇一餐之用"①，然而前文已经述及，就连这样一点十分微薄的工食银两，州县官大多也并不发给。至于各种公务费用，则从制度上就没有列入财政开支的范围，全由书吏、差役自己支出。不仅如此，书吏、差役为了完成公务，还需要自己出资贿赂有关衙门；更有甚者，书吏、差役还须向州县衙门缴纳自己的非法所得：

> 六房书吏"每年例审无关紧要之册结，无虑百十起，每起通牒大僚必六七分，而寻常稿案禀详不与焉。故事繁之区，贴写清书，实非百人以上不敷缮写；事简之处，亦必数十人以供钞胥，犹有零星雇写，计字贴钱，乃副程限者"；编造"盘查秋审等册，尤必加送上司衙门房书规费，方免驳换"。②

> （差役）解犯递文，支更护送，领给工食，万不能敷，沿路舟车，皆须自备。甚至犯已到省，并解役而进入省监，必许给重资，始能释出；文已递到，守待批回，必赂以例规，始得销照。③ 押解一个流徒犯人，"势必用两解役，无论南方数千里，即近而数百里"④，其资斧均须自备。有些州县衙门还令差班将"规费钱文，按日缴署"⑤。

谁都知道，不给工食和办公费而指望书吏、差役办理公事，是根本不可能的。有人感叹说："黎民一日不再食则饥"，差役本系"游堕之民"，更

---

① 傅维麟：《亟更役法疏》，邵之棠辑：《皇朝经世文统编》，第1456页。

② 徐赓陛：《覆本府条陈积弊禀》，盛康辑：《皇朝经世文编续编》，《丛刊》第84辑，第2811页。

③ 徐赓陛：《覆本府条陈积弊禀》，盛康辑：《皇朝经世文编续编》，《丛刊》第84辑，第2812页。

④ 傅维麟：《亟更役法疏》，邵之棠辑：《皇朝经世文统编》，第1456页。

⑤ 王凤生：《坐承坐差》，徐栋辑：《牧令书》，卷四，用人。

不可能"枵腹而鹄立"，"堂侧走马于阶前"，不给工食和公费，明摆着就是放纵他们鱼肉百姓。①袁枚还曾经激烈批评说，"吏胥分润良民"还勉强可以说过去，而"捕役之财取之盗贼"更是荒谬。他指出：有些"名捕"，能"养盗"也能擒盗，以此来迫使盗贼供养自己；一般捕役类似乞丐，"不能养盗，而盗亦不屑供养之"，这些人就全靠卖法取得收入，如"朝廷有乐户、蒲博、宰牛等禁"，捕役因此用执法之权来对违禁者进行勒索，"取月例，吓飞钱，以度其日"；此外就是"攘狱过讼"，包庇盗贼。②

政治社会地位低贱和没有工食收入，这两个因素相结合，就导致了吏役卑劣无耻、贪婪凶恶。有州县官指出：书吏、差役在"无禄"的情况下还情愿"供奔走而甘鞭扑"，完全是由于有利可图；而这种"利"既然不是出于合法的工食收入，就必然是出于县政之"弊"。他说："（书差）以家口待哺之身，处本无利禄之地，受不齿辱贱之刑，而其甘如荠者，固明明以弊为活矣。"③他说得对，对于书吏、差役不给工食，就是驱之作弊。还有人指出，清代制度对于吏役的实际政策是"显绝其向上之望，阴授其为恶之权，刻予以养赡之资，宽示以贪婪之路"④，也就是说，一方面不给胥役留出任何改善自己地位的出路，另一方面又通过文簿制度、差票制度赋予书吏、差役胡作非为的权力；一方面不给工食，另一方面对他们的勒索贪赃也不予以认真追究。这种批评更为深刻。表面上看，清代官府也经常讲要惩治吏役的非为，但在不给工食的制度下，这种姿态只能说是虚伪的，也不可能有成效，即如有人所指出的，"役之而不养之，则必至以法为弊薮；不养而又欲严治之，则有逃焉而已耳"，州县官对差役"畏其尽逃，是以至于不能禁"。⑤

制度的恶劣导致从政人员的恶劣，从政人员的恶劣又反过来又导致

①　傅维麟：《亟更役法疏》，邵之棠辑：《皇朝经世文统编》，第1456页。

②　袁枚：《复两江制府策公问兴革事宜疏》，贺长龄辑：《皇朝经世文编》，第729页。

③　徐赓陛：《覆本府条陈积弊禀》，盛康辑：《皇朝经世文编续编》，《丛刊》第84辑，第2811页。

④　阙名：《胥役》，求是斋校辑：《皇朝经世文编五集》，第274页。

⑤　卢锡晋：《吏议》，贺长龄辑：《皇朝经世文编》，第565页。

政治的恶劣，清代州县吏役制度就陷入了这种恶性循环之中。由于不给工食，就导致吏役只能靠营私舞弊、鱼肉百姓为生；吏役的这种制度化恶行，又导致国家从制度上将他们的身份定位为"贱役"，可以任意鞭笞、凌辱，甚至不负法律责任地毙其性命。而由于吏役只能以恶行办理公务、获得收入，且地位卑贱，因此良善懦弱之人、自尊自重之人就无从胜任这种工作，就避之唯恐不及；反之，这种工作可以招徕、吸引的，必定是那些嗜利之徒、无耻之流、凶恶之辈，即陆陇其所谓"良民畏役、游惰之民乐役"①。因此当时社会公认，差役"鲜有守分之人"，"大抵多无赖之徒"，一个州县募用差役数量多寡，甚至被认为是吏治良窳的坐标。清代的官修典籍《清文献通考》说，"欲观州县之治与否，以役之多寡为断"②，俗语则谓"署中多一差，乡里添一虎"③。这样一来，就形成了恶性循环，吏治环境越恶劣，好人越不愿充役"趟浑水"；越是募用坏人充役，吏治环境越恶劣。

吏役没有工食而靠勒索、赃私为生，也同样导致政治的异化。如前文（第四章第四节）述及，州县役班之间实行极为烦琐的分工，且彼此之间经常为了"争差"激烈冲突，甚至大打出手。非常明显，差班之间的"争差"其实是"争利"，争勒索、贪赃的机会。对于没有工薪保障的州县差役来说，办理各种差务其实早已没有履行公权职责的意义，只完全成为个人和群体聚敛、分肥的手段。又如，为了防止花户所纳税银成色低潮，许多州县设立官银匠予以检测，"看色打印"。然而充当官银匠不仅没有工食，反而需要缴费，"投认、讨保有费，粮房差役有费，以及赁房、日食硝媒、伙计有费"，因此官银匠一旦充任后，他们考虑的只是要"侵克倾银纳户"以取偿，而根本不注意职责的履行，黄六鸿因此认为，官银匠之设"于公事无补，适足有累穷民"。④吏役靠勒索、赃私为生而导致的政治异化，在捕盗方面表现得最为明显。袁枚指出，捕役靠盗贼供养，"取其财而捕之，无是理也"；一般捕役以卖法为"藏身立命"之所，怎么能

---

① 　《清朝续文献通考》卷二十七，职役一。
② 　《清朝续文献通考》卷二十七，职役一。
③ 　刚毅：《牧令须知》，第26页。
④ 　黄六鸿：《福惠全书》，第86页。

够执法？①田文镜曾为州县"以盗捕盗"的做法辩护说：地方官对于捕役是"不得已而用之，如杀人毒药，有时而借其救病，则医家不弃"②。然而，这里存在着不可解决的内在矛盾，即捕役只有"养盗"、只有保存盗贼的网络才能利用它来"捕盗"，显然，这种"捕盗"只能是"小捕大纵""少捕多纵""假捕真纵"，这就意味着盗贼问题永远不可能解决。如果将"以盗捕盗"比喻为医学中的"以毒攻毒"，那么并没有任何机制能够保证"毒药"使用会永远合理而不会致死人命。更为荒谬的是，在当时的制度下，捕役之利不在于捕获盗匪，而在于使盗匪逃脱。对此曾国藩等人说：

> （州县）"捕役之能干者，强半通贼，本不愿破案。一经破获之后，解府解省，往返稽留，费用半出自捕役。捕役应得之工食，本官久捐不发，解案之费资，该役无从措办"。因此，捕役"借豢贼为生路，视获贼为畏途"。③

> 盗贼盛，则汛捕因之以自利，月有馈，岁有例。故多一贼，则民多一害，而汛捕多一利也。汛捕倚盗贼而自肥，盗贼即倚汛捕为恩主。④

在这种情况下，捕役不仅不会尽力捕盗，还会与盗贼相勾结；不仅会勾结盗匪，还千方百计迫害报案失主，从而导致捕盗机制反向运行。对此有人指出，民人对于盗案"有日夕危惧而不报矣，有屡见窃掠而终不报矣。非不欲报也，不敢报也。一有愤而报之官者，则汛捕群起而攻之，需索百端，凌辱备至，而盗终不获也。一不如愿，则转诬其家为线盗。或失主得知盗贼之所在，而使擒之，则汛捕反授意于盗，使反噬失主为枉盗，为挟仇。故有一报盗，而千金之产立散矣；有一报贼，而所需索反倍于贼之所窃者矣"⑤。显然，指望通过这种荒谬的机制来缉捕盗贼，无异于南辕北辙。

①　袁枚：《复两江制府策公问兴革事宜疏》，贺长龄辑：《皇朝经世文编》，第729页。
②　田文镜：《请停分缉协缉疏》，贺长龄辑：《皇朝经世文编》，第1843页。
③　曾国藩：《直隶清讼事宜十条》，葛士浚辑：《皇朝经世文续编》，第482页。
④　任启运：《与胡邑侯书》，贺长龄辑：《皇朝经世文编》，第867页。
⑤　任启运：《与胡邑侯书》，贺长龄辑：《皇朝经世文编》，第867—868页。

四、书吏差役成为地方社会的黑恶势力

清代州县佥募书吏、差役承担衙署文书和外勤工作，但这些人却没有被纳入国家人事管理系统，而是以民人身份履行公权，并进而结为一种黑恶社会势力。

当时，州县房科、差班仅仅受州县官支配、管理，而这种支配、管理也并没有相应的常态化制度和组织机制，而只限于州县官个人根据临时需要对书吏、差役进行辞退、佥募工作，以及为督行公务而采取的一些临时性措施，如点名、惩罚、革斥等。这些措施或有或无，或宽或严，全以州县官个人思想、性格、喜好为转移。除此之外，尽管清廷偶有令州县将额定差役姓名报部备案的上谕发布，尽管州县书吏、差役有时因事务关系也要同知府、两司和督抚属下的书吏打交道，但他们与上级衙门之间也并不存在常态的职能性隶属关系。这样，州县房科、差班实际上就处于一种独立的、"自治"的状态。

在州县房科、差班的"自治"状态下，由州县官考取书吏、佥募差役的制度很少认真实行。很多地方，州县衙门书吏"皆有底缺，世守其业，换官不换吏"；缺主即使表面上退役，仍可以将其缺位私相授受、出租、买卖。房科人手不足，则由典吏自行招募书手，官不过问。差班"正役"名额极少，大量使用"白役"，官员同样不予过问，只须正身差役履行一个简单的具保手续，就可以任意援引民人加入役班；有时甚至连这样一种手续也不需要，"正役""白役"在办差时可以临时召熟人协助。差役们师徒相称，父子兄弟相承，如同黑社会，看不出一点儿公权组织的模样（关于书吏的"底缺"现象和差役的"白役"现象，见第四章第三节、第四节）。

州县书吏、差役既不被纳入国家人事管理系统，便成为一种私人社会势力；而这种私人社会势力却又承担着公权力的运作职能。在这种情况下，它势必会趋于劣化，成为地方社会的黑恶势力和毒瘤，甚至可以成为"朝廷命官"之外的第二政权。事实也正是如此，州县书吏、差役中几乎没有好人，这在当时社会是人们的一种共识，清政府将各种差役的身份定为"贱役"正是基于这种情况（尽管这种做法十分荒谬）。州县书、差役

作为一种黑恶社会势力，具有几个基本属性和特征：其一，自身构成一个宗法性群体或网络；其二，在地方社会成为"官"（国家公权）之外的另一个统治性权力，凌驾于百姓之上，利用公权胡作非为；其三，在承担行政功能方面具有某种优势，因此为州县官所不能不依赖，后者也无力对他们"以法治之"。这里举一个比较典型的例子：

> 贵州遵义县的役隶构成了一个宗法性整体网络。全县4个乡，每乡有一"乡总"；13个里，每里有一两个"里总"，其下各有"小总"数人，散役百人左右。散役"视父"，小总"视祖"，大总"视曾祖"；"其类相引进，称师徒。徒视子，徒之徒视孙，徒孙之徒视曾孙"。四个乡总的产生，其途径"非世即效"。所谓"世"即世袭，选取自己的"子弟族人"接任；所谓"效"，即由城乡"游手无赖敢死者"逐渐升任。

> 这个役隶网络在地方拥有极大权势。"号'总'者，莫不拥腴田华屋，鲜衣大马，长喙利爪而择肥，行者避道，坐者竦听，喑呜市间，奴隶村落；乡豪仰睞称义子，贱士承颐呼契兄。巨魁片纸而即和，久争一语而咸听。所至张请李速，唯恐不临；主妇乱于厨，舆夫大于常客。'总'谓里皆其百姓，里畏'总'甚于长官。官易则一年不知，'总'死则十甲俱诔。其自赞曰举人进士，一差不易"。"散"（散役）在百姓面前也同样耀武扬威，"虽褴褛短后，泥偪尘帽，如贼如鬼，称奉'师'遗，犹复三三五五，得鸡索豚，毕茶督酒，'师'不去口，人皆俯首"。

> 役隶利用职权对民人敲诈勒索。役隶以每乡为一班，各班轮流在县衙值班，每班以半月为期。每逢三、八讼期，县官签发差票，值班散役"必有名"，每票"名率十以上"，诉讼双方及被株连者承担所有费用，"发脚有饯，上道有赆，馆宿有糇，送案有规"，此外还须于偏僻之地给予"大总"贿赂，称"私弯"，数额巨大。"故一讼起，常二三家破；一岁之讼，以数千计，破家饱斯役者"，不可胜数。

> 州县官办理行政事务，离不开这种黑恶势力。如"大徭猝兴，千舆万夫，供帐束手"，但只要命一名"总"来办理，则

"井井然"；遇有境内发生"劫夺杀人"重案，"元凶在逃"，不能按期破案，县官面临降级革职处分，但只要这些役隶"四出其党，罪人立得"；当正项钱粮征收不能足额，"右诎左支"时，只要召这些役隶出谋划策，"即多寡猝办"。这些都是役隶的"擅长"，"足以分主者忧，关口而夺之气"。

由于役隶具有这些"擅长"，一般县官都对他们的胡作非为"熟视若无睹"，并采取纵容、包庇的态度。对于不顺从这种黑恶势力者，县官指为"莠民"；对于敢于发表批评意见者，县官指为"劣士"。当这些役隶的劣迹"万不可掩，闻于大府"时，县官"则为之更姓名，诈生死，百计营护，唯恐或伤"。间有"自负循能"的县官"实鉴其弊"，"思尽惩创之"，这些人就会"窃窃然发难"，以耽搁公务等手段相要挟。如果对官员的刁难不能奏效，"则又多方揣摩"官员性格和施政风格的特点，"投喜以售"，"敏决者示之能，慈祥者示之懦，廉俭者示之陋，诚朴者示之愚，刚柔择施，奇正互用"。时间一长，官员就会与之相融，"忽不致疑"，且倚为腹心来审案定谳，"出入罪目，变易黑白，唯其所欲，无不如志"。

也有官员曾尝试对这种黑恶势力"筹所以治之之法"，但没有力量做到。如欲"比而诛之"，"则不可胜诛"；如欲"比而去之"，则官员对县政"不能以独理"；如欲"散之四境"，"则无业或转而乱群或盗"；如欲"择而用之"，"则其类维均"，无一良者；如欲"教而使之"，则官员更调频繁，无从奏效。①

在贵州遵义县的这一事例中，役隶虽然成为一种黑社会势力，但仍保有公权组织的表面形式；更有甚者，州县官不是将盗贼纳入差班、编为捕役，而是直接将盗贼网络（人脉）合法化，使之承担防盗、捕盗、弭盗的功能。黄六鸿任直隶东光知县时即采取这种办法。当时，东光县盗贼有一

---

① 莫友芝：《送潘稚青明府归桐城序》，盛康辑：《皇朝经世文编续编》，《丛刊》第84辑，第2961—2964页。

个非常有序的网络：

> 该县分四乡，"每乡必有盗，盗必有年久而黠、为众盗所推尊者，以为之首。彼乡若欲行劫，其事大，必首相为谋，酌其才而遣之，事小责各以类相求。其乡有所失，白之首，首为之察而归之，故所失无出乡。各有分地，弗紊也。邻封有所为，或欲借才于我境，必先诣素识商之，约其人数，订其日期，而后从事。有所美好则献之于首，否则嗾捕役因事缚而笞之，将罄诸所有"。在这种网络的保护下，各乡大盗盘踞一方，富裕而安全。如"西乡有巨盗白五者，家累数千金，积富数十年。诸邑宰至，每索巨盗，及失事诸案，无敢举首之者，故得漏网以长为温饱贼"。

与盗贼势力的这种有序、有力相比，知县所代表的国家力量显得十分薄弱，在捕盗方面几乎束手无策。在这种国家行政无所凭借的情况下，黄六鸿想出并实施了"蓄盗以捕盗""宥故盗以严新盗，令近盗以遏远盗"的办法：

> 黄六鸿将西乡巨盗白五诱来谈话，承诺不追究他以往"所为"，而令其将该乡"谁为强、谁为窃而悉报之"，也承诺对这些人"无所加害"。然后，"先令白五具改过自新干结，并亲族、邻右、甲长、庄地各保结存案"；又拘传白五所开列的窃贼，将其近期行窃犯罪讯明，录供于卷，同样取认保结状，然后"俱编为土番，以（白）五为西乡土番之总"，统领其众；每五人再选一人"伍长"，"当堂给番总花红衣帽，伍长花红有帽无衣"，这些人"欣然从事"。其他三乡也全都照此办理，"合四乡计之，凡五十余人"。"土番"编定后有以下责任：其一，不得再行窃盗，负责惟各乡之"总"是责，"五人中有犯"，惟伍长是责；其二，遇有"外盗来侵，或相句他往"，负责缉拿、首告；其三，本乡如发生盗窃案件，说明乡"总""防范不周"，由该"总"负责破案；其四，发生盗窃案件，各个"土番"要"互相觉察"；其五，"嗣后地方或有新生匪类"，立即首报，编入"土番"。此外，每月朔望，由"总""伍""率众赴县，

　　唱名点卯"；"凡一岁之内，是乡强窃无闻，总、伍及众各赏赍
　　有差"。

据黄六鸿自己说，这套办法"行之半年，四境之内，夜不闭户"，效果很好。①但显而易见的是，这套办法不可能使得盗贼全都洗心革面，只可收效于一时一地，不可能行之于长远、行之于普遍，其结果只能是使一州一县的治安体系为盗贼所把持。

---

① 黄六鸿：《以盗止盗说》，贺长龄等编：《清经世文编》，第1850—1851页。

第三节　州县官监察机制的异化

一、州县官监察机制的理念与设计

在现代政体中的地方行政监察制度由这样一些机制构成：其一，地方自治制度。现代国家一般都实行地方自治制度，地方行政主官由选举产生、罢免，并受到选民的制度化监督。其二，政府内部分权制衡。现代国家的地方政治一般实行行政、立法、司法的"三权分立"，相互制衡；此外，行政权内部还存在政务首长与职能机构之间的相互制衡，职业化的事务官不随政务官进退，由之组成的职能机构不是秉承首长意志办事，而是依法行政；其三，法治制度。地方政府必须守法，其行政必须依法运作。其四，政治和社会民主制度。现代民主国家由法律予以保障的人身、财产、言论、结社、游行、示威等公民自由和权利，都对地方行政权力构成了有效的制约。然而清代在"官府本位"、中央集权的专制体制下，民主、法治和地方自治制度均不存在（"绅权"等地方性社会权力可以对州县行政构成某种非制度化制约），政府内部也没有分权制衡机制。前文已经述及，清代州县实行正印官独任制，不设副职，佐贰、首领官被淡出州县主干性政务；房科虽然常设，但却为州县官家丁、长随所控制，不是对法律、制度负责而是对州县官负责。这样，正印官对于辖境之内的全部行政事务负有全责，享有全权。此外，现代司法体制中刑侦、检察和审判的分权，在清代州县制度中也全无体现，一切州县官承担。在这种制度下，州县官俨然一个个小诸侯，专一地之权。如汪辉祖说："天下治权，督抚而下莫重于牧令，虽藩臬道府弗若也。何者？其权专也。"①

雍正君臣的一次讨论表明，这是清统治者有意为之的结果。雍正皇帝鉴于州县政务繁冗，曾考虑为知州、知县添设副职。他说："地方如有查勘工程、检验命案等事，州县一人不能分身兼顾者，添设一人协同办理，亦不致耽延迟误。"另一方面，"州县官升迁离任之时，有平日同事熟悉之员接办，亦是有益"。但他又顾虑"两人同为一官，或因事无专责，互相推诿；或因意见不合，彼此争执，转致事务稽迟"，"于公事甚属无益"，因此谕督抚鄂尔泰等"各抒所见，确议具奏"。鄂尔泰复奏认同雍正的忧虑，认为州县如果"复添设副员，于查勘检验等事固可以分任，而一治两官，非统非属"，会导致"此忌彼猜"，"或相推诿，或相争执，转致事务羁迟，甚属无益"。②这一记载表明，今人所谓"一把手专权"局面的形成，根本原因在于"官府本位"的社会政治制度。因为这种制度最为关心的，不是如何防范官员的滥权，而是如何强化对社会的统治。为了做到这一点，"一把手专权"的家长制政治被认为是最为有效的手段。清前期裁撤各地驿丞而将驿站改归州县官管理，一个重要出发点也在于集权，决策者认为"每年一驿钱粮，自数百余至数千金，付之微员，既非慎重之道"③，故实行这一改革。

清代统治者在赋予州县官很大权力的同时，也尝试建立一种机制来加强对他们的监察。清代对州县官的监察机制由三个部分组成：督抚监司制度、文簿制度和问责处分制度，然而其运作效果全都不理想，不仅没有能够实行其本旨，反而造成许多严重的弊端。概言之，这种监察机制发生了"异化"。下面，就对清代州县官监察机制的三个部分，逐一加以阐述和分析。

二、督抚监司制度及其弊端

（一）清代督抚监司的性质和对州县官的监察权力

清代在州县之上，设有知府、道员、布按两司和总督、巡抚等多重官

---

① 汪祖辉：《勤职》，徐栋辑：《牧令书》卷一，《治原》。
② 鄂尔泰：《议州县不必设副官乡官疏》，邵之棠辑：《皇朝经世文统编》，第1236页。
③ 王杰：《请覆实亏空变通驿站疏》，贺长龄辑：《皇朝经世文编》，第589页。

员，但这却不能简单地等同于现代政治中的地方行政分层。

建立于秦而一直延续至清代的中央集权国家体制，并没有现代意义上的地方分权理念和制度。尽管这种体制在实际运行过程中常常演化为一种外官专权乃至割据的局面，但就制度而言，始终没有现代社会那种权力独立而完整的地方政府。清代的行省制度起源于元代，是一种典型的中央集权制度，"行省"即"行中书省"，其性质为中央的派出机构。这一制度经明、清两代演化，虽然逐渐造成了各级外官往往专制一方的情况，但总督、巡抚、布政使、按察使、道员、知府、（厅）同知、知州、知县等官员都由皇帝任命，其性质仍不属于地方独立行政的首长，他们被称为"外官"，与"京官"一起共同构成了统一的"朝廷命官"队伍（府、厅、州、县主官被称为"地方官"，其义只是负责某一地方的"外官"，仍不同于作为独立行政首长的"地方官员"）。

清代的督抚、藩臬、道府，一般均没有与州县行政不相重合的独立政务职能，而这与当时社会的结构特点有关。现代社会是一种"网络型社会"，其中充满纵横交错的权力关系、制约关系、社会关系以及物质、能量、信息交换关系。在这种社会中，只有部分公共事务具有纯粹的基层地域性质，可以作为地方政府的职能在基层政区（社区）范围之内办理；而除此之外，还存在大量超越各级政区的开放性公共事务，它们只能根据不同情况由不同层级的地方政府、乃至中央政府办理；换言之，基层政府之上的各级地方政府，均有与前者职能不同的独立政务。与这种"网络型社会"不同，中国传统社会是一种"块垒型社会"，这种社会由众多单元组成，它们的结构大致相同，而彼此互不相涉。清代社会就属于这种"块垒型社会"。清代国家作为这种"块垒型社会"的治理者，其各种行政事务可分为两类，一是根本不能分解或不能按政区分解的国家整体性事务，如对内对外战争、民族关系、藩属关系、治河等公共工程、盐务、关税、漕运等；二是有具有相同性而没有整体性、须进行分解而由各个政区办理的事务，即各地的经济、文化、教育、治安、司法、礼俗方面的事务，清代文献中称之为"民生""抚字""教养""政教之下于民者"等。这后一类事务，当时都是由州县直接办理的，知府、司道、督抚等各级上司不过是"总其成"，不过是监督其执行过程。当时人阐述清代的这种政治特点说："天下无毫发不起于州县"，国家所有大大小小的政务，无不是由州县直接办理，府、道、两司、督抚"所治者"，其实都是"州县之事"。在这种情况下，国家之所以还要在州县之上层层设置官员，就主要是出于监察州县官员的需要，对此有当时人指出："州县者既治事而上之府矣，不足信，信道；又不足信，信布政、按察；又不足信，信总督、巡抚；又不能一信也，而两制之。"因此，人们称州县官为"治事之官"，称督、抚、藩、臬、道、府等为"治官之官"，而"治事之官少，治官之官多"。①

在这种"以官治官"的监察体制中，各级上宪掌握着州县官的仕途命脉，其中尤以督抚权力最大。督抚对于州县官之所以能扼其命脉，首先在于他们实际掌握着后者的任免权（详见第三章）。其次，督抚对州县官还有权随时弹劾其过失，褒奖其功绩，题奏其署任、升迁、降调，他们以"人地不易""舆情未孚""吏事不力"等理由而奏请将州县官调任、改任、撤任，更是常有之事。除督抚外，知府（直隶州知州）、巡道和藩、臬两司对于州县官也有很大的支配权。所有这些上司官员对州县官的监察都具有极强任意性。例如，对于州县官的库款亏空，上司官员可以认真查办，也可以为之掩饰，甚至迫使后任官员流摊；对于州县官办理盗案逾限，既可以严厉参处，也可以在到期之前将之调署他职，以规避处分。州县官的考绩，除钱粮征收考成和盗案破案率外别无客观标准。每三年进行一次的"大计"，由知府、道员、藩司、臬司以至总督、巡抚，逐级出具考语，评判其"守、才、政、年"，而这种评判也没有客观标准可循，全凭上司主观"心断"。由于执掌不同，不同上司甚至"赏识各殊"，会做出不同的评判，如藩司"以批解踊跃为上考"，臬司"以听断勤能为上考"，围绕某一州县官的考核问题，两司"常至龃龉"。②这种监察体制，必然导致州县官与各级上司之间关系的严重扭曲，不可能有效运转而实现其初始宗旨。

---

① 鲁一同：《胥吏论一》，盛康辑：《皇朝经世文编续编》，《丛刊》第84辑，第2859—2861页。

② 包世臣：《山东东西司事宜条略》，盛康辑：《皇朝经世文编续编》，第2020页。

（二）督抚监司等上司对州县行政的限制与干扰

大量史料表明，清代设置督、抚、藩、臬、道、府等多层上司来监察州县，严重干扰了州县政府的行政。

清代行政"无毫发不起于州县"，州县行政繁多琐细，"民事利病修废之所宜，竭官吏之聪明才力以求之，而未必尽举"，而各地经济社会状况又复杂各异，这种情况决定了单凭僵死的"法治"难以有效治理，而必须使州县官有施政的自主权和主动性，能够"自为政令"。对此有人指出，州县官对"民事尤最习"，他们采取行政举措"兴利除弊"，不能墨守既定成规，而必须"参于情理"；各地"民情土俗，随处异宜，全在地方官因时调剂，审其轻重，视其缓急，而次第布之，庶几可有成效"；有人甚至主张应彻底实行"人治"，使州县官"专制一方，事无定规，理无合辙，当得法外之意，然后可治"。然而当时的实际情况却相反，州县官受到各种"束缚苛绳"，"不得措其手足"，举"毫毛之事无一得以自专"，"除积弊则以为生事，裁横征则以为损官，特创正议则以为碍例，力事振作则以为专擅"，只好"荡荡然若无其事"，不为料理。[1]州县官施政自主权和主动性的严重受限，主要表现在如下几个方面：

第一，常规行政事务之外的兴作，受到既定"文法"的严格限制，也就是受到各上司衙门书吏的刁难。当时有官员指出：州县官如欲兴利除弊，办理县政，"虽事之万全无害，而苟其倡议行之，则文书之上簿者，有六七级之上官以临其上，即有六七级之胥吏以挠其下。此合彼牾，往返旷日，迫切成过误，功不收而罪集"。这位官员说，文簿申报制度本来旨在于"钳制不法之吏，使不得妄有作为，以困苦百姓"，然而在这种制度下，就是"足以有为之才"的州县官尝试办理"万不可已之事"，也必然会"逆阻于文书阶级之烦扰，以自败其意，听其破坏于冥冥中"。[2]

①　吴铤：《论守令》，何良栋辑：《皇朝经世文四编》，第 268 页；周镐：《上制军条陈利弊疏》，贺长龄辑：《皇朝经世文编》，第 596 页；梅曾亮：《上汪尚书书》，盛康辑：《皇朝经世文编续编》，《丛刊》第 84 辑，第 2532 页。

②　梅曾亮：《上汪尚书书》，盛康辑：《皇朝经世文编续编》，《丛刊》第 84 辑，第 2532 页。

由上司衙门胥吏来掌握的烦琐"文法"，往往自相矛盾，无法操作，但州县官们却不敢违反，否则就会受到处分，所谓"少有龃龉，即干吏议"，其结果，州县官们"虽有愿治之心，不能自行其意"，只能"思为自全之计"，因循苟且，使行政废弛。

第二，各种兴作受到各上司主官意志的阻碍。对此有人指出，州县之上有府、道、臬、藩、抚、督，"一吏也，而监之者五六人。此一人者之性情、语言、动作，其顺逆皆足以为利害；其左右之人，以至左史之属，其好恶皆足以为毁誉"，"利之当兴也，害之当去也，此五六人者，一不可，则其事不能举"；州县官对于"此五六人""条教之所及，意旨之所向，心知其非而不敢不从"；[①]他们"力疲于趋承，心怵于功令，稍失上官之意，诃斥频加"，"即有贤者，欲兴一利除一害，动多掣肘"。[②]此外，州县上司层次过多也必然导致上下隔阂，效率低下，弊端滋生，对此当时有人指出："凡牧令事无轻重，必由道府转申，中途阻格，累月经年。且紧要事必与首府首县商通办理，往往变幻失真，串谋蒙蔽，上司殊难觉察。"[③]

第三，上司政令干扰。州县各级上司有时发布政令，饬所辖范围内州县推行一定政事，这类政令往往不切实际，反而会给州县行政带来极大干扰。对此袁枚指出，各上司的饬令州县实行的政令与改革，往往都会无疾而终，不了了之，如当时江宁布政司不断推出新政事，"一行版图顺庄，再行保甲循环簿，再行印契之三联，完粮之版串，再行道府之提比，约正之值月""当其始也，明罚敕法，若不可终日，而意在必行；及其终也，形格势禁，亦自悔其初心而视为故纸"[④]。上司发布政令后，往往还派人前往各州县进行督导和检查，这些人假办理公务之名行敲诈勒索之实，州县不堪其扰。如袁枚指出，上级官员为捕蝗而采取的举措给百姓带来的危害，比蝗灾本身还严重。他说："今督捕之官太多，一虫甫生，众官×集，车马之所×藉，兵役之所輘轹，委员武弁之所驿骚，上官过往之所供

---

① 孙鼎臣：《论四治》，盛康辑：《皇朝经世文编续编》，第2479—2480页。
② 梁清标：《敬陈用人三事疏》，贺长龄辑：《皇朝经世文编》，第634页。
③ 谢振定：《察吏八则》，贺长龄辑：《皇朝经世文编》，第751页。
④ 袁枚：《复两江制府策公问兴革事宜疏》，贺长龄辑：《皇朝经世文编》，第727—728页。

应，无知之蝗食禾而已，有知之'蝗'先于食官而终于食民。"①

第四，上司对州县行政的督导检查加重州县负担。对于州县各项常规行政，各级上宪往往要委派官员或候补人员进行督导检查，这些"驰驿前往，本有廪给口粮"，不应接受地方官馈赠，但实际上地方官却历来给予资助。而更为严重的是，这些差员普遍假办理公务之名行敲诈勒索之实，扰累州县。嘉庆间有官员上奏揭露这种现象说："各省年例差使，稽查烧锅，催提钱粮，以及查验马匹、监狱等事，自督抚藩臬以至道府，俱各委人前往，有同此一事而所派多人者，纷纷扰累驿站，需索陋规；更有于省城设立差局，凡遇委派，皆由局员注定，依次差遣。"嘉庆皇帝的上谕承认："（上司衙门）派委各员并非慎重公事，不过为属员沾润起见。""委员等奉差外出，未必有留心公事之人，不过需索分规，苟且塞责，往来供应，络绎道途，前者未行，后者踵至，百姓颇受其累；甚至派差之后，本员并不亲往，公然议定规礼，派家人往收者。"②可见，当时督抚等上司委员前往州县督导、检查政务的做法，已经失去了本来宗旨，纯粹成为补贴候补官员的一种手段。晚清官员阎敬铭则指出：各省"候补人员盈千累百，各有眷口奴仆，非商非农，悉以营求差使为事，如查驿站、烧锅小钱、缉捕，名目烦多，谓之例差"；更有甚者，有人只是"回籍私事他往"，上司官员也"予以咨追、海捕、催饷各样印札，借省川资，谓之借差"。最后发展到委员并不出差，只是向州县索取差费："各委员并不出省出府，遣家丁执持印札，四出向州县索取差费银，向地方折收车马钱。"③这样，委员督察政务制度就公然成为一种"调剂穷员"的摊派勒索制度。除委派官员外，各上司有时还派书吏差役下州县，这些人更为蛮横，勒索州县书吏，甚至凌虐州县官员。

清代定例，"督抚以下、道府以上官员，凡叛逆、军需、驿递公文等紧要重大事情照例差人外，其余止许行牌催提"。但各上司衙门的差役往往"嘱通经承贿买差票，经承受其贿嘱，朦胧

---

① 袁枚：《复两江制府策公问兴革事宜疏》，贺长龄辑：《皇朝经世文编》，第727页。

② 《大清会典事例（嘉庆朝）》卷七十六，吏部六十三。

③ 阎敬铭：《沥陈川陕差徭苦累亟宜变通恤农疏》，葛士浚辑：《皇朝经世文续编》，第849—850页。

禀官，一应号件或钱粮、或词讼，事事差催，桩桩×提。此辈差票到手，便为奇货，呼群引类，驾船乘马，一到地方，要歇窝、要供应、要盘缠、要谢仪，稍不满欲，则借题挟制，凌虐属官，捉锁经承，必餍饱而后止。虽曰公务，实则营私；虽曰官差，竟同凶暴。下属碍于上司，只得吞声忍气。甚至一差未去，一差又来；初催之差甫到，达限之差又至，往来如织，威焰日张，俨如上司亲临，谁敢不为承奉"。①

第五，州县官需要殚精竭虑奉承伺候上司，导致政务废弛。有人指出，州县官们往往"一日之内，以六时事上官宾客之过境"，"风不得避尘土，雨不得避泥途，琐不得避水浆，困不得避饥渴，终日竭蹶耗精亡神之大半"，"勤苦如此，然及百姓者无一事"。②袁枚也说：现在州县官有"求勤而不得"者，原因就是要将全部精力用来伺候上级官员。"赤紧之地，四冲之衢"的州县官，忙于对上官以及其妻孥子姓的迎来送往、馆驿安排，受到随行人员的刁难，"为政之精神已消磨于无用之地"。各省首县"每日参谒"督抚两司，"天明而往，日昳而归，坐军门外"，"听鼓吹""投手板""待音旨之下"，"忍渴饥，冒寒暑，而卒不知其何所为"。往往刚刚回署，上宪"传呼者又至，不曰堂屋瓦漏，则曰射堂须垆；不曰大府宴客，则曰行香何所"。在这种情况下，"虽兼人之勇"，也无从"课农桑而理狱讼"。③对此还有人指出，附郭省城的首县"长官层累，趋跄侜偬，供亿纷坛，尤有疲于奔命之苦，而于民事往往不暇尽心致力"，"寅出未归，有限之精神，半消磨于听鼓应官之地。上院也，上藩司也，上臬司也，上道也，上府也，上马头也，拜客也，庆吊也，会客也，饮食宴客也，独置民事于不问"。因此，做首县被认为是一件苦事，清代有俗谚说："前生不善，今生知县。前生作恶，知县附郭。恶贯满盈，附郭省城。"④

---

① 赵申乔：《禁司道府县滥差檄》，徐栋辑：《牧令书》卷二十三，宪纲。

② 梅曾亮：《上汪尚书书》，盛康辑：《皇朝经世文编续编》，《丛刊》第84辑，第2533页。

③ 袁枚：《复两江制府策公问兴革事宜疏》，贺长龄辑：《皇朝经世文编》，第728—729页。

④ 徐凌霄、徐一士：《凌霄一士随笔》，第1548—1549页；陈文述：《答人问作令第三书》，盛康辑：《皇朝经世文编续编》，《丛刊》第84辑，第2676页。

第六，上司衙门的幕友、书吏也依仗衙门权势干预州县的政治运作。当时，上司官员普遍向州县官勒荐幕宾，一般"派定束修，刑名至数百金，钱谷亦须二三百金"，"往往至人浮于事，甚则有空食束修而不理事者"。这种情况不仅加重了州县的经济负担，而且还会干扰州县行政。这类幕友因系上司所荐，往往"自高声价，多方需索，挟制本官，稍有拂意，即转至上司衙门，煽动是非"，有些则与上司幕友相勾结，"遇案情翻驳作难"，以至"州县之畏幕友，更甚于畏上司"。上司官员向州县官推荐长随，其弊端也很严重，有人指出，长随"作弊败露"，其人如系州县官"自行招用"，"无难惩逐"；如系上司所荐，则"不免投鼠忌器"，难以惩处。① 上司衙门的书吏也同样可以干扰州县政务，如山东章丘县距离省城济南较近，"绅富所聚，尚气好讼"，"而院司道府五署书吏千数，皆章丘人"，每月放告，"新旧事至二百纸，五署书吏走书请托，使长官不得举其职"，严重干扰了州县的司法运作。②

三、文簿册报制度及其弊病

清制，州县须就各种日常政务——如人口增减、赋税征解、仓库盘查、词讼审理以及命盗案件之发生、破案、审理等等——编造簿册报各级上宪审查、批准，而簿册编造有固定程式，有时且须附原始文件。这种"文法簿书"制度，在清代文献中一般称为"文法"，旨在以各种制度来规范州县官的施政，防止其在各个环节上作弊。但这种制度实行的结果，却完全与其初衷相悖。一方面，它极大地增加了州县行政的无谓负担。有人指出：州县办理各种日常行政事务"必以公文书遍达"各级上宪，不合例者驳回，仍旧需要州县来办，于是，"一县之事"因为上有道、府而增加数倍，因为上有藩、臬又增数倍，因为上有督、抚又增数倍，"县令一身两手，非有奇才异能，而身常任数十倍之事，势必不给"，政事"梦而

① 贾允升：《请除外省积弊六事疏》，贺长龄辑：《皇朝经世文编》，第585页；张鹏展：《请厘吏治五事疏》，贺长龄辑：《皇朝经世文编》，第739页。
② 包世臣：《山东馆陶县知县张君墓表》，盛康辑：《皇朝经世文编续编》，《丛刊》第84辑，第2718页。

不可理"。①另一方面，这种制度实际上于"弊窦无损"，根本起不到防弊的作用，相反，只是成为"积年老滑"的胥吏"媒利市权"提供了便利。②

这种通过簿册审核来监督、查核州县行政的做法，有着很深的政治理念基础。中国传统的治理理念，儒家主张"人治"，法家主张"法治"。"人治"即靠官员发挥个人的主观能动性来进行政治运作，而不以固定的制度来作为政治运作的规则，不以这种规则来束缚官员的能动性；"法治"则相反。汉代以后，儒、法两家的治理理念都有影响，但由于君主专制、中央集权制度需要防范官员作弊，行政制度的设计因此更为主要地体现了"法治"的理念，即所谓"自汉以后，大抵任法而不任人"，宋以后尤其明显。这里所谓"任法"，就是靠繁密的"文法簿书"来监督、查核行政。由于官员任期短暂而常有更调，对于各地、各部门的行政事务不遑了解，所以只能靠为胥吏来处理这些数量繁多簿书，其结果，就是本来应该属于"官"的行政权力落入胥吏之手，"官治"变为"吏治"。对此有人指出：

> 汉代以后"例牍日繁，不可究诘，势不得不委之胥吏，权反在下"。在这种政治环境中，各机构、地方长官频繁更换，"无复久任"；官员"率多新进，所学非所用"，而"吏抱文书"，实际处理政务，尤其是"老吏"，"积年深，用事久，苛细缴绕，难以卒破"，于是政权"归于胥吏"。③

还有人指出，"文法簿书"繁密之所以会导致"天下之权"不归于君、相、百官"而归于吏胥"，是因为这种做法意味着行政运作"用法、用例、用案"，而胥吏在这方面较"君臣上下"有着优势，"用法则吏胥擅周内，用例则吏胥擅苛比，用案则吏胥擅强记"。④

这种自宋以后因"文法"繁密而导致权归于吏的情况，至清代尤其严重，以致当时人甚至说"我朝与胥吏共天下"。有人指出：清代官府"文法簿书"数量繁多，保管不好，"千宗百架，鼠蠹雨洇"；而它对行政事务的处理也没有确定性标准，"或一事反复异同，或一时互有可

---

① 鲁一同：《胥吏论一》，盛康辑：《皇朝经世文编续编》，《丛刊》第84辑，第2860页。
② 孙光祀：《衙蠹宜剔其源流》，邵之棠辑：《皇朝经世文统编》，第1454页。
③ 朱琦：《读酷吏传》，盛康辑：《皇朝经世文编续编》，《丛刊》第84辑，第2906页。
④ 汤鹏：《训吏上》，盛康辑：《皇朝经世文编续编》，《丛刊》第84辑，第2887页。

否"，无从遵守。而官员进退升转频繁，根本没有能力了解这些文簿的内容和处理规则，因此一般不予理会，"未尝一检阅校勘"；而胥吏盘踞一定衙门而从无异动，因此通过审查、处理这些文簿就完全成为他们的权力和职责。① "法密官不能尽知，必问之吏"，吏因此而"横"，法因此而"枉"。②

　　大量资料表明，清代督、抚、司、道、府等各级衙门的书吏在审核州县上报文簿册报的过程中，舞文弄法，挑剔刁难，任意操作，以达到谋取私利的目的，而这对州县行政造成了极大干扰。对此袁枚指出，"上官""不信人而信法"，制定各种"规条教令"，"上官之胥"借这些烦琐的"文檄""以剥州县"，"无端而取遵依，无端而取册结，无端而款式不合，无端而印文不全"。③雍正八年（1730 年）的一道谕旨承认这种情况的普遍性："藩司掌通省之钱粮，臬司掌通省之刑名，不得不仗熟练之书吏为之办理，而其中百弊丛生，舞文弄法之处，不可悉数。"④清代官员对于胥吏办理文簿审核时的各种卑鄙伎俩，有很多具体的揭露：

　　　　上宪衙门的"幕宾胥吏"在审查命盗案件的审讯册籍时，往往"逞其私智，略大端而搜枝节，执一隅而概全招。虽任意指摘，毫不中情，州县亦必逐条答复；人犯往返，难免拖累，而详验招册之重复增添"；这种"承审造册"还"各有程限，一涉迟延，例有降罚"，州县官"无所逃避"。⑤

　　　　司书讹诈州县，情状百变。其小而显者，如送到册结，以注语不符、册式不合，及挖补未盖印信（此层尤多司书捏换）等情驳换。迨遵驳重造，又寻别端再驳，即继以查取错误迟延各职名多方恫吓，必饱其欲而后已。又如量地丈杆，部颁碑式不肯摹发，严饬造送请验，及差送候验，则捺搁不行，来差候久潜回，

① 孙光祀：《衙蠹宜剔其源流》，邵之棠辑：《皇朝经世文统编》，第 1454 页。
② 鲁一同：《胥吏论一》，盛康辑：《皇朝经世文编续编》，《丛刊》第 84 辑，第 2859 页。
③ 袁枚：《复两江制府策公问兴革事宜疏》，贺长龄辑：《皇朝经世文编》，第 727 页。
④ 《清朝文献通考》卷二十三，职役三。
⑤ 王国安：《请省簿书以课农桑疏》，贺长龄辑：《皇朝经世文编》，第 580 页。

又复饬提。种种罔利，屈指难数。①

州县房科编造"盘查秋审等册，尤必加送上司衙门房书规费，方免驳换，否则一字迹之讹，一年月之误，则全案驳令另写矣。甚至照钞之案，而忽称不符；已到之文，而忽称未上，刁难之苦，禀诸官而官莫如何，则惟有遇事纳钱以省烦扰矣"。②

上司衙门书吏因以文法审核簿书而取得权力，这使得他们能够"鱼肉州县之书吏而并能挟制其官"，对州县肆意勒索。"州县莅任，先索到任规费，其后交代有费，盘查有费，经征有费，奏销有费，滋生烟户有费，《赋役全书》有费，蠲除有费，工程有费，恩赏有费，领有另费，解有解费，划扣有划扣费，举州县毫毛之事，莫不有费"，"动笔即索，事无空过"，"稍不遂意，则驳换捺延，处分降罚，其祸立至，故州县畏之如虎，而奉之如神"。③当时，由于州县各上司衙门书吏可以通过弄权获取巨额非法收入，其缺位因而成为由私人斥资买定的私产，而书吏对于公职的私人盘踞，又反过来加强了他们的权力。对此有人揭露说："东南各省上司衙门书吏，每名充顶之费辄须数千金，玩法营私已可概见。"④州县上宪衙门书吏实际上是"书缺买定"制，"某书管某县、某吏值某科，皆量其出息之多寡以为授受，州县特其佃户耳。买定之后，则以此缺为传家之宝，官有迁调而吏无变更，即或因事革除，而易名顶替者仍其人也。是以州县宁隐忍以免目前，不敢触犯以贻后祸"⑤。

各种行政和管理，在理论上存在着两种模式：一种是"目标管理"，它着重考核责任人的效绩有无与优劣，而不注重规范其取得效绩的方法与手段；另一种是"过程管理"，它着重考核责任人取得效绩的方法、手段是否合法，而重视考核其效绩的有无与优劣。隋人牛弘问刘炫："案《周礼》士

---

① 包世臣：《山东东西司事宜条略》，盛康辑：《皇朝经世文编续编》，《丛刊》第84辑，第2015—2016页。

② 徐赓陛：《覆本府条陈积弊禀》，盛康辑：《皇朝经世文编续编》，《丛刊》第84辑，第2811—2812页。

③ 周镐：《上玉抚军条议》，徐栋辑：《牧令书》卷二十三，宪纲。

④ 费庚吉：《请严定惩×书役扰害章程疏》，王延熙、王树敏辑：《皇清道咸同光奏议》，第1179页。

⑤ 周镐：《上玉抚军条议》，徐栋辑：《牧令书》卷二十三，宪纲。

多而府史少，今令史百倍于前，判官减则不济，其故何也？"刘炫回答说，
"古人委任责成，岁终考其殿最，案不重校，文不繁悉，府史之任，掌要
目而已"，此即"目标管理"。他又说"今之文簿，恒虑覆治锻炼，若其不
密，万里追证百年旧案，故谚云'老吏抱案死'"，此即"过程管理"。[①]
显然，"过程管理"必然导致胥吏人数的增多和权力的膨胀，而清代通过文
簿册报制度来对州县行政进行查核，正是这样一种"过程管理"。

对政府行政实行某种"过程管理"，有助于法治，本来是必要的，但
这种管理应该便捷而符合实际。而清代州县的簿册审核制度却不是这样，
它表面看来程序规范，但实际上只是使得行政运作流于形式，即今人所谓
"认认真真走过场"。如有人指出，这种制度有时荒谬得"不可解"，如
"户口之增减、仓库之盘查"，本来"惟州县知其确数"，"而司书则曰
彼有程式"，上报数目多少必须符合他们的既定"程式"；"所谓程式
者，又不肯显颁于下，屡送屡驳，无所适从，费到则册始定，其实上下
仍相蒙也"。[②]又如，州县"层递而上"呈报盗案审理文簿时，"必削足
就履，务合于本省成案而后可，若一径直，辄格不行"。[③]这种制度也并
不能真正约束官员的权力，相反，还为官员对行政的任意操作提供了便
利。对此有人指出，汉代以后"法令明而用之至密，举天下惟法之知"，
几乎所有事务都有相关的法令规定，其结果是天下多"黠吏"，他们"以
法为奸"，左右逢源，上下其手，其"所欲排者，有小不如法，而可指以
为瑕；所欲兴者，虽有所乖戾，而可借法以为解。天下一毫之事，务为留
滞，以待请属，非金钱无以行之"。[④]

正因为如此，当时就有人明确对州县行政实行"目标管理"，简省
文簿。如袁枚说："督抚之使吏治民，如使工人之制器也，物勒工名以考
其成，足矣，何必为之制一斤、造一削、代斫而迫驱之乎？又如田主之督

① 《隋书》卷七十五，刘炫传。
② 周镐：《上玉抚军条议》，徐栋辑：《牧令书》卷二十三，宪纲。
③ 徐赓陛：《覆本府条陈积弊禀》，盛康辑：《皇朝经世文编续编》，《丛刊》
第84辑，第2810页。
④ 朱琦：《读酷吏传》，盛康辑：《皇朝经世文编续编》，《丛刊》第84辑，
第2906—2907页。

佃也，予之牛种，待其菑穫足矣，何必为之隔疆越界，握其苗而助之长乎？"他主张"捐死法而任生人"，州县对上宪的上行文书应尽量减少，"能省尤善，其不能省者，挈其最，凡月行若干"。他认为，文书的简省，可以削减"吏"的权力，使得州县政治对上成为上下级官员之间的事情，而不是上下级衙门胥吏之间的事情；对下成为官与民之间的事情，而不是吏与民之间的事情。①类似这样的建议，不断有人提出，但终清之世，这个问题也没有得到解决。

四、问责处分制度及其弊端

问责处分制度是维持行政正常运作的重要保证。理性的行政问责制度应是一种有限责任制度，即官员的行政责任必须限于其职务地位和权力所能够达到的范围之内，而行政问责，也只是对官员在这一范围内的失职过失予以追究。只有这种有限责任制度，才能使得问责处分真正起到增强官员责任意识、改善其施政的作用。然而，清代对州县官的行政问责处分制度却不是如此，而是近乎于一种无限责任制度。这种制度要求州县官对于辖境内的所有事故负责，将他们不可能凭借自己的职务权力而保证完成的工作定为其职责，并在这一范围内对他们实施问责处分。这样一种制度的实行，非但不能改善施政，反而会影响施政。显然，这样一种问责处分制度，具有明显的非理性性质。

清代对州县官催征、刑名、缉捕等职责定有十分严密的问责处分制度，田赋不能按期足额征收、盗案不能限期侦破、诉讼不能按期结案，都给予州县官处分（见第五章）。然而，田赋征收、盗案侦破和诉讼结案，都受到各种客观情况的影响，在许多情况下（如粮户故绝逃亡、田地坍塌淹没、盗犯逃匿、诉讼证据不全等），州县官无论有天大的本事，也不能保证如额、如限完成有关职责。如果考虑到州县官更调频繁，"视同传舍"，就更是如此。换言之，在很多情况下，州县行政的阙失并非州县官的责任。但在当时的问责制度下，却不分青红皂白一律给予处分。这样，

---

① 袁枚：《复两江制府策公问兴革事宜疏》，贺长龄辑：《皇朝经世文编》，第728页。

清代的州县官们就常年生活于各种处分之中。对此有人指出："一部《吏部处分则例》，自罚俸以至革职，各有专条"，州县官"钱谷簿书之间，一毫之不如法，辄干处分"，或罚俸，或降革，"故有受事数日而违吏议，历官数十年而不沾寸禄者"；任期届满考绩，就是十分杰出者也往往"不能及格"。①清代有俗语说，"州县官如玻璃屏，触手便碎"，其意就是说州县官极易因触犯科条而受到处分。

这种非理性的问责处分制度非但未能改善州县官施政，反而产生了很多负面效应。首先，州县官为规避处分，纷纷作弊。对此有人指出："法急则玩，操之已甚，穷而思遁"，"催征不力之法重，不得不侵移；刑名失入之法重，不得不姑息；缉捕废弛之法重，不得不讳饰刀笔"。其次，影响了州县官的施政。有人指出，由于州县官经常面临处分危险，"其心日詟詟"，战战兢兢以防止过错，根本无暇"教养其民"。②江西泰和县的一位知县说，州县官即使"精勤淬励，不肯畏难苟安，而地广事冗，一切情形，非期月不能周悉，非再一二年不能驯治"。然而，当其"徐图整顿，甫资经理"时，却"处分届限，下考频书，幸者获量移，否则坐待降调"，因此无从进行"课农桑而兴学校"等兴利事业。③再次，助长了政治的腐败。因各种"簿书"不能"如法"而对州县官实行处分，等于将对他们的"功罪黜陟"之权交给了上司衙门的胥吏，这些人上下其手，"舞法要略，必餍乃已"。④

对州县官的盗案处分制度弊病最为严重，这里不妨作一更深入的透视。由于盗案处分制度严厉，导致官员为规避处分而讳盗不报或避重就轻、改盗为窃。对此有人指出，州县盗案"一案报而令受申斥矣，两案报而令摘顶戴矣。倘将到任一月之内，境内盗案，悉数报闻，则席不暇暖，而撤参随之矣。故官无论智愚，皆相率以讳"，对盗案"佯作不知，置诸

---

① 汪辉祖：《学治臆说》张廷襄编：《入幕须知五种》，第 340 页；孙鼎臣：《论四治》，盛康辑：《皇朝经世文编续编》，《丛刊》第 84 辑，第 2481 页。

② 孙鼎臣：《论四治》，盛康辑：《皇朝经世文编续编》，《丛刊》第 84 辑，第 2481—2482 页。

③ 沈衍庆：《覆吉安文太守询泰和地方情形书》，盛康辑：《皇朝经世文编续编》，《丛刊》第 84 辑，第 2796 页。

④ 孙鼎臣：《论四治》，盛康辑：《皇朝经世文编续编》，《丛刊》第 84 辑，第 2481 页。

度外"。①州县官遇有涉案数额较大的盗案，"必多方回护，以脱捕（役）之罪名"；遇有民人报告被劫被抢，"辄授意代书剔去强暴器械，删减赃单，短估价值，使不满贯，而后受状"，这样做的目的，全在于"规避处分起见"。②由于"捕役窝盗"也要追究州县官责任，犯罪捕役因此能够"挟制长官"，而州县官也会转而为犯罪捕役"讳饰"。③州县官为盗案讳饰、开脱、隐瞒，也使得民人对盗案采取相同态度。此外，按照当时的盗案办理制度，一案获贼过半，案即可完结，官员因此"不复严辑"；而前任官员任内盗案赃贼未获，又与后任官员无涉，"例无处分"，后者因此"竟置膜外"，导致"盗风益炽"。④

由于盗案处分制度明显不合理，督抚也不认真执行，反而想方设法为面临处分的州县官开脱。同治元年（1862年）的一道上谕说：各省督抚"每于属员盗案参限将满时，纷纷迁调，借词巧避，以致四参降调定例，视为具文，缉捕日形废弛"；它规定"嗣后州县遇有盗案，该管督抚不得于四参限满以前辄行更调，以重捕务"。这一规定实际上根本无法实行，因为州县官大多有缉捕逾限之案在身，如果实行这一规定，为地方行政所必需的州县官常态更调就得停止。⑤曾国藩谈这一规定的实际执行情况说，"初二三参之奏咨不绝，而终无降调之官"⑥；光绪间有江苏臬司朱之榛也说，督抚对于州县官的盗案逾限处分，"百计规避，不开送者比比"。江苏盗案逾限应"四参"给予降调革职处分者，"自光绪三年起迄十一年止，共六百三十九案"，但督抚"或仅开列初、二参，或开至三参而止"，很少有人"四参"受到处分。⑦

---

① 徐赓陛：《覆本府条陈积弊禀》，盛康辑：《皇朝经世文编续编》，《丛刊》第84辑，第2816—2817页。

② 谢振定：《察吏八则》，贺长龄辑：《皇朝经世文编》，第745—746页。

③ 文孚纂修：《六部处分则例》，第834页。

④ 席裕福、沈师徐辑：《皇朝政典类纂》，第5049页。

⑤ 文孚纂修：《六部处分则例》，第834页。

⑥ 曾国藩：《直隶清讼事宜十条》，葛士浚辑：《皇朝经世文续编》，第482页。

⑦ 朱之榛：《缕陈整顿捕务并勒限严催禀》，葛士浚辑：《皇朝经世文续编》，第604—605页。

五、对州县官监察的效果

清代以设置督抚监司和繁密文法来监察州县行政的运作，到底取得了何种效果？是否有效地制约了州县官权力的滥用？是否妨碍了州县官的正常施政？对于这些问题当时人就有探讨，他们思考和议论的角度是：州县官到底是"无权"还是权力过大。对于这个问题存在两种截然不同的说法。一种说法认为，州县官权力很重，受不到什么限制。如汪辉祖认为：州县官权力之"专"仅次于督抚，"虽藩臬道府弗若也"，因此"作孽易造福亦易"。[①]还有人指出，由于州县官是直接临民的"现管"，因此他们对民人的支配力、影响力之大，无论督抚监司、上宪委员还是统兵大员，均不能相比：

> "一邑之人，仰印官为安危。印官喜则利及之，怒则害随之。故印官一举一动一笑一颦，小民窥伺之，以为趋避。虽有大宪之令，而印官不令之行，不行也；虽有大宪之禁，而印官不禁之止，不止也。"民人吝惜"尺布斗米"，但捐输却"动辄盈千"；惮劳"举手跬步"，但而团练却"肯亲锋刃"，这全是由于"印官"的倡导和推行。"骨肉至戚较锱铢，而此捐输之银，听印官一人之支销，不敢启口问也。肩挑背负必酬直，而此团练之劳，听印官一人之举劾，不敢攘臂争也。"这种民风，使得州县官推行各种政务能够"指挥如意，显其才能，事半而功倍"。与此形成鲜明对比的是，各省的劝捐委员"皆奉督抚札委"，给予关防，但靠他们劝捐却"报捐者寥寥"；"各营带兵之官，皆系统兵大员"，但他们作战"乡民助阵者寥寥"，主要原因就在于这些人不是"印官"，因此"呼应不灵"。[②]

另一种说法则认为，州县官受到繁密"文法"的束缚和多层上司的制约、干扰，施政能力被严重削弱，权力很小。对此，上文已有多处谈及，不再赘述。

---

① 汪祖辉：《勤职》，徐栋辑：《牧令书》卷一，《治原》。

② 徐鼐：《上各大宪请留温太守启》，葛士濬辑：《皇朝经世文续编》，第585页。

现在看来，笼统谈论清代州县官"权大"抑或"权小"，是陷入了概念不确切的误区，对于这一问题必须做具体的考察和分析。通过第七章和本章的探讨，可以确认这样一个基本事实：一方面，督抚监司制度、文簿制度和问责处分制度的实行，为州县官"兴利除弊"设置了诸多障碍，限制了他们的施政权力，消磨了他们的施政积极性、主动性；另一方面，没有什么能够阻止州县官凌驾于地方社会和人民之上作威作福，予取予夺。总之，在清代州县官"有权"抑或"无权"的问题上，历史的真相是：他们有虐民、作弊之权，但缺乏"兴利除弊"、主动施政之权。换言之，清代的州县监察机制没有能够约束州县官的虐民、作弊行为，却严重损害、羁绊和消磨了他们的建设性施政权力。对此，晚清一位官员的以下看法比较到位、贴切：

> "今为州县者，皆苦无权"，但这种说法太过笼统，并不准确。州县官可以"擅桎梏人之刑，敲扑之罚，中人之产，一日破之有余力。乡民见胥吏，如遇怪物，震慑而怯足"，就此而言权力很大。而所谓"州县官无权"，是说他们受到文簿制度的重重限制，就是"足以有为之才"要办理"万不可已之事"，十之八九也会"递阻于文书阶级之烦扰，以自败其意，听其破坏于冥冥中"。总而言之，州县官手中的权力"足以扰良善，而不足以惩奸邪"，"可以为弊而不可以见功"。①

清代州县官的监察机制之所以会发生这种效果背离宗旨的异化，有其深刻的必然原因，这就是：在当时"官府本位"、中央集权的专制政体下，统治者为了防范权柄"太阿倒持"，不惜用监司、文法束缚官员的施政能力；而为了依靠官吏维持统治、镇压反抗，又必须维护他们的权力，放纵他们对人民进行盘剥、迫害。

---

① 梅曾亮：《上汪尚书书》，盛康辑：《皇朝经世文编续编》，《丛刊》第84辑，第2531—2532页。

第四节　名实不符与非法之法

一、"模糊治理"是前现代政治制度的重要特征

中国古代法家有一项基本的政治主张，即"循名责实"。"循名责实"作为一种政治思想，其义在于制度设计与实际运作相一致，有法必行，不能行者则予以革除。中国古代法家的这种主张，与现代政治所追求的理性化颇为相合。

现代国家主要靠明确的、内容清晰而一致的成文法来治理，习惯法、判例、法理等不成文法作为补充性法源，或者须经立法、司法机关认定，或者必须排除与成文法的矛盾，其内容因此也都具有确定性，且有法必行。这种法制特征是现代社会在公共治理方面区别于前现代社会的根本标志。各种形态的前现代社会，往往靠各种模糊的、内容无从明晰确定的习惯、道德、政治观念来治理。黄仁宇在研究中国的历史特点时曾指出："现代先进的国家，以商业的法律作高层机构及低层机构的联系。落后的国家以旧式农村的习惯及结构作为行政的基础"。他认为，现代的、资本主义的国家通过有形的、确定的、技术上可操作的、"以数目字管理"的法律和行政体系来整合整个国家，而传统中国却是以无形的、软约束的、不凭借技术手段的、不能量化的道德来整合国家与社会。①

清代的州县制度即具有前现代"模糊治理"特征。在有些领域，虽然定有明确的制度，但却"行同具文"，不予实行；在有些领域，定制被

---

① 黄仁宇：《万历十五年》，中华书局，1982，第262、265—266、269页。

公然蔑视与违反，但不被追究；在有些领域，长期实际运作的是一些与定制相矛盾的"非法之法"（当时所谓"陋规"，今天所谓"潜规则"）。总之，有法而无法，无法而有法；合法而非法，非法而合法。而这种"模糊治理"造成了诸多政治弊端，也具有很深刻的政治、社会与文化方面的根源。

二、"模糊治理"的各种表现

清代州县制度的"模糊治理"特征，其表现有三：

第一，有些领域虽然定有明确的制度，但由于各种原因而不被执行，或执行严重走样，有名无实，名不副实。例如，州县常平仓制度旨在赈济，贮谷成本高昂，"当其买时，运工若干，泼撒若干，及其贮也，雀鼠耗之，×蒸耗之"。按照有关制度，仓谷春天平粜，谷价上缴藩库，秋天再由藩库发款，籴谷归仓。但实际上，每年春天"例应平粜"时，上司官员顾虑州县官"巧为出脱"、从中贪污，往往不予批准，而秋天买谷藩库只发"奏定之价"，根本不敷购买和仓贮开支，于是，"州县明知粜易买难，则宁坐视米价昂贵，而姑且贮之以省累"，常平仓因而失去了赈济功能。社仓制度也是如此。为了发挥这种制度的赈济作用，规定仓谷必须每年有借有还，但对于在此过程中所必然会发生的亏耗问题，却没有一个合理的解决办法，只是简单地将社谷纳入州县官交代事项，规定亏耗由社长和州县官代偿。于是，各地为了避免亏耗，往往停止出借，"敷衍成例"，"诡立姓名申于上，曰某也借，某也还，其实终年屹然存社长之家而已"；或者"贫者求借不得，富者不肯借而必强与之"。此外，由于惧怕赔累，社长一职也没人愿意担任，"素封之家，宁贿吏以求免"，乡地人员乘机舞弊，借金选社长索贿。这样，社仓制度就"有若无，实若虚"，"于贫民无角尖之利，而于富民有丘山之累"。[①]这两项制度的不合理性在于，为避免制度运作产生弊病而采取的措施，从根本上扼杀了该项

---

① 袁枚：《复两江制府策公问兴革事宜疏》，贺长龄辑：《皇朝经世文编》，第725—726页。

制度，如同用杀死病人的方法来"根治"疾病。

其二，有些制度被公然蔑视，公然违反，但不被追究。例如，州县佐贰"滥受民词，律有明禁"，然而在实际上，"每有民间口角争哄小事，不便渎控于印官，而俱具禀于佐贰"，而佐贰因贪图规费、贿赂也擅自受理，甚至"擅作威福，遽而加刑"。[①]对此，朝廷和各级官员往往熟视无睹，听之任之，并不予以惩处。又如，杂课、杂税等"杂项钱粮"与地丁、耗羡等"正款钱粮"都属于"正项"，"丝毫皆关国帑"，但实际上，各地"欠解杂款，从无参劾者"。[②]再如，州县官钱粮欠征而"捏报完全，例干革职"；接收交代"后任通融接收，虚出通关，例应革职分赔"，"定例不为不严"。但实际上，各地州县官"相习成风，任意捏报"，而接收交代"往往互相通融，私立欠票，辗转流交，几致国法可废"。[③]

其三，有些制度因严重脱离实际而无法实行，但却不予废除或改革，仍然作为定制载诸法典，只是行同具文；与此同时，在实际上通行的却是另外一些与定制严重相悖的"非法之法"，当时称"陋规"。这些"陋规"虽然从法理上讲并不合法，但却作为"潜规则"得到普遍认同，甚至堂而皇之地公然实行，也不会受到追究和惩罚。于是，有"名"者无其"实"，有"实"者无其"名"，有法而无法，无法而有法，相关制度领域因此陷于混乱。这种情况在财税领域表现最为明显突出。前文已经述及，清代对于州县财政存留定有十分具体、明确的制度，但实际情况却是：州县存留款和用来补贴公费开支的养廉银严重不敷，州县官还须向府、道、司等上级衙门解缴各种摊捐和致送陋规；于是，州县官浮收钱粮、摊派差徭、收受陋规，房科、差役巧立名目讹索百姓，便在实际上成为不受追究的合法行为（见第六章）。清代州县制度中的各种属于"非法之法"的"陋规"，近似于现代政治学所谓的"惯例"，但又有重要的不同。马克斯·韦伯指出，政治中的"惯例"是"在一定范围内的人当中被

----

① 黄六鸿：《福惠全书》，第358页。

② 张集馨：《道咸宦海见闻录》，第290页。

③ 张师诚：《杜州县交代积弊议》，徐栋辑：《牧令书》卷二十三，宪纲。

作为'适用'而赞同的，并且通过对它的偏离进行指责而得到保证的'习俗'"。它与"法"的不同在于，"这里没有专门为了强制而设立的班子"；而法律"通过一个专门为此设立的班子采取行动强制遵守，或者在违反时加以惩罚，实现这种强制"。①就此而言，清代州县制度中的"陋规"与政治学通常意义上的"惯例"并不完全相同，它实际上是被有形的"班子"（权力组织）强制执行。例如，司、道、府等各级上司对于州县的公费摊派，就是一种出自权力实体的强制。概言之，清代州县制度中的"陋规"就其没有法典依据而言，与现代政治学所谓的"惯例"相同；然而，它的执行保证却不是仅仅在于无形的"舆论"，而是同时（或主要）也在于有形权力组织的强制。

三、"模糊治理"的危害

清代州县制度的"模糊治理"，对行政产生了诸多危害：

第一，连带性制度废弛。一项制度名不副实、有名无实，往往导致其他相关制度也无法认真实行，从而产生连锁效应。例如，州县官亏空库款按例应予治罪，但由于造成亏空的原因很大程度上在田赋定额制度与财政存留制度不合理，上司官员因此往往批准将部分亏款归入后任"流摊"。他们在前后任官员办理交代时，对继任官员"交相劝说"，迫其接收；而后任官员"既接之后，又视为摊款，无关紧要，并不按日交出，任其短缺，陈陈相因，愈积愈多"。②又如，州县官隐匿灾情本来为法所不容，但山东各州县由于经费严重不足，"倚钱漕羡余为生，岁饥则无入项，而供亿馈遗不能减，故相率讳灾"③，上司也不予追究。

第二，政府权威受损，难以认真执法。例如，依照定制，州县官违制征收上司"立应参处"。直隶差徭摊派明显违背赋税制度，"百姓知其违例，纷纷上控"，将官员的短处攥在了手中。于是，"民气日张，官气日

---

① 马克斯·韦伯：《经济与社会》（上卷），第64页。

② 张师诚：《杜州县交代积弊议》，徐栋辑：《牧令书》卷二十三，宪纲。

③ 包世臣：《山东馆陶县知县张君墓表》，盛康辑：《皇朝经世文编续编》，《丛刊》第84辑，第2716—2717页。

馁，积久相沿，渐至因循苟免，甚或听断词讼，遇刁健衿民，虑其以派差上控，理屈而不敢惩，强横不法之徒，明知而不敢究；即经上司查案，亦不过粉饰求容，断难力图振作。"①江西在同治元年（1862年）改章前，靠田赋漕粮浮征弥补"州县办公之费"和"捐摊"，由于浮征没有合法依据，致使"刁衿劣监"可以"抗粮"和"挟制官长"。②

第三，政纪废弛。如差徭制度属于"非法之法"，致使官员不敢公开运作、制度化运作、合理运作，遂导致官场纲纪废弛。

> 直隶每年承办"巡幸木兰与谒陵大差"，其额定经费之外的巨额"不敷支销"，"向由司道派之州县，州县派之民里"。这项银两，只因"从前大吏面奏，并不借资民力，相沿不敢据实陈奏，而派办则仍如故"。"司道因派差未经奏明，遂畏州县之挟制，凡派银两，不敢印札直书，仅令差局委员，潜通消息。于是州县中之贪劣者，藉此加倍派敛，而司道无可如何也。州县以司道未经明派银两，亦畏绅士之挟制，不敢按地均派，仅令书役乡地暗中调拨。于是胥吏中之刁恶者，藉此偏枯倍派，而州县亦无如何也。"③

清代设置督、抚、司、道、府等各级上宪，主要宗旨即在于对州县官进行监察，但由于这些上司关于公费短缺，接受州县官摊捐、陋规，因而不敢对他们实行认真监察，政纪陷于废弛。例如，"州县亏空仓库，挪新掩旧，各省积习皆然"，而督抚却不予认真参处，其重要原因之一即在于"徇情面"；有的督抚虽然自己"并未受属员馈送办差之费，而所属藩臬道府，不能保无沾染"，如果参处亏空州县官，很可能"连累多人，动成大狱，所以宁隐忍而不肯办"。④

又如，大量削减州县留支而默认各种法外收支的存在，实际结果是驱廉入贪。冯桂芬批评说，官员廉俸不敷开支，则借债为生，年息30%，且"利滚利"，"十年外简，数已巨万，债家相随不去"，在这种情况下

①　屠之申：《敬筹直隶减差均徭疏》，葛士浚辑：《皇朝经世文续编》，第1194页。

②　刘秉璋：《遵查江西征收丁漕疏》，葛士浚辑：《皇朝经世文续编》，第839页。

③　张杰：《均徭文》，葛士浚辑：《皇朝经世文续编》，第1204页。

④　张鹏展：《请厘吏治五事疏》，贺长龄辑：《皇朝经世文编》，第740页。

根本不可能指望他们做到"洁清自好"。①于是"上司不能不取之下属，下属不能不取之百姓"②。此外，大量因公支出按制度不能报销，使得亏空具有了正当性，州县官们恰好可以将水搅浑，以此来掩盖自己的贪污。事实上，浮收钱粮、摊派差徭、收受陋规在当时都已经被认为是自然、合理之事，官场和社会全都可以毫无忌讳地谈论各外官缺位的"肥瘠"，所谓"某缺肥，岁赢若干；某缺瘠，岁赔若干"，说的就是"陋规之属"，"扬扬然习于人口，不以为怪"。③半明半暗、公私不分的财政运作，使得上司根本没有可能真正洞悉州县官亏空的原因，不能切实掌握他们贪污的证据，因此也就无法对违例州县官实行合理的监察、惩处。咸丰间张集馨任福建布政使，该省州县官以垫办军需为借口侵吞钱粮的现象严重，按例都应参劾。但法不治众，他认为如果"汇参三四十员，实觉骇人闻见"，只好采取"委员严提"或责令"当面具限"等没有实际作用的措施，而州县官们则"支吾闪灼，牢不可破"。他感叹说，处于这种"上下因循，纵玩日久"的环境中，自己"孤掌难鸣"。④

第四，使政治运作陷于混乱，滋生腐败。用来替代定制的各种"潜规则"，不可能做到合理、明确、具体，也不可能公然通过奖惩制度来规范其运作，于是，就为贪官污吏、劣绅土棍任意操作、浑水摸鱼提供了空间。如当时有官员指出，"非法之法"的差徭处于一种没有确定制度的模糊状态，"杂乱无章"，"既无一定额数，又无一准时期，可少可多，无早无暮，票甫出而钱即至，止在州县一举手之劳，而盈千累百已入囊矣"；各种摊派又皆半明半暗，"阴有其实，而不欲显居其名，既无派办之定额，又无支销之准数，以致官吏从而浮派，豪强从而包揽，使薄产小民，独当其苦"。⑤摊派差徭"朱票一出，书役乡保，逐层渔利；佐杂营

---

① 冯桂芬：《校邠庐抗议》，第85页。

② 丁日昌：《条陈力戒因循疏》，盛康辑：《皇朝经世文编续编》，《丛刊》第84辑，第1978页。

③ 冯桂芬：《校邠庐抗议》，第85页；丁日昌：《条陈力戒因循疏》，盛康辑：《皇朝经世文编续编》，《丛刊》第84辑，第1978页。

④ 张集馨：《道咸宦海见闻录》，第277页。

⑤ 张杰：《均徭文》，葛士濬辑：《皇朝经世文续编》，第1202、1205页。

弁，群起分肥；刁生监劣，肆行包揽；即有自爱之州县，被其牵制，转不能不扶同一气"①。有些署理州县官因任期短暂，不能从差徭摊派中长期获利，便收受地方贿赂而加以裁减，称"卖陋规"②。这些现象的存在，归根结底都是由差徭的"非法之法"性质所导致。

第五，使得由官吏差役组成的行政群体趋于劣化。对于充斥内容模糊、操作任意之"潜规则"和不成文法的施政环境，良善守法者难以适应，而恶劣奸诈之徒则如鱼得水，游刃有余。于是，前者不断退出，后者不断进入，法愈弊而人愈劣，人愈劣而法愈弊，形成恶性循环。如汪辉祖说，"所指美缺，大率陋规较多之地"，"尤不易为"，州县官必须"善入善出"。如果因考虑到开支太多"而入之不谨"，则"祸不旋踵"；反之，如果"惧有祸而入之稍慎，又不足以应人之求"。总之，只有敢于、善于违法舞弊者才能胜任这类职位。③又如，对于繁剧州县来说，只有善于逢迎者才能胜任，如江苏吴县"为邑繁剧，甲江苏五属，而政不难于治民，难在长官之趋承，巨室之周旋"④。再如，对于民风强悍的州县，督抚一般要选用酷吏任其职，而不问其品性，甚至有意选用品性较差者。李伯元的《活地狱》曾讲到一例，"安徽亳州地方，原是个最蛮野不过的去处"，"上司每逢这个地方出缺，便要在候补人员里着实的拣选拣选，挑个把北路人，又要他不大纯正的"。⑤诸如此类，不胜枚举。里甲、保甲、乡地制度也是如此，这些乡村职役如以良善之人充任，则受豪劣、胥吏欺诈，赔累严重；如以恶劣之辈充任，则勾结胥吏，压榨良善，且能从中渔利。因此这种机制的运行规律，便是不断淘汰良善而吸引恶劣，使乡地职役人员群体，从整体上不断趋于劣化。

①　屠之申：《敬筹直隶减差均徭疏》，葛士浚辑：《皇朝经世文续编》，第1194页。

②　直隶藩臬两司：《均徭条示》，盛康辑：《皇朝经世文编续编》，《丛刊》第84辑，第4054页。

③　汪辉祖：《学治续说》，张廷襄编：《入幕须知五种》，第364页。

④　徐珂编撰：《清稗类钞》第三册，第1356页。

⑤　李伯元：《活地狱》，第100页。

结　语

一、清代州县制度"有法而无法"的深层原因

本书借用近代思想家严复的有关说法，阐述、分析了清代州县制度在两个层面所存在的根本性缺陷：其一，在社会政治制度方面处于尊卑判然不平、相互壅蔽隔阂的"有法"状态，州县官府是一个宗法性自利集团，内部上下关系有如主奴，"官官相护"，对人民和社会则盘剥勒索、统治镇压；其二，在行政制度方面处于不理性、不健全的"无法"状态，治理机制残缺，以私人和社会势力履行公权，监察机制异化，以及靠"无法之法""非法之法"实行模糊治理。

清代州县制度这两种根本性缺陷，有着社会文明方面的深刻原因，即由宗法传统所决定的一体化社会结构。中国的社会文明诞生、延续于东亚大陆有着复杂支流水系的大河流域，以农耕为主要产业形态；此外，四周为大洋、高原所阻，对外交通相对封闭。在这些自然和社会生态条件下，人民安土重迁，人口迁徙、流动程度较低。因此，中国文明社会诞生的过程，不像希腊、罗马那样伴随着血缘氏族制度彻底瓦解而被地缘国家完全取代，而是在血缘组织之上建立地缘国家，商周都是如此。例如周代，宗法制、井田制、分封制三位一体，构成了整个国家的一体化骨架。秦以后非分封、行郡县，宗法制度瓦解，取代它而成为国家一体化骨架的是中央集权的政府组织。然而，宗法制的"碎片"仍然存在于基层社会，而宗法

原则也被"复制"到各种社会组织（尤其是国家组织）中。这样，宗法传统就成为中国社会文明的一个根本性特点。

宗法传统使得中国社会呈现一体化特点。这种社会不是由有刚性边界的原子式单元——如西方历史上的个人、个体家庭、封建实体、公民、经济体、政治组织等——集合而成，而是由各种边界不清的宗法性机体（宗族、家族、帮派、家族化政治、经济、军事集团等）有机结合而成，它们相互渗透、相互作用，你中有我，我中有你。正是由于界限不清，相互关系没有明确准则，这些柔性社会单元为膨胀自己的利益，彼此总是处于无序的互相挤轧、侵蚀、争斗之中，如荀子在《礼论》中所说，"求而无度量分界，则不能不争"。这类具有破坏性、腐朽性的宗法性机体在中国历史上随处可见，如春秋战国时期彼此征伐的诸侯、贵族，汉代以后的豪强门阀势力、士族地主、国家组织中的朋党、地方社会中的会党和土豪劣绅，等等。

应该说，打击这些宗法性势力，抑制其利益膨胀，在中国历史上具有积极意义，有助于减轻人民的苦难，促进社会经济文化的发展。而在当时的历史条件下，能够承担这一功能者，唯有强势的、非宗法性的国家组织。事实也正是如此，秦代的中央集权国家组织就是作为宗法贵族势力的对立面建立的，此后各个王朝在其上升时期，对于豪强、士族、宗族、士绅等势力，也无不采取措施加以抑制。时至今日，如果我们肯定中国式的强势国家行政具有合理性、优越性，那么其主要依据之一也正在于它有可能发挥控制、抑制和打击宗法性社会势力的作用。

然而，新的问题和矛盾又出现了。第一，在宗法传统的影响下，本来是作为各种宗法性势力对立面的国家组织，也会出现宗法化。在中国传统政治中，君臣如父子，师生如父子，此外上司与下属以及诸如同年、同乡、故旧、姻亲等关系，全都明显具有宗法性，具有人身依附性质。第二，政府既然不是由"自由人"组成的团体，而是一个由各种"恭顺纽带"连接的群体，其组织内部就不可能存在明确的科层等级秩序，与外部社会之间也不可能有清晰的刚性界限。使得这种政府能够聚集为一个团体的纽带，表面上似乎是一些显形的法定规则，而实际上却是一个隐形的错综复杂的"人脉"网络。这种"人脉"作为体制内有职人员的"关系网"

向外延伸，不可能到政府组织的边界戛然而止，而势必延伸至外部社会，深入、渗透到各种社会势力之中，与之互相结合，甚至浑然一体。因此，政府便不是与社会之间存在明确界限的团体，而只是社会之中的一个边界模糊不清的区域。

这种"人脉网络"式的政府，内部充满各种私人依附关系，其人员、机构的设置与运作，不可能遵循为现代法治行政所必需的职务隶属和职务服从原则，而必然是由私人隶属、私人服从的机制所主导。他（它）们不是对制度负责，不是依照制度对某些职务负责，而是听命于他（它）所依附的"主人"，不管后者是否担任应予服从的法定职务。这种情况，就是清代州县制度在行政层面的"无法"的深层原因。

这种"人脉网络"式的政府，深深地扎根于、寄生于社会机体之内，利用手中的公权力贪婪地从社会机体中汲取养分，膨胀自己，好比一个恶性肿瘤。前文已经述及，它和它的成员以权"寻租"，最初在履行公权的过程中顺便谋取私利；继而将谋取私利当作根本宗旨，而使履行公权沦为手段；最后，为谋取私利而放弃履行公权（所谓"不作为"），甚至逆向行使公权，利用公权欺压人民，危害社会。这在清代州县的司法、治安运作中已经看得十分清楚。这样，政府就从一个本来是为服务社会而设置的公权组织而彻底沦为一个专为自身谋利益的"自利集团"。它的一切机构和机制分工合作，共同为谋取自身利益而运转——"亲民"和"办事"者负责聚敛，并通过财政、陋规等形式使其他机构和人员分润，而强力部门和机制则负责镇压社会的反抗。因此，腐败与专制就成为这种"自利集团"的两个相互关联的基本属性：为了镇压社会对于自身腐败的反抗，就必须专制；为了笼络、驱使各个成员和组织为镇压出力，就必须使他们得到好处，放纵他们的腐败。这种情况，就是清代州县制度在社会政治制度层面"有法"的深层原因。

还必须指出的是，作为"自利集团"的政府对于社会和人民的榨取，不是由自己单独进行的，而往往是与各种恶性社会势力相勾结进行的；不仅是靠行政环节中的贪污、受贿来进行，而且是靠涉足经济活动来进行。说到底，官府"自利集团"总是要靠"官绅勾结""官商勾结""权钱勾结"来鱼肉百姓，榨取社会。在这方面，王亚南先生曾发表过十分深刻的见解。他指出，"秦制"之下的官僚阶级"以权谋私"，离不开与地权、商业资本、高利贷资本的结合。王先生不像一些教条主义者那样，将商业、商人和商业资本一股脑儿地看作是"封建制度"的对立面，甚至不分青红皂白地将之同资本主义联系起来。他指出，在秦以后的"官府本位"制度下，商业的繁荣并非新生产方式产生的表现，而是官僚阶级残酷剥夺农民的结果，"官僚愈是以超经济榨取的方式，使农业生产者占有的必要劳动生产物部分愈少，商业流通循环的规模就愈大"。在"秦制"下，官僚、地主、商人、高利贷者往往"四位一体"，"商业、高利贷、地权兼并、差役、摊派、贪污，都像配合得非常周密"。他说："我认定'官逼民反'的'官'，不当理解为某个或某些特别的官吏，而是整个官僚统治。单是某些官，甚至单是整个官僚阶层依贪污或其他方式剥削农民，农民尚不致被逼到求生不得的程度。若官僚除了自己直接借政治权势侵渔农民外，更连同与其有缘属关系的地方爪牙，从事敲诈，再益以商业、高利贷业乃至地权活动的凌夺，那才真是农民走投无路、'铤而走险'的时候了。"① "官府本位"社会运行的基本规律是，"官"与豪富奸商等恶性社会势力相勾结，毫无节制地榨取社会以膨胀自己的利益，首先剥夺下层社会，榨其骨，吸其髓，吞噬殆尽后再转而剥夺中等社会（当时所谓"兼并"）。最后，这个恶性肿瘤连同被它榨干一切养分的社会机体一同灭亡。

二、（州）县制度的近代转型与面临的问题

清代州县制度"有法而无法"，即一方面官民尊卑不平、隔阂壅蔽，另一方面行政制度不健全，这是中国在地方制度现代化方面所需要解决的两个主要问题。从事实上看，20世纪以来中国县制的改革也确是在围绕这两个问题进行，即尝试通过地方自治来解决"官府本位"问题，通过充实县政府机构、建立区乡行政、建立公务员人事制度等措施来解决行政制度的不健全问题。

上文分析指出，清代州县制度"有法而无法"的根本性缺陷，其深层

---

①　王亚南：《中国官僚政治研究》，第122、133页。

原因在于中国宗法传统所决定的一体化社会结构。19世纪中叶以后，西方近代文明传入中国，近代工商实业、教育文化事业的兴起使得社会结构逐渐趋于多元化，为政治民主与法治的实行提供了社会基础。20世纪初，清政府实行"新政"和"预备立宪"，1909、1910年，先后颁布了《城镇乡地方自治章程》和《府厅州县地方自治章程》，在各省推行地方自治。1914年，地方自治被北洋政府废除，但作为地方自治行政的教育、警察（民政）、实业（建设）、财政等局所，却在各地得到延续。南京国民政府建立后，于1928年颁行《县组织法》，规定实行闾邻、乡镇、区、县的地方自治。1939年国民政府颁布《县各级组织纲要》，实行"新县制"，其重要内容之一也在于实行县与乡镇的地方自治。清末至国民政府时期的地方自治虽然不算成功，但它改变传统"官府本位"县制的取向，却体现了中国地方制度现代化不可逆转的基本方向。

自清末"新政"和"预备立宪"开始，健全（州）县行政组织和机制的改革也持续推进。今天，当人们面对县行政职能繁杂、机构臃肿的问题时，往往赞叹清代县制的"官精政简"。但实际上，这种"官精政简"的县制只是传统农业社会、封闭社会的产物，根本不能适应现代化、尤其是政府主导型现代化的需要。清末至国民政府时期，颁行了多个与这种改革有关的法律法规，其中包括1907年的《直省官制通则》，1913年的《划一现行各县地方行政官厅组织令》，1914年的《省官制》《道官制》《县官制》，1923年的《中华民国宪法》，以及上文提到的《县组织法》《县各级组织纲要》等。通过这些文件以及其他许多重要法律法规，（州）县行政组织和机制得到了极大的健全和改善，其主要表现包括：废除了清代的督抚监司制度，逐步实行了省、县二级的地方行政体制，建立、健全了县公署（政府）内部的职能机构，在县之下建立了区乡等层次的行政组织，革除书吏差役、建立了具有现代性质的公务员人事制度，逐渐建立、规范了县级财政。

总而言之，清末至国民政府时期有关（州）县制的各种改革，都是针对清代州县制度的两大缺陷进行的，而且也确实取得了相当大的成效和进展，体现了中国县制从传统到现代的转型。但同时，这种针对清代州县制度两大缺陷所进行的改革，也存在或出现了新的问题。

第一，地方自治的推行导致了绅权的膨胀和地方"土劣"的活跃。清末民初推行地方自治，各地成立县议事会、参事会和乡镇议（事）会、董事会（乡董）以及乡村长副、正佐等村治组织，设立教育、警察、实业、财政等行政性局所，成立商会、农会、教育会等社会自治组织，组织保卫团等地方性武装，这些都使得地方士绅能够合法办理地方事务，新旧士绅因此实现了组织化。这些士绅把持地方机构，借办理"新政"和各种自治性事务而向农民、小商贩强征滥派税捐财物，并从中贪污中饱，以及私设公堂、非刑考讯，当时是较为普遍的现象。20世纪40年代实行"新县制"，地方豪劣土棍乘机拉帮结派，操纵选举，欺压良善乃至横行乡里。这种绅权的膨胀很快就引起了极大的反动，国共两党领导的国民革命、土地革命全都高举"打倒土豪劣绅"的大旗，最终结果是士绅阶层被彻底扫荡。

第二，健全县行政组织的改革导致了机构恶性膨胀。自清末至国民政府时期，县公署（政府）内部设立各种职能性科、局、室、处，人员扩充到数十人至一百多人，此外还设立各种卫生院、医院、农推所、民教馆、体育场等各种由财政包养的事业单位。这些机构的设立，一方面保障了各种行政性和社会性职能的履行，另一方面也使得政府机构不断膨胀，加重了社会和财政的负担。

1949年以后，以士绅为地方社会骨干的传统社会结构彻底改变，在国家组织之外几乎不复存在其他经济、政治和社会势力，中国社会因此呈现出"大政府、小社会"甚至"有国家、无社会"的结构特点。在这种历史背景下，县制改革也中止了向地方自治方向的发展，重新回到国家主导的"官治"轨道。改革开放实行以后，人们批评"大国家、小社会"的政治社会结构不利于现代化，国家乃重新启动"村民自治"等项地方和基层制度改革。然而，清代和20世纪上半期中国县制中所存在、所出现的各种问题，如"官府本位"、士绅等地方势力恶性扩张和政府机构膨胀等，仍然会以某些新的形式存在和出现。今天，摆脱"官府本位"而建设民主、法治的地方政府，解决机构膨胀而建设合理、高效的行政机制，仍然是我们在推进地方政治和行政体制改革时所面对的两大主题。而对于我国清代和近代县制问题的研究，无疑可以为我们今天的改革和建设提供有益的历史借鉴。

征引和参考文献

一、资料部分

（一）档案

1. 中国第一历史档案馆藏：清代户部、度支部档案。

2. 中国第一历史档案馆藏：清代顺天府档案。

3. 河北省档案馆藏：清代获鹿县档案。

4. 四川省档案馆藏：清代巴县档案。

5. 四川省档案馆编：《清代巴县档案汇编》（乾隆卷），档案出版社，1991年。

6. 故宫博物院明清档案部编：《清末筹备立宪档案史料》，中华书局，1979年。

7. 王庆成编：《稀见清世史料并考释》，武汉出版社，1998年。

8.《雍乾时期地方官缺史料》（下），《历史档案》，1993年第1期。

9.《乾隆年间整饬书吏史料》（上），《历史档案》，2000年第2期。

（二）史籍

1.《左传》，《十三经注疏》本，北京大学出版社，1999年。

2.《周礼》，《十三经注疏》本，北京大学出版社，1999年。

3. 《史记》，中华书局点校本。

4. 《汉书》，中华书局点校本。

5. 《后汉书》，中华书局点校本。

6. 《晋书》，中华书局点校本。

7. 《隋书》，中华书局点校本。

8. 《新唐书》，中华书局点校本。

9. 《元史》，中华书局点校本。

10. 《明史》，中华书局点校本。

11. 《清史稿》，中华书局点校本。

（三）官书、典制

1. 孙逢吉撰：《职官分纪》，中华书局，1988年。

2. 《明会典》，商务印书馆，1936年。

3. 《大清会典（嘉庆朝）》，沈云龙主编：《近代中国史料丛刊》，台湾文海出版社有限公司出版（以下简称"《近代中国史料丛刊》本"），1991年。

4. 《大清会典事例（嘉庆朝）》，《近代中国史料丛刊》本，1991年。

5. 《大清会典（光绪朝）》，《近代中国史料丛刊》本。

6. 《大清会典事例（光绪朝）》，《近代中国史料丛刊》本。

7. 《清实录》，中华书局，1986年。

8. 文孚纂修：《钦定六部处分则例》，《近代中国史料丛刊》本。

9. 《吏部则例》（故宫珍本丛刊），海南出版社，2000年。

10. 《户部则例》，海南出版社，2000年。

11. 沈之奇撰：《大清律辑注》，法律出版社，2000年。

12. 沈家本编：《大清现行新律例》，清宣统元年排印本。

13. 政学社印行：《大清法规大全》，台湾考正出版社，1972年。

14. 《光绪朝东华录》，中华书局，1984年。

15. 《文献通考》，浙江古籍出版社，2000年。

16. 《续文献通考》，浙江古籍出版社，2000年。

17. 《清朝文献通考》，浙江古籍出版社，2000年。

18.《清朝续文献通考》，浙江古籍出版社，2000年。

19. 席裕福、沈师徐辑：《皇朝政典类纂》，《近代中国史料丛刊》本，1982年。

20.《历代职官表（乾隆朝）》，中华书局，1985年。

21.《宣统三年冬季职官录》，《近代中国史料丛刊》本。

22. 山西清理财政局编：《山西藩库收支各表说明书》，宣统年间铅印本。

23.《中华民国史事纪要（初稿）》，台湾中华民国史料研究中心印行。

（四）文集

1. 孔凡礼点校：《苏轼文集》，中华书局，1986年。

2. 叶适：《水心集》，中华书局《四部备要》本。

3. 顾炎武著、黄汝成集释：《日知录集释》，岳麓书社，1994年。

4.《顾亭林诗文集》，中华书局，1983年。

5. 黄六鸿：《福惠全书》，北京出版社，2000年。

6. 李士桢：《抚粤政略》，《近代中国史料丛刊》本。

7. 刘兆麟：《总制闽浙文檄》，《官箴书集成》（第二册），黄山书社，1997年。

8. 海宁辑：《晋省辑要》，《官箴书集成》（第五册），黄山书社，1997年。

9. 姚锡光撰：《吏皖存牍》，《官箴书集成》（第九册），黄山书社，1997年。

10. 阙名：《佐贰须知》，《四库未收辑刊》本，北京出版社，2000年。

11.《龚自珍全集》，上海人民出版社，1975年。

12. 刚毅：《牧令须知》，《近代中国史料丛刊》本，1971年。

13. 周家楣著、志钧编：《期不负斋政书》，《近代中国史料丛刊》本，1973年。

14. 朱采：《清芬阁集》，《近代中国史料丛刊》本，1968年。

15. 阮本焱：《求牧刍言》，《近代中国史料丛刊》本，1968年。

16. 冯桂芬：《校邠庐抗议》，中州古籍出版社，1998年。

17. 夏东元编：《郑观应集》，上海人民出版社，1982年。

18. 梁启超：《饮冰室合集》，中华书局，1989年。

19.《谭嗣同全集》，中华书局，1981年。

（五）文编

1. 徐栋辑：《牧令书》，刻本，道光二十八年。

2. 徐栋辑：《保甲书》，刻本，道光二十八年。

3. 张廷襄编：《入幕须知五种》，《近代中国史料丛刊》本，1968年。

4. 王延熙、王树敏辑：《皇清道咸同光奏议》，《近代中国史料丛刊》本，1969年。

5. 贺长龄辑：《皇朝经世文编》，《近代中国史料丛刊》本，1972年。

6. 葛士浚辑：《皇朝经世文续编》，《近代中国史料丛刊》本，1972年。

7. 盛康辑：《皇朝经世文编续编》，《近代中国史料丛刊》本，1972年。

8. 陈忠倚辑：《皇朝经世文三编》，《近代中国史料丛刊》本，1971年。

9. 何良栋辑：《皇朝经世文四编》，《近代中国史料丛刊》本，1972年。

10. 求是斋校辑：《皇朝经世文编五编》，《近代中国史料丛刊》本。

11. 杨凤藻编：《皇朝经世文新编续编》，《近代中国史料丛刊》本。

12. 宜今室主人编：《皇朝经济文新编》，《近代中国史料丛刊》本，1995年。

13. 邵之棠辑：《皇朝经世文统编》，《近代中国史料丛刊》本，1980年。

14. 中国史学会编：《洋务运动》，上海人民出版社，1961年。

15. 石峻主编：《中国近代思想史参考资料简编》，生活·读书·新知三联书店，1957年。

（六）地方志

1. 弘治《句容县志》，上海古籍书店，1964年。

2. 嘉靖《徐州志》，台湾成文出版社有限公司影印，以下简称"成文影印本"。

3. 顺治《武城县志》，线装书局影印，以下称"线装书局影印本"。

4. 康熙《钱塘县志》，江苏古籍出版社影印，以下简称"江苏古籍影印本"。

5. 康熙《上杭县志》，线装书局影印本。

6. 顺治《邠州志》，线装书局影印本。

7. 康熙《黄县志》，线装书局影印本。

8. 康熙《广德州志》，线装书局影印本。

9. 康熙《阳信县志》，线装书局影印本。

10. 康熙《文水县志》，成文影印本。

11. 康熙《临汾县志》，线装书局影印本。

12. 雍正《丘县志》，线装书局影印本。

13. 乾隆《沧州志》，成文影印本。

14. 乾隆《丘县志》，成文影印本。

15. 黄印辑：乾隆《锡金识小录》，成文影印本。

16. 乾隆《东湖县志》，江苏古籍影印本。

17. 嘉庆《松江府志》，成文影印本。

18. 罗绕典辑：道光《黔南职方纪略》，成文影印本。

19. 道光《南雄州志》，成文影印本。

20. 道光《石泉县志》，事宜节录，成文影印本。

21. 道光《繁昌县志》，成文影印本。

22. 道光《定州志》，成文影印本。

23. 咸丰《顺德县志》，成文影印本。

24. 咸丰《邓川州志》，成文影印本。

25. 同治《元城县志》，成文影印本。

26. 同治《湖口县志》，江苏古籍影印本。

27. 同治《当阳县志》，江苏古籍影印本。

28. 同治《应山县志》，江苏古籍影印本。

29. 同治《续辑汉阳县志》，江苏古籍影印本。

30. 同治《新建县志》，江苏古籍影印本。

31. 同治《德化县志》，江苏古籍影印本。

32. 同治《东乡县志》，江苏古籍影印本。

33. 周家楣、缪荃孙编著：光绪《顺天府志》，北京古籍出版社，1987年。

34. 光绪《梁山县志》，成文影印本。

35. 光绪《石门县志》，江苏古籍影印本。

36. 光绪《清远县志》，成文影印本。

37. 光绪《沔阳州志》，江苏古籍影印本。

38. 光绪《会同县志》，成文影印本。

39. 光绪《道州志》，成文影印本。

40. 光绪《霍山县志》，成文影印本。

41. 光绪《富阳县志》，江苏古籍影印本。

42. 光绪《罗田县志》，江苏古籍影印本。

43. 光绪《吉县志》，成文影印本。

44. 光绪《黄冈县志》，江苏古籍影印本。

45. 光绪《南昌县志》，江苏古籍影印本。

46. 光绪《富平县志》，成文影印本。

47. 光绪《靖边县志稿》，成文影印本。

48. 民国《盐山县志》，成文影印本。

49. 民国《青县志》，成文影印本。

50. 民国《广宗县志》，成文影印本。

51. 民国《馆陶县志》，成文影印本。

52. 民国《景县志》，成文影印本。

53. 民国《宁晋县志》，成文影印本。

54. 民国《威县志》，成文影印本。

55. 民国《望都县志》，成文影印本。

56. 民国《徐水县志》，成文影印本。

57. 民国《定县志》，成文影印本。

58. 民国《东明县续志》，成文影印本。

59. 民国《静海县志》，成文影印本。

60. 林翰儒纂：民国《藁城县乡土地理》，1923年刊本。

61. 民国《重修蓟县志》，成文影印本。

62. 民国《宣威县志稿》，成文影印本。

63. 民国《重修信阳县志》，成文影印本。

64. 民国《西华县续志》，成文影印本。

65. 民国《萧山县志稿》，江苏古籍影印本。

66. 民国《南川县志》，成文影印本。

67. 民国《宣汉县志》，成文影印本。

68. 民国《三台县志》，潼川新民印刷公司印本。

69. 民国《洛川县志》，成文影印本。

70. 胡思敬纂：《盐乘》，成文影印本。

71. 民国《始兴县志》，成文影印本。

72. 民国《武城县志》，成文影印本。

（七）笔记、小说

1. 沈榜：《宛署杂记》，北京出版社，1961年。

2. 李乐：《见闻杂记》，上海古籍出版社，1986年。

3. 何德刚：《客座偶谈》，上海古籍出版社，1983年。

4. 李孟符：《春冰室野乘》，山西古籍出版社，1996年。

5. 徐凌霄、徐一士：《凌霄一士随笔》，山西古籍出版社，1997年。

6. 罗惇曧：《罗瘿公笔记选》，山西古籍出版社，1997年。

7. 李岳瑞：《悔逸斋笔乘》，山西古籍出版社，1997年。

8. 瞿兑之：《人物风俗制度丛谈》，山西古籍出版社，1997年。

9. 瞿兑之：《杶庐所闻录》，山西古籍出版社，1995年。

10. 孙静庵：《栖霞阁野乘》，山西古籍出版社，1997年。

11. 易宗夔：《新世说》，山西古籍出版社，1997年。

12. 刘体仁：《异辞录》，山西古籍出版社，1996年。

13. 杜保祺：《健庐随笔》，山西古籍出版社，1995年。

14. 孙玉声：《退醒庐笔记》，山西古籍出版社，1995年。

15. 马叙伦：《石屋余沈，石屋续沈》，山西古籍出版社，1995年。

16. 蔡云万：《蛰存斋笔记》，上海书店，1997年。

17. 陈灏一：《新语林》，上海书店，1997年。

18. 陈其元：《庸闲斋笔记》，中华书局，1989年。

19. 胡思敬：《国闻备乘》，上海书店，1997年。

20. 昭梿：《啸亭杂录》，中华书局，1980年。

21. 张集馨：《道咸宦海见闻录》，中华书局，1981年。

22. 岳超：《庚子随行简记》，《近代史资料》1957年第5期。

23. 徐珂编撰：《清稗类钞》，中华书局，1984年。

24. 蔡申之：《清代州县故事》，台湾文海出版社，1970年。

25. 伍承乔撰：《清代吏制丛谈》，台湾文海出版社，1966年。

26. 西周生：《醒世姻缘传》，齐鲁书社，1984年。

27. 李伯元：《官场现形记》，人民文学出版社，1979年。

28. 李伯元：《文明小史》，花山文艺出版社，1996年。

29. 李伯元：《活地狱》，花山文艺出版社，1996年。

30. 吴趼人：《二十年目睹之怪现状》，人民文学出版社，1959年。

31. 东鲁古狂生：《醉醒石》，上海古籍出版社，1985年。

（八）其他

1. 全国政协文史资料委员会编：《文史资料存稿选编》，中国文史出版社，2002年。

2. 《湖口文史资料选辑》第1辑。

3. 《中国历史地图集》第八册，中华地图出版社，1975年。

4. 〔日〕服部宇之吉主编：《清末北京志资料》，张宗平、吕永和译，北京燕山出版社，1994年。

二、论著部分

（一）著作

1. 瞿同祖：《清代地方政府》，法律出版社，2003年。

2. 那思陆：《清代州县衙门审判制度》，台北文史哲出版社，1982年。

3. 陶希圣：《清代州县衙门审判制度及程序》，台湾食货出版社，1972年。

4. 萧一山：《清代通史》，中华书局，1986年。

5. 吴吉远：《清代地方政府的司法职能研究》，中国社会科学出版社，1998年。

6. 郑秦：《清代司法审判制度研究》，湖南教育出版社，1988年。

7. 何平：《清代赋税政策研究：1644——1840年》，中国社会科学出版社，1998年。

8. 郭润涛：《官府、幕友与书生——"绍兴师爷"研究》，中国社会科学出版社，1996年。

9. 高浣月：《清代刑名幕友研究》，中国政法大学出版社，1999年。

10. 张金铣：《元代地方行政制度研究》，安徽大学出版社，2001年。

11. 柏桦：《明代州县政治体制研究》，中国社会科学出版社，2003年。

12. 柏桦：《明清州县官群体》，天津人民出版社，2003年。

13. 何朝晖：《明代县政研究》，北京大学出版社，2006年。

14. 魏光奇：《官治与自治：20世纪上半期的中国县制》，商务印书馆，2004年。

15. 程方：《中国县政概论》，商务印书馆，1939年。

16. 胡次威：《民国县制史》，大东书局，1948年。

17. 陈之迈：《中国政府》，商务印书馆，1945年。

18. 钱端升等：《民国政制史》，商务印书馆，1946年。

19. 王亚南：《中国官僚政治研究》，中国社会科学出版社，1981年。

20.〔德〕黑格尔：《历史哲学》，王造时译，上海书店出版社，1999年。

21.〔德〕马克思：《资本主义生产以前各形态》，日知译，人民出版社，1956年。

22.〔德〕马克斯·韦伯：《经济与社会》（上卷），林荣远译，商务印书馆，1997年。

23.〔美〕白德瑞：《清代州县的书吏与差役》，斯坦福大学出版社，2000年。

24.〔美〕黄宗智：《华北的小农经济与社会变迁》，中华书局，1986年。

25.〔美〕黄宗智：《长江三角洲小农家庭与乡村发展》，中华书局，1992年。

26.〔美〕孔飞力：《中华帝国晚期的叛乱及其敌人：1796—1864年的军事化与社会结构》，谢亮生等译，中国社会科学出版社，1990年。

27.〔美〕杜赞奇：《文化、权力与国家——1900—1942年的华北农村》，王福明译，江苏人民出版社，1994年。

28.〔美〕曾小萍：《州县官的银两——18世纪中国的合理化财政改革》，董建中译，中国人民大学出版社，2005年。

29.〔美〕黄仁宇：《万历十五年》，中华书局，1982年。

（二）论文

1. 尹章义：《新庄巡检之设置及其职权与功能》，《食货月刊》复刊1981年11卷第8、9期。

2. 许凡：《元代的首领官》，《西北师范学院学报》1983年第2期。

3. 魏光奇：《清代后期中央集权财政体制的瓦解》，《近代史研究》1986年第1期。

4. 李荣忠：《清代巴县衙门书吏与差役》，《历史档案》1989年第1期。

5. 毕建宏：《清代州县行政研究》，《中国史研究》1991年第3期。

6. 郭润涛：《汪辉祖与清代州县幕府》，《中国史研究》1993年第1期。

7. 刘鹏九：《明清县衙建筑规制及建筑物功能考》，《历史档案》

1993年第1期。

8. 贺跃夫：《晚清县以下基层行政官署与乡村社会控制》，《中山大学学报》1995年第4期。

9. 郑秦：《清代县制研究》，《清史研究》1996年第4期。

10. 〔日〕太田出：《清代江南三角洲地区的佐杂"分防"初探》，张国刚主编《中国社会历史评论》（第二卷），天津古籍出版社，2000年。

11. 魏光奇：《清代直隶的里社与乡地》，《中国史研究》2000年第1期。

12. 魏光奇：《清代州县的差徭》，《清史研究》2000年第3期。

13. 魏光奇：《清代州县财政探析》，《首都师范大学学报》2000年第6期、2001年第1期。

14. 魏光奇：《清代州县直隶结构述要》，《首都师范大学学报》2003年增刊（上）。

15. 魏光奇：《晚清的州县行政改革思潮与实践》，《清史研究》2003年第3期。

16. 何平：《论不完全财政体制对清代社会的破坏机制》，《学术研究》2004年第6期。

17. 关晓红：《清末州县考绩制度的演变》，《清史研究》2005年第3期。

18. 邱捷：《知县与地方士绅的合作与冲突——以同治年间的广东省广宁县为例》，《近代史研究》2006年第1期。

19. 周保明：《清代县衙吏役的内部管理》，《北方论丛》2006年第1期。

20. 魏光奇：《清代州县官任职制度探析》，《江海学刊》2008年第1期。

21. 魏光奇：《晚清州县官任职制度的紊乱》，《河北学刊》2008年第2期。

22. 邱捷：《同治、光绪年间广东首县的日常公务——从南海知县日记所见》，《近代史研究》2008年第4期。

后记

　　这部书是《官治与自治：20世纪上半期的中国县制》的姊妹篇，两部书有着大致相同的写作背景。在《官治与自治》的"后记"中，我表达了对恩师乔志强先生的感激之情，因为是他的鞭策和引导直接促使我开始了对中国清代和民国县制的研究。饮水思源，我在此还是要向辞世多年的乔老师表达我的感谢，因为我撰著这部书来对清代的州县制度进行探讨，说到底也还是在他指示的路上行走。

　　本书第二章第三节、第四章第四节，分别吸收了申立增、郭丽芬硕士论文的内容。此外，在研究过程中，我的同事董增刚老师，我的学生祖秋红、郭丽芬、申立增、徐广燕、朱淑君、郭云峰，在收集资料、了解学术动态等方面帮我做了不少工作，在此也向他们表示深深的感谢。也向我的妻子邢红霞表示感谢，这项研究所使用的资料，有相当一部分是她帮我录入电脑的。

　　感谢广东人民出版社对本书出版的鼎力支持，感谢李敏和罗丹编辑为本书出版做出的工作。

魏光奇

2023 年 2 月

 学 人 文 库

总策划：肖风华　主　编：向继东

《葛剑雄文集》

❶《葛剑雄文集　普天之下》
❷《葛剑雄文集　亿兆斯民》
❸《葛剑雄文集　悠悠长水：谭其骧传》
❹《葛剑雄文集　南北西东》
❺《葛剑雄文集　追寻时空》
❻《葛剑雄文集　史迹记踪》
❼《葛剑雄文集　冷眼热言》

《陈思和文集》

❶《陈思和文集　巴金的魅力》
❷《陈思和文集　新文学整体观》
❸《陈思和文集　告别橙色梦》
❹《陈思和文集　星空遥远》
❺《陈思和文集　营造精神之塔》
❻《陈思和文集　在场笔记——新世纪文艺评论集》
❼《陈思和文集　名著新解》

《魏光奇文集》

❶《官治与自治：20 世纪上半期的中国县制》
❷《有法与无法：清代的州县制度及其运作》